21世纪高等院校教材·地理信息系统教学丛书

交通地理信息系统

刘学军　徐　鹏　编著

国家“863”课题“虚拟地理环境系统的研究与开发”(2001AA135130)
国家“863”课题“‘3S’企业应用——物流管理地理信息系统研究与开发”(2002AA134077)
国家自然科学基金课题“数字长江河道研究”(49971064)
部分成果

科学出版社
北　京

内 容 简 介

交通地理信息系统是地理信息系统在交通及其相关领域的具体应用与延伸。本书以 GIS 的理论为依托，系统地阐述了交通地理信息系统的基本概念、基本理论问题、基本技术与方法。全书共 15 章，由两部分组成，第一部分为基础理论，重点阐述交通地理信息系统的概念、数据获取、数据模型与组织、交通地理信息系统开发技术等。第二部分为应用案例，重点阐述了交通地理信息系统在交通领域的典型应用案例，包括交通规划、公路工程项目建设管理、公路养护、公路路政、公路图文资料、公交线路规划、交通设施管理、区域性道路客运综合服务信息系统、驾驶员与车辆管理及交通指挥与调度等。

本书可作为地理信息系统、交通土建、交通工程、交通管理等专业的本科生、研究生教材或选修教材，亦可作为从事智能交通系统、交通规划、交通运输管理、GIS 应用与开发等相关领域技术人员、开发人员的参考资料。

图书在版编目（CIP）数据

交通地理信息系统/刘学军，徐鹏编著．—北京：科学出版社，2006
（21 世纪高等院校教材·地理信息系统教学丛书）
ISBN 978-7-03-016614-2

Ⅰ．交… Ⅱ．①刘…②徐… Ⅲ．地理信息系统-应用-交通工程-高等学校-教材 Ⅳ．U495

中国版本图书馆 CIP 数据核字（2005）第 147169 号

责任编辑：杨 红 李久进/责任校对：包志虹
责任印制：赵 博/封面设计：高海英

科学出版社出版
北京东黄城根北街 16 号
邮政编码：100717
http://www.sciencep.com
天津市新科印刷有限公司 印刷
科学出版社发行 各地新华书店经销
*
2006 年 3 月第 一 版 开本：B5（720×1000）
2024 年 1 月第十二次印刷 印张：32 3/4
字数：618 000
定价：79.00 元
（如有印装质量问题，我社负责调换）

《地理信息系统教学丛书》编委会

序

南京师范大学地理科学学院发起并组织编写地理信息系统专业系列教材，奋斗三载，先后问世，这是我国第一套全面阐述地理信息系统理论、方法、技术和应用的教科书。对于地理学科的现代化，信息科学新型人才的培训，对于落实科教兴国战略，深化教学改革来说，都是值得庆贺的。

据中国科学院地学部调查（2002），全国综合性大学共有 150 个地理学科机构，在地学领域中居首位，而地理信息系统专业脱颖而出，发展最快。21 世纪之初，已设置地理信息系统专业的学校有 70 多个，仅江苏省内就有 12 个。这是经济发展、社会进步的客观需求。面对全社会数字化的浪潮，“数字地球”、数字化城市、省区与流域，百舸争流。地理信息系统作为人口、资源与环境问题的公共平台，作为国家推动信息化、实现现代化的重要组成部分，正在与电子政务、电子商务信息系统相融合，愈来愈显示出其跨行业、多功能的优势，不断开拓新的应用领域。一些涉及地理分布现象的数据采集、时空分析，涉及城市或区域规划、管理与决策的过程，都喜欢用上地理信息系统这种新的技术手段，来提高办公自动化的水平，提高企业科学管理的效率和透明度，加强面对国际市场的开放力度和竞争能力。近 20 年来，全国范围从事地理信息系统的事业、企业单位，迅猛增长，已超过 400 个，而且方兴未艾，与时俱进。

中国科学院地学部地学教育研究组在咨询报告（2002）中指出：“随着社会和科技的发展，地学的内涵、性质和社会功能也在变化。这在最近 20 年中尤为明显：遥感、信息技术和各种实时观测、分析技术的发展，使地球科学进入了覆盖全球、穿越圈层，即地球系统科学的新阶段，从局部现象的描述，推进到行星范围的推理探索，获得了全球性和系统性的信息。”这就是说，从学科的本质及其自身发展的规律来看，地理信息系统不仅仅是技术，而且是科学，是发展地球系统科学不可缺少的部分。

地理信息系统之所以一枝独秀，并非偶然！主要是由于它本身具备着多样化的社会功能。社会信息化的主要内容包括三个方面：一是信息基础设施的建设，地理信息系统正是地图测绘的数字化产品，同时又是兼收并容遥感、定位系统的缓冲区，起着调节网络信息流的作用；二是产业结构调整，地理信息系统起着润滑剂的作用，以信息流调控物流、能流和人流，以信息化促进现代化；三是信息服务，地理信息系统是电子政务、电子商务信息系统不可分割的组成部分。在航天事业、电信网络和电脑技术日新月异的 21 世纪，地理信息系统如虎添翼，广泛地渗透到各行各业之中，提供无微不至的信息服务。

地理信息系统教材，前人多以综论形式出版。例如，英文教材先后有 Taylor D. R. （1991），Autenucci J. C. et al. （1991），Goodchild M. D. I. （1991），Fisher M. M. （1993），Murai Shuji（1996），D. Rhind（2000）；中文教材先后有黄杏元、汤勤（1989），边馥苓（1996），陈述彭、鲁学军、周成虎（1999），龚健雅（1999），邬伦（1999），闾国年、吴平生、周晓波（1999），李德仁、关泽群（2000），马蔼乃（2000），王家耀（2001）等。这些教材对地理信息系统的科学与哲学性质，及其与邻近学科的相互关系，均有精辟论述。地理信息系统应用专论方面，城市：曹桂发等（1991），宋小冬、叶嘉安（1995），宫鹏（1996），陈述彭（1999），张新长等（2001）；林业：李芝喜、孙俊平（2000）；农业：王人潮（1999）。这些专论密切结合相关行业，具有中国特色。现在，闾国年教授等主持编写的地理信息系统专业系列教材，是在前人的工作基础上，博采众家之所长，继往开来，推陈出新，拓展为系列教材。基础是扎实的，时机是成熟的。

这套系列教材的编写，紧密结合地理信息系统专业的课程设置。在理论方面，又推出了一部新作，从哲学的高度来探讨地理信息系统中的虚拟时空。系列教材的重点侧重于方法、技术。总结了数据集成、知识发现的最新进展，率先推出数据共享、虚拟环境与网络三部分，反映地理信息系统的生长点。在应用方面，主要是结合作者们近年参与建设项目的实践，加以总结和提高，是来自生产第一线的“新知”。目前已涉及土地与水资源管理、城市规划、环境保护以及设备设施管理与房产管理等，今后随着应用领域的拓展，还会有旅游、物流等地理信息系统教材相继问世。

同学们可以根据课程设置计划，循序渐进，在理论方面广泛涉猎，解放思想，开阔眼界。在方法、技术方面，配合辅导教材和实习大纲，刻苦钻研，掌握关键技术，学以致用。在应用方面结合个人志趣、专长与就业需求，选修其中一、二门，理清不同行业的应用特点，举一反三。系列教材是面向整个专业的，并不要求每位同学都把全部教材囫囵吞咽下去，食而不化。编写系列教材，正是为同学们提供了更加宽阔的学习园地、更加宽松的学习环境。祝同学们健康成长，时刻准备着，与时俱进，开拓创新，为祖国信息化和现代化多做贡献。

中国科学院院士

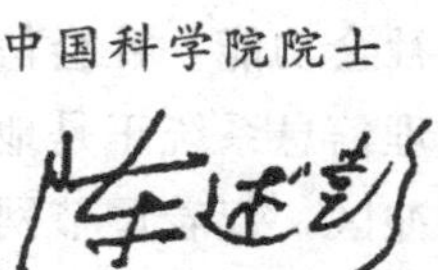

2003 新年

前　言

交通地理信息系统（geographical information system for transportation，GIS-T）是地理信息系统（geographical information system，GIS）与交通相结合的产物。它是在传统GIS基础上，充分考虑交通网络特征和交通分析模型而形成的应用型GIS。

交通是国民经济发展的两大支柱之一。长期以来，世界各国都面临着日益严重的交通问题，如交通拥挤、车辆行驶缓慢、交通事故频繁以及由于交通堵塞引起的环境污染等。这些问题的解决需依靠各种信息技术，同时道路的规划、建设、管理和维护也迫使人们要及时了解更多的交通状况、环境等信息。为应对日益复杂的交通规划和管理，与交通相关的各个部门都先后建立了各种信息系统，但这些信息系统往往是管理信息系统（MIS），没有与交通的地域特性联系起来，无法满足当今信息时代对各种交通信息的需求和处理。大量的研究表明，在交通运输部门日常处理的事务中，大部分信息与空间位置有关。交通建设、规划和管理中需要的信息具有面广、量大、复杂等特点，且绝大多数信息具有空间特征。寻求一种有效的数据采集、整合、存储和管理这些信息并作为规划、建设、决策和管理等方面的工具成为人们的追求。GIS在交通规划、建设和管理中的应用正是在这种供需关系下发展起来，并逐步得到极大的重视和广泛的应用。目前GIS已广泛应用于交通运输管理的各个环节，成为智能交通系统的基础平台，也逐步形成其独特的技术内涵和体系结构——GIS-T。

目前，虽然在地理信息系统等方面的教材、专著中，都或多或少地涉及交通信息方面的内容，但不系统也不完善，没有体现交通的地理特色。本书在参考大量国内外文献资料的基础上，结合作者和相关领域专家学者近十年来的研究与系统设计开发的经验，汇集了国内外最新的理论与技术成果，系统地阐述了GIS-T的概念和基本理论问题，归纳了GIS-T的框架体系，并对GIS-T在交通运输领域的各个方面进行了详细的分析和叙述。本书内容广泛而详实，不但适合教学，也适合研究和开发参考。希望本书的出版为我国GIS-T的研究、开发、应用和普及起到良好的推动作用。

本书在内容上分为两部分由15章组成。第1章到第5章系统地阐述了GIS-T概念、数据采集方法、数据模型和数据组织、GIS-T开发技术，为本书的基础理论部分。第6章到第15章是本书的第二部分，重点讨论GIS-T在公路交通运输管理中的应用，包括交通规划、公路工程项目建设管理、公路养护、公路路政、公路图文资料、公交线路规划、交通设施管理、区域性道路客运综合服务信息系统、驾驶员与车辆管理及交通指挥与调度等。

本书除第 10 章由武汉大学的吴波编写，第 12 章由南京师范大学的卢华兴编写外，其余章节均由南京师范大学的刘学军和河海大学徐鹏编写。南京师范大学的李发源、任政、任志峰、卞璐、潘盛玲、韩富江、房亮、陈盼盼、叶蔚等研究生参加了部分章节的编写工作和插图绘制。本书由刘学军和徐鹏进行统稿、定稿。

在本书的编写过程中，南京师范大学闾国年教授、汤国安教授、盛业华教授、黄家柱教授始终给予了大力的支持和帮助，从书稿内容拟定到初稿完成及最后定稿，无不渗透着他们的心血；南京金智-子午软件公司陈钟明博士、钱亚东博士为本书编写提供了公路路政方面的技术资料；南京南瑞通信公司工程师张荣华、邵波参与了本书的初稿讨论，并提出宝贵意见；武汉大学的吴波不但编写了本书的第 10 章，同时提供了大量的第一手资料；华南理工大学交通学院符锌砂教授、长沙理工大学公路工程学院赵建三教授、郭云开教授与作者就 GIS-T 的体系结构进行了多次讨论，为本书提出不少建设性意见。作者在此对他们的无私帮助表示衷心的感谢。

书中引用和参考了大量已出版的论文和论著以及网上资料，限于篇幅，书中未能一一列出，作者在此向各位作者表示诚挚的感谢，同时如有引述错误或曲解之处，敬请予以谅解。

GIS-T 理论及应用研究的发展非常迅速，本书虽力求全面并紧跟其发展趋势，但由于作者水平和时间有限，书中难免存在疏漏之处，恳请同行专家和读者批评指正。

作　者

2005 年 8 月于南师大随园

目 录

序
前言
第1章 概论 …… 1
1.1 交通与交通信息 …… 1
1.1.1 交通 …… 1
1.1.2 交通信息 …… 2
1.2 交通地理信息与交通地理信息系统 …… 3
1.2.1 交通地理信息 …… 3
1.2.2 交通地理信息系统 …… 5
1.2.3 交通地理信息系统特点 …… 7
1.3 交通地理信息系统分类 …… 9
1.3.1 按功能分类 …… 9
1.3.2 按地域尺度分类 …… 10
1.3.3 按交通方式分类 …… 10
1.4 交通地理信息系统功能 …… 12
1.4.1 基础 GIS 平台功能 …… 12
1.4.2 交通数据建模与分析 …… 12
1.4.3 交通应用模型 …… 13
1.5 GIS-T 的应用范畴 …… 13
1.6 GIS-T 的发展与现状 …… 17
思考题 …… 19
第2章 GIS-T 数据采集 …… 20
2.1 GIS-T 的数据构成 …… 20
2.1.1 基础地理信息 …… 20
2.1.2 交通专题信息 …… 22
2.1.3 社会经济数据 …… 23
2.2 GIS-T 数据内容 …… 23
2.2.1 基础地理数据内容 …… 23
2.2.2 社会经济数据内容 …… 23

2.2.3 交通专题数据内容 …… 25
2.3 GIS-T 数据采集方法 …… 30
2.4 路况数据采集 …… 31
2.4.1 全球定位系统 …… 31
2.4.2 航空、航天遥感技术 …… 32
2.4.3 移动式 GPS、GIS 和多传感器集成系统 …… 34
2.4.4 路况数据采集系统 …… 37
2.4.5 道路图像数据采集系统 …… 38
2.5 社会经济数据采集 …… 39
2.5.1 区域社会经济数据获取 …… 39
2.5.2 区域交通运输系统数据获取 …… 40
2.5.3 交通网络结构数据获取 …… 40
2.5.4 交通运输数据获取 …… 40
2.6 交通与交通管理数据采集 …… 41
2.6.1 交通数据采集方法 …… 41
2.6.2 磁频车辆检测技术 …… 42
2.6.3 波频车辆检测技术 …… 45
2.6.4 交通视频检测技术 …… 49
2.6.5 车辆自动识别技术 …… 53
思考题 …… 57
第 3 章 GIS-T 数据模型及其组织 …… 58
3.1 GIS-T 数据特征及数据模型分类 …… 58
3.2 弧-结点数据模型 …… 60
3.2.1 结点-弧段表达 …… 60
3.2.2 结点-弧段与关系数据库 …… 62
3.2.3 结点-弧段表达的不足 …… 64
3.3 线性参照系统 …… 65
3.3.1 线性参照系统定义 …… 65
3.3.2 线性参照系统概念模型 …… 65
3.3.3 平面坐标和线性参照系统的转换 …… 69
3.4 动态分段技术 …… 71
3.4.1 概述 …… 71
3.4.2 动态分段技术的线性参照系 …… 73
3.4.3 基于线性参照系的动态分段数据模型 …… 73
3.4.4 动态分段技术的算法实现 …… 74

3.5 几何网络模型 …… 76
3.5.1 概述 …… 76
3.5.2 网络模型 …… 77
3.5.3 网络要素关联 …… 79
3.5.4 网络要素 …… 81
3.6 其他数据模型 …… 86
3.6.1 企业数据模型 …… 86
3.6.2 适用于 ITS 的数据模型 …… 89
思考题 …… 93
第 4 章 GIS-T 分析模型 …… 94
4.1 最短路径分析模型 …… 94
4.1.1 最短路径的含义 …… 94
4.1.2 最短路径求解策略 …… 95
4.1.3 最短路径算法实现 …… 99
4.2 网络流与设施定位模型 …… 103
4.2.1 网络流的概念 …… 104
4.2.2 网络流的应用 …… 105
4.2.3 设施定位 …… 108
4.3 空间重力模型 …… 109
4.3.1 无约束重力模型 …… 110
4.3.2 单约束重力模型 …… 111
4.4 OD 矩阵推算模型 …… 112
4.4.1 基于历史 OD 资料的模型 …… 113
4.4.2 基于现状 OD 调查数据的模型 …… 117
4.4.3 基于历史及现状 OD 资料的模型 …… 118
4.5 交通分配模型 …… 121
4.5.1 交通分配模型概述 …… 121
4.5.2 交通分配模型算法 …… 123
4.5.3 路径选择比例 …… 124
4.5.4 GIS 在交通分配模型中的作用 …… 126
4.6 交通状况评价模型 …… 127
4.6.1 结构性能评价 …… 127
4.6.2 交通质量评价 …… 128
思考题 …… 131

第 5 章　GIS-T 设计与开发 …… 132
5.1　GIS-T 设计与开发概述 …… 132
5.1.1　GIS-T 体系构成 …… 132
5.1.2　GIS-T 设计与开发原则 …… 134
5.1.3　GIS-T 开发内容 …… 135
5.1.4　GIS-T 开发过程 …… 136
5.2　GIS-T 需求分析 …… 137
5.2.1　需求调研内容拟定 …… 137
5.2.2　需求调研实施 …… 139
5.2.3　调研结果的分析 …… 139
5.3　GIS-T 总体设计 …… 147
5.3.1　模块或子系统设计 …… 148
5.3.2　硬件配置 …… 149
5.3.3　软件设计 …… 149
5.3.4　代码设计 …… 150
5.3.5　人机交互 …… 151
5.4　GIS-T 数据库设计 …… 151
5.4.1　GIS-T 数据库概述 …… 151
5.4.2　GIS-T 数据库概念设计 …… 153
5.4.3　GIS-T 数据库详细设计 …… 159
5.5　GIS-T 系统功能设计 …… 167
5.5.1　GIS-T 功能类型 …… 167
5.5.2　基础功能设计 …… 167
5.5.3　业务功能设计 …… 169
5.5.4　系统管理功能设计 …… 170
5.6　GIS-T 软件架构设计 …… 170
5.6.1　GIS-T 网络结构 …… 170
5.6.2　GIS-T 的层次结构 …… 171
思考题 …… 173
第 6 章　交通规划 GIS 支持系统 …… 174
6.1　系统开发背景与目标 …… 174
6.2　系统设计 …… 175
6.2.1　数据调用模块 …… 176
6.2.2　数据处理模块 …… 176
6.2.3　查询统计模块 …… 176

6.2.4 分析预测模块 …… 176
6.2.5 交通评价模块 …… 177
6.2.6 成果输出模块 …… 177
6.3 数据库设计 …… 178
6.3.1 GIS空间数据 …… 178
6.3.2 交通调查原始资料数据 …… 179
6.3.3 OD资料数据 …… 183
6.3.4 公交资料数据 …… 183
6.3.5 预测结果数据 …… 186
6.4 系统功能实现 …… 188
6.4.1 系统主界面 …… 188
6.4.2 查询与统计 …… 188
6.4.3 分析预测与评价 …… 190
6.4.4 成果输出模块 …… 191
6.4.5 系统操作流程 …… 196
思考题 …… 197
第7章 公路工程建设项目管理信息系统 …… 198
7.1 系统概述 …… 198
7.2 计量与支付系统分析 …… 199
7.2.1 系统需求分析 …… 199
7.2.2 系统业务分析 …… 200
7.3 计量与支付系统设计目标 …… 202
7.4 计量与支付系统总体设计 …… 202
7.4.1 系统功能模块 …… 202
7.4.2 系统网络结构 …… 203
7.4.3 系统硬件配置 …… 204
7.4.4 系统软件配置 …… 204
7.5 计量与支付系统数据库设计 …… 205
7.5.1 系统数据库实体分析 …… 205
7.5.2 系统数据库逻辑设计 …… 208
7.5.3 系统数据库物理设计 …… 208
7.6 计量与支付系统功能设计与实现 …… 216
7.6.1 系统维护 …… 217
7.6.2 业务准备 …… 219
7.6.3 合同管理 …… 222

7.6.4 计量数据 …… 224
7.6.5 报表台账 …… 226
7.6.6 数据处理 …… 228
思考题…… 230
第 8 章 公路养护信息系统…… 231
8.1 系统概述 …… 231
8.1.1 公路养护的目的和任务 …… 231
8.1.2 公路养护的内容 …… 231
8.1.3 公路养护的依据 …… 234
8.2 公路养护业务分析 …… 234
8.2.1 公路养护组织机构…… 234
8.2.2 公路养护业务流程…… 235
8.3 公路养护信息系统分析 …… 239
8.3.1 系统目标 …… 239
8.3.2 系统管理对象与组成…… 240
8.3.3 系统功能要求 …… 242
8.3.4 系统应用模式 …… 243
8.4 系统总体方案 …… 243
8.4.1 功能模块划分 …… 243
8.4.2 子系统描述 …… 245
8.4.3 系统软件体系 …… 249
8.4.4 硬件网络架构 …… 254
8.5 数据库设计 …… 258
8.5.1 数据类型 …… 259
8.5.2 数据库逻辑设计 …… 261
8.5.3 J2EE 环境下的数据库部署…… 264
8.6 业务模型分析 …… 267
8.6.1 公路路面使用性能评价 …… 267
8.6.2 公路路面使用性能预估 …… 269
8.6.3 路面维修对策的分析选择 …… 270
8.7 公路养护信息系统功能实现 …… 271
8.7.1 资料维护子系统 …… 271
8.7.2 养护计划子系统 …… 273
8.7.3 评价决策子系统 …… 274
8.7.4 统计与考核子系统…… 276

思考题 …… 277
第 9 章　公路路政 GIS …… 278
9.1　路政管理概述 …… 278
9.1.1　路政管理的基本内容 …… 278
9.1.2　路政管理的依据 …… 278
9.1.3　路政管理机构 …… 279
9.2　路政 GIS 系统分析 …… 279
9.2.1　系统目标 …… 280
9.2.2　系统数据流分析 …… 280
9.3　系统总体设计 …… 282
9.3.1　系统总体结构 …… 282
9.3.2　系统总体数据流 …… 283
9.3.3　系统软硬件配置 …… 283
9.3.4　系统网络设计 …… 284
9.3.5　系统安全性设计 …… 285
9.4　数据库设计 …… 285
9.4.1　数据库逻辑结构设计 …… 285
9.4.2　数据库模型设计 …… 287
9.4.3　数据库表设计 …… 287
9.5　路政路产管理子系统 …… 289
9.5.1　总体设计 …… 289
9.5.2　功能设计与实现 …… 291
9.6　路政法规管理子系统 …… 294
9.6.1　总体设计 …… 294
9.6.2　功能设计与实现 …… 296
9.7　路政许可子系统 …… 297
9.7.1　总体设计 …… 297
9.7.2　功能设计与实现 …… 298
9.8　路政巡查业务子系统 …… 301
9.8.1　总体设计 …… 301
9.8.2　功能设计与实现 …… 301
9.9　路政内业子系统 …… 303
9.9.1　总体设计 …… 303
9.9.2　功能设计与实现 …… 304
9.10　路政装备子系统 …… 305

9.10.1 总体设计 …… 305
9.10.2 功能设计与实现 …… 306
9.11 路政执法子系统 …… 307
9.11.1 总体设计 …… 307
9.11.2 功能设计与实现 …… 307
思考题 …… 310
第10章 公路图文档案资料管理系统 …… 311
10.1 公路图文档案资料管理概述 …… 311
10.1.1 公路图文档案资料管理必要性 …… 311
10.1.2 公路图文档案资料管理内容与特点 …… 311
10.1.3 公路图文资料管理现状分析 …… 313
10.2 公路图文档案资料管理系统总体设计 …… 315
10.2.1 系统架构设计 …… 315
10.2.2 系统功能设计 …… 316
10.2.3 系统接口设计 …… 318
10.2.4 系统平台和性能 …… 319
10.3 公路图文档案资料管理系统数据库设计 …… 319
10.3.1 数据类划分 …… 319
10.3.2 数据模型 …… 321
10.3.3 类库设计 …… 321
10.4 公路图文资料管理系统实现 …… 325
10.4.1 系统开发技术 …… 325
10.4.2 系统流程 …… 328
10.4.3 系统功能实现 …… 329
思考题 …… 333
第11章 公共交通管理信息系统 …… 335
11.1 概述 …… 335
11.1.1 先进的公共运输系统 …… 335
11.1.2 GIS支持下的公共交通管理信息系统 …… 337
11.1.3 系统建立的目的与意义 …… 337
11.2 系统分析 …… 338
11.2.1 系统实现目标 …… 338
11.2.2 功能模块设计 …… 339
11.2.3 系统结构框架 …… 342
11.3 系统数据库设计 …… 342

11.3.1 公交网络数据 …… 343
11.3.2 公交日常管理数据 …… 346
11.3.3 定位监控数据 …… 349
11.3.4 建立公交管理数据库 …… 350
11.4 系统功能实现 …… 351
11.4.1 公交日常管理子系统 …… 351
11.4.2 车辆监控调度子系统 …… 352
11.4.3 公交分析与规划子系统 …… 354
思考题 …… 361
第12章 区域性道路客运综合服务信息系统 …… 362
12.1 系统分析 …… 362
12.2 总体设计 …… 363
12.2.1 总体目标 …… 363
12.2.2 系统功能模块划分 …… 363
12.2.3 系统结构 …… 363
12.2.4 系统体系架构 …… 364
12.2.5 系统处理流程 …… 367
12.2.6 系统接口设计 …… 368
12.2.7 系统运行环境 …… 369
12.3 数据库设计 …… 370
12.3.1 逻辑结构设计 …… 370
12.3.2 数据库表结构设计 …… 371
12.3.3 数据库结构解决方案 …… 376
12.3.4 数据库与子系统的关系 …… 377
12.4 公路客运联网售票子系统 …… 378
12.5 运政在线子系统 …… 380
12.6 系统整合通用子系统 …… 387
12.7 出行服务子系统 …… 389
12.8 客运企业信息服务子系统 …… 392
12.9 运输信息网子系统 …… 393
12.10 决策支持子系统 …… 395
思考题 …… 397
第13章 交通管理设施信息系统 …… 398
13.1 系统分析 …… 398
13.1.1 交通管理设施的作用 …… 398

13.1.2　道路交通设施管理的特点 …… 399
13.1.3　系统需求分析 …… 400
13.2　系统总体设计 …… 403
13.2.1　系统目标 …… 403
13.2.2　系统定义 …… 403
13.2.3　系统总体结构 …… 403
13.2.4　系统逻辑结构 …… 403
13.2.5　系统网络结构 …… 404
13.2.6　系统配置 …… 405
13.3　数据库设计 …… 406
13.3.1　交通设施类型描述 …… 407
13.3.2　空间数据库建立 …… 409
13.3.3　属性数据表项 …… 409
13.4　功能设计与实现 …… 411
13.4.1　交通标志标线管理 …… 411
13.4.2　交通信号灯管理 …… 413
13.4.3　其他设施管理 …… 414
13.4.4　规划决策分析模块 …… 414
13.4.5　系统维护模块 …… 415
13.4.6　系统扩展 …… 418
思考题 …… 418
第14章　车辆/驾驶员管理信息系统 …… 419
14.1　车辆/驾驶员管理概述 …… 419
14.1.1　管理机构 …… 419
14.1.2　管理内容 …… 420
14.1.3　管理依据 …… 421
14.2　车辆/驾驶员管理业务流程 …… 421
14.2.1　车辆管理业务流程 …… 421
14.2.2　驾驶员管理业务流程 …… 425
14.3　车辆/驾驶员管理数据流分析 …… 426
14.3.1　车辆管理数据流分析 …… 426
14.3.2　驾驶员管理数据流分析 …… 430
14.4　车辆/驾驶员管理系统的系统设计 …… 432
14.4.1　系统设计目标 …… 432

14.4.2　系统体系结构 …… 433
14.4.3　系统功能设计 …… 435
14.4.4　系统网络结构 …… 437
14.5　车辆/驾驶员管理系统数据库设计 …… 439
14.5.1　系统数据库总体结构 …… 439
14.5.2　基础数据库设计 …… 439
14.5.3　业务数据库设计 …… 440
14.5.4　数据库与子系统的关系 …… 443
14.6　车辆/驾驶员管理系统实例：违章处罚管理系统 …… 444
14.6.1　违章处罚管理系统简介 …… 444
14.6.2　系统功能 …… 445
14.6.3　数据输入和输出 …… 450
思考题 …… 453
第15章　道路交通指挥与调度管理系统 …… 454
15.1　系统概述 …… 454
15.2　系统需求分析 …… 455
15.2.1　功能需求 …… 455
15.2.2　性能需求 …… 457
15.3　道路交通指挥与调度管理系统数据分析 …… 458
15.3.1　静态信息 …… 458
15.3.2　动态信息 …… 458
15.4　道路交通指挥与调度管理系统结构设计 …… 460
15.4.1　系统网络结构 …… 460
15.4.2　系统层次结构 …… 460
15.4.3　系统功能结构 …… 464
15.4.4　数据存取设计 …… 465
15.4.5　系统接口设计 …… 466
15.5　道路交通指挥与调度管理系统的构成 …… 467
15.5.1　122接处警子系统 …… 467
15.5.2　交通电视监视子系统 …… 472
15.5.3　交通流量检测子系统 …… 474
15.5.4　交通违章自动记录子系统 …… 477
15.5.5　交通卫星定位子系统 …… 480
15.5.6　交通通信子系统 …… 482
15.5.7　交通信号控制子系统 …… 484

15.5.8 交通诱导显示子系统 …… 487
15.5.9 停车诱导子系统 …… 490
15.5.10 应急管理子系统 …… 492
思考题 …… 494
主要参考文献 …… 495

第1章 概　　论

1.1　交通与交通信息

1.1.1　交　　通

交通是指用火车、汽车、轮船、飞机、管道等运输工具进行的人流、客流和货流的交流运输活动。从系统科学的观点看，交通是人类为满足人们出行和货物运输的需要，由人、运输工具、交通线路（公路、铁路、航空线路、航道、管道）、环境等交通要素构成的复杂的动态系统。

交通具有系统性、动态性和复杂性的特点。

所谓系统，就是由相互作用和相互依赖的若干部分组成的具有特定功能的有机整体。当人、运输工具、交通线路、交通环境等互不相同的要素构成交通这样一个具有特定功能的有机整体时，这些因素之间就产生了相互依赖、相互作用的特定的不可分割的联系，因而交通具有系统性，交通系统中的各个因素的行为或性质的变化都不再具有独立性，一个因素的变化，将会对整个交通系统产生影响。例如，2005年5月由于恰吉诺变电站发生火灾和爆炸造成整个莫斯科城市的大面积停电，使得整个交通体系处于瘫痪之中（图1.1）。

图1.1　由于停电而造成的交通系统瘫痪

动态性是指在交通过程中，随着时间的推移，交通环境的改变（如天气、道路施工等），行人和驾驶员随时产生的心理和生理状态的变化，交通流的流量、车辆的运行速度、车辆密度等也随之发生变化，人、车、路、环境之间的协调、配合关系也随时处于变化和调整之中。这种交通状态随时间变化的特征，说明交通不仅仅是一个系统，而且是一个动态的系统。

而系统的复杂性则是指在交通系统中，由于行人、运输工具、交通线路、交通环境、驾驶员等之间的相互作用和相互影响，使得他们之间的关系错综复杂，同时也包含许多不可预见的因素，因此交通系统不仅仅是一个动态系统，而且是复杂的系统。表现在：①一个交通线路上的行人和车辆之间的相互制约，可能导致交通堵塞。交通现象的产生，不仅仅在点、线、面上，而是分布在整个交通网络体系中，同时交通网络体系中的行人、车流等的运动是随机的和时变的，要对这样的交通现象进行描述和确定系统中各要素的关系以及整个交通网络的运动规律是相当困难的。②交通流等受外界因素的干扰比较大，而许多外界因素并不具备可预见性。③制约交通系统的因素比较多，一方面交通系统受城乡经济、人口分布、产业布局、能源供应、环境保护、科技水平等的制约，另一方面，交通系统本身的有效性、经济性、安全性等直接或间接地影响整个社会大系统的工作效率、经济效率、生活水平、社会秩序等。

交通作为国民经济发展的两大支柱之一，一直享有国民经济先行官的美名。工业的发展，经济的繁荣，都离不开发达的交通运输，这从“要想富，先修路”这条朴实的用语中可见一斑，因而长期以来交通行业也是各国重点投资和发展的方向。然而交通发展带来的负面影响也是巨大的甚至是灾难性的，交通拥挤、车辆行驶缓慢、交通事故频繁以及由于交通堵塞引起的环境污染等问题成为人们在经济可持续发展的同时不得不认真考虑的问题。交通问题也不再局限于交通本身，而成为一种社会现象。

1.1.2 交通信息

信息是用文字、数字、符号、语言、图像等介质来表示事件、事物、现象等的内容、数量或特征，从而向人们（或系统）提供关于现实世界新的事实和知识，作为生产、建设、经营、管理、分析和决策的依据。信息具有客观性、适用性、可传输性和共享性等特征。

作为信息的一种，交通信息是重点反映与交通有关现象的性质、特征和运动状态的知识，它揭示的是交通实体（人、车辆、交通路线、交通环境）的本质及其相互关系（公路交通、铁路交通、航空交通、水运交通、管道交通等），也是对各种交通数据的解释和理解。交通信息来源于各种交通调查、测量和统计数据，例如，从实地交通量的调查，可以获取该地区社会经济发展状况、人民生活水平、物产等感性信息；从测量数据中可以抽取出公路、铁路的形状、宽度、位置等信息；从图像数据中则可以识别路面破损、道路沿线的地质构造、土地利用等专题信息。

交通信息从表面看，具有管理信息的特征，即侧重于交通属性数据的分析与管理。以至于在很长时间内，相关交通部门开发的信息系统大多数是管理型的，如驾驶员管理系统、船舶管理系统、交通安全管理系统、路面养护系统、交通设施管理系统等，系统并未与交通网络的地域特征相联系，未能充分发挥系统应有的效益。实际上从本质看，交通信息属于空间信息一种，大量的交通属性数据可交给空间信息系统的属性数据库进行管理，而交通现象天然的地理特征可以使这些属性数据附着于空间数据之上，从而实现交通信息的可视化表达、分析与发布，使交通管理决策更具智能化。这也正是交通地理信息系统成为ITS基础平台的依据之一。

交通信息属于空间信息，因此它具有空间、属性和时间三大空间数据的基本要素。空间位置数据描述交通现象发生和存在的位置，这种位置既可以用常规的二维坐标系定义，如大地经纬度坐标、直角坐标系坐标等，而交通几何网络特征使其可采用独特的定位方式如线性参照系中的里程进行表达，同时也可通过现象间的相对位置关系进行表达；属性数据描述交通现象的性质和质量特征，如公路的名称、等级、起终点等；时间特征是指交通数据采集或交通现象发生的时刻或时段，如某一时刻的交通堵塞情况。

交通信息具有如下的特征：

(1) 空间分布特征，即交通现象所具有的天然地域特征；

(2) 多维结构特征，如一段公路上，既有交通流量属性，也有路面介质信息，还有路基结构等；

(3) 动态变化特征，由交通系统的特点所决定；

(4) 海量数据特征，交通系统是一个复杂的系统，涉及人、车、线路、环境等信息，其数据量一般比较大；

(5) 多样性特征，交通数据来源比较复杂，有实地调查统计数据，也有图形图像数据，还有各种感应检测数据，数据来源多样；

(6) 独立性特征，这是交通信息与一般空间信息之间的最大区别，即在交通信息中，属性数据可独立于空间数据而存在，可单独进行属性数据的建模与分析。

1.2 交通地理信息与交通地理信息系统

1.2.1 交通地理信息

交通地理信息是指与交通运输相关的各种地理信息。它表述了各种交通网络的空间分布、运动在其上的人或物质的空间移动以及交通运输网络的管理，所以也属于人类交往的地域组织及其发展规律的地理信息范畴。交通地理信息不但要描述交通网络及设施的地理位置和属性，还要反映与之相关的交通运输信息和状态，因此交通地理信息包括两类基本信息：一是交通基础地理信息；一是交通运输和管理信息。

交通基础地理信息是指交通网络、附属设施等的位置和空间分布以及相关的属性，如一条公路的几何位置、名称、等级、路面结构等。

交通运输管理信息是指运动于交通网络上的人或物质的空间移动、调度、运输网络管理等信息，是定位于交通网络基础信息上交通网络属性信息的扩展。此类信息一般具有专题特征，常常包括：

(1) 形成交通网络的运输联系信息，如各类流量的周转情况、由于两地经济差异和互补而产生的交通运输原因和变化规律、区域发展的特点与调控等；

(2) 各级交通运输部门的运输情况，如公路、铁路、航空、水运等，以及邮政、通信等业务信息；

(3) 区域综合交通运输与管理，如交通运输的规划设计、施工建设、运营与管理等信息；

(4) 城市交通信息，如城市地面公共交通、地铁等的运营调度、事故处理、监管等；

(5) 交通网络的维护与管理，如道路养护情况、路况调查、养护决策等信息。

交通地理信息具有如下的特点：

(1) 线性分布特征。交通路线一般呈线性空间分布，这是交通地理信息区别于其他地理信息如点状信息、面状信息的显著特点。正是由于这一特点，对交通地理信息的定位，除可用一般的二维、三维坐标系外，还可采用一维线性参照系，即通过里程来定位。

(2) 网络分布特征。连接大、中、小城市和乡镇的公路、铁路、航空路线、水运路线等形成分布在不同层面上的交通运输网络，并且具备网络连通性。这是交通地理信息的又一显著特征，直接影响着交通地理现象的数学建模和数据库组织。由于交通路线的网络分布特征，传统的数据模型如弧-结点结构，已不再适合于管理交通网络数据，目前针对这一特殊的地理现象，人们提出了多种数据模型，如交通网络的平面数据模型、交通网络的非平面数据模型等。

(3) 分段分布特征。分段分布特征是指在某一交通路线上，交通路线的特性并不是完全一致，而是根据属性分成许多路段，每一路段具有相同的属性。如一段 30km 的公路上，前 10km 的路面结构为沥青路面，10～15km 为混凝土路面，15～30km 为砂石路面。分段特性具有多维特征，在水平方向和垂直方向的分段结点并不相同，从而形成交通网络独有的动态分段技术。交通网络的分段特性也对交通信息的数据采集具有一定的指导意义。

(4) 时间变化特征。交通运输的实现是通过交通工具在交通路线上的位置移动来完成的，而这种运动是处于高度的变化之中的，同时每时每刻交通路线上每个结点如车站、机场、码头、交叉路口等的信息也处于变化之中，这就使得地理信息的动态特征在交通地理信息系统的体现也特别明显，时空交通数据模型是目前的研究热点之一。

交通地理信息来源于对交通信息描述的交通地理数据的解释和理解。交通地理数据具有如下几个特点：

(1) 抽样性。交通现象在空间和时间上具有连续性，数字化的交通现象表达需要对其进行离散处理，即用有限的抽样数据来表示无限变化的现象。抽样点的选择不是随机的，需要考虑其代表性，基本原则是准确描述交通现象的整体特征和局部特征，例如，交通量调查地点和频率的选定，道路几何位置的描述等。

(2) 概括性。交通地理数据的概括性一般是交通路线的化简综合和必要的取舍，是在抽样基础上进一步的数据综合。概括性并不是因为比例尺的限制使然，而是取决于研究对象的范围、环境和任务要求。

(3) 多态性。一般而言，空间数据的多态性包括两层含义，即同样对象在不同情况下的形态差异和不同对象占据同样的地理位置。交通地理数据中的多态性比比皆是，前者如不同比例尺中的道路、河流表达，道路和河流在现实中是具有一定宽度的面状对象，但在表达时，却将其抽象成单线或双线（取决于比例尺），后者如同一位置上，道路面层、基层、底基层、路基具有不同的结构成分。

(4) 空间性。空间性是交通地理数据最主要的特征，反映交通对象的位置、形态以及由此产生的系列特性。对于两条道路，如果将其看作是非空间数据，则可从等级、里程、结构等方面进行分析对比，而若考虑空间特征，则其关系就复杂了许多，如两公路的作用范围、最短距离等。交通对象的属性信息与位置是相关联的，不考虑空间性的空间分析就会失去意义。

1.2.2 交通地理信息系统

解决由人、车、路、环境等因素构成的复杂的动态交通系统问题，显然依靠常规的手段是无法改善的，需要利用各种先进的信息处理技术。为应对日益复杂的交通规划和管理，与交通相关的各个部门都先后建立了各种信息系统，但这种信息系统是一种管理信息系统，没有与交通的地域特性联系起来，无法满足当今信息时代对各种交通信息的需求和处理。而大量的研究表明，在交通运输部门日常处理的事务中，80%以上的信息与空间位置有关。交通建设、规划和管理中需要的信息具有面广、量大、复杂等特点，且绝大多数信息具有空间特征。因此从客观上，人们希望寻求一种有效的数据采集、整合、存储和管理这些信息并作为规划、建设、决策和管理等方面的工具。

地理信息系统（geographical information system，GIS）是 20 世纪 60 年代后期发展起来的空间信息处理技术，具有强大的数据管理、地学过程模拟和空间分析能力，能对空间位置信息和非空间信息如自然、社会、人文、经济等属性信息同时进行分析、建模和处理，其应用领域由自动制图、资源管理、土地利用等发展到与地理相关的交通、邮电、军事等领域，同时 GIS 能对具有时空特征的信息进行可视化表达，能为信息使用者提供直观、全面、清晰、实时的信息表达方式，有利于提高决策和管理的科学性、及时性。而交通现象天然的地域特性，成为 GIS 应用的主要领域之一。GIS 在交通规划、建设和管理中的应用正是在这种供需关系下逐步发展起来的并逐步形成其独特的技术体系和理论内涵：交通地理信息系统（geographical information system for transportation，GIS-T）。

交通地理信息系统是 GIS 在交通领域的具体应用和延伸，是在传统 GIS 基础上，充分考虑交通现象的线性特征和网络特征，并附之专门的交通建模手段而形成的专门化系统。简言之，交通地理信息系统是收集、存储、分析和处理与交通相关信息的地理信息系统，或者说，交通地理信息系统是 GIS 和交通的有机集成系统，如图 1.2 所示。

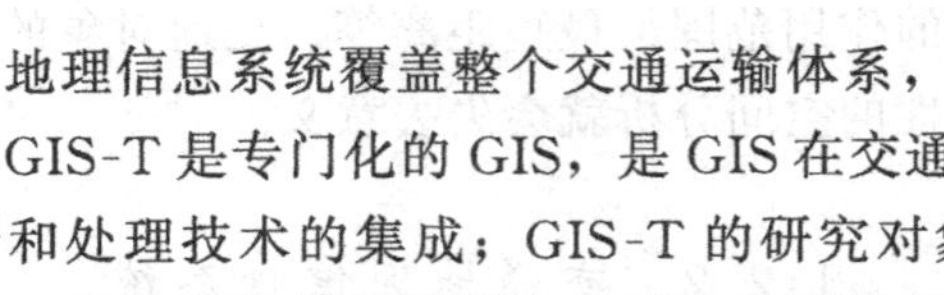

图 1.2　交通地理信息系统

由此可见，交通地理信息系统覆盖整个交通运输体系，包括公路、铁路、航空、水运、管道等。GIS-T 是专门化的 GIS，是 GIS 在交通领域的延伸，是 GIS 与多种交通信息分析和处理技术的集成；GIS-T 的研究对象是具有线性分布和网络分布的交通信息，以及交通信息的影响与被影响区域信息；GIS-T 具有 GIS 的全部空间分析功能，并融入了各种交通规划、设计模型和相应的工具；由于交通运输系统天然的线性分布和网络分布特征，需要从网络结构和交通需求特点来研究专门的交通信息采集方案、数据组织方式和管理方式，并考虑其独特的线性结构特点。

总之，GIS-T 是将 GIS 技术、数据通信传输技术、电子传感与控制技术以及计算机处理技术等，有效地集成并运用于整个运输管理体系，从而建立起一种在大范围、全方位发挥作用的、实时准确的、高效的综合运输和管理系统，实现运输工具在交通网络上的运行管理。

1.2.3 交通地理信息系统特点

由于交通信息的线性性、动态性以及复杂性，与GIS在其他领域的应用相比，无论是在数据组织还是空间分析上，GIS在交通领域的应用有其独特的技术特征。这主要体现在如下3个方面。

1. 线性参照系统

线性参照系统（linear referencing system，LRS）是在一维空间中对地理现象的位置度量形式和方法，与常用的二维和三维空间定位方式类似（例如，二维空间中，可以通过空间对象在局部坐标系中的纵横坐标进行定位，而常用的高程系统就是一个典型的一维参照系统），线性参照系统则是通过地理现象沿路径到该路径起点的距离进行定位。交通网络是在地理空间中呈线性分布并形成网络的线性构造物，交通运输部门管理着大量的线性交通网络，采用线性参照系统描述交通网络与相关属性的位置特征，是其必然选择。实际上，线性参照系统适合于描述所有的在地理空间呈网络分布的人工、自然的系统，如交通网络、河道网络体系、电信管网以及在这些网络上流动的物流如车辆、人流等。传统GIS与GIS-T在线性目标表达上的核心问题之一就是实现二维坐标定位和一维坐标定位之间的相互转换（图1.3）。

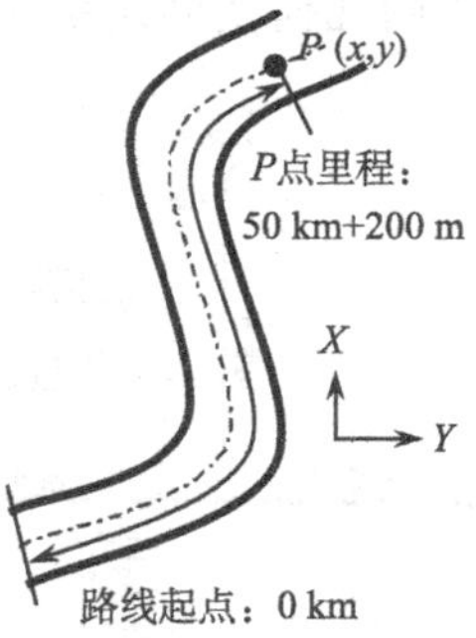

图1.3 线性参照系统

采用线性参照系的优点是能够仅用一个参数而不是两个参数（如经度、纬度或平面直角坐标系统中的纵坐标、横坐标），根据线性结构来定位属性和事件。只要指定沿某个线性构造的起点和终点，就能够动态地参考和创建此线性构造的各个部分而无须直接存储各部分的数据。

2. 动态分段技术

与线性参照系统紧密相关的核心问题是动态分段技术（dynamic segmentation）。如图1.4所示，动态分段技术是实现GIS-T中管理和分析以线性参照系为特征的数据的主要技术，通过动态分段技术能够实现分段属性信息与其所描述的线状特征空间位置的联系，从而解决线状特征的多重属性的表达和多重属性的动态查询与分析。动态分段的本质是在不改变原有数据结构的基础上实现对多重属性信息关系的表达，因此可以说，没有动态分段技术的支撑，就无法实现具有真正意义上的 GIS-T。

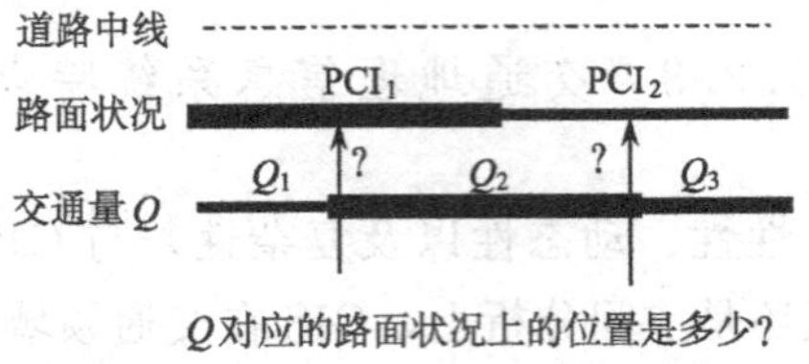

图 1.4 动态分段技术（PCI 为路面状况指数）

3. 几何网络拓扑关系

线性参照系统和动态分段技术是建立在交通网络的几何空间拓扑关系基础上。用来建立线状对象几何网络拓扑概念的基本要素包括结点、连通性、路径、区段、联线、里程、非连续性、路径系统等（图 1.5），只有在以上要素支撑下建立的几何空间网络拓扑关系，才能够胜任交通网络的分析和交通建模的需要。

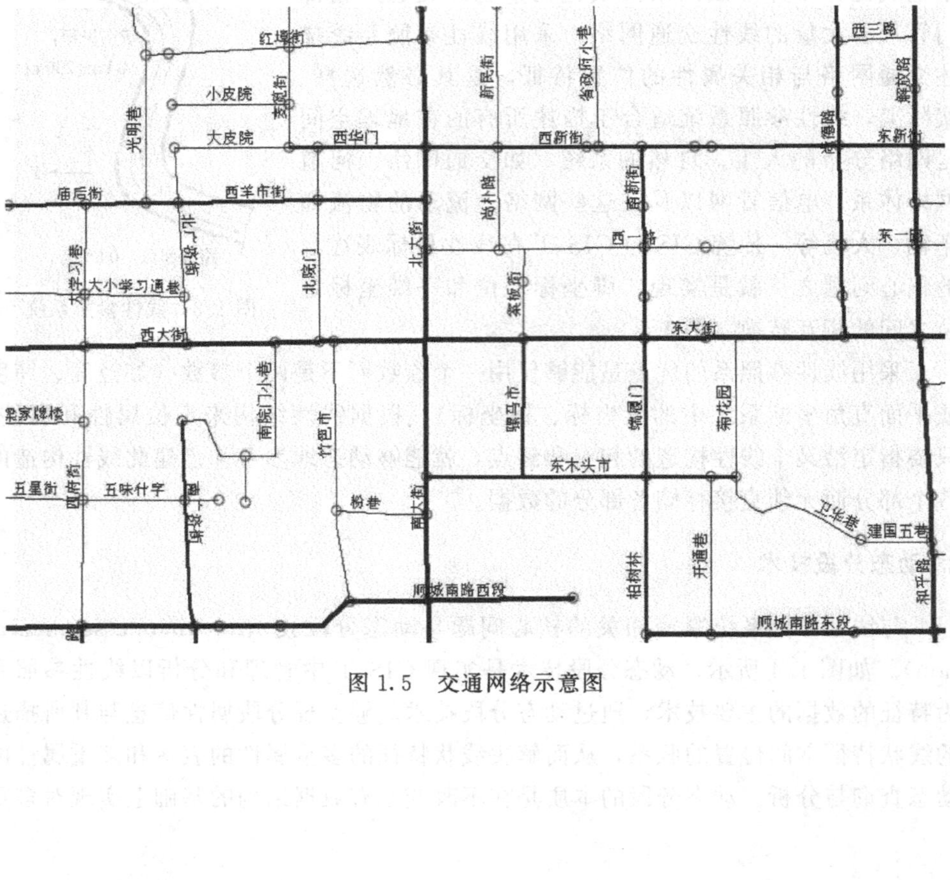

图 1.5 交通网络示意图

1.3 交通地理信息系统分类

根据GIS-T的功能、地域尺度和交通工具，可将GIS-T划分为不同的类型。

1.3.1 按功能分类

在各级交通管理部门中，其考虑与研究的对象一般包括三类：一是交通线路及其附属设施的规划建设和管理，前者如公路、航道、航线，后者如站点、码头、机场及其监管设施等；二是运行于交通网络上的交通工具，如汽车、轮船、飞机等；三是交通工具在线路上的运行状况，如流量、运量、堵塞、事故、环境污染等。这三方面不但涉及的信息量大，除具有复杂、面广、线长、动态等特点外，并且还具有鲜明的地域特征。GIS技术为处理具有地理特征的交通信息提供了新的技术和手段，具有传统方法无可比拟的优点，贯穿于交通规划、交通建设、交通设施管理、车辆运营与调度等各个环节。因此从功能角度上，GIS-T可分为规划型GIS-T、设计型GIS-T、管理型GIS-T以及导航型GIS-T四类。

1. 规划型GIS-T

交通运输系统规划是对区域和城市运输系统的预测和优化研究，是GIS-T的重点应用领域。经常涉及人口、社会、经济、环境等大量宏观尺度上的各种图文数据，在GIS-T技术支持下可有效实现各种空间、非空间数据的管理，并利用其丰富的交通模型库，创建相应的分区图和网络图，实现交通规划的决策支持、图文数据管理一体化等。

2. 设计型GIS-T

交通设施的勘测设计是一个反复的人机交互过程，中间也涉及大量的原始数据信息，并在设计过程中也会不断产生新的数据，通过GIS-T的空间数据库，可实现这些数据的统一管理，并在CAD技术的支撑下，实现真正意义上的勘测设计自动化。

3. 管理型GIS-T

GIS-T与交通设施管理系统、事务管理系统等相互集成，实现对交通设施的有效管理。例如在公路交通管理中，GIS-T与路面管理系统、道路养护管理系统、桥梁管理系统等相结合，借助先进的路面、桥梁检测设备和数据采集手段，使得道路及其附属设施的管理、养护更为科学合理和经济。

4. 导航型 GIS-T

ITS是新近发展起来的交通管理系统，它将和GIS-T、全球定位系统(GPS)一道成为未来交通领域快速发展的新技术。基于GIS-T、GPS的ITS，能够为道路用户提供实时动态交通信息服务，改善出行方式；也能够为道路管理者提供控制信息，大大提高现有道路的通行能力和安全性。在ITS所包含的6个高级交通系统中，有4个与GIS-T支持下的交通网络分析直接相关。由此可见，GIS-T在ITS中占有举足轻重的地位。

1.3.2 按地域尺度分类

按地域尺度，GIS-T可分为城市路网系统和区域交通网络两类。

1. 城市路网系统

城市道路网络系统是点、线结合的复杂交通网络系统。GIS-T主要用来解决城市普遍存在的交通拥挤、流量疏导和容量分析问题，以确保错综复杂的城市交通的安全、便捷、流畅、高效。交通规划和运行管理部门在做规划设计以及调度指挥时，可根据需要对现有的大量交通设施数据进行分析，快速有效地进行决策。建立起以城市交通数据库为核心的GIS-T，能够直观地显示交通设施的状态，例如，铁路信号、交通指示灯、车流量、路障信息等，并能根据这些状态信息进行分析，提供辅助决策的依据。煤气、天然气管网信息系统可以帮助运营管理人员及时获取管道压力状况，选择地点进行监控。

2. 区域交通网络系统

区域交通网络系统，是从较大的范围来研究交通网络，主要解决交通网络的通达性、最佳路线选择、路况管护、路网规划、工程分析等问题。利用GIS对整个区域的交通需求预测，进行交通组织分析、交通系统分析，以交通费用等数据的分析为依据来决定该区道路系统下一步的建设、管理、维护和选线，形成快速化、网络化、系统化的交通运输结构，以促进整个区域经济的快速发展。

1.3.3 按交通方式分类

1. 公路交通信息系统

公路运输网络形成了复杂的拓扑结构体系，利用GIS提供的完善的网络拓扑结构和特定的数学模型对其进行分析，并以图形和表格的形式直观地表现出来，可为决策者提供快速有效的辅助决策依据。目前GIS已经应用在公路系统的许多部门，如公路设计和施工部门。在保证造价最低的情况下，综合考虑道路所经过的地形、地质、周围环境辅助设施信息等，选择最佳的路径来铺设道路；规划部门利用GIS对交通流量、土地利用和人口数据进行分析，预测将来的道路等级以及分析新建道路对环境和经济文化的影响等。

2. 铁路交通信息系统

铁路运输是低耗能、高产出，适应大宗货物、长距离运输的运输方式。铁路运输优点是速度快，运输不大受自然条件限制，载运量大，运输成本较低。GIS在整个铁路运输、铁路设施的维护和辅助决策中起着非常重要的作用，除了提供对铁路设备的图形显示（分层显示、放大、缩小、漫游等）和查询分析以外，还有许多典型应用，包括设施管理、信号监测、流量分析、紧急事故处理、客户管理、铁路运量分析、辅助调度指挥、车站选址分析等。

3. 航空交通信息系统

航空运输在各种交通工具中是速度最快的一种运输方式，但存在费用高，运量少等问题。系统的应用在于对航站、导航台管理、对高空气流和飞行器进行监控，并通过分析来选择正确的航线，以达到节省高额运费的目的。

4. 水运交通信息系统

水运一般分为内河和海运两部分，主要担负大宗、笨重货物的长途运输。由于水上航道的地理走向和水情变化难以全面控制，在运输的连续性和灵活性方面，难以和铁路、公路比拟。GIS通过对内河航运量的调查与预测、航道等级与通航里程等的分析来提供内河的发展目标、航道港口的空间布局与区域划分、航线走向、标准与整治措施等，并根据港口远景客货吞吐量的规模确定港口水域、陆域，并对营运条件等进行规划。

5. 管道网络交通信息系统

管通网络适合于电力、石油及其制品、天然气、煤气、生产和上、下水等单项流体货物的专门运输以及电力、通信、有线电视等音频视频信号的传输，近年来管通网络也用于煤炭、矿石等物资的运输中。通过在该领域运用GIS技术，在现有的经济技术条件下，使管通网络能够发挥最大的效用。

1.4 交通地理信息系统功能

GIS-T是在GIS的基础上兼顾交通特征和需求发展起来的行业GIS，除具备常规GIS的基本功能外，还要在交通信息的数据管理、分析和建模方面有所加强和创新。具体的讲，GIS应该具备以下的基本功能。

1.4.1 基础GIS平台功能

基础GIS功能包括数据获取方式、数据编辑处理、数据显示、格式转换、几何量测、数据检索、缓冲区分析、叠置分析、地形分析、基本网络分析等，具体参见龚健雅（2001）编著的《地理信息系统基础》一书的29～31页。

1.4.2 交通数据建模与分析

交通数据建模与分析是指专门用于交通网络数据的建模和基本分析工具，主要包括：

（1）线性参照与动态分段，如前所述，线性参照是根据沿着道路与某一固定点的距离来确定交通运输分析对象的位置，而动态分段功能可以将交通网络中的连线根据其属性将特征相近的连线分段。分段是动态进行的，因为它与当前连线的属性相对应，如果属性改变了，动态分段将创建一组新的分段。动态分段引入GIS-T是为了分析以线为基础的运输系统的属性，如路面管理中，路网图将以路面铺装采用沥青或混凝土来“自动分段”，以便每种类型的路面含在同一个组中，如果因为需要采用路面类型和车道数这两种属性进行分段，那么每类路面中车道数相同的又自动形成一组。GIS-T中，基础设施与经营管理数据、交通事故位置、交通路线分级、道路桩号、固定资产投资项目等数据的分析和处理中，都要涉及线性参照系统和动态分段技术。

（2）矩阵管理、显示与编辑，矩阵是许多交通研究中分析的基础，GIS-T应该具备对这类矩阵的增加、删除、编辑以及矩阵的复制、转置、合并等能力，同时还应提供基于矩阵的统计运算功能，如行或列最大值、最小值、平均值等统计指标的获取，并通过提供期望线等方法实现对矩阵中的数据进行空间分析，使其具有较强的可视化效果。用户通过这种分析，可从不同的角度观察和了解运输流。

（3）交通运输网络特征数据管理，交通运输网络存储运输和附属设施的重要特征，包括转弯限制与耗时、上（下）跨路与单行道、多种运输方式的换乘地点和延迟函数、区域中心与交通网的连线、道路分类与性能函数等数据。

(4) 路径与路径系统分析，主要解决在网络上的物流配送路线问题，并提供交通路径的属性、停站位置、时刻表等信息。

1.4.3 交通应用模型

包括最短路径分析、车辆路线安排、路径系统、网络流量模型、位置-分配模型等直接服务于交通规划和管理的操作，是GIS-T的特色体现。

(1) 网络分析模型，该模型用于交通运输网络分析，包括以下三类基本操作：最优路径分析；网络分区模型，即根据距离、时间、费用等划分交通运输网络，以确定服务设施的服务范围；旅行售货商模型，产生经过网络中任何指定点的、效益最好的环路。

(2) 交通规划与运输需求预测模型，该模型由相关的四阶段模型实现，即出行产生模型（有多少行程）、出行分布模型（去哪里）、方式划分模型（什么旅行方式）和网络分配模型（走哪条路线）。

(3) 路径选择与物流模型，适用于任何交通网络的路径分析与物流分配，广泛应用于如送货与取货服务的经营管理、销售分配计划、基础设施维护、公共服务业等方面。

(4) 分区与定位模型，分区是按照用户要求对行政区、交通区域进行合并，而定位模型根据成本效益为设施确定最佳位置，包括常见的 p 中值问题（平均费用最小）、p 中心问题（服务成本最小）、服务利润最大化等模型。一般应用于管区和范围区的调整、行政区域或交通小区的重新划分、零售网点的分布、仓库位置与分货网的规划等。

(5) 网络流量模型，主要解决三类问题：在一对一基础上，寻求一种在网络中需求点与供给点相匹配的最佳分配问题；运输问题；最小花费流动问题。

1.5 GIS-T的应用范畴

交通是一个复杂的社会人文要素，并不是孤立存在的。其发展和建设与经济、环境、人口等诸多因素有关，只有将这些信息要素与道路规划、设计以及日常管理和维护工作紧密结合，并利用计算机信息技术才能建设满足需要的道路交通网。所有这些信息都有赖于其地理位置等信息。因此GIS-T作为交通信息化建设系统的一部分是必不可少的。它不仅可以提供直观的可视化效果，将各种信息以其地理位置为基础进行显示、查询和统计，更重要的是它还能够为决策者提供辅助决策手段和依据。

GIS 在交通方面的应用非常广泛，如前所述，交通有铁路、公路、水运、航空、管线等几个方面，根据这几种交通类别以及业务范围，GIS-T 在交通领域中的应用可归纳如图 1.6 所示。

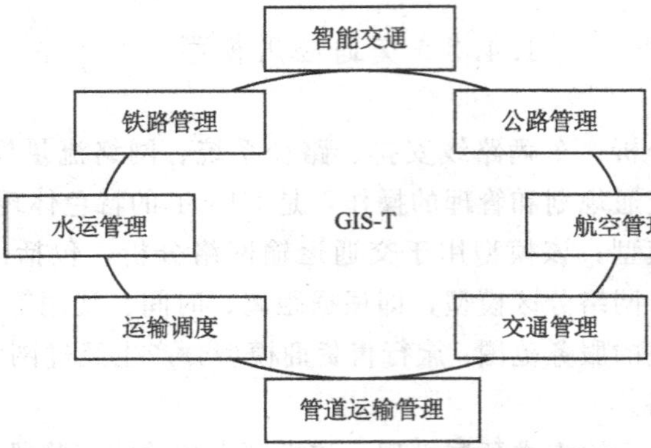

图 1.6　GIS-T 应用范畴

1. 铁路管理

铁路运输多用于中长距离客运和货运，流量大是其显著特点，并且随着近几年国家铁路网的大量建设，基本上已经形成了四通八达的铁路网络环境。但是随着公路、航空等的发展，铁路也面临着巨大的市场挑战，在这种环境下，除了继续加强硬件设施的投入以外，智能铁路运输系统、铁路管理与调度自动化等信息管理系统将在分析决策、市场预测等各方面给予辅助决策的有力依据。GIS-T 在这一领域的应用大致有资产管理、车辆跟踪、旅客信息管理、设施管理（铁轨、车辆、通信和信号）、物流分析、运输能力规划分析、紧急事故处理、市场分析、环境和建设、选址选线分析、联运管理、风险管理等业务部门。

2. 运输调度

运输调度广泛应用于货运或客运部门，这些部门对运输的要求主要是精确，包括对时间和地点。例如，何时何地上货、何时何地下货，如何在代价最小的情况下保证货物准时到达目的地，这些都是这些部门需要考虑的问题。一般可分为：

(1) 车辆（警车、运钞车、消防车、重要车辆）跟踪和调度；

(2) 路径优化分析（最短路径、代价最小路径以及耗时最少路径等）；

(3) 设备管理；

(4) 运输路线分析（根据地址、货物接运要求到达的时间等合理调度车辆，安排车辆的行车路线以及制定派工单等)。

3. 港口和水运管理

港口和水运管理对于水陆交通发达的国家和地区来说是非常重要的。大量的货物的进出口，船只的调度等，由于运输量的大量增加，很多设备已经大大超过了它们的承受能力。因此，合理的调度和运用这些设备，以提高整体的运输质量是非常重要的。GIS-T在港口和水运管理系统中除了提供以上这些分析功能外，还能对河床进行分析。由于自然环境的污染以及长时间的泥沙冲击，容易引起河床的变化，同时对水运交通造成阻碍和影响，利用GIS可以观察河床的变化，以及预测一段时间河床淤积的状况，以便及时给出是否需要清淤或其他操作的支持。

4. 航空和飞行管理

GIS在航运方面的应用主要分为以下几个部分：

(1) 设备管理，包括地面设备以及机场控制区的设备管理；

(2) 模拟飞行以及噪声管理；

(3) 机场与周边环境保护的管理；

(4) 机场建设和维护管理；

(5) 飞机起降操作管理；

(6) 航运能力以及交通规划。

5. 公共交通管理

公共交通运输包括公交车、出租车、校车等，这些车辆运输的效率好坏直接关系着城市居民的生活质量，GIS-T在公共交通管理中的应用主要表现在以下几个方面：

(1) 线路规划和分析；

(2) 公交车辆的调度和紧急事故的处理；

(3) 车辆的自动定位和跟踪显示；

(4) 客运车辆计划和路线规划；

(5) 公交车站和设施管理；

(6) 路线以及通信设备的维护管理；

(7) 突发事件的迅速定位和事故分析；

(8) 统计分析以及根据统计结果制定新的路径；

(9) 交通规划和建模分析。

6. 智能交通

智能交通是利用计算机技术和通信技术管理交通事务，以提高道路的通行能力，舒缓交通阻力，提高道路通行的安全系数，紧急事故的处理等。其中GIS-T软件在该应用中起到了至关重要的作用，它能够通过图形的形式记述查询道路的通行状况，迅速定位事故点，抢修车辆的调度，以及提供交通疏散的方案等。这一应用在近年来国内外的交通管理部门得到了大量应用。例如，北京交通管理局、欧洲公路管理信息系统（road management system for Europe）、芝加哥铁路局、密歇根州交通管理局等。主要应用领域有：

(1) 交通信息管理与发布；

(2) 交通在线多媒体黄页；

(3) 出行和交通管理；

(4) 出行需求管理；

(5) 公共交通运营管理；

(6) 商用车辆运营管理；

(7) 应急管理；

(8) 先进的车辆控制和安全管理。

7. 公路管理

公路交通是最发达、使用最频繁的交通方式。在一些铁路、航空、水运无法到达的地方，公路运输显得尤为重要。目前我国的公路按使用性质分为高速公路、一级公路、二级公路、三级公路、四级公路等五个等级，根据使用任务、功能和适应的交通量则有国家公路、省级公路、县级公路、乡村公路和专用公路五个级别。交通管理部门在规划、设计、施工、维护、管理这些公路数据的时候，GIS-T作为重要的工具除了能够通过图形的形式直观地反映公路交通网的状况、查询相关信息，以及制作漂亮精美的专题图外，更重要的是GIS能够在日常管理业务中提供辅助决策的依据。

8. 公路设计

公路线路的走向布设受社会、人文、环境、地形等多方面因素的影响，将多种数据的叠加分析显示为公路规划提供直接的分析依据。同时GIS-T本身所提供的最佳路径分析功能，包括最短路径以及最小造价路径分析等也为公路规划提供一定的借鉴和参考材料。

9. 公路建设

建设管理者需要在公路建设过程中时刻关注公路的建设过程，了解公路建设的状况和进度，保证工程顺利完成、严格控制工程质量。在这个功能中，采用GIS-T软件需要用到一个非常重要概念：动态分段，即根据施工里程数据在图上动态地显示完工的公路信息。同样的该功能也应用在事故定位的应用中，例如，只需给出里程数据就可以迅速定位事故点的位置，并在图上以特殊符号进行标注。

10. 公路维护

公路维护和养护对于公路管理部门来说是一件繁重的业务。例如，统计所辖区域内的不同等级或不同类别的公路的长度、报表输出、专题图的制作、查询路况信息以及公路养护等。所有这些日常的业务工作都离不开以地理图形为基础的GIS-T系统。

1.6 GIS-T的发展与现状

20世纪80年代以来，随着各种GIS软件技术的成熟，功能的不断完善，应用范围的拓展，相关技术如数据库管理技术的广泛应用、计算机价格性能比的下降，使得交通运输部门有可能采用现代技术改善工作效率和质量。同时，环境保护、经济可持续发展等影响人类生活质量和生存空间等重大问题日趋严重，而由交通所引起的环境污染、交通堵塞等问题也被人们逐步认识，跨学科、多层次的合作研究成为解决交通运输及其相关问题的基本途径。

美国是较早利用计算机技术进行交通运输和规划数据库建立的国家之一。在20世纪80年代中期，美国联邦公路署就开始了综合公路数据库的开发研制，并在1988年建成了实用的GIS-T。该系统包含45 000条道路、总长370 000mi(1mi＝1.609 34km)的覆盖全美的公路网，并且有与每条公路相关联的属性信息如公路等级、归属、编号、长度、路幅形式、中央分隔带、交叉口类型、车道数、路面类型、桥梁、州交通量、州界等。1995年第20届PLARC会议上，美国联邦公路署向与会的各国代表提供了一张综合公路数据库V2.0版光盘，该数据库是适合于交通运输网络规划、分析建模的综合数据库，是当时世界上最大的公路数据库之一。

在美国联邦公路署的倡导下，各州运输局相继展开了一系列的GIS-T的研究，包括适合于GIS-T的交通运输建模问题、GIS-T的数据存储方式、数据格式转换、GIS-T应用范围、软件平台选择、GIS-T项目可行性研究等。其中

Wisconsin 运输局是 GIS-T 的开发与数据集成的先驱，开发的基于 GIS 的路面管理系统已投入运营之中，同时还开发了桥梁管理和维护 GIS、交通标志和道路设施管理系统、基于 GIS 的交通事故分析等系统。为减少数据建库费用，实现资源共享，各州运输局与测绘部门紧密合作，采取分工负责数据采集，同时将 GPS 技术引入数据采集中并建立了进行空间信息采集和集成的参考框架与标准。美国运输研究组织也不失时机的成立了 GIS-T 工作组，从事 GIS-T 与 ITS 的数据模型、线性参照系设计、数据质量控制、线性参照系中的误差传播等内容。

随着 GIS-T 的广泛研究与展开，美国从 1992 年以来先后召开了多次 GIS-T 学术研讨会，并出版了相应的论文集。美国开展 GIS-T 研究的特点是紧密结合交通运输发展的实际，解决在交通运输中急需解决的关键技术与策略问题。

德国是较早将 GIS 用于公路选线实际工作中的国家之一，例如，在兴建勃兰登堡的 Oranienburg 市的绕城公路时，通过 GIS 技术进行了该项目的环境协调性研究及路线方案的规划。日本东京煤气公司研制了基于 GIS 的车载导航系统，该系统由 CD-ROM 数据库和实时通信系统组成，用于事故抢修、车辆调度和野外作业指挥。加拿大的艾伯塔省建立了全省公路维护系统，实现了 GIS-T 对道路养护的决策支持。美国印第安纳州交通部采用 GIS 管理全州的 9.2 万 m 的公路、上千座桥梁以及铁路、航道、民航机场等交通信息。

我国是一个发展中国家，经济上还处于发展阶段。我国的现状使交通规划与管理就显得十分重要。为从根本上解决交通问题，吸取西方发达国家在交通规划、管理方面的经验教训，增强规划决策和管理的科学性、合理性，逐步展开 GIS 在交通规划、管理中的应用，将有助于我国交通规划、设计和管理水平的提高。从西方国家的经验可看出，GIS 是进行交通规划与管理最有力的工具，在我国交通规划与管理中推广和应用 GIS-T 技术，进行 GIS-T 的理论和应用研究，具有重要的理论意义和现实价值。

从 20 世纪 80 年代起，我国公路管理部门采用 Oracle、FoxBase、dBase 等陆续建立了一些公路路况数据库，在“七五”、“八五”期间，交通部组织了一系列的旨在提高公路规划和管理水平的应用系统开发研制，包括路面管理系统 CPMS、桥梁管理系统 CBMS 等，这些系统具有查询简单快速特点，但只有公路属性数据，并未建立各级道路的空间数据库，无法满足空间分析的需要，难以胜任对公路信息的全方位动态管理和进行公路规划、建设和养护的分析和决策支持。为从总体上改善我国公路信息的管理水平，缩短与发达国家之间的差距，交通部决定建立我国自己的公路数据库系统，并于 1991 年将省市两级的公路数据库建设下达给陕西省交通厅，陕西省交通厅与中国科学院遥感应用研究所合作，开发完成了地市级公路数据库 Trans-GIS 的研制开发。1995 年交通部科技司在申报国家重点科技项目“GIS 在公路信息系统中的应用研究与开发”中，着手研究将GIS技术用于公路建设和管理，建成基于GIS的公路信息系统。1998年中国城市规划研究院承担的863项目“GIS支持下的城市交通需求分析系统软件开发”，将城市地理信息系统和交通需求分析模型结合为一体进行研究开发，在交通需求分析中引入GIS空间数据模型和空间分析技术，从交通数据采集、管理、交通分析过程及结果的表现等方面对交通需求分析进行支持。至此，GIS-T的研究在我国交通领域蓬勃展开，例如，国家发改委所属综合运输研究所于20世纪90年代中期开发完成了全国铁路客流管理地理信息系统，为用户提供各种查询手段和分析方法；黑龙江、广东、新疆等省、自治区先后研制成功并投入使用的省级综合交通地理信息系统，为用户提供可视、实用等辅助决策支持；中国—加拿大政府合作完成“广东省综合交通规划管理系统”，为省级、国家级开展综合运输规划研究奠定基础，许多省市如江苏、河南、河北、上海等先后开发研制了基于GIS的公路信息系统、桥梁管理信息系统、公路管理信息系统等。

思 考 题

1. 什么是交通地理信息？它有什么特点？
2. 什么是GIS-T？GIS-T有何特点？
3. GIS-T可分为哪些类型？
4. 试述GIS-T与GIS的联系区别。
5. GIS-T有哪些主要功能？
6. 简述GIS-T的主要应用领域。

第2章 GIS-T数据采集

2.1 GIS-T的数据构成

一般而言，GIS-T 的数据类型包括基础地理信息、交通专题信息和社会经济信息三类基本信息（表 2.1）。

表 2.1 GIS-T 数据类型

GIS-T 数据类型	基础地理数据	大地控制 行政区划 交通（公路、铁路、航空） 水系 地质地貌 ……	
	交通专题数据	静态信息	道路：名称、长度、宽度、等级等 桥梁：形式、位置、结构等 停车场：位置、容量、收费标准 ……
		动态信息	车辆：位置、速度、时刻 事故：地点、程度、时间 交通堵塞：位置 天气 ……
	社会经济数据	社会经济信息	政策法规 环境资源 社会经济目标
		交通运输信息	交通：公路、铁路、水运、航空、管道 交通服务能力

2.1.1 基础地理信息

基础地理信息，是指在科学的参照系（如地理坐标系格网）之下，按标准化的规则，运用测定、采集和表述等测绘方法，获取自然地理要素（如地貌、水系、植被等）和地表人工设施（如道路、房屋、居民地、地名、境界等）的形状、大小、空间位置及其属性等数据，整合成的反映地表基本形态的地理信息数据集。

基础地理信息的承载形式是多样化的，可以是各种类型的数据、卫星影像、航空影像、各种比例尺地图，甚至声像资料等。

基础地理信息一般可从国家基础地理信息数据库中获取。国家基础地理信息数据库是国家空间基础设施建设中的重要组成部分，提供了一个实现空间信息交流的科学、准确、稳定、法定的平台。GIS-T的基础地理信息只有在充分利用国家基础地理信息基础上，针对GIS-T的特点以及服务目的进行交通相关信息的采集、重组和内容扩展，才是建立GIS-T的最佳途径。

基础地理信息具有如下特点：

1. 空间定位功能

空间定位功能是国家基本比例尺地形图所具有的独特功能，地形图的制作遵循严密的数学法则，是空间定位的参照系。地图上的地貌、地物的几何位置、地理相关位置与形态特征、定点、定线的地理背景，都是通过实地调查而得，是交通设施工程设计和施工的基础。数字地图具有良好的拓扑关系，提供了方便的空间定位、量算和空间分析能力。

2. 专题信息负载功能

基础地理信息可以是以某种图案或颜色填充来表明地图对象（点、线、区域）的某些信息（如人口、交通量等），这类基础地理信息表现为一定意义的专题信息，进行直观的可视化分析。用户可以通过使用专题地图的方式将数据图形化，使数据以更直观的形式在地图上体现出来，可以清楚地看出在数据记录中难以发现的模式和趋势，为用户的决策支持提供依据。

3. 综合认识空间目标特征

数字地图是地球自然表面和各种人文、社会和环境信息的综合写照，能为国民经济建设各部门提供大量的自然和社会的直接的、间接的信息。随着计算机技术的发展，多种信息的集成与分解成为可能。用户能随时提取其关注的相关信息进行显示、分析和组合，这是常规模拟产品不可比拟的。

4. 可靠的数据精度和质量

作为从事测绘基础地理信息数据加工生产的专业部门，负责向各行业提供精确、一致、稳定的地球空间信息的定位基础。基础地理信息数据的精度、一致性和可靠性至关重要，是具有法律效力的依据。

尽管如此，由于基础地理信息数据面向的是各个行业，尚不能完全适合GIS-T的应用和服务要求，主要体现在：

(1) 交通专用性。交通信息是GIS-T的主要内容，而服务于交通的各种专题信息如红绿灯、步行街、单行道、路况、车道数、限速区等信息一般在基础地理信息上得不到反映。

(2) 多尺度特征。GIS-T服务于交通的各个环节，从全球尺度的物流管理到局部的施工组织与设计。GIS-T数据库的建设需要从宏观到微观的不同分辨率和精度的多尺度基础地理信息的支持。

(3) 信息实时性。GIS-T需要实时反映交通路线的状况和调度信息，此类信息在现实交通中比比皆是。例如，由于交通管制而设置的单行道、转弯信息，高速公路由于维修、天气状况等原因的关闭等。

(4) 系统开放性。交通服务具有公众性，GIS-T也应该是一个开放的系统。

2.1.2 交通专题信息

交通专题信息是附着在交通网络和设施上的各种交通属性信息，全面刻画交通路线的各种质量特征。交通专题信息数据的获取主要通过资料的收集分析、抽样调查获得。由于交通信息种类繁多，内容复杂，在建立GIS-T前，要进行详细的用户调查和需求分析，以确定要收集和存储哪些属性信息以及这些属性信息分布在什么单位和部门。

交通专题属性信息可分为静态信息和动态信息两类，前者主要刻画交通路线与附属设施的基本性质，如一条道路的名称、起终点、长度、宽度、路面结构、管养单位等；后者常常反映交通运营情况，是车辆导航和交通管理的基本数据，如交通堵塞位置、原因、预计堵塞时间等。

不同交通属性信息的获取方法、途径也各不相同，同一个交通数据的取得也往往不同。

获取交通属性的静态信息可通过土地管理部门、测绘部门、建设部门、市政单位、公安交警管理部门等获取。现阶段，我国这些部门相对独立，尚没有统一的组织来协调，要想全面系统地取得所需要的数据，往往存在较大困难。因此应该建立一个专门的组织机构进行协调和统一规划，以降低数据资源的采集和管理成本，实现数据共享，达到迅速、详细、精确地获取所需数据的目的。

动态交通数据的获取比较复杂，一般不同的数据有不同的数据获取方法。当今数据采集的技术有GPS定位、视频检测技术、数码摄影技术、卫星图像、高清晰度扫描技术、红外线或微波等。其中GPS常常用来获取车辆单元的实时位置信息，车辆检测器可获取车流量、车道占有率、车速、车型等信息。其他如紧急电话、巡逻车等也是动态交通信息获取的必要补充。

2.1.3　社会经济数据

社会经济数据是关于区域内的社会、经济、环境、交通运输状况等数据，综合反映区域内社会经济状况。这些数据是交通规划设计的基础数据，一般包括社会经济数据和区域交通运输能力两大类。主要通过调查访问的形式获得。

2.2　GIS-T 数据内容

2.2.1　基础地理数据内容

在 GIS-T 中，基础地理数据一般是用作背景地图（除设计外），这类数据一般包括以下三类：

（1）基础地理信息数据：包括大地控制点、境界（省、地市、县、乡镇）、地质地貌、水系、湖泊、铁路、机场、地名注记；

（2）交通基础设施数据：国道、省道、主要支线公路、县乡公路、公路桥梁、隧道、收费站、干线公路、物资供应站；

（3）道路养护专题数据：公路局（处）、养护管理处、养护管理站、养护工区、道班、观测点。

2.2.2　社会经济数据内容

社会经济数据一般包括区域社会经济数据和交通运输能力数据两类。

1. 区域社会经济数据

区域社会经济数据由国家和地方有关的法规政策、资源环境信息和社会经济信息三类数据组成。

（1）国家和地方有关的方针政策：①国家经济建设、国防建设的方针政策以及相关区域的社会经济发展规划；②国家和地方正式批准的资源报告、国土开发规划、综合运输网规划、行业发展规划；③相关人口政策、用地政策、资源政策、环保政策、交通运输政策等；④国防建设的需要，要求路线方案的走向；⑤现行有关道路工程技术标准、规范、定额、指标、建设法规等；⑥当地政府部门对交通的需求以及改建方案的建议。

（2）资源环境信息数据：①矿藏类型、分布、储量、质量特征；②主要工矿布局，产品产量，当地销量，外销量，库存量，所需原料、材料、燃料等的数量；③公路建设所需的人力、物力现状及主要材料的单价；④环境保护、森林保护、水土保护、野生动植物保护、文物保护的范围与等级。

（3）社会经济信息包括：①规划区总人口、产业人口、总面积、耕地面积、社会总产值、主要产品产值、国民收入、人均收入等；②规划区的经济结构、产业结构、产业政策、城镇建设、布局与格局、发展方向；③重大经济布局的调整和安排，新建、改建和扩建的大型工矿企业项目；④主要产品及其产量。

2. 区域交通信息

区域交通运输系统数据包括以下主要几类数据：

（1）公路网各线路的起终点，主要经过地点，里程长度，等级，路面结构与状况，地形条件，大中桥，隧道，渡口，主要客（货）场（站）规模、布局以及适应状况；

（2）公路网内的交通事故情况（次数、伤亡人数、经济损失、事故多发地段等)；

（3）铁路网各线路的起终点，主要经过地点，里程长度，等级，通过能力，主要场站规模、布局以及适应状况；

（4）航道网各航道起终点，主要经过地点，里程长度，等级，通过能力，主要场站规模、布局以及适应状况；

（5）航空线起讫点、里程、机场位置、吞吐量、适应状况；

（6）管道起讫点、主要经过点、里程、通过能力；

（7）邮电设施密度与适应状况；

（8）铁路、航空、航道、管道与邮电设施发展规划。

3. 区域交通运输数据

区域交通运输数据反映区域的交通运输能力。包括：

（1）铁路、公路、水运、航空与管道五大运输方式历年完成的客货运输量及所占的比重；

（2）公路交通运输部门完成的历年公路客货运量与周转量；

（3）非交通部门完成的历年公路客货运量与周转量；

（4）国家、省级公路的历年交通量和县、乡公路的基年交通量；

（5）铁路、公路、水运、航空与管道等运输方式的基年运输 O-D 表；

（6）铁路、公路、水运、航空和管道等运输方式的运输成本、平均速度、实载率以及汽车平均工作率、平均车日行程、平均运距等运营指标；

（7）汽车保有量。

2.2.3　交通专题数据内容

交通专题数据的内容非常广泛，涵盖了公路、铁路、水运、航空、管道五大交通方式的各种信息，其中尤其以公路交通专题数据最为丰富。公路运输在当今交通运输体系中占据着主要的地位，一般高校中交通工程专业的研究范畴也是以公路交通为主。从国际 GIS-T 的研究内涵来看，基本上是围绕公路交通为主要议题进行展开的。所以，本书的交通专题数据也以公路交通作为主要描述对象。

公路交通的 GIS 研究覆盖从规划、建设、养护、运输、交通管理的各个环节。从内容上可分为规划类数据、建设类数据、养护类数据、运输管理类数据和交通管理类数据等。

1. 规划、建设类数据

规划、建设类数据包括公路规划、可行性研究、勘测设计、施工监理、竣工资料等文档数据。设计单位多、数据内容丰富，项目多样，这里不详细列出各类数据的内容，仅给出所涉及的大类内容（表 2.2)，详细内容参见有关的技术文档和规范。

表 2.2　公路规划、勘测资料一览表

资料内容	编制单位
项目建议书与批书文档数据 可行性研究报告与项目评估书 可行性研究报告批书	建设单位
工程地质勘查报告 总体规划设计 审批的设计及有关文件 公路用地图 设计问题回复单	设计单位
征地拆迁工作总结 征地拆迁文件 征地拆迁图表 土地证（复印件） 招投标文件、合同协议书 项目实施期间管理文件 技术补充文件和修改文件 照片和音像资料	建设单位

续表

资料内容	编制单位
行政管理文件	
交桩和复测报告	
图纸会审记录	
施工组织计划	
试验段实施方案和总结报告	
技术交底资料	
开工报告、分项工程开工申请批书与附件	施工单位
原材料出厂质量证明	
原材料试验报告数据	
路基、路面、桥梁、隧道、互通立交和交通安全设施施工试验报告和检验记录	
单位、分部、分项工程质量评定数据	
工程质量自检报告和试验、施工检验结果汇总数据	
信息管理系统、机电设备安装调试数据	
施工原始记录	
交工验收报告、竣工验收鉴定书	建设单位
建设管理工作总结	
设计工作总结	设计单位
施工总结	施工单位
监理总结	监理单位
质量监督工作报告	政府质量监督机构
工程决算审计报告	审计单位
环保工程验收报告	政府环保机构
竣工图	施工单位
工程交接表	
工程竣工决算与财务决算	建设单位
科研资料	科研承担单位

2. 养护管理类数据（路况数据）

路况数据反映公路的使用性能，是道路养护的依据，包括以下信息：

（1）路线基本数据：路线名称，路线编号，起点地名，终点地名，线路类型，所属政区，隶属单位，总长，起点里程，终点里程，建成时间，建设单位，施工单位，监理单位，投资费、维护费，计算行车速度，设计等级，设计年限；

（2）路线几何数据：线路图，线路地理坐标，平曲线半径，缓和曲线长度，交点位置，交点坐标，交点偏角，行车视距，竖曲线半径，竖曲线长度，纵断面，变坡点位置，边坡点里程，边坡点偏角，路面横坡，路面宽度，路基宽度；

（3）路幅数据：中央分隔带（缺口），路缘带，车道数，行车道，超车道，硬路肩，土路肩，紧急停车带，加速车道，减速车道，爬坡车道，防护栏；

（4）路基数据：土壤，岩石，横剖面，路基宽度，边坡（类型、坡度等），护坡（类型），挡墙（类型、位置），排水设施（类型、左右、长度、起点里程、终点里程、水流方向、纵坡等），不良地质路段；

（5）公路交叉：主线，跨路桥，匝道，入口，出口，变速车道，三路 T 型立交，三路 Y 型立交，四路立体交叉，多路立体交叉，平面交叉口，铁路桥；

（6）路面数据：沥青路面，混凝土路面，沙石路面，铺设方法，养护记录，病害记录，维修记录；

（7）公路性能数据：弯沉，平整度，摩擦系数，路面损坏调查数据；

（8）公路道班数据：道班名称、房屋类型及间数、所在桩号、基地面积、总建筑面积、施工年份、造价、职工人数、房屋维修历史与现状；

（9）桥梁数据：线路名称、所在桩号、桥梁名称、桥梁类型、河流名称、桥面铺装、跨度或长度、桥梁长度、桥面高程、纵向坡度、载荷等级、翼墙结构、人行道宽度、净宽、养护道班房、所在地名称、道路与河流夹角、河流洪枯水位、正常水位、超过路面的水深、河床类型与斜坡、航道等级、冲刷情况、护坡、结构情况、溜冰水位、桥墩冰冻防护、桥梁修建时间、桥梁图片、桥梁结构（上部结构包括孔别、孔径、梁的类型、材料、梁厚度、支座类型）、修建时间（开工年月、竣工年月、总投资、资金来源、说明书、审批文件、质量情况、施工管理单位、设计人员、施工单位）、损坏情况（损害日期、损坏情况、损坏原因、预算费用、实际费用、修复日期、修复方法、修复报告名称、修复报告日期、单位主管姓名）；

（10）涵洞数据：护底材料、护底面积、基础种类及面积、拱圈或盖板厚度、填土深度、材料类型、孔数、孔径、涵洞长度、洞底坡度、施工年份、造价、目前状况、进口形式、进口尺寸、进口高度、出口形式、出口高度、出口尺寸、修建历史，与路线交角，水流方向；

（11）隧道数据：洞口，门柱，翼墙，洞身，引道，路面，防护，放水排水工程，标志，标线，照明，通风，通信，消防，供电，供水，监视，监控，长度，位置，修建时间（开工年月、竣工年月、总投资、资金来源、说明书、审批文件、质量情况、施工管理单位、设计人员、施工单位），车道数；

（12）绿化数据：中央分隔带绿化，环境设施带绿化，互通式立交绿化，服务区绿化，树木，草坪，护坡绿化；

（13）养护设备：洒水车，压路机，混凝土拌和机，振捣器，混凝土切缝机，混凝土破碎机，沥青路面摊铺机，路面划线机，路面清扫车，护栏清扫车；

(14) 公路安全设施数据：交通标志，交通信号，防护栏，视线诱导标，诱导灯，防炫目设施，防噪声设施，照明设施，车距确认标志，紧急通道；

(15) 公路通信设备数据：调度电话系统，紧急电话系统（拨号、对讲、按钮），程控交换机，广播设备，二次群误码仪，无线电综合测试仪，测试普通发报机，测试普通接收机，通信电缆故障诊断仪，微波频率计；

(16) 公路监控设备数据：车辆检测器，监测电视，巡逻车，气象观测装置，轴重计，超重录像，中央控制室，发送器，感应天线；

(17) 车辆服务设施数据：加油站，修理所，停车场；

(18) 人员服务设施数据：餐饮部，小卖部，厕所，休息处，娱乐处，宾馆；

(19) 公路交通数据：流量，车型，车速，车距，拥挤，载重，车辆密度；

(20) 公路交通事故数据：地点，情况，伤亡，车号，车种，姓名，事故处理，事故统计，事故多发路段；

(21) 公路交通标志数据：警告标志，禁令标志，指示表示，指路标志，路面标线；

(22) 公路路政数据：路产，路权，路政巡逻记录，路产损失索赔数据，许可证数据，路政档案，路政报表；

(23) 公路法规数据：公路法，公路管理条例，管理办法，地方政府管理法规等；

(24) 公路收费数据：人员，收费站，收费口，票证台账，票据，稽查，路段，发卡机，收卡机，收费方式；

(25) 公路宣传知识：交通管制，养护维修，应急响应，事故处理，防灾减灾。

3. 交通管理类数据

交通管理类数据包括以下五类数据：

(1) 车辆属性数据：车辆登记，车辆变更，车辆过户，车辆补换牌证，车辆换号，车辆抵押，车辆转出，车辆注销，车辆定检，延缓报废，机动车所有人，机动车代理人，经办人，抵押人，抵押权人；

(2) 驾驶员数据：业务数据、驾驶员档案；

(3) 违章、事故管理数据：违章审批，处罚决定，文书维护，记分管理，违章数据传送，违章其他处理；

(4) 交通管理设施数据：红绿灯，电子警察分布，视频分布；

(5) 交通监控数据：警力配置，视频数据，道路拥挤，超限运输。

4. 运输类数据

运输类数据主要有：

（1）运政数据：经营许可，车辆道路运输证，车辆属性（厂牌、型号、等级、座位、投入使用日期），车辆运输（经营路线、班次、时间、驾驶员、运量），车辆运营行为规范（违规、信用等级、处罚），车辆运行动态情况（包车、旅游、运输专业），车辆发班状态（客运）；

（2）班次信息：省际班次，市际班次，县乡班次；

（3）线路票价：省际线路票价（车型、等级），市级线路票价（车型、等级），县乡线路票价（车型、等级），运输企业省、市、县乡线路票价（车型、等级）；

（4）车辆信息：车辆信息（车型、等级、厂牌），进出站车辆信息（车型、等级、厂牌），运输企业车辆信息（车型、等级、厂牌），外省车辆信息（车型、等级、厂牌）；

（5）客流数据：按车辆客流统计，按出发地划分统计，按到达地点划分，按线路统计，按运输企业统计；

（6）节日客流数据：春运（日期汇总、全省汇总、全市汇总、站汇总、运输企业汇总），五一（日期汇总、全省汇总、全市汇总、站汇总、运输企业汇总），十一（日期汇总、全省汇总、全市汇总、站汇总、运输企业汇总），中秋（日期汇总、全省汇总、全市汇总、站汇总、运输企业汇总），元旦（日期汇总、全省汇总、全市汇总、站汇总、运输企业汇总），端午（日期汇总、全省汇总、全市汇总、站汇总、运输企业汇总）；

（7）节日加班数据：春运加班，五一加班，十一加班，中秋加班，端午加班，元旦加班，按客流加班比例，按收入加班比例，按班次加班比例；

（8）违规班次数据：正班班次汇总，加班班次汇总；

（9）运输实载率数据：线路实载汇总，车辆实载汇总，班次实载汇总，车型实载汇总，车辆等级实载汇总，承运单位实载汇总；

（10）其他行业客流数据：铁路客流，民航客流，水运客流，旅游车客流，自驾车客流；

（11）旅行线路选择：按道路舒适路线，按车辆舒适路线，班车最近路线，最快路线；

（12）城市公共交通数据：城市道路网，交叉口结点，公交线路网，公交站点与站台，公交线路班次信息，运营时刻表，车辆台账，车辆维护检验记录，油料消耗品，分公司及部门数据，驾乘人员数据，车辆监控数据。

2.3 GIS-T 数据采集方法

从GIS-T数据内容可看出，GIS-T数据具有数据类型多、分布广的特点。然而尽管如此，从数据组成看，GIS-T数据还是由空间数据和属性数据组成的，前者反映公路的地理位置，后者依附于空间位置表现公路的性质。因此GIS-T的数据采集，一般也是分成空间数据采集和属性数据采集两部分进行，在入库时二者之间可通过关键词进行连接，从而将公路这一空间实体置于空间数据库的统一框架之下，实现公路的可视化表达和管理。

GIS-T空间数据采集的方法与常规GIS空间数据采集并无二致，可通过地形图图件的手工数字化、扫描数字化、野外实测、航空航天影像解译等实现，也可通过已有的数字化数据导入。值得一提的是，在勘测设计阶段，已经存在大量的纸质或数字化图件，以及道路与构筑物的几何描述数据和部分属性数据，这些数据具有信息量大、精度高、比例尺大等特点，能够反映公路建设时期的基本特征，是道路几何数据的最直接的信息源，在各种资料齐全的情况下，应尽可能采用这类数据。

交通专题数据是GIS-T数据采集的重点内容，它全面衡量和反映道路几何实体的质量特征。交通专题数据类型复杂，形式多样，既有数字数据，也有文本数据，还有图形图像、声音等数据。GIS-T数据具有明确的应用目的，例如，公路养护侧重路面、构筑物等类型数据，而交通管理则是交通标志、车辆、驾驶员、违章违规、道路转弯等属性数据，交通规划主要考虑各类社会经济数据。不同应用上交通专题数据具有一定的重叠。

GIS-T数据属性数据信息复杂、量大，交通路线又呈线性空间分布，附属设施沿交通线路布置。而常规的地形图、影像虽然可以获取交通与附属设施的空间位置，但交通专题信息不足，不能满足GIS-T的分析和建模的需要，完整快速而又准确获取交通专题信息，需要考虑交通现象的空间分布特征。

GIS-T属性数据采集主要采用调查方法。以往调查是人工的，不仅速度慢，精度差，而且安全程度也不高。近年来随着通信技术、计算机技术和空间信息技术的发展，GIS-T属性数据采集技术得到快速发展，出现各种适合于交通数据采集的方法和技术。这类技术和方法一般涉及3个方面的因素，即交通设备、空间定位技术和地理描述技术。

交通设备是交通专题数据采集设备的搭载平台。按其状态有固定式和移动式两种。前者如安装在交叉路口的视频装置、埋设在路面上的传感设备，后者常用的有人工、汽车、飞机以及卫星四种搭载平台。人工数据采集虽然直观但效率低下，汽车、飞机需要对搭载的传感器（采集设备）进行定位，随着卫星遥感影像分辨率的提高，卫星遥感影像成为大范围交通数据获取的主要技术之一。

空间定位技术实现对数据采集位置的快速定位。目前主要采用里程计、惯性导航系统、测距仪以及全球定位系统（GPS）等技术。里程计是通过安装在车轮上的机械装置，以车轮转动的数量来测定距离，这种方法简单易行，但只能提供无方向的相对定位结果。惯性导航设备通过陀螺仪和加速计可提供空间对象相对于某一点的距离和方位，虽然定位精度高但比较昂贵。测距仪通过雷达或激光的多普勒效应实现仪器和空间对象的距离测定。GPS 以其定位精度高、全天候作业、快速定位等技术特点而备受关注。

地理描述技术用来测量和记录交通专题信息，包括现场键盘输入、语音识别系统、数码摄像设备、交通流采样、路面性能（如弯沉、抗滑、几何数据等）检测设备等。

综上所述，目前用来进行交通专题数据采集的方法主要有以下几种：

（1）航空航天遥感影像解译；

（2）路况数据采集仪；

（3）GPS、多传感器集成路况数据采集系统；

（4）车辆自动识别技术；

（5）交通监视系统；

（6）视频检测技术；

（7）交通微波检测技术；

（8）感应式检测系统。

这些方式可适合于路况数据、社会经济、环境、交通量等数据的采集。

2.4 路况数据采集

路况数据包括路线几何数据、路面破损数据、路面使用性能评价数据、构筑物数据、沿线设施等，常用的方法除人工现场调查外，还有 PDA 数据采集系统、手持 GPS、航空航天遥感技术、前方图像采集系统、多传感器集成检测系统等。

2.4.1 全球定位系统

为实现全天候、全球性、高精度的连续导航与定位，美国军方于 20 世纪 60 年代开始筹划，从 1973 年开始实施并于 90 年代初完成了全球定位系统。该系统是以卫星为基础的无线电导航定位系统，具有全能性（适合于陆地、海洋、航空和航天等）、全球性、全天候、连续性和实时性的导航、定位与授时功能，能为各类用户提供不同精度的三维坐标、速度和时间。

GPS的定位原理其实很简单，就是利用测量学中距离后方交会原理，即利用已知的空中3个点的坐标和测站到这3个空中点的距离值来解算测站的坐标。已知坐标的3个点，就是运行于空中的3颗GPS卫星，这些卫星发送的星历被GPS接收机接受，通过星历中所携带的开普勒六参数和卫星轨道摄动九参数可解算出卫星的坐标位置。而通过卫星和接收机上的时钟，可计算出卫星信号在空间中传播的时间，卫星信号的传播时间与光速的乘积，即为接收机和卫星之间的距离。实际测量中，由于电离层、对流层、时间测量等各类误差的存在，一般要跟踪4颗以上的卫星，以提高定位精度。

对于一般的用户，只要GPS接收机和相应的解算软件，就可实现目标定位，GPS接收机的定位结果是WGS84下的经度、纬度和大地高。

GPS在GIS-T中有许多应用，典型的有：

（1）车辆定位与导航，即通过车载GPS和电子地图，实现车辆的自动定位与导航；

（2）危险货物运输的车辆自动定位系统；

（3）轮船导航；

（4）应急车辆派遣；

（5）移动式测绘系统等；

（6）GIS空间数据库更新。

GPS交通数据采集中需要注意的问题是信号遮蔽、多路径效应以及卫星数量问题，特别是在城市交通数据采集中，由于高大建筑物的遮挡，GPS接收机很难接受到卫星信号和足够的卫星数量，导致定位精度降低甚至无法定位，这时需要辅之于其他的定位方法。

2.4.2　航空、航天遥感技术

各种航空、航天遥感影像数据是大范围、高精度、快速获取和更新GIS空间数据库的数据源。遥感影像信息进入GIS，很重要的一步就是图像的解译，即从图像中提取有用信息的过程。这点对于GIS-T也不例外，以航天、航空影像为GIS-T数据源，着重是从遥感影像数据中获取与交通有关的各种信息，如公路几何尺寸、车道数、路面状况、沿线地质分布、土地利用/土地覆盖等，以及社会、经济、人文信息。

GIS-T遥感影像数据的选取和分析，不单要考虑信息提取的目的，还要考虑遥感影像自身的特征，主要包括空间分辨率、光谱分辨率、时间分辨率。

遥感影像的空间分辨率是一个像素所代表的实地范围，反映遥感影像对地理对象记录的详细程度，是遥感影像的主要指标之一。传统的被动式传感器的空间分辨率一般有限，如 Landsat TM、SPOT 等，空间分辨率 5～30m，适合于获取大范围的社会经济信息。航空影像有着较高的空间分辨率，但空间范围有限。近年来出现的高分辨率被动式传感器如 IKONOS、主动式传感器如合成孔径雷达干涉测量、机载激光扫描仪等的空间分辨率优于 1m，有望实现道路几何尺寸等信息的提取。

光谱分辨率是指传感器能分辨的目标辐射波谱的最小波长间隔，间隔愈小，分辨率愈高，能识别的地物种类就越多，因此光谱分辨率反映遥感影像的地物识别能力。道路及其附属设施的光谱波段一般在可见光范围，即 0.4～0.7μm。

时间分辨率是指对同一地点进行遥感采样的时间间隔，也就是采样的时间频率或称之为重访周期。时间分辨率对动态监测非常重要，例如，通过遥感影像研究处于动态变化中交通量调查，时间分辨率要以分钟为单位，而较为稳定的道路几何尺寸可采用较长的时间单位。

表 2.3 描述了社会经济信息和交通信息提取时对遥感图像分辨率要求。

表 2.3　适合于交通信息提取的遥感分辨率

提取内容		最低分辨率		
		时间	空间/m	光谱
土地利用/土地覆盖		1～10 年	0.25～100	V,NIR,MIR,R,P
高程	大尺度 DEM	5～10 年	0.25～0.5	P,V
	大尺度坡度图	5～10 年	0.25～0.5	P,V
建筑物		1～5 年	0.25～0.5	P,V
社会经济属性	局部人口调查	5～7 年	0.25～5	P,V,NIR
	区域人口调查	5～15 年	5～20	P,V,NIR
应急响应	事前应急	1～5 年	1～5	P,V,NIR
	事后应急	0.5～2 天	0.25～2	P,V,NIR,R
	损毁统计服务	1～2 天	0.25～1	P,V,NIR
交通设施	道路中线	1～5 年	1～30	P,V,NIR
	道路宽度	1～2 年	0.25～0.5	P,V
	交通数量	5～10min	0.25～5	P,V
	停车研究	10～60min	0.25～0.5	P,V
环境敏感性	稳定	1～2 年	1～10	V,NIR,MIR
	动态	1～6 月	0.25～2	V,NIR,MIR,TIR

注：V 代表可见光光谱；NIR 代表近红外光谱范围；MIR 代表中红外光谱；TIR 代表远红外光谱；P 代表全色光谱；R 为 RADAR（radio detection and ranging）。

引自 Jensen 等，1999。

基于遥感影像的道路信息提取一直是摄影测量界、计算机视觉界的研究重点。提出了多种从航空、航天遥感图像中自动、半自动提取道路的方法，这些方法大致可以分为三类：

(1) 基于道路本身特性的方法；

(2) 基于上下文信息的方法；

(3) 道路特征与上下文信息相结合的方法。

基于道路特征的方法是从道路本身的几何和辐射特性出发，建立适合的数学模型来表达理想的道路模型，然后通过一定的数学方法进行求解，这类方法的典型实现有模板匹配法、平行边跟踪连接法、动态规划方法、组合边连接和相关跟踪方法等。实际道路成像的复杂性使得道路特性发生很大变化，通过理想的道路模型常常得不到可靠的结果，需要结合道路与其他目标之间的关系才能得到较好的结果。基于上下文信息的方法就是在这种背景下提出的，方法通过分析道路与周围目标的相互关系，来补偿一些不能从道路本身提取的信息，由于这类方法设计的内容较多，目前还鲜有比较成熟的算法出现。实际上，在具体的道路提取过程中，前两种方法并不是独立进行的，较好的方式是将二者结合在一起进行。

由于道路本身的复杂性，不同比例尺的影像难以用固定的参数或特征描述，同一算法在不同环境、不同传感器、不同图像、不同成像等条件下的提取结果有很大的差异。但是遥感影像的大范围、高精度、快速数据获取等特点，通过遥感图像实现道路及其附属信息的提取无疑是 GIS-T 建库、大区域道路网普查等的有效手段。

2.4.3　移动式 GPS、GIS 和多传感器集成系统

与其他地理信息相比，交通地理信息不仅内容复杂，更新速度快，而且其呈线性空间分布，常规的数据采集方法如扫描数字化、航测或遥感一般只能获取部分交通地理信息，而 GIS-T 的交通建模与分析常常需要大量的与道路相关的属性信息，如红绿灯、步行街、单行道、车道数、限速区、路面结构、路面损毁及相关指标等，这些信息很难通过常规方式获取。同时目前国家加大对基础设施建设投资，道路的修建、拓宽、改建的速度都比较快。快速、准确、全面地获取道路及其附属设施的信息，及时更新 GIS-T 数据库，成为 GIS-T 应用、ITS、车辆导航系统等面临的重要问题。

近几年来，GPS、计算机、自动化控制、高精度测微、无损检测、电荷耦合器件（charge coupled device，CCD)、惯性导航等技术发展，通过 GPS 和惯性导航技术定位，CCD、高精度测微传感器、路面雷达获取道路几何和结构信息，并通过计算机进行数据管理和准实时处理的集成系统，使得快速准确获取道路信

息成为现实。

从目前的研究情况来看，这种集成一般分为两类：一类是移动式测绘系统（mobile mapping system，MMP）；一类是路面智能检测车系统。二者的共同点是以地面运输工具如汽车作为传感器平台，以 GPS/惯性导航系统进行定位，并集成其他设备完成相关数据采集工作。不同在于集成的设备上，因而应用和采集的数据也不相同。

移动式测绘系统一般集成两类传感器：导航传感器和测绘传感器，前者如 GPS、惯性导航系统（INS）、里程计、陀螺仪、气压计等，后者如视频或数字摄像机、激光测距雷达、激光扫描仪等。主要目的是进行车辆导航、地物测绘、环境数据采集等，常常用在自动车辆导航、建筑物测绘、道路网测绘、交通信号管理、车辆速度检测、高速公路路面测绘等行业领域。例如，由武汉大学研制的车载 GPS 道路信息采集系统可完成道路等级、名称、路宽、路况、车道数、交通标志、公里牌、加油站、收费站、停车场等道路的几何和属性信息。由南京师范大学研制的车载道路采集系统，集成了激光三维扫描仪、近景摄影测量系统、差分 GPS 和惯性导航系统，不仅可以采集道路及其相关信息，而且可对道路及其两侧的地物进行测量和三维建模。表 2.4 是目前开发成功并投入使用的移动式测绘系统。

表 2.4　移动式测绘系统

系统	开发商	导航传感器	测绘传感器
GeoVan	GeoSpan Corp.，USA	GPS/DR	10VHS，Voice Recorder
GPS Van	The Ohio University，USA	GPS/Gyro/Wheel Counter	2 CCD Voice Recorder
GPS Vision	Lambad Tech. Int. Inc.，USA	GPS/INS	2 Color CCD Optical Disc
Kiss	Univ. of Bundeswher Munich and GeoDigital，Germany	GPS/IMU/Inclination Odometer/Barometer	ISVHS 2 BW CCD Voice Recorder
ON-SIGHT	TransMap Corp.，USA	GPS/INS	4 Color CCD
RGIAS	Rowe Surveying and Engg. Inc.，USA	GPS	Video，Laser
TruckMap	John E. Chance and Engg Inc.，USA	GPS/Gyro/WA-DGPS	Laser Range Finder，1 Video Camera
VISAT	The Univ. of Calgary and Geofit.，Canada	GPS/INS/ABS	8 BW CCD 1 Color SVHS

引自李德仁等，2000。

智能路面检测车一般是集成导航传感器和路面雷达、激光测距机、CCD、图像采集设备等，其中路面雷达用来获取道路内部的空洞、路面厚度等数据，激光测距机完成路面平整度等检测，CCD 和图像采集设备进行路面破损、车辙等数据采集。路面检测车实现路面各项指标实现自动检测，这里包括路面平整度、路面抗滑能力、路面弯沉、横坡、纵坡、路面几何尺寸、路面破损等路面养护指标，这些数据是道路维护的依据。集成的传感器不同，完成的任务也不同，如丹麦 Dynatest 公司的路面断面仪（road surface profiler，RSP）智能检测车能高速、连续测量高等级公路的平整度、横坡、车辙深度、宏观纹理、梯度等，英国 WDM 公司开发的道路检测车（road assessment vehicle，RAV）与 RSP 类似，日本 Pasco 公司下属的道路中心也致力于这方面的研究，我国武汉大学也研制成功了 SINC-RTM 智能路面检测车，主要功能是对路面平整度、路面裂缝与破损、车辙等指标检测。图 2.1 至图 2.4 是目前常用的几类集成式检测系统。

图 2.1　GPS Vision 系统配置

汽车上部为 CCD 相机，右图为车内配置

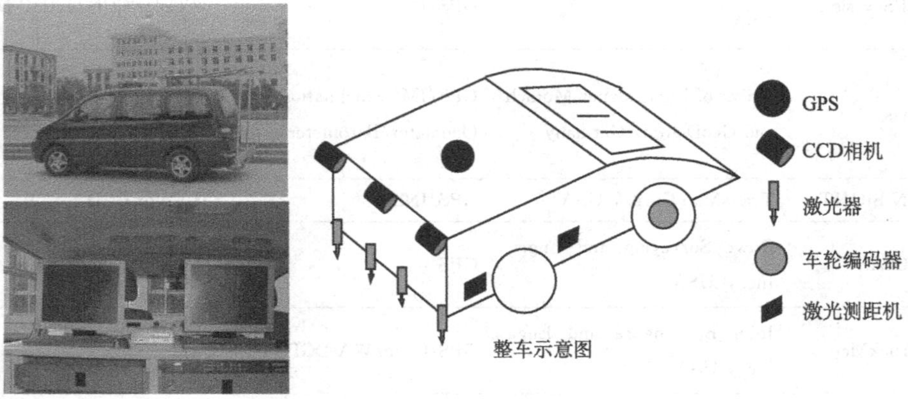

图 2.2　SINC-RTM 智能路面检测车

下图为车内配置，右图为整车工作原理

图 2.3　路面自动弯沉仪

图 2.4　横向力系数自动检测车

2.4.4　路况数据采集系统

路况数据采集系统主要用来进行路面破损、路面性能等数据采集，包括沥青路面、水泥路面和砂石路面。不同路面类型有不同的破损类型，如沥青路面的坑槽、水泥路面的错台、砂石路面的面层材料损失等都具有不同的含义，这类历史数据采集是沿用已久的人工数据采集方式，效率和精度都不高。

路况数据采集系统一般由三部分组成：便携式路况数据采集仪、公路路面数据库、通信软件等组成。其中前端的便携式路况采集仪可采用专用设备或基于 PDA 系统开发（图 2.5）。

路况数据采集仪

通信接口

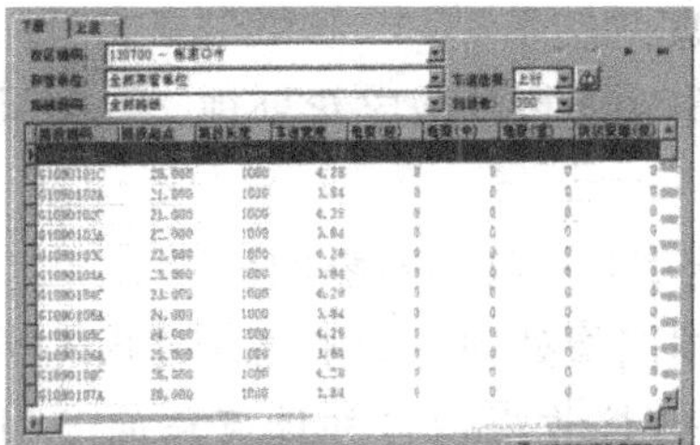

数据下载

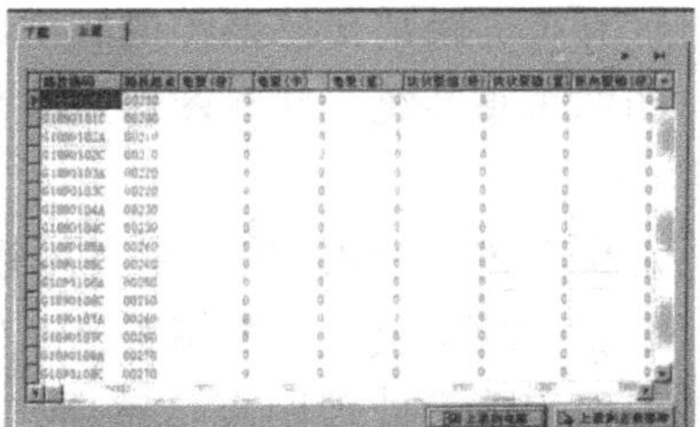

数据上载

图 2.5　路况数据采集系统

路况数据采集系统使用前要从公路数据库中下载相关的数据，例如，路线编码、桩号、路段长度、路面宽度、路面类型等。然后在路况数据采集仪路段信息引导下，技术人员按照有关规定的路面破损类型，输入检测到的各类破损数据，数据被自动保存到路况采集仪中。最后通过通信设备，将采集到的数据上载到数据库中。

路况数据采集仪一般可记录的路面类型有沥青、混凝土和砂石三种，路况数据除破损外，还可记录好路率、弯沉、抗滑等数据。其特点是能大幅度减少数据记录，减少数据汇总和数据录入过程中的工作量，减少报表汇总过程中的失误，提高工作效率。适合于路面管理系统、公路普查数据库、公路养护管理等系统的数据采集工作。

2.4.5 道路图像数据采集系统

路况数据采集系统虽然比人工作效率高，但还是依赖于人工的判读，自动化程度并未有实质性的提高。近年来随着图像处理技术、图像识别、自动定位等技术发展，通过图像手段获取路况信息成为可能。

道路图像采集系统一般由以下四部分组成（图 2.6）。

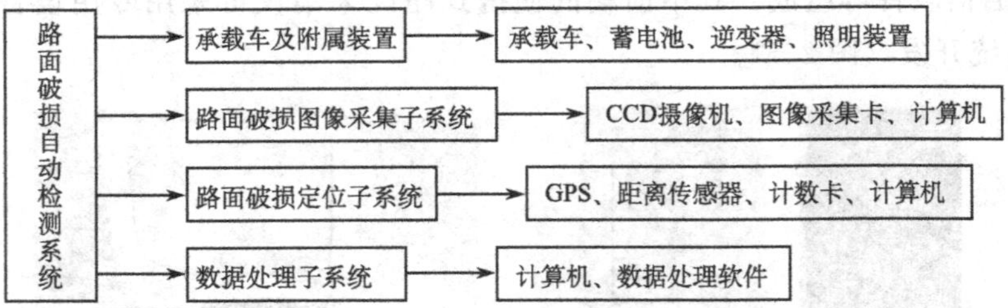

图 2.6 道路图像采集系统

（1）承载车及附属装置：其作用承载其他设备，提供图像采集系统及辅助照明设备、计算机、距离传感器等的驱动电源；

（2）图像采集系统：路面图像适时采集和图像的数字化处理，一般采用多台 CCD 相机构成；

（3）定位系统：利用 GPS/距离传感器等获取检测对象的位置信息；

（4）数据处理系统：主要用于路面破损图像处理、识别路面破损的类型、测量路面破损面积等，处理距离传感器、GPS 接收板信号并计算路面破损当前地理位置，存储路面破损图像信息和路面破损数据。

道路图像采集系统通过 CCD 相机所获取的图像信息，经计算机处理、识别，从而获取路面破损的类型、面积与位置。除此而外，还可识别周围的信息，如路标、防护设施等，这依赖于图像处理软件的设计。目前图像采集系统的主要功能是破损分析和为特定对象提供图像数据。公路图像数据采集系统与前述的集成系统比较类似，但重点不同，当然也可集成到自动检测车中。

图 2.7 是我国交通部 CPMS 推广工作组开发的“前方图像数据采集系统”部分工作界面。

前方图像采集系统

数据采集器

前方图像

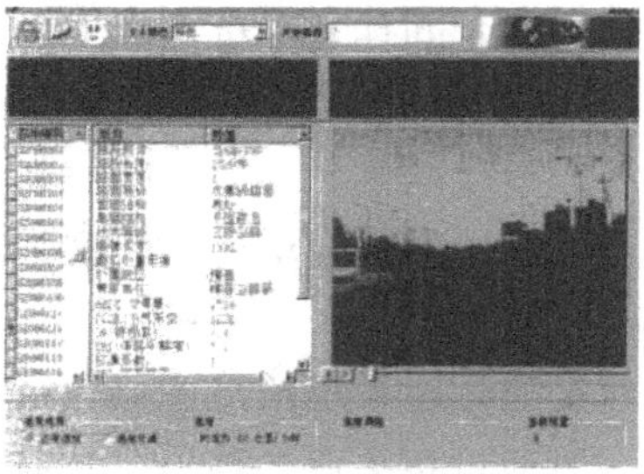
图像处理系统

图 2.7　前方图像数据采集系统

2.5　社会经济数据采集

交通网络信息数据全面衡量了交通路线及其影响区域的社会、经济、人文、各类交通运输情况、环境等内容，是交通网络规划、管理、物流、维护和管理的基础。一般的，公路网络交通信息采集主要包括区域社会经济信息、交通运输系统信息、交通网络结构信息、交通网络流信息等内容。

2.5.1　区域社会经济数据获取

交通需求分析需要全面了解交通源以及交通源之间的交通流情况。由于交通源一般都是大量的，不可能对每个交通源进行单独研究，因此在交通需求分析过程中，要将交通源按照一定的原则和行政区划划分成一系列的小区，这些小区称为交通分析区（traffic analysis zone，TAZ），划分 TAZ 的主要目的是将区域交通需求的产生、吸引与区域的工农业产值、人口等社会经济指标联系起来；并用小区之间的交通分布图来表示交通需求在空间上的流动，同时也可通过交通分配理论来模拟公路网上的交通流。

TAZ 的划分要遵守一定的原则，划分是否适当直接影响到交通数据采集、分析、交通需求预测的工作量和精度。TAZ 划分的基本原则是尽量准确、全面的反映区域交通源流特征的、保证预测精度基础上，尽量减少交通数据采集和需求分析工作量，因此一般考虑如下的划分原则：

（1）考虑到经济、人口等的统计一般都是按照行政区划进行的，TAZ 区划一般与行政区划一致；

（2）有直接影响的 TAZ 要小些，而间接影响的 TAZ 应大点；

（3）交通矛盾突出的地方，TAZ 要小，反之可以大一些。

区域社会经济信息采集的内容一般包括国家和地方有关的法规政策调查、资源环境数据调查和社会经济调查等三类数据（如前所述）。主要通过走访和社会调查在各个相关部门获取。

2.5.2 区域交通运输系统数据获取

区域交通运输系统信息主要包括区域现有的各种运输体系、结构、运力情况数据，一般通过相关业务部门、政府统计资料等获取。

2.5.3 交通网络结构数据获取

交通网络结构信息描述区域的交通网络的位置和拓扑关系，这些一般可从不同尺度的基础地理信息中获取。

2.5.4 交通运输数据获取

交通运输信息是交通规划布局的基本依据，一般包括各类交通运输方式完成的客运量、货运量、周转量、交通量、平均速度、车辆保有量等内容（见本章 2.2.2 节）。这类数据大部分可在相关部门中获取，但交通量和机动车出行 O-D 表需要进行实地的抽样调查和分析。

交通量调查。交通量观测的质量直接影响交通量分析的准确定、深度和广度，一般通过在不同道路断面上通过的车辆数来确定。因此交通量观测站的布设应根据分析的要求，选择不同区域、不同性质道路有代表性的路段进行。根据观测的目的，可分永久性、控制性和辅助性三种观测站。永久性观测站采用人工或自动装置进行长期连续 24h 的观测；控制性观测站是为扩大观测面，为获取更多交通量而设置的；辅助性观测站通常每年进行一次 24h 或 48h 的观测，采用人工或自动装置计数法。

机动车出行 O-D 调查。机动车 O-D 调查主要是获取通过两个出行端点［起点（origin）、终点（destination），简称 O-D］的车辆类型、荷载品种、交通流方向、人员流动情况、交通目的等资料，是远景交通量预测、道路类型和等级确定、互通立交设置、道路横断面设计、交通服务设施配置、交通管理与控制等决策的定量依据。O-D 调查的方法很多，如路边访问法、给驾驶员发明信片法、记录汽车牌号法、给车辆贴标签法、家庭访问法、给车主发调查表法等。这些方法各有优点和局限性，应根据调查目的、数据要求、并权衡人员、经费和时间要求来选择。我国目前较多的是采用路边访问法。路边访问调查法一般是在商定好的地点连续进行 12h 的调查，调查内容主要是对抽样车辆的了解，包括：

（1）所有各种车辆的型号，出行起点和终点；

（2）客运车辆的座位数及载客数；

（3）货运车辆的额定载运吨位、货物种类和实载货物吨位。

调查结束后一般要进行分类统计和分析。

2.6　交通与交通管理数据采集

2.6.1　交通数据采集方法

交通信息是交通规划、路网建设、交通管理、智能交通系统等的重要基础信息。通过全面的、丰富的、实时的交通信息，不但可以把握道路交通的现状，也可对未来交通发展进行预测和分析，为交通规划和交通管理部门提供正确的决策依据，同时交通信息也是智能交通系统交通信息服务、先进的交通管理系统、先进的交通信息系统等的基本前提。

从表现形式上，交通信息分为静态信息和动态信息两类。静态信息是指交通系统中一段时间内稳定不变的信息，如道路网信息、交通管理设施、交通管理者等基础设施信息，也包括机动车保有量、交通量等统计信息。静态信息是公路管理、交通管理和 LBS（基于位置的服务）等的根本。动态交通信息是指实时道路交通流信息、交通控制状态信息、实时交通环境信息等时空上相对变化的信息，这对道路网络交通流量的动态平衡，个人导航服务的动态诱导具有重要意义。动态交通信息获取是本节的主要讨论内容。

用来进行动态交通信息采集的设备称之为交通检测设备或交通检测器。

交通检测器的运用是随着高速公路的建设而发展起来的，国外如德国、意大利、美国、法国等国家起步较早，我国大规模使用交通检测器是近十多年的事情。传统的交通检测器是通过在高速公路沿途埋设环形线圈检测器及在交通要道处装设电视录像机等，将数据和画面传送到控制中心进行分析、判断和确认交通偶发事件，从而达到报警和人工干预的目的。近几年来，随着传感器技术、微电子技术和信息处理技术等的发展，交通检测器也有较大发展。

交通检测器有不同的分类方法，一般地说有以下三种。

(1) 按基本工作原理分类。按基本工作原理，交通检测器可分为电磁感应式、电接触式、光电式、超声波式、红外线式等类型。

(2) 按功能分类。从功能角度上，交通检测器可分为两类：一类为检测车辆存在的存在型检测器；另一类为检测车辆通过的通过型检测器。对于任何检测设备，应具备这两个基本功能之一。有些检测器只能检测静态的存在或动态的通过中的一种；有些则既能检测静态的存在，又能检测动态的通过，称为复合型检测器。

(3) 按工作方式分类。按检测器的工作方式及工作时的电磁波波长范围，将检测器划分为三大类：磁频车辆检测器、波频车辆检测器和视频车辆检测器。这是目前较为广泛的一种分类方式。

目前，以形状感应为检测对象的超声波脉冲式和光电管式车辆检测技术、以电磁感应为检测对象的环形线圈和地磁式车辆检测技术以及由多普勒雷达发展起来的微波车辆检测技术这三类检测技术成为交通信息采集的主要技术手段。近年来，随着视频处理技术、图像处理技术等的发展和完善，视频车辆检测技术已经成熟，将是未来实时交通信息采集和处理的发展方向。

本节简要介绍磁频车辆检测器、波频车辆检测器和视频车辆检测器的工作原理、应用领域以及所采集的交通参数。

2.6.2 磁频车辆检测技术

1. 工作原理

磁频车辆检测器是基于电磁感应原理的车辆检测器，这类检测器包括环形线圈检测器、地磁检测器、磁成像检测器和摩擦电检测器等基本类型。

1) 环形线圈检测器

环形线圈检测器是目前国内外使用最广泛的车辆检测器，它由3部分组成：埋设在路面下的环形线圈传感器、信号检测处理单元（包括检测信号放大单元、数据处理单元和通信接口）及馈线。

环形检测器的工作原理是检测单元同环形线圈与馈线线路组成一个调谐电路，如图 2.8 所示。此电路中的电感主要决定于环形线圈，环形线圈是此电路的电感元件，电容则决定于检测单元中的电容器。当电流通过环形线圈时，在其周围形成一个电磁场，当车辆行至线圈上方时，在金属车体中感应出涡流电流，涡流电流又产生与环路相耦但方向相反电磁场即互感，使环形线圈电感量随之降低，引起电路谐振频率的上升。因此只要检测到此频率随时间变化的信号，就可检测出是否有车辆通过。

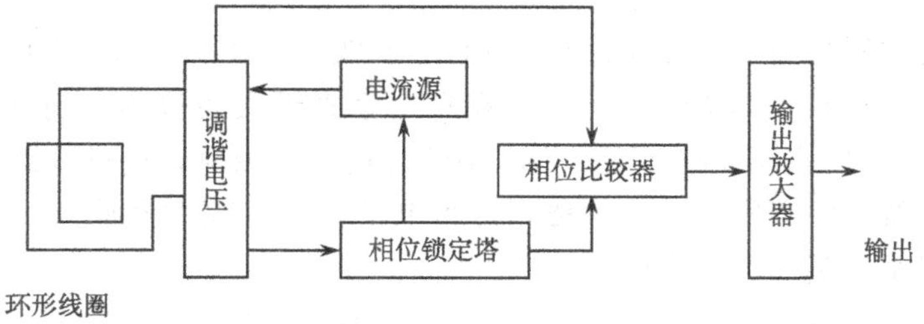

图 2.8　环形线圈检测器工作原理

从环形线圈的工作原理可知，不论车辆通过检测器或停在检测器上，都能使检测器工作。所以这种检测器既可以检测交通量，又可以检测占有率及大致的车速等多种交通参数。

环形线圈的尺寸随需要而定，常用的是 2m×2m 的线圈约三匝（圈）。每车道埋设一个（图 2.9），计数精度可达到±2%，排队长度测量可精确到±4%～±6%。测出流量和占有率之后，借助于预定的平均有效长度即可估计出密度与平均速度。有些情况下，为了较准确地直接测量速度，采用每车道连续埋设两个环形线圈的方案，间距约 6m。双线圈测量方式的精确度较好，速度测量值可精确到±4%～±6%，但检测器投资及施工费用较高，计算量亦较大。

图 2.9　环形线圈感应式检测器现场工作示意图

环形线圈检测器可测参数较多，其感应灵敏度可调，使用的适应性较大，安装不太复杂，所以在国内外得到广泛的应用。缺点是线圈跟随路面变形（沉降、裂缝、搓移等），因此其使用效果及寿命受路面质量的影响甚大，路面质量较差时，一般寿命仅 2 年。另外环境的变化和环形线圈的正常老化对检测器的工作性有较大的影响，可使检测器材谐振回路失谐而不能判断车辆存在产生的频率变化。因此，人工调谐的环形线圈检测器要定期进行手工调整，以便保持仪器的精度。自调谐检测器可自动进行调整，精度较高，现在已被普遍采用。

2）地磁检测器

地磁检测器是把一个具有高导磁率铁芯和线圈装在一个保护套内，里面填满非导电的防水材料，形成一根磁棒。在路上垂直于交通流的方向开一个 0.2～0.6m 的孔，把磁棒埋在路面下，当车辆驶过这个线圈时，通过线圈的磁通量发生变化，在线圈中产生一个电动势，这个电动势经过放大器放大后去推动继电器，发出一个车辆通过的信息。

地磁检测器只能检测以相当车速通过的车辆，所以是通过型检测器，不适用于需要检测车辆存在的地方。但这种检测器具有安装容易、不易损坏、价格便宜等优点；缺点是对慢速车辆不能检测，有时会出现误检，且材料容易老化，灵敏度会逐年衰减。

3）磁成像检测器

磁成像检测器是以近期研究成功的磁成像技术为基础的。它测量由于车辆的出现而引起的电磁场扰动或变化，通过与已记录的不同结构车辆的磁纹相比较，不仅能将卡车和小车分离开来，而且可以测出车辆的构造、车型及车速。

4）摩擦电检测器

摩擦电检测器的探头部分是封装在一块人造橡胶中的屏蔽电缆内，橡胶块永久地固定在路面的切槽中。其工作原理是车辆通过时，电缆上的压力使电缆芯和屏蔽之间产生低电压，该电压可用适当的放大电路来检测并输出信号。

此检测器响应快、恢复时间短，因此可用来精确地测量车轴数。当它与环形线圈检测器一起使用时，还可以测量车型、车速和车距等交通参数。

2. 磁频车辆检测器应用范围

不同的磁频监测器获得的交通流参数大致相同，这里以应用最为广泛的环形线圈感应式检测器为例说明。通过环形线圈检测器，可以获得以下交通信息数据：

（1）交通流信息。检测区域内的交通量，流向，车速，车长，车道占有率，排队长度等，配合以摩擦电检测器，还可获得车型、车距等参数。

（2）交通事件信息。超速，超常停车，车辆存在。

（3）通过环形线圈检测器，还可实现闯红灯电子警察触发、车辆违章抓拍、交通信号自适应控制等。

（4）环形线圈检测器主要应用于交通流信息采集系统、交通信号控制系统、交通诱导以及停车管理系统中。图2.10是基于环形线圈检测器的车辆停车自动管理系统。

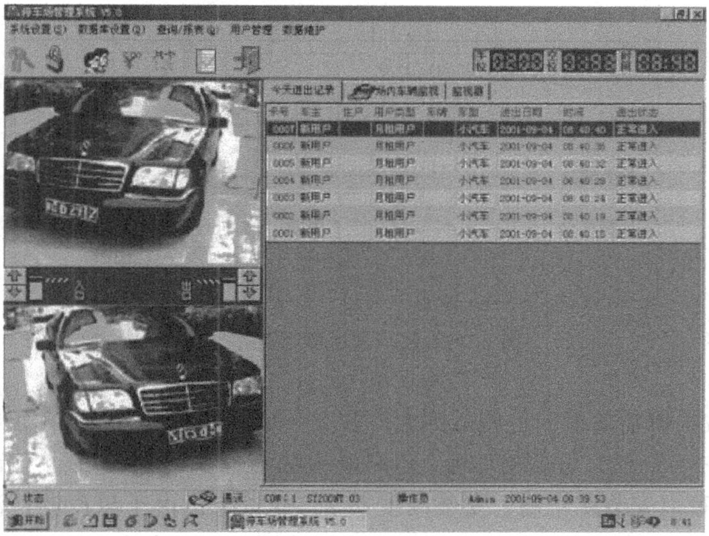

图2.10　基于环形线圈检测器的车辆停车管理系统

2.6.3　波频车辆检测技术

1. 工作原理

波频车辆检测器是以微波、超声波和红外线等对车辆发射电磁波而产生感应的检测器，根据所采用的波段，有超声波检测器、微波检测器和红外检测器三类。

1）*超声波检测器*

超声波检测器是一种在高速公路上应用较多的检测器，它是利用反射回波原理制成的。超声波检测器由探头和控制机构成，其探头具有发射和接受双重功能，被设置于道路的正上方或斜上方。

超声波检测器的工作原理是：由超声波发生器（探头）发射一束超声波，再接收从车辆或地面的反射波，根据反射波返回时间的差别，来判断有无车辆通过。由于探头与地面的距离是一定的，所以探头发出超声波并接收反射波的时间也是固定的。当有车辆通过时，由于车辆本身的高度，使探头接收到反射波的时间缩短，就表明有车辆通过或存在。根据这个特点，超声波检测器既可以检测车辆的存在和通过，也可以检测车高，检测出车的数量和车的时间占有率。图 2.11是超声波检测器的工作原理。

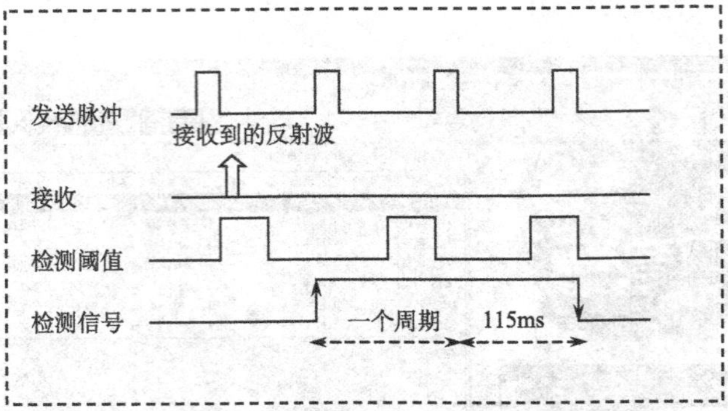

图 2.11　超声波检测器工作原理

超声波检测器的横向检测范围大约为 3～9m，可以覆盖 1～3 条车道，能检测出高度在 0.75～1.6m 的车辆。超声波检测器探头可安装在行车道中间上方 5m 处，也可以安装在路侧，安装高度在 2.5m 以上。由于超声波检测器采用悬挂式安装，这与路面埋设式检测器（如环形线圈）相比有许多优点。首先是不需破坏路面，也不受路面变形的影响；其次是使用寿命长，可移动、架设方便。不足之处是其检测范围呈锥形，受车型、车高变化的影响，检测精度较差，特别是在车流严重拥挤的情况下。另外检测精度易受环境的影响，尤其是大风、暴雨等的影响。同时探头下方通过的人或物也会产生反射波，造成误检。

从架设、维护方便和使用寿命等方面来说，路面埋设式检测器都不如超声波检测器，所以超声波检测器成为目前使用量仅次于环形线圈的一种检测器。

图 2.12 是超声波检测器实际工作情况和检测数据类型。

2）微波检测器

微波检测器按照多普勒效应原理工作。它由发射天线和发射接收器组成。架在门架上或路边立柱上的发射天线向路面检测区域发射微波波束，当车辆通过时，反射波束以不同的频率返回天线，检测器的发射接收器测出这种变化，从而测定车辆的通过或存在，并根据频率的变化和已知的数据计算出车辆的速度。

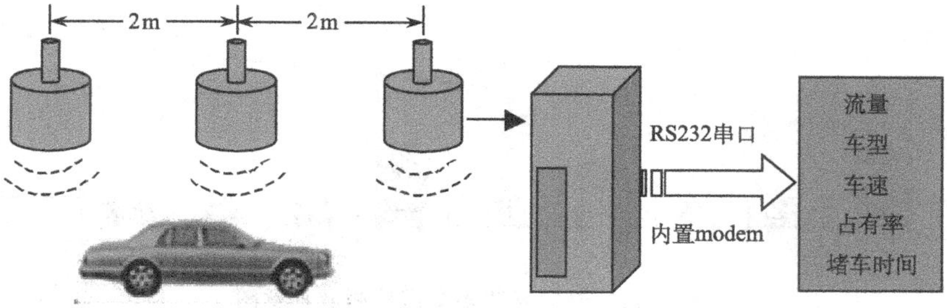

图 2.12　超声波检测器检测过程

工作时，微波检测器以低功率微波信号在扇形光线区域内发射连续的调制微波，光线在表面上画出一道长长的投影，任何没有背景的目标都会返回给微波检测器目标的位置和所测试的范围（图 2.13）。交通微波检测器在解决测量范围功能时允许它设置成每 2m 为一层的层面，在车辆通过的范围内最多可构成 32 层，用户可为每一条车道定义一层或多层。同时微波检测器每 30～300s 将一份包含每条车道上车辆的数据传输到控制中心。

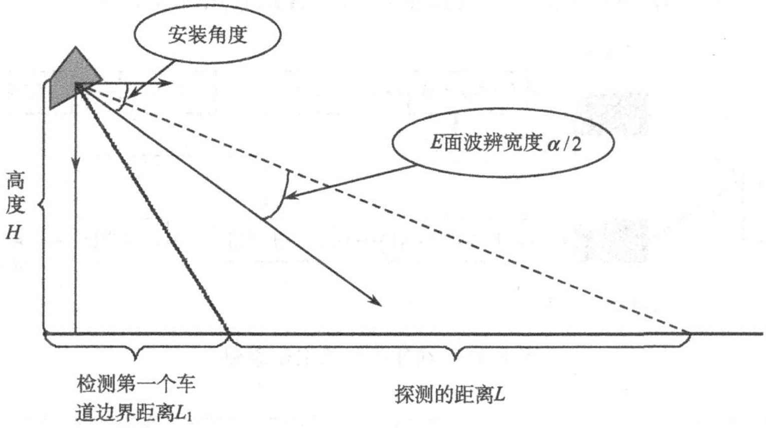

图 2.13　交通微波检测器功能示意图

交通微波器有两种计数方式：即侧向安装和正向安装，侧向方式下一台检测器可探测 8 条车道的信息，图 2.14 是侧向安装多车道示意图。

微波检测器的工作频率通常是 24GHz 或 10GHz。新型的远端交通微波检测器最多可同时检测 8 个检测区域的车辆存在，同时可检测交通量、车速和占有率等信息。

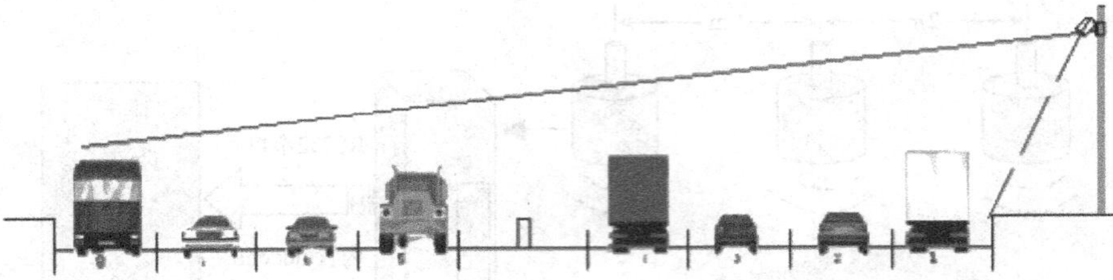

图 2.14　侧向安装多车道检测域示意图

3）红外检测器

红外检测器是具有良好应用前景的悬挂式或路侧式交通检测器。该检测器一般采用反射式检测技术。反射式检测器探头由一个红外发光管和一个红外接收管组成，其工作原理是由调制脉冲发生器产生调制脉冲，经红外探头向道路上辐射，当有车辆通过时，红外线脉冲从车体反射回来，被探头的接收管接收，经红外解调器解调，再通过选通、放大、整流和滤波后触发驱动器输出一个检测信号（图 2.15）。在交通检测方面，红外检测器有主动式和被动式两种（图 2.16）。前者使用半导体红外线发生器作为传感器，而后者是利用无车辆的路面的红外线辐

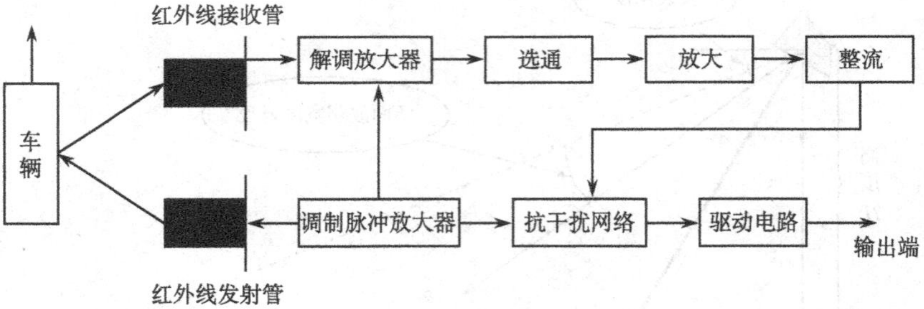

图 2.15　红外检测器工作原理

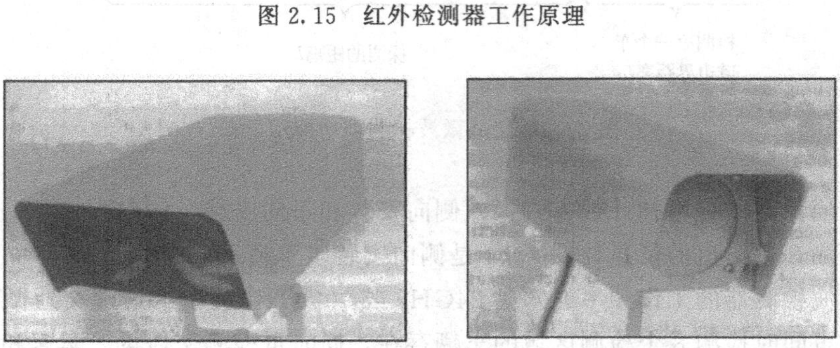

主动式红外检测器　　被动式红外检测器

图 2.16　红外检测器工作原理

射强度与路上有汽车通过时的红外线辐射强度的变化，由红外线接受器检测出来。

红外检测器具有快速准确、轮廓清晰的检测能力。其缺点是工作现场的灰尘、冰雾会影响系统的正常工作。

2. 波频检测器的功能与作用

波频检测器是交通信息采集系统的重要组成部分，广泛应用于城市交通信号控制系统、高速公路监控系统、区域交通事故报警系统等领域。它不仅能够检测采集交通信息数据，还能够在内部处理多种需要的交通参数，直接取代磁频检测器而降低成本，同时也可配合交通控制系统中的交通信号控制器对交通信号进行实时控制，智能化地指挥交通。其功能和作用有以下几方面：

（1）精确检测各车道的交通流量、道路占有率、平均速度、车流量、排队状况以及车辆高度、车辆长度、动态车辆间距、车流量累计、车流密度、车辆类型等数据；

（2）输出的信号与一般检测器兼容，数据可自行存储或通过 Modem 发送至交通控制中心；

（3）可在不中断交通的情况下，方便安全的安装在路侧电杆上，维护简单，操作简便，并且不受气候环境影响，能够全天候工作。

3. 交通微波检测器的应用领域

在智能交通系统、GIS-T 中，波频检测器常常用在以下几个方面：

（1）高速公路多车道监测与管理；

（2）高速公路匝道或 T 型路口信号管理；

（3）远程交通量控制；

（4）多车道十字路口交通监测与控制；

（5）违章车辆检测系统；

（6）公路交通量调查；

（7）桥梁检测。

2.6.4　交通视频检测技术

1. 工作原理

视频检测技术基于视频图像处理的交通检测技术，是近年来逐步发展起来的一种新型的车辆检测方法，它具有无线、可一次检测多参数和检测较大范围的特点，使用灵活，有很好的应用前景。

视频交通检测系统通常由电子摄像机、图像处理机和显示器等部分组成。摄像机对道路的一定区域范围摄像，图像经传输线路送入图像处理机，处理机对图像信号进行模数转换、格式转换等，再由微处理器处理图像背景，实时识别车辆的存在，判别车型，由此进一步推导其他交通控制参数。图像处理机还可以根据需要给监控系统的主控机、报警器等设备提供信号，控制中心可根据这些信号确定控制方式，向执行机构发出控制命令。图 2.17 是视频检测系统的工作原理。图 2.18 是视频检测设备及其主要组成部件。

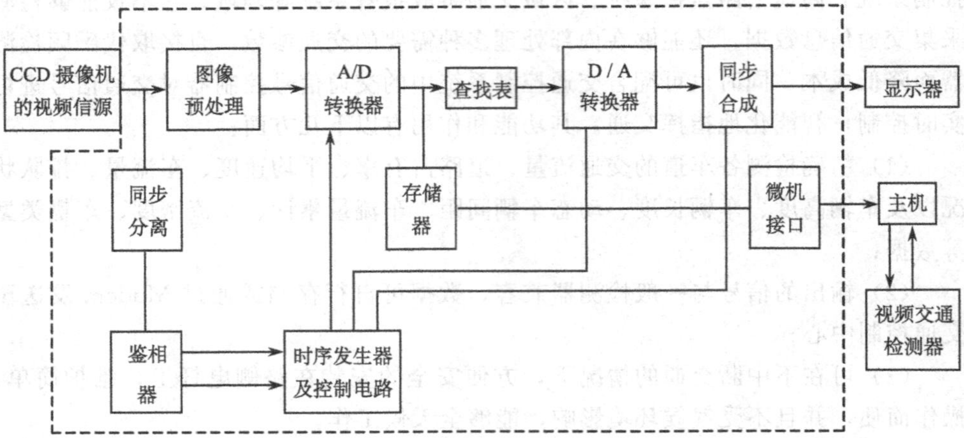

图 2.17　视频检测工作原理

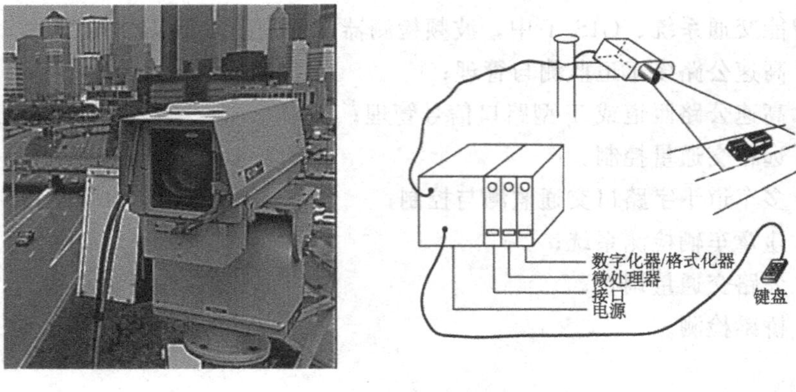

图 2.18　视频检测设备

在图像处理系统中，背景处理是一个复杂而棘手的问题，图像处理程序必须考虑到对多种干扰因素补偿，如不同路面对光的反射、阴影等。由于图像处理方法是在摄像机摄取的图像的基础上实现识别和检测的。因此不仅具有多点布设、无线检测的能力，而且还能获得车流密度、排队规模以及常规检测器很难测到的停车次数和车辆尺寸等重要交通参数。另外检测系统装卸方便、不需破坏路面，不影响交通，在很多场合可以代替现有的环形线圈检测器。视频车辆检测系统在现代交通控制系统中占有很重要的地位，是未来智能运输系统发展的基础。

目前的问题是图像处理的实时性较差，而且车辆的检测精度受整个系统软、硬件的限制。尽管如此，随着图像信号处理技术的进步和微电子技术的发展，视频车辆检测技术又将得到不断地提高和更加广泛地应用。

2. 功能与作用

通过视频监检测器，可获得如下的交通信息：

1）交通统计数据

（1）车流总量，在设定时间间隔内检测车辆数量；
（2）占有率，按时间百分率测量的车道占有率；
（3）车辆分类，按长度定义的小汽车、货车或拖车数量；
（4）车流率，每车道单位时间的车辆数；
（5）车头时距，车辆间的平均时间间隔；
（6）车速，车辆的平均速度；
（7）服务水平，由用户定义的平均速度和车流阈值确定；
（8）空间占有率，按百分率计量的车辆长度综合除以时间间隔内车辆平均旅行时间，车辆密度。

2）交通事件数据

（1）高速、高密度，高占有率；
（2）排队；
（3）逆向行驶；
（4）违章停车；
（5）行驶缓慢车辆。

图 2.19 是基于视频检测的交通流分析界面。

3. 应用方式

视频检测系统可以单独建立，也可以建立在交通电视监控系统之上。目前比较通行的方式是后者。视频监测系统一般有视频处理、视频压缩、远程通信和中心控制软件组成。依据应用方式，视频检测有非中心处理方式和中心处理方式两种应用形式。不同的系统应用方式，硬件需求也不同。在非中心式处理方式下，

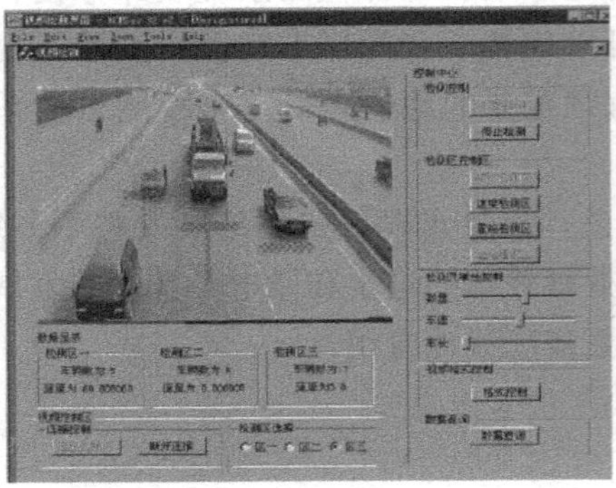

时刻/时：分	1车道流量/台	2车道流量/台	3车道流量/台
7:00	28	37	27
7:05	26	48	30
7:10	44	50	35
7:15	46	66	50
7:20	46	66	56
7:25	53	56	50
7:30	49	63	45
7:35	57	64	50
7:40	53	68	61
7:45	36	77	37
7:50	42	64	43
7:55	50	71	56
8:00	50	66	47
8:05	40	71	42
8:10	61	75	51
8:15	52	69	49

视频图像　　　　交通流分析结果

图 2.19　视频检测交通流示意图

视频检测是在现场完成的。而在中心处理方式下，系统将视频图像数据通过传输网络传输到监控中心，在监控中心通过操作员的操作实现交通信息的采集和事件检测。非中心式结构如图 2.20 所示。

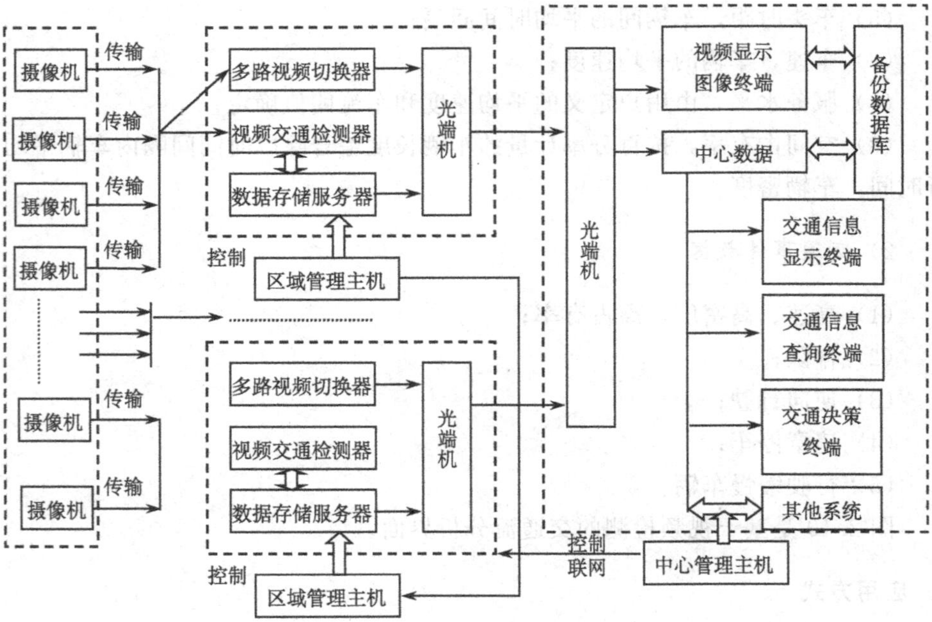

图 2.20　基于视频监测器的交通监测系统（非中心式）

2.6.5 车辆自动识别技术

自动车辆识别是自动进行车辆的身份和固有属性识别的技术总称。自动车辆识别从识别方式上有两大类：一是直接自动识别，如自动测量车辆的长、宽、高和重量等车辆属性；二是间接自动识别，通过路车通信或感应，从车载标志或其记忆单元中读取车辆的身份和属性。从技术角度上，有传统的车牌识别、条形码、电子车牌、电子识别卡、智能卡等技术。

1. 工作原理

自动车辆识别系统的主要构件由车载单元、解读单元、处理单元组成。根据这些构件的不同，其实现的方法也不同。较为常用的技术为感应线圈式、无线电/微波式、光学式、平面音感微波式等。

1）感应线圈式车辆自动识别技术

感应线圈式车辆自动识别系统是最早被使用的一种自动车辆识别技术，设计构想源于收集交通数据使用的感应线圈。感应线圈式车辆自动识别系统主体构造分三部分：镶嵌在车底盘的发报机，或称为电子牌照；装置于道路的设备，含有埋设在路面下的感应线圈和路侧仪器；数据处理用的计算机设备，如图2.21所示。

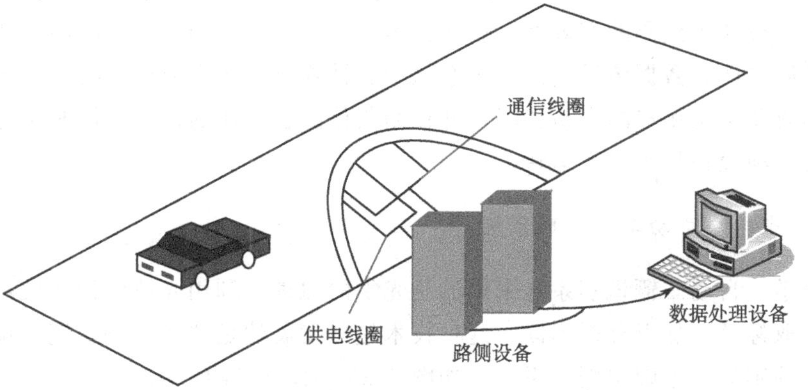

图 2.21　感应线圈式自动车辆识别系统

当车辆经过线圈上方时，镶嵌在车底盘下的发报机会发送出信号，将线圈上的载波信号模数转换及编码，显示出二位元的数字信号。车上的发报机本身编有识别信号，感应线圈接收到此序列二位元信号后，传递到与之连接的路侧仪器，加以解码。

2）无线电/微波式自动车辆识别系统

无线电/微波式自动车辆识别系统是近年来广被使用，可靠度和方便性俱佳的技术，基本构成的元件有贴在车上的电子识别卡（自动收发报器）、路侧的信号解读器（包含发送电波和接收回讯的天线）以及处理数据用的计算机设备，如图 2.22 所示。

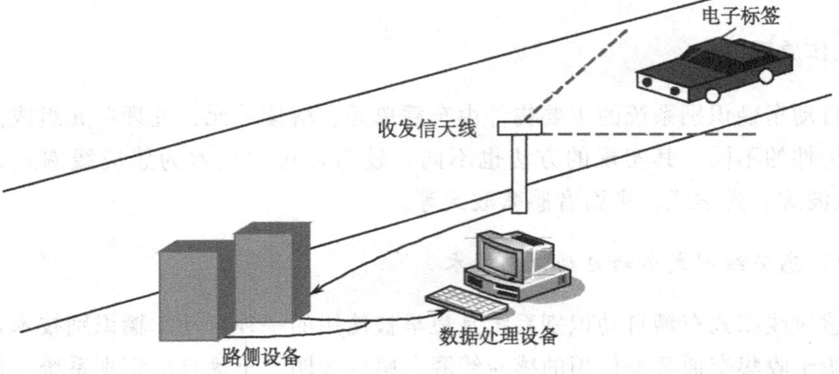

图 2.22　无线电式车辆自动识别系统

电子识别卡是一片压有集成电路晶片和小型天线的塑胶卡片，信号解读器主要功用是将天线接收到的电子识别卡所发送出来的无线电波信号转换成数字信号，并且校核识别码的有效性。进而再附加上车辆经过的日期、时间、地点等信号，最后将所有数据传送到计算机系统中。计算机设备主要用来校核电子识别卡的识别码及记录用户的交易状况，并控制其他配合运作的设施。同时定时检查系统内每一项设备是否正常运转。

3）光学式自动车辆识别系统

光学式自动车辆识别系统采用的是光学的原理，利用光波成像及反射的方式直接读取标签，加以分析解读，这种技术最早发展的是“条形码识别”系统，近年发展的则为“车牌识别”系统，如图 2.23 和图 2.24 所示。

条形码识别式的自动车辆识别系统使用一种上面印刷有连续宽细、黑线条纹的标签，作为车辆身份的代码，当车辆经过识别区时，路侧的扫描器就会发射 2mW 功率的氦氖光束读取贴在车上条形码信息，光束照在条形码上所反射回来的能量被接收并传送到条形码解读设备转换成数字信号。

车牌识别是近年高科技使用在交通管理上的重要领域之一。汽车牌照识别主

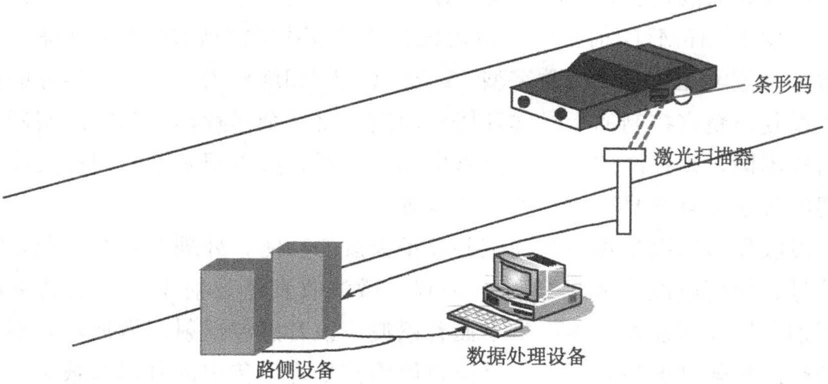

图 2.23　条形码车辆自动识别系统

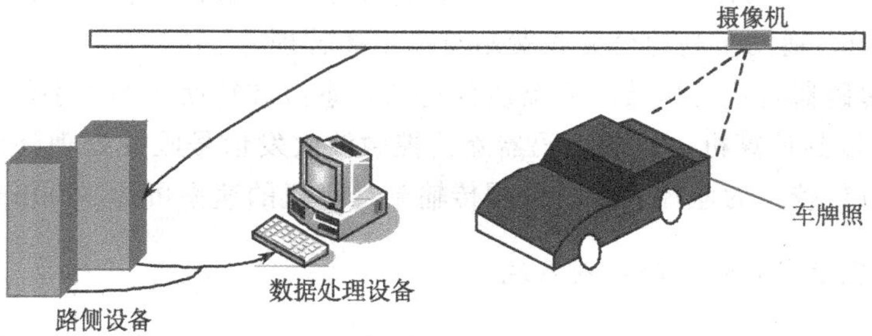

图 2.24　车牌车辆自动识别系统

要组成的元件为车牌、摄影机、影像处理机以及数据处理用的计算机设备。车牌行经识别区时，摄影机将车牌影像摄取下来，经 A/D 转换器把模拟信号变成数字信号，输入影像处理机，将一些有意义的图形数据抽取出来，滤波后进行文字辨认，最后把识别出来的文字送入计算机进行数据处理。车牌识别主要有两个组成部分：一个是目标定位的过程；一个是符号文字辨认的过程。

4）平面音感微波式自动车辆识别系统

平面音感微波式自动车辆识别技术是目前最先进的自动车辆识别技术，体积小重量轻的识别卡贴在车辆的挡风玻璃内或是侧窗内，当车辆经由微波收发器，车内识别卡受测微波收发器发射的无线电激发后，识别卡 ID 号码以电波信号反射回到微波收发器，微波收发器将收到的反射电波传输到监控解码器，监控解码器将反射的音感微波转换成为数字信号，并同时将信号传输到计算机作数据处理。

识别卡在车辆的挡风玻璃内正上方、侧下方或是侧窗内，不需要电池，卡内锂元素晶片和天线接受极小电力即可激发一种平面音感微波。当识别卡接收微波收发器所发出 915MHz 信号时，电磁波经由锂晶片表面转换成为独特的二位元类比信号，该类比信号代表数字型 16 位元识别卡 ID 号码。由于晶体片的设计生产是在极复杂精密控制的半导体环境中制造，每一个晶片都有独特的密码，晶体本身结构不同，每一晶体片的识别密码都不一样，所以识别卡是现有无线电频率收发器中较安全且不易被仿冒的一种装置。

微波收发器以微处理机为基础并具备天线的功能，处理发射和接收 915MHz 微波信号，使用电波功率最高为 0.03W。微波收发器发射安全的低功率微波以激发识别卡锂元素晶片，而产生平面音感波，该音感波反射回微波收发器，收发器将音感波传输到监控解码器，经监控解码器处理后传出的号码为数字信号。

微波收发器包含印刷电路板、天线和金属平面，标准型微波收发器的感应收发范围为 1～6ft（$1ft=3.048\times10^{-1}m$），适用于停车场管理。另一种感应收发范围为 1～15ft，适用于高速公路收费站与货柜场管理。

监控解码器将接自微波收发器所传送的音感微波转换成为数字信号，并经由 RS233C 传输到计算机。监控解码器除监控微波收发信号收发处理外同时具有因环境变动自行校正的监控功能，数据传输到计算机的速率可达 9600bps。

5）智能卡式自动车辆识别系统

智能卡或称为 IC 卡，内含集成电路晶片，具有独立演算、处理及储存数据的能力。智能卡本身不具通信能力，必须在车辆上接装一个有收发电信功能的卡匣，用以插放智能卡，作为智能卡与路侧设备通信的媒介。卡匣本身主要功能除了和路侧设备进行数据通信之外，也作为和使用者（驾驶人）沟通的界面，卡匣上有液晶面板，依使用者要求，可以查看智能卡内记录的储存余额或者最近通行费交易的时间、地点等数据。路侧设备的功能和运作皆与无线电与微波系统相同。

6）动态称重技术

动态称重概念在于量测行驶中车辆的重量数据（含轮重、轴重、总重）及其他基本数据，如车辆数、车轴距、车种、车速、交通量等。该项技术在欧美先进国家有广泛深入的研究，并有许多成熟稳定的商品已在各地实际安装使用。

动态称重的单元组成基本上包括两部分：磅台及车辆感应设备。感应设备一般为布设在磅台前后的感应线圈，负责车速与轴距的检测与计算。目前磅台有以下两种设计方式：张力仪称重和油压称重。前者利用张力荷重仪受外力产生变形，而贴附其上的张力仪亦同时变形，因而造成电阻值的改变，根据输出电压的变化来量度受力大小；而后者在上构造与张力仪称重类似，只是所使用的荷重仪是利用油压原理制成。当荷重仪受压时，其油压压力上升，以此变化可换算出受力大小。

2. 应用领域

通过车辆自动识别技术，可以获取以下交通流数据：

(1) 车辆类型与自动分类；

(2) 车名、车牌号、车主、驾驶员等数据；

(3) 车辆长、宽、高等几何参数；

(4) 车辆重量，包括成整车称量信息、车轴重量、车轴组重量、总重量、超限超载信号、轮轴类型等参数。

通过车辆自动识别技术，能为管理者进行交通调查、交通量预测与控制、公路维护计划制定、车辆超限治理等活动提供精确而客观的依据，因此车辆自动识别技术广泛应用于公路汽车运输超限检测系统，高速公路收费系统、车辆管理、交通量调查、园区进出车辆智能管理、停车场管理等领域。

思 考 题

1. 简述 GIS-T 的数据构成。
2. 简述各类 GIS-T 数据的主要内容。
3. GIS-T 数据采集方式有哪些？各适合采集什么样的数据？
4. 如何进行路况数据采集？
5. 交通管理数据采集有哪些方式？各有什么特点？

第3章 GIS-T数据模型及其组织

在地理信息系统中，数据是地理信息系统的基础，数据模型则用来表达地理信息系统中数据之间的联系与逻辑组织形式。而在交通地理信息系统中，由于交通信息种类繁多，具有自身的特点，需要合理地进行组织，因此研究GIS-T数据模型具有重要的价值。

根据对道路交叉结点处理方式的不同，交通系统的模型表达可以分为平面数据模型和非平面数据模型两大类。由于平面模型较为成熟并且广泛应用于商业GIS软件中，所以本章以交通系统的平面网络表达为重点，主要介绍广泛应用的结点-弧段模型、线性参照模型以及动态分段模型。另外，基于特征的GIS-T非平面数据模型已成为GIS-T中的一个研究热点，本章最后将对此做一些介绍。

3.1 GIS-T数据特征及数据模型分类

交通实体具有位置、属性、变化特征等多方面的信息，对这些信息做出定量的描述是进行分析的基础。在对交通实体进行定量描述和表达的同时会得到大量的数据，如何对大量的数据进行合理的组织，使其能够对交通实体原形准确、全面并且数据冗余尽量少的表达，这些问题就引入了对GIS-T数据模型的研究。GIS-T数据模型是分析和决策模型的前提，合理的数据模型对做出正确的分析、决策、规划等具有重要的意义。

要对实体进行数字描述，必须对交通实体的特征有清楚的认识。交通实体具有明显的物理表述，同时与其他交通实体之间具有逻辑联系。按照是否现实，把交通实体分为现实交通实体和虚拟交通实体，同时按照抽象的层次，把交通实体分为逻辑交通实体和物理交通实体。

现实实体在数据库中有其对应的虚拟实体。物理实体和逻辑实体的关系是一对多的，也就是说，一个物理实体在数据库设计中可以有若干个逻辑表述。

交通实体有其对应的物理模型，如高速公路、十字路口、立交桥等设施。同样在现实世界中，交通实体有其对应的逻辑模型，如国道、省道、街区网络和政治边界等。现实物理实体与现实逻辑模型也是一对多的关系。例如，两个省公用同一条高速公路，两个国家有公共的边界等，相反的一条省道常常截断若干条街道或低等级公路。如表3.1所示，表明交通地理信息系统数据模型之间的关系。

表 3.1　交通数据的多重特征

项目	逻辑	物理
现实	逻辑定义 路线 省道 国道 路线 街道网络 政治边界	现实设施 高速公路 公路 立交桥 十字路口
虚拟	数据结构 网络 链 结点 多边形	数据取值 点 线 面

虚拟逻辑实体对应的数据结构有结点、链、网络和多边形等，虚拟物理实体对应的几何属性数据与交通实体相关联，这些数据信息在 GIS 中通常用图表的形式表达。虚拟逻辑实体和现实物理实体是一对多的关系，例如，用两条带方向的弧段代表一条可以双向行驶的街道。

GIS-T 的数据模型有若干种，具体的交通实体或交通事件具有各自的特征，通常根据实体或事件的特征选取不同的数据模型来对其进行描述。根据不同的分类原则，GIS-T 数据模型有不同的分类体系。

按照数据模型描述对象的维数，可以分为平面数据模型和非平面数据模型。

平面数据模型在 GIS-T 领域得到广泛应用，是道路交通系统表达模型的主流。模型要求在所有路段的相交处必须产生结点，即使在立交、高架或跨越情况也不例外。结点和连线是模型的基本元素，所有路段上的属性直接作为连线的字段存储，由连线的连通性可自动建立路网的拓扑关系，在几何拓扑和网络拓扑关系上保持一致。由于此模型简单通用，很多被广泛接受和应用的最优路径算法都是基于平面模型的，如美国人口调查局的 TIGER 及其前身 DIME 文件、地质调查局的数字线画图、ARC/INFO 等。然而，平面强化模型通常把一条属性相同的道路分离成独立的 n 段，数据库中需要存储 n 份相同的属性数据，存在数据冗余现象，数据完整性和一致性的维护难度增加，在进行网络分析时需要遍历的结点数大量增加，影响网络分析速度。在表达多模式交通网络时，其不足显得尤为明显。

随着城市交通的发展，两条道路立体交叉而互不相通的情况越来越普遍，为了减少数据冗余，发展了非平面数据模型。放弃了平面强化过程，要求物理上不相交的道路之间（立交或天桥）不产生结点，这就避免了非拓扑结点的产生及立体交通网络中不可能的转向。然而，在城市交通网络中，大部分路段交叉处的结点确实存在，这样非平面数据模型的优势不大，而平面数据模型在弧段-结点拓扑关系中的一致性、拓扑自动化及网络分析中的优势被完全放弃。基于此，提出了基于特征的非平面数据模型。此模型在几何上将整个道路要素作为基本建模元素。对于几何数据表达，在实际的交叉路口也可以不产生交点，将整条道路作为一个几何对象存储，即除了道路的真实起点、终点外，在路线交叉处一般不产生交点。这样保持了交通特征的几何完整性，极大地减少了道路属性数据的重复存储，使地理编码更有效，也更真实地描绘了现实世界的交通网络。将网络拓扑数据独立表达，把网络拓扑和几何数据分离开，更有利于网络拓扑和几何数据的维护，在表达多模式的交通网络时显示出优势。

按照数据模型的复杂程度，可以分为简单数据模型如弧-结点数据模型、企业数据模型、适合于 ITS 的数据模型，后面章节要做详细的介绍，这里不再赘述。

3.2 弧-结点数据模型

3.2.1 结点-弧段表达

有向流动性是交通系统特有的重要属性，所以通常采用有向网络表达交通系统。“结点-弧段”方法通常把一个交通系统分为若干详细的不同模式的子网。例如，一个城市交通系统一般可以分为一些专用交通网和公共交通网如公交网络系统、主干道网络系统、定时往返铁路系统等。各个子网之间由转换线连接，这些弧段代表形式的转换。传统的结点-弧段表示法目前仍然在广泛使用，一些新的交通网络模型采用更加复杂的不需要人为对网络进行划分的方式来处理多种形式的网络。在专用交通网（常见的是街道网）内部，结点通常就是街道交叉的十字路口，而弧段就是两个十字路口之间的一段街道。同样，对限制入口的高速公路来说，结点代表公路交叉点而弧段代表两个交叉点之间一段公路。两个反向的有向弧段用来表示一条双向行驶的街道或者反向并行的高速公路。规范化成本函数表示沿弧段的单位运行成本。

每个结点代表街道网中的一个交叉口，可以用结点-弧段模型以不同详细程度来表达，如图 3.1 所示。

图 3.1a 中，十字路口以单结点表示，其缺陷是显而易见的，它不能准确表达路口重要的交叉属性，不能表达以不同方向穿过路口时对应的转向信息。例如，左转向通过路口可能花费的时间要比右转向或直行都要多。而且，在路口还

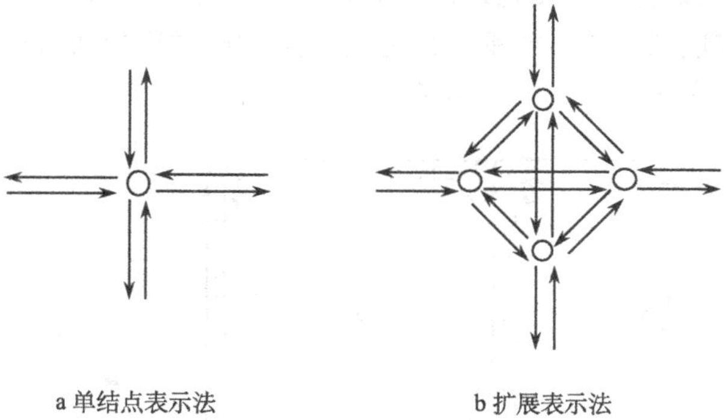

图 3.1　十字路口示意图

可能有转向限制，比如，禁止左转向。而这些信息单结点无法包含。图 3.1b 所示的表示方法对此进行了扩展，用 4 个结点来表示十字路口，并以弧段表示特定方向的通行。它的弊端是虽然可以表示路口必要的转向信息，但却使网络中增加了大量的结点和弧段。如果整个街道网络数据库中每个十字路口增加 4 个结点和 12 条弧段，虽然可以很大程度上完善网络系统，但是数据所需存储空间也同样增大了，降低了系统运行效率。例如，最短路径算法的运行时间就随网络中结点数的增加而急剧增加。

结点-弧段方法可以用一个简单的线性网络表示公共交通网络，结点代表公交站点，弧段代表运行中或者运输线路，如图 3.2a 所示。

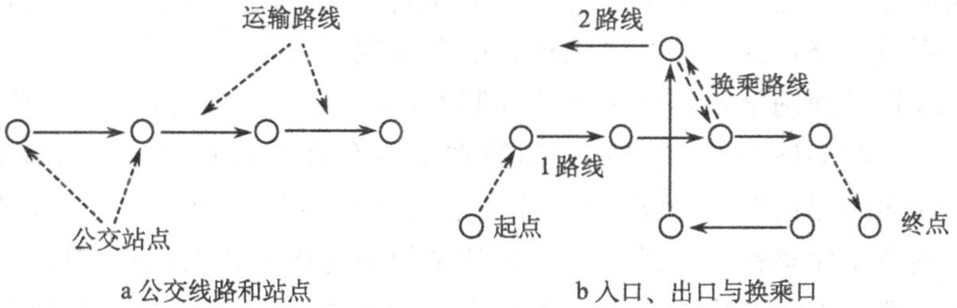

图 3.2　公交线路网络示意图

图 3.2b 表示连接起点和终点站的运行线路。其中，包含一个进入网络的进入弧，一个离开网络的外出弧，图中也说明了两条线路的连接，与转换弧段相关联的站点可实现两条独立运行线路之间的转换，例如，乘客可以从中转站实现在两条独立运行的公交线路之间的换乘。转换弧以将街道网络接入公交网络。

现实中，在给定的研究区域，起点和终点通常是几乎连续分布的。然而，为了计算方便，这些点位经常被聚合为一个交通分析区（traffic analysis zone,

TAZ)。将这些区域连接到交通网络中，传统的方法是将每个区域看作一个单个的点，一般是以区域的质心或重心作为这个点。通过连接质心的弧段将“质心”接入交通网络，图 3.3 即是一个例子。

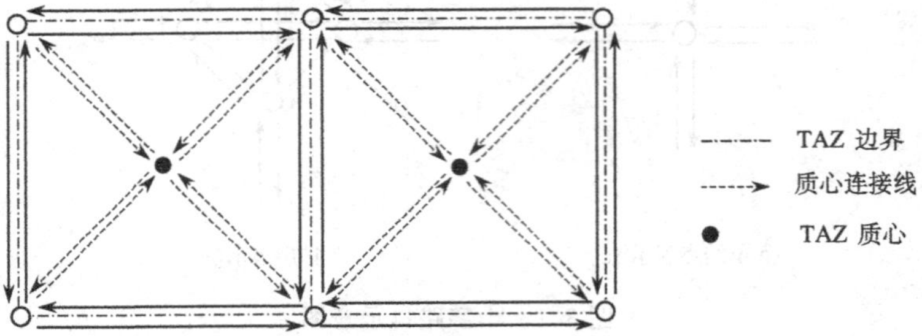

图 3.3　TAZ 连入交通网络示意图

图 3.3 中的连线（伪弧段）表示了包含在给定交通分析区域的交通网。如果实际的起止点在 TAZ 中均匀分布，可以根据从质心到每个结点的运行耗费时间对到其质心的连线赋以权值。如果 TAZ 中的这些结点分布并不均匀，则弧段的权值必须针对每个结点进行度量。

为了最大限度地保持数据库的完整性，GIS 通常要求结点-弧段模型可以进行平面嵌入操作，即由此而形成的模型是一个平面网络。平面嵌入保证了结果空间数据层的拓扑关系的正确性，例如，所有的多边形都被弧段所包围。但是所有弧段相交的地方都有一个结点与真实世界并不一致。例如，高速公路与街道相交叉时可能可能从上越过或从下穿过，如果在此交叉点设置结点，则车辆可以从相交点进入高速公路，这在网络追踪过程中会出现错误。

通过放松平面网络对拓扑关系的强制性，可以从一定程度上解决平面网络的这些问题。一些 GIS 软件在建立空间数据层时允许不同程度上的强制性符合拓扑关系（如多边形由结点-弧段的拓扑关系确立而不是人为“建立”），但是这却可能会影响数据完整性。另外一种办法就是使用前面所述的结点扩展表示法并且限定转向线路的上下层次关系，尽管从多方面来看这只是一个“人造”的东西，而不是超出平面网络的真实的扩展。对于这个问题，一些新的 GIS-T 数据模型对传统的结点-弧段模型进行了扩展，本节后面将会做详细介绍。

3.2.2　结点-弧段与关系数据库

最常用的支持结点-弧段表达的逻辑数据模型就是关系模型。这里以一个示例网络来说明（图 3.4），表 3.2 是关于此示例网络的规范化关系结构。

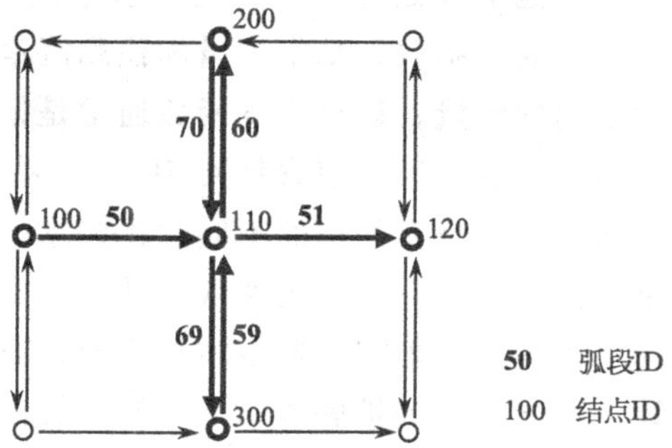

图 3.4　网络示例

表 3.2　示例网络（图 3.4）的关系数据模型

弧段 ID	起始结点	终止结点	其他属性
50	100	110	
51	110	120	
59	300	110	
60	110	200	
69	110	300	
70	200	110	

结点

结点 ID	属性
100	
110	
120	
200	
300	

转向表

来向弧段	去向弧段	阻抗
50	60	−1
50	51	1
50	69	2
70	69	1
70	51	3
59	60	1
59	51	2

从图 3.4 中我们可以看出，它不是一个完全的结点-弧段-面域模型（Node-Arc-Area，NAA）。为了简单起见，这里讨论仅限于平面网络模型，它可以很容易地扩展为 NAA 模型，以实现具有拓扑关系的空间数据模型。

一个支持平面网络模型的关系结构通常由以下几部分组成：①弧段关系，其中包含网络中弧段本身的信息以及它们相关的属性信息。表示有向网络中的弧段需要作为关键字的弧段 ID、起始结点、终止结点等字段。起始结点和终止结点表示出了弧段的方向。其他字段是可选的，通常包括弧段长度、可通行时段、基本流量、预测流量和通行成本函数。基本流量和预测流量分别指的是观测流量和由用某种模型预测而得到的流量。运行成本函数通常是指向一些数学函数的指针而不是函数本身。②结点关系，通常包含结点 ID 和一些其他属性。③扩展关系，为了表示以不同方向穿过网络交叉点的不同运行成本，需要对网络交叉点的表达进行扩展。在关系数据模型中以转向表实现，转向表中每一个记录表示一种穿过交叉点的通行方向，还可以以附加字段表示每个通行方向的运行成本或者指向运行成本函数的指针。跟交叉点的扩展表示法一样，转向表是有效的，但效率不高，它极大地增加了数据量。

在网络表达中有时需要将地址位置信息包含进来，这对于网络中的位置匹配是有用的，也就是以街道地址对如住宅、银行等实体进行地理定位。可以在数据模型中加入参考地址关系表，其中包括表示弧段地址范围的起始地址、终止地址两个字段，说明地址范围表示街道哪一边的“所在侧边”字段，一个表示街道两边地址是否全为奇数或偶数的“奇偶性”字段，对应于网络中每个弧段的“街道名称”一般分解为几个字段来表示，如：①名称前缀；②街道名称；③名称后缀。

3.2.3 结点-弧段表达的不足

网络模型有图论以及由离散的数学结构表达的网络的易操作性作为它强大的基础，所以得到广泛应用。用它所表达的网络可以轻易地用传统的程序编码方法实现存储和操作。但是它也有本质上的缺陷：

(1) 由平面嵌入所引起的表达困难（前文已有论述）。可以通过解除网络的拓扑关系或增加转向表来表达交叉点，但是它们会破坏数据库的完整性或降低数据库的运行效率。

(2) 传统的网络模型假定弧段都是同质的，也就是弧段特性在结点的两边是不发生变化的，这与交通应用中许多实际情况不符。如在车道管理中，在一段给定的街道中，车道的性质可以发生很大的变化。

(3) 对交通系统中实体之间的一对多的关系的表达存在困难。Fletcher 于 1987 年指出，交通系统中，现实/物理实体如高速公路、十字路口、立交桥与现实/逻辑实体之间往往是一对多的关系。线性参照系统中会出现一类很重要的一对多关系，关于 LRS 将在下节中详细介绍。

3.3 线性参照系统

为了管理交通设施信息，出现了线性参照系统。线性参照系统支持发生在交通网络中的事件信息的存储和管理，这其中包括道路质量、事故、功能类、维修区等。就如我们所举的这些例子，事件可以是与交通设施有关的点事件或线事件，有些情况下，甚至是面事件。

3.3.1 线性参照系统定义

线性参照系统的概念最早由 Baker 和 Blessing 于 1974 年提出，是一系列内业和外业的程序和方法的集合，包括线性参照方法及不同线性参照方法之间的转换方法。类似于二维或三维参照系统，它是对象在一维空间中的位置度量形式和方法。在三维空间参照系统中，物体的位置可以用三维空间直角坐标（X，Y，Z）来表示，也可以用大地坐标经纬度及高程来表示，两种形式之间可以转换。在二维参照系统中，可以平面直角坐标或经纬度坐标来表示空间位置。同样，在一维空间参照系统也可以有不同的参照方法，并且它们之间可以相互转换。

线性参照系统通常由以下几部分组成：①交通网络模型；②线性参照方法；③参照基准与控制。其中，交通网络由传统的结点-弧段拓扑网络组成。所谓线性参照方法简单来讲就是在一个交通网络中由已知位置、定义好的路径、距已知位置的偏移量（距离）来确定一个未知的位置，这是管理网络中事件数据的基础。参照基准是一些已有地理参照信息的对象，它是连接线性参照系统和现实世界的桥梁，并且支持多模式网络的综合、给定网络的多模式线性参照方法、多事件数据库和数据的地图显示。

3.3.2 线性参照系统概念模型

1. 线性参照方法

主要的线性参照方法有：里程参照、路线参考点偏移参照、分段参照、链-结点线性参照。

1）里程参照

这是依据道路名与里程的线性参照方法（图 3.5），它包括道路命名规则和沿交通设施的里程参考，即以一定距离单位如米或千米。该参照方法指定一个起点（如图中的 0km）作为基准，一般选取路线的中点或与某级行政区划线的交点，然后从起点开始沿交通路线量算距离指定里程点，所以对于事件的参照定位要求从起点开始精确量测。

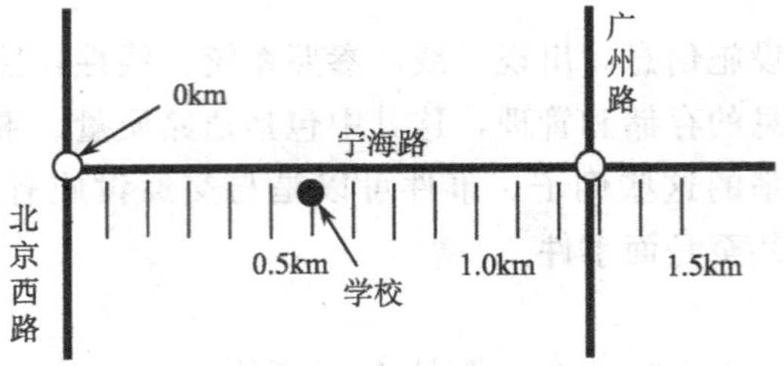

图 3.5　里程参照方法

如图 3.5 所示，则依该线性参照，“学校”事件在数据库中记录见表 3.3。

表 3.3　数据结构

ID	路名	距离
S	宁海路	0.6km

该参照方法的缺点在于当道路改建或因其他原因导致路线几何形态发生变化时，参照系统可能随着时间的推移变得不再精确。换句话说，参考里程点可能不再对应于实际的到原点偏移量（距离），这在管理历史事件记录的时候可能会出现问题。例如，两起交通事故在不同时间发生在同一地点，而恰恰又在这期间线路发生了变化，则这两起事故发生地点可能会在不同的里程位置。这时可以某种转换函数或标志符来确保这样的事件在现实世界中处在相同的位置。

2) *路线参考点偏移参照*

该参照方法是与里程参照紧密相关的，其不同之处在于在多个已知位置上设置原点，每个事件可以任何一个原点进行参照定位，而不仅仅是整个路线的起点。偏移量可以是正值也可以是负值。与里程参照相比要灵活得多，不需要按固定单位长度（如每千米）设置参照点。其不足之处在于必须花费较大的精力来维护参照标志，尤其是它们的位置。如果某参照标志丢失或遭到破坏，则须将其精确地置回原来的位置。

3) *分段参照*

分段参照方法将交通设施划分为段以使感兴趣的数据均匀分布在每一个分段（图 3.6）。它常用于交通设施运营监控和资金管理。例如，对分段路况的监控可以为公路养护资金的分配提供参考。分段参照一般以里程点作为其参照系统，每一分段有一起始里程点和一终止里程点。

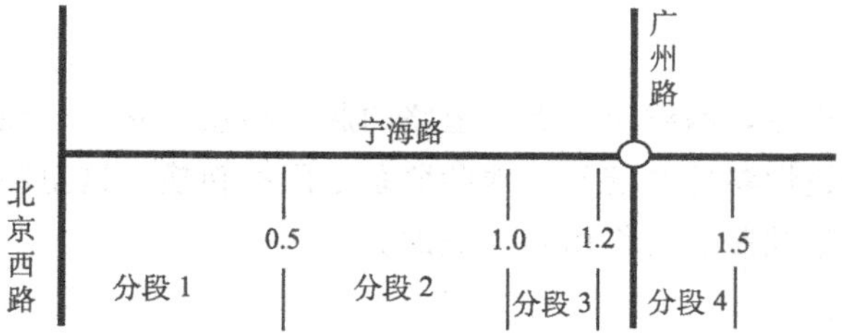

图 3.6　分段参照方法

4）链-结点线性参照

该方法直接表达交通系统中的拓扑关系，网络中的边组成链表示系统的链接关系而结点表示道路交叉点或截止点。由具有某种地理坐标的参考点提供交通系统中链的拓扑信息和几何信息（图 3.7）。这种参照方法的优点是在线性设施改建后不需要完全重新测量和设置标记。由于具有拓扑关系，两结点间距离的变化不影响参照系统的其余部分。这种方法的缺点在于对事件发生地点的判定和通达。个人必须通过一张“结点地图”才能在区域内找到事件地点，这就意味着除非公众可以广泛地拥有和使用“结点地图”，否则他们无法找到事件地点。对于传统的线性参照方法（linear reference method，LRM）应用这可能不是一个问题，但是在一些新的应用方向，如智能交通系统中，这是一个重要的问题。

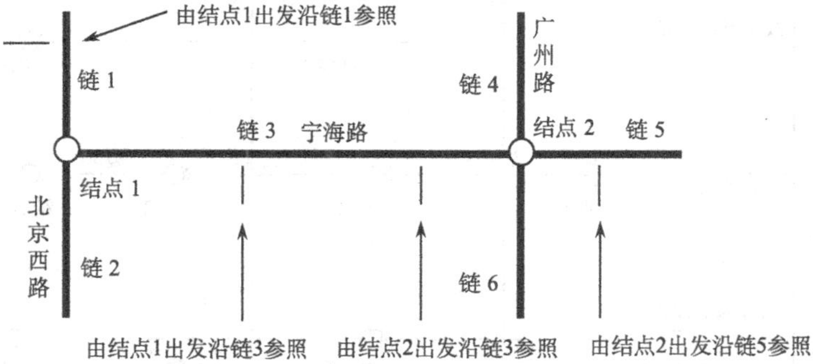

图 3.7　链-结点参照方法

2. 线性参照基准与控制（数据）

在一个线性参照系统中，线性参照基准与控制是将真实世界中对象转换到线性参照系统中去的基础。其中线性参照基准是线性参照控制的必要起算数据，就如同水准网需要一个高程基准一样。线性参照系统是一维空间的控制系统，它也需要一个度量标准，通常称为里程基准。下面是线性参照控制的几个基本概念：

1）控制点

通常选取里程点，路线交叉点，道路的起、终点，它们一般具有二维或三维坐标值，有利于线性参照系统与其他参照系之间的转换。这里的控制点与二维或三维空间中的测量控制点的作用是类似的。

2）控制段

由控制点两两构成且带有方向，其长度可通过野外测量得到。

3）参考点

在确定控制点和控制段的基础上，通过量测的距离偏移值确定。通常选取现实中的固定对象，如交叉口、信号标志牌等，唯一确定并可以恢复。线性参照参考点的作用在于确定线性参照系统中的事件，主要是点事件（如交通事故点、交通控制信号、桥梁、涵洞等交通设施）和线事件（同一特征的路段如相同质量的路面、施工路段等，由起点和终点构成）。

线性参照系统的主要目的就是通过建立线性参照基准与控制，在此基础上，建立各种事件在线性参照系统的定位和度量（图 3.8）。

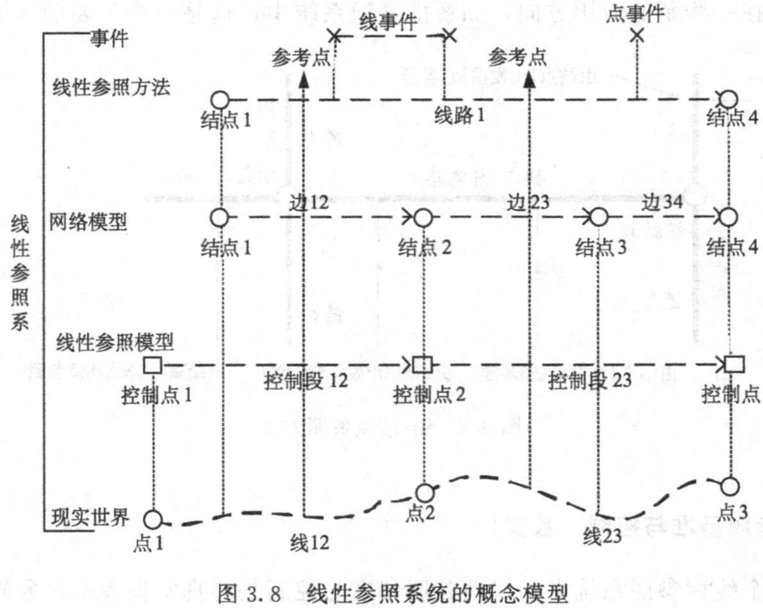

图 3.8 线性参照系统的概念模型

图 3.8 是一个完整的线性参照系统。从图中可以看到，现实对象提供了线性参照系统的数据源，其一般处于某种坐标参照系统；控制点是联系现实世界的基

础，它具有位置属性如坐标值或里程值；控制段连接控制点，提供了线性参照系统基本的参照空间，它具有距离属性，对应于实际地面长度；结点是在路网模型中基于线性基准基础定义的用于网络分析的要素，它具有位置属性信息即控制段上与控制点的偏移量；结点边具有描述各种交通阻抗（如出行距离、出行时间以及消耗等）的权值。而由结点和结点边构成具有拓扑结构的网络模型，可用于路径查询、交通路线分析等操作；路线由一系列有序有向的网络边所构成；线性参照点位于路线上，用于确定各种事件，具有代表从某个已知控制点或结点到参照点的阻抗的权值。

3.3.3　平面坐标和线性参照系统的转换

在计算机内部模型中，各种来源的数字化图形都是以平面直角坐标的形式运算和存储的，而在交通地理信息系统中，很多与空间相关的属性信息（如交通事故地点），其都是定位于某种线性参照系统之中的。因此，为了实现对与空间位置有关的属性细腻地查询和分析，必须实现平面直角坐标与线性参照系统之间的转换。以下以线性里程参照系统为例介绍两种主要的方法：

1. 线性内插法

这种方法计算简单、速度快，但是计算误差较大，对于精度要求不高的示意性查询或分析可以使用，计算时将曲线边作为折线处理，获取折线角点处（为叙述方便，下文中结点包括此类点）及网络结点坐标集 P_i，并将其存入数组，然后进行转换。

1）平面直角坐标转换为线性里程坐标

首先，判断待转换点 P 位于网络中哪一条线段上：由待定点与相邻的两个结点构成的两个向量，计算两个向量的模之和，并判断所有和值中最小的一个，则此值和对应的两个结点构成的边即 P 所在的边。

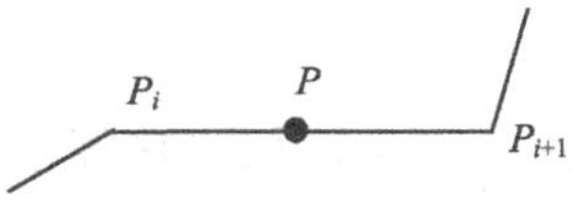

图 3.9　线性内插示意图

如图 3.9 所示。从 1 至 n 搜索 i，求得 $\min\{|P_iP|+|PP_{i+1}|\}$，则此时的 $|P_iP_{i+1}|$ 即为所求边。

然后计算 P 点的线性里程坐标 L_P，先计算其在结点边上的相对位置系数 μ：

$$\mu=\frac{|x-x_i|}{|x_{i+1}-x_i|} \tag{3.1}$$

则有

$$L_P = \sum_{m=1}^{i-1}(|P_m P_{m+1}|) + |P_i P_{i+1}| \cdot \mu \tag{3.2}$$

2） 线性里程坐标转换为平面直角坐标

首先，判断 P 点位于哪一条结点边上：从 1 至 n 搜索 i，找到满足 $L_{P_i} \leqslant L_P \leqslant L_{P_{i+1}}$ 的 P_i、P_{i+1}。

然后计算 P 点的直角坐标，先求其在直角坐标系中的相对位置系数 μ：

$$\mu = \frac{|L_P - L_{P_i}|}{|L_{P_{i+1}} - L_{P_i}|} \tag{3.3}$$

则有

$$P = P_i(\mu) + P_{i+1}(\mu) \tag{3.4}$$

以上式中，L_{P_i} 为 P_i 点的线性里程坐标；x_i 为第 i 个结点在直角坐标系中的横坐标；μ 为相对位置系数。

2. 积分法

这种方法采用曲线参数进行精确的积分计算，与前一种方法相比计算复杂一些。

首先采用与线性内插中同样的方法判别点位于哪一段曲线上再判断曲线段的类型，然后进行坐标转换。

1） 平面直角坐标转换为线性里程坐标

$$\left.\begin{aligned} \varphi(s) &= \varphi_0 + \int_0^s k(s)\,\mathrm{d}s \\ x(s) &= x_0' + \int_0^s \cos(\varphi(s))\,\mathrm{d}s \\ y(s) &= y_0 + \int_0^s \sin(\varphi(s))\,\mathrm{d}s \end{aligned}\right\} \tag{3.5}$$

式中，s 为弧长，它等于所求点的里程与该点所在曲线起点里程之差；$k(s)$、$\varphi(s)$分别为所求点处的曲率和方向角；$x(s)$、$y(s)$ 为所求点的纵、横坐标；φ_0、x_0、y_0 分别为该点所在曲线段起点的方向角和纵横坐标。

所求点的曲率计算与该点所处的曲线类型有关，一般的当所求点所在曲线单元为

① 直线时：

$$k(s) = 0 \tag{3.6}$$

② 缓和曲线时：

$$k(s) = (k_2 - k_1)/l_s \tag{3.7}$$

式中，k_1 和 k_2 分别为缓和曲线的起点和终点曲率；l_s 为缓和曲线长度。

③ 圆曲线时：

$$k(s) = 1/R \tag{3.8}$$

式中，R 为圆半径。

平面直角坐标转换为线性里程坐标，其问题实质就是：已知点的纵横坐标（x，y），求点到曲线起点的弧长 s，可采用以下迭代算法求解：

第一步：取 s 的初始值为所求点到曲线起点的直线距离；

第二步：将 s 代入式（3.5）计算得 $x(s)$ 或 $y(s)$；这里以 $x(s)$ 计算为例；

第三步：对 $x(s)$ 与 x 进行精度比较，如果满足要求，则结束，此时的弧长 s 与曲线起点里程之和即为所求点的线性里程坐标值，否则令 $s=\frac{x(s)}{x}\cdot s$，返回算法第二步。

2）线性里程坐标转换为平面直角坐标

给定一点的线性里程求其平面直角坐标，计算过程比较简单，可直接采用式（3.5）计算，这里的关键问题有两个：一是给定点所在位置，即给定点是位于直线段、缓和曲线段还是圆曲线上，这可通过给定点的里程与线路主点里程之间的比较判定；二是给定点处的曲率计算，当知道给定点所在的曲线类型时，可通过式（3.6）、式（3.7）、式（3.8）计算其曲率。

3.4　动态分段技术

3.4.1　概　　述

动态分段是在传统 GIS 数据模型的基础上利用线性参照系统和相应算法，在需要分析、显示、查询及输出时，在不改变要素位置（坐标）的前提下，建立线性要素上任意路段与多重属性信息之间关联的技术。动态分段实质上是建立在弧段-结点数据结构上的一种抽象方法，通过一定映射关系，将动态段对应回原有的 GIS 数据库中。在动态分段数据结构中，空间实体类型包括：结点、弧段、链、环及多边形，此外还引入了点状事件、线状事件、段等概念。这样，可在不改变原有空间数据结构的条件下，方便地处理与表达多重属性关系。基于类 POLYVER 矢量数据结构的动态分段数据结构如图 3.10 所示。

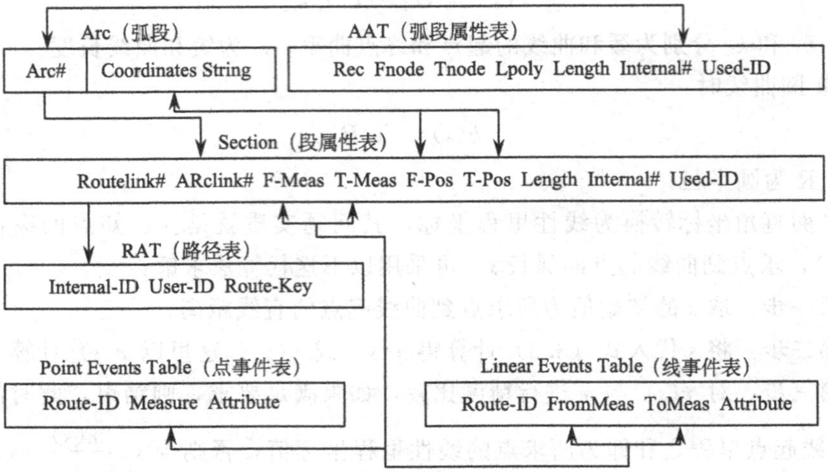

图 3.10 基于 POLYVTRT 矢量结构的动态分段数据结构

1. 动态分段的数据处理方式

（1）联结。指建立与距离或位置对应的属性信息和在地理空间呈线性分布的实体之间的联系。

（2）分段。指在分析和查询时，根据所选择的属性数据以及满足某种特定条件生成新的点状或线性实体间目标的过程。

（3）显示和空间分析。根据点状或线性实体与属性数据的关联和动态分段结果，显示与空间分析操作用于建立所生成的线性实体与二维坐标系之间的联系并能进行进一步的空间分析。

2. 动态分段的特点

（1）无需重复数字化就可进行多个属性集的动态显示和分析，减少了数据冗余；

（2）不需要按属性集对线性要素进行真正的分段，只是在需要分析、查询时，动态地完成各种属性数据集的分段显示；

（3）所有属性数据集都建立在同一线性要素位置描述的基础上，即属性数据组织独立于线状要素位置描述，因此易于数据更新和维护；

（4）可进行多个属性数据集的综合查询和分析。

3. 动态分段的优势

（1）任何一个要素的变化不会影响其他要素；

(2) 容易添加和删除要素；

(3) 应用时只需处理具有特殊意义的要素，减少处理和存储的数据量；

(4) 一些实体可以被表述成结点或弧段。

由于动态分段能够保持良好的数据结构，支持路线上的各种事件，因而得到了广泛的应用。

3.4.2　动态分段技术的线性参照系

因为动态分段技术必须建立专题属性数据和线性空间实体的线性参照系，因而在实际工作中主要采用公路名称和里程线性参照系和链-结点线性参照系两种参照系。

公路作为一系列空间实体集，通过公路里程建立线性要素与属性信息间的相互关系可以避免属性信息的相互重叠，便于各种数据的存储、管理和分析(图 3.11)。空间实体以及线性参照系用于生成具有某种属性值的新的空间实体。动态分段技术避免对每一个空间实体给定某种属性信息。通过指针，与空间实体相关的属性信息将在操作过程中进行匹配。

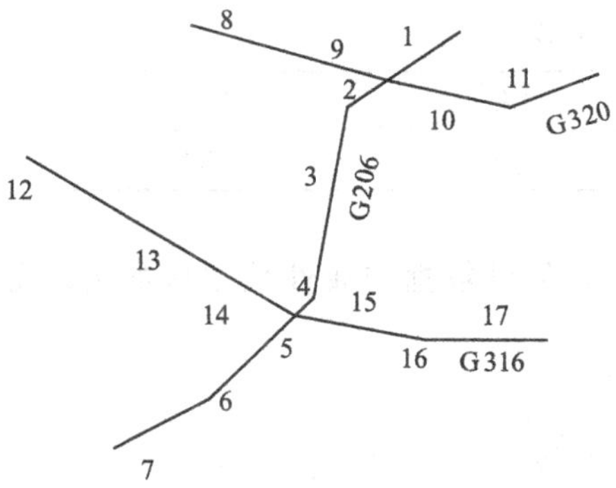

图 3.11　公路名称和里程线形参照系

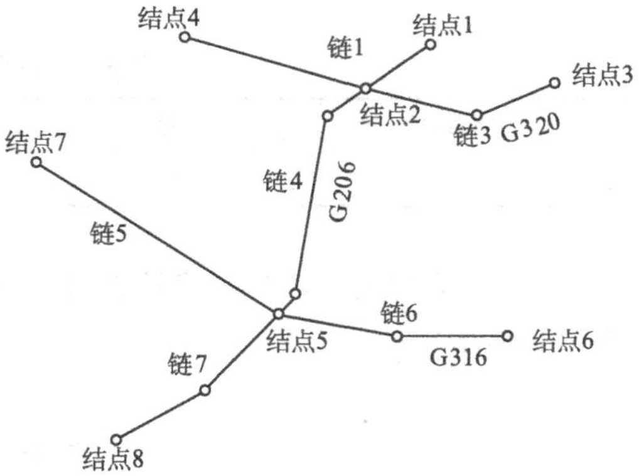

图 3.12　基于链和结点的线形参照系

链（线性）和结点参照系利用结点（交叉口、公路终点等）和连线，试图模拟公路网的拓扑关系。结点间的连线用拓扑结构的链表示（图 3.12）。这种参照系提供对坐标几何和实际公路网拓扑结构的访问。与前两种参照系相比，基于链和结点的参照系更为灵活。

3.4.3　基于线性参照系的动态分段数据模型

在动态分段数据模型中实际上主要包含两种实体类型：点状实体如交通事故

点、信号标志等；而具有相同属性如路面宽度、路面条件和路面形式的某一公路中段等是典型的线性要素。包含空间要素标识和里程值的公路数据库由公路属性或里程属性表组成。位置属性用公路名称或里程表示，采用多属性结构化查询可以确认新的线性实体在空间的位置。见表 3.4 至表 3.7。

表 3.4　线路特征参数（XLTZCS）

字段名	线路编号	公路里程	平整度	路面破损率	PCI
数据类型	Char6	F3.1	F8.3	F8.3	F8.3

表 3.5　线路基本信息数据库（XLJBXX）

字段名	线路编号	起点里程	终点里程	起点名称	终点名称	路面宽度
数据类型	Char6	F8.3	F8.3	Char10	Char10	F8.3

表 3.6　公路网络链（GLWLL）

字段名	链标识	起始结点	终止结点	起点里程	终点里程	X 坐标	Y 坐标
数据类型	Char6	INT2	INT2	F8.3	F8.3	F11.1	F11.1

表 3.7　结点库（JD）

字段名	结点	X 坐标	Y 坐标
数据类型	INT2	F11.1	F11.1

为保证表的关联，路线编号必须一致，其矢量数据与属性数据表的关联如图 3.13所示。

3.4.4　动态分段技术的算法实现

在此举一实际问题对动态分段技术的算法进行说明。

问题：从标识点 B 至 C 的路面宽度为 30m，B 与 C 的里程值为 MP_B，MP_C。

求解：(X_B, Y_B)，(X_C, Y_C)。

条件：已知控制点 A 的坐标和里程分别为 (X_A, Y_A)、MP_A，控制点 D 的坐标和里程分别为 (X_D, Y_D)、MP_D，公路上的几何特征点（曲线主点）坐标（图 3.14）。

计算过程：

第一步，查询路面宽度为 30m、由链组成的公路路段及里程，包括满足条件

线路编号	公路里程	平整度(mm/km)	链表识	路面破损	PCI
G206	1654K+700~655K+600	5334	1	2.2	6.01
G206	1768K+100~768K+160	4064	2	1.9	7.07
G206	1771K+300~771K+400	3937	3	2.3	7.06
G316	492K+120~493K+800	3302	4	0.4	7.62
G316	500K+300~501K+100	6121	5	8.4	5.38
G316	523K+000~524K+400	5779	6	9.0	5.27
G320	737K+100~737K+200	4102	7	2.0	6.81

终点	X,Y
1	X,Y
2	X,Y
3	X,Y
4	X,Y
5	X,Y
6	X,Y

链表识	起始结点	终上结点	起点里程/km	终点里程/km	坐标
1	结点1	结点2	1654.700	1655.600	X,Y
2	结点4	结点2	737.100	737.200	X,Y
3	结点2	结点3	726.700	727.000	X,Y
4	结点2	结点5	1768.100	1771.200	X,Y
5	结点7	结点6	523.000	524.400	X,Y
…	…	…	…	…	…

图 3.13　动态分段技术下的属性数据位置的关联

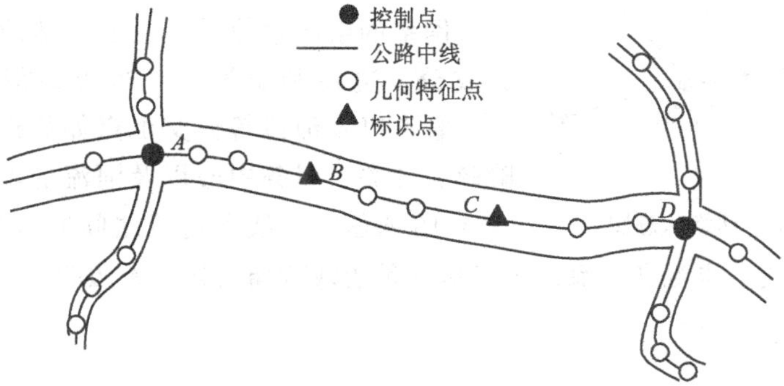

图 3.14　动态分段算法示例

的路段的起始里程、链标识、终点里程等。

第二步，按里程计算起始点至终点的比例偏移值，对于图 3.14 即为：AB/AD，AC/AD。

第三步，根据公路的几何图形和几何特征点的坐标，沿包含起始点和终点的链段累计计算里程，并将计算的里程与链段里程比较，直到计算的比例偏移值大于第二步计算的比例偏移值。或者为提高内插精度，采用距待求点最近的两特征点的坐标内插出该点的坐标值，即根据公路的几何图形和特征点的坐标，沿包含起始点和终点的链段累计计算里程，并将计算的里程与链段里程相比较，直到计算的偏移值大于第二步中的偏移值，记录该点的坐标。

第四步，确定比例偏移值小于第二步计算的比例偏移值且具查询点最近的公路几何特征点的里程，或确定比例偏移值小于第二步计算的比例偏移值且具查询点最近的公路几何特征点并记录该点的坐标。

第五步，按线性内插方法计算 B、C 两点的坐标。

3.5 几何网络模型

3.5.1 概　　述

几何网络模型是一种全新的网络模型，它是在对交通和其他网络的反复模拟和实践后提出的。它能有效地对现实世界的各种网络如交通、电力、水管等进行描述和分析，克服传统网络模型的不足。本节介绍几何网络模型的重要性能，揭示几何网络模型及隐藏在其背后的逻辑网络模型如何来模拟复杂的交通系统、能量系统和通信系统。

1. 网络模型基本元素

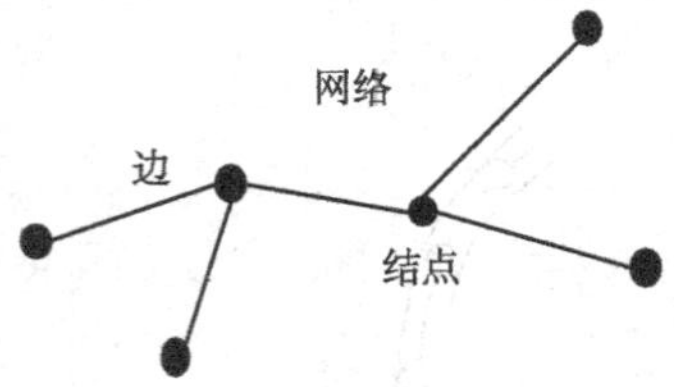

图 3.15　网络示意图

网络的组成很简单，主要包括两种基本的组成成分：边线和交汇点。边线如街道、传输线路、管道以及河段等。交汇点如街道交叉点、保险丝、开关、服务中心以及河流的汇合点等，如图 3.15 所示。边线和边线之间通过交汇点相连，流（如汽车流、电流和水流）可以从一条边线传输到另一条边线。

2. 网络类型

现实世界的网络根据其功能可分为两类，即效用网络和传输网络。

效用网络是指可直接通过网络进行物体传输，例如，水和电就是通过管道和电力线传输到用户。效用网络经常涉及的问题是：

（1）确定商品的流向；

（2）寻找给定点的上游点；

（3）关闭开关使流的方向改变；

（4）确定网络中被隔离的部分；

（5）寻找服务某些消费者的设施。

传输网络是指通过一定的网络从传输工具实现流的运动，如汽车、火车、飞机可自由运动于交通网络，并实现流的传送。传输网络所涉及的内容有：

（1）计算点与点之间的最短路径；

（2）分派最近的救护车、消防车、警车等；

（3）最佳行驶路线确定；

（4）选择访问最佳消费者的次序。

根据上述思想，可以建立网络模型服务于很多行业，例如，铁路制定时刻表提高火车与运输集装箱的卡车之间的联合运输效率；包裹速递服务部门优化在街区系统中的包裹传递；电力部门根据受影响的消费者的电话来确定发生电路故障的位置；环保部门根据对水流中不同地点的水样分析来追踪污染物的流向；某地区交通部门根据交通数据来规划将来的高速公路建设；学校寻找一条优化的行车路线接送学生上学和回家等。

3.5.2　网 络 模 型

线性网络系统如交通、电力线、水管等一般可通过几何网络模型和逻辑网络模型进行描述。几何网络模型是组成线性网络系统的要素的集合，几何网络模型是从要素集合的视角来看网络模型。一个几何网络模型总是与一个逻辑网络模型相联系，逻辑网络模型是一个由边线元素和交汇点元素组成的网络图表。这两种网络模型一起为存储和分析线性网络系统提供了丰富的工具，如图 3.16 所示。

1. 几何网络模型

几何网络模型是要素的集合，是由边线和交汇点相连组成的系统。一条边线有两个交汇点，而一个交汇点可以与任何数量的边线相连。边线要素可以在三维空间中相互交叉但不接触。一个典型的例子是桥梁跨过一条公路，这种情况被称为非平面交汇点。

描述边线和交汇点的要素被称为网络要素，只有网络要素能参与到几何网络模型中。一个网络要素类是以下四种网络要素类型之一的集合：简单交汇点要素、复杂交汇点要素、简单边线要素、复杂边线要素。

一个以上的网络要素类便可以描述几何网络模型中的一个给定的拓扑关系。一个网络要素类严格地与一个几何网络相联系（即一个网络要素类只能参与一个几何网络）。

几何网络中的网络要素与其他的要素具有相同的特征：可以为边线和交汇点创建尽可能多的必需的要素类，并且可以对这些要素类添加任何属性；可以对主要的分类要素定义子类型，并且运用缺省值、属性域和分离/合并方法对属性表进行操作；可以在网络要素之间以及网络要素与其他要素之间建立关联关系；如

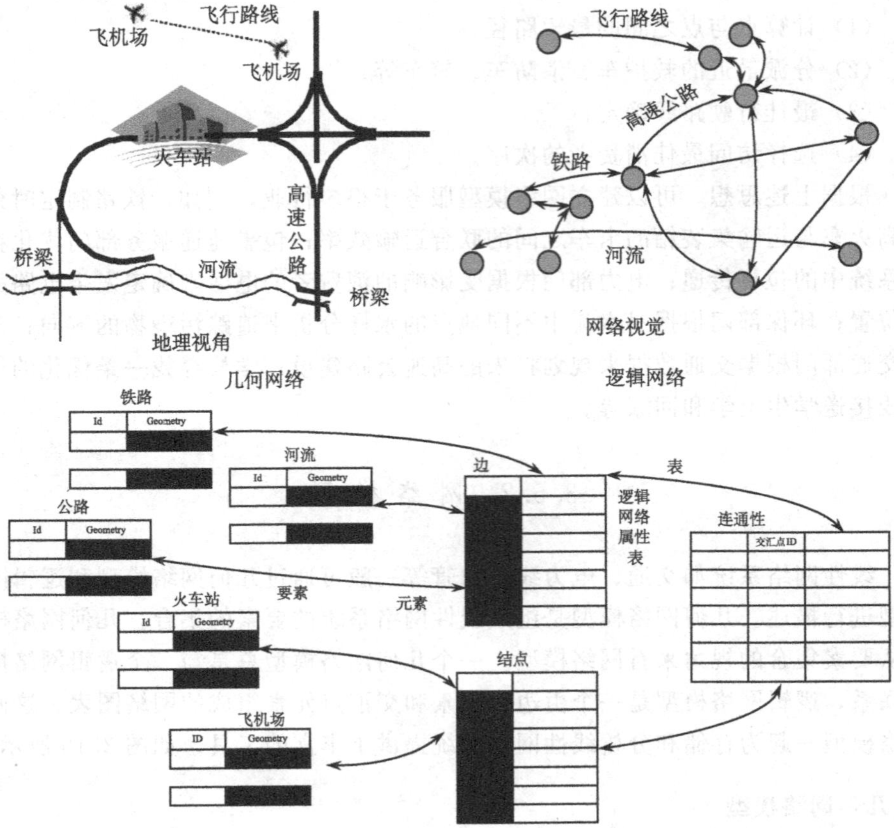

图 3.16　几何网络和逻辑网络

果要进行高级应用，可以扩展一个网络要素类并创建自己的网络要素；网络要素具有保持连通性并自动更新网络元素的特定的行为。

2. 逻辑网络

与几何网络相似，逻辑网络也是相连的边线和交汇点的集合。二者的区别在于逻辑网络没有坐标值。它的主要目标是用特定的属性表存储网络的连通性信息。

逻辑网络中的边线和交汇点没有几何属性，因此它们不是要素，而是元素。在几何网络的网络要素和逻辑网络的元素间有一对一和一对多的关联关系。

一个几何网络总是与一个逻辑网络相联系，在编辑几何网络要素的时候，相应的逻辑网络元素会自动更新。逻辑网络是网络要素进行复杂行为的基础。

3.5.3　网络要素关联

逻辑网络的核心是连通属性表，连通属性表描述的是网络元素之间是如何相连的。对网络中的每一个交汇点来说，连通性属性表记录的是与该点相邻的交汇点和连接该点与相邻交汇点的边线。连通性属性表说明了几何网络是如何保持其完整性的。逻辑网络也包含有一个交汇点元素表和一个边线元素表，如图 3.17 和图 3.18 所示。

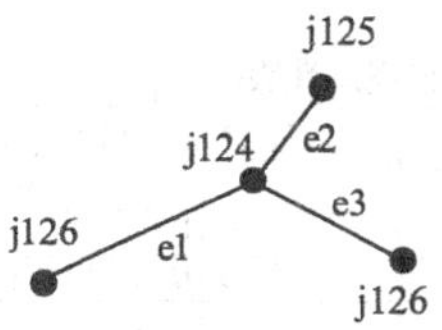

ID	geometry
j123	
j124	
j125	
j126	

ID	geometry
e1	
e2	
e3	

图 3.17　几何网络属性表

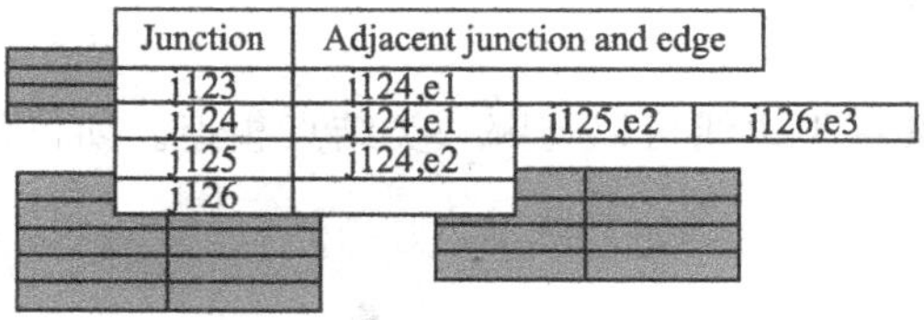

图 3.18　逻辑网络属性表

交汇点元素表和边线元素表提供了一个唯一的元素 ID 用来表示要素类和要素 ID 的连接。在大多数网络中，并不是所有的边线都可以与其他任意一个交汇点相连。同样，也不是所有的边线都可以通过一个特定的交汇点与其他任意一条边线相连。例如，在供水网络中一条支线水管可以与一条主水管相连，但却不能与一条服务支线水管相连。同样，一个直径为 10in 的传输管道只能通过一个减压阀与一个直径为 8in（1in＝2.54cm）传输管道相连。网络连通性规则控制着那些可能相连的网络要素类型和数量（图 3.19）。

几何网络中连通性规则保持网络要素的完整性。在任何时候，都可以有选择地验证数据库中的要素，并形成报告说明网络中的哪些要素违背了某个连通性规则。网络要素的连通性规则如下：

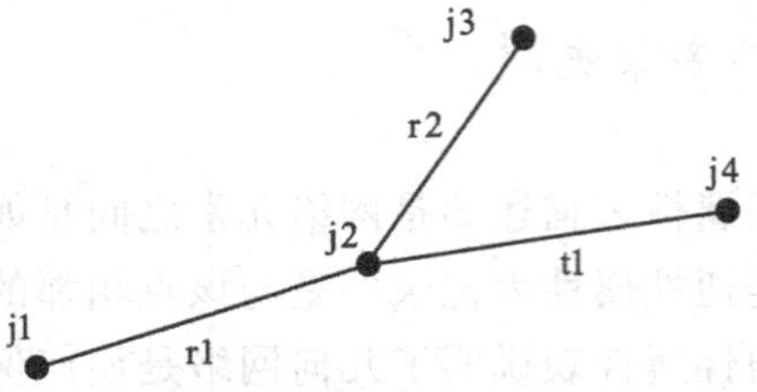

结点要素表

Feature class	Feature ID	Element ID
1	J2	0
1	J2	1
1	j2	2
1	j3	3
1	j4	4

城市

ID	Geometry
j1	
j2	
j3	
j4	

边要素表

Feature class	Feature ID	Element ID
2	R1	10
2	R2	11
3	T1	12

主要铁路

ID	Geometry
r1	
r2	

连通属性表

Junction	Adjacent junctionand edge elements		
0	0,10		
1	0,10	2,11	3,12
2	1,11		
3	1,12		

卡车行车路线

ID	Geometry
t1	

图 3.19　几何网络和逻辑网络要素表示

1. 边线-交汇点规则

该规则限定对某一类边线可以与哪一类结点相连。如仪表只能与低压线路相连（图 3.20）。

图 3.20　边线-交汇点规则

线状要素与点状要素相连接时有一定的匹配关系，

如水管道可以与水表相连，而运输路线不能

2. 边线-边线规则

这个规则确定了什么样的两条边线可以通过一个给定的交汇点相连(图 3.21)。例如，两种不同直径管道只能通过一个合理的减压阀进行连接。

3. 边线-交汇点基数

这个规则限定与一个交汇点相连的边线的数量（基数）。一个特定类型的开关可以用来连接 2 线和 4 线。当然也可定义与某个结点相连的线的数量和范围，如图 3.22 所示。

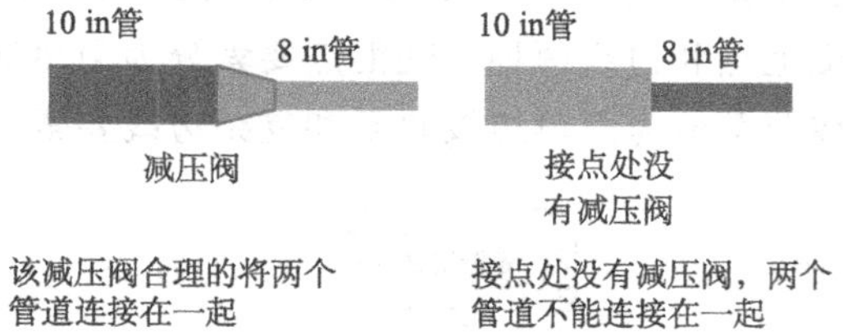

图 3.21　边线-边线规则

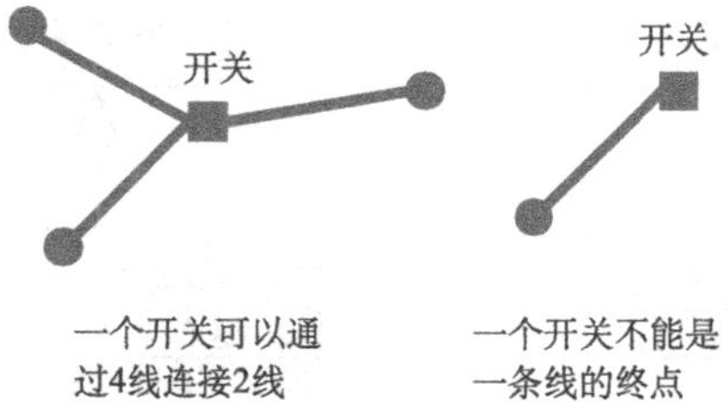

图 3.22　边线-交汇点基数

4. 缺省的交汇点类型

当将一个类型的边线与另一个类型的边线相连时，可以定义一个连接这两条边线的缺省交汇点。如一条 14.4kV 的电线连接到一条 28.8kV 的电线的末端交汇点时，需要在该点放置一个变压器（图 3.23）。

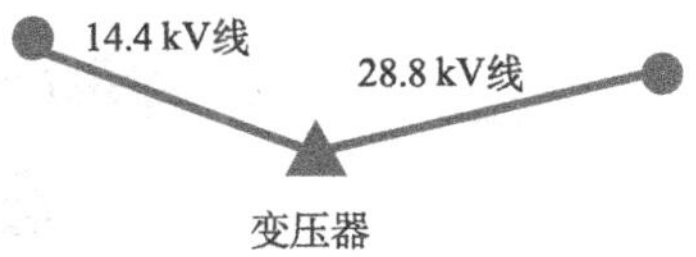

图 3.23　缺省的交汇点类型
当 14.4kV 的电线与 28.8kV 的电线相连时，
需要一个合理的变压器作为其连接点

3.5.4　网络要素

1. 网络要素类型

在几何网络中，要素有四类：简单边线、简单交汇点、复杂边线和复杂交汇点。

在几何网络中，每个要素类包含以上四种要素类中的一种。一个几何网络可以含有相同作用的多个要素类。ArcGIS 中的 Geodatabase 数据模型如图 3.24 所示，网络要素分为交汇点和边线两种；交汇点要素分为简单交汇点要素和复杂交汇点要素两类；边线要素分为简单边线要素和复杂边线要素。

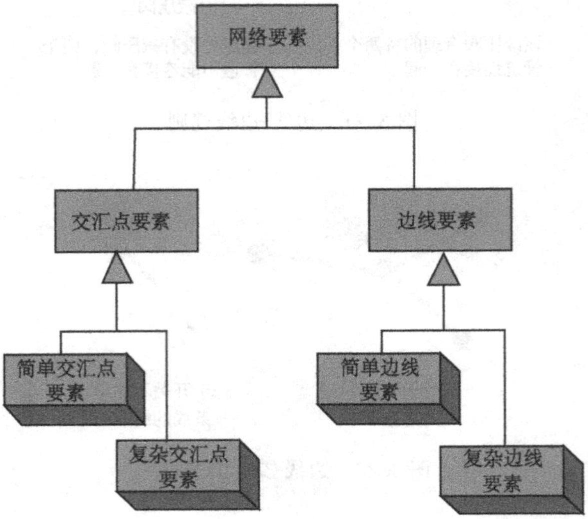

图 3.24　Geodatabase 数据模型

2. 网络要素关系

（1）边线要素与逻辑网络中的一条边相联系，如图 3.25 所示。

（2）简单交汇点要素与逻辑网络中的单个点相对应，如图 3.26 所示。

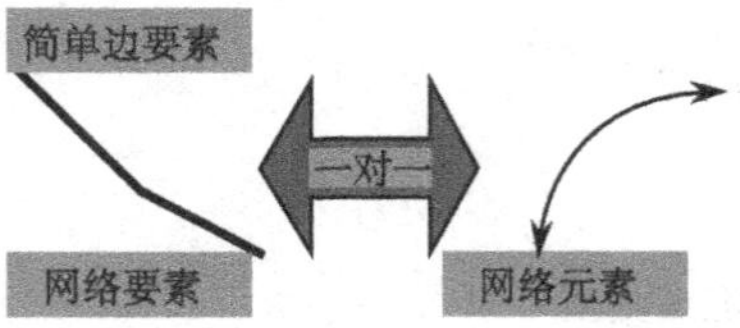

图 3.25　简单边线要素关系

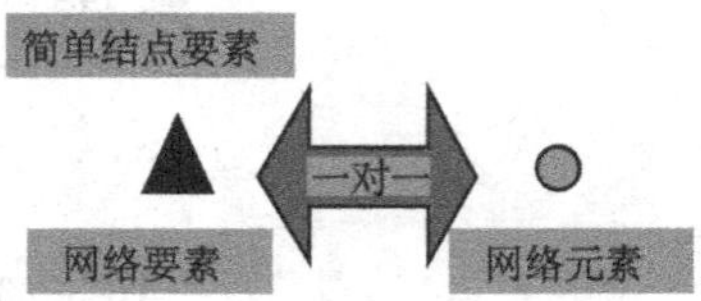

图 3.26　简单交汇点关系

（3）复杂边线要素与逻辑网络中的一些数量的边相对应。这些边必须是一个链状结构，如图 3.27a 所示。

（4）复杂交汇点要素与逻辑网络中的边和结点的集合相对应。这些边和结点是相连的并且可能以各种任意的拓扑结构出现。这些元素可以被看成是由一个复杂的结点元素表示的内部网络，如图 3.27b 所示。

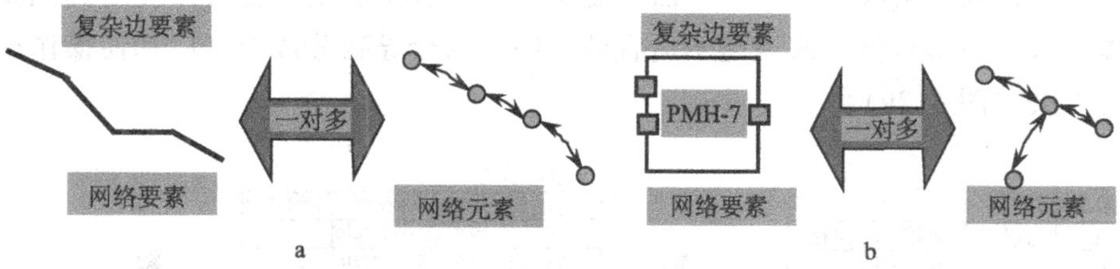

图 3.27　复杂边要素关系

3. 网络描述

简单边线要素和简单交汇点要素：这些网络要素与网络元素之间有一对一的对应关系，如图 3.28 所示。它们适合于描述简单的网络，但是边线分离的情况表现出了简单网络要素的一个局限性。

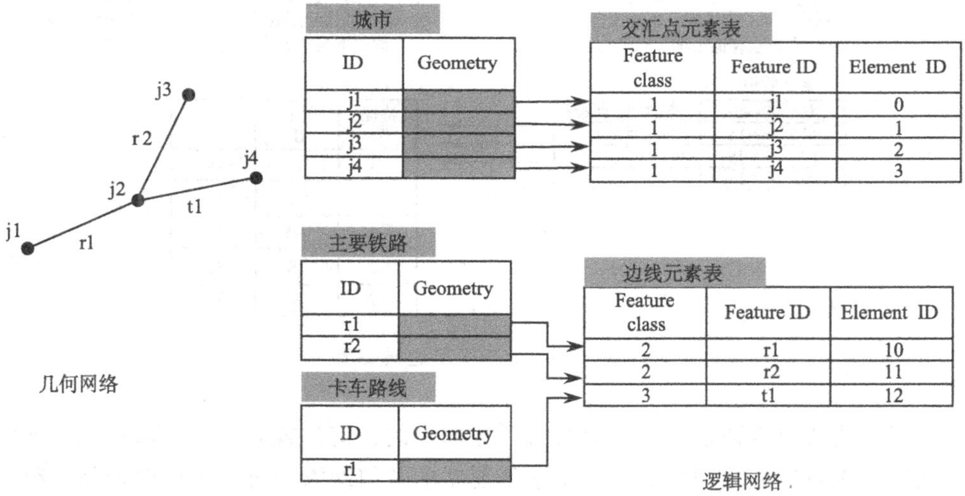

图 3.28　简单边线要素和简单交汇点要素

对于复杂边线要素，假设数据是一个市政输水管道，该管道沿着一条街有几百米长。沿着这条水管有水栓与到用户的水管相连。理想情况下所有数据查询和管道维护都需要把这条管道当成一个要素来对待。

但是由于网络分析需要模拟水从管道到用户的流动，所以逻辑网络需要将每两个水栓之间的管道部分当成一个要素来处理。如果使用简单边要素，水管干线将会被分割成很多部分，每两个交汇点之间是一部分。因此，与以前的一条完整的长水管干线相比，现在将水管干线分成了很多段，这增加了数据查询和维护的难度。

如果用简单边线处理，一个简单要素不得不分割成很多要素以便与其他要素相连，这对很多数据库来说是不适宜的，因为这会导致分段数据库和使操作规则变得复杂（图 3.29）。

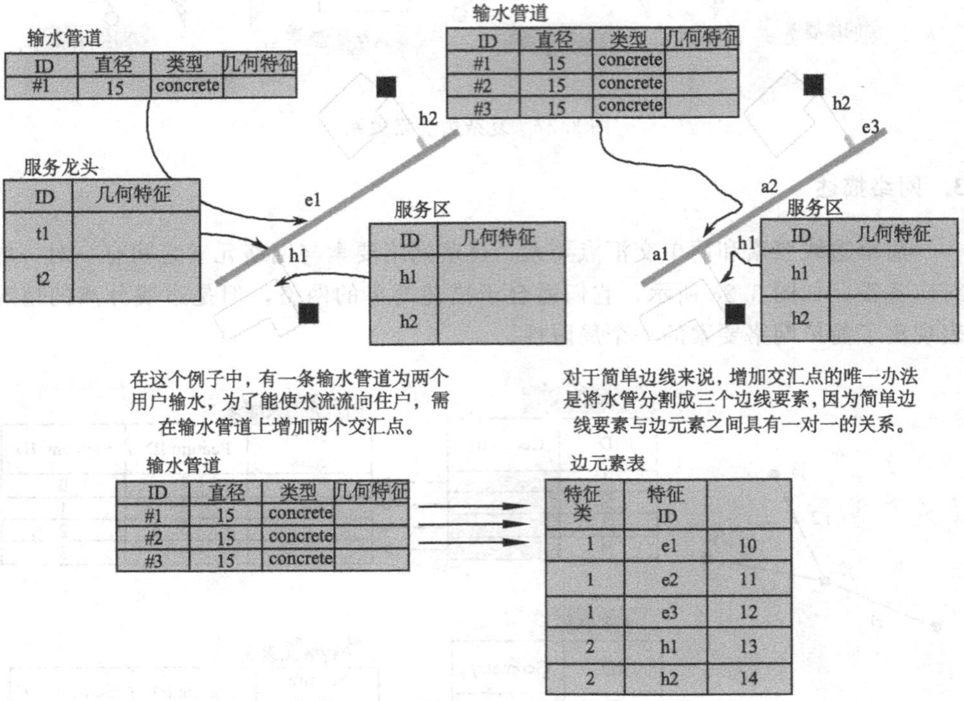

图 3.29　分割简单边线要素

复杂边线要素通过允许在沿着管道方向上的任何位置放置结点而不创建新的边线要素来解决分段问题。有复杂边线要素的几何网络为每个边线要素创建很多的边元素（图 3.30）。

对于复杂交汇点要素，在逻辑网络中复杂交汇点要素可以包含任意数量的边线和交汇点元素。理解复杂交汇点要素的最好方法是将其想像为一个供电网络中的开关盒。开关盒实际上是一个微型的网络，它由许多自己的简单交汇点和简单边线组成。复杂交汇点是对网络的理想化模拟，就像电源开关的例子一样。复杂的交汇点可以包含任意数量的边线和交汇点（图 3.31）。

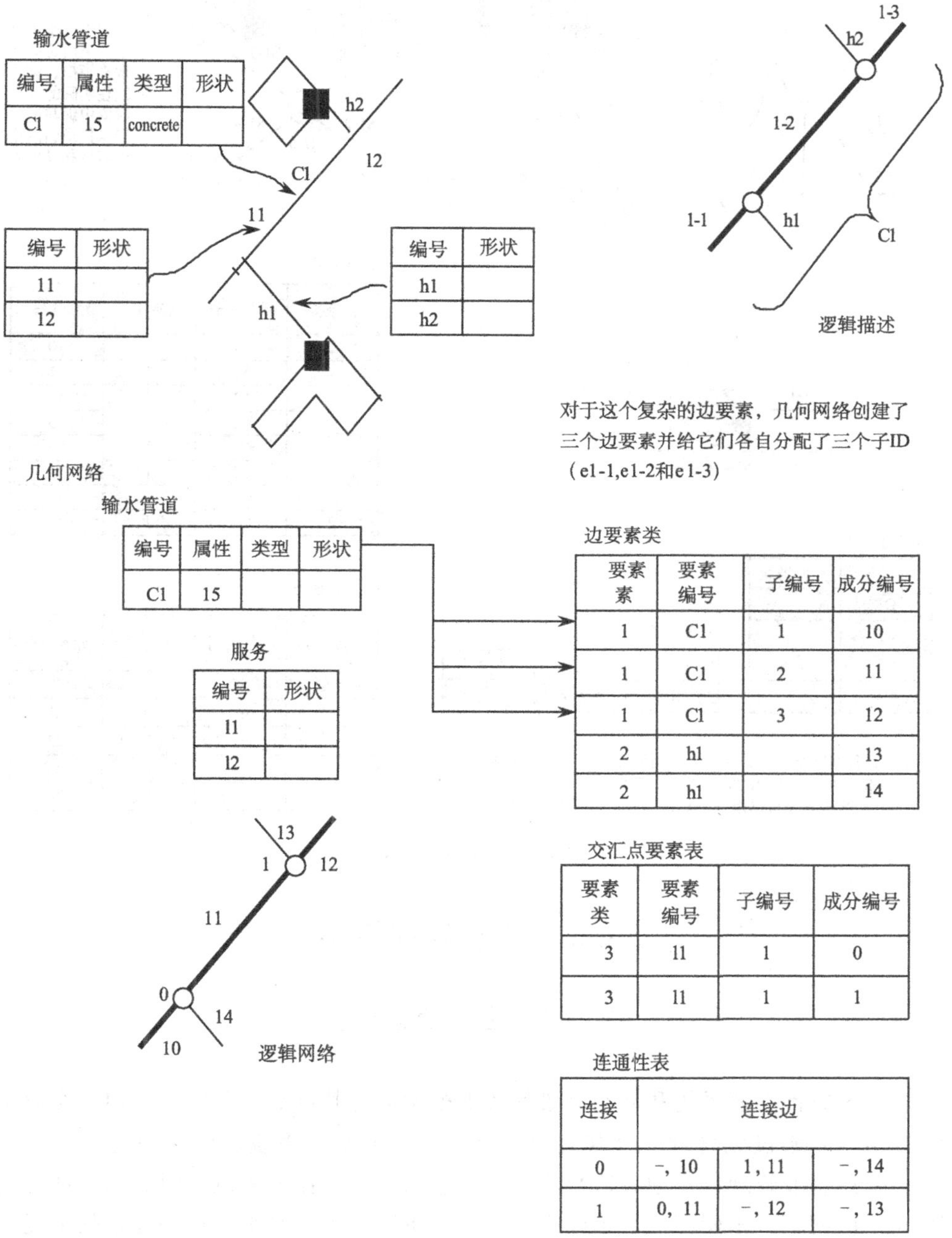

图 3.30　分割复杂边线要素

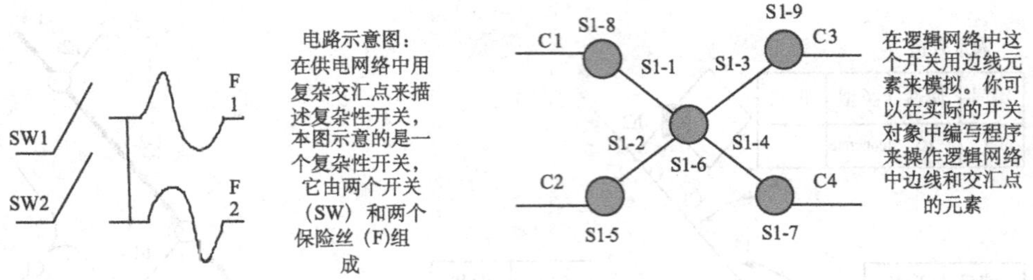

边线元素

特征类	特征序号	SW-ID	元素序号
1	S1	1	10
1	S1	2	11
1	S1	3	12
1	S1	4	13
2	C1	1	14
2	C2	1	15
2	C3	1	16
2	C4	1	17

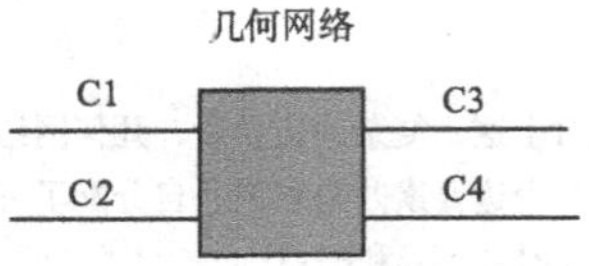

导线要素类

序号	几何形状
C1	
C2	
C3	
C4	

开关要素类

序号	类型	几何形状
S1	SW-2	

在几何网络中开关用一个标明型号的盒子表示,在本例子中其型号为“SW-2”。两个导向穿过该开关。这个开关可以用一个复杂的交汇点要素类描述

结点元素表

特征类	特征序号	SW-ID	元素序号
	S1	5	20
	S1	6	21
	S1	7	22
	S1	8	23
	S1	9	24

图 3.31　复杂结点要素

3.6　其他数据模型

3.6.1　企业数据模型

基于线性参照系统和动态分段的数据模型因为其灵活性而广泛应用于交通领域，包括基础设施管理、公共交通、货运、智能交通系统、航道漫游、水文分析、公用事业管理以及地震监测等。尽管它的灵活性让人满意，但是相应地也会存在一些问题。不同部门、不同行政权限、不同的管理水平等这些复杂的情况下使用相同的应用针对性很明确的线性参照系统（linear reference system，LRS）数据模型。理想的解决办法是建立一个通用的线性参照系统和数据模型，这样就可以实现不同机构之间的数据共享和不同的 GIS-T 应用软件之间的互用。简而言之，一个可行的目标就是建立针对 LRS 的企业级数据模型，即一个具有通用

特性的支持整个企业（如某一机构、公司）或跨企业应用的数据模型。以下介绍两个著名的企业级数据模型。

1. NCHRP LRS 数据模型

该模型由美国 NCHRP 提出，模型通过一致的线性数据支持多种模式交通网络、LRS、事件数据、图形表达。NCHRP 模型提供一个通用的数据模型作为各种专门化应用的核心。

NCHRP 数据模型支持以下基本操作：

(1) 定位。通过参照现实世界中的其他对象对区域中一个未知点定位。

(2) 排列。现实世界中的位置到数据库中位置的转换。

(3) 安置。数据库中位置到现实世界中位置的转换（排列的反过程）。

(4) 转换。不同的数据库位置所表达的不同 LRM 之间的转换、不同的图形表达方式之间的转换及 LRM 和图形表达之间的转换。

在支持这些基本操作的基础上，NCHRP 模型还支持更高级的操作。包括：叠置、邻接及更复杂的网络分析（寻找路径、路由、设施定位及网络资源分配）。图 3.32 给出了 NCHRP 数据概念模型示意图。

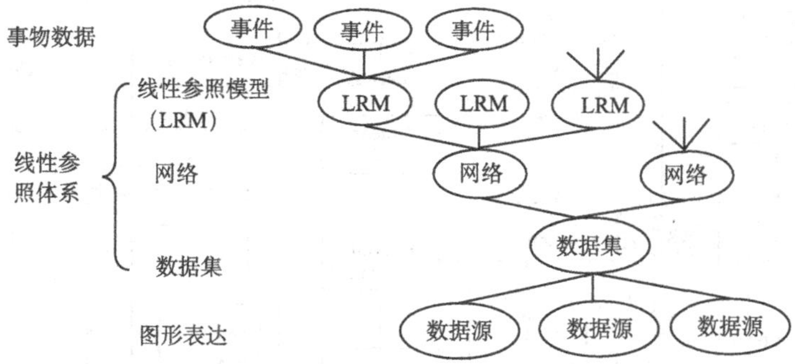

图 3.32　NCHRP 企业 LRS 概念模型

模型分为三层：

(1) 基准层（网络拓扑层），标准内容的该层又分为 3 个子层，即 LRM、网络、数据集；

(2) 基本数据层，包含通过 LRS 事件数据；

(3) 图形表达层。

NCHRP 数据模型的核心思想是一个支持多尺度图形表达和多种应用领域多模式网络的数据集。

2. Dueker/Butler 企业级数据模型

Dueker 和 Butler 于 1997 年提出了一个通用的企业级数据模型，模型表达了一个从简单到复杂模型的实体关系设计过程，包括事件数据、拓扑、地图几何数据和线性基准，如图 3.33 所示。与 NCHRP 模型不同的是，NCHRP 是以基准为中心的，而此模型以事件为中心，基准是为了提高定位精度的，作为可选项。同时，事件可直接与网络模块、地图几何模块、线性基准模块连接，即事件参照可直接建立在基准模块上，将网络拓扑和基准完全分开，而 NCHRP 模型是通过网络拓扑与基准连接。地图大多与交通特征相关联，而不是和基准相关。路线是用来进行路径规划的，不是作为线性参照和动态分段的参照。可以允许交通特征不带拓扑，因而支持更广泛的非交通特征数据。

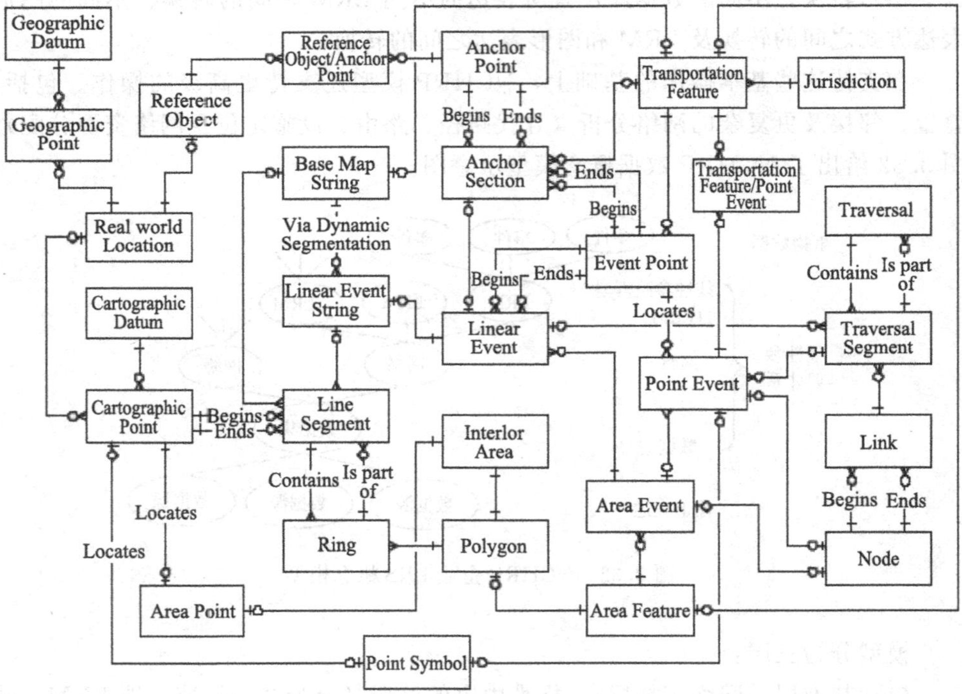

图 3.33　Dueker/Butler 企业级数据模型

3. LRS 数据模型应用中存在的几个问题

自从 LRS 数据模型诞生以来，在将它们用于成熟运行的数据库系统时往往会遇到一些困难。以下就其在系统化运用中的几个问题做一讨论。

当运用线性参照系统时可能会因为路线定义问题而产生线性参照失常，这些失常包括不连续路线、跳跃路线、断路、死胡同、坡道。当指定的或逻辑的路线终止或起始的时候，产生短裂，造成不连续路线，这时需要一个判断命令以决定对于缺失的部分是忽略还是从它重新开始的地方重新度量偏移量。实际中，一般采用后一种策略。

另一个问题是跳跃路线。当指定的或逻辑的路线共享同一段交通设施的时候会出现这个问题。必须在共用的一段决定每一条路线事件的分配，除非有一些管理上的原因而只将事件分配给一条路线。NCHRP和Dueker/Butler模型允许事件在每条路线上的转换和共享以解决此问题。

当把公路分为两个不等长的行车道会出现断路。Vonderohe和Hepworth于1996年指出，断路对NCHRP模型并不是问题，当然对于Dueker/Butler模型也一样。因为两条车道都会有各自独立的数据对象、链和穿越指示。

死胡同也就是街道在一端以一个圆形特征结束，这经常发生在居民住宅区。偏移值度量的任意性或者不唯一性可能会产生一些问题。解决这个问题可以采用一个线性参照规则来对圆形特征进行编码，比如，顺时针或逆时针。

坡道往往是路线之间的过渡，因此必须以特定的方式处理。美国一些交通部门如Washington DOT提出了坡道编码方法将这些跟特殊的路线关联起来，在数据集中将它们作为一个控制段来进行表达。

3.6.2 适用于ITS的数据模型

1. 导航数据模型

该数据模型必须可以将给定的经纬度坐标转换为街道地址，反之亦然。旅行者使用地址系统来参照定位而ITS通常使用车载GPS接收机对其进行跟踪定位。当系统要给旅行者提供有目的的行驶方向时，必须在不同的定位参照系统中进行明确的转换。

该数据模型必须支持地图匹配，即当车辆的位置处于网络之外的时候，可以捕捉到网络中离它最近的位置。当由GPS获得的位置数据其精度和网络模型数据库中的数据有出入时，就可能会出现这种情况。另外，如果ITS在GPS定位中使用航位推测法来估算车辆位置时也会出现这种情况。

该数据模型必须支持最优路径计算。亦即可以帮助旅行者按某种标准选择最佳路径，如根据行使时间、通行费用等进行选择。这要求空间数据具有较高的精度，包括交通规章如转向限制在内。

该数据模型必须支持路线导航。意即按给定路线进行导航指示。这在实际应用中是一个比较复杂的过程，ITS必须处理旅行者当前的位置、进行地址和地图的匹配然后在到达里程点和指定的目的地之前进行提示。如果旅行者错过了一个转向的地方，系统应可以重新计算一个新的最优路径并且提供沿该路径的行驶方向。

虽然名义上传统的结点-弧段模型是可以支持这些功能的，但是大量由 GPS 和传感器得到的高精度的位置信息在传统的网络结构中都损失掉了。尽管动态分段可以加强网络模型支持沿着弧段长度的定位信息能力，仍然不能完全记录复杂的道路几何形态如断裂及非平面特征如道路的立体交叉。导航数据模型还需要支持流量控制，而且需解决导航设备在每一个区段内的单行道上提供定位信息的问题，一些新的 ITS 数据模型试图表达这些复杂的空间特征，以便 ITS 可以支持更高精度的定位信息、更详细的路线导航及流量控制特征。

2. 基于车道的网络数据模型

要改进传统结点-弧段网络数据模型以使其更适于 ITS 应用，最直接的方法就是在每条弧段上添加车道信息。车道信息在 ITS 中可以用来提供转向信息、提供指示以避开交通堵塞或某些管制的特殊车道、监控特定方向上的车流以做分析、建模并表达车道的起止点以改进路线导航。要实现这些应用，需要这样一个数据模型，它可以表达车道的起始和终止、并行车道之间连通性、转向、移动障碍以及行使限制包括前向、侧向、转向栅栏或转向限制等信息。

1) 车道信息的加入

可以采取某种方法对结点-弧段模型进行改进以加入车道信息。一种可能的想法是直接应用结点-弧段拓扑，在车道数量发生变化的地方添加一个结点。然而，本章前文已经提到，这种表达一对多关系的方法会使得模型中结点和弧段的数目急剧增加，需要更大的数据存储空间。而且，升级更新数据库以反映车道变化（如改建道路时的临时车道限制）会相当繁琐并且需要重新构建网络拓扑。

另外一种方法是使用动态分段。此时，车道数目的变化使用由弧段起点开始度量的偏移值或范围百分比来记录。这些路线系统不能跨越两个或更多弧段，否则会改变网络拓扑。这种方法有两个方式：一是每一个车道对应存储一个路线，每一条路线在弧段内有独立的起点和终点、偏移量；另外一个是把车道数目作为发生在弧段上的现象来存储。换句话说，我们可以按车道数目把弧段分为若干部分，如两车道路段、单车道路段，并且把车道数目作为路线的一个属性来存储。从数据存储量来看，第二种方法更节省一些，但是它的不足之处在于没有反映在车道数目发生变化点之后是哪条车道发生了变化。

2) 车道之间的连通性

另一个必须要在数据模型中表达的性质是车道之间的连通性，即转向时车道之间的连通性及同一弧段内车道之间的连通性（这关系到车辆的换道行使）。对于转向时车道的连通性，一种可能就是把每条车道在交叉点可能转向的所有弧段作为该车道的属性予以记录。另一个方法就是对传统模型中用以表示交叉路口的转向属性表进行扩展。表中的每条记录表示一个车道及其在路口可能的转向信息。这与标准转向属性表相比在数据量上有很大增加。而且，它也不能处理专用车道。所以，我们可以把属性表进行更大的扩展，即表中每个记录都对应于一种连通方式，也就是从弧段中每个车道到交叉路线上可与它相连通的车道。尽管它保证了完全的拓扑关系，但是其数据库所需存储空间也急剧膨胀。

3）相邻的并行车道之间的换行限制

一条弧段中相邻并行车道之间的换行限制可以通过几何形态或作为弧段的一个属性来表示。对于前者，我们把每一个具有换道限制的车道看作一个分段的弧，其中可以自由换道的部分将作为单独一条弧参与建模。我们也可以给每条车道添加一个属性以说明从该车道的换行是否可能。后一种方法对处理换行限制的变化来说要好一些，但是对于路径运算而言效率不高。

车道表（表 3.8）记录了弧段中一条车道的信息。在动态分段数据模型中每个车道是一个独立的路线结构。车道是模型中的基本元素，这是一个细微但是很重要的与标准动态分段数据模型的不同之处，后者车道是一个事件。因此，Lane ID 是表中的主关键字，而 Street ID 作为一个外部关键字将车道表与街道信息联结起来。

表 3.8　车道表

Lane ID	Street ID	From	To Lane
		（车道起始里程点）	（车道截止里程点）

点转向表（point turn table）（表 3.9）表示了前面所讨论的完全扩展的转向表。表中每个记录对应于从起始车道起到目标街道的一个转向。每一个转向对应目标街道中可以接受转入的一个车道。Turn ID 是表的主关键字。Position 和 To Position 两个字段描述了转向的总长度。

表 3.9　点转向表

Lane ID	Turn ID	Position	To Lane	To Position	Impedance
		（在原车道中里程点）	（目标车道）	（在目标车道中的截止里程点）	

线性转向表（表 3.10）记录了换道信息。To Offset 字段记录了目标字段上

的里程点到原车道上里程点的偏移量（线性参照）。

表 3.10　线性转向表

Lane ID	Turn ID	Start	End	To Lane	To Offset	Distance	Impedance
		（在换道起始车道中的里程点）	（在换道结束车道中的里程点）	（换道目标车道）	（换道结束点距起始点的距离）	（完成换道所需的线性距离）	

3. 三维数据模型

导航数据模型的另一种思路是彻底抛弃结点-弧段模型。经典的结点-弧段模型在下列应用领域根本没法应用：①坡地和山地区真实距离的量测；②三维结构的表达，如天桥；③一个弧段表示多重路线。

二维地理空间表达有很多缺陷。GIS-T 一直试图在二维模型上添加附加层，新的拓扑层特别是路线和 LRS。然而 Sutton 和 Bespalko 等人认为当尝试让二维数据模型支持智能交通系统应用时，问题不但无法得到解决，反而将会更加突出。他们主张应彻底放弃二维模型。从二维到三维的转换将会解决 LRS 数据模型中的问题。

Bespalko，Ganter 和 Van Meter 于 1996 年描述了一个适合于 ITS 的面向对象的三维数据模型。这个模型将会把导航区域表达为瘦长的、相互链接起来的表面，这些表面是共轴有分支的。例如，几个并行的"带子"表示多条车道，它们可以在某一点被另外一条"带子"联合起来，也可以被分叉。"带子"可以从其他的"带子"之上越过或从下穿过以表达一些三维结构。这样提高了由扩展动态分段网络的结点-弧段-路线结构所能提供的定位精度。

通过对 3 个空间维的表达，GIS 可以高效地支持高级 ITS 应用，如路线导航、视觉增强以及自动领航。导航应用可以提供建议路线给旅行者，这要求在路线中恰当的决策接合点处沿旅行方向上畅通无阻的通信。面向对象的三维数据模型可以辨别道路的交叉方式，是从上越过、从下穿过还是平面相交，从而可以提供通过复杂的道路交叉口或坡道时的导航服务。视觉增强技术通过智能显示器来估测行驶速度、方向以及其他更为复杂的信息。合成 3-D 信息可以实时地对潜在的车辆冲撞提供更精确的预测。

4. 地理数据文件

地理数据文件（geographic data files，GDF），GDF（1999 年）是一个欧洲标准，起初是为车辆导航系统服务的，但也可应用于运输及交通领域，如车队管理、交通分析与管理、高速公路维护等。GDF 是以特征（feature）为中心，特征是真实世界地理对象的数据库表达，如建筑或道路。每个特征只能属于特定的特征类和特征主题。每个特征只能属于一个特征类型，特征类型被定义为点、线、面及复杂的特征。根据特征是由简单还是复杂类型组成，划分为 level-1 和 level-2。level-1 包含简单特征，由点、线、面来表达，如路段、河流、边界、路标等，这些特征都可以带有定义它们的属性信息（如单行道、路宽、车道数等），也可具有连接关系，如路段的转向关系。在 level-2 中，对象由多个简单特征表达，描述一些复杂的特征，如立交桥、交叉路口等。GDF 的主要目的是提高采集和处理数据的效率，并以此为平台，建立应用和一些增值服务，提供数据交换格式，促进数据间的转换。GDF 是一个通用标准，并非应用的详细数据模型，在此基础上可建立针对特定应用的数据模型。

思　考　题

1. 结点-弧段模型如何表达交通系统？在数据表达上有哪些不足？
2. 什么是线性参照系统？主要的线性参照方法有哪些？
3. 简述动态分段系统的思想与方法。
4. 试根据动态分段的算法流程编制程序实现动态分段。
5. 网络要素类型有哪些？简述它们的关系。
6. 简述各主要企业数据模型的特点？

第4章 GIS-T分析模型

4.1 最短路径分析模型

4.1.1 最短路径的含义

随着计算机的普及以及地理信息科学的发展，GIS因其强大的功能得到日益广泛和深入的应用。网络分析作为GIS最主要的功能之一，在电子导航、交通旅游、城市规划以及电力、通信等各种管网、管线的布局设计中发挥了重要的作用，而网络分析中最基本最关键的问题是最短路径问题。

最短路径不但是二维网络分析的关键问题，同时，也在三维空间曲面的距离计算上发挥着重要作用。例如，在丘陵地带，计算两点间的距离显然应当站在三维角度，以里程来计算。不少传统算法均试图给出曲面上距离的精确解从而导致了算法复杂、计算量大的困难。而空间曲面在GIS中一般表示为规则格网点的特征值矩阵，从而使我们得到了两点间以高程点为顶点的连通图。以此引入最短路径算法（具体算法见4.1.3节）进行两点间空间曲面上的距离计算。该算法明显具有简单易行，实用性强的特点。

最短路径不仅仅指一般地理意义上的距离最短，还可以引申到其他的度量，如时间、费用、线路容量等。其关键是对“短”的含义的理解，例如，如果网络属性为时间，则为最短时间；如果以网络属性为费用，则为最低费用等。故本文统一取用“最短路径”，而不再区分其具体含义。

此外，按照起始结点及路径的数目和特征，最短路径问题大体可分为五种类型，即单对结点间最短路径问题、所有结点间最短路径问题、k阶最短路径问题（找出结点间最短、次短一直到第k条最短路径）、与出行时间有关的时间最短路径问题和指定必经结点的最短路径问题。其中又可以衍生出其他一些特殊的最短路径问题，如可能最短路径（弧段权重不定，服从某种概率分布）、限定弧段数目最短路径、含环路径等。此外，最短路径问题中的权重函数可能是除距离之外的其他因子，例如，时间、费用等。

综上所述，最短路径问题的分类可以概括如表4.1。

那么，最短路径具有何性质？Nemhauser和Wolsey于1988年对最短路径的性质做了详尽的探讨和研究，指出，最短路径应该具备两个基本属性：

表 4.1　最短路径问题的分类

划分依据	分类
空间维数	二维网络分析
	三维空间曲面距离计算
度量	最短距离
	最快路径
	最短时间
结点及路径数目	单对结点间最短路径问题
	所有结点间最短路径问题
	k 阶最短路径问题
	出行时间有关的时间最短路径问题
	指定必经结点的最短路径问题

(1) 从起始点到终点的最短路径也是路径上两结点间的最短路径。也就是说，一条从结点 i 到结点 j 的最短路径包含中间结点 k，从结点 i 到结点 k 的最短路径与从结点 k 到结点 j 最短路径只附属于从 i 到 j 的最短路径。中间点最短路径属性提供了一个计算最短路径的根本机制。这个属性暗示，从起始点到终点的最短路径由若干中间点之间的最短路径组成，这为通过搜索策略更新起始点使其沿最低成本路线逼近终点提供了依据。

(2) 通常最短路径不能靠仅仅选择权重最小的弧段来求出。

而按照问题特征的起始点特性，最短路径可分为两种：单源最短路径问题及所有结点间的最短路径问题。所有结点间的最短路径问题是单源路径问题的组合，单源路径问题更具有普遍意义，且可以为所有结点间最短路径问题提供良好的借鉴方案。

事实上，网络中最短路径问题即求两个顶点间长度最短的路径。路径长度不是指路径上边数的总和，而是指路径上各边的权值总和。路径长度的具体含义取决于边上权值所代表的意义。

4.1.2　最短路径求解策略

1. 最短路径算法分类

不同的具体情况下，最短路径算法表现出多样性。根据不同的分类依据会得到不同的分类结果。一般地，按照网络特性和求解技术对算法进行分类。

按照网络的整体特征、局部特征与表示方法的差异，最短路径问题可以按照

表 4.2 所示进行分类。

表 4.2 基于网络特征的最短路径算法分类

整体特征	稀疏网络	交通网络			
		规则网络			
		可分解网络			
	稠密网络	有环网络			
		无环网络			
局部特征	无向网络	统一弧长			
		不定弧长			
	有向网络	无负权边	弧段权重确定	权重大小自由	
				弧段权重受限	欧式距离
					统一弧长
			弧段权重服从概率分布		
		有负权边			
表示方法	邻接矩阵				
	邻接表	前邻接表（FS）			
		逆邻接表（BS）			
		十字链表			

另一种最短路径算法分类方法是按实现技术来分类。几十年来提出了若干种最短路径的数据结构和求解方法，构成了最短路径算法实现技术的庞大家族。分类方法见表 4.3。其中路径搜索技术中的通用方法也是目前最短路径算法研究的核心所在。

表 4.3 基于实现技术的最短路径算法分类

预处理技术	数据排列	结点重组
		弧段排序
	结构变换	
路径搜索技术	通用求解方法	结合技术
		代数技术
	硬件依赖技术	
	模拟计算技术	
更新技术		
路径记录和重构技术		

采用贪心启发策略的 Dijkstra 算法是目前已知的理论上最完善的算法，它以极强的抗差性而得到广泛的普及和应用。基于堆结构和桶结构优先级队列运行结构的“最短路径”算法是研究得最深入、应用也最广泛的“最短路径”算法。由于 Dijkstra 算法的广泛应用，Dijkstra 算法已成了“最短路径”算法的代名词。其他算法多为 Dijkstra 算法的不同实现方式。

2. 求解策略

对于最短路径算法，一般而言，求解的过程中必须进行搜索，求解的搜索策略一般分为广度优先、深度优先和启发式搜索三种。

和树的遍历类似，图的遍历也是从某个顶点出发，沿着某条搜索路径对图中每个顶点各做一次且仅做一次访问，是算法的基础。

图中任一顶点都可能和其他顶点相邻接。在访问了某顶点之后，又可能顺着某条回路又回到了该顶点。为了避免重复访问同一个顶点，必须记住每个已访问的顶点。为此，可设一布尔向量 visited [n]，其初值为假，一旦访问了顶点 V_i 之后，便将 visited [i] 置为真。深度优先遍历（depth-first traversal）假设给定图 G 的初态是所有顶点均未曾访问过。在 G 中任选一顶点 v 为初始出发点（源点），则深度优先遍历可定义如下：首先访问出发点 v，并将其标记为已访问过；然后依次从 v 出发搜索 v 的每个邻接点 w。若 w 未曾访问过，则以 w 为新的出发点继续进行深度优先遍历，直至图中所有和源点 v 有路径相通的顶点（亦称为从源点可达的顶点）均已被访问为止。若此时图中仍有未访问的顶点，则另选一个尚未访问的顶点作为新的源点重复上述过程，直至图中所有顶点均已被访问为止。

图的深度优先遍历类似于树的前序遍历。采用的搜索方法的特点是尽可能先对纵深方向进行搜索。这种搜索方法称为深度优先搜索（depth-first search）。相应地，用此方法遍历图就很自然地称之为图的深度优先遍历。

深度优先搜索的过程，设 x 是当前被访问顶点，在对 x 做过访问标记后，选择一条从 x 出发的未检测过的边（x，y）。若发现顶点 y 已访问过，则重新选择另一条从 x 出发的未检测过的边，否则沿边（x，y）到达未曾访问过的 y，对 y 访问并将其标记为已访问过；然后从 y 开始搜索，直到搜索完从 y 出发的所有路径，即访问完所有从 y 出发可达的顶点之后，才回溯到顶点 x，并且再选择一条从 x 出发的未检测过的边。上述过程直至从 x 出发的所有边都已检测过为止。此时，若 x 不是源点，则回溯到在 x 之前被访问过的顶点；否则图中所有和源点有路径相通的顶点（即从源点可达的所有顶点）都已被访问过，若图 G 是连通图，则遍历过程结束，否则继续选择一个尚未被访问的顶点作为新源点，进行新的搜索过程。

广度优先遍历（breadth-first traversal），设图 G 的初态是所有顶点均未访问过。在 G 中任选一顶点 v 为源点，则广度优先遍历可以定义为：首先访问出发点 v，接着依次访问 v 的所有邻接点 w_1，w_2，…，w_t，然后再依次访问与 w_1，w_2，…，w_t 邻接的所有未曾访问过的顶点。依此类推，直至图中所有和源点 v 有路径相通的顶点都已访问到为止。此时从 v 开始的搜索过程结束。

若 G 是连通图，则遍历完成；否则，在图 G 中另选一个尚未访问的顶点作为新源点继续上述的搜索过程，直至 G 中所有顶点均已被访问为止。广度优先遍历类似于树的按层次遍历。采用的搜索方法的特点是尽可能先对横向进行搜索，故称其为广度优先搜索（breadth-first search）。相应的遍历也就自然地称为广度优先遍历。

在广度优先搜索过程中，设 x 和 y 是两个相继要被访问的未访问过的顶点。它们的邻接点分别记为 x_1，x_2，…，x_s 和 y_1，y_2，…，y_t。为确保先访问的顶点其邻接点亦先被访问，在搜索过程中使用 FIFO 队列来保存已访问过的顶点。当访问 x 和 y 时，这两个顶点相继入队。此后，当 x 和 y 相继出队时，我们分别从 x 和 y 出发搜索其邻接点 x_1，x_2，…，x_s 和 y_1，y_2，…，y_t，对其中未访问者进行访问并将其入队。这种方法是将每个已访问的顶点入队，故保证了每个顶点至多只有一次入队。

广度优先和深度优先在搜索过程中不计权重，只计到达目标点的步长，在搜索的过程中路径代价相同，也就是说弧段的成本相同，搜索的结果是最少路径数。广度优先搜索和深度优先搜索是两种最基本的图的搜索方法，因为其不考虑权重并要求在遍历过程中到达目标结点就返回，此类算法无法保证得到的路径是最优路径。广度优先和深度优先策略采用的是穷举搜索策略，没有采取一定的方法对搜索规模进行限制，其效率随着网络的扩大迅速降低。

考虑权重的优化搜索通常采用启发式搜索策略，启发式搜索策略是一种对最有可能是最佳路径上的点的结点进行搜索的策略，尽可能的缩小搜索范围。“启发式”意味着一种猜测和经验。启发式策略通过一定知识进行搜索，选定一种评估函数，在搜索过程中的每一步，寻找评估函数得分最高的结点作为下一个搜索扩展结点。启发式搜索策略的主要优点在于可以将搜索限定在一定范围内而不是涉及全部网络，大大缩小了搜索范围和搜索次数，提高了搜索效率。

启发式策略有若干种，例如，贪心策略、方向策略、区域策略、层次策略等。在实际的应用中，多种启发式策略结合使用可以有效提高最短路径算法的效率，降低空间复杂度。基于启发式策略的最短路径算法包括 Costed 算法、分支界定算法、贪心算法等。

广度优先搜索、深度优先搜索和启发式搜索可采用同样的形式化方法描述，只是对 OPEN 表的操作不同。在广度优先搜索中，新结点放在 OPEN 表的末端，并且结点不重组；在深度优先搜索中，新结点放在 OPEN 表的起端；再启发式搜索中，OPEN 表需要根据对新结点的评估方法和评估值重组。

4.1.3　最短路径算法实现

这一部分，考虑在网络中如何求出从起始点到终点的最短路径。因为上述的两个属性，大多数的最短路径算法是在解决一个通常情况下的最短路径树或者是网络中从起始点到其他结点的最短路径的问题。分析结果是一个起始点为根结点 r，由 r 通往网络中其他叶子结点的最短路径树 SPT，记为 $T^*(r)$。

Bellman 和 Dijkstra 提出最短路径树算法。在此之后，许多研究人员不断的对算法进行改进。下面我们介绍经典的最短路径算法——Dijkstra 算法，并举例进行说明。最后在交通网络中对最短路径算法进行验证并对其进行效率分析。

1. Dijkstra 算法

Dijkstra 算法的基本思路是：假设每个点都有一对标号（d_j，p_j），其中 d_j 是从起源点 s 到点 j 的最短路径的长度［从顶点到其本身的最短路径是零路（没有弧的路），其长度等于零］；p_j 则是从 s 到 j 的最短路径中 j 点的前一点。求解从起源点 s 到点 j 的最短路径算法的基本过程如下：

初始化。起源点设置为：① $d_s=0$，p_s 为空；② 所有其他点：$d_i=\infty$，$p_i=?$；③ 标记起源点 s，记 $k=s$，其他所有点设为未标记的。

检验从所有已标记的点 k 到其直接连接的未标记的点 j 的距离，并设置：

$$D_j = \min[d_j, d_k + l_{kj}] \tag{4.1}$$

式中，l_{kj} 为从点 k 到 j 的直接连接距离。

选取下一个点。从所有未标记的结点中，选取 d_j 中最小的一个 i：

$d_i=\min$［d_j，所有未标记的点 j］，点 i 就被选为最短路径中的一点，并设为已标记的。找到点 i 的前一点。从已标记的点中找到直接连接到点 i 的点 j^*，作为前一点，设置：$i=j^*$。如果所有点已标记，则算法完全推出，否则，记 $k=i$,转到第二步再继续。

例如，图 4.1 表示了一个带权有向图以及其邻接矩阵。

根据 Dijkstra 计算的结果见表 4.4。

采用 Dijkstra 算法计算从源点到某一特定终点的最短路径过程中还可以得到源点到其他各点的最短路径，这一计算过程的时间复杂度为 $O(n^2)$，其中 n 为网络中的结点数。

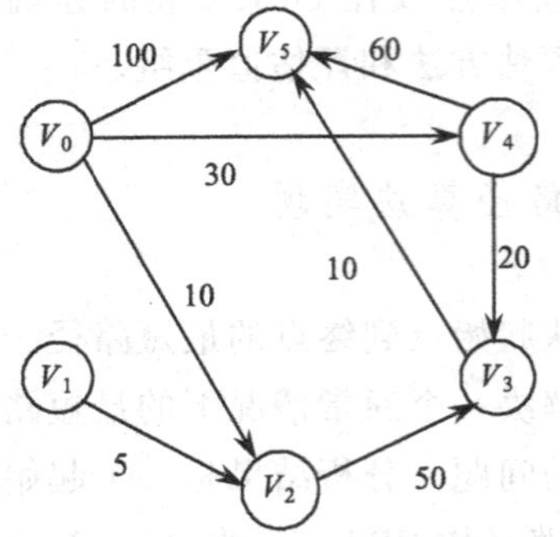

$$\begin{bmatrix} \infty & \infty & 10 & \infty & 30 & 100 \\ \infty & \infty & 5 & \infty & \infty & \infty \\ \infty & \infty & \infty & 50 & \infty & \infty \\ \infty & \infty & \infty & \infty & \infty & 10 \\ \infty & \infty & \infty & 20 & \infty & 60 \\ \infty & \infty & \infty & \infty & \infty & \infty \end{bmatrix}$$

图 4.1　带权的有向图和邻接矩阵

表 4.4　用 Dijkstra 计算的结果

终点	从 v_0 到其他各个结点的最短路径				
v_1	∞	∞	∞	∞	∞ 无
v_2	10 (v_0, v_2)				
v_3	∞	60 (v_0, v_2, v_3)	50 (v_0, v_4, v_3)		
v_4	30 (v_0, v_4)	30 (v_0, v_4)			
v_5	100 (v_0, v_5)	100 (v_0, v_5)	90 (v_0, v_4, v_5)	60 (v_0, v_4, v_3, v_5)	
v_j	v_2	v_4	v_3	v_5	

图 4.2 即为使用 GIS-T 软件进行最短路径寻找而得出的结果，包括图上路径显示以及最短路径长度数值两部分。

2. 算法优化

在汽车导航系统以及各种应急系统（如 110 报警、119 火警、医疗救护系统）中计算最短路径，一般要求计算在很短时间内（1～3s）计算出到出事地点的最佳路线，在行车过程中还需要实时计算出车辆前方的行驶路线，这就决定了最短路径问题的实现应该是高效率的。无论是距离最短、时间最快还是费用最低，它们的核心算法都是最短路径算法。Dijkstra 算法是目前多数系统解决最短路径问题采用的理论基础，只是不同系统对 Dijkstra 算法采用了不同的实现方法。

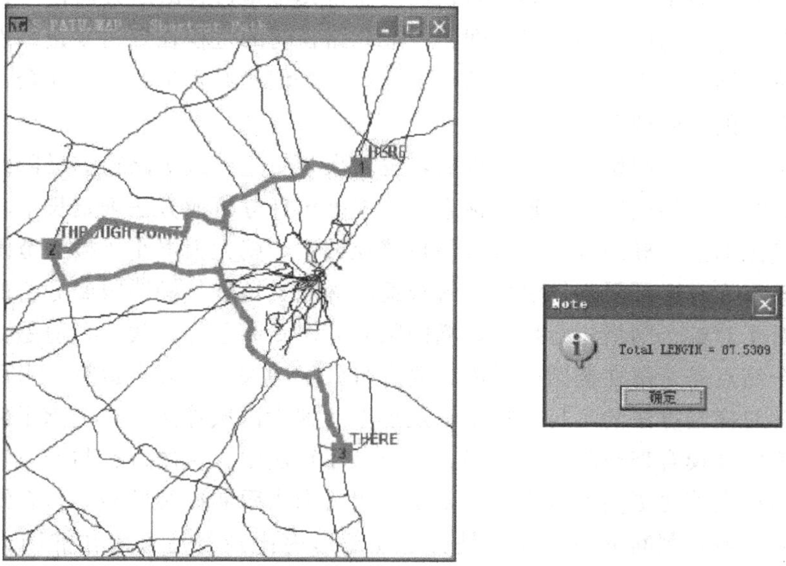

图 4.2　最短路径寻找示例

改进算法效率的方法可以分为两大类：一类是优化算法的数据结构，例如，基于四叉堆优先级队列数据结构的 Dijkstra 算法的时间复杂度明显优于基于邻接矩阵 Dijkstra 算法的时间复杂度；另一类是优化算法的搜索策略，例如，对于大型网络采用启发式搜索策略的算法时间复杂度会显著改善。这一小节简要介绍限制区域的搜索原理以及基于层次推理的交通网络最短路径算法的思想。

了解限制搜索区域的最短路径算法，应该先了解什么是空间顺序关系。经典的图论与不断完善的计算机数据结构，使得新的最短路径算法不断涌现。由于这些算法主要诞生于计算机科学及运筹学领域，在算法的设计过程中只考虑了抽象网络的拓扑特性，力求通过各种新型的计算机数据结构和运筹学方法，从理论上减少算法的时间复杂度，在算法实现的过程中，至多考虑了网络结点之间的空间度量关系，如以距离表示的权值等，而忽略了具体网络分布的空间特性，即另一种空间关系——顺序关系。而这一点正是用以描述交通网络结果的稀疏图和其他用以描述具备次序及拓扑特性的平面图的根本区别所在。

在大范围感知空间内，人们常用方位角来描述顺序空间关系。在交通网络中，当指定起始点和终点以寻求最短路径时，按照起始点和终点的位置按照一定的方位来限制搜索区域。这是一种基于空间顺序关系、利用分支界定原理的空间启发式搜索策略。

一般的限制空间区域的启发式搜索策略有椭圆限制搜索策略和矩形限制搜索策略。产生于计算机科学和运筹学的最短路径算法，只考虑网络的拓扑特征或阶段特征，而忽略了网络的空间分布特征，使得其搜索过程缺乏方向性，得到的是一棵以起点为根的最短路径树。即使构造此路径树的过程在到达终止结点后即结束，使终止结点位于最短路径树的叶子结点上，依然有大量的计算冗余，这主要归结于算法的全向搜索。

给定了一定的起始点和终止点后，也就大致决定了最短路径的极限距离。以起始点和终止点的连线为长轴坐标直线，根据统计分析的方法确定长半轴和短半轴，在确定的这一椭圆区域内进行最短路径搜索，就大大缩小了搜索范围，提高了算法效率。在椭圆限制算法中求解合适的椭圆长短轴是椭圆限制分析的关键。

相对于对整个网络进行搜索，椭圆限制算法提高了算法效率，但是由于要判断每一个结点是否落在椭圆区域内，要进行大量的乘积和开方运算，占用较多的时间。针对椭圆算法的不足，提出了矩形限制搜索区域算法。它继承了椭圆搜索算法对搜索规模合理地限制的思想，又避免了算法中大量的乘积与开方运算，具有比椭圆搜索算法更高的效率。其基本思想是求出限制椭圆的最小包含矩形，以此为限制区域，判断下一搜索点是否落在矩形内比判断是否落在椭圆内更为快捷，它较椭圆搜索限制扩大了搜索区域但是提高了判断速度，总体上算法效率还是得到了提高。

层次空间推理是根据一定规则将问题按空间或任务划分而进行推理的空间推理方法，是一种重要的启发式策略。层次空间推理是人类在解决具有空间特征的问题时常常采用的一种方法。人类对于所处的客观世界的认识具有很明显的空间层次特征。从不同空间尺度上去认识复杂的地学问题，使人们可以由浅到深的去把握问题的本质。具有层次结构的空间对象的划分是分层或分区进行的，每个层次或子区具有相同的结构、相同类型的对象和相同的关系操作。

当数据不完整或数据量很大时，基于图搜索的路径算法可能效率不高，而基于层次空间推理的路径算法在这种情况下则可以发挥作用。这种方法仍然是一种空间启发式搜索策略，在大规模交通网络的导航作用中具有较好的应用潜力。

交通网络的 GIS 数据表达具有以下几个特点：大规模交通网络可以按照层次进行划分；层次细节由高到低逐渐增多，高层次是低层次的子集；层次可以按照道路等级、交通量或预计的行车速度进行划分。这样，在交通网络最短路径算法中应用层次空间推理，可以将路线选择分层次的局限在交通网络一定的子网络中。这种方法类似于人工智能领域中经常使用的局部搜索法。与局部搜索法稍有不同的是，在局部搜索法中，算法递归的条件是判断当前解是否优于已经得到的最佳可行解，而在基于层次空间推理的最优路径算法中，算法递归的条件是判断是否已经达到最底层。

交通网络中“最优路径”和“最短路径”概念有所不同。最短路径无论是距离最短还是时间最短都不一定是行车意义上的最优路径。除了考虑行驶时间或行驶距离外，行车最优路径还需考虑其他许多无法预期和定量化的因素。例如，道路状况、转向限制、驾驶视野是否开阔等因素。这也是驾驶者一般不愿选择一些路径最短但是狭窄、交通秩序混乱的街道的原因。将层次空间推理方法加入最短路径算法中，使得所得到的最短路径更符合行车意义上的最优路径要求。

城市交通网络中，层次一般以道路等级划分，为了保证各层次子网络在空间上均匀分布，通常将交通网路分为：主干道、一般街道和公路以及小路和小胡同 3 个层次。在求解两点间最优路径时，算法指导思想是尽可能的从高到低层次选择路径。

第一步：确定起始点和终止点所在的层次，如果是在最高层，直接在主干道层次求出最短路径，运算结束。

第二步：如果不在最高层次，求出到起始点和终止点距离最近的上一层次的结点和到这两个结点的最短路径，记录路径。

第三步：以上一层次的这两个结点为新的起始点和终止点，转入第一步。

第四步：依次连接所有记录的最短路径即为层次网络中的最短路径，结束。

基于层次空间推理的最优路径算法是一种有损算法，求得的最优路径不一定是路程最短或者时间最短的，但是其能够保证尽可能地使路径分布在主干道上，从道路状况、驾驶通过的难易程度以及对车辆的磨损等方面来说，能够更好地满足行车的选线要求。

4.2　网络流与设施定位模型

随着社会的发展，人、物和信息的流动和传输量的剧增，随之交通运输网络也在蓬勃的发展。人们在享受现代化交通工具带来的巨大便利的同时，也面临着交通拥挤、堵塞和交通事故频发等带来的困扰。要对于交通系统进行科学的管理和控制，必须了解如何才能使网络中物质流动和设施分布更为合理，这一章我们主要讨论网络流和资源配置问题。

网络流问题关注网络中物质和信息如何能够高效的流动和转移，主要讨论在网络的承载能力下流量最大和流动消耗最小两方面内容，也就是最大流和最小费用问题。

设施定位和资源配置问题研究在网络中如何合理的对资源和设施进行布局，确定最佳的资源和设施的空间分布形态，其实质利用对象和约束来解决供与求的最佳匹配问题，具有明确的现实意义。例如，市区范围内，响应时间尽可能短、服务范围尽可能大的消防站、救护中心位置的分布问题，公共设施选址等等问题。解决定位和配置问题最常用的两个模型是最小距离模型（p-中值定位模型）和最大覆盖模型。p-中值模型要求所需求点到最近的供给点的总行程最小，如食物配给、图书馆等公共设施定位等。最大覆盖模型是在指定的时间或距离内达到需求覆盖的最大化，例如，救护、消防服务机构的位置分布。

4.2.1 网络流的概念

在我们的日常生活中有大量的网络，如电网、水管网、交通运输网、通信网、生产管理网等。近二三十年来在解决网络方面的有关问题时，网络流理论及其应用起着很大的作用。例如，有一个水管网络，该网络只有一个进水口和一个出水口，其他管道（边）和接口（结点）均密封。网络中每个管道用它的截面面积作为该管道的权数，它们反映管道在单位时间内可能通过的最大量称为容量。现在在此水管道网络中注入稳定的水流，水由进水口注入经过水管网络后流向出水口，最后从出水口流出，这就形成一个实际的稳定流动，称为流。分析这种实际流动，有如下性质：

（1）实际流动是一个有向的流动；

（2）每个管道中单位时间内通过的流量不可能超过该管道的容量（权数）；

（3）每个内部结点处流入结点的流量与流出结点的流量应相等；

（4）流入进水口的流量应等于流出出水口的流量，即为实际流动的流量。

如果我们进一步加大流量，由于受水管网络的限制，加到一定的流量后，再也加不进去了，这就是此水管网络能通过的最大流量。这里所谓的网络流理论正是从这些实际问题中提炼出来的，下面来介绍有向图的网络流理论及其应用。

网络流理论最初由福特和弗克森于 1956 年创立的，包括理论与算法两部分。网络流的基本问题如下：设一个有向赋权图 $G(V,E)$，$V=\{s,a,b,c,\cdots,s'\}$ 其中有两个特殊的结点 s 和 s'。s 称为发点，s' 称为收点。图中各边的方向和权数表示允许的流向和最大可能的流量（容量），并假设容量均为整数。在这个网络图中从发点流出到收点汇集，最大可通过的实际流量为多少？流向分布情况怎样？网络流理论的关键是引进一个“流”的概念。在现实生活中，可以理解为信息、能量、物质等的转移和流通过程。例如，交通网络中的车流、人口流动和货物流动等。其数学定义如下：

在有向赋权图 $G(V,E)$ 的边集 E 上定义一个整数值函数 $f(x,y)$，(x,y) 为 E 中的有向边，记 $V(x)$ 为与结点 x 邻接的结点的集合，使满足条件：

$$\left.\begin{array}{ll}(1) & f(x,y)=-f(y,x)\\ (2) & f(x,y)\leqslant \omega(x,y)\\ (3) & \sum f(x,y)=0,\text{当 } x\neq s,s' \text{ 时,其中 } y\in V(x)\\ (4) & f(s,y)\geqslant 0,f(y',s')\geqslant 0,y\in V(s),y'\in V(s')\end{array}\right\}\tag{4.2}$$

则称 $f(x,y)$ 为有向赋权图 $G(V,E)$ 上的一个流。

条件（1）表示从 x 到 y 的正流等于从 y 到 x 的负流；条件（2）表示每条边的实际流量不能超过该边的容量；条件（3）表示每个内部结点（即不是发点或收点的结点）的流量之和必为零，即满足零守恒定律——流进内结点的流量之和等于流出该结点的流量之和；条件（4）表示发点处只能流出，收点处只能流进。

4.2.2　网络流的应用

1. 最小费用最大流问题

在实际问题中，人们不仅考虑流量的大小，还要考虑输送这些流量所需的费用、代价等。例如某工厂要把产品运往销售点，在选择运输路线时，不仅要考虑运输量，而且还要考虑运输最大运输量时的最小运费问题，这是典型的最小费用最大流问题之一。

设一个网络 $G(V,E)$，E 中每条边（i，j）对应一个容量 $c(i,j)$（如最大输送能力），以及一个 $a(i,j)$ 表示输送单位流量所需的费用。如果有一个运输方案（可行流），流量为 $f(i,j)$，则最小费用最大流问题就是求下列的极值问题

$$\min_{f\in F} a(f) = \min_{f\in F} \sum_{(i,j)\in E} a(i,j) f(i,j) \tag{4.3}$$

式中，F 为 G 的最大流的集合，即在最大流中寻找一个费用最小的最大流。

确定最小费用流的基本思想是从零流为初始可行流开始，在每次迭代过程中对每条边赋予与 $c(i,j)$（容量）、$a(i,j)$（单位流量运输费用）、$f(i,j)$（现有流的流量）有关的权数 $\omega(i,j)$，以形成一个有向的赋权图。再求最短路的方法确定由 s 到 s' 的费用最小的非饱和路，沿着该路增加流量，得到相应的新流。经过多次迭代，直至达到最大流为止（图 4.3）。

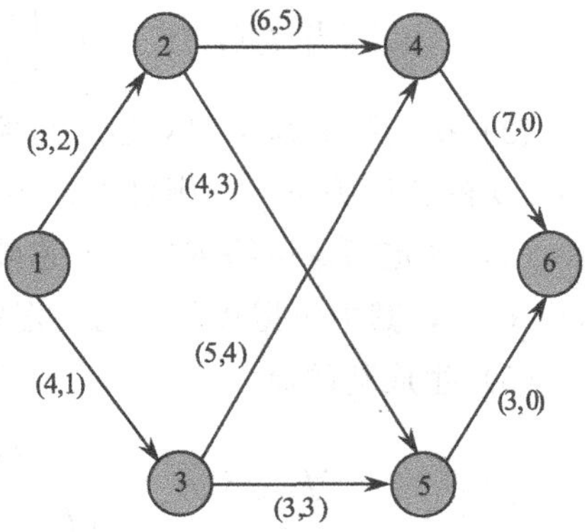

图 4.3　初始网络图

构造权数的方法如下：对任意边（i，j），根据现有的流 f，该边上的流量可能增加，（$f(i,j) < c(i,j)$）也可能减小（$f(i,j) > 0$），因此每条边赋予向前费用权 $\omega^+(i,j)$ 与向后费用权 $\omega^-(i,j)$：

$$\omega^{+}(i,j)=\begin{cases}a(i,j), & \text{若 } f(i,j)<c(i,j)\\ +\infty, & \text{若 } f(i,j)=c(i,j)\end{cases} \tag{4.4}$$

$$\omega^{-}(i,j)=\begin{cases}-a(i,j), & \text{若 } f(i,j)>0\\ +\infty, & \text{若 } f(i,j)=0\end{cases} \tag{4.5}$$

对赋权后的有向图，如果把权 $\omega(i,j)$ 看作长度，即可确定从 s 到 s' 的费用最小的非饱和路，它等价于确定从 s 到 s' 的最短路。确定了非饱和路后就可确定该路的最大可增流量，因此需对每一条边确定一个向前可增流量 $\Delta^{+}(i,j)$ 与向后可增流量 $\Delta^{-}(i,j)$：

$$\Delta^{+}(i,j)=\begin{cases}c(i,j)-f(i,j), & \text{若 } f(i,j)<c(i,j)\\ 0, & \text{若 } f(i,j)=c(i,j)\end{cases} \tag{4.6}$$

$$\Delta^{-}(i,j)=\begin{cases}f(i,j), & \text{若 } f(i,j)>0\\ 0, & \text{若 } f(i,j)=0\end{cases} \tag{4.7}$$

因此，确定最小费用最大流的算法如下：

（1）从零流开始，令 $f_0\equiv 0$；

（2）赋权：当 $f_k(i,j)<c(i,j)$，$\begin{cases}\omega^{+}(i,j)=a(i,j)\\ \Delta^{+}(i,j)=c(i,j)-f_k(i,j)\end{cases}$ (4.8)

当 $f_k(i,j)=c(i,j)$，$\begin{cases}\omega^{+}(i,j)=+\infty\\ \Delta^{+}(i,j)=0\end{cases}$ (4.9)

当 $f_k(i,j)>0$，$\begin{cases}\omega^{-}(i,j)=-a(i,j)\\ \Delta^{-}(i,j)=f_k(i,j)\end{cases}$ (4.10)

当 $f_k(i,j)=0$，$\begin{cases}\omega^{-}(i,j)=+\infty\\ \Delta^{-}(i,j)=0\end{cases}$ (4.11)

（3）确定一条从 s 到 s' 的最短路 $R(s,s')=\{(s,i_1),(i_1,i_2),\cdots,(i_k,s')\}$。若 $R(s,s')$ 的长度为 $+\infty$，则已得最小费用最大流，停止，否则转入(4)。

（4）确定沿着该路 $R(s,s')$ 的最大可增流量 $a=\min\{\Delta(s,i_1),\Delta(i_1,i_2),\cdots,\Delta(i_k,s')\}$，其中根据边的取向决定取 Δ^{+} 或 Δ^{-}.

（5）生成新的流

$$f_{k+1}(i,j)=\begin{cases}f_k(i,j)+a, & (i,j)\text{ 为向前边}\\ f_k(i,j)-a, & (i,j)\text{ 为向后边}\end{cases} \tag{4.12}$$

若 $f_{k+1}(i,j)$ 已为最小费用最大流，则停止，否则转入（2）。

2. 运输问题

某产品有 m 个产地，第 i 个产地的月最大产量和单位产品的成本分别为 c_i

单位/月和 a_i （$i=1, 2, \cdots, m$）。该产品有 n 个需求地，分别的需求量为 b_j 单位/月 （$j=1, 2, \cdots, n$）。又已知从第 i 个产地到第 j 个需求地的最大可能运输量为 $\omega(i,j)$ /月，单位运价为 $l(i,j)$ 。问各地应生产多少产品？如何调运，才能尽可能满足需求，并使其总开支最省？

首先，虚设一个发点 s 和收点 s'。从发点到第 i 个产地的权数设为 c_i，单位费用为 a_i （$i=1, 2, \cdots, m$）。从产地 i 到需求地 j 的权数 $\omega(i,j)$ 其单位费用为 $l(i,j)$，$(i=1,2,\cdots,m; j=1,2,\cdots,n)$ 从需求地 j 到收点 s'的权数为 b_j，单位成本为零，（$j=1, 2, \cdots, n$）。这样就化为图 4.4 的网络的最小费用最大流问题。

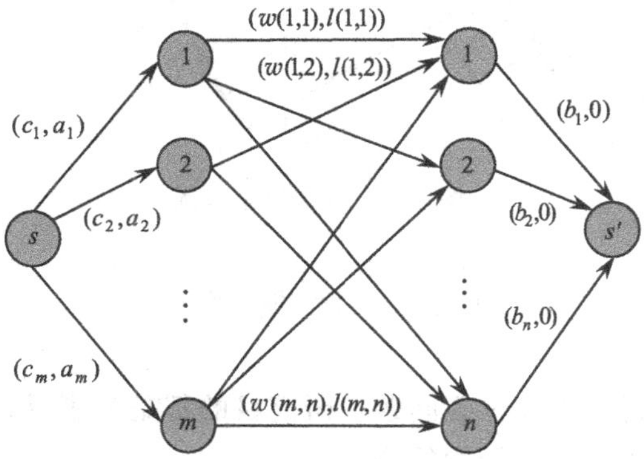

图 4.4　运输问题网络图

运输问题化为最小费用最大流问题的技巧在于虚设一个发点和收点，以及确定各边相应的权数与单位费用。

另外，上述运输问题也可表述为线性规划问题，即下面的总费用最小的问题：

$$\left.\begin{aligned} &\min\sum_{i=1}^{m}\sum_{j=1}^{n}l(i,j)g(i,j) \\ &\text{s. t.}\ \sum_{j=1}^{n}g(i,j)\leqslant c_i, i=1,2,\cdots,m \\ &\qquad\sum_{i=1}^{m}g(i,j)\geqslant b_j, j=1,2,\cdots,n \\ &\qquad g(i,j)\geqslant 0, i=1,2,\cdots,m, j=1,2,\cdots,n \end{aligned}\right\} \tag{4.13}$$

第一、二个约束条件含义为 $\sum_{j=1}^{n}b_j\leqslant\sum_{i=1}^{m}\sum_{j=1}^{n}g(i,j)\leqslant\sum_{i=1}^{m}c_i$ 即总需求量小于等于总供应量，第三个约束条件为取值范围。利用单纯法对问题进行求解，就可以得到满足要求的生产和调用方案，其实际应用解决问题如图 4.5 所示。

图 4.5　运输问题示例

4.2.3　设施定位

这一部分我们讨论设施位置问题。研究目的都是为了寻找进行某项活动或满足某些需求的最优或者接近最优的位置。

设施定位和资源配置问题研究在网络中如何合理的对资源和设施进行布局，确定最佳的资源和设施的空间分布形态，其实质利用对象和约束来解决供与求的最佳匹配问题，具有明确的现实意义。

通常，位置问题分为两类：第一，空间的位置问题；第二，为特殊目的划出的区域。第一类问题是指测量物体所处的位置的问题，第二类问题是为特殊的功能或者活动寻找适当、合理的位置，也称位置搜索问题。这里讨论的是第二类问题（位置搜索问题下文中简称位置问题）。

根据要实现的目标不同，通常的位置问题可以分为中值问题、中心问题和需求问题三种类型。中值问题（median problems）以用户到最近设施的平均距离最小的原则，确定固定数量设施的位置（如图 4.6 救护车分布的一个实际中值问题）。中心问题（center problems）（也通常称为极小极大化问题）以用户到达设施的最小或者最大距离来选择评价设施位置的优越程度，例如，急救中心的位置应该是离尽可能多的用户尽可能的近一些，污染源要尽量远离居民生活区。需求问题（requirements problems）是根据确定的标准来选择设施的位置，例如，设施只为规定的范围内的用户服务，不考虑服务范围以外的情况。

中值和中心位置问题可以根据网络的特性和设施的特点细分为不同类型（表 4.5）。表中，中值和中心指需求点和设施点。

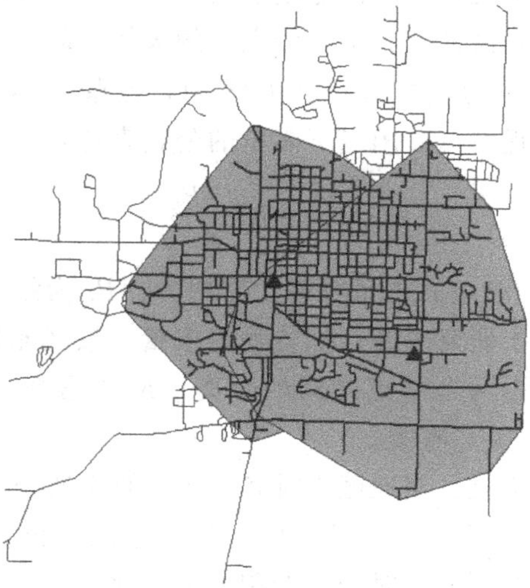

图 4.6　实际中值问题示例
图中三角形为救护车分布位置，灰色区域为一定时间范围内的响应距离

表 4.5　网络位置问题的分类

空间位置问题	问题需求	条件	
		只有顶点	无约束
顶点	极小极大费用	中心问题	绝对中心问题
	平均费用最小	中值问题	绝对中值问题
任意位置	极小极大费用	常规中心问题	常规绝对中心问题

Hakimi 证明了一个关于中值和中心问题重要的理论结果。他证明，在网络中如果用户的位置在顶点（vertices）上，那么中值问题的选址也会在顶点（vertices）上，也就是说网络的中值等价于网络的绝对中值。这个结论具有极大的实用意义，我们可以在有限结点中进行最优中值的查找而不是在网络的任意位置查找，这就使较大的中值问题能在较少的时间内解决。

具体的设施定位方法，可以参考 Tansel，Francis，Lowe，ReVelle，或者 Hansen 等进行学习和理解，限于篇幅，这里就不介绍了。

4.3　空间重力模型

空间重力模型也称之为空间交互模型（spatial interaction model），用来表达不同地理对象之间的相互作用的程度。例如，乡镇和城市相比，城市由于能提供更多的就业、购物和娱乐机会，因而能吸引更多的投资商和游客。

空间重力模型的建立借助了天文学研究中的天体之间引力的思路，即物体越大，其对周围物体的吸引力就越大。在 GIS 中，这些天体就是网络中的结点，结点与结点之间的影响程度可以用以下简单的公式表达：

$$\mathrm{SGM}_{ij} = K \frac{P_i P_j}{d^2} \tag{4.14}$$

式中，SGM_{ij} 为结点 i 和结点 j 之间的相互作用力；P_i 为结点 i 的大小；P_j 为 j 的大小，结点大小取决于研究内容，如货物需求量、景区能接纳的游客能力、购物中心的销售量等；d 为两个结点之间的距离；K 为常数，与研究对象的性质（如人口数量，地理位置等）有关。

重力模型的基本假定是：交通区 i 到交通区 j 的交通分布量与交通区 i 的交通产生量、交通区 j 的交通引力量成正比，与交通区 i 和 j 之间的交通阻抗系数，如两区重心间交通的距离、时间或费用等成反比。

根据对约束条件的满足情况，重力模型可分为以下几类：无重力约束模型、单约束重力模型和双约束重力模型等。

在 GIS-T 中，空间重力模型常常用来进行交通分布预测，也就是通过所预测的各个交通区发生、吸引量及交通分担量，通过空间重力模型确定各个交通区之间的公路交通流量、流向，即出行矩阵（OD 矩阵）。当然考虑因素和数学机理的不同，可能导致不同的空间重力模型，例如在 GIS-T 中，除了式（4.14）外，还有增长系数模型、插入机会模型、熵模型等。

4.3.1　无约束重力模型

其模型形式为

$$X_{ij} = k \cdot \frac{T_i^{\alpha} \cdot U_j^{\beta}}{t_{ij}^{\gamma}} \tag{4.15}$$

式中，X_{ij} 为交通区 i 到交通区 j 的交通分布量；T_i 为交通区 i 的交通产生量；U_j 为交通区 j 的交通吸引量；t_{ij} 为交通区 i 与交通区 j 之间的交通阻抗参数（时间、距离费用或它们的组合）；k、α、β、γ 为待定参数。

交通阻抗参数是反映交通区间交通便利程度的指标，是对交通区间交通设施状况和交通工具状况的综合反映。对于交通分布，交通阻抗参数反映交通区之间交通便利程度的总体差异。因此，交通阻抗参数应选用交通区之间有代表性的交通阻抗指标。例如，在以私人交通为主，或以公交为主，且公交的方式或线路比较均匀，同时道路网布局也较为均匀的城市，可使用交通距离作为交通阻抗参数；当城市网布局不均，城市内公交的方式或线路布局不均匀，特别是有地铁等快速、大运量交通系统时，采用交通时间作为交通阻抗参数较为合适，此时的交通时间应采用各交通区之间主要的交通方式的交通时间。同时，交通阻抗参数应包括出行全过程。交通阻抗参数一般可根据现状及未来交通网络采用最短路法确定。如有现状交通区时间、距离等阻抗调查资料，现状交通阻抗也可通过统计分析确定。

无约束重力模型的标定，即待定系数 k、α、β、γ 的确定是通过拟合现状 OD 调查资料，用最小二乘法确定，拟合时可将模型取对数使之线性化，交通阻抗参数应为现状交通网络的参数。

无约束重力模型预测未来 OD 交通量的步骤是：首先将预测未来交通产生量 T_i 和交通吸引量 U_j 以及根据未来交通网络确定的交通阻抗参数代入模型 (4.15) 计算 X_{ij}，由于其不满足约束条件，还应用增长率法进行迭代计算，使 X_{ij} 满足约束条件，例如，可用平均增长率法进行迭代计算，其公式为

$$X'_{ij} = X_{ij} \times \frac{1}{2}\left[\frac{T_i}{\sum\limits_j X_{ij}} + \frac{U_j}{\sum\limits_i X_{ij}}\right] \tag{4.16}$$

将前一轮计算的 X'_{ij} 代替 X_{ij} 用式 (4.16) 进行反复计算，直到 $\dfrac{T_i}{\sum\limits_j X_{ij}}$ 和 $\dfrac{U_j}{\sum\limits_i X_{ij}}$ 接近 1，此时的 X'_{ij} 即为预测交通分布量。

4.3.2　单约束重力模型

1. 乌尔希斯重力模型

模型形式为

$$X_{ij} = T_i \cdot \frac{U_j \cdot f(t_{ij})}{\sum\limits_j U_j \cdot f(t_{ij})} \tag{4.17}$$

式中，$f(t_{ij})$ 为交通阻抗参数，包括 $t_{ij}^{-\alpha}$、$e^{-\beta t}$ 等形式，其中 $t_{ij}^{-\alpha}$ 为最常用的形式；α 为待定系数。

待定系数 α 根据现状 OD 调查资料拟合确定，一般可采用试算法等数值方式，以某一指标作为控制目标，通过用模型计算和实际调查所得指标的误差比较确定。以 t_{ij} 采用交通时间为例，其计算过程是：先假设一 α 值，利用现状 OD 调查统计所得的 T_i、U_j 以及现状调查所得 t_{ij} 代入式 (4.17) 中进行计算，所得出的计算交通分布称为 GM 分布。当出行按 GM 分布与按 OD 分布（即按计算分布与按实际分布）的平均出行时间（控制指标）之间误差不大于某一限定值（常用 3%）时，试算即可结束，当误差超过限定值时，需改动待定系数 α 值进行下

一轮计算，平均出行时间（$\bar{t}$）可用下式计算：

$$\bar{t} = \frac{\sum_i \sum_j X_{ij} \cdot t_{ij}}{\sum_i \sum_j X_{ij}} \tag{4.18}$$

2. 美国公路局重力模型

模型形式为

$$X_{ij} = T_i \cdot \frac{U_j \cdot f(t_{ij}) \cdot k_{ij}}{\sum_j U_j \cdot f(t_{ij}) \cdot k_{ij}} \tag{4.19}$$

式中，k_{ij} 为交通调整系数。

与乌尔希斯重力相比，此模型引入了交通调整系数 k_{ij}。模型中待定系数 α 及 k_{ij} 的确定方法是：先令 $k_{ij}=1$，此时式（4.19）即同式（4.17），用同上述乌尔希斯模型相同的方法试算得出待定系数 α，并计算 X_{ij}。再将计算所得 X_{ij} 的和调查所得的 X'_{ij} 代入下式计算 k_{ij}：

$$k_{ij} = r_{ij} \frac{1-Y_{ij}}{1-Y_{ij}r_{ij}} \tag{4.20}$$

式中，r_{ij} 为调查所得的 X'_{ij} 与计算所得的 X_{ij} 之比；Y_{ij} 为交通区 i 到交通区 j 出行量占 i 区出行产生总量的比例，$Y_{ij} = \frac{X'_{ij}}{\sum_j X'_{ij}}$。

通过交通调整系数 k_{ij} 的确定方法可以看出，引入该系数的目的是校正乌尔希斯重力模型计算值与调查值之间的误差，反映除交通阻抗、交通产生、吸引之外的其他因素对交通分布的特殊影响。

4.4　OD 矩阵推算模型

OD 模型的建立是综合考虑公路交通 OD 分布内在机理与变化规律的结果，通过研究公路交通 OD 的发展变化规律，建立起科学、合理的模型，从而得到切实可行的公路交通 OD 模拟方法，既避免了大规模繁重的 OD 调查，又保证了 OD 资料获得的连续性与准确性。为交通规划工作、公路建设项目可行性研究工作、公路枢纽规划工作等的顺利开展提供基础。OD 矩阵推算模型可以从 GIS 图层中提取交通区、路段等一系列几何信息参与运算，并将运算结果以 OD 线的方式以 GIS 加以表现（图 4.7）。

OD 推算从资料引用来源角度采用三类不同的模型组合：基于历史 OD 资料的模型、基于现状 OD 调查数据的模型、基于历史及现状 OD 资料的模型。

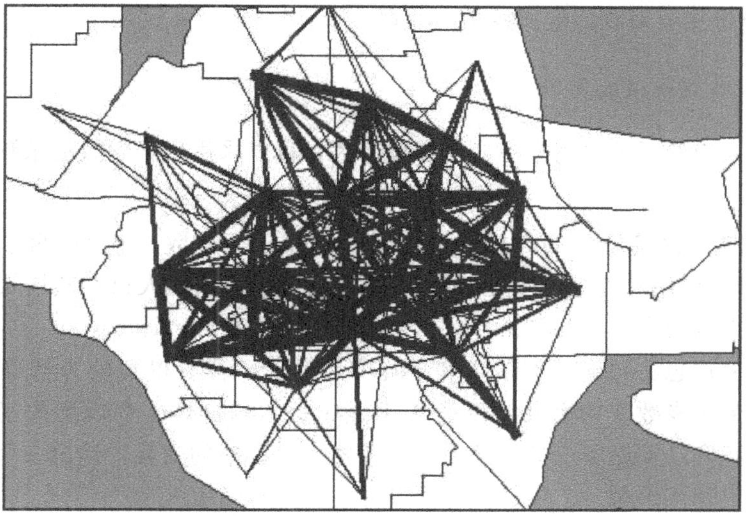

图 4.7　OD 推算结果 GIS 表现

4.4.1　基于历史 OD 资料的模型

这种模型是在较为详实的历史 OD 数据上，考虑影响 OD 的主要因素的发展变化，推断出现状 OD 矩阵，进而也可以用来预测未来 OD。由于影响 OD 的因素众多，而各影响因素之间相互关系紧密，其发展变化很难准确地把握。尤其是随着社会和经济的发展，人们的出行行为心理的改变，以及交通方式的发展变化等更将使公路交通 OD 变化莫测。因此，这里未来的概念不是历史规划期的概念，相对而言是短期的，一般认为取 1～5 年比较合适。

1. 影响因素分析

公路交通 OD 的发展变化是众多影响因素综合作用的结果。一般意义上讲，影响 OD 状况的因素包括交通源状况（反映为交通产生、吸引）、交通工具及交通设施情况（反映为交通区间的交通阻抗，如时间、距离等），出行在交通吸引源、交通工具及交通设施状况构成的系统中，按照其本身的内在规律选择其目的地，并且受到传统习惯、行政关系等特殊因素的影响。

对地区交通源状况而言，起决定性作用的因素主要是：人口、经济和交通工具拥有；对公路而言，主要是机动车。对交通工具和交通设施情况来说，交通阻抗是需重点考虑的因素。

2. 模拟年份主要影响因素指标值的获取

1）人口指标值的获取

如果人口的增长率基本不变或变化不大，可以采用增长系数法来预测。

$$P_{in} = P_{i0}(1 + K_i)^n \tag{4.21}$$

式中，P_{in}为i区第n年的人口数；P_{i0}为i区基年人口数；n为预测年份数；K_i为i区年均增长率，它是考虑国家计划生育政策后得到的人口自然增长率，或包括迁移之净增长率。

增长率法思路明确、操作简单，但较为粗糙。若要得到较为精确的预测模型，可以采用参数变动模型。即在 A. Roger 提出的群体生存模型的基础上，在假设出生率和迁移率不变的情况下，着重考虑生存率的变化，给出一个单区域分年龄的人口预测模型。

2）经济指标值的获取

现状年份经济指标值的获取可直接通过调查来实现，也可通过历史年份既有的经济资料，采用一定科学、合理的模型进行推算。未来年份经济指标值的获取只能通过预测来得到。

为减少调查工作量，同时达到快速、及时地获得所需经济数据，则必须以已有的经济数据为基础，进行模拟年份经济指标值的预测。

3）车辆拥有量指标值的获取

现状年份综合车辆拥有量指标值的获取可直接通过调查来实现，也可通过历史年份既得的车辆拥有量资料，采用一定的科学、合理的模型进行推算。未来年份指标值的获取只能通过预测来得到。

为减少调查工作量，同时达到快速、及时地获得所需经济数据，则必须以已有的车辆拥有量数据为基础，折算成综合车辆拥有量指标，再进行模拟年份综合车辆拥有量指标值的预测。通常可采用指数平滑法。

4）小区之间出行阻抗指标值的获取

如前所述，出行者选择路径主要取决于行驶时间和费用及交通负荷。很多规划工作中使用《公路技术经济指标》第二次修订版中规定的汽车运输成本计算公式来求算阻抗：

$$F = 501.3328 - 12.3304s + 0.10198s^2 \tag{4.22}$$

式中，F为路段阻抗；s为路段平均车速（km/h）。

平均车速与交通量的关系式也采用《公路技术经济指标》第二次修订版中的公式，对于高速公路及一级公路使用公式（4.23），其他等级的公路使用公式（4.24）

$$s = a - \frac{V}{b} \tag{4.23}$$

$$s = a \times V^{-b} \tag{4.24}$$

式中，V 为路段交通量（辆/昼夜）；a、b 为与公路技术等级有关的参数，见表 4.6。

表 4.6　车速与交通量关系式中参数取值表

常数	公路等级				
	高速	一级	二级	三级	四级
a	86.04	76.1	156.7	99.1	70.5
b	960	541	0.1691	0.1323	0.0988

3. 模拟模型的建立

在获得了主要影响因素模拟年份的指标值之后，就可根据历史年份的 OD 数据，经过回归分析，拟合 OD 产生的规律，并据之进行模拟年份（现状或未来）OD 数据的推算。

模型建立的思想为：

(1) 通过建立历史两个年份实测 OD 发生吸引、分布相对变化状况与前述相关因素的相对变化状况的关系，推算模拟年份 OD 产生吸引、分布的相对变化状况。

(2) 认为 OD 量的形成分为两阶段，首先由各个小区在各种影响因素作用下形成一定的 OD 产生、吸引量，然后根据发生源、吸引源的发生、吸引量，以及 OD 对之间的阻抗形成最终的 OD 量。

(3) 认为模拟年份（现状或未来）的 OD 小区的 OD 发生、吸引数据是受 OD 小区各种影响因素的综合作用形成的，因而可在往年 OD 发生、吸引数据的基础上，考虑 OD 小区各影响因素的发展变化情况的作用求得。同时基年数据越是靠近模拟年份，各影响因素的发展变化程度越是小，基年数据与模拟年份的发生、吸引数据就越是接近。

(4) 认为模拟年份（现状或未来）的 OD 对之间的 OD 数据是受发生源、吸引源的发生、吸引量以及 OD 对之间的阻抗综合作用而形成的，因而可在往年 OD 数据的基础上，考虑发生源、吸引源的发生、吸引量以及 OD 对之间的阻抗的发展变化的作用来求算。同样的基年年份数据越是靠近模拟年份，各影响因素的发展变化程度就越小。

根据以上思想，分别建立两阶段模拟模型。

(1) 各OD对之间的OD量模拟模型：

$$B_{ij} = \varphi \cdot B_{Ui}^{\alpha} \cdot B_{Vj}^{\beta} \cdot B_{Dij}^{\gamma} \tag{4.25}$$

式中，B_{ij}为i区到j区的OD量相对基年OD量的变化系数；B_{Ui}为i区OD发生量相对基年发生量的变化系数；B_{Vj}为j区OD吸引量相对基年吸引量的变化系数；B_{Dij}为i区至j区之间交通阻抗相对基年交通阻抗的变化系数；α、β、γ、φ为待定系数。

$$B_{ij} = \frac{T_{ij}}{T'_{ij}},\ B_{Ui} = \frac{G_i}{G'_i},\ B_{Vj} = \frac{A_j}{A'_j},\ B_{Dij} = \frac{D_{ij}}{D'_{ij}}, \tag{4.26}$$

式中，T'_{ij}为基年的i区到j区的OD量；T_{ij}为模拟年的i区到j区的OD量；G'_i为基年的i区OD发生量；G_i为模拟年的i区OD发生量；A'_j为基年的j区OD吸引量；A_j为模拟年的j区OD吸引量；D'_{ij}为基年的i区至j区之间交通阻抗；D_{ij}为模拟基年的i区至j区之间交通阻抗。

公式(4.25)中的B_{Ui}和B_{Vj}根据下面的模型得到，B_{Dij}则根据路网用最短路法计算得到。

(2) OD源发生、吸引量模拟模型：

$$B_{Ui} = F(f_{pi}, f_{ei}, f_{vi}, f_{di}) \tag{4.27}$$

式中，B_{Ui}为i区的OD发生、吸引变化系数；f_{pi}为i区人口变化系数；f_{ei}为i区经济变化系数；f_{vi}为i区车辆拥有量变化系数；f_{di}为i区交通阻抗变化系数；F为描述OD发生、吸引量变化的函数关系。

$$f_{pi} = \frac{p_i}{p'_i},\ f_{ei} = \frac{e_i}{e'_i},\ f_{vi} = \frac{v_i}{v'_i},\ f_{di} = \frac{d_i}{d'_i} \tag{4.28}$$

式中，p'_i，p_i，e'_i，e_i，v'_i，v_i，d'_i，d_i分别为基年与模拟年的人口、经济、车辆拥有量以及交通阻抗。

F函数的形式可以取以下三种：

(1) 线性关系

$$F(f_{pi}, f_{ei}, f_{vi}, f_{di}) = a_0 + a_1 f_{pi} + a_2 f_{ei} + a_3 f_{vi} + a_4 f_{di} \tag{4.29}$$

(2) 指数形式

$$F(f_{pi}, f_{ei}, f_{vi}, f_{di}) = a_0 f_{pi}^{a_1} f_{ei}^{a_2} f_{vi}^{a_3} f_{di}^{a_4} \tag{4.30}$$

(3) 对数形式

$$F(f_{pi}, f_{ei}, f_{vi}, f_{di}) = a_0 + \log a_1 f_{pi} + \log a_2 f_{ei} + \log a_3 f_{vi} + \log a_4 f_{di} \tag{4.31}$$

式中：a_0，a_1，a_2，a_3，a_4为待定系数。

4.4.2　基于现状 OD 调查数据的模型

根据区域交通规划和数理统计的基本原理，主要考虑如何充分利用现状小样本调查得到的 OD 数据，根据车辆的路径选择信息，建立起合理的扩样模型，推算出较为准确的 OD 矩阵。

1. 输入数据的获取

受客观条件的限制（人力、物力、财力等），当路网路段交通量比较大时，OD 调查常常采用抽样方法，并依据数理统计的原理，在误差允许的前提下，通过调查的子样来推断母体，获得所需的 OD 数据。此外，如何通过科学合理地设置调查点，尽可能地以最小的调查工作量，得到最优的调查结果也是 OD 模拟工作成功的先决条件，一般采用逐步布点法进行操作。

2. 现状 OD 推算 OD 矩阵模型

理想状况下，所建的合理的模型推算 OD 能够得到准确的结果。但事实上由于各种复杂因素的影响，结果总存在一定的误差，有时误差之大足以影响推算结果的正确性与有效性。通过分析发现，产生这种误差的原因主要有两个方面：一个是建模时假设的合理性；另一个是模型中输入数据的正确性。因此所建模型应能在合理假设基础上，数据输入误差最小化，从而得到较为满意的推算结果。

若 OD 矩阵仅由抽样率扩样，则

$$T_{ij} = \sum_{a \in ST_{ij}}^{m} t_{ij}^{a} / r_a \tag{4.32}$$

式中，T_{ij} 为 i 区到 j 区的估计 OD 流；t_{ij}^{a} 为路段 a 上的观测 OD 流；ST_{ij} 为所有调查点所在路段的集合（流不为 0）；m 为调查点数；r_a 为调查点所在路段 a 上的抽样率。

由于经过多个调查点（两个以上）的出行，会导致其在推算出的 OD 表中比例偏大；另外，没有设置调查点的路段的出行会被遗漏。为避免这种错误，需要知道每个 OD 对出行路线占的可能比例来进行调整。即出行从 i 区到 j 区经过路段 a 的比例 P_{ij}^{a}，P_{ij}^{a} 未知，其获得通过前述方法来估计。这样，有了路径选择比例之后对 T_{ij} 的估计即为

$$T_{ij} = t_{ij}^{a} / (r_a P_{ij}^{a}) \tag{4.33}$$

实际中，由于研究的路网是实际路网的近似，调查数据的获得存在测量误差，抽样情况也较为复杂，由各个调查点得到的数据推算出来的小区 OD 量各不

相同。在此，把 P_{ij}^{a} 当作一随机变量，则可采用最小二乘法来估计或最大似然法来推求 T_{ij}。实际上对数据的扩样来估计 T_{ij}，不存在各方面都最佳的方法。若完全知晓路径选择比例即不存在样本误差，那不论采用什么合理的方法都将得到同样的结果。但事实是路径选择比例未知，面临的问题是如何寻求一种有效利用样本数据的方法，在假设的路径选择比例下，仅产生较小的、不足以影响推算结果的误差。

使用该模型进行模拟时要注意：在进行 OD 调查时多采用贴标签等办法以避免车辆的重复抽样，经过多个调查点（两个以上）的出行只能作一次计，这样的话会导致抽样调查数据偏小，因此建议在为 OD 模拟进行的抽样调查中应不采用贴标签等方法，也就是说应该每车必查。

4.4.3　基于历史及现状 OD 资料的模型

基于历史 OD 资料的模型，以历史年 OD 及主要影响因素指标值（往年的和待估年份的）为依据，对现状（或未来）年份 OD 的模拟。其关键输入数据有：基年 OD（及由此统计得到的基年小区发生、吸引量）、基年及待估年份的人口、综合经济指标、综合车辆拥有量指标、小区交通阻抗。其中，基年数据的获得是通过基年 OD 的调查来实现的，而不同的调查方法、不同的调查季节、不同的调查日期、不同的调查人员，以及不同的调查天气等都使其的获得存在了一定的不定性。待估年份的人口、综合经济指标、综合车辆拥有量指标、小区交通阻抗是根据影响因素各自的特点，根据调查或采用相应的建立于一定假设基础上的预测模型预测出来的。这些预测得到的数据也必定存在着一定的误差。因此，推算出来的 OD 数据是建立于给其输入数据以最大的置信度的基础上的。

基于现状 OD 调查数据的模型以现状调查得到的小样本 OD 及假设的路径选择比例等前提下，对现状总体 OD 的推求，而调查存在着不定性，必然存在着一定范围的误差。因此，以小样本 OD 推算出来的母体 OD 值，实际上是在不考虑这些误差前提下（或者说对其所需输入数据给以最大的置信的前提下），得到的理想状况结果。同时，模型仅考虑了现状小样本情况，对于历史年份 OD 如何，以及影响 OD 发展变化的许多因素的变化情况均没有考虑，也没能实现现有信息的充分利用，待改善余地尚很大。

这里正是考虑到前述模型的不全面性，通过建立起包含往年 OD 数据、影响因素发展变化信息、现状调查得到的小样本 OD 数据等综合信息的模型，可以使推算出的现状 OD 矩阵能够最大限度地接近真实的 OD 矩阵。这里仅介绍多目标规划模型法。

1. 模型的建立

为进一步提高推算 OD 的精度，需考虑采用更佳的方法来减少由于输入数据的误差而造成推算结果的偏实度（偏离真实 OD 的程度）。可采用多目标规划模型来进行 OD 推算。即认为模型的推算结果应兼顾无现状 OD 的推算结果和小样本 OD 扩样结果，从而达到总体上误差最小，最接近真实 OD 情况。

对于基于历史 OD 资料的模拟模型，可描述为：$g(T,t,A)$。式中，T 为真实 OD；t 为基年 OD；A 为影响因素集。

对于小样本 OD 推算母体 OD 模型，可描述为 $f(T,S)$。式中，S 为小样本 OD。

这样，所建立的多目标规划模型为

$$\text{V. P}\begin{cases}\min g(T,t,A)\\ \min f(T,S)\end{cases} \tag{4.34}$$
$$\text{s. t.}\quad T\geqslant 0$$

2. 模型的求解

显然不能找到一个同时满足两个目标函数的绝对最优解，而只能得到一个次优解 T^E，使得

$$\left.\begin{aligned}g(T'',t,A)\leqslant g(T^E,t,A)\\ f(T'',S)\leqslant f(T^E,S)\end{aligned}\right\} \tag{4.35}$$

同时成立，且其中至少有一个是严格的不等式，称 T^E 为其有效解，显然有效解是个解集，它不是 OD 矩阵推算模型最终的求解目标，最终目标是得到一个和实际出行矩阵 T 最接近的有效解 T^*。称之为最佳有效解。对此可采用评价函数法中的线性加权法来求解。

假定 W_1，W_2 分别是 $g(T,t,A)$ 和 $f(T,S)$ 的权，W_1，W_2 均大于等于 0，且其之和为 1，则 OD 矩阵推算的多目标规划模型可转化为单目标规划模型

$$\left.\begin{aligned}&\min W_1 g(T,t,A)+W_2 f(T,S)\\ &T\geqslant 0\end{aligned}\right\} \tag{4.36}$$

若无现状 OD 资料时，即 $W_1=1, W_2=0$，模型简化为基于历史 OD 资料模拟模型；若无历史 OD 资料时，即 $W_1=0$，$W_2=1$，模型简化为基于部分 OD 资料模拟模型。

分析公式（4.36）可知：

(1) 当 $T\geqslant X\geqslant Y$ 时，为使 $\min W_1 \mid T-X \mid +W_2 \mid T-Y \mid$ 成立，则 $W_2=0$，$W_1=1$，$T^*=X$；

(2) 当 $T \leqslant X \leqslant Y$ 时，$W_2=0$，$W_1=1$，$T^*=X$；

(3) 当 $T \geqslant Y \geqslant X$ 时，$W_2=1$，$W_1=0$，$T^*=Y$；

(4) 当 $T \leqslant Y \leqslant X$ 时，$W_2=1$，$W_1=0$，$T^*=Y$；

(5) 当 $X \leqslant T \leqslant Y$ 或 $X \geqslant T \geqslant Y$ 时，情况就较为复杂，推算出的 T^* 有赖于权系数的确定。而且，不同的权系数对应于不同的 T^E，必定存在这样一个 T^E，使得其理论上能够达到真实值 T。

当然，真实值 T 是无法达到的，只能希望所推算出来的 T^* 尽量接近 T。

权系数 W_1，W_2 可采取下述方法确定：

1) *α-法*

为叙述方便，以 $\psi_1(T)$ 表示目标函数 $g(T,t,A)$，以 T_1^* 表示 $\min g(T,t,A)$ 的最优解，W_1 表示其权系数；以 $\psi_2(T)$ 表示目标函数 $f(T,S)$，以 T_2^* 表示 $\min f(T,S)$ 的最优解，W_2 表示其权系数，记

$$\psi_1^1 = \psi_1(T_1^*) \quad \psi_2^1 = \psi_2(T_1^*)$$

$$\psi_2^2 = \psi_2(T_2^*) \quad \psi_1^2 = \psi_1(T_2^*)$$

由 α-法的权系数计算公式，得

$$W_1 = (\psi_2^1 - \psi_2^2)/[(\psi_1^2 - \psi_1^1) + (\psi_2^1 - \psi_2^2)] \tag{4.37}$$

$$W_2 = (\psi_1^2 - \psi_1^1)/[(\psi_1^2 - \psi_1^1) + (\psi_2^1 - \psi_2^2)] \tag{4.38}$$

2) *抽样确定法*

在前述设置的观测点中，选择部分（10%左右）进行大样本调查甚至全样调查，例如，对于路边拦车询问调查法，可在其中的一些有代表性的观测点进行全样 OD 调查。设 M 为抽样率 α（α 指的是小样本的抽样率）的倒数 $1/\alpha$ 的整数部分，在调查表中，每隔 M 辆车随机取出一辆进行分析，作为相应出行的小样本 OD，任取一系列的 W_1，W_2，$W_1+W_2=1$ 进行试算，通过分析 OD 推算结果中，进行全样调查的出行推算值（由小样推算出来的）和真实值（实际全样调查出来的）之间的误差（主要有平均误差、平均相对误差）、相关系数来确定 W_1，W_2 的最佳值。

3) *专家经验法*

首先，分析公路交通 OD 发展的情况，参照基于过去 OD 资料模拟时使用的基年 OD 资料的年份和模拟年份的差值来确定一组初始的 W_1 和 W_2；然后利用基于部分 OD 资料模拟时使用的部分 OD 资料的调查设点情况对 W_1 和 W_2 进行修正得到新的一组 W_1 和 W_2。

由于 $W_1+W_2=1$，由数学知识不难证明模型的最优解仅与 W_1 和 W_2 的比值 $W=W_2/W_1$ 有关，因此，实际计算中只需取一系列的 W 值进行运算即可。

这三种方法中，α-法纯粹是种数学方法，通过实际运算发现其对模型的适用性不强；抽样确定法是采用实践来检验的方法，较为实用，一般情况下，能够找到合适的权系数；第三种方法是基于对 OD 发展的分析建立的，受主观因素的影响比较大，但是操作简单，在基年年份和模拟年份相差不大、抽样调查的抽样率较大时，还是具有一定的精度的。

建议在实际使用时，酌情考虑抽样确定法和专家经验法的优劣，以及 OD 模拟的要求确定使用的方法。

4.5 交通分配模型

在我国的城市交通规划中，应用最为广泛的是四阶段法。即交通发生预测、交通分布预测、方式划分预测、交通分配预测。公路网交通量分配是公路运输系统规划、评价及决策过程的一个重要环节。交通分配就是已知各个结点之间的出行交换量，具体地确定所选用的路线及把各结点间的交换量分配到各条具体道路上的方法。

4.5.1 交通分配模型概述

目前，交通网络分配方法有很多，而采用的方法不同主要来源于对分配过程所作的不同假设。根据出行者对行驶路线选择行为准则，主要有两个方面的假设；一方面是连线的特性是否受到交通量的影响；另一方面是出行者在不同线路之间进行选择的方式。前者有两种方法：一是假设连线的特性为常数，不受交通量的影响；二是引进了交通量与连线特性（出行时间）之间的某种函数关系。后一种假设将出行者选择线路的过程视为一个随机过程，而采用随机选择模型解决这类问题。

在交通管理规划中经常采用的交通分配模型有以下四种：①最短路（全有全无）分配模型；②容量限制-增量加载分配模型；③多路径分配模型；④容量限制-多路径分配模型。

1. 最短路交通分配方法

最短路交通分配是一种静态的交通分配方法，在该分配方法中，取交通阻抗（路段行驶时间）为常量，即假设车辆的平均行驶车速不受交通负荷的影响。每一 OD 点对的 OD 量被全部分配在连接该 OD 点对的最短线路上，其他道路上分配不到交通量。这种分配方法的优点是计算相当简便，其缺点是出行量分布不均匀，出行量全部集中在最短路上。这种分配方法是其他各种交通分配方法的基础。

2. 容量限制-增量加载交通分配方法

容量限制-增量加载分配是一种动态的交通分配方法，它考虑了交通阻抗与交通负荷之间的关系，即考虑了道路通行能力的限制，比较符合实际情况，该方法在国际上比较通用。

采用容量限制-增量加载分配模型分配出行量时，需先将OD表中的每一OD量分解成K部分，即将原OD表（$n \times n$阶，n为出行发生、吸引点个数）分解成K个OD分表（$n \times n$阶），然后分K次用最短路分配模型分配OD量，每次分配一个OD分表，并且每分配一次，交通阻抗修正一次，交通阻抗采用路阻函数修正，直到把K个OD分表全部分配在网络上。在具体应用时，视道路网络的大小，选取分配次数K及每次分配的OD量比例。建议采用5级分配，每次的分配比例依次为30%、25%、20%、15%和10%。

3. 多路径交通分配方法

与单路径（最短路）分配方法相比，多路径分配方法的优点是克服了单路径分配中流量全部集中于最短路上这一不合理现象，使各条可能的出行路线均分配到交通量，各出行路线长度的不同，取决了它所分配到的流量的大小。

因为出行者在选择出行路线时，总是希望选择最短（或最快）的路线出行，称之为最短路因素，但由于交通网络及交通状况的复杂性，出行者选择的路线可能不是最短路，称之为随机因素，这两种因素存在于出行者的整个出行过程中，也就是说，尽管大家都希望走最短路线，但总有一部分出行者选择的实际上并不是最短路线，出行路线越短，被出行者选用的可能性越大，出行路线越长，被选用的可能性就越小。因此，出行路线被出行者选用的概率可用LOGIT模型计算。

4. 多路径-容量限制交通分配方法

尽管多路径分配模型能同时考虑最短路因素及随机因素，其分配结果比较合理，但由于模型中没有考虑交通阻抗（路权）与交通负荷的关系及通行能力的限制，在拥挤网络上的分配仍有较大误差，在多路径-容量限制交通分配方法中，充分考虑了这些因素，使分配模型的适应性更加广泛。

与容量限制交通分配方法一样，采用多路径-容量限制交通分配方法分配出行量时，需先将原OD矩阵分解成相同阶数的K个OD分矩阵，然后分K次用多路径交通分配模型分配出行量，每次分配一个 OD 分矩阵。每分配一次，根据变化的交通量采用上章所述的路阻函数修正一次交通阻抗（路权），直到把 K 个 OD 分矩阵

一般来说，容量限制-多路径分配模型的分配结果比较合理，通常被采用。下面我们主要介绍若干模型算法流程。

4.5.2　交通分配模型算法

1. 多路径概率分配模型

在进行多路径概率分配时使用如下公式：

$$P_i = \frac{e^{-\theta F_i}}{\sum_{j=1}^{n} e^{-\theta F_j}} \tag{4.39}$$

式中，P_i 为选用路段 i 的概率；F_i 为路段 i 上的行程时间；θ 为交通转换参数。计算时需要考虑参数 θ 取值的确定。具体操作时可采用试算法来进行，即采用不同的 θ 值（θ 在 0～1 之间）代入公式计算出估计的路段交通量，与实际观测得到的相比较，取最靠近观测值的那一个所对应的 θ。即选择 θ 使目标函数：

$$\sum_{a \in ST_{ij}} (\hat{f}_a - f_a)^2 \tag{4.40}$$

最小，式中，$\hat{f}_a$ 为路段 a 的估计流量；f_a 为路段 a 的实际观测流量；ST_{ij} 为 i 区到 j 区之间调查点所在路段集。其计算框图如图 4.8 所示。

2. 容量限制增量加载法流程

容量限制增量加载法流程（N 为限制最大分配次数）如图 4.9 所示。

3. 平衡分配算法流程

平衡分配算法流程（N 为限制最大分配次数）如图 4.10 所示。

其中极小值问题函数为

$$Z = \sum (F(\{x\} + \alpha_k(\{y\}_k - \{x\}_k)) \times (\{x\} + \alpha_k(\{y\}_k - \{x\}_k))) \tag{4.41}$$

式中，$F()$ 为路段阻抗函数。

收敛条件函数 $E(\{x\}_k, \{x\}_{k-1})$ 由下式求算：

$$E(\{x\}_k, \{x\}_{k-1}) = |\{x\}_k - \{x\}_{k-1}| / |\{x\}_{k-1}| \tag{4.42}$$

考虑到推算 OD 结果与路径选择比例的反比关系，路径选择比例计算的准确与否将直接决定推算 OD 的精度，这一点在路径选择比例较小时（小于 20%）

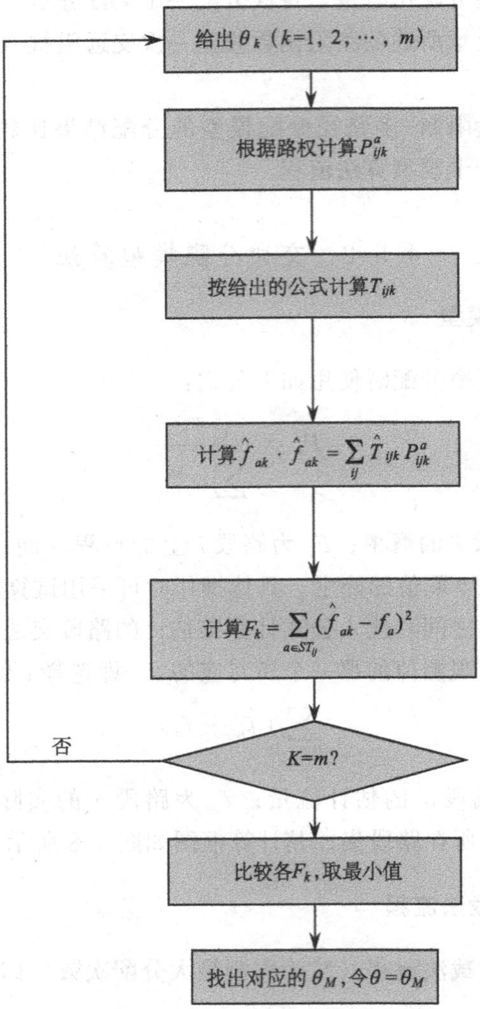

图 4.8　参数 θ 求解算法框图

尤其明显，因此，为保证 OD 推算结果的准确性，在公路交通 OD 模拟系统软件中获取路径选择比例时一般采用平衡分配法。

4.5.3　路径选择比例

这里介绍一下路径选择比例，路径选择比例 P_{ij}^a 表示从 i 区到 j 区在路段 a 上的交通量，占 i 区到 j 区 OD 量的比例。合理的路径选择比例的确定，是确保 OD 推算正确与否的一个重要方面。路径选择信息的最好能够通过调查获得，由

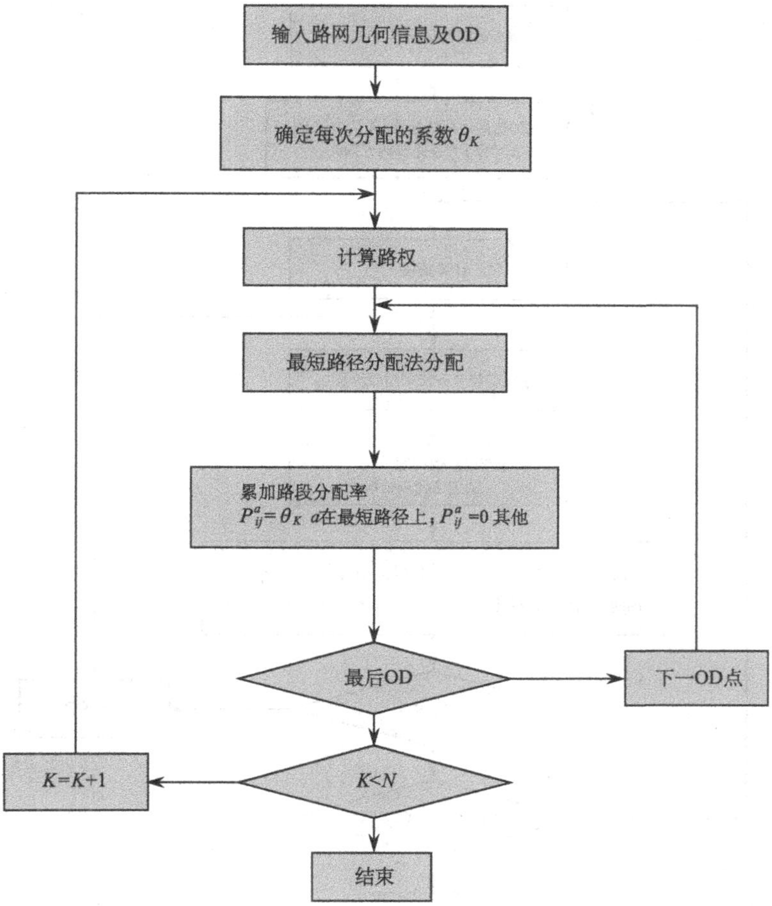

图 4.9　容量限制增量加载法流程

于条件的限制，在实际运用中一般采用分配模型来确定，如非平衡静态交通模型的最短路径法、多路径概率分配法、平衡分配法以及动态分配法与非平衡静态法的结合-容量限制增量加载分配法等。这些分配方法各有其优缺点：

（1）最短路法简单易行，但 $P_{ij}^a=0$ 或 1，出行全部集中在最短路上，分布不合理，误差较大。

（2）平衡分配法主要考虑拥挤型路网的特点，认为路权的大小在很大程度上受交通负荷的影响，该法结构严谨，但求解复杂，路网越大，P_{ij}^a 的获得越困难。

（3）多路径概率分配法作为一种非平衡静态分配法，没有考虑路网拥挤的影响，主要根据路径不同的竞争力——路权，按比例分配出行于可能的替代路线上。一般公路网中拥挤出现的可能性较小，采用该方法具有一定的合理性。

（4）容量限制增量加载分配模型（一般采用 5 级分配，即 30%、25%、

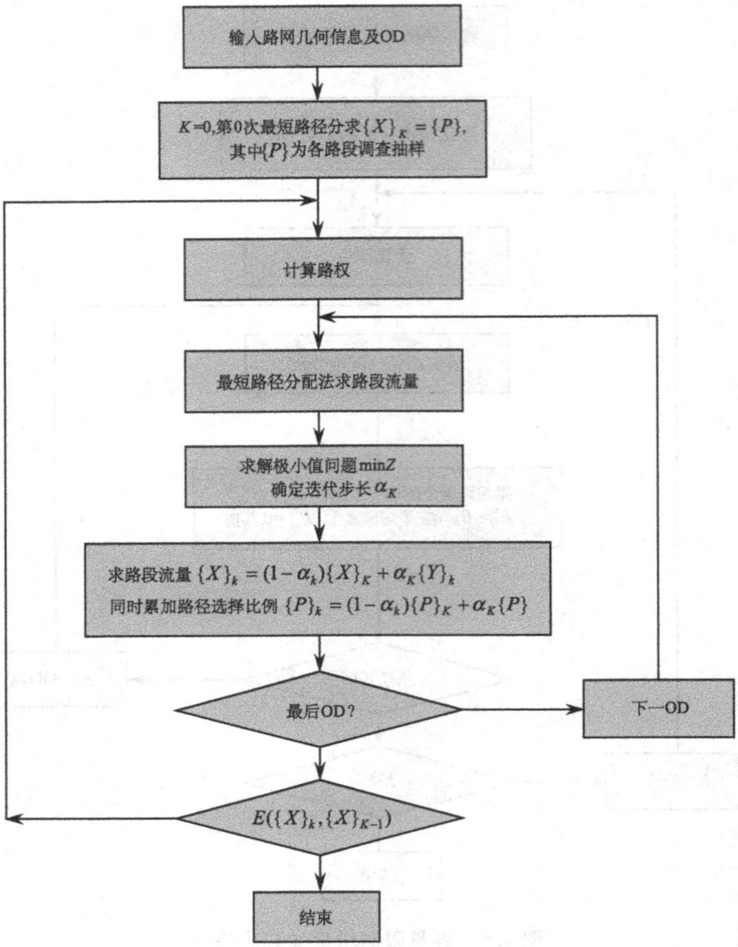

图 4.10　平衡分配算法流程

20%、15%、10%）也考虑路权与交通负荷的关系，只是简单地考虑了“拥挤”的影响，是动态分配。同时它通过几次最短路径分配，变相地进行了“多路径”分配，因此较之最短路径分配更合理。另外，由于它的基础是最短路径分配，$P_{ij}^{a}=0$ 或 1，计算起来较为简单。

一般来讲，模型中 P_{ij}^{a} 可采用多路径法、平衡分配法或容量限制增量加载分配法得到。

4.5.4　GIS 在交通分配模型中的作用

如前所述，最短路径交通分配是其他各种交通分配方法的基础，而它又是基于图论中的最短路径分析，这为 GIS 在交通分配中大显身手提供了一个良好的理论支撑。在很多 GIS-T 系统中，通常是运用最短或最优路径分析函数，或者用户自己搭建最短路径模型从 GIS 图层上提取定义好的路权（如长度或路段时长等）参与分配模型运算，并最终将交通量分配到各路段上，从而可以方便的绘制交通量专题图，便于交通管理、规划有关人员使用。图 4.11 即为交通分配结果的 GIS 分配。

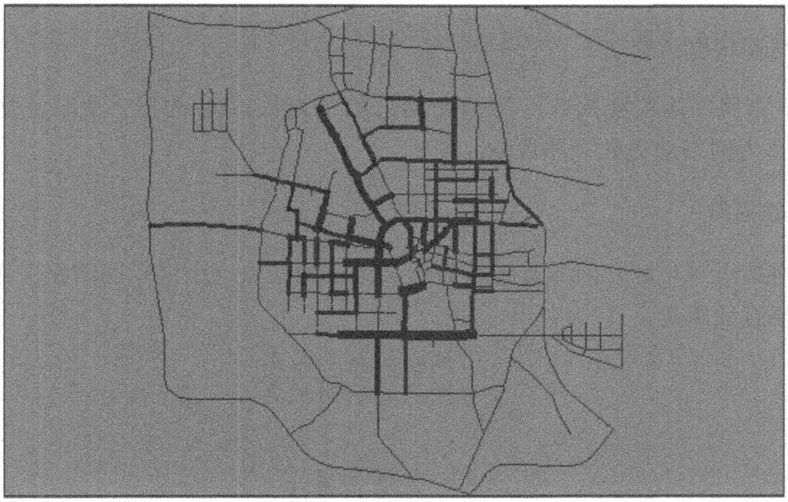

图 4.11　交通分配结果的 GIS 分配

4.6　交通状况评价模型

基于 GIS 的交通分析评价，可以很方便地完成交通分析评价工作。利用 GIS 系统可实现规划方案图形和数据之间的相互转换，可直接读取图上信息用于分析评价，并将评价结果表现在网络专题地图上，为管理规划人员提供了可视化的决策手段。一般来说，交通网络可以从结构性能与交通质量两个方面来进行评价，这里以城市交通为例介绍交通状况评价模型。

4.6.1　结构性能评价

1. 路网密度

路网密度是城市交通网络性能的重要指标，提醒城市道路网建设数量和水平以及城市道路网布局质量是否合理和均匀。

$$D_0 = \frac{\text{城市用地内道路总长}}{\text{建成区用地面积}} \tag{4.43}$$

$$D_m = \frac{\text{城市用地内主、次干道长度}}{\text{建成区用地面积}} \tag{4.44}$$

式中，D_0、D_m 分别为路网总密度和干道网密度（km/km^2）。

2. 路网连接度指数

$$\text{路网连接度指数}\ J = \frac{\sum m_i}{N} = \frac{2M}{N} \tag{4.45}$$

式中，J 为路网连接度指数；N 为路网总的结点数；m_i 为第 i 个结点所邻接的边数；M 为网络总边数（路段数）。

3. 非直线系数

网络结点（小区）间非直线系数定义为该两结点（小区）间的路上距离比两点间空间直线距离。

$$\xi_m = \frac{\text{两点间路上距离}}{\text{两点间空间距离}} \tag{4.46}$$

4.6.2　交通质量评价

交通质量评价需用到的指标如下（图 4.12）。

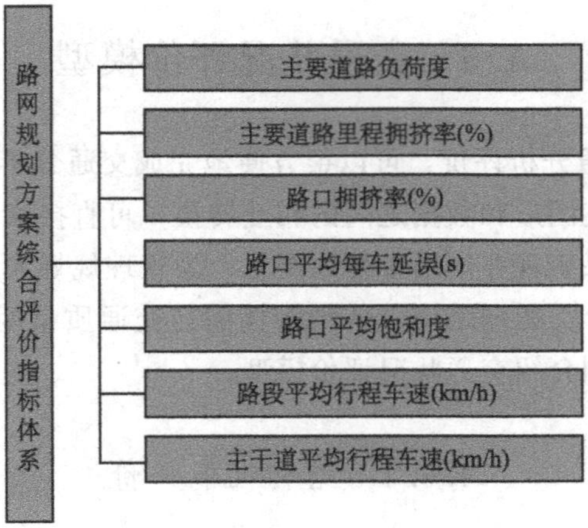

图 4.12　路网规划评价指标体系

1. 主要道路负荷度

主要道路负荷度为：城市道路网中路网次干及以上路网的交通量与路网容量之比。主要道路负荷度反映了路网拥挤的程度，其值越大，说明路网的主要道路网利用强度越大。由于各道路流量不同，采用路段流量进行加权平均。

$$a_1 = \frac{\sum q_i l_i}{\sum c_i l_i} \tag{4.47}$$

式中，a_1 为主要道路负荷度；q_i 为机动车流量（辆/h）；l_i 为路段 i 长度（m）；c_i 为路段 i 的通行能力（辆/h）。

2. 主要道路里程拥挤率

定义为：次干路及以上路段中，饱和度大于 0.8 的路段总长占所有路段总长的比重。

路段饱和度是确定路段服务水平的重要指标，当路段饱和度大于 0.8 时，路段服务水平比较低，交通流不畅。主要道路里程拥挤率反映了路网上服务水平低的路段的多少。其值越大，说明路网上拥挤路段越多，路段交通流运行不畅、服务水平低。

$$a_2 = \frac{\sum\limits_{\text{次干道以上路段}} l_i}{\sum\limits_{\text{所有路段}} l_i} \tag{4.48}$$

式中，a_2 为主要道路里程拥挤率（%）；l_i 为路段长度（m）。

3. 路口拥挤率

定义为：饱和度大于 0.8 的路口占所有路口的比重。饱和度是路口服务水平评价的一个重要指标，当路口饱和度大于 0.8 时，路口交通流的运行状况已经不顺畅，车流运行速度低，延误大。而路口拥挤率的值大时，说明拥挤路口的比重大，即有较多路口交通运行不畅。

$$a_3 = \frac{n_1}{n} \tag{4.49}$$

式中，a_3 为路口拥挤率（%）；n_1 为饱和度大于 0.8 的路口数；n 为路口总数。

4. 交叉口平均延误

定义为：主次干路相交、次干路与次干路相交路口的平均每车延误。单位：s。交叉口的平均延误反映了路网上交叉口的总体交通流状况，其值越大，交叉口的平均服务水平状况越低、交通流在交叉口的运行状况越不良。考虑到各交叉口流量不同，当直接进行算术平均时，不能反映车辆在路网所有交叉口受到的平均延误，因此采用交叉口的流量进行加权平均。

$$a_4 = \frac{\sum D_i Q_i}{\sum Q_i} \tag{4.50}$$

式中，a_4 为路口总平均延误(s)；D_i 为路口 i 平均每车延误(s)；Q_i 为路口 i 的总流量（辆/h）。

5. 交叉口平均饱和度

定义为：所有路口的平均饱和度。交叉口的平均饱和度反映了路网上交叉口的流量与容量比的平均水平，同样采用交叉口流量进行加权平均。

$$a_5 = \frac{\sum E_i Q_i}{\sum Q_i} \tag{4.51}$$

式中，a_5 为路口总平均饱和度(s)；E_i 为路口 i 的平均饱和度(s)；Q_i 为路口 i 的总流量（辆/h）。

6. 路段平均行程车速

定义为：城市道路网中，所有路段机动车的平均行程速度。单位：km/h。路段的行程车速是一项综合指标，用以评价路段的通畅程度。路段平均车速反映了机动车在城市道路网上的平均运行状况。

$$a_6 = \frac{\sum v_i q_i l_i}{\sum q_i l_i} \tag{4.52}$$

式中，a_6 为路段平均行程车速（km/h）；v_i 为路段 i 的行程车速；l_i 为路段 i 的长度（m）；q_i 为路段 i 的交通量（辆/h）。

7. 主干道平均行程速度

定义为：城市道路中，主干路或快速路上机动车的平均行程速度。单位：km/h。主干道是城市道路网的骨架，以交通性功能为主，承担着城市的主要客货运输，故要求具有较高的行程速度。主干道平均行程速度是主干道交通性功能是否良好发挥的一项重要指标，反映了主干道的通畅程度。不同道路，流量和长度都不同，因此，采用路段流量和长度进行加权平均。

$$a_7 = \frac{\sum v_i q_i l_i}{\sum q_i l_i} \tag{4.53}$$

式中，a_7 为主干道平均行程速度（km/h）；v_i 为主干路或快速路上路段 i 的行程车速；l_i 为主干路或快速路上路段 i 的长度（m）；q_i 为主干路或快速路上路段 i 的交通量（辆/h）。

在以上所有交通评价指标中，凡是牵涉到路段长度、区域面积等几何特征的信息，皆可以从 GIS 图层中提取信息作为参数参与模型运算，同时，也可以将评价结果以地理专题图的形式表现出来，展示评价结果的可视化效果。

思　考　题

1. 什么是最短路径？最短路径有什么特点？
2. 简述最短路径的分类。
3. 简述最短路径算法的分类。
4. 简述 Dijkstra 算法实现的步骤。
5. 简述网络流的概念及其应用。
6. 何为空间重力模型？主要分为哪几类？
7. 在分配过程中，交通分配模型同 GIS 有何关系？

第5章　GIS-T设计与开发

5.1　GIS-T设计与开发概述

5.1.1　GIS-T体系构成

GIS-T从功能角度上，属于应用型GIS，即在通用GIS平台上，根据交通需求而设计的一种解决交通专门问题的地理信息系统，它具有地理空间信息实体和解决空间信息分布规律、空间分布特征以及空间信息相互依赖的应用模型和方法。从构成上，GIS-T体系由3个主体部分组成：即GIS-T数据库、GIS平台和GIS-T应用系统，如图5.1所示。

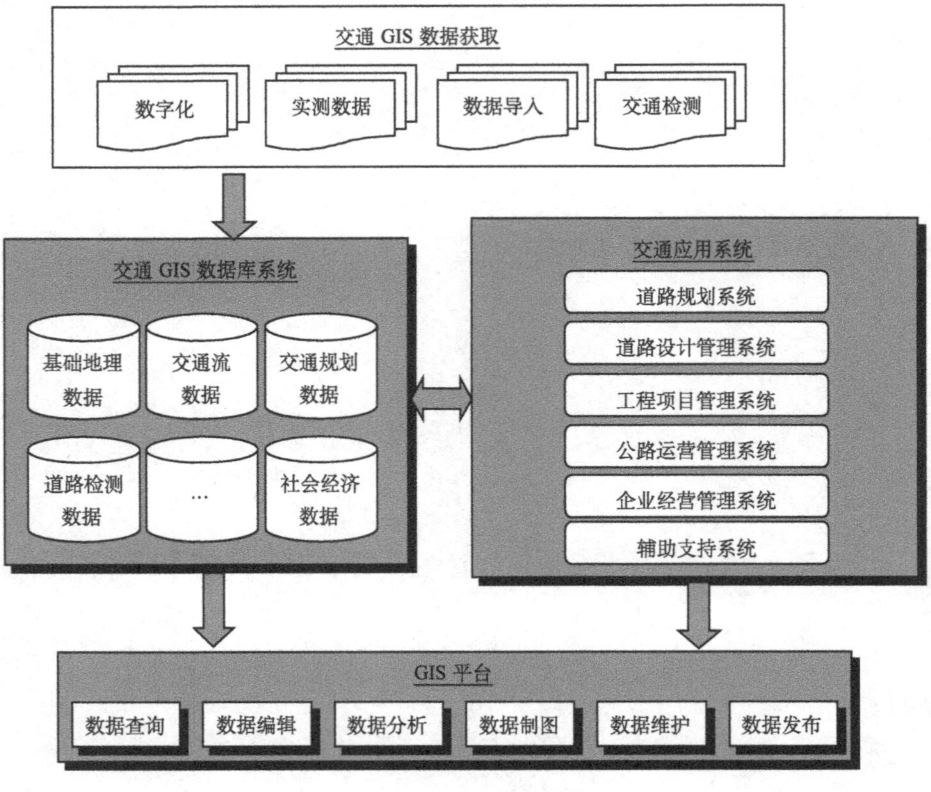

图5.1　GIS-T体系结构

GIS-T 数据库是 GIS-T 运行的数据支持，一般由交通数据获取、交通数据存储、交通数据管理等内容组成，其数据有基础地理空间数据和交通专题数据两类。交通地理空间数据可通过全国统一的交通电子地图导入或扫描数字化输入；交通专题数据有静态数据和动态数据之分，大范围的静态数据可通过交通部公路数据库导入，而动态数据则包括 GPS、PDA 数据采集、各种传感器数据、路面检测车数据等，一般要通过外部专用接口设备实现数据互传。

GIS 平台为 GIS-T 提供 GIS 基本功能和开发环境，主要包括数据查询、空间数据编辑、交通数据发布、空间数据分析、空间数据维护、专题地图制图等内容。

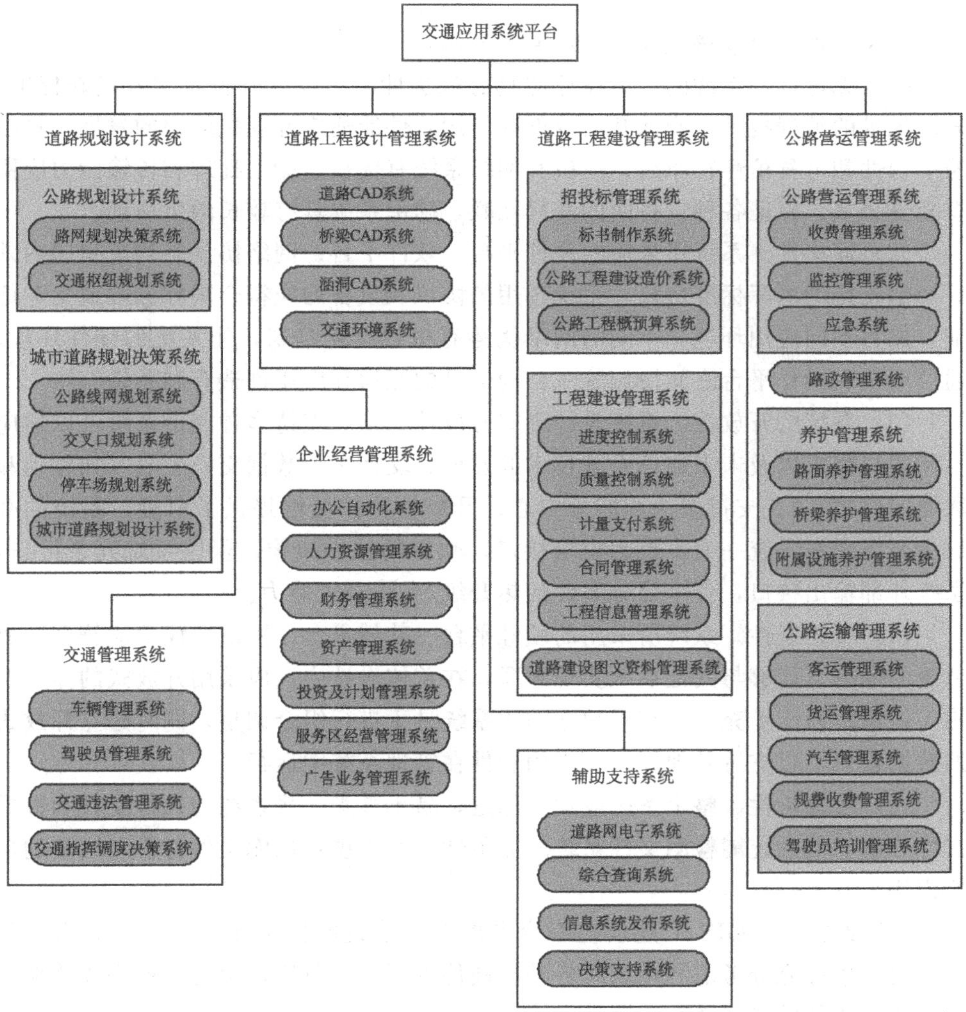

图 5.2　道路交通应用系统构成

交通应用系统是结合交通专业模型、业务流程等所设计和开发的专门服务于交通规划、设计、管理等的软件系统，这些系统依托于 GIS-T 数据库和 GIS 平台，它贯穿于交通的全过程。从公路交通方面看，主要包括道路规划管理系统、道路设计管理系统、工程项目管理系统、公路运营管理系统、公路交通指挥调度管理系统，以及辅助支持系统等，其中各个系统还可细分为若干子系统，如工程建设管理系统又分为进度、质量、投资、合同等内容，详见后续各个章节。图 5.2是交通应用系统的基本构成。

5.1.2 GIS-T 设计与开发原则

GIS-T 的设计应该遵循如下的基本原则：

(1) 先进性。系统的总体设计应具有先进性和超前性，符合国家最新标准，采用先进的编程技术，确保开发软件和使用软件能适应计算机应用的发展，具备跨平台性和可移植性；布线、主机和网络系统有优良性能，处理和传输能力应留有充分余量，保证各种设备间的良好互联，确保系统具有较长的生命期。

(2) 通用性。系统所采用的硬件平台、软件平台、网络协议等均应是国内外厂商都支持的国际标准协议，系统选用的协议和设备均应符合国际标准或工业标准，能将不同应用环境和不同的网络优势有机地结合起来，使系统的硬件环境、通信环境和操作平台之间协调统一，为信息的互通和应用创造有利条件。

(3) 系统的开放性。系统设计遵守开放性原则，支持多种通信系统，以适应不同用户需求以及未来通信系统技术的发展；支持多个数据交换中心（如移动和联通同时接入）；支持多个职能分中心。开放性为扩展性提供了前提，系统的开放主要体现在：统一而丰富的模块接口，软件的控件架构，保留系统冗余接口，系统外部输出接口，各个部分软件的热升级/在线升级能力。

(4) 可扩展性。系统所采用的硬件平台、软件平台、网络协议等应符合开放系统的标准，能够与其他系统实现互联，在总体设计中，应采用开放式的体系结构，使系统易于扩充，使相对独立的子系统易于进行组合调整，同时建立开放式的数据接口，以支持其他厂商的应用软件在管理系统中运行。

(5) 可维护性。整个系统应运行稳定，易于维护，将系统的执行文件和数据文件分离，使系统能检测文件系统的完备性，并提供数据库文件备份和恢复的功能模块。

(6) 经济性。GIS-T 建设应综合考虑系统建设的性价比，在避免投入不足的同时，也应充分考虑利用现有各种软硬件资源，力争用较少的投资完成体系目标，达到较佳的经济效益。

(7) 安全性。系统应具有十分安全可靠的安全保密体系，能确保数据和文件安全，不被非法读取或更改，能对关键数据提供多重保护。

(8) 用户友好性。系统的用户界面应做到美观大方，易学易操作，符合用户日常工作交流的需要，使用户操作轻松愉快，系统提示和帮助信息应准确及时。

5.1.3　GIS-T 开发内容

作为一个应用型 GIS 系统，GIS-T 设计与开发的主体内容一般包括以下几个方面：

(1) 需求分析；

(2) 系统总体结构描述；

(3) 软硬件配置，包括 GIS 平台选型；

(4) 数据源、信息分类、规范、标准和内容的确定；

(5) 数据库结构设计；

(6) 应用方法选择和应用模型设计；

(7) 用户界面设计；

(8) 数据标准化和数据质量保证等。

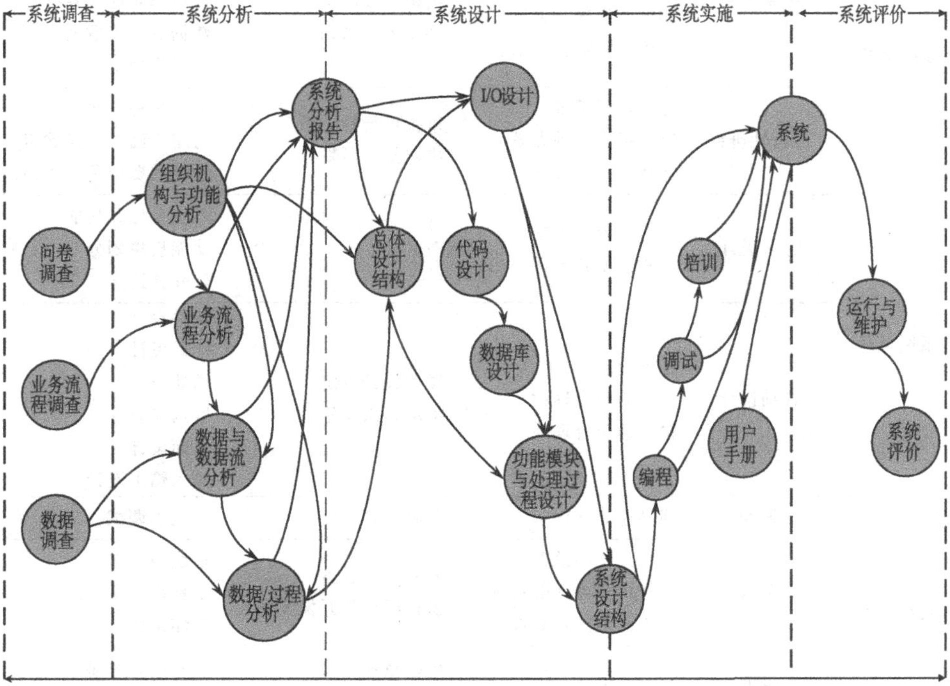

图 5.3　GIS-T 设计与开发流程

5.1.4　GIS-T 开发过程

GIS-T 类型繁多，应用领域广泛，不同系统技术相差较大。系统开发并没有一成不变的模式可遵循，然而作为信息系统的一类，其设计与开发也遵循信息系统的一般过程：即系统调研、系统分析、系统设计、系统实施、系统维护与评价（图 5.3）。相应的每一阶段，都会形成一定的文档资料，以保证 GIS 系统的开发成功，并最经济的花费人力物力投资，便于维护和运行。表 5.1 是 GIS-T 设计与开发过程中的具体内容。

表 5.1　交通 GIS 设计与开发过程

阶　段	内　容	用　户	管理人员	开发人员
系统调查	问卷调查 流程调查 数据调查	配合需求调查 提供必要的数据 业务流程介绍	提供相应的协助	拟定调查内容 设计问卷 现场访问
系统分析	需求分析	提出所要解决的问题 指出所需要的信息 详细介绍现行系统 提供各种资料和数据	审核分析报告 组织开发队伍 必要人员培训	吸取用户需求 回答用户问题 详细调查现行系统 数据资料和数据 总结与分析
	可行性研究	评价现行系统 协助提出各种方案 选择适宜方案	审查可行性分析 决定是否研发	提出多种方案 与用户商讨方案优劣 开发的费用和时间估计
系统设计	总体设计	模块划分合理性 设备选型合理性		系统目标和功能 功能模块划分 软硬件选择
	详细设计	系统合理性 用户界面合理性 输入输出合理性	详细设计审定 批准转入实施	软件设计 代码设计 功能设计 数据库设计 界面设计 输入输出设计
系统开发	编程	回答业务问题	监督编程进度	编程和调试
	调试	评价系统的总调 检查用户界面的良好性 输入输出的良好性	监督调试进度 协调用户和开发关系	模块调试 子系统调试 总体调试
	培训	接受培训	组织培训 批准系统转换	编写用户手册 进行培训

续表

阶　段	内　容	用　户	管理人员	开发人员
评价维护	运行与维护	按系统要求输入数据 按系统要求输出数据 提出修改意见	监督用户严格执行操作规程 批准系统适应性和完善性维护 准备系统的全面评价	按要求进行数据处理 系统维护
	系统评价	参加系统评价	组织系统全面评价	参加系统评价 总结经验教训

5.2　GIS-T 需求分析

GIS-T 设计与开发是以应用需求为目的的，因此用户需求分析是 GIS-T 设计中极为重要的环节。实践表明，需求分析的好坏在很大程度上决定了系统的成败。

需求分析的主要目的是要解决系统“做什么”的问题，因此它需要对用户的要求、业务、日常操作等有深入的了解和清醒地认识，内容包括 GIS-T 的功能需求、数据需求、数据处理流程、软硬件需求等。需求分析过程同时也是对用户进行专业教育的过程，在帮助用户认识其需求的过程中，帮助其认识 GIS 的各种潜在的能力以及运用 GIS 解决交通问题的方法。

需求分析是一个继承和发展的过程。继承首先要全面调查、了解目前组织机构内的常规工作，理解其间的运作和关键性步骤。继承的过程是一个学习和认识的过程，以对各类数据内容和行为进行调查的方式为主。发展则是基于对现有的数据和机构理解基础上，用新的观点和 GIS 技术来更为有效的完成同样的日常任务。有时这种过程只是简单的提高工作效率，而有时可能会引起整个机构的全面改革，因此发展是一个改革和创新的过程，该过程以分析和创造为主。

需求分析的结果是形成系统的逻辑模型，即在系统方面形成系统的功能结构、软件架构、网络体系等，在数据方面形成数据类型、数据输入、数据处理流程、数据输出结果等，系统分析最后形成需求调研报告，该报告是系统开发的依据之一。

完成系统的需求调研，一般要经过需求调研内容拟定、调研、结果分析与整理等 3 个步骤。

5.2.1　需求调研内容拟定

需求分析阶段所需了解的内容比较多，为在调研过程中做到有的放矢，在需求调研分析前首先要根据所掌握的知识，初步拟定需求调研的内容。所确定的调研内容完善程度、系统化程度和详细程度，关系到信息获取的质量，因此调研内容要预先与相关的专家讨论。调研过程中，不但要了解当前的业务状况，还要考虑将来可能发生的变化，以备系统升级和日后的功能完善。

一般的，GIS-T 的调研内容可以分成机构组织模式、业务流程、所需数据与数据流向、涉及专业人员、软件和硬件等六方面的内容。表 5.2 是一般调研所要了解内容的汇总。

表 5.2　需求调研一般内容

类别	现状	将来
组织机构	现行组织结构和相关职能部门 部门职责与业务 目前存在缺陷和不足 相关书面材料（制度、法规、计划等）	缺陷与不足改善计划 资金运转状况 书面计划 系统实施后是否产生机构变化，如何变
业务流程	各个部门的工作流程 流程报表和样式 天、（旬）月、年的工作内容 工作的优先次序 目前问题及其解决先后次序 书面材料（预案、日常工作规程等） 业务处理依据	理想的工作流程 工作职责变化与优先权 短、中、长期更新发展计划
数据	各个部门目前的数据种类、内容与表达方式 部门数据流向 数据样本 数据使用频率 数据来源、维护与更新的方式 数据与任务的关系 各类数据重复程度 数据共享情况（共享内容） 各类数据清单	数据内容、类型、表达变更 工作内容变更与数据的变化 书面计划 数据清单
人员	职责与人员关系（何人完成何工作） 人员的专业知识 人员对 GIS 了解程度 主管人员和工作人员联系方式 技术人员的共享程度	人员变动 专业人员的理想工作状况 人员专业知识的培训计划 人员对新技术的态度
系统软件	现行软件类型与使用部门 运行平台、支撑软件 现行软件功能缺陷 系统网络化程度 数据共享程度 软件清单与使用部门清单 操作人员对现行软件的评价	希望改进的功能 软件投资倾向 操作人员理想的软件运作模式 软件的优先次序 希望的软件配置一览表

续表

类别	现状	将来
系统硬件	现有硬件配置与所属部门 硬件配置缺陷 网络功能 共享性能 硬件清单 网络配置总图	增添硬件计划与实践 资金资助 硬件投资倾向性 希望的硬件设置一览表

5.2.2　需求调研实施

拟定好的内容即可到相关的单位和部门进行深入的调查。调研的方式有多种多样，如参观、面谈、电话采访、问卷调查、座谈等形式。现场调研过程是对现状运作模式、业务流程的深入了解过程，调研过程中不但要细致、全面，还要注意交流方式。另外对于 GIS 不熟悉的业务部门，还要通过报告的形式增加各类人员对 GIS 的感性认识。

调研访问的结果可通过多种方式进行表达，一般内容有：组织结构图、组织机构功能示意图、现有人员组织与功能示意图、数据内容与来源、数据功能、软硬件设备配置图、人员培训计划、输出产品的形式和实施计划进度。

5.2.3　调研结果的分析

需求调研将获得大量的第一手现状资料，但这些资料是分散的、杂乱的，需要进一步对这些数据进行分析、整理和提炼，形成需求分析报告。需求分析报告的内容一般包括以下几方面的内容：

1. 系统可行性分析

系统可行性分析是在对用户需求分析基础上，从社会因素、技术因素和经济因素方面对建立 GIS-T 的必要性和实现系统目标的可能性进行分析，以确定用户实力、系统环境、原始数据、数据流量、存储空间、软件系统、经费预算以及时间分析和效益分析等。通常要考虑的因素有：效益分析、经费问题、进度预测、技术水平、有关部门和用户的支持程度。

实际工作中，这项工作是与用户需求调查工作同时进行的，在进行大量的现状调查基础上论证 GIS-T 的自动化程度、涉及的技术范围、投资数量以及可能收到的效益等，然后确定 GIS 的基本起始点，从这个起始点出发就能逐步向未来的目标发展。此外，这项工作还与数据源的调查和评估有密切关系。

1）理论上的可行性

实现 GIS-T 的设计，其理论上的可行性涉及两个方面的内容：一个是 GIS 系统提供的数据结构、数据模型与交通的专业数据特征和结构是否适宜；另一个就是分析方法及应用模型与 GIS 的结合程度。

2）技术上的可行性

GIS-T 技术可行性须考虑的内容有：在选择计算机系统时，要预见计算机硬件的发展速度和 GIS 软件的使用周期是否相适宜；选择先进的、可行的开发技术和方法以及进行技术力量的可行性分析，包括各种层次、各种专业技术人员的数量、结构、知识水平等。

3）社会和经济效益分析

包括开发 GIS-T 时经济承受能力的分析，GIS-T 开发预算，系统建成前后的投资效益分析，系统投入后的社会效益分析等。

2. 组织结构与功能分析

组织结构与功能分析主要包括 3 个部分，即组织机构分析、业务与机构关系分析和业务功能分析，这些结果常常以图表的形式给出，这些图表是后续业务流程、过程/数据分析、功能/数据分析、系统逻辑设计的基础。

组织结构图是反映组织内部部门之间隶属关系的树状结构图。组织结构图能反映组织内部的上下级关系，但对于组织内部各部门之间的联系程度、主要业务职能和他们在业务过程中所承担的工作却缺乏表示，这时可通过业务与机构关系图来表达各个职能部门的业务。

业务功能分析是以业务为主体的组织内部各部门管理的业务职能图，它有别于其他两类图。业务功能分析以业务过程为线索，所设计的系统相对于组织结构具有一定的独立性，系统因而也具有较强的生命力，同时通过业务功能分析也可对现有业务功能有一个全面的了解，从中可发现不合理的功能分配，是需求分析发展的具体体现。

3. 业务流程分析

在对系统的组织结构和功能进行分析时，需要从一个实际业务流程角度将系统调查中有关该业务流程的数据都串起来做进一步的分析。业务流程图就是用一些规定的符号与连线来表示某个具体的业务处理过程，其特点是简单明了，易于阅读和理解业务处理过程。业务流程中包括业务处理中的数据、涉及部门、处理方法、数据结果的表达等内容。

4. 数据与数据流程分析

数据是各种信息的载体，是今后系统的“血液”。因此必须对所收集的数据进行认真的分析整理，务必使数据完整，流程合理，功能明确。数据与数据流程分析包括数据汇总、数据特征分析、数据流程分析、数据字典等内容，它们是建立系统数据库和设计功能模块的基础。

1）数据汇总

GIS-T涉及交通规划、建设、管理、运输等各个环节，业务过程复杂，为了使数据之间互相协调，便于系统内各子系统的调用和共享，需要对调研所得到的数据进行汇总、分析和整理。一般情况下，将数据分为如下三类：系统输入数据，是子系统或网络要传递的内容，包括输入数据类型和数据组成；系统存储数据，是系统在运行过程中产生的数据，它们是系统数据库存储的主要内容，这类数据在GIS-T中比比皆是；系统输出数据，是系统输出和网络传递的数据。

例如，在公路养护管理系统中，涉及道路基本资料、桥梁基本资料、路面检测数据、巡查数据、桥梁检查数据、养护年度计划、养护计划完成数据信息、养护维修信息、日常管理信息、机械设备信息等数据。根据调研和业务分析，可以确定公路养护系统的输入、输出的数据类型，见表5.3。而在公路养护过程中，管理养护单位还要对路况检测资料和养护经费使用情况作相应的历史资料分析，因此根据要求需要保存每公里的年度路面使用性能评价指标，如路面破损率、路面裂缝、路面综合指数（pavement quality index，PQI）、路面状况指数（pavement condition index，PCI）、行驶舒适性指数（riding quality index，RQI）、使用性能预测指标等，这些指标是系统运行过程中产生的。

2）数据分析

数据的汇总是从业务角度对数据进行分类整理的，还不能确定数据的形式和完备程度、一致程度和冗余程度，因此还需要对数据作进一步的分析。这可借用IBM公司提出的企业系统规划法（business system planning，BSP）中的U/C矩阵来进行。U/C矩阵本质上是一种聚类方法，广泛用于过程/数据、功能/组织、功能/数据等分析过程中。这里借用其进行数据分析。

(1) U/C矩阵。U/C矩阵是通过一个二维表来分析汇总数据，通常将表的纵向定义为数据类，而将横向栏定义为业务过程，从而将数据与业务过程之间的关系通过使用（use，U）和建立（create，C）来表示。

表 5.3　公路养护管理系统数据分类

类　别	数据类型	组　成	说　明
系统输入数据	道路基本资料	路况基本资料 桥梁卡片	路况资料
	巡查资料	日巡查、夜巡查、特殊巡查	
	巡查检测资料	平整度 弯沉 横向力系数 桥梁定期检查 桥梁经常检查 桥梁特殊检查	
	养护计划资料	年、月份养护计划 日常养护计划完成情况 养护工程施工纪录	经费资料
	专项工程资料	专项工程计划编制 专项工程计划完成情况	
	日常管理	人员管理 设备管理 合同管理	日常管理
	系统参数	路面使用质量评定指标参数 养护质量评定指标参数 养护对策指标	运行资料
	其他资料	其他交通、气候、环境资料	
	系统维护	系统权限设定	
系统输出数据	路况基本资料	路况原始资料查询 桥梁原始资料查询 桥梁巡查结果查询	
	养护资料	养护维修记录查询 每公里养护质量评定 全段养护质量评定 每公里抽查路况评定结果	
	路面性能评价资料	路面平整度统计、预测 路面弯沉统计、预测 路面横向力系数统计、预测 路面破损状况统计、越侧 路面使用质量综合评价、预测	
	养护维修辅助决策资料	各种条件下的辅助决策资料	
	养护计划管理	日常养护计划完成路况 专项工程养护完成情况	
	日常管理查询资料	人员管理 设备、技术、经济状况综合统计 合同管理	

表 5.4 是公路工程建设管理的 U/C 矩阵表。这里将公路工程建设的企业过程划分成网络参数输入过程、网络时间参数、网络优化过程、网络计划输出过程、实验与质检数据输入过程、实验数据处理过程、质量统计与分析过程、质量评定与验收过程、单价文件录入过程、计量与支付过程、成本分析过程、合同文档生成过程、合同法规检索与查询过程、合同动态控制过程等 14 个过程。中间所涉及的数据类有工序集数据类、资源消耗数据类、时间参数结果数据类、优化数据类、图表数据类、常量数据类、质检数据类、实验数据类、质量分析结果数据类、质量统计结果数据类、质量评定结果数据类、单价数据类、成本数据类、成本分析结果数据类、合同数据类、合同查询数据类等 16 类数据。

表 5.4　公路工程建设管理 U/C 矩阵

过程	工序类	资源消耗	时参结果	优化	图标	质检数据	试验数据	分析数据	统计数据	评定结果	单价	成本	成本分析结果	合同	合同管理
网络参数输入	C	C			U										
时参计算	U	U	C												
网络优化	U	U	U	C											
计划输出					C										
数据输入						C									
数据处理						U	C								
统计分析						U	U	C	C						
评定验收						U	U	U	U	C					
单价录入											C				
计量支付	U	U									U	C		U	U
成本分析		U									U	U	C		
合同生成														C	
检索查询														U	C
动态控制														U	U

(2) 数据正确性分析。基于 U/C 矩阵的数据分析遵循“数据守恒原理”，即数据必定有一个“源”，而且必定存在一个或多个用途。数据正确性分析一般从数据完备性、数据一致性、数据冗余性等方面进行分析。

数据完备性：原则上每一列只能有一个 C，如果没有 C，则可能是数据收集有错；如果有两个 C，则有两种可能，其一数据汇总有错，即误将其他几处引用数据的地方认为是数据源，其二是数据类是大类数据的总称，这时要进行数据细分。

数据一致性：每一列至少一个 U，如果没有 U，则一定是调查数据或建立

U/C矩阵有误。

数据冗余性：不能出现空行或空列，如果有空行或空列，则可能是数据项或业务过程划分多余，或者是调查或建立U/C矩阵漏掉他们之间的关系。

3）数据流图

数据流图是根据业务流程和数据类型，将数据在组织结构内部的流动情况抽象出来，舍弃具体的组织机构、信息载体、处理工作、物资、材料等，单从数据流动过程考察实际业务的数据处理模式，主要包括信息的流动、传递、处理、存储等内容。因此数据流图实际上是系统的逻辑模型。数据流图一般采用数据流程图的形式来实现。

图5.4是公路养护管理中日常巡查的数据流程图。从图中可知，巡查人员通过巡查可得到巡查数据；通过对巡查数据的汇总，产生巡查记录表；对巡查数据的评定可反映养护质量；利用巡查数据项养护人员下达维修任务单。

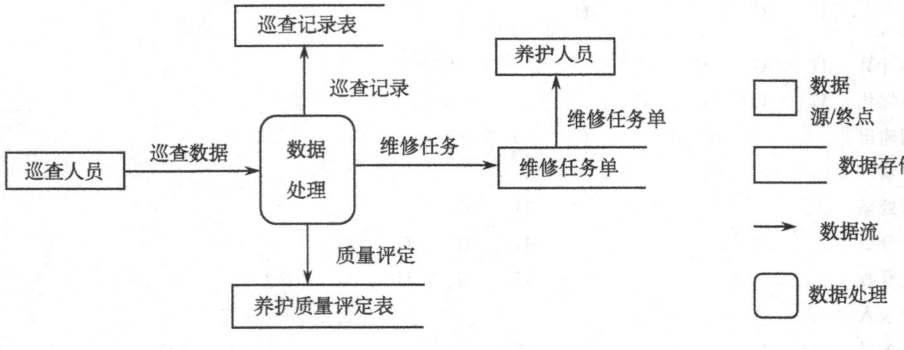

图5.4　公路养护巡查数据流程图

4）数据字典

数据流图描述了数据和处理之间的关系，而数据字典则是对系统中数据的细致描述，是数据库设计和分析处理的主要依据之一，主要包括数据项、数据类型、取值范围、数据精度与字长等内容。图5.4中的养护巡查过程中所涉及的数据字典可通过表5.5的方式进行描述。

5. 功能/数据分析（数据资源配置）

在实际系统的业务流程、功能、数据流程、数据分析的详细了解和形式化描述的基础上，可进行系统化的分析，以便整体地考虑新系统的功能子系统和数据资源的合理分布。系统功能划分可通过前述的U/C矩阵表的求解来进行。U/C

表 5.5　数据字典实例

类 别	过程说明	数据字典描述
数据质量评定表	数据流	数据项名：评定等级 说　　明：给出每个评定路段的养护质量评定的等级 类　　型：字符型 长　　度：4 别　　名：无 取值范围：优，良，次，差
巡查数据	数据流	数据流名：巡查数据 说　　明：有巡查时间、天气、破损桩号、名称、数量、单位、严重程度等组成； 来自过程：巡查人员进行日巡查、夜巡查、特殊巡查 流至过程：进行养护质量评定、下达维修任务单 数据结构：路面破损、路基破损、桥梁破损、涵洞通道破损、安全设施破损、绿化破损、沿线设施破损
路面破损	数据流	数据结构：路面破损 说　　明：作为巡查数据的组成部分，说明路面的各种破损类型、数量、单位、严重程度 组　　成：里程桩号、巡查时间、天气、缺陷名称、病害名称、单位、数量、严重程度、说明等
维修任务单	数据存储	数据存储：维修任务单 数据说明：对需要维修的病害名称、桩号、数量等进行描述，用以向维修人员下达维修任务和核算维修工作量 数据输出：维修任务单 数据描述：病害名称，里程桩号，病害数量，维修要求 数　　量：与路况相关 存取方式：随机存取
数据处理	处理过程	处理过程：数据处理 过程说明：根据巡查数据，按一定路段长度进行养护质量评定，给出养护质量评定表，汇总得到的巡查记录表，视需要给出维修任务单 输入数据：巡查数据 输出数据：养护质量评定表，巡查记录表，维修任务单 程序提要：对输入的巡查数据，进行浏览和查询，汇总查询数据，给出巡查记录表，按选取的路段长度，对养护质量进行评定，给出养护质量评定表，根据工作需要，对需要维修的病害进行汇总，给出维修任务单

矩阵求解过程实际上是系统结构划分的优化过程，它是基于子系统划分应相互独立且内部凝聚性高的原则进行的。基于 U/C 矩阵的系统功能划分具有子系统独立性强、内部凝聚性高等特点。

U/C 矩阵求解：调换表中的行变量或列变量，使表中的“C”尽量靠近 U/C 矩阵的对角线。

系统功能划分：在求解后的 U/C 矩阵中，以“C”为标准逐个划分子系统，如图 5.5 所示。划分时要注意：沿对角线一个接一个画，不能重复也不能重叠；小方块的划分是任意的，但必须将所有的 C 包含。划分后的小方块即系统功能划分的基础，每一小方块就是一个子系统。

子系统	过程	工序集	资源消耗	时参数据	优化	图表	质检数据	实验数据	分析结果	统计结果	评定结果	单价	成本	成本分析结果	合同	合同查询
进度管理	网格参数输入	C	C			U										
	时参计算	U	U	C												
	网格优化	U	U	U	C											
	计划输入					C										
质量管理	数据录入						C									
	数据处理						U	C								
	统计分析						U	U	C	C						
	评定验收						U	U	U	U	C					
成本管理	单价录入											C				
	计量支付	U	U									U	C		U	U
	成本分析		U									U	U	C		
合同管理	合同生成														C	
	检索查询														U	C
	动态控制														U	U

图 5.5　基于 U/C 矩阵的公路工程建设管理系统功能划分

数据资源分布：子系统划分后，数据将分成两类：即小方块内的数据和小方块外的数据。小方块内的所产生和使用的数据，是要考虑放在本子系统的计算机设备上的；而小方块外的数据（主要是 U）即是今后系统之间的联系数据，即共享数据资源，应考虑放在网络服务器上供各个子系统共享或通过网络资源互传数据。

按上述原则，对公路工程建设管理的系统划分如图 5.5 所示，它将公路工程建设管理分成进度管理、质量管理、成本管理和合同管理等四类子系统。

6. 数据资源清单

为了更好的落实、了解和利用数据，可将各个数据来源列成一个数据清单，见表 5.6。

表 5.6　数据来源清单

编号	数据名称	部门来源	主要形式	数据格式	完整性	主要特征	主要属性	比例尺	数据量	投影	精度	元数据	备注
1	巡查数据	道班	表格	DBF	精细								
2	电子地图	交通部	地图	ArcInfo	很好								
3	…	…	…	…	…								

7. 资源清单

资源清单包括现有软硬件资源、技术资源、部门功能清单等，这些是 GIS-T 开发决策和预测的重要参考内容。

硬件资源清单：是列出现有的硬件资源清单，包括硬件名称、操作系统、主要功能描述、所属部门、运行状况等。

软件资源清单：是现有和即将拥有的软件资源清单，包括软件名称、所属单位、操作平台、主要功能描述、参与的应用、运行状况等。

技术人员清单：主要用来记录结构内部专业技术人员的基本情况，包括人员名称、所属部门、主要职责范围、技术优势、经验程度、特长等内容。

部门功能清单：用来记录参与部门及其主要功能，一般包括部门名称、联系人、联络信息、下属部门、主要任务、日常职责范围等内容。

5.3　GIS-T 总体设计

在深入的需求分析之后，需要进行 GIS-T 的总体方案设计。系统的总体方案设计是系统建设中最重要的总控文件。在进行总体设计时，务必坚持系统工程的设计思想和方法，把握方向，在重大问题上给予定性考虑，着重确定原则，避免过早陷入细节问题而忽略全局。

系统总体设计的目的是回答“系统应如何实现”的问题。其主要任务是划分出组成的各物理元素的构成、联系及其定义描述，并且根据系统确定的应用目标，配置适当模型和适当数量的硬件、软件，确定计算机的运行环境。当系统的运行环境确定以后，根据应用模型和应用目的设计 GIS-T 数据库的数据模型，然后根据系统的数据模型、应用和分析模型、数据处理模型等，对数据的标准和质量要求等，做出相应的定义和规定。

5.3.1　模块或子系统设计

要使系统容易扩充，就要使它的结构清楚，为此，需要把系统分成若干个符合一定要求的模块（子系统）。子系统设计是独立进行的，设计过程中不断地吸取用户调查提供的信息，并且将它们与目前生产实践的需要及将来发展的可能结合起来，不断地进行修改。子系统设计均采用由下而上的方法，先从实际调查出发，研究其可能涉及的资料，确定其实体的属性，然后逐级向上综合，子系统的划分给系统的逻辑设计和物理设计打下基础，为整个系统的运行提供保证。通常，子系统的划分应尽量遵循以下原则。

（1）把系统划分为一些模块，其中每个模块的功能简单明确，内容简明易懂，任务清楚明确，以便易于修改。

（2）每个模块要比较小，每一项任务限制在尽可能少的模块中完成，最好是一个模块来完成，这样就可以避免修改时遗漏应修改的地方。

（3）系统分成模块的工作按层次进行。首先，把整个系统看成一个模块，按功能分解成若干个第一层模块，这些模块互相配合，共同完成整个系统的功能。然后按功能再分解第一层的各个模块。依次下去，直到每个模块都十分简单。

（4）每一个模块应尽可能独立，模块之间的联系及互相影响尽可能地减少，尽可能减少模块间的调用关系和数据交换关系。当然，系统中模块不可能与其他模块没有联系，要求这种联系尽可能少。

（5）模块间的关系要阐明。这样，在修改时可以追踪和控制。

（6）模块所包含的各个过程之间内在联系应尽可能强。

（7）模块的划分以便于总的系统设计阶段的实现。

总之，一个易于修改的系统应该由一些相对独立、功能单一的模块按照层次结构组成。以区域性道路客运综合信息服务系统为例说明子系统如何划分。该系统主要包括公路客运联网售票系统、运政在线系统、系统整合通用子系统、双向整合网关、出行服务模块、客运企业信息服务模块、运输信息网和决策支持系统的功能模块。主要的模块结构如图 5.6 所示。

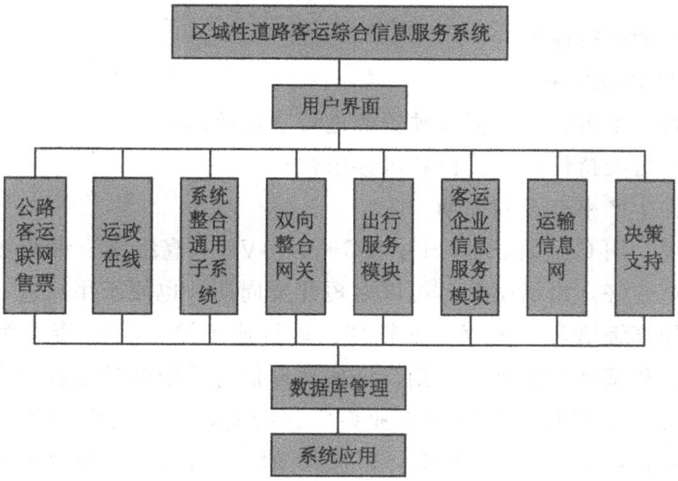

图 5.6　区域性道路客运综合信息服务系统模块图

5.3.2　硬件配置

硬件包括计算机、存储设备、数字化仪、绘图仪、打印机及其他外部设备。说明其型号、数量、内存等性能指标，画出硬件设备配置图。

硬件配置的选择取决于系统的任务性质和经费条件，地理信息系统要求较强的图形功能，应选择较先进的硬件设备。

硬件设备的投资在 GIS 总投资中往往占较大比重，除按预算金额提出设备清单外，还考虑投资使用的优先顺序，把工作开始就绝对需要的设备和一段时间以后绝对需要的设备，作为优先和次优先购置的项目，今后有用而暂时不用的设备留待以后购置。

硬件设备的选择还要根据软件的要求和软件的类型购置。按特定机型和外围设备设计的，只能支持一定型号的硬件设备。因此在选择硬件时要知道软件能否支持，会不会造成运行困难。

5.3.3　软件设计

由于微型计算机的普及，可在微机上运行的计算机语言工具和软件系统越来越多，软件环境的选择，将直接影响系统开发和使用的效率，而 GIS-T 由于其任务比较特殊，更对软件环境提出了更高的要求。一般说来，选择系统开发的语言工具，必须考虑以下因素：

(1) 对内存的要求，是否是常驻内存或 ROM 的软件，是否对内存的使用有苛刻的要求；

（2）软件的运行速度；

（3）CPU资源的利用率；

（4）是否经常需要对机器多种资源进行直接控制；

（5）程序可维持性的可读性和可移植性；

（6）软件生产率与开发周期。

一般来说，用C语言、C＋＋、VC＋＋、VB等高级语言编程效率较高，可读性与可移植性好，出错率低，可以缩短开发周期，也便于用户进一步开发，但存在缺点，如高级语言对内存要求较高、运行速度慢、CPU资源利用率低；很难对具体资源和基础功能进行控制，许多地理信息系统的功能难以实现。面向对象的编程语言Java的诞生被软件工业界广为接受，Java是专门针对网络应用而设计的编程语言，它与C＋＋相似，但比其简练，而且具有独立于软件平台的特点，从而成为建立互联软件和软件客体的工具。另外，地理信息系统要求较完善的数据管理功能，特别是属性数据库的管理，然而，用任何一种高级语言编制这样一个具有最小冗余和最大灵活性的数据库管理系统都是一项非常复杂的软件工程。目前，许多已成熟的通用数据库管理系统，如Oracle等都提供用户可编程式命令语言，这些语言可以被看作是具有较强数据库管理功能的超高级语言工具，适于GIS-T的属性数据管理。

在系统的选型问题上，与硬件相比，系统软件的选择更具有重要意义。软件选择的合理与否，对于系统的设计、开发与实施等各个阶段都具有深刻的影响，甚至可以说它是GIS-T成败的关键因素之一。选择软件的基本原则有以下几个方面：

（1）性能能满足建立系统的需要；

（2）具有较好的开放性和兼容性；

（3）有良好的扩充性能；

（4）有良好的用户界面和汉化条件；

（5）性能价格比良好。

5.3.4 代码设计

代码设计是如何合理地把被处理对象数字化、字符化的过程。代码设计是一项复杂的工作，需要多方面的知识和经验。涉及面广的代码，一般要由几方面人员在标准化部门组织下进行，制定后要正式颁布，统一贯彻。

代码设计必须遵循以下基本原则：唯一性、合理性、可扩充性、简单性、适用性、规范性和系统性。

常用的代码类型有：顺序码、矩阵码、自检码、系列顺序码、层次码、注记码、特征组合码和混合码。在实际应用中常常根据需要采用两种或两种以上基本代码的组合。

代码设计一般按以下步骤执行：确定代码对象、考察是否已有标准码、根据实际情况选择代码的种类与类型、考虑检错功能和编写代码表。

5.3.5 人机交互

人机交互是 GIS-T 在运行中的基本特征，也是 GIS-T 的基本要求。为了控制机器的运行，检查运行的结果以及解决运行中的问题，往往要进行人机交互，因此对话方式及出错表的设计就成为不可忽视的问题。对话实质上也是输入、输出的一个综合过程。

人机交互包括多种交互方式，如键盘—屏幕交互，键盘—打字机交互，光笔—屏幕交互，鼠标—屏幕交互以及声音交互方式。虽然输入设备较多，但输出设备一般以屏幕为主。

人机交互的设计好比商品的包装设计、商品的橱窗布置，给用户一个直观的印象。因此，人机交互设计的好坏，影响到用户对系统的态度，决定了系统是否被用户接受，进而影响了系统的应用和推广。友好的用户界面，是交通 GIS 成功的条件之一。

人机交互设计的基本原则是为用户操作着想，而不应从设计人员设计方便来考虑。因此，交互设计应注意以下几点：

(1) 采用面向用户的思想，操作简便实用；

(2) 采用 Windows 的风格，实现高度交互性；

(3) 图形界面友好新颖，增强用户兴趣；

(4) 提高对无效信息的屏蔽；

(5) 各菜单标准统一，便于用户记忆和使用；

(6) 提供运行指导和联机帮助功能；

(7) 对话要清楚、简单，用词要符合用户观点和习惯，易于学习使用；

(8) 对话要适应不同操作水平的用户，便于维护和修改。

5.4 GIS-T 数据库设计

5.4.1 GIS-T 数据库概述

GIS-T 是借助于计算机技术实现交通从规划到管理全过程辅助决策支持系

统，数据库是这一系统的核心和基础。系统所需的各种数据、图形图像、文本等都是以不同的方式采集后输入计算机，通过数据库系统加以处理和管理，同时为GIS-T的各个子系统提供必要的输入数据并存储和管理其中间结果、运行结果。因此GIS-T数据库的设计与建库是GIS-T得以正确运行的根本保障，同时也是整个系统开发中的时间、人力与资金投入最大的一个环节，约占整个系统的70%～80%。

GIS-T数据库广泛服务于交通规划、设计、施工、管理、运输等不同的部门，由于各个部门对同一种数据的要求可能是不一致的，这就要求GIS-T数据库设计时，要通盘考虑，不能只考虑本系统地要求，还要考虑综合性要求，以提高数据的使用效率。

GIS-T数据库又是一个共享或分享式数据库，不同的用户要求和使用方式均有所不同，有时甚至是大相径庭，因此数据库中的数据应该依其本身特点进行组织，而不应该因使用目的不同而不同，也就是说，数据库设计相对于应用程序要有独立性。

交通信息数据来自不同的部门，数据源多样，格式复杂，加之基础信息又有矢量与栅格之分，而各种数据还具有时间特征，因此各种特征信息可能要用不同的结构来表达。各类数据的开发可能是使用不同的GIS软件，这样数据格式也不同，GIS-T数据库设计时要考虑如何容纳各种各样的数据类型和格式。

GIS-T数据库设计要从数据特征和应用目的两个方面同时考虑，仅考虑数据特征而忽视应用目的，数据库会无所适从而导致无人问津。

GIS-T作为信息系统的一类，其数据库建设自然也遵循一般GIS数据库建库基本流程，即数据库设计、数据入库和数据整理，如图5.7所示。

GIS-T数据库设计包括需求分析、概念设计和详细设计等步骤，其中需求分析的内容如前所述，一般包括在系统需求调研之中。概念设计中的关键内容是数据模型与数据组织，数据图层确定以及相关属性表的结构。而详细设计则主要解决数据字典、数据存储、编码方案等内容。

GIS-T数据库的数据入库有多种方式，它取决于应用目的和数据采集方法，但大致包括已有数据导入（如全国公路普查数据、中国国家公路数据库数据、现有路面管理系统、桥梁管理系统数据等），实测数据接入（如道路监测车检测数据、各种检测设备数据、PDA、GPS、传感器数据等），以及数字化（手工、键盘等）数据采集等内容。数据入库过程中的关键是要保证属性数据与图形数据的对应，一般要通过关键码进行关联。

数据整理与检验主要是对入库数据进行自动化检查，并对各类数据质量和精度进行控制，其主要目的是要保持数据库数据在内容上的一致性、完整性。空间数据质量控制主要包括空间位置的几何精度、空间地理特征的完整性、空间特征

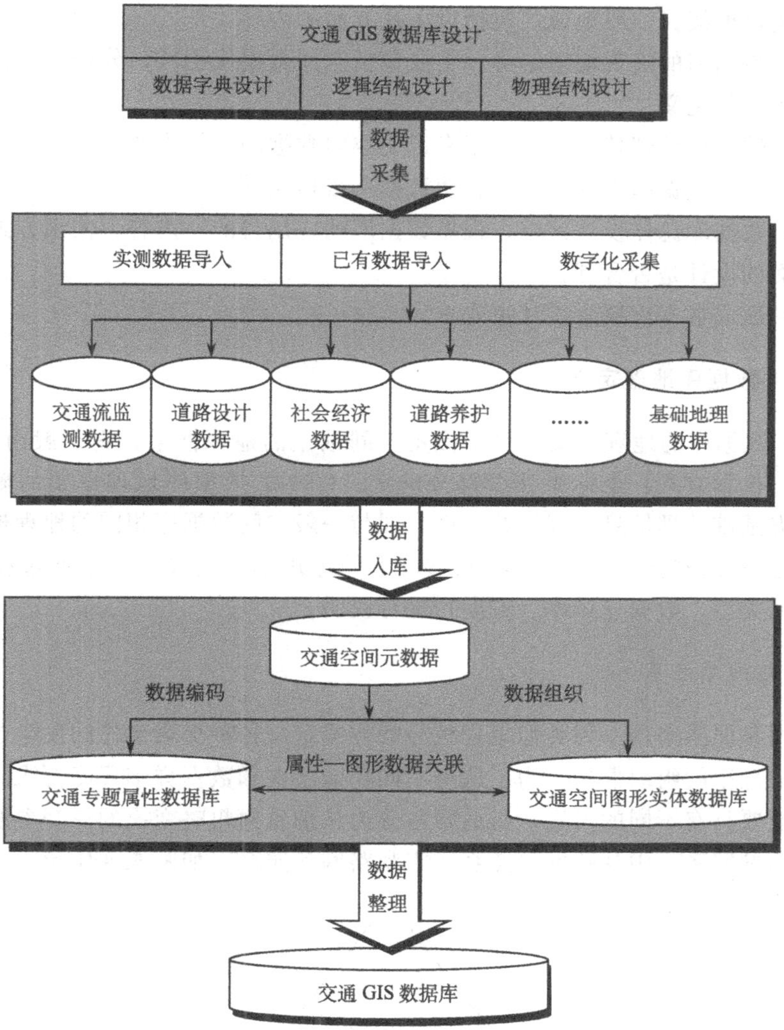

图 5.7　GIS-T 建库流程

表达的完整性、空间数据的拓扑关系、空间数据的地理参考是否正确、边界匹配如何等内容，属性数据质量内容包括属性表的定义是否符合数据库的设计、主关键字的定义和唯一性如何、各项的值是否在有效的范围之内、属性表的外部关键字是否正确、关系表之间的关系是否正确、数据项是否完整等。

5.4.2　GIS-T 数据库概念设计

1. GIS-T 数据库概念设计内容

GIS-T 数据库概念设计是从抽象的角度对 GIS 数据库进行设计，已形成数据库的逻辑框架。一般地说，包括以下几方面的内容：

(1) 数据库的宏观地理定义，主要包括空间数据比例尺、分辨率、投影形式和坐标系统的定义；

(2) 数据库地理特征设计，用来说明空间数据的几何表达形式；

(3) 属性数据库设计，用以说明数据库表格及其关系；

(4) 数据库总体设计评定，根据数据库的应用目的、内容、使用方式评价前三个方面的设计是否合理；

(5) 形成数据库概念设计报告。

2. GIS-T 数据库地理定义

GIS 数据库的地理定义主要是拟定空间数据的地理框架，它一般由比例尺、分辨率、投影方式、坐标系几个部分确定。GIS-T 数据库地理框架的确定，不但要考虑基础地理信息数据的共享性，即与一般空间数据库相同的地理框架，还要充分考虑交通特色，即线形参照系统下的地理框架定义。这里通过路网参照系、数据类型、数据分辨率（粒度）进行说明。

1) 路网参照系

路网参照系采用一种类似里程桩号的方式定义各种交通事件的发生位置，构成交通信息空间组织框架。为了适应不同功能层次和数据详细程度要求，路网参照系一般要具有不同的尺度，目前常常分为从细致向粗略变换的三套参照系，即基本路网参照系、中观路网参照系、宏观路网参照系，如图 5.8 所示。

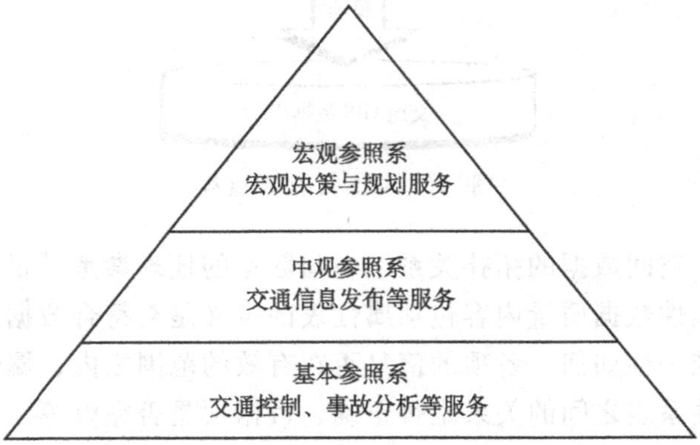

图 5.8　路网参照系层次

基本路网参照系：基本路网参照系提供了道路路段以及立交的几何数据详细描述，利用它能够精确确定交通事件的空间位置。基本路网参照系采用图（X，A）来描述路网拓扑关系，其中 X 为结点的集合，而 A 为有向边的集合。结点对应于高速公路的交叉点，用平面坐标值描述其空间位置，通过结点编码与其他数据之间建立联系；边对应于两个结点之间的道路路段，采用两端结点编号定义在路网中的拓扑关系和几何样条曲线描述边的平面位置关系，并用直线和圆曲线描述边的纵断面线形。在基本路网参照系中还存在一类较为特殊的边，称之为连接边，用于描述立交的连接匝道几何参数。

中观路网参照系：中观路网参照系描述路网结点的空间位置、路网结点之间的道路连接情况、连接路段的长度以及连接路段的空间位置等。与基本路网参照系相比，中观路网参照系省略了道路互通式立交的连接方式，以及出入口的细致等。

宏观路网参照系：常常从宏观尺度说明路网的宏观情况，描述了路网结点的空间位置、路网结点之间的道路连接情况，以及连接路段的长度。与基本路网参照系和中观路网参照系相比，宏观路网参照系更为简略，省略了道路的连接方式(互通式立交的详细情况)、路线的详细空间位置以及出入口的信息。图 5.9 表明了三种参照系对道路描述的情况。

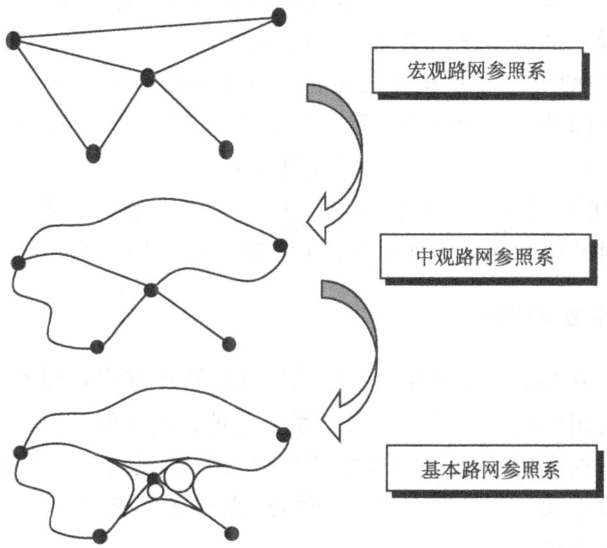

图 5.9　路网参照系中的道路几何描述

2) 数据类型

这里列出的数据类型是整个 GIS-T 中的共享数据类型。

(1) 道路技术数据：道路技术数据包括道路几何参数（平面线形参数、纵断面线形参数、横断面线形参数）及路面铺装数据。道路几何参数由道路设计资料工程数据库提供，道路铺装数据由道路设计资料工程数据库提供原始数据，并通过道路管理和养护部门提供更新数据。

(2) 交通流特征数据：交通流特征数据是定义在路网参照系之上，其数据具有车种构成、数量、数据粒度等方面的特征。

(3) OD数据：是指道路公路出入口OD数据，它定义在空间结点对参照系之上，其数据具有数量、车种构成和粒度等特征。

3) *数据分辨率*

数据分辨率也称为数据粒度，反映信息的详细程度。为适应交通不同子系统信息需求的详细程度，GIS-T对数据的组织也要按不同的层次组织。

(1) 道路技术数据分辨率是通过路网参照系三层结构体系来提供的，参照系之间的变换通过抽象运算来加以完成，即从下层参照系数据中略去部分细节数据，获得高一层次的参照系。

(2) 交通流特征数据分辨率：交通流特征数据分辨率反映交通流数据在时间和空间上的细致程度。按照时间轴划分为5min交通流特征（合计流量、平均车速、平均密度）、小时交通流特征（合计流量、平均车速、平均密度）、日交通流特征（合计流量、平均车速、平均密度）、月平均交通流特征（月平均日交通量、平均车速、平均密度）、年平均交通流特征（年平均日交通量、平均车速、平均密度）等。按空间轴划分为道路分段（网络中边的一段）、路段（两个交叉点之间的路段）、路线（如107国道）上的交通流特征。

(3) OD数据分辨率：该数据分辨率反映时间上的细致程度。OD数据划分为日OD量、周平均OD量、月平均日OD量、年平均日OD量等层次。

3. GIS-T数据库数据模型

GIS数据库中数据的管理方法常常采用混合管理方式，即图形数据由文件管理系统管理，而属性数据由关系数据库系统管理，这种管理方式的最大优点是充分利用了商用数据库的功能且图形处理与检索效率较高，但不足之处也非常明显，由于图形数据和属性数据的分离而导致查询效率低下、数据一致性遭到破坏、不利于分布式管理等。

近年来随着面向对象技术的发展，面向对象的数据模型应运而生，但GIS中数据模型的选择是与GIS软件分不开的，虽然目前具有面向对象数据模型的软件不少，如ESRI的ArcSDE与Geodatabase，中国的GeoStar等。但具体选择何种数据模型要结合使用目的，又兼顾全面及潜在用处即可。当今GIS正在向开放式系统发展，系统对软件的依赖程度会逐步减弱。

4. GIS-T空间数据分层

GIS空间数据库中的各种地理特征数据一般通过层的关系进行组织，GIS-T

也不例外。GIS-T 数据库数据分层涉及数据分层方案、各层数据表达形式与格式、数据属性信息内容等。

数据分层一般考虑如下因素：

(1) 数据具有相同的特征，或者具有相同的属性特征；

(2) 比例尺一致性，相同尺度类型的数据一般放在同一层；

(3) 同层数据具有相同的使用方式和使用目的；

(4) 不同部门的数据一般分层存放，以利维护；

(5) 不同安全级别的数据分层存放；

(6) 使用不同数据源更新的数据一般分层存放，以利数据更新；

(7) 同一类型数据不同属性数据，一般也分层存放。

另外数据分层要考虑 GIS 软件的限制，例如，ArcGIS 中就不允许将点、线、面数据存放在同一层，但 GeoStar 则无此限制。

数据分层后可用表的形式对分层结果进行小结，见表 5.7。

表 5.7　数据分层示意图

图　层				属性内容			
分类	名称	说明	类型	1	2	3	4
背景图层	境界		面层	名称	行政代码		
	铁路		线层	名称	起点	终点	
基础地理图层	高速公路		线层	道路编号	道路名称	起点桩号	终点桩号
交通专题图层	道路		线层	道路编号	道路名称	起点桩号	终点桩号
	桥梁		点层	桥梁代码	桥梁名称	所在路线	中心桩号
	道班		点层	道班编号	道班名称	所在路线	中心桩号

5. GIS-T 属性表与属性关系设计

属性表与属性关系的设计通常包括 5 个步骤：设计相互关联的二维表、对数据表进行均衡化、定义主关键字和外部关键字、使用实体关系模型定义属性关系以及关系表的再均衡化。

属性数据一般通过关系表进行管理，而一个空间对象又具有多个属性。为了数据检索效率和维护的方便，一般并不将一个空间对象的属性全部放在一张关系表中，而是将相关的属性分开，形成相互关联的二维表。这样虽然表格较多，但各表的属性简单明确，而且各个属性项之间的关系比较明确，也便于维护和提高检索效率。

拆分后的各个相关表格之间的关系是通过关键字来维持，这也是空间数据库常用的方法之一（例如，空间数据与属性数据的关联）。关键字一般有两种，即主关键字和外部关键字。主关键字是唯一的、不可变的、纯粹的、不重复的和可获得的，它一般存在于母表中。外部关键字是相对于主关键字而言的，一般存在于子表中，是主关键字在子表中的副本，但外部关键字不具有唯一性。

空间数据均衡化实际上就上述表格的拆分过程，即将关系表进行分解，使其变得简单、稳定的过程，其目的在于结构清晰，加强数据库的独立性和安全性。数据均衡化过程包括五个层次，习惯上称之为五个范式，范式越高，数据均衡化程度越高，表格关系的简单有效程度就越高。数据均衡化过程需要一定的直觉和经验，一般达到第三范式即可。数据表格关系的规范化可借助实体-关系模型来实现。

实体-关系模型（entity-relation model，E-R）是用实体关系来表达数据的模型，主要用途之一是清楚地表达实体之间的关系，特别是当实体类型较多、关系复杂的情况下，E-R 模型能帮助清楚地理出其中的关系。E-R 模型是一种自上到下的解决问题的方法，主要步骤包括识别实体、决定实体关系、决定实体关键字、形成图表 4 个过程，如图 5.10 所示。具体请参阅数据库方面的书籍。

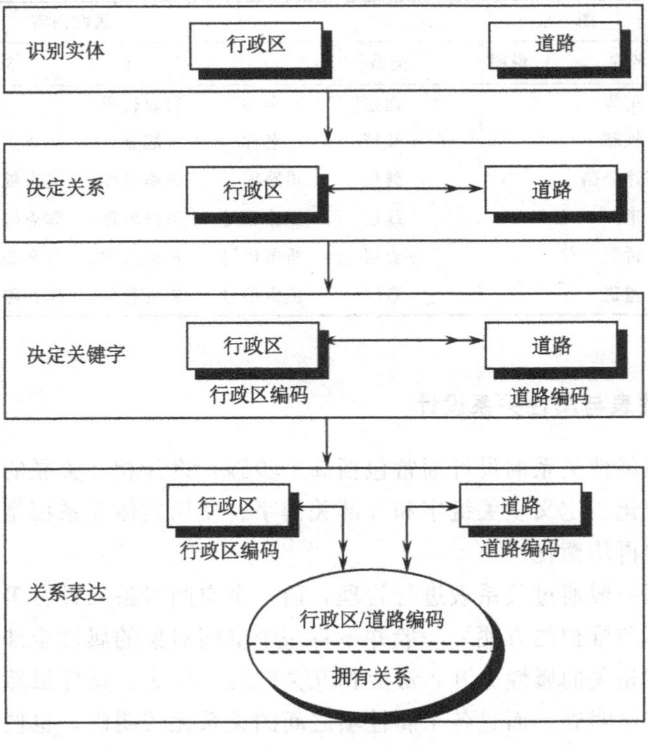

图 5.10 实体-关系模型

图中箭头表示实体之间的关系，单箭头为一，双箭头为多，例如行政区和道路的关系中，一个行政区可有多条道路，而一条道路只能属于一个行政区

5.4.3 GIS-T 数据库详细设计

GIS-T 数据库的详细设计是在概念设计基础上，进一步细化各个数据内容和数据项。主要包括数据源选择、数据集评价、数据集设计、数据字典编写、数据库存储与管理等内容，其中数据源的选择与数据集评价参见第 2 章数据采集有关内容。

1. 编码标准设计

GIS-T 数据量大，数据类型多样，为减少数据冗余度，方便对数据的分类、统计、检索和分析处理，提高处理速度，便于管理，节约存储，因此要对 GIS-T 中有关数据元素或数据结构进行分类编码设计，形成分类编码文件。而且所设计的分类编码应有具有唯一性、标准性和通用性、可扩充性和稳定性、易修改性、易识别和记忆的特点。

在系统数据分类编码的过程中，力求规范化、标准化，有标准的尽量采用(如路线编码、政区编码、养管单位编码、路面等级编码等)，没有的也应尽量制定出有一定适用性的编码标准。

目前已有的与交通地理信息系统有关的国家标准见表 5.8。正在制定的部分国家标准有全国河流名称代码、全国湖泊水库名称代码、城市地理信息分类与代码等。

表 5.8 已有与 GIS-T 相关的国家及行业标准

国标（部标）代码	名 称
GB2260—95	中华人民共和国行政区划代码
GB10114—88	县以下行政区划代码编制规则
GB12409—90	地理格网
GB/T15660—95	1∶5000、1∶1 万、1∶2.5 万、1∶5 万、1∶10 万地形图要素与代码
GB917.1—917.2	公路路线命名编号和编码规则
JT0022—90	公路管理养护单位代码编制规则
JTJ073—96	公路养护技术规范
GB920—89	公路路面等级与面层类型代码
GB/T919—94	公路等级代码
GB11708—89	公路桥梁命名编号和编码规则
GBJ124—88	道路工程术语标准
GB/T4754—94	国民经济行业分类与代码

基于交通地理信息的内容，系统分类编码方法参照基础地理分类代码，结构见表 5.9。

表 5.9 交通类基础地理信息分类代码

分类代码	要素名称	要素定义	图形数据		
			行业分类	图形表示	数据加工行业
4	交通				
40	公共图形要素				
4001	道路边线	道路/街道路面的边缘线	××		市政,交通
4002	道路中隔线	道路中央用于分隔上下行车道隔离带	××		市政,交通
4003	构面辅助线	道路构面用的辅助线	××		市政,交通
41	铁路				
4100	铁路注记	铁路要素在图面上的名称或说明注记			
4101	单点注记				铁路,地名
4102	两点注记				铁路,地名
4103	多点注记				铁路,地名
4110	标准轨铁路	轨距宽为 1.435m 的铁路			铁路
4111	单线标准轨	同一路基上铺设一条标准轨线路的铁路	××		铁路
4112	复线标准轨	同一路基上铺设两条标准轨线路的铁路	××		铁路
4113	建筑中铁路	线路已经确定,路基已经形成的在建铁路	××		铁路
4120	窄轨铁路	轨距宽小于 1.435m(约 1m 宽)的铁路			铁路
4121	单线窄轨	同一路基上铺设一条窄轨的铁路	××		铁路
4122	复线窄轨	同一路基上铺设两条窄轨的铁路	××		铁路
4130	车站及其附属设施	火车站及站内的附属设施			铁路
4131	火车站	从事铁路运输,供旅客上下或装卸货物的场所	××		铁路
4132	机车转盘	供机车转换方向的设备	××		铁路
4133	车挡	铁路支线尽头的挡车设备	××		铁路
4134	信号灯柱	用灯光或其他信号指示火车通行的设备	××		铁路
4135	站线	铁路进站时分出的许多岔线	××		铁路
4136	水鹤	供机车注水的设备	××		铁路
4137	站台	车站内供旅客上下的平台	××		铁路

42	城际公路				
4200	城际公路注记	城际公路要素在图面上的名称或说明注记			
4201	单点注记				公路,地名
4202	两点注记				公路,地名
4203	多点注记				公路,地名
4210	国道	由国家统一规划管理的公路交通干道	××		高速指,公路
4220	省道	由省统一规划管理的公路交通干道	××		公路
4230	县道	由县统一规划管理的公路交通干道	××		公路
4240	乡道	由乡统一规划管理的公路交通干道	××		公路
4250	专用公路	有专门用途的交通运输路线	××		公路
4260	匝道	大型立交中一条主道到另一条主道之间的连接线	××		公路
4270	国、省道控制点	控制国/省道关键位置的定位点			公路
4271	路线起点	一条干道的起点	××		公路
4272	路线终点	一条干道的终点	××		公路
4273	高速路入口	进入高速路的入口点	××		公路
4274	高速路出口	离开高速路的出口点	××		公路
43	城市道路				
4300	城市道路注记	城市道路要素在图面上的名称或说明注记			
4301	单点注记				市政,公路,地名办
4302	两点注记				市政,公路,地名办
4303	多点注记				市政,公路,地名办
4310	轨道交通	城市及周边范围内用于客流运输的有轨交通工具			
4311	地铁	地下客运铁路	××		城建
4312	轻轨	高架封闭运行的快速轨道交通	××		城建
4313	有轨电车	采用电能驱动的有轨城市交通	××		城建

续表

分类代码	要素名称	要素定义	图形数据		
			行业分类	图形表示	数据加工行业
4320	高架路(桥)	采用支柱架空高出地面的城市快速专线路			
4321	引道	连接地面道路和高架公路的那部分道路	××		城建,市政,公路
4322	高架路(桥)	高架路的架空部分	××		城建,市政,公路
4330	快速干道	城市街道中的快速交通干道	××		城建,市政,公路
4340	主干道	城市街道中的主要干道	××		城建,市政,公路
4350	次干道	城市街道中的次要干道	××		城建,市政,公路
4360	支线	城市街道中的支线	××		城建,市政,公路
4370	内部道路	指公园、工矿、学校等经铺装过的内部道路	××		城建,市政,公路
4380	阶梯路	修成台阶的人行路	××		城建,市政,公路
44	乡村道路				
4410	大车路	路面经简易修筑,一般为通行拖拉机、大车的道路	××		
4420	乡村路	乡村不能通大车/拖拉机的路,荒僻地区的驮运路	××		
4430	小路	供单人单骑行走的道路	××		
4440	时令路	在一定季节通行的道路	××		
4450	山隘	道路通过鞍部、山口、隘口的重要交通道口	××		
4460	栈道	在陡崖峭壁上开凿固定支架形成的悬空小道	××		
45	道路附属设施				
4500	道路附属设施注记	道路附属设施在图面上的名称或说明注记			公路,市政,地名办
4501	单点注记				

4510	服务设施	道路管理单位及其服务场所			
4511	长途汽车站	从事汽车长途运输，供旅客上下的场所	××		交通，公路，市政
4512	加油站	给汽车加油的场所	××		交通，公路，市政
4513	停车场	有人管理值守的大型停车场	××		交通，公路，市政
4514	收费站	设于公路上关键地点的行车收费站	××		交通，公路，市政
4515	服务区	专门用于高速公路行车旅途休息、服务的场所	××		交通，公路，市政
4520	车行桥	跨越水面、沟壑或其他道路，供车辆通行的桥梁			交通，公路，市政
4521	铁路桥	通行火车的桥梁	××		交通，公路，市政
4522	公路桥	通行汽车、拖拉机、大车等交通工具的桥梁	××		交通，公路，市政
4523	两用桥	指通行铁路、公路的单层或双层桥梁	××		交通，公路，市政
4524	桥墩、柱	支撑桥的墩、柱	××		交通，公路，市政
4530	人行桥	跨越水面、沟壑或其他道路供人通行的桥梁			
4531	过街天桥	横跨铁路或街道的桥形建筑物	××		交通，公路，市政
4532	过河小桥	跨河的人行桥	××		交通，公路，市政
4533	铁索桥	用铁索构成，上铺木板供人畜通行的桥	××		交通，公路，市政
4534	级面桥	两端有台阶上下的桥	××		交通，公路，市政
4535	亭桥	桥面上有亭或类似建筑物的桥	××		交通，公路，市政
4536	溜索桥	用铁索、绳索、藤索横挂两岸供人悬吊滑行的桥	××		交通，公路，市政
4537	栈桥	指海边、湖边、水库等伸入水域的架空建筑物	××		交通，公路，市政
4540	隧道(洞)	人工开凿的穿越山岭或地下(含河、海底)的通道			
4541	铁路隧道	供火车通行的隧道	××		铁路，交通，公路，市政
4542	公路隧道	供汽车通行的隧道	××		交通，公路，市政
4543	过人地道	供行人通行的隧道	××		交通，公路，市政
4544	明峒	道路为避免塌方、流石等破坏而修筑的隧道式建筑	××		交通，公路，市政
4545	门洞	与道路相连的、建筑物底层的通道	××		交通，公路，市政
4550	公路标志	公路上设置的交通标志			
4551	路标	引导交通的柱式或门式标牌	××		交通，公路，市政
4552	里程碑	公路边设立的距线路起点距离的里程标志	××		交通，公路，市政

续表

分类代码	要素名称	要素定义	图形数据		
			行业分类	图形表示	数据加工行业
46	水运设施				
4600	水运设施注记	水运设施在图面上的名称或说明注记			交通,市政,地名办
4601	单点注记				
4610	船码头	供船舶停靠、旅客上下、货物装卸的场所			
4611	水运港客运站	从事水上运输的管理单位	××		交通,市政
4612	固定顺岸式码头	顺河岸(或海岸)设置的码头	××		交通,市政
4613	固定堤坝式码头	伸入水中的堤坝式(含防波堤兼用的)码头	××		交通,市政
4614	浮码头	漂浮在水上的趸船式、栈桥式码头	××		交通,市政
4615	干船坞	供建造或检修船舶用的池形建筑物	××		交通,市政
4620	港口停泊场	港口水域内设置的船舶固定停泊处	××		
4630	助航标志	供船舶在航行中识别、定位、引导、避让碍航物或测定各种航行要素的专门设施			
4631	灯塔	在岸上用于船只导航装有发光设备的塔形建筑物	××		交通,水利,航道
4632	灯桩	结构比较简单,灯光射程较近的灯塔	××		交通,水利,航道
4633	灯船	水域中装有灯架和发光设备作航标用的专用船只	××		交通,水利,航道
4634	浮标	水域中用于指示安全航道或碍航物的浮标、灯浮标	××		交通,水利,航道
4635	岸标	设置在岸边、岛屿或浅滩上的各种固定助航标志	××		交通,水利,航道
4636	信号杆	在岸上为指示通行、水深、风情而设立的信号杆	××		交通,水利,航道
4637	系船浮筒	设置在水上用于固定船只的浮筒式装置	××		交通,水利,航道
4638	过江管线标	过江电缆或管道两岸端的立柱,上挂警示标牌	××		交通,水利,航道
4640	航行险区	给航行造成危险的要素			
4641	石滩	河床中参差不齐的岩石形成的急流险滩	××		交通,水利,航道
4642	岸滩、水中滩	江、湖中水浅时露出水面,水深时被淹没的滩地	××		交通,水利,航道
4643	沉船(露出)	露出水面的沉船	××		交通,水利,航道
4644	(淹没)	水下的沉船			交通,水利,航道
4645	急流	流速湍急的水域	××		交通,水利,航道

4646	旋涡	稳定状态的水流旋涡	××		交通,水利,航道
4650	航线	水上运输的路线			
4651	内河通航起迄点	通航河段的起点和终点	××		交通,水利,航道
4652	航海线	按照规则确定的海上航行路线	××		交通,水利,航道
47	空运设施				
4710	机场	从事空运,供飞机起降,旅客上下或装卸货物的场所	××		交通,航运
4720	机场跑道	供飞机起降滑行用的铺装道路	××		交通,航运
48	其他交通设施				
4800	其他交通设施注记	其他交通设施在图面上的名称或说明注记			交通,地名办
4801	单点注记				
4810	缆车道	陡坡上铺设铁轨,用钢缆带动车厢上下行驶的车道	××		交通,公路,市政
4820	架空索道	用绞车牵引钢缆在架空支架上运行的运输设备			
4821	索道	钢缆线	××		旅游
4822	端点/转折点支架	支架	××		旅游
4830	滑道	在山谷/斜坡上架设或开挖的供滑行运输用的槽子	××		旅游
4840	渡口	道路遇河流/海峡而无桥梁处,车/人渡水的场所			
4841	火车渡	能载渡火车的轮渡	××		市政
4842	汽车渡	能载渡汽车的轮渡	××		市政
4843	人渡	用来载渡行人的船渡	××		市政
4844	汽车徒涉场	汽车能涉水过河的场所	××		市政
4845	行人徒涉场	行人能涉水过河的场所	××		市政
4846	跳墩	浅水河中供跨步过河的石墩	××		市政
4847	漫水路面	道路通过浅水河流的路段	××		市政
4848	过河缆		××		市政

2. 数据字典编写

数据字典实质上是数据库的元数据，它一般用来描述数据库的整体结构、数据内容和定义等。5.2.3 节从数据内容的角度给出了数据字典的部分内容。其实一个完整的数据字典除数据内容外，还应该包括数据库的总体组织结构、数据库总体框架设计、数据分层内容定义与结构、数据命名定义、元数据等内容。其主要内容见表 5.10。

表 5.10 数据字典主要内容

总体框架部分	数据内容与结构部分
数据来源	标题类信息：名称，类型，数据质量
整体命名方法	各层文件、表、表项定义与有效值范围
各特征的最大最小范围与有效值	地理参考方面满足精度的情况
地图投影	各层空间与属性数据质量控制规范
图幅匹配与精度	各层编号系统及其与标准编号系统关系
线与多边形的拓扑关系及连续性、封闭性	各层数据使用与应用类型关系
质量控制过程内容	其他说明文字、图表、图形等
数据的各种表格文件	

3. 数据文件命名规则设计

数据命名规范包括基础地理数据分层和命名、交通专题信息分层与命名规范。数据文件命名的基本原则是通用、唯一、易记等，同时可通过文件的名字了解到数据文件的内容。数据文件命名方式比较多，如常见的操作命名法、自然命名法等，操作命名法即同过专题数据＋操作序号＋操作简写的形式命名，例如，专题数据为高速公路（gsgL），数据操作为数字化（dg），且为第一次数字化（01），则该层文件命名为 gsgL01dg。其他操作可仿此进行，只要约定一致即可。

4. 存储管理设计

数据库的存储管理设计一般包括以下五方面。

（1）数据使用权限设置：针对不同角色及用户设置其对数据库的访问内容和权限。

（2）数据库更新过程中的质量控制和安全性：是对整个数据库或整层数据基本框架数据的维护策略，在进行数据维护和更新时要考虑属性和空间数据的相互关系，同时也要避免其他有权限用户作类似处理。

（3）数据库备份与恢复能力。

（4）数据库管理单元设定。空间数据具有地域差别，为管理维护方便，一般要进行单元划分，例如，公路养护过程中，省级数据库一般以地市为管理单元，而地市以县（县级市）为管理单元，县则以道班作为基本管理单元等。

（5）数据库网络设计与配置。

5.5 GIS-T 系统功能设计

系统功能设计是对系统总体设计的进一步细分，形成用来完成系统目标的各个功能模块，并规划各功能模块之间的相互关系，以及系统采用的技术规范。系统功能模块的划分可借助于前述的 U/C 矩阵分析。

5.5.1 GIS-T 功能类型

GIS-T 是在 GIS 基础上发展起来的专门用来进行交通管理的专门技术。传统 GIS 技术以解决地学领域应用问题为目标，而 GIS-T 则以解决交通规划、设施管理等问题为目标。因此 GIS-T 的系统功能设计需要以交通业务体系为依托，充分考虑交通特色，在通用 GIS 平台上构筑服务于交通的 GIS 系统功能。从这一角度出发，GIS-T 的功能设计可划分成基础功能设计和业务功能设计两类。

基础 GIS 功能一般实现数据的检索、表现和输出，而业务系统则完成具体的业务处理，并将处理的数据返回 GIS 基础平台，实现可视化效果。

5.5.2 基础功能设计

GIS-T 的基础功能应该涵盖全部的 GIS 功能，但具体功能设计时应结合交通地理现象的特征，侧重考虑数据输入、数据分析、专题图制作、系统管理与维护等方面。

数据录入：GIS-T 数据来源广泛，内容复杂，格式多样，系统应具备对各种图形数据、属性数据的录入功能，主要包括以下三类输入方式。①现有图形、属性数据导入：目前随着交通信息化建设的快速发展，交通数字化产品非常丰富，例如，全国公路普查数据、已有的路面管理数据等，系统应具备将已存在的数据导入本系统，必要时还应具备格式转换功能。②实测数据录入：系统应具备与各类数据采集设备的接口，包括视频、GPS、全站仪、路面检测设备等。具体接口设置与相应的专业系统有关。③手工数据录入：实现数据接受和存储的手工数据输入，包括键盘、数字化仪等。进行手工输入时，可实现插入、删除、过滤等功能，输入界面简洁有效。

数据匹配：包括桩号与坐标匹配、属性与图形匹配。道路上任意一点的桩号查询与任意两点的里程计算，都必须建立在道路桩号系统与地理坐标的准确匹配的基础之上的，而这种匹配的实现必须根据实际的变化进行，而不能固定不变，因为实际所获取的地理坐标因时间、地域、原始资料的准确程度、操作者的准确与否等因素，会有不同误差。因此必须视具体情况进行配准，并将经过配准后的数据写入数据库。

属性数据和图形数据的配准，不但是数据输入（为提高输入效率，属性和图形数据常常是分开输入）的必须，也是现存数据（如公路技术属性数据库）和图形数据库关联的必须，系统必须解决好这一匹配问题。对于后者匹配，要注意现存数据所包含的坐标位置信息十分有限，不足以全面反映路段的所有地理位置信息，而通过数字化获得的数字地图又不可能自动包含道路的属性信息，为此系统应该通过设计相应的程序模块，使得属性数据与图形数据相互关联。

数据编辑：为了保证图形数据录入的准确性和灵活性，图形录入系统应具备编辑功能，包括坐标修改、属性文件修改、结点查错、多边形内点生成、接点匹配、接边、图形编辑等基本编辑手段。

拓扑生成：道路拓扑关系是进行路径分析的基础，因此系统还应提供自动、半自动的拓扑关系生成、检校处理等技术。除常规拓扑关系外，应包括创建路段配准信息、创建查询路段几何信息、创建道路构建物信息、创建道路拓扑关系信息等，维护则包括检查道路结点、检查路段、检查路段与结点之关系、测试结点的唯一性、测试路段的唯一性等内容。

数据转换：为实现数据共享，系统应具备坐标系统转换、换带计算、平面坐标与里程转换、地图投影变换、矢量栅格转换等功能。

1. 数据分析功能

查询功能：系统应提供完善的查询分析能力，同时还要根据不断出现的用户查询新需求，灵活扩展查询功能。一般地说，GIS-T 应支持关键字查询、空间范围查询、时间范围查询、属性条件查询等，具体包括：①定位查询。实现从属性到图形的查询，包括精确查询、模糊查询、顺序跳转查询、随机跳转查询、向导查询、条件查询、组合条件查询等。②检索查询。实现从图形到属性的查询，包括单点查询、矩形查询、圆查询、组合图形查询、缓冲查询等。③道路专题查询。包括按路网查询、按路段查询、按桩号查询、动态分段查询、道路与桥梁及构建物的多媒体查询等。

基本分析功能：具备一般 GIS 平台的分析功能，如叠置分析、缓冲区分析、地形分析、邻近分析、地图量算、通视分析、动态分段技术、最佳路径分析、资源配置分析。

2. 统计分析与制图功能

GIS-T 数据包含众多的属性类别，需要对不同的属性类别进行统计分析(如交通量数据统计、好路率统计分析等)，计算各类数据的均值、总值等统计指标，并灵活的生成各种格式的统计报表，从而反映不同类别的数据间的关系。同时还需要根据数据统计的结果，进行统计制图，以直观的体现数据间的联系。统计制图应包括常用的各种类型，如柱状图、频率图、饼图、曲线图等。特别是这些统计图还需要与交通地理要素的空间位置相关联，将统计数据在地图上反映出来。

另外，GIS-T 还要支持利用地图进行交通要素统计查询和统计分析，即在地图上对交通地理数据按照地理要素进行查询、统计、汇总等功能。

3. 辅助设计功能

在交通规划、设计、施工等阶段，设计人员常常要进行交互式的输入与制图，这时系统应该具备一定的 CAD 功能，以方便规划、设计人员完善设计。这里包括土方量计算、平面设计工具、纵断面设计工具、横断设计工具、相关报表统计生成、设计结果输出等内容。

4. 三维显示功能

三维显示使得交通设施得到立体分析和表达，是规划、设计中非常重要的一个环节。包括沿道路实时飞行浏览，实时显示选定地区的三维图，实时选定任意路线进行三维飞行浏览，任一区域拉框显示静态三维地形透视图，三维地形透视图放大、缩小、漫游等。

5. 专题地图制作功能

GIS-T 包含大量的专题属性信息，其可视化表达是 GIS-T 的基本功能之一。系统应具备制作各类交通专题地图的功能，如路面类型专题地图、公路养护技术等级专题地图、公路水毁专题地图、交通量分布专题地图等，同时还要具备地图注记功能，以及按不同比例、范围输出等功能。

5.5.3 业务功能设计

GIS-T 涉及交通管理的各个环节，从规划、设计、施工、养护管理、资料管理、公路运输到交通管理等，而各个环节的业务职能、要求又不完全一致，因此 GIS-T 业务功能的设计应与具体的业务过程相联系，针对具体任务设计具体的功能。值得说明的是，随着信息技术的发展，构筑统一的交通信息平台已成为可能。

业务功能设计详见后面各章。

5.5.4 系统管理功能设计

系统管理包括版本管理、系统配置、用户权限管理等，通过版本管理用户可实时更新本机系统版本，系统配置提供最新功能的加载接口，用户权限管理可以指定合法的、具有不同操作权限的用户。三者的有机结合，为系统得整体性、一致性和安全性提出了新的理念和保障。

1. 权限管理

系统用户权限管理功能用来设置和管理不同用户对系统的访问权限。通过权限管理，系统可以指定合法用户。并为之配备不同的权限和系统功能、数据访问能力，也就是说，用户的权限是有级别的。

用户权限一般分为三级，即超级用户权限：能够添加、删除、修改用户，能够对数据进行浏览、查询、编辑；管理员权限：不能管理用户，但能够对数据进行浏览、查询和编辑；一般用户权限：只允许对数据进行浏览和查询。

2. 系统配置

用户可动态配置系统菜单、界面与相应的功能，动态的添加、修改、删除功能模块，方便程序模块管理和程序扩展。

3. 版本管理

版本管理使本机版本与服务器版本保持一致，方便开发者与用户的交流。在系统运行过程中，用户可通过网络提出要求，开发者只需把最新的版本文件发布到服务器上，用户即可在本机及时更新。

5.6 GIS-T 软件架构设计

5.6.1 GIS-T 网络结构

C/S 结构与 B/S 结构各有利弊。在交通规划、施工与管理中，既有相对固定的用户群体如交通规划、管理部门等，又有相对分散的用户如沿线分布的道班、施工单位、值勤交警等。这种特点决定了在 GIS-T 设计中，既要考虑在空间分布上相对集中的用户，也要考虑相对分散的用户。因此，采用 C/S、B/S 交叉并用的模式来设计系统的网络模型较为合适。

一般的，在相对固定的用户群体中局域网内部采用 C/S 模式，用户通过系统的业务层（也称中间层）直接访问系统数据服务器，以便于内部管理、提高工作效率以及加强文件在网络上传递的安全性；在局域网外部，当管理部门需要与下级分散单位进行文件传输或数据交换时，宜采用 B/S 模式，这样用户就可以在能接入 Internet 网络的地点就近进行文件或数据的上报与下传，如图 5.11 所示。

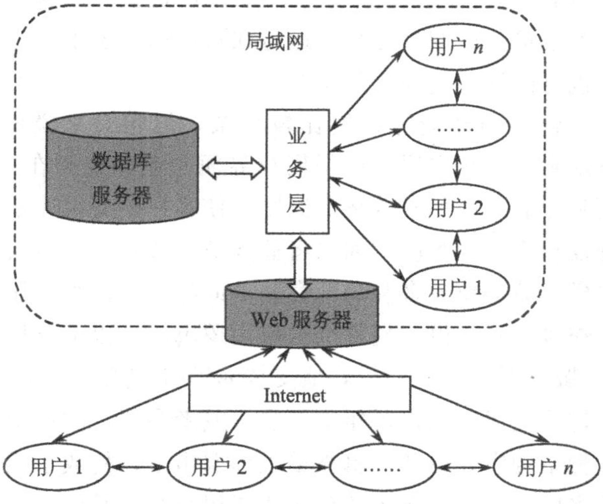

图 5.11　GIS-T 网络模型

5.6.2　GIS-T 的层次结构

根据用户界面与后台数据之间层次数目的不同，可以将应用系统的软件结构分为单层、两层、三层和多层软件结构。

在单层软件结构体系中，通常一个应用程序包含了所有的用户界面、业务规则以及数据处理。由于这种单层的应用软件比较庞大，所以相应的带来了一些不利的因素：在设计阶段，要求开发人员面面俱到；在开发阶段，开发人员之间的协作比较困难；在测试和维护阶段，对软件的局部改动可能会影响到整体；在开发新版本的软件时，往往要全面调整程序结构甚至废弃原来大量的代码，所以单层软件结构系统的版本更新往往比较困难。

两层、三层甚至多层软件结构是为了适应当今快速发展的网络应用和分布式应用而发展起来的，这种多层结构建立了一种基本的软件建模思想，虽然它主要针对分布式软件应用系统，但这种建模思想也可以引入到其他类型的应用系统中。即便是单机应用系统，多层结构建立起来的软件建模思想仍然可以借鉴。

最初的多层软件结构就是把应用程序分成两部分，客户端部分和服务器端部分，从而形成两层结构。在这种两层结构的应用中，软件层次的划分有以下两种方式：

(1) 用户界面和业务规则在应用的客户端，数据维护在服务器端实现，通常由一个独立的应用程序来实现；

(2) 用户界面在应用的客户端，把业务规则和数据维护放在服务器端实现，通常是将业务逻辑放在数据库系统中，利用表间的连接关系和数据库的存储过程来进行系统的数据维护，存储过程直接运行在数据库系统中，它可以被客户应用程序显示调用，也可以被特定的事件所驱动。

GIS-T 的各个部门虽然业务逻辑比较复杂，但相对来说变化不是很频繁，所以如果将业务规则放到客户层，使得用户界面与业务规则在一个层面上实现，违背了用户界面和专业规则相互分离的原则，使客户层变得非常笨重，不能够有效的降低系统开发和维护的难度。如果将业务逻辑放在服务器层，由于交通数据具有数据类型多样、数据模式多和局部存储多的特点，使得仅靠数据库系统中的存储过程和表间连接关系难以实现复杂的应用逻辑。由以上分析可以看出，采用这种两层的客户/服务器结构不能很好地支持 GIS-T 的集成与数据共享。

由于两层结构的上述缺陷，近年来三层（或者多层）软件结构逐渐得到了普遍的重视。在这种结构中，业务逻辑被单独提取出来，构成了用户界面和数据维护中间的一层或多层，形成了真正的分布式应用系统。其中，客户层只提供应用的用户界面，它根据用户的操作调用相应的业务逻辑，客户层永远不会直接访问后台数据库，所以有时也把客户层称为表现层；业务逻辑层是应用系统的关键部分，它负责处理所有用户的请求，并且把处理结果返回给客户层；服务器层负责提供数据库支持，在数据库中仍然可以利用表间连接关系和一些存储过程来负责维护数据，有时也把服务器层称为数据层。

在三层软件结构中，业务层占据核心地位，位于客户层的应用开发全部要以它为基础来进行，业务层将客户层的应用与位于数据层的核心数据库完全隔离开来，使得中间业务层成为面向客户层各种应用的统一数据平台。业务层作为表现层和数据层之间的数据服务层，必须保证所有的业务逻辑被正确处理。三层结构比两层结构具有更大的灵活性：首先，三层结构可以运行在不同的机器上，如果应用的业务逻辑比较复杂，可以使用高配置的计算机来运行业务层；如果应用的数据量很大，则可以采用分布式的数据库来作为应用的数据存储结构。其次，只要层与层之间的接口保持不变，那么某一层的变化不会影响到其他层。

数据库系统作为数据源响应用户存取数据的需求，在 C/S 模式下用户通过业务层直接对数据服务器操作；在 B/S 模式下，客户端向应用服务（Web 服务器与业务层）提出请求，应用服务从数据服务器中获得数据，应用服务将数据进行计算并将结果提交给客户端，客户端将结果呈现给用户。

思　考　题

1. GIS-T 设计和开发时要注意哪些原则？

2. 简述 GIS-T 需求分析的主要内容。

3. 阐述 GIS-T 数据库设计的主要内容。

4. GIS-T 的功能设计分为哪几类？分别简述各类功能设计主要包括哪些方面？

5. 简述 GIS-T 系统的架构体系。

6. GIS-T 开发的关键技术有哪些？

第6章 交通规划GIS支持系统

6.1 系统开发背景与目标

随着国民经济的持续高速发展及城市化进程的加快，城市交通日趋紧张，城市交通拥挤与阻塞现象日趋严重，“乘车难、行车难、停车难”成了大中城市普遍存在的社会问题。为了缓解城市交通问题，不少城市不惜巨资进行了大规模的交通调查研究及初步的城市交通规划工作，且初见成效。所谓城市交通规划，是通过对城市交通需求量发展的预测，为较长时期内城市的各项交通用地、交通设施、交通项目的建设与发展提供综合布局与统筹规划，并进行综合评价。它是解决城市交通问题的最有效措施之一。

过去，交通规划部门进行交通规划时，采用纸质地图或CAD制图规划路网项目方案。这种手工作业方式存在几种弊端。首先，纸质地图不易修改，当路网方案需要改线或作重新规划时，路网修改非常繁琐，而且正确性难以保证，大量的重复作业不可避免；其次，利用纸质地图进行多方案比较时，非常费时费力，而且直观性不强，影响决策的效率。此外，城市交通网络是不断发展变化的，大量的与规划相关的交通信息得不到及时的更新和保存。虽然，一些交通规划部门也研制开发了部分交通规划数据库，但这类数据库基本上属于字符型的统计数据库，缺乏图形和空间分析等功能，从而极大地制约了交通规划工作效率的提高。

因此，在城市交通规划中，如何运用具有强大生命力的高新技术，高屋建瓴，把握社会经济和交通的发展趋势，增强城市交通规划的科学性和合理性，为交通建设主管部门的宏观决策提供信息支持，这是一个崭新的课题。城市交通规划具有高度综合性，涉及资源、环境、人口、交通、经济、教育、文化、金融等因素，需要适时的信息，而地理信息系统（GIS）能为规划人员提供强大的工具，对城市交通规划中具有空间特征的信息进行可视化表达，提高规划的工作效率。GIS的运用已成为交通规划研究的热门问题。

国外的一些交通分析软件（如TRIPS、TransCAD等）技术比较成熟。然而，国外的交通分析软件其理论模型并不完全适合国内的交通现状，因此国内的相关部门和研究机构在交通规划和交通管理中，自己开发一些程序模块。在软件开发方式上，通常选用二次开发，如广东省公路勘察规划设计院在TransCAD的基础上，经过二次开发得到的应用型地理信息系统；东南大学交通学院以

MapInfo 为 GIS 环境，以 TranStar 为交通分析软件，对交通网络可视化编辑平台的开发等。

然而，国内开发的软件在易操作性、完善性等方面仍无法与国外成熟软件抗衡。针对这种情况，我们采用集成二次开发方式，以组件 GIS 软件开发了适于国内现状的交通规划 GIS 支持系统，并运用到城市交通规划项目中，结果表明此支持系统能独立完成复杂的交通分析预测，网络优化等工作，而且在可操作性、可视化、高效率等方面有很大优势。

系统开发目的是利用 GIS 将城市交通规划中具有空间特征的信息进行可视化表达，为信息利用者提供直观、清晰、全面的信息表达方式，提高决策判断的效率。开发城市交通规划信息系统为规划方案的制定、交通分析评价等提供强有力的工具，以利于提高城市交通规划决策的科学性和合理性。

6.2 系统设计

交通规划 GIS 支持系统采取组件式开发技术，采用 MS Visual Basic＋MapInfo ＋MapX 完成，后台数据库为 MS SQL Server。

整个系统实现的是一个 GIS 平台程序承载的由各种交通预测模型参与的交通预测模块，在交通规划决策过程中交通预测模块提取路段、交叉口、交通区的几何信息参与模型运算，并将预测结果显示于 GIS 平台上，从而可以直观方便的进行交通规划工作，如图 6.1 所示。从功能上分为 6 个子模块：数据调用模块、数据处理模块、查询统计模块、分析预测模块、交通评价模块、成果输出模块。

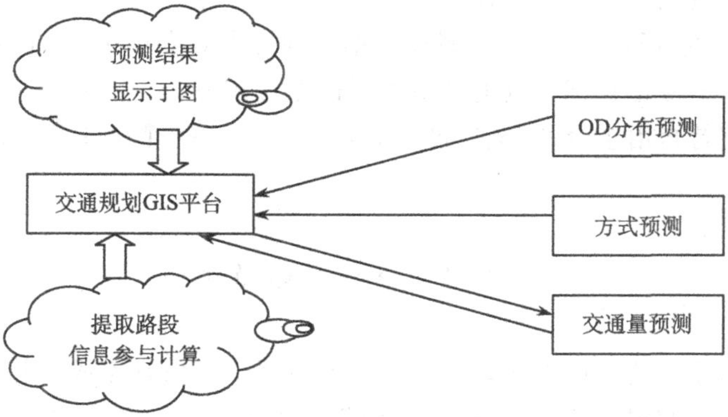

图 6.1　系统平台与功能模块结构

6.2.1　数据调用模块

数据调用模块根据规划工作需要调用不同的规划数据，这种规划数据既包含规划需要用到的图件，也包含相关的属性数据。如进行某一年份的规划，需要用到的数据包括现状图层、规划年份的交通区、路网、交叉口图层等，还包括原始的调查资料等。在系统中，针对某一目的而需要调用的图件已经以图集的方式集成在一起，只要通过相关接口，就能将所有需要的数据信息载入系统，以便于规划人员的操作。除了特定的专用图集，系统还支持用户根据需要自定制图集内容。

6.2.2　数据处理模块

数据处理模块包含对图形的处理和对属性数据的编辑。

图形的处理可以通过对图形对象编辑、图形修饰及标注修饰为规划人员提供直观的规划界面。属性数据的编辑方便用户对规划目标的相关属性进行调整修改，最终得到满意的规划方案。

6.2.3　查询统计模块

查询统计模块提供用户对需求信息的反馈，分为基于 GIS 的空间分析查询和对属性数据的专题查询以及图-属的互查。

空间分析查询统计包含拓扑邻接、缓冲、包含等一系列接口，用户可以充分利用 GIS 的特点进行分析工作。属性数据查询提供对交通量、OD 数据、原始资料、预测结果的专题查询，查询结果也可以通过图-属互查表现在 GIS 图形界面上。系统还支持自由组合的 SQL 自定义查询，在约束规则许可下，返回用户想要的结果集。

6.2.4　分析预测模块

该模块为系统的关键部分，交通规划的主要工作由它完成，其中牵涉到众多规划方面的业务逻辑，考虑由独立的系统模块（可执行文件 EXE）构成。数据流的传递以文本输入输出为主。

数据配置：对要求绑定在图层上的数据库属性数据进行配置，如 OD 发生集中数据绑定在小区层、路段交通量数据绑定在路段图层。

(1) OD 发生、集中预测专题：由生成预测的结果，即规划年份的居民和流动生成预测结果，分别按发生和吸引做出直方图专题地图，供规划人员分析决策。

(2) OD 分布预测：调用 OD 分布预测程序，通过计算返回 OD 矩阵结果，存入属性数据库相应表中。

(3) 交通方式预测：对规划年的城市交通方式结构做出预测。

(4) 交通量预测：从电子地图上读取规划网络的 GIS 属性数据并生成相应文本格式中间过程数据（规划路网路段信息和交叉口信息等），供交通分配预测程序调用计算，从而生成规划交通网络路段和交叉口的预测交通量等，存入预测结果数据库。交通量预测执行过程如图 6.2 所示。

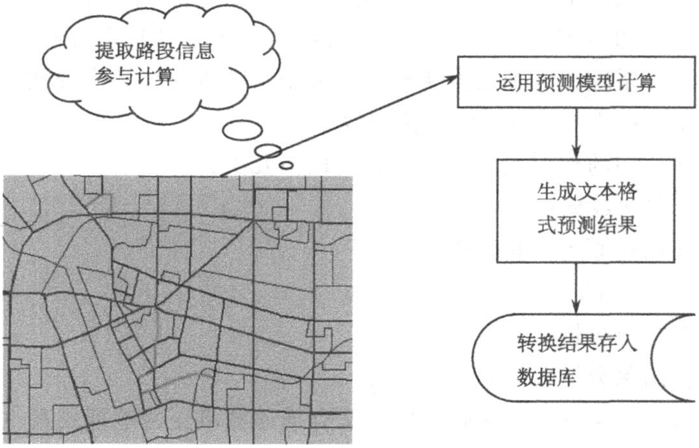

图 6.2　交通量预测执行过程

6.2.5　交通评价模块

交通评价模块是对规划网络方案的评价，本系统分别从结构性能和交通质量两个方面对规划道路网络进行分析评价，评价指标见需求分析，交通评价子系统直接从电子地图上读取数据用于交通分析评价。

6.2.6　成果输出模块

(1) 数据表生成：交通预测结果以数据表的形式输出。

(2) 汇报文本生成：用于交通评价成果的输出，规划人员可以直接将其引用到规划报告之中。

(3) 专题输出：利用 GIS 特有的专题图功能，为规划人员提供直观可视化的规划成果展示。①交通区发生集中量专题图；②OD 图专题。读取属性数据库中“OD 分布预测结果”表，制作 OD 线和 OD 分布专题图；③等级、交通量专题图。根据交通量预测的结果，分别作出交通网络交叉口和路段的等级、交通量、饱和度等专题地图，供规划方案分析评价。

6.3 数据库设计

构建城市交通规划数据库是城市交通规划的基础工作，是进行交通分析评价和预测的前提。GIS 条件下的城市交通规划数据库包括：空间数据库和属性数据库，分别储存与城市交通有关的空间信息和属性信息。GIS 具有规范的数据结构和变长结构数据的组织、管理能力。空间数据存储、管理和分析是 GIS 与一般商用数据库管理系统相区别的主要特征，采用 RDBMS 属性表方式对大量属性数据进行管理是 GIS 与一般制图系统的主要区别。

用于交通规划的数据类型可初步分为以下几类：

(1) GIS 空间数据；

(2) 交通调查原始资料数据；

(3) OD 资料数据；

(4) 公交资料数据；

(5) 预测结果数据。

GIS 空间数据既有地理基础数据，又有描述城市交通地理要素空间分布位置的数据，并且这种数据与交通属性数据之间具有不可分割的联系；交通调查原始资料数据是用于交通规划工作的最初依据，需要在此基础上进行交通预测；OD 数据是进行交通分析预测的重要依据，主要是以 O/D/L 的方式进行；公交数据用于城市的公交线网规划；预测结果数据保存预测成果，包括 OD、路网、交叉口预测结果。

6.3.1 GIS 空间数据

城市交通规划空间数据库记载的是与城市交通规划有关的图形信息及它们的特征码。空间数据库是 GIS 实现图形和属性相互查询的基础，也即通常所说的电子地图。城市交通规划数据库中的电子地图以分层形式存储、管理、分析交通规划信息。电子地图的交通信息按不同属性分为不同层，分别为：主要道路层(包括快速路、主干路、支路等)、交叉口层、城市用地层、路名、主要单位、铁路层、水系层、交通小区层、交通中区层等。所有这些层中的对象都可以由 GIS

的点（point）、线（arc or line）、面（area or polygon）对象来描述。其中交叉口、主要单位等可抽象为具有地理意义的“点”集；主要道路等可抽象为“线”性对象；城市用地、水系层中的水域、交通小区、交通中区可用“面”来表示。具体见表 6.1。

表 6.1　城市交通规划空间数据表

图层名	图形数据	属性数据
交叉口	点	交叉口名称、相交道路、控制方式
主要道路	线	道路名称、道路等级、长度、红线宽度、宽度
城市用地	面	用地性质、面积
交通区	面	交通区编码、人口、面积、中心区单位、用地性质
主要单位	点	单位名称、单位性质

6.3.2　交通调查原始资料数据

交通调查原始数据是进行交通分析的基础，是交通规划的基本依据之一，因此是交通规划数据库的重要数据组成部分，本系统中选择了与交通规划密切相关的机动车、非机动车调查数据、居民以及流动人口的出现情况等存入数据库（表 6.2至表 6.10）。

表 6.2　非机动车调查表

字段名	类型（长度）	来　源	取值范围	备　注
编号	数值型（6，0）			NOT NULL
当日是否进出	数值型（6，0）			NULL
车型	数值型（8，0）			NULL
车辆性质	数值型（6，0）			NULL
客车座位	数值型（6，0）			NULL
实际载客	数值型（8，0）			NULL

表 6.3　非城市机动车调查表

字段名	类型（长度）	来　源	取值范围	备　注
编号	数值型（6，0）			NOT NULL
车型	数值型（6，0）			NULL
车辆所有者	数值型（6，0）			NULL

续表

字段名	类型（长度）	来　源	取值范围	备　注
起点	数值型（6，0）			NULL
终点	数值型（6，0）			NULL
客车额定客	数值型（6，0）			NULL
客车实载人	数值型（6，0）			NULL
货车额定吨	数值型（6，0）			NULL
货车实载吨	数值型（6，0）			NULL
货车实载货	数值型（6，0）			NULL
货物价值	数值型（6，0）			NULL

表 6.4　货源调查表

字段名	类型（长度）	来　源	取值范围	备　注
单位名称	字符型（50）			NOT NULL
占地面积	数值型（6，0）			NULL
职工数	数值型（6，0）			NULL
年产值	数值型（6，0）			NULL
运入货种	数值型（6，0）			NULL
运入量	数值型（6，0）			NULL
运出货种	数值型（6，0）			NULL
运出量	数值型（6，0）			NULL
单位类别	数值型（6，0）			NULL

表 6.5　流动人口基本特征表

字段名	类型（长度）	来　源	取值范围	备　注
表格编码	数值型（6，0）			NOT NULL
流动人口类别	数值型（6，0）			NULL
职工数	数值型（6，0）			NULL
性别	数值型（6，0）			NULL
职业	数值型（6，0）			NULL
年龄	数值型（6，0）			NULL
来城目的	数值型（6，0）			NULL

表 6.6　流动人口市内出行情况调查表

字段名	类型（长度）	来　源	取值范围	备　注
表格编码	数值型（6，0）			NOT NULL
出发地点	数值型（6，0）			NULL
出行目的	数值型（6，0）			NULL
出行方式	数值型（6，0）			NULL
到达地点	数值型（6，0）			NULL

表 6.7　旅馆流动人口基本特征

字段名	类型（长度）	来　源	取值范围	备　注
表格编码	数值型（6，0）			NOT NULL
旅馆代号	数值型（6，0）			NULL
旅馆名称缩写	数值型（6，0）			NULL
性别	数值型（6，0）			NULL
职业	数值型（6，0）			NULL
年龄	数值型（6，0）			NULL
拟在城的天数	数值型（6，0）			NULL
来城目的	数值型（6，0）			NULL

表 6.8　旅馆流动人口市内出行情况调查表

字段名	类型（长度）	来　源	取值范围	备　注
表格编码	数值型（6，0）			NOT NULL
旅馆代号	数值型（6，0）			NULL
旅馆名称缩写	数值型（6，0）			NULL
出发地点	数值型（6，0）			NULL
出行目的	数值型（6，0）			NULL
出行方式	数值型（6，0）			NULL
到达地点	数值型（6，0）			NULL

表 6.9　城市出入口机动车 OD 调查表

字段名	类型（长度）	来　源	取值范围	备　注
编号	数值型（6，0）			NOT NULL
车型	数值型（6，0）			NULL
车辆所有者	数值型（6，0）			NULL
起点	数值型（6，0）			NULL

续表

字段名	类型（长度）	来　源	取值范围	备　注
终点	数值型（6，0）			NULL
客车额定客	数值型（6，0）			NULL
拟在城的天数	数值型（6，0）			NULL
客车实载人	数值型（6，0）			NULL
货车额定吨	数值型（6，0）			NULL
货车实载吨	数值型（6，0）			NULL
货车实载货	数值型（6，0）			NULL
货物价值	数值型（6，0）			NULL

表 6.10　城市居民出行基本情况调查表

字段名	类型（长度）	来　源	取值范围	备　注
家庭编号	数值型（6，0）			NOT NULL
住户类型	数值型（6，0）			NULL
小区编码	数值型（6，0）			NULL
年收入	数值型（6，0）			NULL
常住人口数	数值型（6，0）			NULL
暂住人口数	数值型（6，0）			NULL
自行车拥有	字符型（50）			NULL
助力车拥有	字符型（50）			NULL
摩托车拥有	字符型（50）			NULL
是否购小汽车	字符型（50）			NULL
打算购买交通工具	字符型（50）			NULL
六岁以下人口	字符型（50）			NULL
出差人口	字符型（50）			NULL
家庭编号	数值型（6，0）			NULL
成员编号	数值型（6，0）			NULL
出发时间	数值型（6，0）			NULL
出发地点	数值型（6，0）			NULL
出行目的	数值型（6，0）			NULL
出行方式	数值型（6，0）			NULL
到达地点	数值型（6，0）			NULL
到达时间	字符型（50）			NULL
抽样数	数值型（6，0）			NULL

6.3.3　OD 资料数据

在交通规划过程中，交通需求的预测是以机动车、非机动车起讫点调查（OD 调查）为基础的，所以，OD 资料数据作为交通规划数据库重要组成部分被存入数据库。OD 状况共 78 张表，因数据结构相同，以表 6.11 为例说明数据结构。

表 6.11　OD 状况表

字段名	类型（长度）	来　源	取值范围	备　注
O	数值型（6，0）			NOT NULL
D	数值型（6，0）			NOT NULL
L	数值型（8，0）			NOT NULL

6.3.4　公交资料数据

作为交通规划的一部分，公交规划占据重要一席的地位。在公交规划中需要的不均匀系数、满载率计算表、客流量和客运量表、月票使用情况表均存入数据库，见表 6.12 至表 6.22。

表 6.12　断面不均匀系数表

字段名	类型（长度）	来　源	取值范围	备　注
编号	文本			
起点	文本			
终点	文本			
客流量之 MAX	数字			
客流量之 AVG	数字			
断面不均匀系数	数字			

表 6.13　断面满载率计算表

字段名	类型（长度）	来　源	取值范围	备　注
编号	文本			
起点	文本			
终点	文本			

续表

字段名	类型（长度）	来　源	取值范围	备　注
站点序号	数字			
站点名称	文本			
客流量	数字			
车辆数	数字			
单车额载	数字			
满载率	数字			

表 6.14　各线路断面客流量表

字段名	类型（长度）	来　源	取值范围	备　注
编号	文本			
起点	文本			
终点	文本			
站点序号	数字			
站点名称	文本			
客流量	数字			

表 6.15　各线路高峰时段客运量表

字段名	类型（长度）	来　源	取值范围	备　注
编号	文本			
起点	文本			
终点	文本			
上客人数之 Sum	数字			

表 6.16　各线路满载率计算表

字段名	类型（长度）	来　源	取值范围	备　注
编号	文本			
起点	文本			
终点	文本			
满载率之 Avg	数字			

表 6.17　各线路全日客运量表

字段名	类型（长度）	来　源	取值范围	备　注
编号	文本			
起点	文本			
终点	文本			
上客人数之 Sum	数字			

表 6.18　各线路运行车辆数

字段名	类型（长度）	来　源	取值范围	备　注
编号	文本			
起点	文本			
终点	文本			
车辆数	数字			
单车额载	数字			

表 6.19　公交随车调查汇总表

字段名	类型（长度）	来　源	取值范围	备　注
编号	文本			
站点序号	数字			
到站时间	日期/时间			
离站时间	日期/时间			
上客人数	数字			
其中出示月票人数	数字			
下客人数	数字			

表 6.20　一对多关系的汇总表

字段名	类型（长度）	来　源	取值范围	备　注
编号	文本			
车辆	文本			
起点	文本			
终点	文本			
站点序号	数字			
到站时间	日期/时间			
离站时间	日期/时间			

续表

字段名	类型（长度）	来　源	取值范围	备　注
上客人数	数字			
其中出示月票人数	数字			
下客人数	数字			

表 6.21　月票使用情况统计表

字段名	类型（长度）	来　源	取值范围	备　注
编号	文本			
起点	文本			
终点	文本			
上客人数	数字			
其中出示月票人数	数字			
使用月票比例	数字			

表 6.22　站点全日客流统计表（合并上下客，有站点名）

字段名	类型（长度）	来　源	取值范围	备　注
编号	文本			
起点	文本			
终点	文本			
站点序号	数字			
上下客总量	数字			
站点名称	文本			

6.3.5　预测结果数据

该部分资料利用路段信息表和交叉口对应表（两个表皆从图件数据生成），运用四阶段模型计算生成，每次计算覆盖原来的数据（可以考虑另存表），所以实际上是一个临时表，用以存放路网路段和交叉口的预测结果，便于专题图表现以辅助方案决策，数据库表项见表 6.23 至表 6.25。

表 6.23　OD 发生集中分布

字段名	类型（长度）	来　源	取值范围	备　注
小区编码	数值型（4，0）			NOT NULL
上班发生	数值型（8，0）			NULL
上班吸引	数值型（8，0）			NULL
上学发生	数值型（8，0）			NULL
上学吸引	数值型（8，0）			NULL
公务发生	数值型（8，0）			NULL
公务吸引	数值型（8，0）			NULL
生活发生	数值型（8，0）			NULL
生活吸引	数值型（8，0）			NULL
其他发生	数值型（8，0）			NULL
其他吸引	数值型（8，0）			NULL
回程发生	数值型（8，0）			NULL
回程吸引	数值型（8，0）			NULL
合计发生	数值型（8，0）			NULL
合计吸引	数值型（8，0）			NULL

表 6.24　路网路段预测结果

字段名	类型（长度）	来　源	取值范围	备　注
编号	数值型（4，0）			NOT NULL
起点	字符型（25）			NULL
终点	字符型（25）			NULL
机动车交通量	数值型（8，0）			NULL
机动车饱和度	数值型（4，0）			NULL
机动车速度	数值型（8，0）			NULL
非机动车交通量	数值型（8，0）			NULL
非机动车饱和度	数值型（4，0）			NULL

表 6.25　交叉口预测结果

字段名	类型（长度）	来　源	取值范围	备　注
起点	字符型（25）			NOT NULL
中点	字符型（25）			NULL
终点	字符型（25）			NULL

续表

字段名	类型（长度）	来 源	取值范围	备 注
转向交通量	数值型（4，0）			NULL
进口道交通量	数值型（4，0）			NULL
交叉口总交通量	数值型（4，0）			NULL
进口道延误	数值型（4，0）			NULL
交叉口总延误	数值型（4，0）			NULL
进口道饱和度	数值型（4，0）			NULL
交叉口总饱和度	数值型（4，0）			NULL

6.4 系统功能实现

城市交通规划 GIS 支持系统要求针对城市交通规划工作，以地理信息系统技术为辅助，将城市交通规划中具有空间特征的信息进行可视化表达，为信息利用者提供直观、清晰、全面的信息表达方式。为道路网络交通分析预测、规划方案的制定、交通分析评价等提供强有力的工具。

6.4.1 系统主界面

系统主界面如图 6.3 所示。

系统主界面除了地图窗口、主菜单和工具条外，图层控制用于控制图层的表达方式，在当前图集增加移除图层，图层的显示顺序，控制图层的可见、可编辑和可标注以及图层图案、颜色、线型，标注的字体、色彩方案；属性信息框用于显示点图查询后图元目标如某路段、交通小区、交叉口的属性信息，选中编辑复选框可以更改该地图目标的属性信息；专题配置用来将交通预测结果生成专题显示于地图，双击专题名称，可以弹出对话框修改专题的各项参数。

6.4.2 查询与统计

1. 交通专项查询

交通专项查询基本为属性数据查询，提供交通调查原始资料查询、交通预测结果查询等，便于规划人员随时掌握情况。原始资料的查询如图 6.4 所示。

2. 空间分析与查询

空间分析查询提供基于空间的数据分析，系统提供以下 4 个空间查询功能。

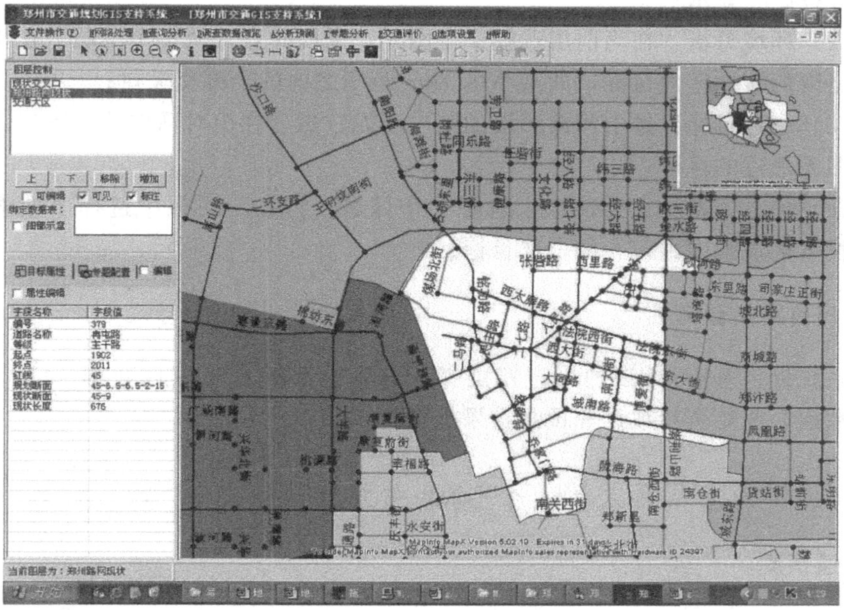

图 6.3　系统主界面

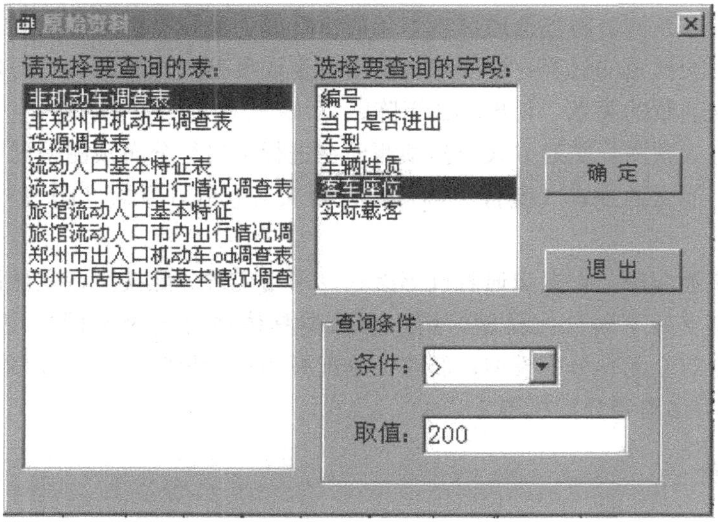

图 6.4　原始资料查询对话框

（1）定位查找：弹出对话框，输入属性值，在相关图层中迅速查找目标对象，并以高亮显示；

（2）环境分析：在当前层选择一个图元，围绕此点，从某个图层上查找一定范围之内的缓冲区内目标，如某小区 1km 范围之内的全部交叉口；

（3）最近目标：选中当前图层的某一图元，然后弹出对话框选择图层，查找离该图元最近的目标；

（4）包含关系：在当前层上选择一个区域，再在对话框中选择要搜索的图层，找出区域范围内包含的全部目标。

3. 用户自定义查询

系统提供基于 SQL 的用户自定义查询，包括对 GIS 属性数据、OD 数据、公交数据、原始资料数据和预测结果查询。

6.4.3 分析预测与评价

1. 交通预测

交通预测模块结合预测模型运行返回结果后台存入数据库，分 4 个子模块。

（1）出行生成预测：分出行发生预测和出行吸引预测两部分。调用交通区出行发生量和吸引量与交通区土地利用数据表、设定社会经济特征等变量之间的定量关系，推算规划年各交通区的出行发生量、吸引量。

（2）分布预测：将各交通区规划年的出行发生量和吸引量转化成为各交通区之间的出行交通量的过程，即要得出由出行生成模型所预测的各出行端交通量与区间出行交通量的关系，得出 OD 矩阵。

（3）方式预测：交通方式分担预测即在进行了出行分布预测得到 OD 矩阵之后，确定不同交通方式（步行、自行车、公交等）在小区间 OD 量中所承担的比例。

（4）交通分配：设置交通阻抗等参数，采用交通分配模型将交通量分配到路网上，系统支持下列分配模型，用户可根据具体情况选择不同模型进行分配。①短路（全有全无）分配模型；②路径分配模型；③量限制-增量加载分配模型；④容量限制-多路径分配模型。

2. 交通评价

交通评价分为结构性能和交通质量评价，指标主要包含路网密度、路网连接度指数、非直线系数、主要道路负荷度、主要道路里程拥挤率等指标。路网结构性能评价结果如图 6.5 所示，交通质量评价结果如图 6.6 所示。

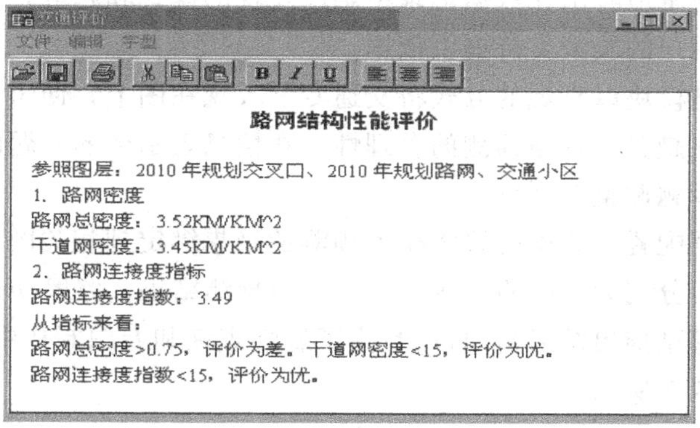

图 6.5　路网结构性能评价结果

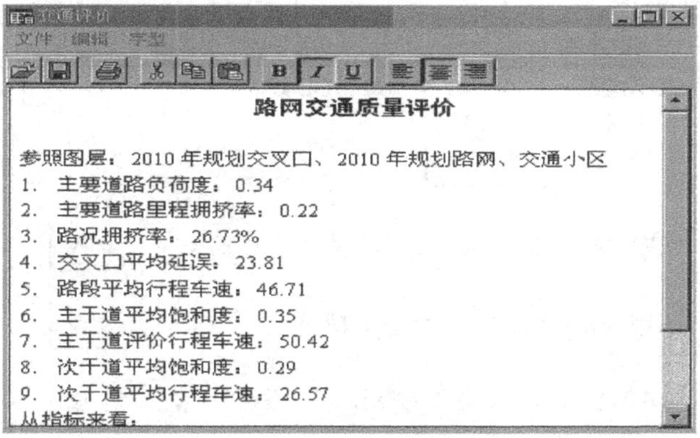

图 6.6　交通质量评价结果

6.4.4　成果输出模块

1. 数据库生成与汇报文本生成

在数据库设计中，交通量预测、OD 预测都被存入相应数据表。同样，交通评价方面的报告如图 6.6 所示，以文本报告的形式输出，报告中详细说明评价分析参照的方案用图层、主要道路的负荷度、道路里程的拥挤率、主干道的平均延误、平均饱和度等指标，为规划方案的制定提供素材。

2. 专题输出

专题输出能将数据库中的信息进行直观的可视化分析。专题地图就是用于分析和表现数据的一种强有力的方式。用户可以通过使用专题地图的方式将数据图形化，使数据以更直观的形式在地图上体现出来。当使用专题渲染在地图上显示数据时，可以清楚地看出在数据记录中难以发现的模式和趋势，还可以将专题图打印输出，为用户的决策支持提供依据。

系统中专题模块以直观的方式将交通专题表现在图上，便于用户看出交通预测结果中的潜在趋势、判断预测的合理性，在信息表示区的专题配置框操作，双击专题名弹出专题调整对话框。

首先是数据配置，数据配置将模型预测的结果绑定到相关图层上，以便于进行专题图分析。分别为 OD 期望线、发生集中预测结果、路段交通量、交叉口信息（皆为预测模型推出结果），目的是为了属性查询和专题制作中使用。OD 期望数据配置如图 6.7 所示。

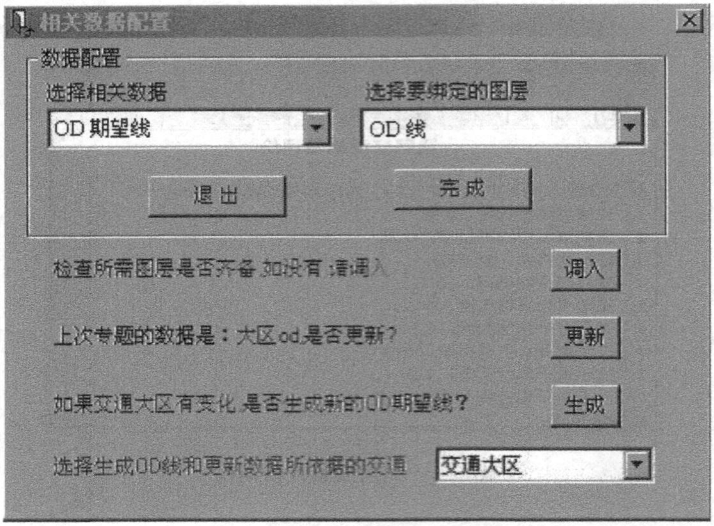

图 6.7　OD 期望数据配置

1）OD 发生集中预测专题

OD 集中发生预测专题是一种直方图专题，将表中每条交通特征记录的专题变量显示为一个直方图。使用直方图可分析地图中每条记录的多个变量。比较每个直方图中各直方条的大小可考察表中某条记录，比较所有直方图中某一条的大小可考察所有记录的某个变量，而比较各直方图的高度可考察整张表。在专题配置框中，就 OD 集中、发生的数据给出发生、吸引专题图，双击专题名，给出专题修改对话框。发生集中专题如图 6.8 所示。

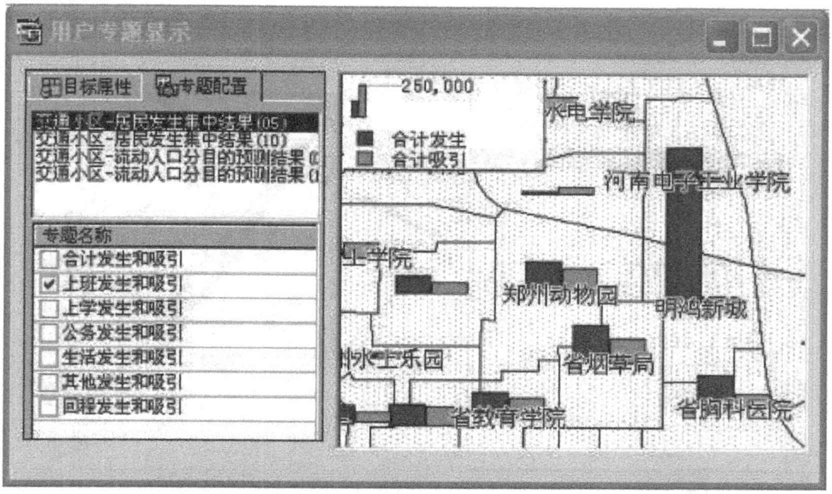

图 6.8　发生集中专题

2）OD 线专题

OD 线专题不是通过传统的专题函数建立，而是通过各交通区的 OD 量，动态生成连接各交通区的线段，线段的粗细、颜色由各交通区的 OD 量来决定，从中看出各交通区之间的交通量变化。OD 专题设置对话框如图 6.9 所示，OD 线专题如图 6.10 所示。

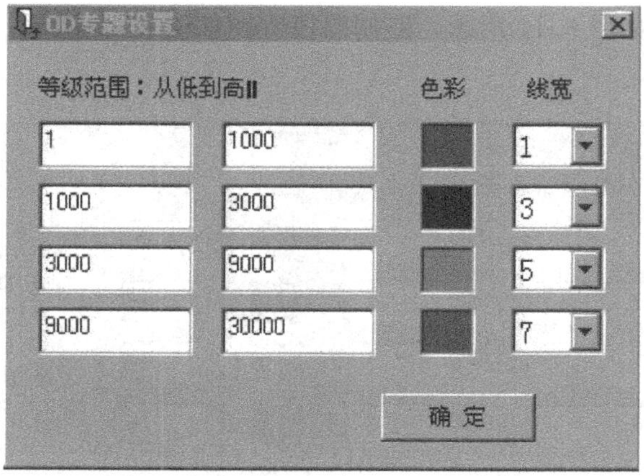

图 6.9　OD 专题设置对话框

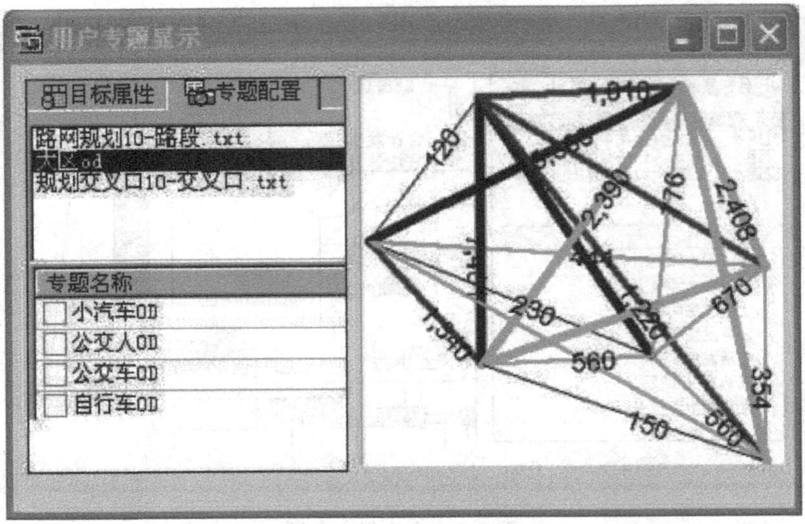

图 6.10　OD 线专题

3）路网路段专题

路网路段专题分为全图的交通量专题和单个路段的剖面专题。

路网路段交通量专题为线范围专题，专题类型按照设置的数值范围显示数据。数据范围用不同的颜色和图案进行渲染。范围专题地图能够通过线型样式来说明数值，下图以线宽线色的变化说明交通量差异以及饱和度的差异。路网路段专题设置对话框如图 6.11 所示，路网路段专题如图 6.12 所示。

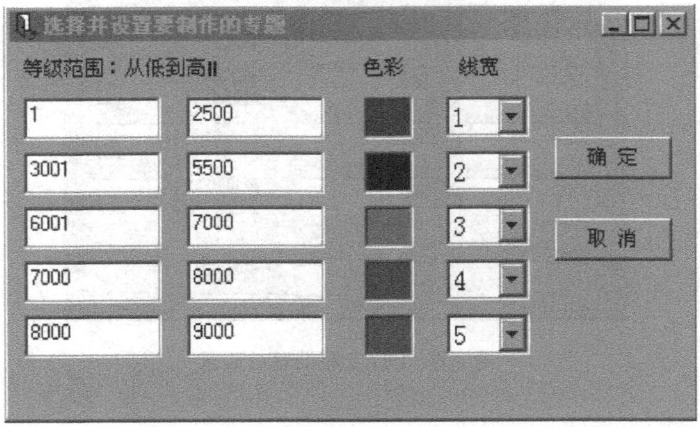

图 6.11　路网路段专题设置对话框

图 6.12　路网路段专题

路段剖面专题同样不依赖于传统专题函数，而是对单个路段，提取其断面数据特征，以程序动态生成进行路网断面的直观显示。路网断面以黑竖线确定断面分隔比例并将分隔宽度数值标注于上方。

4）交叉口信息专题

交叉口信息专题分为全图的交通量、饱和度、延误等信息专题和单个交叉口的专题信息。

全图交叉口专题以等级符号专题类型表现。等级符号为交叉口表中每条记录显示一个符号，符号大小与需要表现的交通数据值成比例，用特定的数值来显示数据点。符号的大小与该点对应的数值如交通量成比例，交通量越大点就越大，交通量越小点就越小。交叉口专题如图 6.13 所示。

单个交叉口专题信息用于表现一些重点交叉口的交通量、延误、饱和度专题信息。为了要在同一交叉口表现其不同进口和转向的交通量，且要给出走向示意，通常的专题表示方法无法实现这种示意图。因此该专题模块同样不属于传统专题函数，而以程序控制自动生成。提供对具体交叉口饱和度、交通量数值的直观显示，交叉口图例用线色和线宽表示饱和度和交通量。

这种专题表现的优点是真实反映交叉口路线的走向，以不同的专题线宽度和颜色表现交通量的大小，一目了然。对于多路交叉和不规则交叉口的交通量如图 6.14所示，同样能够很好地表现，极大地方便交通规划的决策分析。

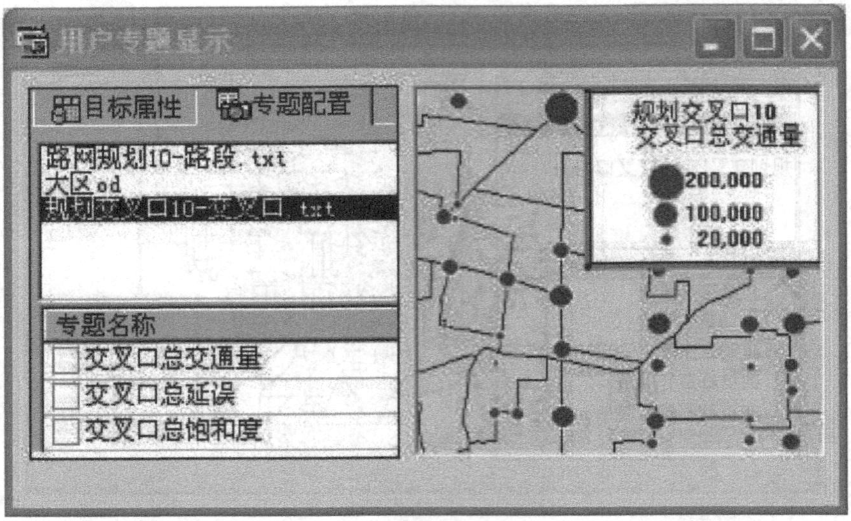

图 6.13　交叉口专题

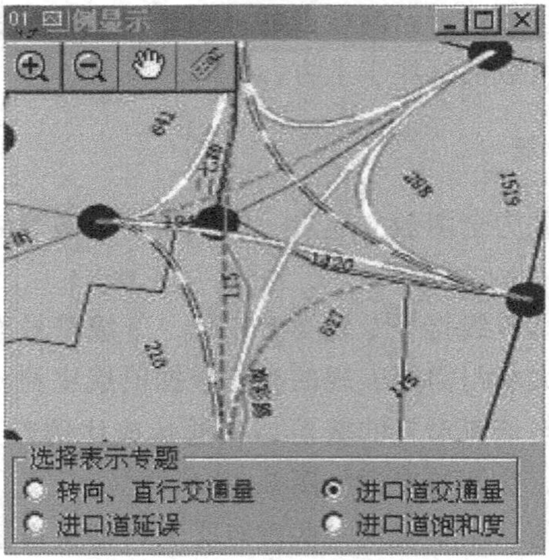

图 6.14　交叉口信息

6.4.5　系统操作流程

(1) 打开图集（上面提到的数据调用），如果图层不全，可加载图层。为某一目标可另存新的图集，供今后使用。针对城市的规划，可调用不同年份的专用图集。

(2) 调用模型预测软件运算并获得预测结果。

(3) 分析判断，通过属性查询、专题制作、交通评价指标、图例显示等各种方式分析判断其是否合理，如果不合理，直接在图上修改路段、交叉口等信息。

(4) 从图上提取修改过的信息再次进行模型预测运算，直到规划方案合理为止。

(5) 输出相关的查询数据、图形、评价指标，用于报告的编制。

图 6.15 为交通规划 GIS 支持系统操作流程。

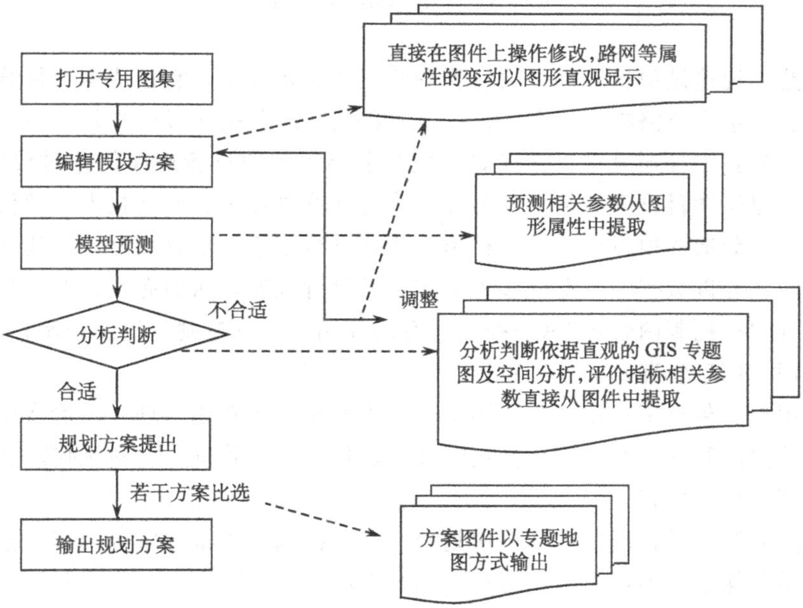

图 6.15　交通规划 GIS 支持系统操作流程

思 考 题

1. 交通规划 GIS 支持系统中分析预测系统有哪些预测模块？各个模块的特点是什么？

2. OD 数据如何表现在 GIS 图层上？

3. 专题图在交通规划 GIS 支持系统中有何作用？

4. 交通评价模块如何从 GIS 空间数据中提取信息？

5. 交通规划 GIS 支持系统如何进行专题输出？如何对专题信息进行配置？

6. 运用交通规划 GIS 支持系统进行规划比传统规划方式有何进步？

第7章 公路工程建设项目管理信息系统

7.1 系统概述

公路工程建设项目管理是项目管理的一个重要分支，它是依据项目管理的理论和方法，结合公路特点，全方位、全过程实施对公路建设的规划、组织、控制与协调。公路工程建设项目管理GIS则是公路工程项目管理在信息时代的产物，它将公路建设项目管理的最新理念和方法与计算机技术、网络技术、通信技术等相结合，对分散的项目信息及各种施工数据进行收集、汇总和存储，建立项目管理数据库，并以数字、图形等多种形式提供给管理者，从而有效地对项目进行管理，实现“三控制两管理”（三控制：费用控制、质量控制、进度控制；两管理：合同管理、信息管理）的管理目标。

费用控制包括工程量清单费用管理、工程量变更费用管理、单价变更费用管理、索赔费用管理、违约罚金费用管理、迟付款利息管理、材料预付款和动员预付款费用管理等内容。

质量控制包括合同段单元层次划分、质量控制及质量评定等内容，是整个工程项目质量保证的根本，也是工程费用管理的一个重要参考因素。其中单元层次划分是建设项目质量管理的前提和基础，只有对整个合同段进行项目单元层次划分，质量控制及质量评定工作才能得以顺利进行。质量控制主要依据对合同段检测项目信息进行跟踪，来监控工程建设项目的质量。

进度控制包括工程建设项目进度计划安排管理和工程项目实际完成进度管理两部分，是整个工程项目得以按期、按计划完成的保证。

合同管理包括合同基础信息、工程量清单、合同信息变更、费用索赔标准、迟付款利息标准、违约罚金标准、材料预付款、动员预付款等内容。其中基础信息管理又包括项目名称、合同起止日期、建设单位、施工单位、监理单位等基本信息以及合同规定的人员、材料、机械设备信息等。费用索赔标准、违约罚金标准、材料预付款、动员预付款则主要为费用管理提供标准信息。

信息管理包括设计文件、施工文件、日常报表、质量检验报表、月报等的输入、查询、统计等内容，实现信息管理的自动化、规范化。

根据公路工程建设项目的特点，公路工程建设项目管理GIS由4个部分组成：办公自动化、系统管理、业务系统、公路施工可视化管理，并且所有的模块都置于 GIS 可视化管理环境下，模块可根据需要进行挂靠和增加。系统总体结构如图 7.1 所示。

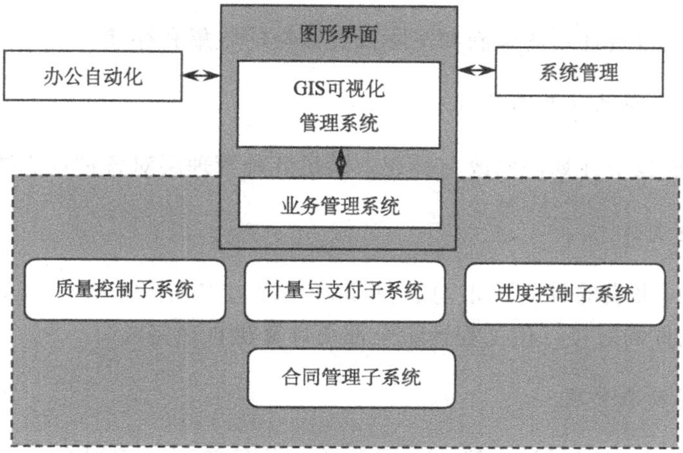

图 7.1　公路工程建设项目管理 GIS 总体结构

以公路项目管理为核心，以工程项目管理数据库为基础，以现代项目管理理论为支撑，建立一个现代、务实、高效、安全的公路工程建设项目管理 GIS，实现公路项目管理的信息采集、整理、传输、统计、汇总分析以及日常业务相关的文档管理、信息查询等工作，可为各级指挥部、驻地监理、施工单位等参建单位提供全面的信息化管理平台，全面提高管理效率和力度，确保公路工程建设高效、经济、顺利的实施。

下面以广东珠海同望科技股份有限公司的公路工程建设项目管理信息系统中的核心部分计量与支付子系统为例，对公路工程建设项目管理 GIS 的开发建设过程进行详细的介绍，其他系统的开发可仿此进行。

7.2　计量与支付系统分析

7.2.1　系统需求分析

计量与支付系统是利用计算机网络技术，对工程计量与支付、工程投资、融资等业务进行控制和管理的管理系统。它为建设单位、监理单位、施工单位提供整套的费用管理模式，方便各方对工程款进行统一管理，对工程费用的动态进行全面分析，并在分析的基础上制定专门的管理办法，使各方对工程款使用情况了如指掌，严密监控工程款的使用，保证计量的准确性。经过调查和研究，计量与支付系统需要具有以下功能：

1）投资数据的输入

主要实现投资计划的编制和实际投资数据的收集和存储。

2）投资数据的修改与查询

主要完成投资计划的修改与补充，满足各种管理层对各种投资数据的查询。

3）计量支付

实现支付报表的计算、汇总、打印，实现与 Word 文档、Excel 电子表格、CAD 绘图软件的对接，使工程计量全部由计算机自动完成。

4）投资动态管理

能够审查工程变更是否符合合同条款，并且能随时掌握合同金额的变更情况，使项目建设各方及时了解动态的资金使用情况。

5）计量支付台账

通过该功能，在任何时候，都可以查询任一分项工程的计量支付情况，有效地防止多计、重计、漏计的现象。

6）竣工结算

根据计量时输入的工程量，能自动生成与合同工程量清单相对应的竣工结算表，工程一结束，就能得出与施工单位的结算资料，同时也能得出与概预算相对应的整个项目的竣工结算资料。

7.2.2　系统业务分析

目前我国常用的公路建设投资策略为“四统三分”，即统一规划、统一设计、统一质量、统一运营、分段筹资、分段建设、分段收益，由地方政府共同负责公路的建设、管理和运营。具体管理模式由省级指挥部负责公路建设的总体规划和宏观控制，由各地市公路建设指挥部负责项目的招投标和资金调配以及具体的进度、质量和投资控制。计量支付管理由省、地市、驻地监理办三级机构共同完成。

各级机构的主要职能为：

(1) 省级指挥部审定、签订每月的完成工作量报表，抽审监督各项目的计量支付报表。

(2) 地市级指挥部审批各标段的月计量支付报表，签署计量支付证书；填写月完成工作量报表，并报省级指挥部项目工程师后，上报省级指挥部。

(3) 驻地监理办负责对合同段计量支付提出审查意见，编制付款证书。

计量支付业务流程一般为：

(1) 承包商提交验收手续，包括开工申请单、承包人自检和监理工程师抽检的各种试验数据、中间交工证书；

(2) 进行工程计量，填写中间计量表；

(3) 地市级指挥部监理工程师对计量结果抽审，检验质量是否达到合同标准及计量过程是否符合合同条件；

(4) 省级指挥部对计量结果抽审。

根据上述管理流程，计量支付数据流程如图 7.2 所示。

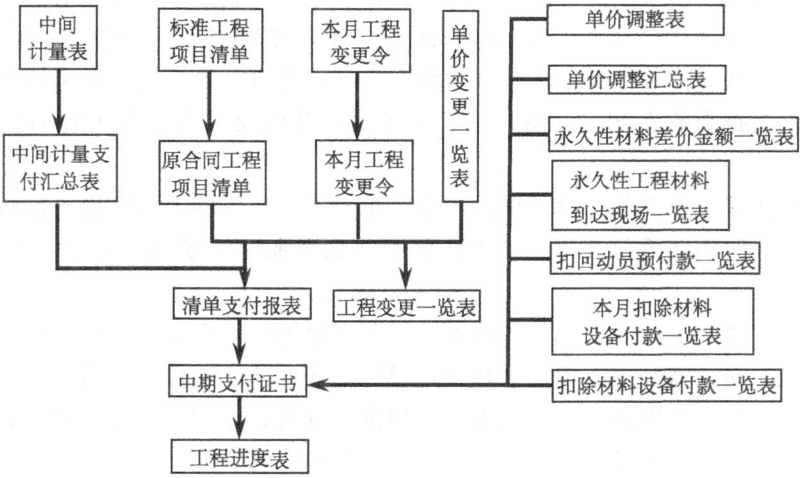

图 7.2　计量支付数据流程

计量支付中涉及到的范围与依据为：

(1) 计量范围。通常情况下为工程量清单和工程变更清单所述的合格工程及合同文件规定的各项费用。

(2) 计量依据。招标文件、合同条款、技术规范、监理工程师批准的施工图纸、中标后确定的工程量清单及工程变更令（工程内容、数量、单价等）、工程量清单说明、费用索赔审批书、监理工程师批准的计日工清单等。

(3) 计量数据。工程量清单数据、工程变更数据、计日工数据（劳务、施工机械、材料）、中间计量申请数据、中间计量审批数据（审批数量）、其他支付项目数据（计日工、索赔金额、违约罚金、月扣除动员预付款、材料设备预付款、扣回材料设备预付款、保留金等)。

在计量范围内，合同段根据实际的工程计量数据，计算出每期付款申请报表所需的数据，并生成中期支付证书。中期支付证书是合同段承包商申请中期工程款的基本依据，包含承包商在按照合同执行过程中的工程变更情况和合同完成情况。

7.3 计量与支付系统设计目标

针对公路工程项目建设具有投资规模大、建设周期短、管理工作相对集中的特点，计量与支付系统的总体目标为：

(1) 引入先进的费用管理技术，使费用管理更加规范，计量支付资料更加准确齐全，档案实现电子化。

(2) 实现从多数据的汇总、统计，方便业主单位或上级主管部门的查询。系统通过办公自动化平台和 GIS 应能同合同管理、进度控制、质量控制等子系统进行有效的联系，方便业主单位或上级主管部门对有关数据进行查询和统计，免去翻阅众多报表的麻烦，以便业主或上级主管部门及时地掌握工程的费用使用情况。

(3) 实现业主单位、监理单位和施工单位三方业务的全面管理，提高工作效益。业主、监理和承包商都要定期地制作有关的报表，实现对项目费用的定量控制。

(4) 实现网上业务处理，加快各项业务审批周期，提高透明度。由于施工单位的批报材料，需经多方审批，整个过程周期长，计量支付的周期长，直接影响到施工单位的资金周转和工程进度，使用该系统后，要缩短审批周期，提高业务处理的透明度，避免投资失控和一些不良现象的发生。

(5) 计量支付系统与办公系统的一体化集成。防止办公和计量支付信息两张皮，形成信息孤岛，以统一的风格在同一平台下运行，降低使用成本，提高工作效率。

7.4 计量与支付系统总体设计

7.4.1 系统功能模块

计量与支付系统的构建应紧密结合费用管理的各项需求，在计算机网络平台上，设计以数据库应用为核心，以网络分布模式为基础，以可视化管理为交互手段，各模块在整体规划基础上进行设计，在数据库设计层面实现数据的一致性和完整性。相关数据可以共享，不同部门之间交流通畅，数据汇集、更新、提取、分析实现自动化，业务流程无缝化。同时考虑到不同部门的业务需求和处理，系统应通过权限设置实现各部门对数据和功能的操纵能力。

结合实际需求，计量与支付系统由系统维护、业务准备、合同管理、计量数据、报表台账、数据处理等模块组成。系统总体功能结构如图 7.3 所示。

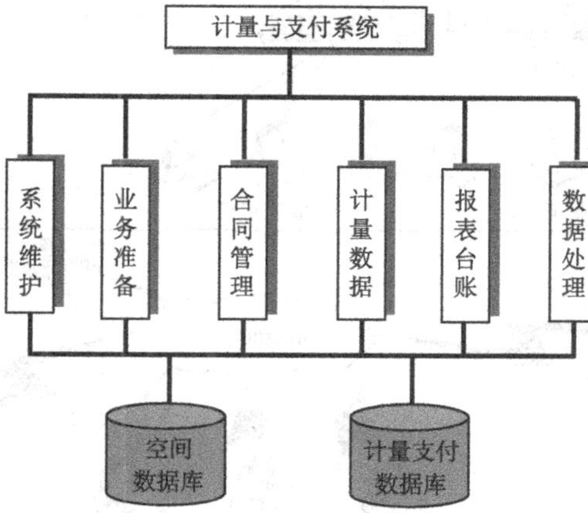

图 7.3 计量与支付系统功能结构

7.4.2 系统网络结构

公路工程建设管理模式的地域分布特点是既有相对固定的用户群体（省级指挥部、地市级指挥部），又有相对比较分散的用户（项目经理部、驻地监理），这就要求系统应置于一定的网络环境中。

考虑到 C/S 与 B/S 结构的各自特点、公路建设管理模式的差异和系统功能模块的差异，系统结构宜采用 C/S、B/S 混合架构。即在相对固定的管理群体中采用基于局域网内部的 C/S 模式，而在比较分散的监理、承包方端采用 B/S 模式。

在这种模式下，系统软件结构分为前台系统与后台系统两大部分。前台系统是整个软件系统的主体，也是实现用户功能需求，完成用户业务处理，达成用户业务目标的部分，这部分系统采用 B/S 体系结构，可让受权用户通过 Internet/Intranet 进入系统，完成其权限范围内的工作任务。后台系统作为系统的辅助支撑系统，为系统的正常运行而对基本参数与设置项进行配置，也是系统管理员对整个软件系统进行控制与设置的功能界面。这部分系统采用 C/S 体系结构，在业主单位的局域网内运行。整个系统跨越业主单位内、外两个网络空间，对多个信息产生点的数据进行收集，统一进行处理与保存。

系统网络结构如图 7.4 所示。

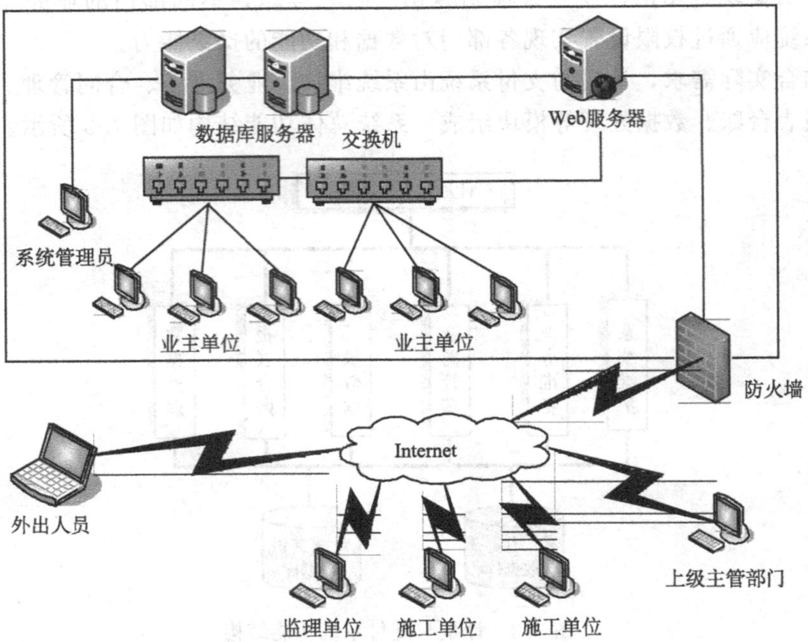

图 7.4 系统网络结构

7.4.3 系统硬件配置

服务器：工作站或小型机（如果使用微机型服务器，建议主频在 600MHz 以上）。

网络设备：网络交换机，网卡，网线等。

微机：CPU 要求 P4-1.8G 以上，CD-ROM，256M 及以上内存（RAM），40G 及以上空闲硬盘，高分辨率彩色显示卡（800×600）。

工程扫描仪：如 CONTEX（A_0 幅面）800dpi。

喷墨绘图仪：如 HP750。

打印机：激光或喷墨打印机（600dpi 以上）。

7.4.4 系统软件配置

1. 服务器端软件配置

操作系统：Windows2000 Advanced Server，Windows2000 Server 或 Windows2003 Server；

数据库管理系统：SQL Server 7.0、SQL Server 2000 或 Oracle。

2. 客户机端软件配置

操作系统：中文 Microsoft Windows 2000 Professional 或中文 Microsoft Windows XP 等；

软件平台：ARCGIS 8.3 平台；

数据库软件：SQL Server 7.0、SQL Server 2000 或 Oracle；

辅助软件：OFFICE 2003 等；

开发工具：Visual Basic 6.0 、Visual C++ 6.0 或 Visual C# 等。

7.5　计量与支付系统数据库设计

7.5.1　系统数据库实体分析

1. 计量支付实体类型分析

根据计量支付的管理流程和数据流程，计量与支付系统数据库包括下列实体。

(1) 公路项目：一个公路建设项目就是一个管理单元，所有的费用管理内容都是以公路为单位进行的；

(2) 地区：一条公路经过不同的城市和地区，本辖区内的公路建设由本区的指挥部负责，并根据实际情况划分为不同的标段；

(3) 驻地监理办：一个驻地监理办可能管理若干标段；

(4) 标段：标段按照合同进行划分，一个标段由一个施工单位完成；

(5) 单位工程：在一个标段内部，根据业主下达的任务和签订的合同，具有独立施工条件，可以单独作为成本计算对象的工程；

(6) 分部工程：在一个标段内部，按照路基路面工程和桥梁工程结构部位、施工特点或施工任务等划分的若干个施工单元；

(7) 分项工程：在分部工程中按照施工方法、材料、工序以及路段长度等划分的若干个施工单元。

2. 计量支付实体类型关系分析

1) 公路项目、地区（城市)、驻地办、标段关系分析

公路可经过多个地区，其间是一对多关系。每个地区管理多个驻地办，驻地办管理多个标段，它们之间的关系都是划分关系。公路有名称、起始桩号、终止

桩号等属性；地区有名称属性；驻地办有名称属性；标段有合同名称、合同编号、业主单位、监理单位、施工单位、开工日期、完工日期、合同工期、起始桩号、终止桩号等属性。公路、地区、驻地办和标段实体的关系如图 7.5 所示。

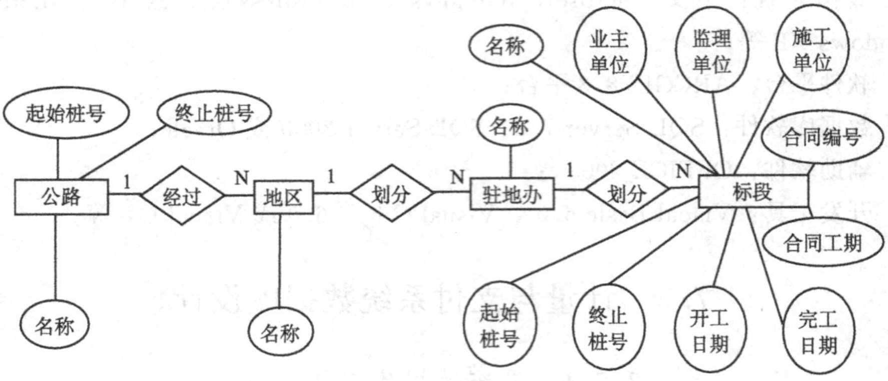

图 7.5　公路、地区、驻地监理办和标段 E-R 图

2）标段、分项工程关系分析

整个标段工程划分为若干分项工程，标段与分项工程之间的关系是一对多的划分关系。标段承包人每月根据各个分项工程的合同数量、合同单价、变更数量、变更单价、实际完成数量（申请计量数量）、计量审核数量等数据进行计量，然后申报并逐级进行审批。分项工程包括名称、清单数据、变更申请数据、计量申请数据等属性。它们之间的数据模型如图 7.6 所示。

3）标段、月实际完成工程量、月计划完成工程量关系分析

标段划分为多个分项工程后，依据分项工程建立完整的合同工程量清单，合同工程量清单包括各工程项目的名称、编号、数量、单价，其中数量是指合同工程量清单中所列的工程数量，它是在实际施工生产前根据设计图纸和说明及工程量计算规则所得到的一种准确性较高的预计数量，而不是合同段应予以完成的实际和准确的工程数量。合同工程量清单汇总表包括总则、路基土石方、路面、桥梁、隧道、排水、防护、道路设施、绿化等项目。标段每月进行计量的项目及单价以合同工程量清单为主。月实际完成工程量包含分项工程及其完成数量两个属性，月计划工程量包含分项工程及计划完成数量两个属性。标段的月实际完成工程量和计划工程量之间的关系如图 7.7 所示。

3. 计量支付实体关系集成

视图设计从局部需求出发，比开始就设计全局模式要简单。如果有各个局部

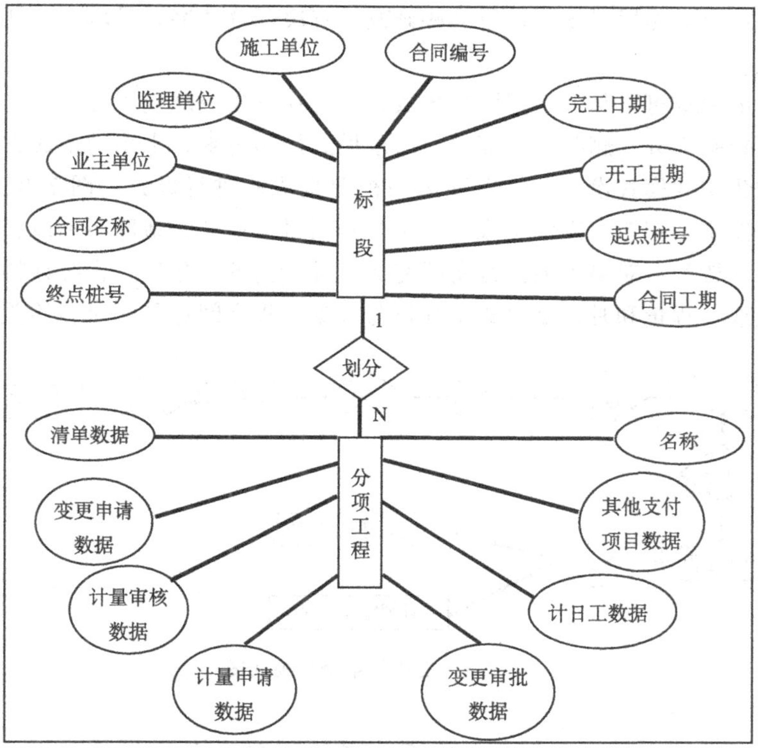

图 7.6　标段、分项工程 E-R 图

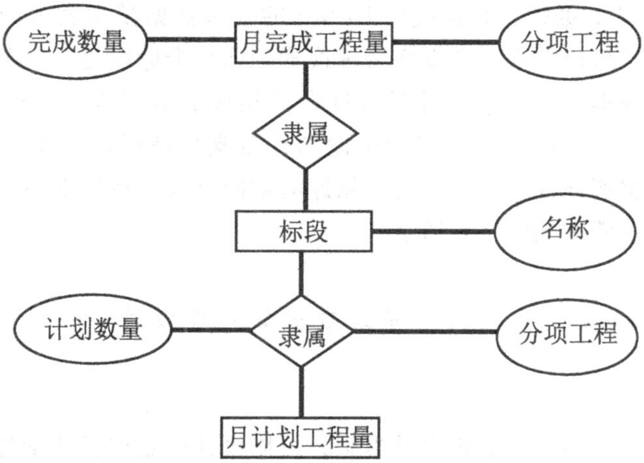

图 7.7　标段、月实际完成工程量、计划完成工程量 E-R 图

的视图，可以通过视图集成设计全局模式。在视图集成时，首先必须确认视图中的对应和冲突，然后对视图进行某些修改，解决部分冲突，最后合并视图，形成全局模式。

视图的集成可以是多个视图的集成。进行视图集成时应尽可能合并对应的部分，保留特殊部分，删除冗余部分，力求模式简明清晰。常用的集成方法有视图集成法和集中式模式设计法，下面采用视图集成法进行设计。图 7.8 是图 7.5、图 7.6 和图 7.7 三个视图的集成，其中公路项目与地区、地区与标段、标段与分项工程之间皆为一对多关系。月实际完成工程量由各个分项工程统计得到，因此月实际完成工程量和月计划完成工程量与分项工程之间也是一对多的关系。

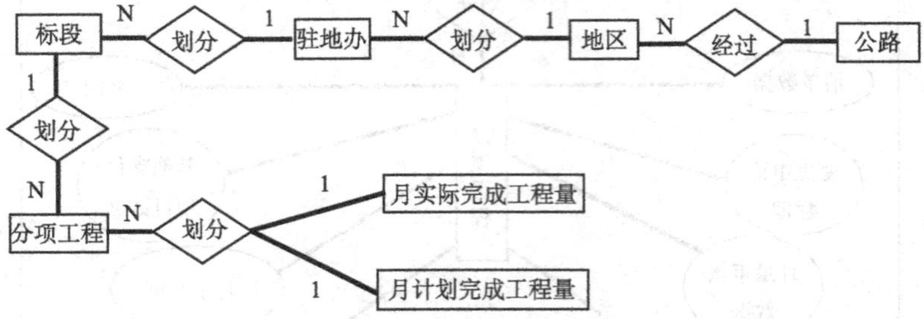

图 7.8　实体关系全局模式图

7.5.2　系统数据库逻辑设计

逻辑设计通过概念设计，可以将以概念数据模型表示、与数据库管理系统(DBMS) 无关的数据模型转换成以 DBMS 的逻辑数据模型表示的逻辑模式。对于公路项目而言可以采取多数据库管理模式，即每个标段建立一个数据库；在每个数据库中，根据计量范围、计量数据设计相应的数据表格。通过多数据库设计，可以根据需要了解一个或多个标段的计量支付情况，有助于投资控制。另外，在进行数据库设计时，应避免数据库的空间过大，造成空间浪费。计量与支付系统的数据库管理如图 7.9 所示。

7.5.3　系统数据库物理设计

1. 数据库分类

根据 7.5.2 节当中的逻辑设计思想，可以设计公路项目计量与支付系统数据库的物理结构，从总体来看，数据库可分为三类，分别是合同管理数据库、计量数据库和报表台账数据库，其中合同管理数据库包括合同条款、变更表等内容；计

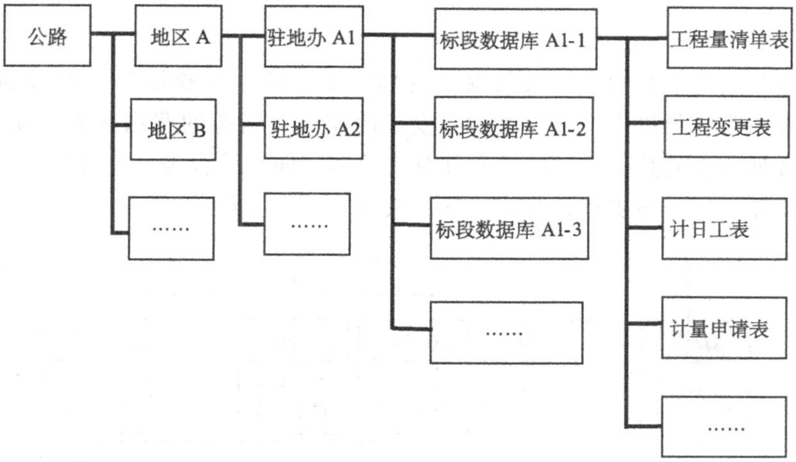

图 7.9　计量与支付系统数据库结构

量数据库主要包括审核材料到场记录、审核材料消耗记录、审核中间计量表等内容；报表台账数据库包括监控台账、报表统计、计量项表等内容。表 7.1 是公路项目计量与支付系统的主要数据库表。主键就是指主索引字，次键就是次索引字。

表 7.1　主要关系表的主次键

表名	表文件名	主键	次键
合同概况	HTGK	合同编号	项目编号
合同条款	HTTK	合同编号	项目编号
工作量清单	GZLQD	清单编号	清单名称
工作计划	GZJH	项目编号	项目名称
变更令表	BGLB	变更令号	变更项目
材料类表	CLLB	材料编号	材料名称
计日工表	JLGB	计日工号	桩号
索赔表	SPB	索赔编号	索赔名称
审计表	SJB	凭证号	桩号
审核材料到场表	CLDCB	材料编号	材料单价
审核材料消耗表	CLXHB	材料编号	材料名称
中期支付表	ZQZFB	清单号	项目名称
计量项分类	JLXFL	凭证号	清单编号
监控台账	JKTZ	清单编号	清单名称

2. 数据关系

计量与支付系统的主要目的就是管理整个公路工程建设项目资金的支付情况，处理因为材料价格临时变动和突发事故赔偿等引起的费用数据变化。因此，所有的数据库表的数据经过统计和计算最后都流向审计报表，为管理者的决策服务。公路项目计量与支付系统的数据关系如图 7.10 所示。

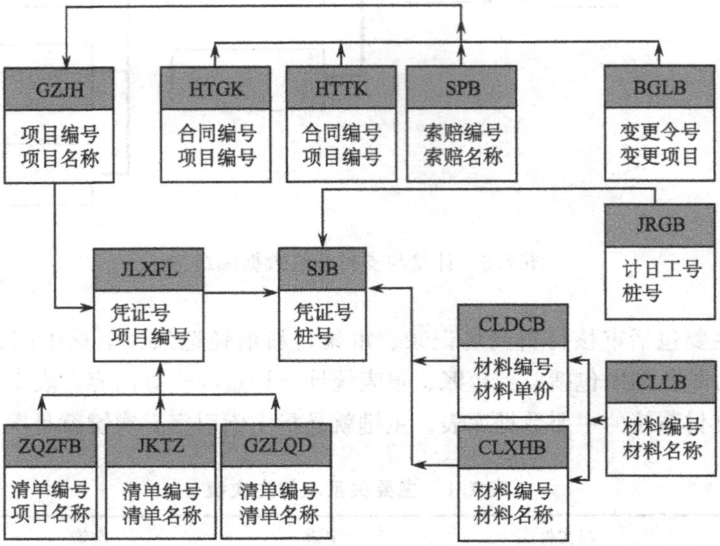

图 7.10 计量与支付系统的数据关系图

3. 数据库表结构

1) 合同概况

合同概况用于描述合同的最基本内容，其具体的结构见表 7.2。

2) 合同条款

合同条款用于详细描述合同的条款，其具体的结构见表 7.3。

3) 工作量清单

工作量清单用于衡量工作量大小和工作量金额，其具体的结构见表 7.4。

4) 工程计划表

工程计划表主要用于部署工作的进度和统计项目的进展参数，其具体结构见

表 7.5。

表 7.2　合同概况

字段名称	字段类型	字段长度	小数位
项目编号	字符型	20	0
合同编号	字符型	20	0
合同名称	字符型	20	0
合同位置	字符型	20	0
车道数	数值型	2	0
起始桩号	字符型	20	0
结束桩号	字符型	20	0
全长（km）	数值型	20	3
开工日期	日期型	15	0
完工日期	日期型	15	0
公路级别	数值型	4	0
建设单位	字符型	20	0
监理单位	字符型	20	0
施工单位	字符型	20	0

表 7.3　合同条款

字段名称	字段类型	字段长度	小数位	字段名称	字段类型	字段长度	小数位
动员预付款总额	数值型	20	5	合同总额	数值型	20	5
扣回动员预付款比例	数值型	10	8	材料扣回款比例	数值型	10	8
动员预付款起扣金额	数值型	20	5	材料预付款比例	数值型	10	8
动员预付款全额扣回限额	数值型	20	5	材料预付款限额	数值型	20	5
暂扣保留金比例	数值型	10	8	迟付款日利率	数值型	10	8
保留金起扣金额	数值型	20	5	迟付款利息限额	数值型	20	5
累计暂扣保留金限额	数值型	20	5	违约金限额	数值型	20	5
外币比重	数值型	10	8	索赔金限额	数值型	20	5
外币币种	字符型	10	0	清单金额	数值型	20	5
完工日期	日期型	15	0	计日工金额	数值型	20	5
外币汇率	数值型	10	8	暂时金金额	数值型	20	5

表 7.4　工作量清单

字段名称	字段类型	字段长度	小数位
清单编号	字符型	20	0
清单名称	字符型	20	0
单位	字符型	20	0
数量	数值型	20	5
单价	数值型	15	6
金额	数值型	20	5
清单类型	字符型	20	0
累计工作量	数值型	20	0
备注	字符型	100	0

表 7.5　工作计划表

字段名称	字段类型	字段长度	小数位
项目编号	字符型	20	0
项目名称	字符型	20	0
合同金额	数值型	20	5
合同年月	日期	15	0
计划完成金额	数值型	10	8
计划完成百分比	数值型	10	8
备注	字符型	100	0

5）变更令表

变更令表主要与合同相关，用于描述项目中因为某些外在因素而改变的各种技术路线和手段。变更令直接影响到项目的预算和支出。变更令表的具体结构见表 7.6。

表 7.6　变更令表

字段名称	字段类型	字段长度	小数位	字段名称	字段类型	字段长度	小数位
变更令号	字符型	20	0	变更项目	字符型	20	0
变更时间	日期	15	0	桩号	字符型	20	0
变更等级	字符型	4	0	合同图纸	对象型	—	—
变更数量	数值型	20	0	变更后图纸	对象型	—	—
变更令金额	数值型	20	5				

6）材料类型

材料类型主要描述项目中所涉及材料的价格和单位，其具体的结构见表 7.7。

表 7.7　材料类型

字段名称	字段类型	字段长度	小数位
材料编号	字符型	20	0
材料名称	字符型	20	0
单位	字符型	10	0

7）计日工表

计日工表主要用于描述不同的劳动力在特定的工程中的日劳动价值，其具体的结构见表 7.8。

表 7.8　计日工

字段名称	字段类型	字段长度	小数位
批准文号	字符型	20	0
业务日期	日期型	15	0
桩号	字符型	20	0
计日工编号	字符	10	0
计日工名称	数值型	20	0
单位	字符型	10	0
数量	数值型	20	0
单价	数值型	20	5
金额	数值型	20	5
备注	字符型	100	0

8）索赔查询表

索赔表用于管理由于施工过程中的意外而造成损失的索赔事宜，索赔直接关系到项目的支出，其具体结构见表 7.9。

表 7.9 索赔查询表

字段名称	字段类型	字段长度	小数位
索赔编号	字符型	20	0
索赔名称	字符型	20	0
索赔金额	字符型	20	0
业务日期	日期	15	0
索赔工期	日期	15	0

9）审核中间计量表

审核中间计量表用于描述公路工程建设过程中的各种项目，其具体的结构见表 7.10。

表 7.10 审核中间计量表

字符名称	字符类型	字符长度	小数位
凭证号	字符型	20	0
业务日期	日期型	15	0
桩号	字符型	20	0
部位	字符型	20	0
图号	字符型	20	0
交工证书	字符型	20	0
计算式	字符型	20	0

10）审核材料到场表

审核材料到场表用于管理工程中必备材料是否到场及其他信息。其具体结构见表 7.11。

11）审核材料消耗表

审核材料消耗表用于管理材料的消耗状况，为后续的材料处理和引进作根据，其具体的结构见表 7.12。

12）中期支付表

由于工程建设过程中，要不断地支付部分项目的款项，中期支付表用于表述项目的中期支付款情况，其具体结构见表 7.13。

表 7.11　审核材料到场表

字段名称	字段类型	字段长度	小数位
业务日期	日期型	15	0
材料编号	字符型	20	0
材料名称	字符型	20	0
单位	字符型	10	0
数量	数值型	20	0
单价	数值型	20	5
金额	数值型	20	5
是否需要垫付预付款	布尔型	2	0
票据	对象型	—	—
材料来源	字符型	20	0
计划使用的工程	字符型	20	0

表 7.12　审核材料消耗表

字段名称	字段类型	字段长度	小数位
审核标记	布尔型	2	0
业务日期	日期型	15	0
编号	字符型	20	0
材料名称	字符型	20	0
单位	字符型	10	0
单价	数值型	20	5
数量	数值型	20	0
金额	数值型	20	5
是否需要扣回预付款	布尔型	2	0
票据	对象型	—	—
材料来源	字符型	20	0
使用的工程	字符型	20	0

表 7.13　中期支付表

字段名称	字段类型	字段长度	小数位
清单号	字符型	20	0
项目名称	字符型	20	0
原有总金额	数值型	20	5
变更总金额	数值型	20	5
变更后总金额	数值型	20	5
到本期末完成金额	数值型	20	5
到上期末完成金额	数值型	20	5
本期完成金额	数值型	20	5

13）计量项分类

计量项用于管理所有的清单、变更令，其具体结构见表 7.14。

表 7.14　计量项分类表

字段名称	字段类型	字段长度	小数位
凭证编号	字符型	20	0
清单编号	字符型	20	0
清单名称	字符型	20	0
单位	字符型	10	0
工程数量	数值型	20	0
变更令编号	字符型	20	0
变更工程量	数值型	20	0
业务日期	日期型	15	0

14）监控台账

监控台账用于管理项目清单的完成和支付情况，其具体结构见表 7.15。

表 7.15　监控台账

字段名称	字段类型	字段长度	小数位	字段名称	字段类型	字段长度	小数位
清单编号	字符型	20	0	上期未完成数量	数值型	20	0
清单名称	字符型	20	0	上期未完成金额	数值型	20	5
单位	字符型	10	0	到本期末应付剩余数量	数值型	20	5
单价	数值型	20	5	超合同数量	数值型	20	0
应支付数量	数值型	20	0	完成占百分比	数值型	10	8
应支付金额	数值型	20	5	本期完成数量	数值型	20	0
本期完成金额	数值型	20	5				

7.6　计量与支付系统功能设计与实现

计量与支付系统采用 Windows 界面，集菜单、控制面板、图形显示等可视区域于一体，加强了用户界面的可操作性，图形操作界面清晰，数据显示打印浏览所见即所得，各种输入界面、输出界面与日常使用习惯完全一致，极其贴近用户。此外，用户还可以对可视区域进行设置和调整，使其适合自己的需要。

计量与支付系统使用户可以方便、轻松、灵活地处理计量支付业务中的问题，并且最大限度地提高工作效率、优化业务管理流程、加强计量支付管理。根据系统总体功能结构，计量与支付系统包括系统维护、业务准备、合同管理、计量数据、报表台账、数据处理等模块。

7.6.1 系统维护

系统维护模块的功能主要包括工程信息输入、业务流程建立、用户管理、清单规则制定、中期支付项定义、系统设置、报表模板编辑等功能。

1. 工程信息输入

通过键盘录入一个工程建设项目的基本信息，包括工程编号、工程名称、标段编号、标段名称等内容。

2. 业务流程建立

一般来说，计量支付的流程是承包商填报计量数据，驻地监理收到承包商的数据后进行审核，业主最终审定数据。该功能应能使系统管理员可根据建设项目的具体情况定义数据传递的流程。

3. 用户管理

通过分级的用户管理，系统提供用户分级和权限设置功能，对每位用户业务管理的范围与级别进行设置，每级用户在规定的权限范围内处理业务，实现管理与业务的统一。用户管理界面如图 7.11 所示。

4. 清单规则制定

定义全线所有合同段总的清单规则，即所有合同的清单编号均要符合该清单规则才允许可识别，否则将无法录入或导入工程量清单。清单规则制定界面如图 7.12 所示。

5. 中期支付项定义

录入交通部所颁发标准的中期支付证书的支付项，根据工程项目的特点，可以在此基础上进行相应的修改，满足用户的需要。中期支付项定义界面如图 7.13 所示。

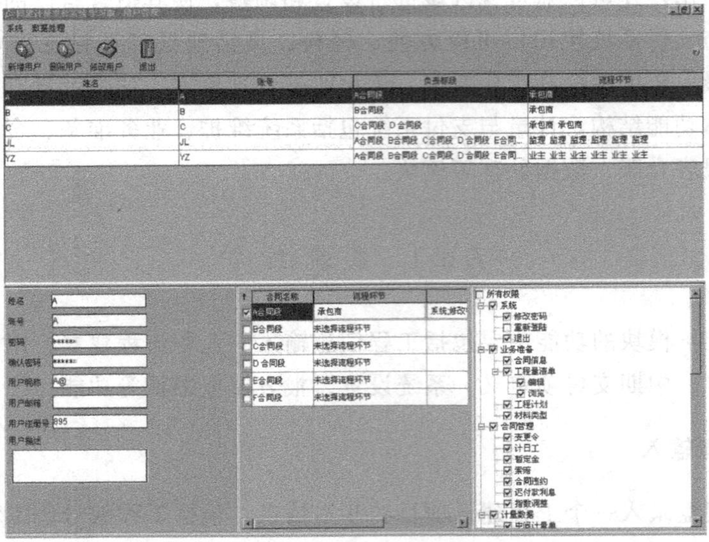

图 7.11　用户管理界面

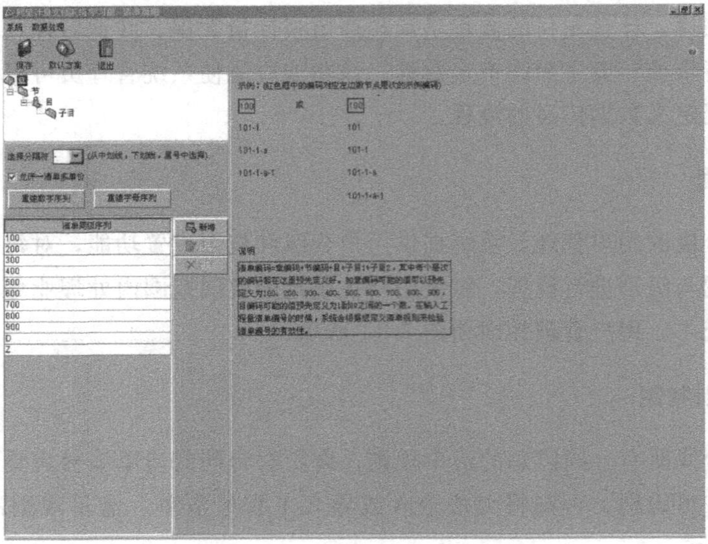

图 7.12　单规则制定界面

6. 系统设置

设置数据存储的小数位数，统一所有报表数据取数的一致，确保计量的准确性。系统设置界面如图 7.14 所示。

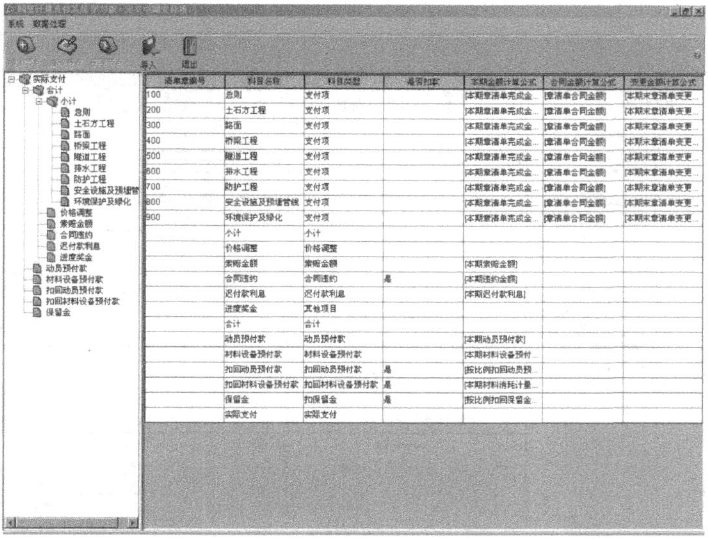

图 7.13　中期支付项定义界面

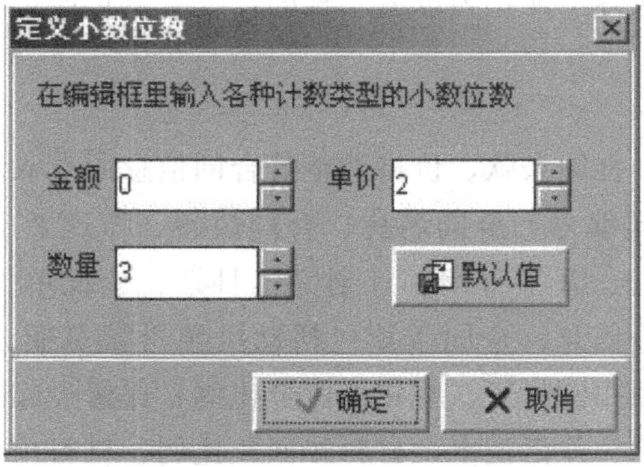

图 7.14　系统设置界面

7. 报表模板编辑

能够对费用管理所用报表的边框线型进行编辑，同时，也可以对报表内数据的对齐方式及字体的类型、尺寸、颜色等进行编辑。报表模板编辑界面如图 7.15 所示。

7.6.2　业务准备

业务准备模块主要实现合同信息的录入、工程量清单的录入、工程计划的录

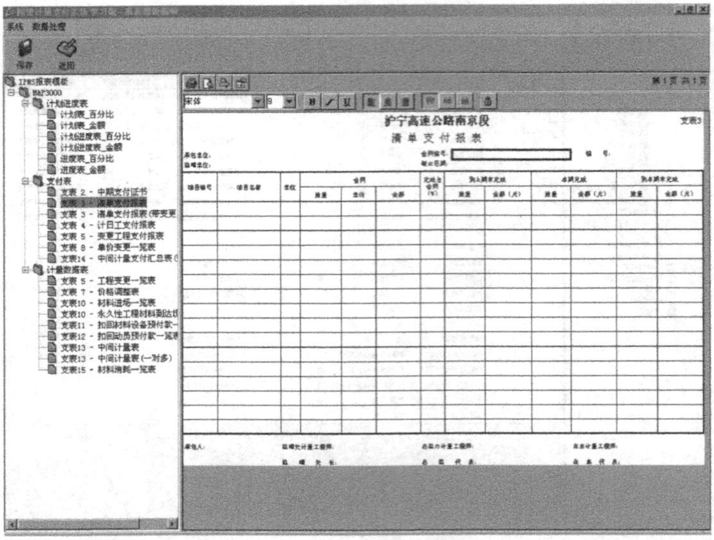

图 7.15　报表模板编辑界面

入、材料类型的录入等功能，为以后工程的计量与支付做好准备。

1. 合同信息录入

实现合同概况、合同条款、价格调整等合同信息的录入功能。其中合同概况包括项目编号、合同编号、合同名称、合同位置、车道数、公路级别、起始桩号、结束桩号、全长、开工日期、计划完工日期、建设单位名称、监理单位名称、施工单位名称等信息；合同条款包括动员预付款总额、扣回动员预付款比例、动员预付款全额扣回限额、暂扣保留金比例、保留金起扣金额、累计暂扣保留金限额、外币币种、外汇汇率、材料扣回款比例、材料预付款比例、材料预付款限额、迟付款日利率、迟付款利息限额、违约金限额、索赔金额限额、清单金额、计日工金额、暂定金金额、合同总价等信息；价格调整主要包括价格调整编号、指数调整符号、符号说明、加权系数、基本价格指数等信息。合同概况信息的录入界面如图 7.16 所示。

2. 工程量清单录入

工程量清单的录入包括两种方式：一是直接增加、编辑工程量清单；另一种是直接导入做好的工程量清单（Excel 格式）。清单导入之后，如果还需要增加个别清单项，应能直接增加、编辑添加的清单。此外还应具有修改、删除、汇总、退出等功能。工程量清单的录入界面如图 7.17 所示。

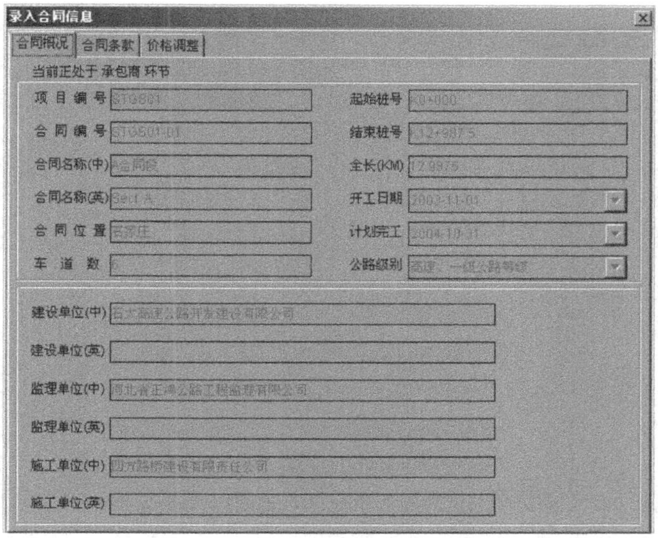

图 7.16　合同概况信息录入界面

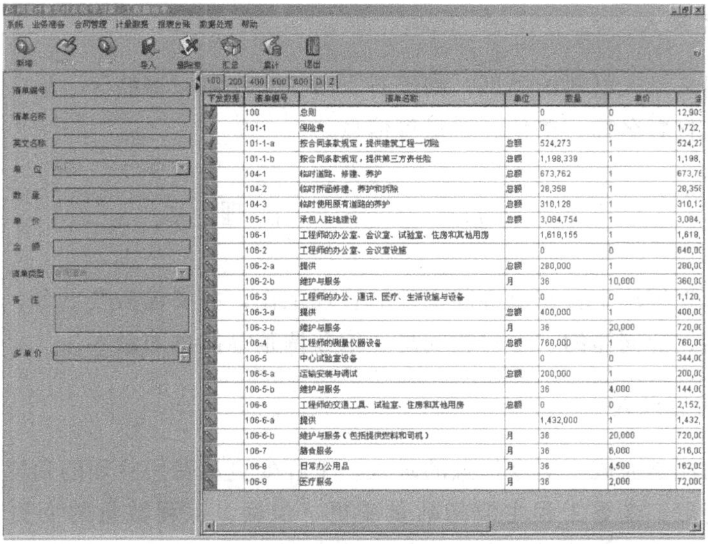

图 7.17　工程量清单录入界面

3. 工程计划录入

主要实现工程计划的录入。工程计划主要包括项目编号、项目名称、合同金额、合同年月、计划完成金额、计划完成百分比等信息。工程计划录入界面如图 7.18 所示。

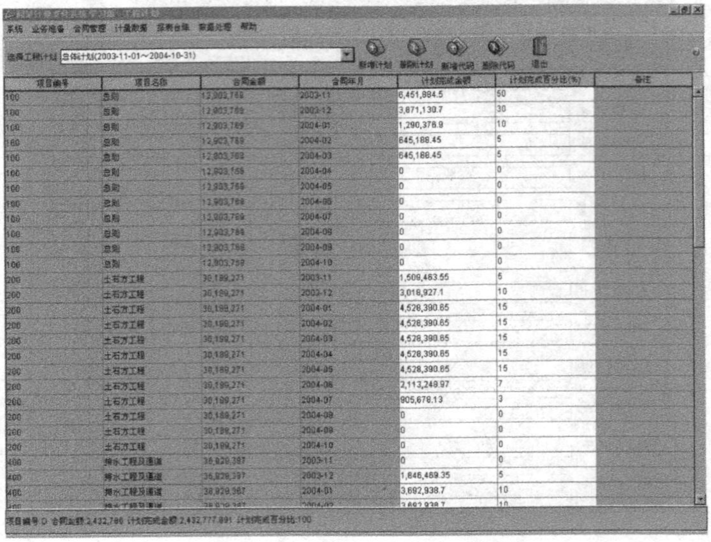

图 7.18　工程计划录入界面

4. 材料类型录入

主要用来录入材料的类型，如碎石、沙子、水泥、钢筋等。输入的信息包括材料编号、材料名称、单位、数量等信息。

7.6.3　合 同 管 理

合同管理模块主要完成合同文件的管理工作，主要包括变更令、计日工、暂定金、索赔、合同违约、迟付款利息、指数调整等信息的录入。

1. 变更令信息录入

主要功能是完成变更令信息的录入。工程变更从费用管理的角度分为变更工程和单价变更。变更工程主要指数量变更，包括：工程数量的变更、工程的移位、撤销、新增等与计量工作相关的工程变更。单价变更主要指由于各种原因，工程项目的单价发生调整的工程变更。变更令信息主要包括变更令号、变更时间、变更等级、变更类型、变更令金额、变更项目、桩号、合同图纸、变更后图纸等。

变更令信息录入界面如图 7.19 所示。

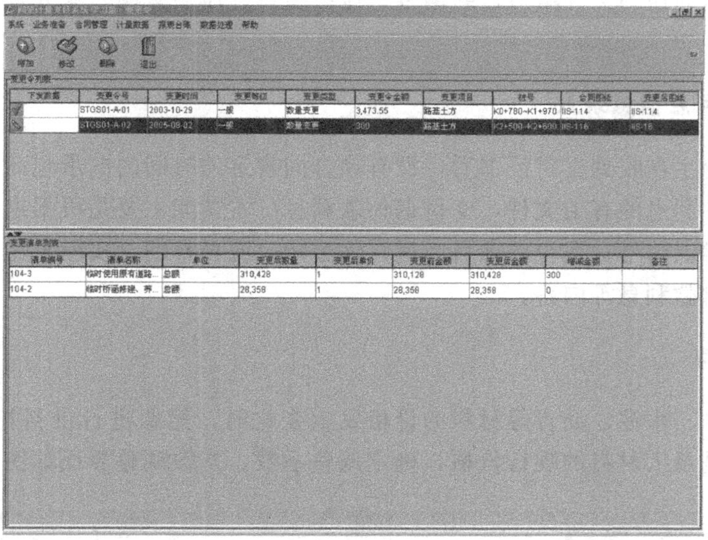

图 7.19　变更令信息录入界面

2. 计日工信息录入

主要具有计日工信息的录入功能。监理工程师指定施工单位完成的特殊、较小的变更工程或附加工程，就可以以计日工的形式进行处理。计日工信息主要包括批准文号、业务日期、桩号、计日工编号、计日工名称、单位、数量、单价、金额等。

3. 暂定金信息录入

本功能主要用来进行暂定金信息的录入。暂定金信息主要包括批准文号、暂定金编号、项目名称、桩号、金额、业务日期等。

4. 索赔信息录入

索赔业务是最难，最复杂，最具技巧性、灵活性和政策性的一个项目，必须谨慎处理。索赔有三种形式：工期索赔、费用索赔和工期与费用综合索赔。本功能主要是根据索赔的批复文件录入索赔编号，填写索赔名称、索赔金额、业务日期、索赔工期及索赔依据等信息。

5. 合同违约信息录入

在工程施工过程中，由于业主、监理工程师或承包人的原因而造成的违约，根据合同条款规定，违约要处罚相应的罚金，以弥补造成的损失。本功能主要用来根据下达的违约文件填写违约编号、违约项目、违约金额、业务日期、违约依据等信息。

6. 迟付款利息信息录入

如果业主在收到支付证书后，没有在合同规定的时间内向承包商付款，需要编制迟付款利息的有关文件，支付迟付款利息。本功能主要是根据迟付款记录直接录入迟付款编号、迟付款项目、迟付款金额、应付日期、实际支付日期、迟付天数、迟付款利息等内容。

7. 指数调整

当钢材、水泥、沥青等材料的价格发生变化时，需要进行价格指数的调整。主要功能是录入材料的现行价格，确定调整系数。指数调整界面如图 7.20 所示。

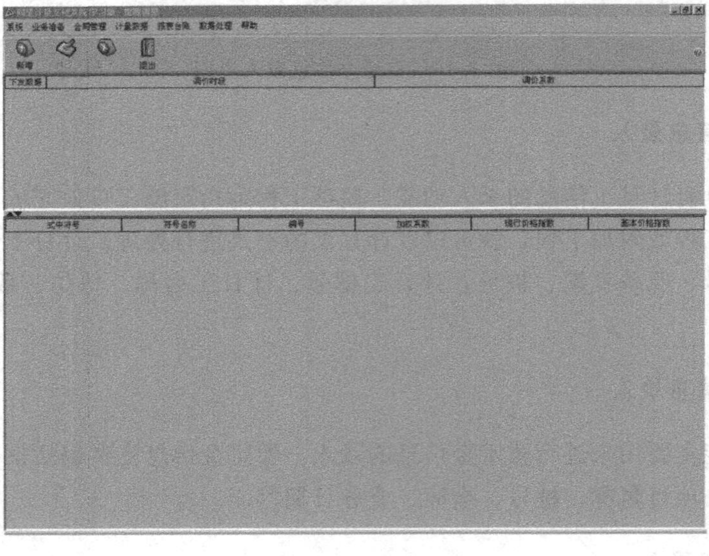

图 7.20 指数调整界面

7.6.4 计 量 数 据

计量数据模块是计量与支付系统中非常重要的一部分，它主要具有清单计量、到场材料填报、材料消耗计量、动员预付款申请、返还保留金申请等功能，若用户为监理单位或业主单位，该模块还应具有对清单计量（包括变更计量）、材料到场计量、材料消耗计量、垫付动员预付款申请、返还保留金申请进行审核或审定的功能。

1. 清单计量

计量一般是建立在质量合格证书、中间交工证书、工程量清单、合同条款、设计图纸的基础上。清单计量主要是完成凭证号、业务日期、桩号、部位、图号、交工证书、清单编号、变更令编号、清单名称、单位、工程数量、含变更数量等信息的录入工作。

2. 到场材料填报

根据合同条款的规定，业主应给施工单位支付材料预付款，以供购进材料之用，并且不计利息。此项金额应按投标书附件写明的材料、设备费用的百分比支付。当到场材料的质量、存放方法以及存放场地得到监理人员认可后，施工单位即可填报到场材料计量单。该模块的主要功能就是完成材料编号、材料名称、单位、数量、单价、金额、是否需要支付垫付款、票据、材料来源、计划使用的工程等信息的录入。

3. 材料消耗计量

当材料设备已用于永久性工程后，材料预付款应从中期支付证书中逐次扣回，合同条款中规定了扣回材料预付款的比例。该模块的主要功能就是根据已经应用于永久工程的材料数量，确定需要扣回的材料预付款金额。材料消耗计量的界面如图 7.21 所示。

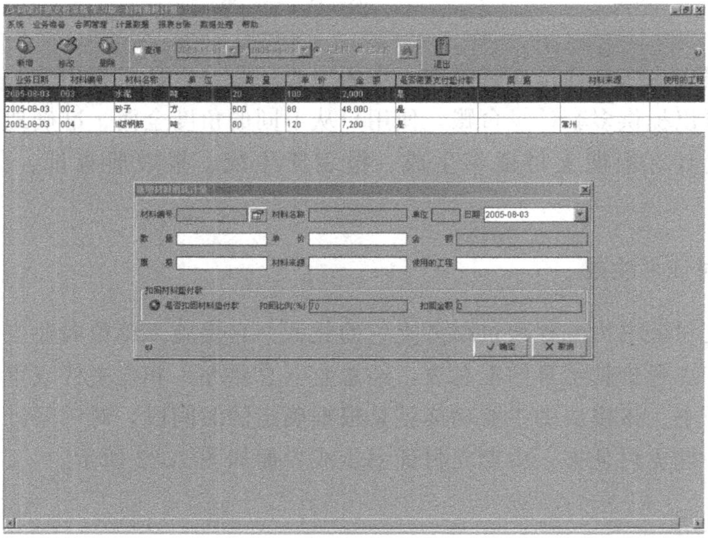

图 7.21　材料消耗计量界面

4. 动员预付款申请

动员预付款是开工前业主支付给施工单位用于工程开办费的一笔无息贷款，在施工阶段根据工程进度及时间分期从中期支付中扣回。提供这项资金的目的在于减轻施工单位资金周转的压力。该模块的功能就是向监理单位和业主单位提出预付款的申请。

5. 返还保留金申请

保留金是由合同规定的每期计量支付需要扣留的质量保证金。该模块的功能就是对已经扣留的保留金提出申请，填写返还保留金申请单。

当用户为监理单位或业主单位时，计量数据模块还具有对清单计量（包括变更计量）、材料到场计量、材料消耗计量、垫付动员预付款申请、返还保留金申请进行审核或审定的功能。由于对清单计量（包括变更计量）、材料到场计量、材料消耗计量、垫付动员预付款申请、返还保留金申请进行审核或审定的功能设计相类似，在此仅以对清单计量的审核为例介绍其功能设计，其他计量支付工作的审核以它为参考进行设计。

清单计量审核主要是对施工单位上报的中间计量单进行审核，其中主要审核上报的工程数量，确保计量支付的准确。该模块具有的功能是审核工程数量、录入核实工程量、签署审核意见等。

7.6.5 报表台账

计量报表台账是计量支付管理工作的主要环节。它是工程用款的一种有效控制手段，可以提供多套计量台账，使用户从不同的角度全面、准确地了解计量情况。它主要具有中期支付证书生成、报表册生成、报表册查询、分析统计等功能。

1. 中期支付证书生成

中期支付证书为工程项目财务支付的凭证。它是施工单位向业主提供的工程进展情况和工程价款结算的汇总表，经总监（总监办）和业主代表审核批注后即作为支付证书。该模块的主要功能就是根据确定的时间段，对中间计量表进行汇总，生成中期支付证书。中期支付证书生成界面如图 7.22 所示。

2. 报表册生成

该模块的主要功能就是依据 FIDIC 条款文件，设置一整套标准报表，拟定

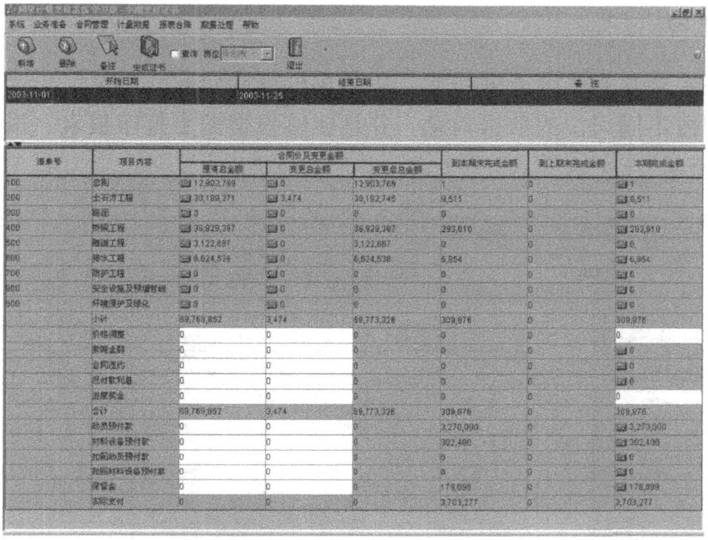

图 7.22　中期支付证书生成界面

成册，报表模板可根据建设项目需要实行定制，满足不同用户的需求。同时，还应具有增加报表册、删除报表册、导出报表等功能。报表册生成界面如图 7.23 所示。

图 7.23　报表册生成界面

3. 报表册查询

该模块主要具有复合查询功能，用户可根据合同段、岗位信息、报表类型查询各个合同段不同岗位的数据信息，并且能够根据需要打印报表。报表查询结果如图 7.24 所示。

图 7.24　报表查询结果

4. 分析统计

该模块的主要功能是从不同角度对计量数据进行监控。对计量数据进行监控的监控码分为五类：分部分项工程代码、预算代码、概算代码、工序代码、机构代码，用户可以根据自己的实际需要设计监控码，根据设计的监控码查询、分析、统计计量项目。分析统计的界面如图 7.25 所示。

7.6.6　数 据 处 理

数据处理是指不同用户之间系统数据、基础数据、计量数据的相互传递。目前，数据传送有两种方式：一种是通过网络直接进行数据的相互传送；另一种是通过软盘、U 盘、移动硬盘等存储介质进行。数据处理模块主要具有数据发送、数据接收、数据上报、数据维护等功能。

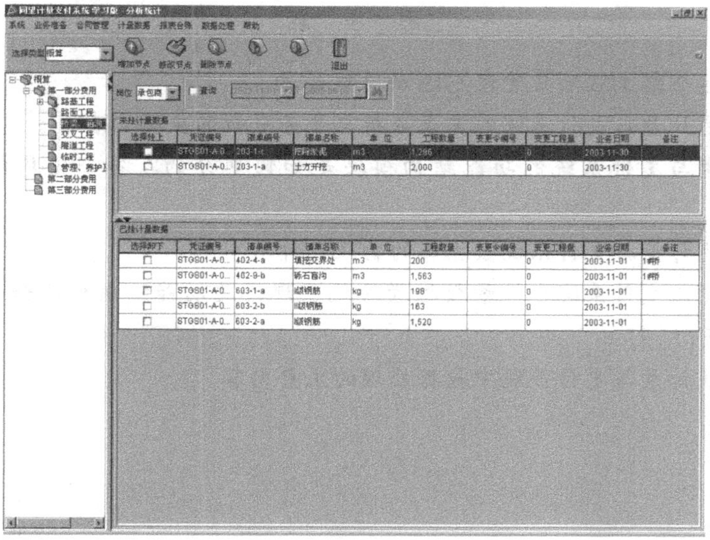

图 7.25　分析统计界面

1. 数据发送

数据传送功能可实现当月合同数据、当月中间计量表、当月计量支付申报表等的传送。在实际工作中，利用数据传送还可以进行中间计量意见的交换，申报支付报表的传递，可节约大量的人力、时间。

2. 数据接收

报表数据接收功能可实现当月合同数据、当月中间计量表、当月计量支付申报表的接收。同时，系统提供数据自动识别功能，可自行判定数据的发送单位、接收单位，同时加入密码签字功能，保证系统的安全性。

3. 数据上报

该模块的主要功能就是通过网络或存储介质完成数据的上报工作。

4. 数据维护

为确保数据安全，防止意外发生，系统应提供方便、有效的数据维护功能。当系统出现问题或操作错误导致数据丢失时，用户可通过数据维护恢复原有数据。该模块的主要功能就是完成数据的备份，便于数据的恢复。

思 考 题

1. 简述公路工程项目管理GIS的系统结构。

2. 简述计量与支付系统的需求分析与业务分析的主要内容。

3. 计量与支付系统的功能结构模块是如何划分的？各个模块能实现什么功能？

4. 简述计量与支付系统数据库的物理设计。

5. 计量与支付系统中计量数据模块能实现哪些功能？该模块如何维护和管理计量数据？

6. 简述计量与支付系统中数据处理的主要内容。

第8章 公路养护信息系统

8.1 系统概述

8.1.1 公路养护的目的和任务

公路养护的目的是使公路功能，按设计要求，在设计年限内得到充分发挥。

公路竣工交付使用后，随着时间的推移，在反复的行车荷载、各种不可抗拒的自然因素作用下，特别是交通量的不断增加、建筑材料的老化、施工和设计中的缺陷，导致公路的使用性能逐步下降。因此，为保持公路在设计年限内保持完好状态，提高公路的服务质量，最大限度地发挥公路的运输经济效益，保障行车安全畅通，就必须运用先进的技术和科学的管理方法，合理分配和使用养护资金，对公路及其构筑物进行定期的养护和管理。

具体而言，公路养护管理的任务就是：保持公路及其设施处于完好状态，及时修复损坏部分，保障行车安全、畅通和舒适；采用先进的技术和方法，提高公路的养护质量，延长公路使用寿命；治理公路病害与隐患，增强公路的抗灾能力；正确决策以实现公路的分期改善和增建，逐步提高公路使用质量和服务水平。

8.1.2 公路养护的内容

公路养护过程是一个复杂的智能决策过程，是要在有限的资金条件下，合理安排养护对象的先后，养护规模的大小，因此设计合理的养护策略，需要了解养护的对象、规模和层次，它们也是公路养护管理系统设计的依据。

1. 公路养护管理单元

公路养护对象包括公路本身及其所有的构筑物，按照公路的实体组成，公路养护管理单元见表8.1。

表 8.1　公路养护的基本单元

一般公路	高等级公路
路基 路面 桥梁、涵洞、隧道 沿线道路安全、标志等设施 道路防护工程 道路排水设施 绿化	路基 路面 桥梁、涵洞、隧道、通道 沿线道路安全、标志等设施 道路防护工程 排水设施 绿化 机电、通信、监控等设施 收费设备 车辆、人员服务设施

2. 公路养护管理规模

公路养护工程有轻重缓急之分。养护单元根据其性质和养护复杂程度，可按不同的规模进行养护和维修，目前各个国家养护规模划分不完全一致，我国现行公路养护规模与公路等级对应，不同公路等级的养护规模也不同，见表 8.2。

表 8.2　公路养护工程规模

公路等级	养护规模	内　容
一般公路	小修工程	对养护单元的经常性维护保养以及修补轻微损坏部分的作业。一般由养护工区在年度小修保养定额经费内，按月或旬安排计划
	中修工程	对养护单元一般性损坏定期进行的修理加固，以恢复原有技术状况的工程。由基层公路管理机构按年、季度安排计划与实施
	大修工程	对养护单元的较大损坏进行周期性的综合修理，以全面恢复到原技术标准的工程项目。由基层管理部门根据批准的年度计划和工程预算组织实施
	专项、抢修工程	对当年发生较大水毁等自然灾害引起的公路抢修工程
	改善工程	对现有设施因不适应交通量增长需要而提高技术等级指标、从而达到显著提高通行能力的较大工程项目。一般由省级（或地市级）公路管理机构根据批准的计划和预算组织实施

续表

公路等级	养护规模	内　　容
高等级公路	维修保养	为保持高速公路及其附属设计的正常使用功能而安排的经常性保养和修补轻微损坏部分的作业
	专项工程	对高速公路及其附属设施的一般性磨损和局部损坏的定期修理、加固、更新和完善作业
	大修工程	指高速公路及其附属设施已达其服务周期时，所必需进行的应急、预防性、周期性的综合修理，使之全面恢复到原设计状态；或者由于水毁、地震等自然灾害等造成的公路及其附属设施重大损坏，为保证其正常使用而进行的及时修复作业

注：各个工程中的具体内容参见《公路养护技术规范》(JTJ073—1996)。

3. 公路养护管理层次

公路养护管理工作包括规划、设计、施工、养护、路况监测和评价等方面的内容，这些工作分属不同的管理层次，因此公路养护管理也就存在网级层面和项目级层面两个层次上的管理，这两个层面在养护管理策略、所需数据、分析模型等方面是不一致的。

网级养护管理一般是对一个区域（省、地市级）的公路网或一大批项目而言的，其作用是制定养护方针，确定分配方案，分析费用需求，确定项目的优先级顺序，为管理部门在进行关键性行政决策时提供依据。

项目及养护管理的对象是一个公路养护项目（路段），对之进行路况评价、优先排序、选择处置方法、分析费用寿命期，制定具体的养护计划，为管理部门对某一工程项目进行技术决策时提供对策。

网级和项目级的内容对照见表 8.3。

表 8.3　网级、项目级公路养护内容

网级	项目级
路网路况分析	路段路况评价
路网规划	路段养护分析
路网各路段计划安排	路段养护策略
路网养护预算编制	养护实施
养护资源分配	路段路况使用性能监测

8.1.3 公路养护的依据

公路养护管理的依据包括法规依据和技术依据两类：前者是公路养护管理的政策性制度，后者是公路养护时的执行标准和养护质量评定标准。主要内容见表 8.4。

表 8.4 公路养护管理依据

养护法律法规	养护技术标准
《中华人民共和国公路法》	公路养护技术规范（JTJ073—1996）
《中华人民共和国公路管理条例》	公路水泥混凝土路面养护技术规范（JTJ073.1—2001）
《中华人民共和国公路管理条例实施细则》	
《公路桥梁养护管理工作制度》（交通部）	公路沥青路面养护技术规范（JTJ073.2—2001）
《关于加强公路绿化工作若干意见》（交通部）	公路桥涵养护规范（JTG H11—2004）
《公路渡口管理规定》（交通部）	公路养护安全作业规程（JTG H30—2004）
《国省干线公路养护管理办法》（省略）	
《国省干线公路养护检查评比办法》（省略）	
《公路养护质量监理试行办法》（省略）	

8.2 公路养护业务分析

目前，我国公路按照使用性能分为高速公路和一般公路两类，两类公路在养护管理的组织机构上不同，高速公路一般由相应的高速公路股份有限公司负责进行养护，而一般公路则实行由省、地（市）、县、道班的养护管理模式。本章以省、地区（市）、县、道班管理模式为例，分析省级公路养护管理系统建立的步骤和方法，地市级、高速公路养护管理可采用类似的方法进行。本节首先讨论公路养护管理的组织机构，然后分析其总体的业务流程和数据流。

8.2.1 公路养护组织机构

目前我国大部分省区采用省级交通部门设省公路管理局、地（市）公路管理局、县公路管理局的三级公路养护管理机制，负责对国家干线、省级干线及重要的县级公路的养护管理，并对地方交通部门养护的一般县、乡公路进行业务指导。省公路管理局是全省公路的行业主管部门，主要是进行规划、协同、调控、监督和服务性工作；各地（市）公路局、各县公路管理局在行政上隶属于地方交通局，业务上由省公路局垂直领导，具体负责本区域的公路养护管理、组织和实施。全省公路养护计划和养护经费由省公路管理局进行统一规划，然后下拨到市、县等。图 8.1 是公路养护管理的组织机构。

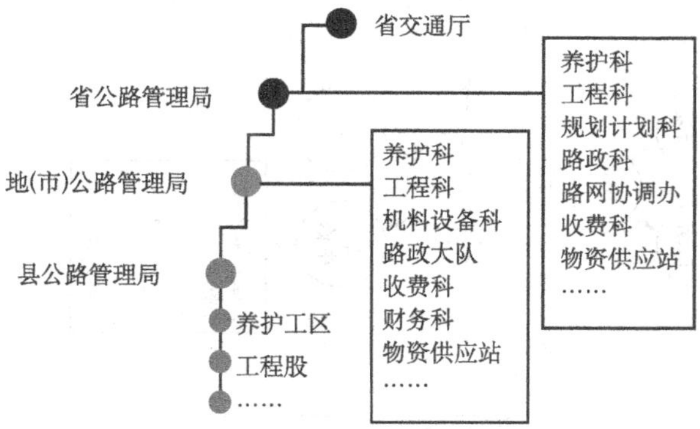

图 8.1　公路养护管理的组织机构

8.2.2　公路养护业务流程

公路养护管理的业务一般包括路况调查、路况评价与分析、养护对策、养护计划、养护实施、养护考核等内容，各个内容之间的联系是通过不同部门之间的统计报表联系起来的。图 8.2 是目前养护管理的整体业务流程图，图 8.3 是其数据流程图。

这里简要介绍路况调查、养护计划管理、养护实施、养护考核、统计报表等内容，路况评价与分析、养护对策见后文所述。

1. 路况调查与登记

公路路况调查是公路养护管理的重要组成部分。路况资料是公路技术档案的主要部分，它反映各条公路路线及沿线构筑物的全部技术状况，是制定公路规划、安排改建项目、编制养护年度计划等的重要基础资料，也是路产管理、资产评估的重要依据。

路况调查与登记的主要内容包括：

(1) 路线平面示意图。比例尺一般采用 1∶10 万或 1∶20 万，图上注明公路里程及沿线城镇、村庄、境界、山丘、河流、湖泊、水库、铁路、大中桥梁、渡口、隧道、垭口、养路机构及其他交叉线路等。

(2) 公路基本资料。包括公路里程表、沿线地形、公路修建简史、交通量统计资料及沿线生产的筑路材料等。

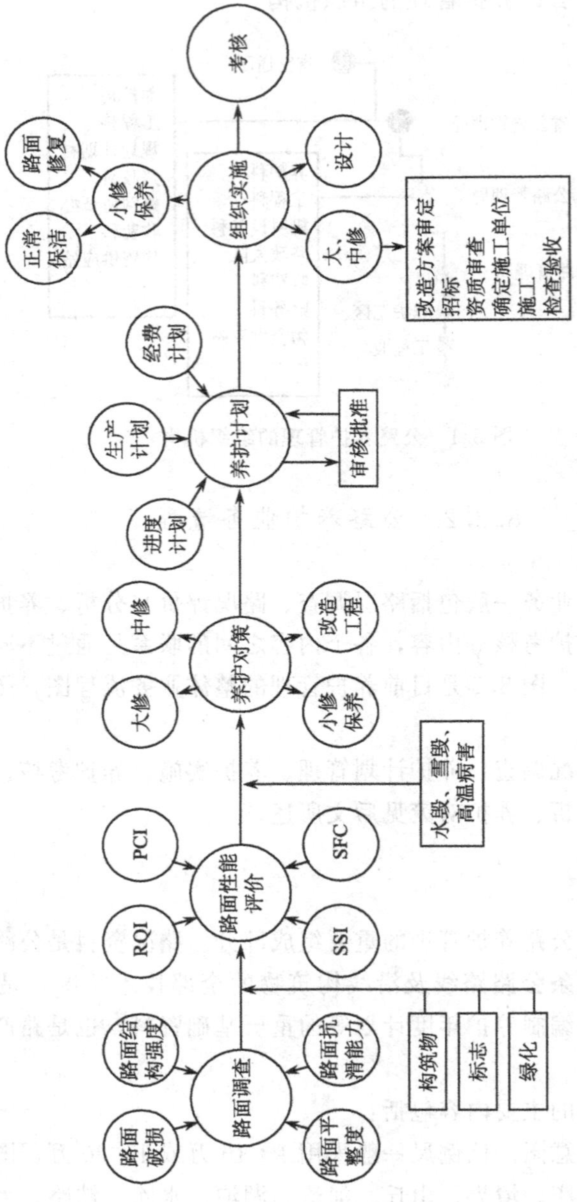

图 8.2 公路养护管理整体业务流程图

RQI:行驶舒适性指数;PCI:路面状况指数;SSI:路面强度指数;SFC:横向力系数

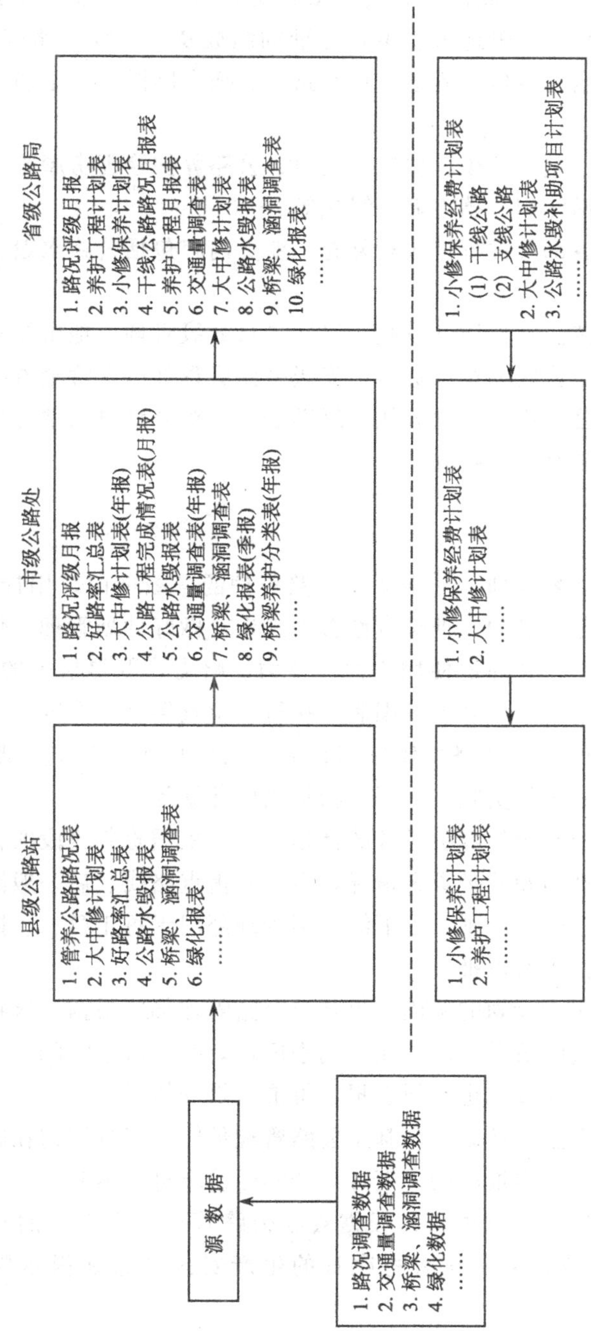

图 8.3　公路养护管理整体数据流程图

(3) 路况示意图。这是路况登记的主要部分，该图采用路中线示意图，图中记录内容主要有里程、两侧地形、不合标准的纵坡及平曲线、路基土质类别、路面结构与厚度、桥涵、渡口、隧道、过水路面、病害路段、挡土墙、护栏、管理界限等。

(4) 构筑物卡片。包括桥梁、隧道、渡口、公路养护管理房屋等。

(5) 登记表。包括涵洞、挡土墙、绿化等。

在每年年终将变更部分进行修改和补充，变更内容包括公路水毁、修复、大修以及改建等。

路况登记的资料按公路性质（行政等级）进行分级管理。地市级和县级公路管理机构保存所管辖的公路的全部资料，省级公路管理部门保管全省县级以上的公路资料。县级以上公路都要建立分线等级图表，乡级公路可只填写公路技术状况汇总表，以供各级公路部门存查。

2. 养护计划管理

公路养护工程的计划管理，是指从事公路养护的各级部门，用计划来组织、协调生产、技术、财务活动的一种综合性管理工作。做好计划管理工作，可以大幅度地提高劳动生产率，合理地使用人力、物力、财力，取得显著的经济效益。公路养护计划，包括制定长远规划，编制、执行、检查年度；季度、月（旬）作业计划。按计划内容可分为公路小修保养计划、大中修工程计划、改善工程计划、公路绿化计划、养护经费收支计划、物资供应计划等。

年度计划是作为控制全年养护任务的计划。它是根据管养路段的自然条件和技术状况，结合整体规划和养护资金情况，本着先重点路线、后一般路线和先小修保养、后大中修与改善的原则，由下级公路管理部门于每年第三、四季度提出下一年度计划建议书，报请审批。

季度计划是落实年度计划的基础。由基层公路管理部门根据上级批准的年度计划，结合当时生产实际情况编制。在编制季度计划时，可按实际情况对年度计划进行调整。季度计划应按规定时间上报，批准后贯彻执行。

月度计划是实施性生产计划。由基层公路管理部门于当月下旬在路况检查评定（或自检）基础上，根据批准的季度计划和实际情况进行编制。

旬作业计划由养护工区（道班）根据县级公路管理部门下达的月度计划编制，各道班根据旬作业计划，每天将次日的生产安排公布在提示牌上，以便执行。

3. 养护质量考核

公路养护质量的要求是：保护路面整洁、横坡适度、行车舒适；路肩整洁、排水畅通；构筑物、桥涵、隧道完好；沿线设施完善；绿化协调美观。逐步实行 GBM 工程，构成畅、洁、绿、美的公路交通环境；边坡稳定，排水畅通；构筑物完好。根据上述要求，将公路养护质量分为优、良、次、差 4 个等级。并以优、良等级路况里程之和占养护里程的百分比即“好路率”作为养护质量的主要指标。桥梁的养护管理工作，除考核桥梁的完好程度外，应定期检查其实际承载能力，将“桥梁载重能力适应率”作为专项考核指标。

4. 统计报表

公路统计报表是联系各个业务过程的纽带和养护决策的依据。一般包括行业统计年报和养护业务日常报表两类，主要内容见表 8.5。

表 8.5　公路养护常用统计报表

行业统计年报	养护业务日常报表
公路里程年底到达数（按技术等级分、按路面等级分）	养护质量评级月报表
公路桥梁年底到达数（按使用年限分、按跨径分）	养护质量评级年报表
高速公路及新增高速公路明细表	公路工程完成情况报表
公路密度及通达情况统计表	交通量统计月报表
特大型桥梁明细表	交通量统计年报表
特长、长隧道明细表	养护质量统计月报表
公路管养里程统计表	养护质量统计季报表
公路管养机构及职工统计表	养护质量统计年报表
公路养护机具统计表	
公路养护质量统计表	
公路水毁损失、恢复情况统计表	
公路养护工程情况统计表	
公路绿化情况统计表	
收费还贷公路、桥梁、隧道情况统计表	
收费经营公路、桥梁、隧道情况统计表	

8.3　公路养护信息系统分析

8.3.1　系 统 目 标

根据以上分析，并考虑到目前路面管理系统、桥梁管理系统的缺陷，公路养护信息系统总体目标是：

(1) 以地理信息系统为基础平台，以省公路局为中心，形成省局、各地

(市)公路管理处、各县(市)公路站三级管理网络，分阶段、分区域、分内容建立多层次(国、省、县乡道)实用的公路养护管理系统；

(2) 实现公路数据的可视化、特别是公路养护信息的可视化、网络化的动态管理与信息的动态更新；

(3) 实现公路的规范化管理，特别是图形数据和属性数据的统一管理，并通过对其的综合分析和处理，为各类公路设施养护需求、路面性能的预测评价、养护方案的制定与优化、投资水平与投资效益分析和养护计划的制定等提供及时、准确的决策辅助信息，并能够通过国际互联网实现信息的共享和信息查询。

8.3.2 系统管理对象与组成

历来，公路路面、桥梁是公路养护的主体，然而从目前形势看，公路建设特别是高速公路建设的突飞猛进，除路面、桥梁外的道路附属设施已占到公路总投资的较大比重，公路养护已经由路面养护、桥梁养护发展到道路的各项附属设施，最终形成公路资产管理系统。因此公路养护信息系统的管理范围不仅仅是路面和桥梁，还应该包括隧道、涵洞、挡墙、绿化、排水、交通标志、道路监控等附属设施的养护。

表 8.6 为公路养护信息系统的基本管理对象，图 8.4 是公路养护信息系统的基本构成。

表 8.6 公路养护 GIS 基本对象

设施类型	具体内容
路面	混凝土路面，沥青路面，砂石路面
桥梁	特大桥、大桥、中桥、小桥
公路构筑物	涵洞，挡墙
路基设施	路肩，防护设施，排水设施，管线
绿化设施	行道树，分隔带绿化，草皮，苗圃
交通安全设施	护栏，分隔带，隔音墙，照明，防眩设施，交通标志
公路沿线设施	养护房屋，服务设施，收费站
其他附属设施	交叉口，监控设备，非机动车道
隧道	独立隧道，隧道群、隧道设施

从图 8.4 可看出，整个公路养护信息系统是构筑在 GIS 平台上的由路面养护、桥梁养护、附属设施养护等组成的综合性系统。从养护角度出发，这些不同系统应该实现各自养护对象的状况评价、需求分析和计划等功能，即进行设施年

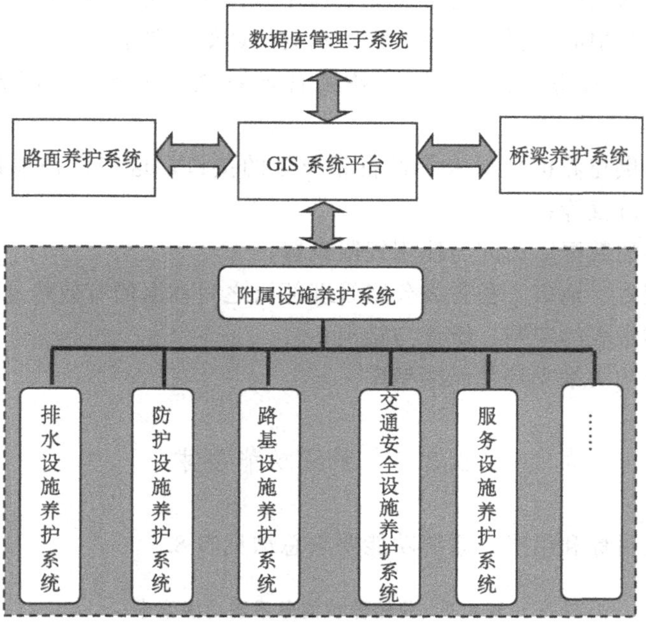

图 8.4　公路养护信息系统构成

度状况评价，日常养护和大中修项目的资金需求分析，以及实施项目的确定和资金分配。

GIS 是公路养护管理系统的基础平台，它通过图形工作界面，实现公路养护信息的可视化表达和管理，为用户提供图形化的操作界面，同时根据需要，挂接各类公路养护管理模块。GIS 应满足如下的要求：

（1）实现全区域的公路网络电子地图。在电子地图上能直观的显示各类公路及其构筑物（国道、省道、县道、桥梁、涵洞、隧道、道班等），以及所对应的属性信息；

（2）通过权限设施，允许对公路及其附属物的空间位置和属性信息进行增加、删除等修改操作；

（3）具有动态分段技术，能根据一项或多项属性数据进行专题地图制作，分析结果的可视化，以及按用户要求进行公路地理要素、属性数据显示和各种形式的统计图表；

（4）公路属性数据多媒体信息的可视化，即在电子地图上指定某段公路、桥梁或道班，能够显示其一般属性信息外，还能显示图片、录像等信息；

（5）丰富的查询功能；

（6）几何量测功能。

公路养护数据库的作用是用来管理和存储各种公路养护数据，数据库中的数据应与电子地图中的数据相对应。数据库应满足如下要求：

(1) 与现有的路面管理系统、桥梁管理系统、交通部公路普查数据库等兼容；

(2) 能提供与养护数据采集设备相连接的接口，这些设备包括 GPS、路面平整度仪、弯沉仪等；

(3) 完善的数据库访问与使用权限设置；

(4) 实现省、地市、县各级公路管理部门之间数据的有效传递与数据汇总；

(5) 各类报表的定制、统计与输出；

(6) 完善的决策支持功能模型库。

8.3.3 系统功能要求

根据系统目标和组成，系统功能要求总结见表 8.7。

表 8.7 公路养护信息系统功能要求

数据录入	键盘输入公路、桥梁属性数据； 扫描矢量化输入公路及其附属设施地理数据（点、线、面）； 扫描输入记载道路桥梁状况的照片； 直接输入 GPS 数据； 地理数据、GPS 测量数据与公路分段数据匹配； 不同地理数据格式之间的相互转换； 直接输入遥感影像数据
数据显示	以数据表格、统计图表显示路面、桥梁属性数据； 以图形方式显示基础地理数据； 以图形与统计图表方式显示基础静态交通数据； 以图形与统计图表方式显示路径路桩（动态分段）； 显示路况照片、扫描文档及图像
数据分析	路面性能的预测、评价； 养护方案的制定与优化； 投资水平与投资效益分析； 养护计划的制定； 高速公路车辆调度预备方案制定
数据操作	路段里程数据如桥梁、路灯、事故地点等数据和路网地理数据连接； 地图投影变换； 不同参照系数据的转换； 相关数据的叠加

续表

数据管理	基础地理数据、公路地理数据与公路属性数据的统一管理； 扫描文档和图像数据管理； 不同来源数据的管理； 地图数据的存取控制； 历史数据的管理
输出管理	表格输出； 统计图表的输出； 分区域、等级、线路、路段地图输出； 地图、表格、统计图表的综合制图输出； 网络数据的传输与共享； 基于 Internet 上数据的查询检索

8.3.4　系统应用模式

系统分为省级系统和地市系统两级，两级系统具有不同的权限和功能。省级系统可以进行所有设计功能，包括对属性数据的修改、基础地图的修改、网络级的养护决策支持等；地市级系统仅显示本区的养护信息，执行各种公路养护，县级上报数据的汇总，本区数据库的更新与本区数据上报等功能，地市级系统不具备对基础地理数据的修改功能。

具备利用磁盘进行数据传递的功能，各级系统都应具备将基础电子地图和属性数据进行打包和所有打包资料导入功能；预留网络数据传输模块接口；在局部范围内通过局域网实现资源共享，远程用户可通过互联网登录并在不同权限下实现资料的传递、访问与操作。

8.4　系统总体方案

8.4.1　功能模块划分

1. 系统子系统功能模块

根据对系统的需求分析，现将系统划分为基于 GIS 平台下的 5 个子系统：资料维护子系统、评价决策子系统、养护计划子系统、统计与考核子系统、系统管理子系统。各系统充分利用 GIS 平台直观的表现性，以 GIS 系统中的空间数据库为基础，形成了功能独立但内容相关的有机整体，如图 8.5 所示。

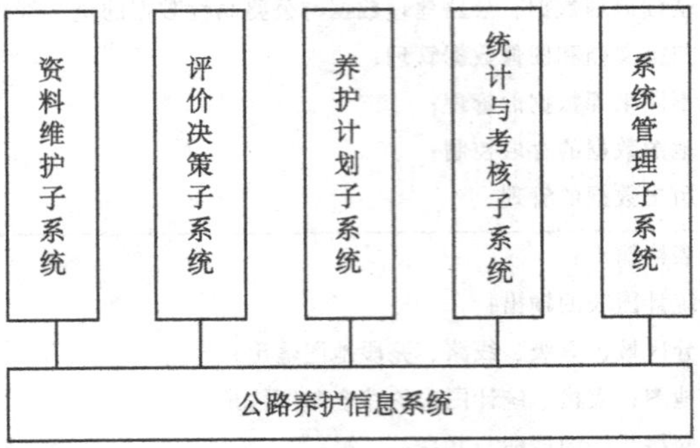

图 8.5　系统功能模块图

2. 分角色子系统功能权限

如图 8.6 及表 8.8 所示，各部门在不同子系统中具有不同的权限，其中省公路局部门一般进行资料的审核、方案的提出以及养护计划的制定。而各地市县公路职能部门则要负责资料的录入以及养护工作的具体实施和报表的制作。此外，系统管理员负责整个养护系统的维护。

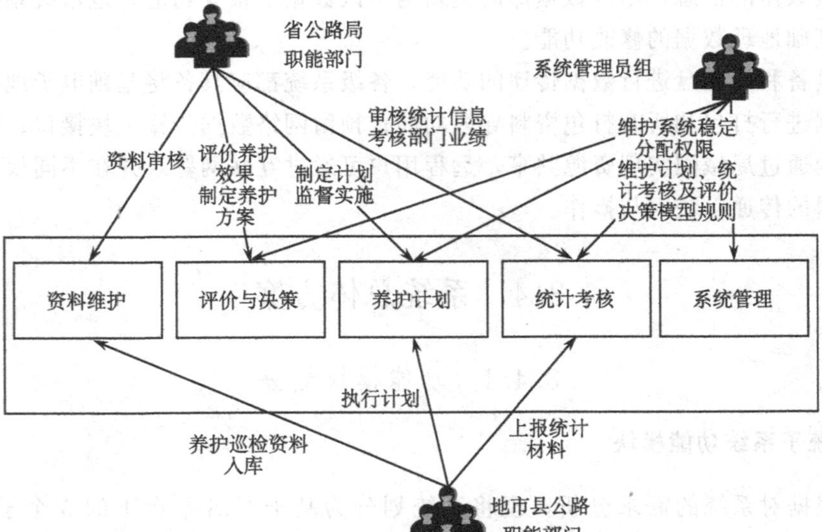

图 8.6　分角色子系统功能权限图

表 8.8　角色子功能权限表

用户	说明	在业务中担任的角色和职责简述				
		资料维护	评价与决策	养护计划	统计考核	系统管理
省公路局职能部门	负责道路养护管理，项目动态跟踪部门	下级上报资料的审核	实施养护对象的评价；分析并提出养护决策方案	制定养护计划；监督计划的实施	审核汇总各单位上报的统计数据；对各部门进行业绩考核	
地市县公路职能部门	实施道路养护的单位	设施台账、基本资料的入库；养护目标（路、构筑物、环境设施）寻检；寻检问题记录入库		实施养护计划；反馈计划执行情况	本单位数据填报；数据统计；报表生成；上报统计材料	按季度对项目的中标单位进行考核；可对中标单位进行履约考核数据查询
系统管理员组			评价模型维护；决策规则维护		维护统计报表及考核业务规则	设置系统权限；维护系统稳定

8.4.2　子系统描述

各子系统功能相对独立，遵循高内聚低耦合的原则。子系统根据用户角色的不同，提供不同的操作接口。同一子系统的不同功能针对不同用户开放，现选择部分关键子系统进行描述。

1. 评价分析子系统

1）定义

评价决策系统根据养护质量评定数据，计算出路面状况、行驶舒适度、路面结构强度、路面（桥梁）综合性能评价。以此为依据结合决策模型做出养护维修方案，并计算方案费用，最终编制出养护计划。

2）结构与关系

评价分析子系统主要分为以下几个模块：养护质量评定、路基路面养护决策、桥涵养护决策、沿线设施养护决策、评价模型设置、分析模型设置，如图 8.7 所示。

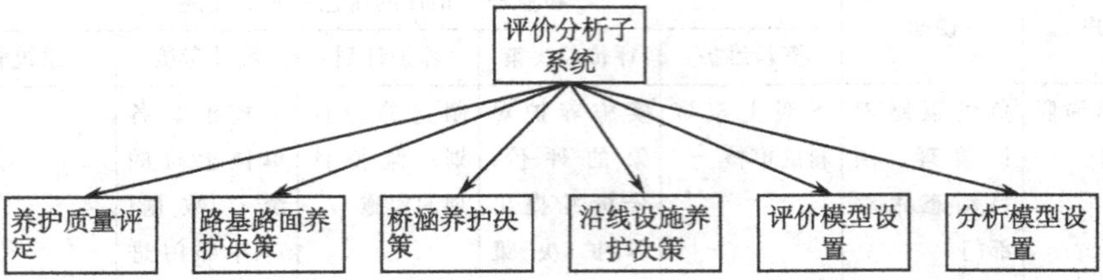

图 8.7　评价分析子系统图

系统根据最新的养护规范，可以对养护质量做出比较准确的评定，计算 MQI 等评定分值，生成最佳的养护方案，得出最佳的养护计划，为公路的养护决策提供可靠的依据。

3）输入/输出

输入：路基路面信息、桥涵构筑物信息、沿线设施信息。
输出：养护质量评价、养护决策方案。

4）业务规则

评价分析子系统只向省公路局职能部门提供接口。
通过系统管理员按权限更改评价模型和分析模型。

2. 统计考核子系统

1）定义

统计考核子系统分为统计和考核两部分，其用户是各级养护单位。市县级统计每月一次，省级每季度统计。统计部分需要实现各级养护单位的统计数据填报、报表管理（含生成、保存、打印）及查询统计功能。考核部分为养护单位提供季度考核数据填报（每个季度第一个月上报上个季度的考核数据）、考核信息维护及一些辅助功能如查询、报表（养护单位考核情况一览表）生成功能。
系统管理员组提供考核字典表维护、养护单位统计信息维护、考核数据维护及辅助功能如查询、报表（养护单位季度考核情况统计表、养护单位历史考核情况统计表）生成功能。

2）结构与关系

（1）统计部分。统计部分包含模块：数据填报（养护单位）、养护单位层级关系树维护、字典表维护、数据备份及统计汇总、数据查询。前面 4 项皆可视为数据维护，如图 8.8 所示。

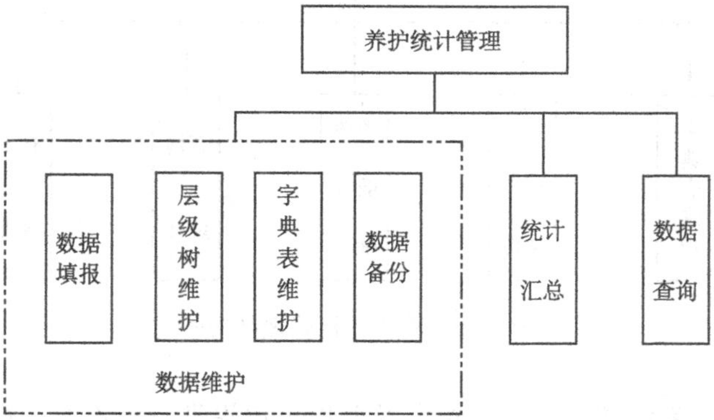

图 8.8　养护统计管理结构图

数据填报：录入统计所需的基础数据，操作对象是除了养护单位层级树顶层外的其他养护单位，各相关养护单位的上级单位只能访问所管辖下级养护单位的上报数据。

养护单位层级关系树维护：为实现层级管理，满足用户自定制的灵活性，系统增加了单位层级树维护模块，负责维护养护单位层级关系树，以及录入各单位的基础信息。

字典表维护：管理部门要对一些相关代码表/字典表进行日常维护。

数据备份：满足系统每年度数据备份的需要。

数据统计汇总：生成各类需要的统计表或汇总表并提供打印输出的功能。系统要求提供报表导出的功能，满足报表导出到 Excel 中进行排版输出和备份的实际需要。

数据查询：按照权限的不同，不同的用户能查询不同范围的数据。

(2) 考核部分。考核部分包含模块：字典表维护、考核结果填报、考核数据维护、查询统计、报表管理，如图 8.9 所示。

字典表维护：与考核相关的字典表，如标段专业代码、考核等级代码等。

考核结果填报：地市公路局对本季度承担养护维修的下属单位的表现进行考核打分，并将考核结果录入到系统中。录入完毕后，进行上报。

考核数据审核与维护：省公路局对养护单位上报的考核数据有审核与维护的权限。

查询统计：系统按权限为招标办及养护单位提供范围不同的数据查询、统计功能。

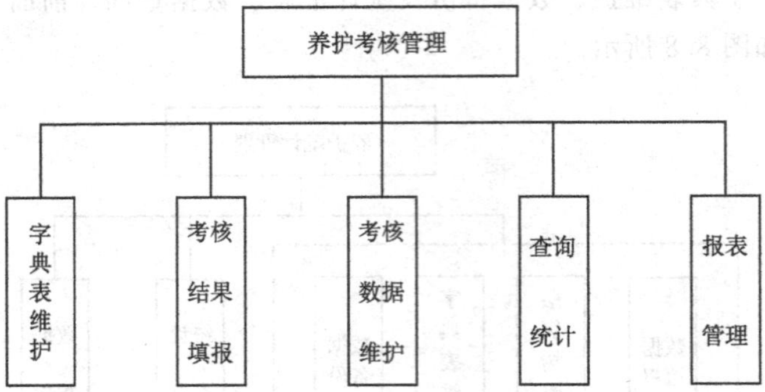

图 8.9　养护考核管理结构图

报表管理：系统按权限为招标办及养护单位提供范围不同的报表管理功能。

子系统各模块的关系及数据流程图如图 8.10 所示。

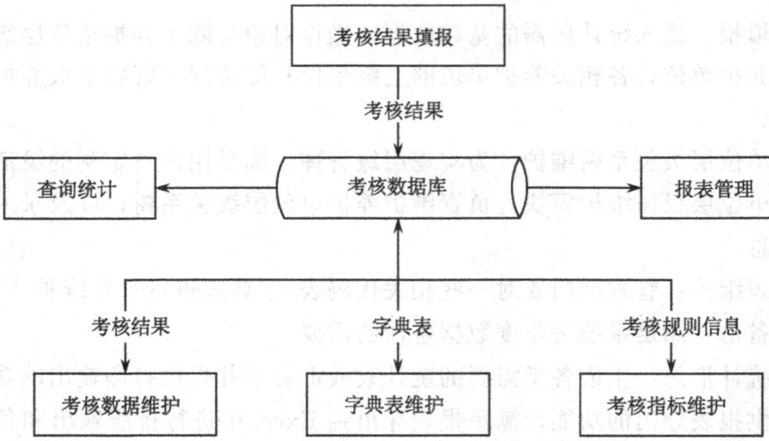

图 8.10　考核管理子系统的结构关系及数据流程图

3）输入/输出

（1）统计部分。输入：统计相关资料、养护单位层级树及基本信息。

输出：四张统计表、一张明细表、导出的 Excel 表、养护单位基本情况及层级关系表、备份数据。

（2）考核部分。输入：考核结果、系统字典表、养护单位基本信息。

输出：养护单位季度考核情况统计表、养护单位历史考核情况统计表。

4）业务规则

（1）统计部分。①严格遵照级别设定，层层管理，不得越级，工作流程严格按照用户级层层划分规则进行。即县级用户资料必须上交到直接主管的市级用户处，由市级用户进行汇总和统计，不可直接交给省级用户（即使有特殊原因，交给省级用户，省级用户也只做浏览处理，不做汇总和统计），避免因重复计算造成统计数据错误。②养护单位填写数据完毕提交后，系统要对其上级部门有消息提示功能，以便上级部门及时审核。③流程管理中属于该养护单位的养护信息不需要重新填写，而是由系统自动搜索统计（允许用户在统计结果上进行修改）。④对于没有登录在流程管理中的养护信息，由养护单位自行录入，但系统要对各字段的有效性进行检验。

（2）考核部分。①养护单位通过网页填报考核数据。可以分步填报，最后点击上报一并提交。②养护单位填写数据完毕正式提交后，系统要向其上级部门发送提示消息，以便上级部门及时审核。③每季度在省公路局指定的日期前，下属单位均可进行考核结果填报，但一旦超过指定日期，该季度的填报工作即告终止，不再接收上报。

8.4.3　系统软件体系

根据需求分析和功能模块划分，考虑系统采用 B/S 与 C/S 混合模式实施部署。系统的资料维护、养护计划、系统管理采取 B/S 模式，评价分析、统计考核采用 C/S 模式。因此要求系统能够在局域网使用，也可以在广域网使用。

从空间尺度看，公路养护系统的管理范围涵盖一个地区（省、市）的公路网及大批工程项目。从用户层面看，牵涉到省公路局、地市公路管理处、县级公路站（段）多个用户角色。其主要任务是对公路养护全部资料进行存档，以此平台进行养护计划的管理与实施，统计并考核养护管理指标，为管理部门的分析决策提供对策。由于业务逻辑复杂，数据量庞大，地域范围跨度广，因此，考虑采用能胜任复杂大型系统的 J2EE 架构实现系统，并且在该平台上采用多层结构来完成整个系统。

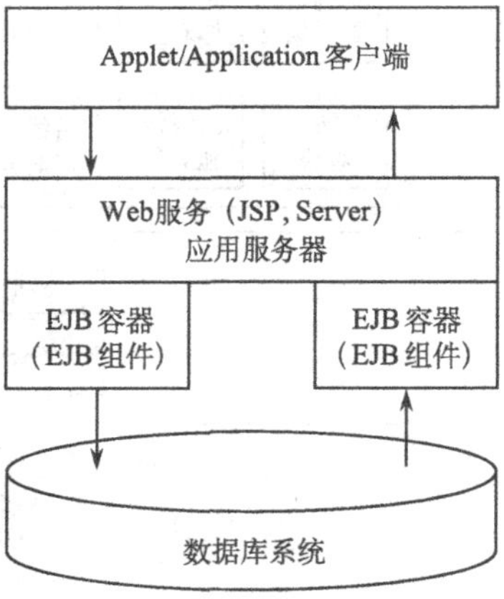

图 8.11　J2EE 管理系统

1. 基于 J2EE 的系统构架

J2EE（Java 2 platform enterprise edition）是 SUN 公司推出的一种基于 Java 技术的、适合于创建服务器应用程序和服务的 Java2 平台企业版。它提供了多层分布式的应用模型、组件复用、一致化的安全模型以及灵活的事务控制。在此基础上开发的系统具有较高的可用性、安全性、可扩展性和可移植性等优点，非常适合大型系统的建设。J2EE 体系架构如图 8.11 所示。

J2EE 框架定义了开发多层企业级应用的标准。通过基于标准的、模块化的组件技术，J2EE 提供了一组完备的服务，从而可以大大简化企业级应用的开发，由于容器提供了丰富的支持功能，应用开发者只需将精力集中于业务逻辑实现而无须考虑其他复杂功能的实现细节。

作为一个能够适应大量现行企业级应用，如数据库管理系统、事务控制、命名和目录服务等的开发平台，J2EE 打破了现有企业系统间固有的障碍。J2EE 标准以一个统一的、基于组件的应用模式封装了多层应用所需的、企业现有的资源，使得提供新的组件、工具和管理系统变得简单和容易。综合了简单性、跨平台、可扩充和可重用性，J2EE 框架提供了一个理想的企业应用的解决方案承载平台。

根据系统的模块划分与系统的用户角色分析，公路养护信息系统采取多层软

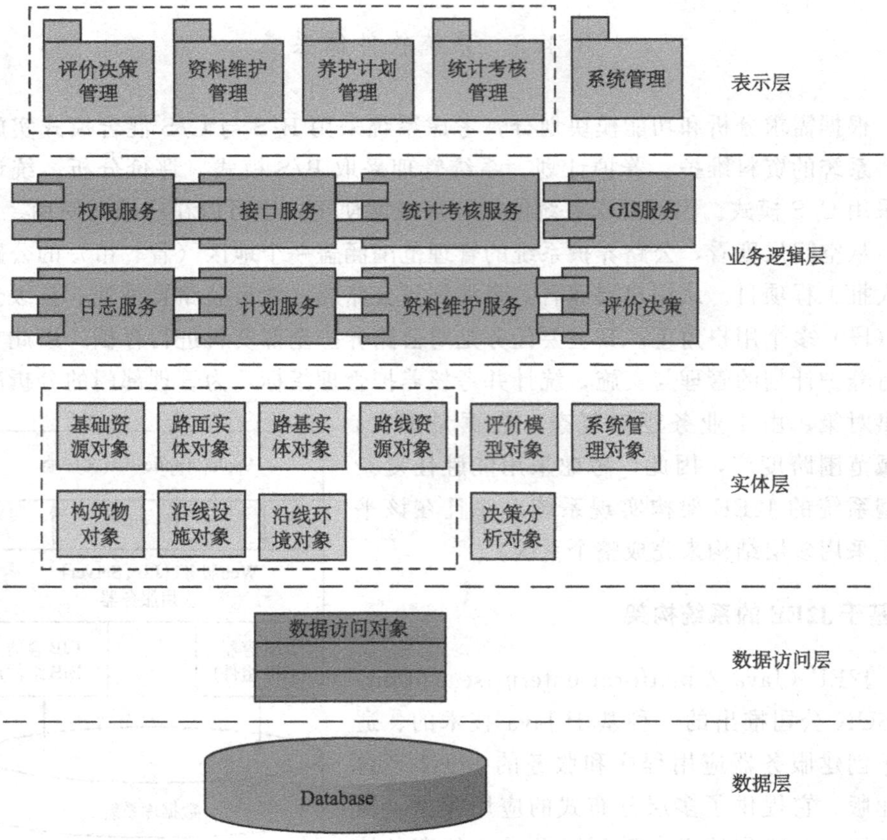

图 8.12　软件构架层次图

件架构体系，在 J2EE 框架中分为数据层、数据访问层、实体层、业务逻辑层和表示层 5 个层次，如图 8.12 所示。

这里介绍数据层以上的几个层次，数据层留待数据库设计中详细介绍。

1）数据访问层（data access layer）

在系统实施中采用 Hibernate 数据访问插件，它通过 XML 文件对数据库的各种表格式和表与表之间的关系进行了描述，在程序执行时通过反射机制进行调用，完善的解决了 ORM 的众多复杂问题。通过 Hibernate 的访问封装，可以访问不同的数据库系统，即可以在系统中部署异构数据库，而对于前端访问用户来说，是完全透明的。

2）实体层（integration layer）

这一层是整个公路养护信息系统的核心层，主要完成系统的级联功能、数据库访问功能、系统拓扑功能等，并且为业务层提供接口。实体层结构如图 8.13 所示。

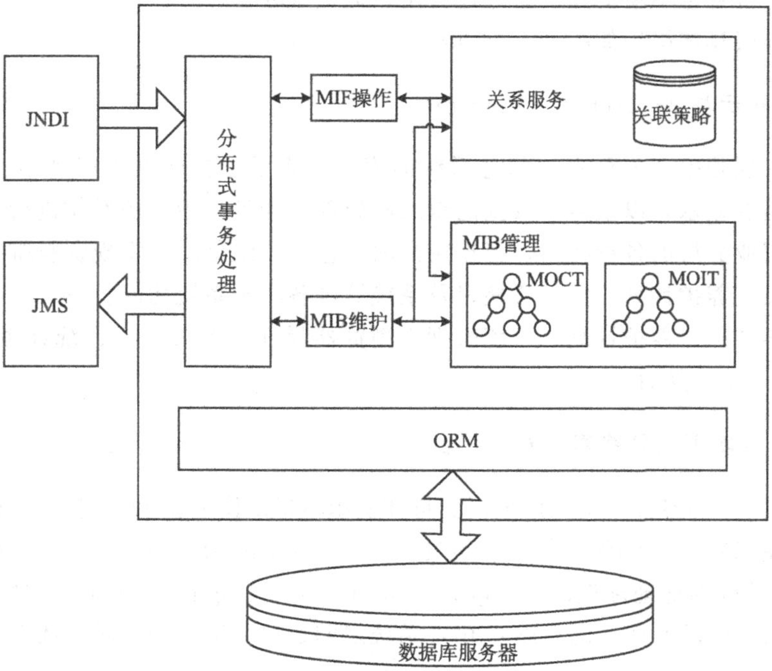

图 8.13　实体层结构图

该层功能比较复杂，主要完成 MIB 系统，事务管理，信息前转，关系服务，MIF 维护，系统级联，分布式处理等功能。其中 MIB 系统是该层的核心功能。

MIB维护完成应用发起的管理信息库维护操作，包括定制关联策略、动态装载卸载MOC、备份恢复MIB实例数据、浏览编辑MOC，维护管理信息的安全，MIB定义的动态更新。当系统接收到维护请求后，解析请求，并限定所要维护的信息范围，执行维护命令。并且通过JNDI技术，完成系统的级联功能。该操作需要系统提供事务处理能力的支持。

3）*业务逻辑层*（business layer）

这一层是整个公路养护信息系统的功能提供者，以服务的形式完成所有系统相关的业务逻辑，如养护计划、资料维护、统计考核、评价决策服务、权限服务、日志服务等，一方面通过访问实体层中的各种接口，直接取得所需要的各种数据对象；另一方面为表示层提供接口，完成表示层的功能。

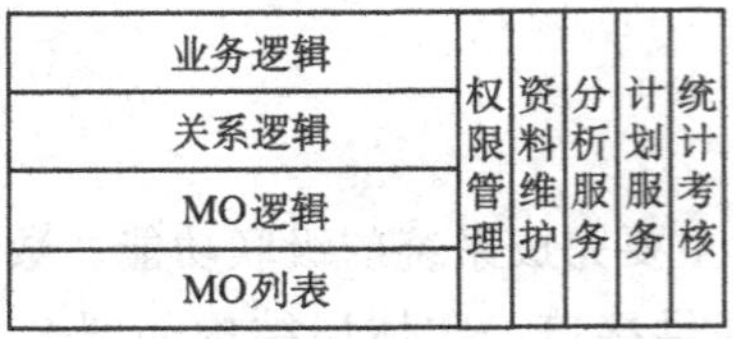

图 8.14　业务层结构图

这一层是实现CEVA功能的主要环节，它将有效的对集成层进行访问，实现用户功能，同时自身也不断扩充，更好地为用户提供服务。

业务层具体结构如图8.14所示。

4）*表示层*（presentation layer）

这一层是整个公路养护信息系统的表现，表示层构建在GIS平台上，主要完成数据的显示，以及显示数据的组织和处理，并且将用户的操作进行分析和处理，调用业务层的各种接口，根据用户的角色与权限分配，实现资料维护、评价分析决策、养护计划、统计考核以及系统管理各项子系统功能。

资料维护、养护计划、系统管理为浏览器界面，评价分析、统计考核为Java Application界面。

2. J2EE环境下的公路养护GIS平台

新发布的J2EE 1.4规范全面支持和实施XML技术和Web服务。通过这种支持可使XML具备跨平台的兼容性。OGC（open GIS consortium）发布了以XML为基础的地理标识语言（geography markup language，GML）规范，通过使用GML可以实现不同GIS应用，系统之间通过GML进行通信从而实现不同GIS系统之间的互操作。

GIS平台在整个系统中起着重要的作用，资料维护、评价决策等子系统需要它提供承载支撑。公路养护信息系统充分利用了J2EE体系结构的平台无关性，以EJB封装GIS的应用功能，实现GIS应用层的可移植性。将公路养护GIS平台分为：①数据表现层，即实现公路养护 GIS 平台在客户端的表现；②应用服务层，是公路养护 GIS 平台的核心层，集中进行分布式事务处理以及 GIS 的应用服务；③数据服务层，提供对分布式空间数据的获取的功能。

1）数据表现层

主要是实现公路养护 GIS 平台数据的表现，包括各种公路养护空间数据的显示；地图基本操作，如漫游、放大、缩小等功能；GIS 查询和评价分析结果的表现。同时支持评价分析结果以及养护决策方案的专题图的输出。对于数据表现层，可以利用 Java Bean 对客户端的地图基本功能进行封装，实现 GIS 的客户端表现。

2）应用服务层

应用服务层是公路养护 GIS 平台的核心，可以分为分布式服务和 GIS 应用服务两部分。分布式服务包括目录服务，注册服务，事件服务以及安全服务等，这些服务是建立分布式 GIS 的基础，可以通过 J2EE 平台的分布式服务进行扩展实现。通过 JNDI 进行分布式事务处理，JNDI API 被用于执行名字和目录服务。它提供了一致的模型来存取和操作企业级的资源，如 DNS 和 LDAP。GIS 应用服务层是基于 J2EE 架构下 GIS 的应用核心。主要实现 GIS 的应用服务，如数据格式转换服务、养护决策方案空间分析服务、数据获取服务，投影变换服务等。

3）数据服务层

数据服务层为应用服务层提供所需的数据服务，包括空间数据库的存取管理功能。对于公路养护 GIS 平台应用而言，用户在客户端某一时刻所请求的空间数据是一定的，相对于整个海量空间数据又是局部的。对此需要建立海量空间数据的索引，这也是数据服务层的核心。在进行数据获取和空间查询服务时，需要在数据服务层中对空间数据库建立数据访问的链接，在 J2EE 平台中我们采用 Hibernate 进行数据库访问。

GIS 平台所提供的功能是直接面对用户，以一个专业性的开发平台为基础，提供基本的地理、图形信息访问功能。在公路养护 GIS 平台作为一个增强了的直观的信息表现和访问手段时，它应将系统的各个子系统有机的结合起来为用户提供一个友好的信息访问方式。公路养护 GIS 支持系统采用基于 ERSI 公司的 MO FOR JAVA 系列核心组件＋ARCGIS 作为 GIS 支撑，以 ARCIMS 作为 GIS 服务器。

基于 J2EE 的公路养护信息系统的实现模式如图 8.15 所示。

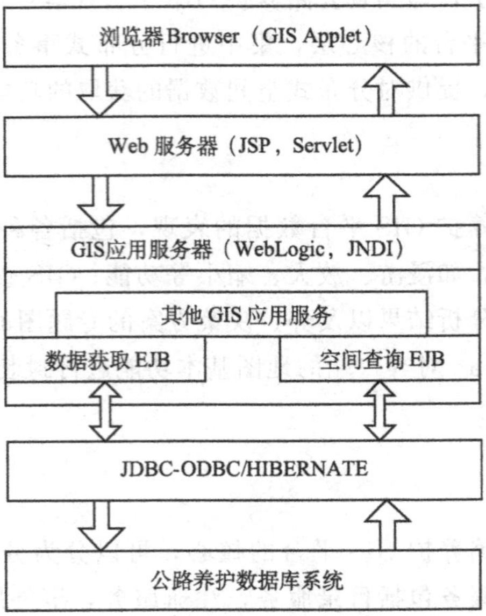

图 8.15　实现模式图

3. 系统运行软件选型

系统软件选型包括：GIS 平台、应用服务器、数据库平台、OLAP 分析服务器。公路养护 GIS 支持系统选型见表 8.9。

表 8.9　系统选型

序号	型号	数量	厂商
1	数据库	1套	Oracleoi 版本（80 用户）
2	应用服务器 IBM WebSphere	1套	WebSphere 应用服务器（WAS）版本为 5.0，网络部署（ND）版
4	GIS 环境	1套	ERSI 公司 MO for Java＋ARCGIS＋ARCIMS
5	操作系统	2套	Red hat Linux 10x

8.4.4　硬件网络架构

1. 系统硬件层次

公路养护信息系统在硬件系统的层次上，划分为核心层、维护管理层、普通用户层 3 个层次。

1）核心层

核心层是系统管理层。系统管理层是公路养护信息系统运行的管理中心，主要为省公路局信息中心系统管理员。系统管理层保障系统的正常运行，包括数据库服务器、应用/Web 服务器、接口服务器、存储设备等。

2）维护管理层

资源维护管理层负责系统投入运行后公路养护资料维护更新、统计考核工作的上报与下达、公路养护质量的评价与分析等工作，养护计划与方案的制定、实施与反馈。包括配置终端、调度终端、工作站等设备。

3）普通用户层

普通用户层根据自身工作的需要，进行养护工作查询和数据利用。可以分为管理决策查询、业务查询、维护查询等类型。各养护部门均需按照自身需要配置一定数量的查询终端。公路养护信息系统对网络环境要求保证带宽和安全性。

核心层实际带宽保证 100M 以上。

维护管理层实际带宽保证 2M 以上。

普通用户层实际带宽保证 512K 以上。

2. 系统硬件配置

数据库服务器和应用服务器（工作流服务器）平台采用 IBM P670 UNIX（HP Rp8400）UNIX 小型机组成 Cluster 集群结构，最大支持 16 个 CPU，数据库服务器和应用服务器具有良好的稳定性与比较高的数据处理能力，这与公路养护的网络业务数据量是对称的。

P670 是一种拥有 4～16 路对称多处理器（SMP）的新生代服务器，使用了 IBM z 系列服务器中的大型机技术。P670 使用了与 P690 一样的 POWER4 芯片。具备了绝缘硅（SOI）技术的 POWER4 铜芯片非常先进，曾两度获得 MicroDesign Resources 颁发的最优工作站/服务器处理器奖，也是 P690 赢得 eWeek eXcellence 大奖和 VAR Business Editor's Choice 奖的一个主要原因。同时，P670 采用真正的逻辑分区（LPAR）和自主管理功能，可以帮助提供最高的可用性并降低拥有成本。

考虑到省级公路养护业务的发展，我们预测和估算了某省公路养护未来几年的业务发展情况与数据量，该平台能满足未来 3 年内的网络与业务发展情况。同时，从合理投资角度出发，我们推荐的该平台配置在满足系统的稳定、大容量、开放和可扩展等基本要求的同时，与其他厂商或者配置组合相比较，具有很高的性能/价格比，能为运营商的合理投资和高效率资源应用带来很好的说服力。公路养护 GIS 支持系统硬件配置见表 8.10。

表 8.10 公路养护 GIS 支持系统硬件配置表

类别	型号	数量	配置
服务器 & 应用服务器（双机 cluster）	IBM P670	1 套（2 台双机）	2 台 8 * 1.5G CPU/16G 内存，最大 16 颗 CPU（tpcc 值 381707），实配 8 颗 CPU（tpcc 值 197257）
存储设备（磁盘阵列）	EMC CX400	1 套	EMC CX400（600GB）
Web 服务器 &OLAP 服务器	IBM X360	2 台	IBM X360（8686-9RX）4 个 Pentium III Xeon MP，2.0GHz，集成 2MB 三级缓存，可扩至四路处理器；4GB PC1600 DDR 高级 ECC SDRAM
工作站	IBM IntelliStation（R）E Pro 6216	10 台	IBM IntelliStation（R）E Pro 6216 P4 2.8GHz 处理器/512MB DDR /NVIDIA Quadro4 200 NVS，64M 显存/2 * 40G IDE
手持 GPS 测量系统	GPSMap76	2 台	GPSMap76：航路点 500 个，可直观显示最近 10 个航路点。航迹点：2048 个，实时记录航迹，航迹返航功能。坐标系：107 个预设坐标系和自定义坐标系。接收机：并行 12 通道。定位时间：热启动 15s，冷启动 45s，自动定位 1.5min。位置精度：10m（单机）RMS。1～3m（差分定位）RMS
打印机 HP LJ8550	HP LJ8550 HP LaserJet8550	1 台	HP LJ8550 HP LaserJet8550 彩色，A3，24ppm in Black，6ppm in full color A4，HP Image REt 2400，HP ColorSmart II，1x500 &100 input tray
交换机 ZXR102826	ZTE ZXR102826	2 台	ZTE ZXR102826（24 端口二层交换机）
领信防火墙	LinkTrust Cyber Wall-100hp	1 台	LinkTrust CyberWall-100hp

3. 系统网络结构

公路养护信息系统由省、市、县三级网络系统构成，在省局使用数据库服务器和地图服务器构成网络服务中心，通过网络服务中心实现省、市、县三级数据交换。

省局机关网络系统由服务器、交换机、路由器、防火墙和工作站等组成。服务器在这里由三部分功能组成：地图服务器、数据服务器、Web 服务器。在网络访问量大时，容易引起服务器过载，这时可考虑由多个服务器分别运行。路由器和防火墙用于与各地市的互联。市县级主要业务集中于数据查询和公路养护数据的输入，通过专网与省公路局信息中心连接。

系统网络结构如图 8.16 所示，省局中心网络部署如图 8.17 所示。

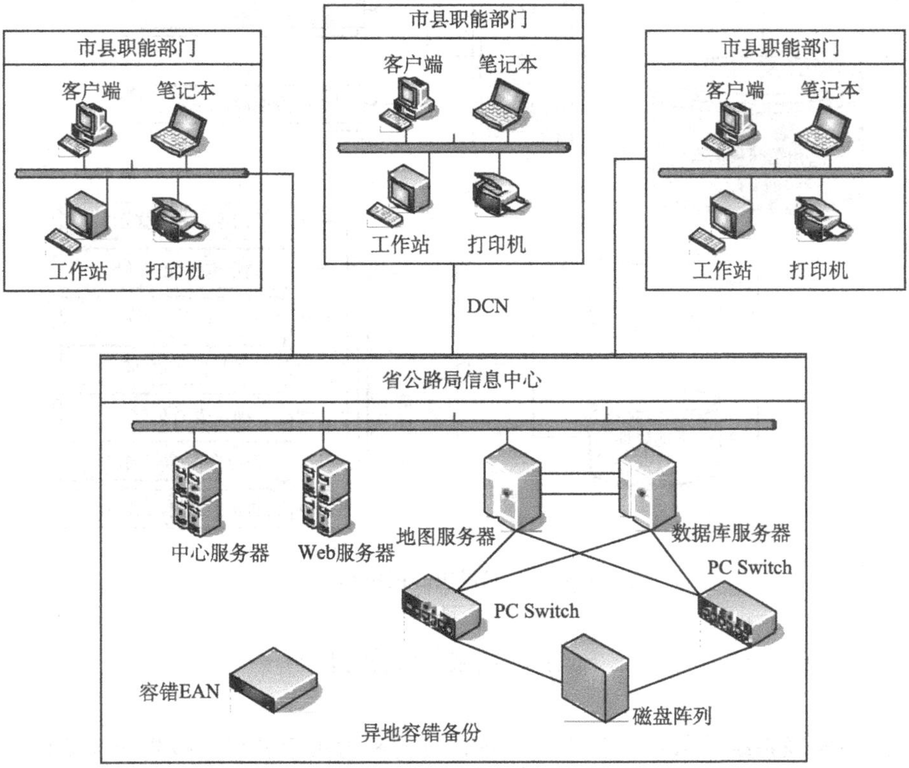

图 8.16　系统网络结构图

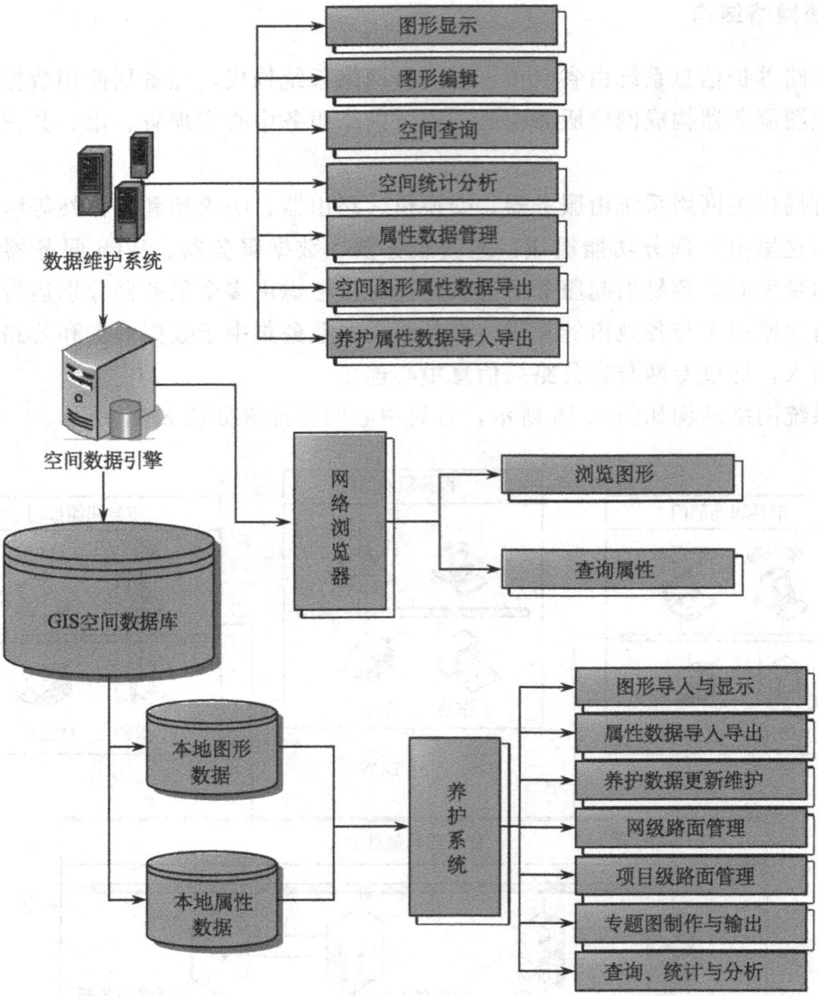

图 8.17　省局中心网络部署

8.5　数据库设计

路面管理系统的数据库包含进行各种分析和为决策者提供报告所需要的所有信息。在数据库中，信息是以数据文件的形式存储的。一个数据库可以包含多个数据文件，这些数据文件的组成设计和每个文件的数据项设计便是数据库设计的主要内容。

8.5.1 数据类型

要使数据库能够正常运行，首先必须确定哪些信息应存储在数据库内以及如何将它们分类存入。一个路网包含数百至数千公里的道路，有关路面的数据可能有数万至数十万个。如果在数据库内存入不必要的信息，或者路网划分成很短的路段，则数据库运行的效率将非常低，而系统所输出的报表将十分冗长甚至失去意义。路面管理系统的数据库通常包含以下六种类型的数据文件。

1. 路段划分和识别

在数据能入库之前，路网必须划分为若干个均匀路段。这一项工作对于整个数据采集的工作量、系统今后的运行以及报告与分析的质量和可靠性有十分重要的影响。在路面管理系统的分析中，一个路段当作一个单元，具有相同的表现，对于养护和改建措施有着同样的反应。因而，路段内的路面在龄期、结构、施工方法、路况、交通量和道路等级等方面应相同。然而，如果要严格保持上述因素都相同，则路段有可能划分得过细、过碎，使数据库因数据量过大而难以处理。为此，应容许某些因素在一个路段内可以在一定程度上变异。例如，龄期、结构和道路等级相同的一个路段内，交通量容许有中等的变异；或者交通量、结构和路况相同的路段，路龄可以有 1～2 年的差异等。在划分路段前，应对容许的变异范围作出规定。此外，分段的标准还应考虑到是否便于养护和改建工作的进行，过长或过短都不便于资金分配或工作安排。在双向交通量相差悬殊时，还应按方向划分路段，以考虑路况恶化速率的差异。路网划分为若干均匀路段后，给每一个路段命名，规定其起讫点和识别代码，并注明其道路等级和所属管辖区(行政、养护或其他区划)。识别码是路段的唯一识别标记，以便迅速输入数据和进行查询。建立一个编号系或参照系，可以使系统更方便地找到正确的路段识别码。

2. 几何数据

包括路段的长度、宽度和路面面积。这些数据可以从单位的档案记录中查到，但在输入数据库之前，应到现场进行核对。交叉口处的长度可能重复计入，应事先作约定，哪一类路（等级或交通量）先行考虑。路面宽度变化多的路段，可以用平均宽度计，而另用面积表示其正确大小。

3. 路面结构

包括整个结构（路基、垫层、基层、面层和各种表面处理）的组成和各层的厚度。这些数据可以利用施工原始记录，部分钻取样芯等方法得到，或者逐步积累。

4. 交通流量数据

包括总交通量、货车交通量和轴载组成等，从交通量观测站记录中得到。

5. 使用性能数据

使用性能数据的采集是路面管理系统的核心，许多管理决策和报告都依据由路面使用性能数据提供的信息，因而，组织好数据采集工作十分重要。使用性能数据包括路面损坏状况、路面行驶质量、路面结构能力和路面抗滑能力 4 个方面。每一方面可以用不同的指标表征，可以采用不同的方法量测。例如，路面损坏状况有损坏类型、严重程度和范围三方面属性表征，各个系统依据系统的预期功能及当地的经验和习惯等，可以分别选取不同的损坏类型、不同的严重程度分级和不同的范围度量方法。而且各个系统也可考虑某一方面或几方面使用性能属性。例如，可仅考虑路面损坏状况或行驶质量，也可二者同时考虑。除了将采集到的使用性能数据输入数据库外，还要按所选用的使用性能评价指标（如 PCI、SSI、RQI 等）和计算方法，将各路段的原始数据换算成相应的性能指标值输入库内。

6. 路面历史数据

路面历史数据包括各路段从施工完毕交付使用后到目前为止的全部养护和改建活动记录（施工竣工验收日期，养护措施和资源消耗，罩面和加铺层施工记录，大修记录等）。

数据采集的工作量很大，需耗费较长时间。由于系统的建立和实施采用模块式结构分阶段进行，数据库的建立也可采取分阶段进行的方式，先采集部分数据，以建立数据库的构架，供系统下阶段分析用，而后随着系统的继续开发，不断补充数据采集．逐步完善数据库。

数据库管理包括采集路面数据并输入数据库，更新数据库内的信息，组合数据库内数据以编出报告。数据库的结构应能方便于从数据库内提取数据组合成各种报表。提供报表是实施第一阶段路面管理系统的主要用途。这些报表可以是：①有关路面状况分类的，如按道路等级、行政或养护管理区划、路面类型或结构等进行分类的各种清单；②有关路面修建和养护状况的，如不同年份修建或采取不同养护和改建措施的路段清单；③有关路面使用性能状况的，如各使用性能指标在路网内的分布频率，或者某使用性能指标为某一水平的路段位置和长度等。数据库的报表编制功能是路面管理人员最有用的工具。

8.5.2　数据库逻辑设计

在一个软件工程中，数据库的规划和设计在整个系统中占有非常重要的地位，它不但起着存储各种信息，供统计、查询、分析等使用的作用，而且还关系到不同管理机构之间的数据传递问题。随着计算机技术的飞速发展，尤其是网络技术的日趋完善和发展，计算机信息管理系统已逐步地从单机系统向分布式系统即多用户和网络系统发展，数据库设计的合理性、规范性、适应性，数据库之间的关系及设置直接关系到系统的优劣。

1. 数据物理分布

省局数据库：存储全省公路管理机构产生的各类数据；
市处数据库：存储全省各个市处公路管理机构和部门产生的各种数据；
县站数据库：存储全省各个县站公路管理机构和部门产生的各种数据。

2. 业务逻辑构成

1）公路属性数据库

包括公路路况普查收集的基础数据。直接反映公路基本属性的数据，如公路几何参数、动态指标等。公路属性数据库具体包含的内容有：路线概况、路基、路面、主要构造物、沿线设施、交通量、沿线环境共七类数据。提供有关数据库样表见表 8.11。

表 8.11　线路分段表

序号	名称	类型	含义
1	道班编号	整型	道班编号
2	年度	日期时间	年度
3	月份	日期时间	月份
4	线路代码	整型	线路代码
5	起始桩号	整型	起始桩号
6	终止桩号	整型	终止桩号
7	路面类型代码	整型	路面类型代码
8	路面类型	文本	路面类型
9	路面宽度	浮点数	路面宽度
10	路线长度	浮点数	路线长度
11	调查面积	浮点数	调查面积
12	分段编号	整型	分段编号

2）公路养护业务数据库

由养护业务部门产生，为事务处理层提供服务。包括养护计划、大中修工程、小修保养、路况调查等未加工处理的原始业务数据，以及经过初步加工整理后的养护业务数据，如路线巡查数据、桥梁调查、好路率等。提供有关数据库样表见表 8.12。

表 8.12　公路中修记录表

序号	名称	类型	含义
1	行政代码	整型	行政代码
2	路线代码	整型	路线代码
3	路线名称	文本	路线名称
4	起始桩号	整型	起始桩号
5	终止桩号	整型	终止桩号
6	路线长度	浮点	路线长度
7	计划开工日期	时间日期	计划开工日期
8	计划完工日期	时间日期	计划完工日期
9	工程状态	文本	工程状态
10	估算投资	文本	估算投资
11	总投资	文本	总投资
12	路面类型代码	文本	路面类型代码
13	路面类型	文本	路面类型
14	路基类型	文本	路基类型
15	主要工程量	文本	主要工程量
16	备注	文本	备注

3）公路空间数据库

通过卫星遥感像片、GPS 测量产生，为建立公路 GIS 空间数据库的骨架。主要包括公路路线、桥梁、交通量观测点、养护工区、收费站、服务区、公路治安报警点及沿线 GPS 测绘点等。与公路空间数据相关的其他空间数据及必要的属性信息有行政区划（包括省级、市级、县级、乡镇级）、水系（包括河流、湖泊、及运河）、社会经济（人口、经济指标、国土面积等）。

4）公路综合数据库

综合数据库用于存储和描述为最高决策层服务的数据，它是经过公路属性数据库、公路养护业务数据库及外部数据采集的内容经加工整理、高度浓缩产生的。它既可以直接给决策者提供信息查询，又可以为决策模型的计算提供数据来源（表 8.13）。

表 8.13　路线长度统计表

序号	名称	类型	含义
1	年度	日期时间	年度
2	月份	日期时间	月份
3	行政代码	整型	行政代码
4	路线代码	整型	路线代码
5	路线总长度	浮点	路线总长度
6	沥青路面长度	浮点	沥青路面长度
7	水泥路面长度	浮点	水泥路面长度
8	砂石路面长度	浮点	砂石路面长度
9	一级路面长度	浮点	一级路面长度
10	二级路面长度	浮点	二级路面长度
11	三级路面长度	浮点	三级路面长度
12	四级路面长度	浮点	四级路面长度
13	好路率计算长度	浮点	好路率计算长度
14	大修路段长度	浮点	大修路段长度
15	中修路段长度	浮点	中修路段长度
16	其他路段长度	浮点	其他路段长度
17	优等路段长度	浮点	优等路段长度
18	良等路段长度	浮点	良等路段长度
19	次等路段长度	浮点	次等路段长度
20	差等路段长度	浮点	差等路段长度

3. 数据库关系

经过以上的设计步骤，可以确定具体的数据库结构。限于篇幅，下面仅给出部分数据库的表结构（图 8.18）。

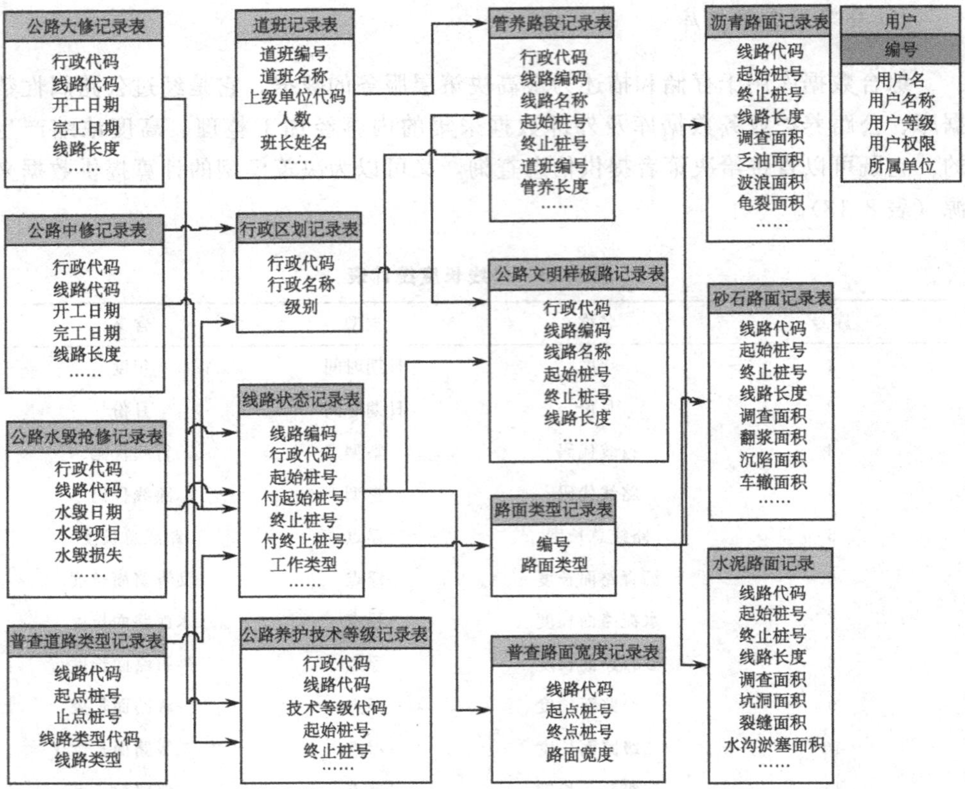

图 8.18 数据库表结构

8.5.3 J2EE 环境下的数据库部署

在公路养护 GIS 系统体系结构中，数据库服务器的运行效率是决定整个系统运行效率的一个非常重要的方面。而数据库管理系统（DBMS）的选择就直接决定了数据库服务器的运行效率。一般而言，一个完整的商品化的数据库管理系统应包括：服务器端运行程序、客户端调用接口程序、系统管理工具及相关的一系列应用开发工具。作为世界上最大数据库系统软件开发商，数十年来，Oracle 公司一直在业界保持着技术上的绝对领先地位。其产品性能卓越、运行稳定可靠，是目前数据库管理系统的最佳选择。中心数据库管理系统采用 Oracleoi，可以更好的支持空间数据库。

1. 级联访问

公路养护GIS系统是一个庞大的、完整的、有联系的整体，整个系统数据访问中，级联作为一个基础功能应该集成到整个系统中。整个系统的级联是动态的，准实时的。无论系统运行时增加或者删除尚未运行的或者已经运行的模块，整个系统可以立即识别和判断。对于整个系统而言，级联的层数是任意的，不受限制的，整个系统的级联在集成层完成，和其他各层无关，其他各层完全可以不用考虑级联的任何问题。

实现系统级联，需要能够对系统中所有的服务器进行查找和访问。在上级可以查找下级服务器，在下级可以查找上级服务器；能够对特定级别的服务器进行遍历，其具体功能类似数据结构中的“树”。为了实现上述功能，需要使用J2EE中的轻量级目录服务JNDI技术。

2. 空间部署策略

在级联策略中，数据库采取分布式＋集中式设置，集中管理：

数据库分布在各结点和上级结点上，所有结点都配备数据库。只有顶结点上配置管理模块，用户可以通过专门的服务器进行管理。为便于管理，GIS空间数据部署在省公路局中心数据服务器上，属性数据则在各市县公路处（段）辖区内部署，并通过同步机制维护整个数据库系统的数据一致性。

特点：数据库完全分布在各结点上，只有直接管理设备的结点才配备数据库。只有顶结点上配置管理模块，用户可以通过专门的服务器进行管理。

优点：数据库分布＋集中式设置，受网络影响小，服务能力强。集中管理，便于系统控制，程序简单，工作量小。

系统数据库结点部署如图8.19所示。

在J2EE架构下，图中每一个结点表示一台服务器，每台服务器中都有一个MIB库，MIB库中都存放了MOIT，这些树通过系统的JNDI功能，能够无缝的结合在一起，构成一个完整的、全面的MIB树，并且能够通过JNDI，被其他远程计算机访问，从而完成系统级联功能。MOI的访问方法封装了具体的数据库操作，从而实现了数据库操作的分离。

MOI的访问方法如图8.20所示。

当用户直接访问某结点时，可以通过JNDI服务，将用户访问目标直接引导向某结点服务器，通过该结点提供的接口，进行省或者其下属结点的查询、修改、增加、删除等操作。当某结点的数据发生变化时，系统通过JMS进行上报，同时修改上级服务器的相应数据。

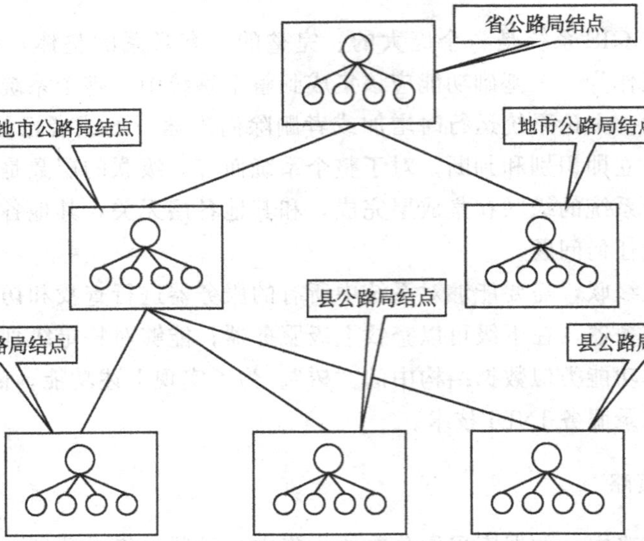

图 8.19　系统数据库结点部署图

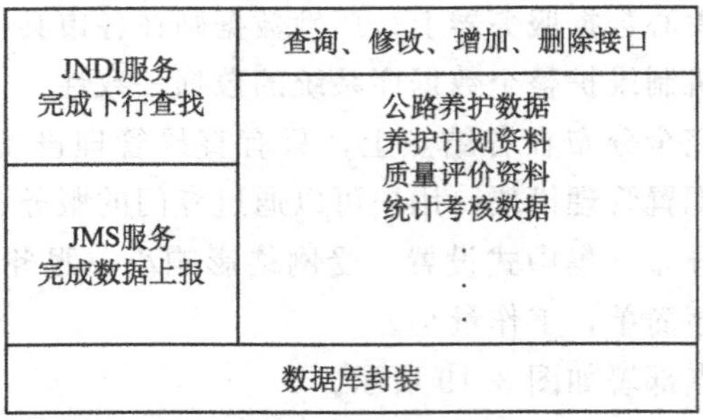

图 8.20　MOI 的访问方法

3. 信息上报

实现系统级联和分布＋集中式数据库，需要保证数据库的一致性，当上级或者下级数据库被修改时，系统能够自动将修改的内容发送到下级或者上级服务器，服务器数据库也完成相应的改动，从而实现数据库的一致。为了实现上述功能，需要使用 J2EE 中的集中消息队列服务 JMS 技术。

8.6　业务模型分析

8.6.1　公路路面使用性能评价

路面使用性能评价是公路养护 GIS 管理工作的重要前提和依据，也是路面管理工作的主要内容之一，因此，本节业务模型分析主要针对路面使用性能方面。对路面的管理工作主要都是以路面使用性能评价的直接或间接结果为基础来外展的。通过路面使用性能评价，可以达到如下目的：

（1）了解路面主要设施运行现状、评定设施的服务质量；

（2）获取路面使用状况的具体数据，以判定是否需要采取养护、改建措施，同时根据性能数据选取适宜的对策；

（3）进行科学的养护需求分析，制定合理的养护计划。

1. 路面使用性能评价内容

公路路面使用性能评价的主要内容包括 4 个方面：路面损坏状况、路面整体承载能力、路面行驶质量及路面抗滑能力，它们分别对应 4 个指数：路面状况指数 PCI，路面结构强度指数 SSI，行驶质量指数 RQI，抗滑能力指数 SRI。

1）*路面状况指数*（pavement condition index，PCI）

路况指数 PCI 是反映路面损坏状况的主要指数，是评价路面服务水平的最重要的一个指数。路面损坏所表现的形态特征是多种多样的，这是因为促使路面出现损坏的原因是多方面的，如行车荷载因素（如超载、重复加载和水平荷载等），环境因素（如温度变化、湿度变化和冰冻作用等），以及施工和材料原因等。因而对复杂多样的路面损坏状况进行分类是很有必要的，根据养护工程师长期的经验总结，一般把路面主要损坏状况分为以下三类。

（1）裂缝类：龟裂、纵向裂缝、横向裂缝、块状裂缝；

（2）变形类：沉陷、车辙、波浪、壅包；

（3）表面缺陷类：坑槽、补丁、泛油、露骨、麻面、磨光。

在这些分类的基础上还必须相应制定符合公路实际情况的各类破损程度扣分值，根据这些扣分标准，就可以对损坏状况进行测量、分类、评价和扣分，最后得出路面损坏状况指数 PCI。

2）*路面结构强度指数*（structure strength index，SSI）

根据我国沥青路面设计规范的规定，高等级公路沥青路面是以设计弯沉作为结构强度控制指标进行设计的，它保证公路路面在设计期末承受当量累积载次数后还能处于一定的容许弯沉值以内。因此，可以通过测定路面目前的弯沉值来确定其整体承载能力。通过这个弯沉值可以得出路面的整体承载能力指数 SSI，它是评定路面整体结构功能的重要指数。

3）*路面行驶质量指数*（riding quality index，RQI）

道路服务水平是反映路面行驶质量最直观的指标。公路路面行驶质量或行驶舒适性同路面不平整度、车辆的动态响应以及乘客对舒适性的要求和对颠簸的接受能力有关。然而，所有与人感觉有关的评价，往往因为人的主观性而相差较大。研究表明，平整度对路面行驶质量的影响在所有因素的影响程度中所占比重最大，因此可将路面行驶质量近似看作是路面平整度的单变量函数。那么，RQI 的确定仅仅与平整度相关，平整度一般以国际平整度指标（internation roughness index，IRI）为指标。

4）*路面抗滑能力指数*（skid resistance index，SRI）

公路路面抗滑能力直接关系到行车的安全性。为了保证车辆快速行驶的安全，必须把抗滑能力作为一项重要的评价指标。影响公路路面抗滑能力的因素有路面表面特性（粗糙度）、路面潮湿程度和行车速度。公路表面的粗糙度，随着车辆的反复磨耗作用而逐渐减小。通常采用石料磨光值（PSV）表征其抗磨光性能。许多国家都规定了路表抗滑能力的最低值（通常用侧向力系数 SFC 为指标），在路面使用性能评价中，可以通过 PSV 和 SFC 得出的路面抗滑能力指数 SRI 来评价路面的抗滑能力。

2. 路面使用性能评价方法

从以上对公路路面性能评价内容的介绍可以看出，除路面损坏状况指数外，影响路面承载力指数、路面行驶质量指数、路面抗滑能力指数的主要因素都较为单一。随着科技水平的提高，各种测定弯沉、国际平整度、石料磨光值及侧向力系数的专业设备都有了较大改进和提高，因而这些评定指标可轻易得出。

至于路面损坏状况指数，由于其影响因素较多，故其评价计算方法相对复杂，而且大部分检测工作仍由人工完成。目前，较为通用的评价流程大致如下：首先针对不同的损坏类型和损坏程度确定各单项扣分值，通过人工检测和机械检测相结合。对检测路面进行评分，最终得出总的扣分值，进而获得 PCI 指数。

计算出各路段的 PCI 值后，可以通过沥青路面损坏状况评价标准对路段的路面损坏状况进行评价，由此可知路面所处状态。至于评价中所涉及到的有关路面损坏类型和分级标准，应根据交通部养护规范及专家经验知识，结合公路的实际情况加以确定。

8.6.2　公路路面使用性能预估

公路路面使用性能预估，是在有关的路面工程理论和预测学理论的指导下，以调查研究和统计资料为依据，以科学的定性分析和严谨的定量计算为手段，对路面使用性能发展演变规律进行分析和揭示，进而作出科学的预测，为公路路面管理提供可靠的决策支持的过程。

公路在使用中，其路面的损坏程度会随着运行时间或轴载作用次数的增加而逐渐加剧。当损坏达到某一程度时，路面就需要采取养护或改建措施以恢复和提高其使用性能。而采取各种不同的措施，路面使用性能的变化将具有不同的速率。公路管理部门为合理使用有限的资金以维持尽可能高的路面使用性能水平，需进行规划。为此必须确定何时应采取养护或改建措施以及采取何种措施最为经济。为达到这一目的，就要预估路面经过某种养护或改建措施后使用性能随时间而变化的关系，这种关系称为使用性能预估模型。

公路路面使用性能预估模型是路面管理系统的重要组成部分，没有其参与，就不能客观而准确地对各种对策方案在寿命周期内进行费用-效益分析，也就不能获得最佳结果。由此可见，准确可靠的路面使用性能预估模型是路面管理系统赖以完善的基础，是公路路面管理系统中重要的一项内容。

路面使用性能按管理水平（网级或项目级）和其所服务的管理系统的具体情况的差异而具有不同的含义和衡量指标。例如，项目级的路面使用性能常定义为比较具体的疲劳开裂、车辙、平整度和结构承载能力等，从而具有比较强的针对性，有利于详细地进行公路路面养护或改建方案的设计与评价；而网级的路面使用性能较多采用综合性路况指标，且常以这些指标的状态分布反映路网的整体性能。目前，许多国家和地区依据各自管理系统的需求和条件已经提出多种预估方法，并建立了相应的预估模型。一般而言，可划分为预估其使用性能指标单一数值的确定型模型（deterministic models）和预估其状态分布的概率模型（probabilistic models）两种基本类型。

确定型模型包括基本反应、结构性能、功能性能和使用性能模型等；概率模型包括残存曲线、马尔可夫（Markov）和半马尔可夫模型。

1）确定型模型的建模方法

现有的路面管理系统中，绝大多数采用确定型模型预测项目级或网级路面的基本反应（应力、应变、位移等）、结构性能、功能性能和使用寿命（以累计轴载作用次数或时间计）等。这类模型的建模方法主要有力学-经验法和回归分析法两种。力学-经验法利用由结构分析得到的路面在行车荷载作用下的应力、应变或位移的反应，预估使用性能变量随时间或轴载作用次数的变化；而回归分析法则是利用回归分析技术建立使用性能变量同影响变量（如年数、交通量、路面结构和养护水平等）的经验关系，并借此进行预估。

2）概率型模型的建模方法

由于影响路面使用性能变化的因素，如荷载、环境、材料性能和养护水平等都具有不同程度的变异性，使用性能变化的速率是不确定的，它可能比预期的快，也有可能比预期的慢。显然，确定型模型无法反映使用性能变化速率的这种不确定性，因而并不能保证得到可靠的预估。所以，有必要研究概率型模型的建模方法，以建立能够表达使用性能不确定性变化的概率型模型，供路面管理系统尤其是网级管理系统使用。前已述及，概率型模型主要有残存曲线模型、马尔可夫模型和半马尔可夫模型三种，但应用最多且最为完善的是马尔可夫模型，其主要原因之一是马尔可夫过程为这种模型提供了合理的结构。应用马尔可夫过程建模的主要步骤如下：

（1）选择使用性能变量，定义路况状态；

（2）为不同路面类型或各种养护和改建措施分别提出转移概率矩阵；

（3）利用转移概率矩阵预估某时段处于某种路况状态的概率。

8.6.3 路面维修对策的分析选择

公路路面对策的确定是一个较为复杂的决策过程。它涉及到路面现有的状况、传统的对策模式、决策者的经验知识和价值观念以及可能的政策干预等诸多因素。传统上，公路部门通常对管理目标和可获得资源等诸多因素综合权衡后，依据工程经验为具体路段选定养护或改建对策。这种决策模式具有明显的主观性和片面性，难以保证资源的有效利用。因此，在路面管理系统中，有必要引入某些科学的方法，以促使路面管理决策的理性化、系统化和过程化。目前，有两种方法可供用于公路路面对策的决策分析。第一类是借助某些系统化方法总结和提炼路面养护过程长期积累的经验知识，并以过程化的形式为具有不同路况的路面选择合理可行的养护或改建对策。这类方法较适宜于网级管理；第二类是经济分析方法，如寿命周期费用分析等，即通过对路面各种可行对策方案在分析期内支出的费用和产生的效益的分析比较，为路面选择最佳费用-效益对策方案。这类方法多用于项目级管理。上述两类方法可分别认为是静态技术分析方法和动态经济分析方法。

决策的选择过程从数学上可以描述为：

影响因素向量 A（使用性能指标 1，2，…，类型，交通量等）；

设施对策向量 B（对策 1，对策 2，对策 3，…，对策 n）；

决策过程就是建立 A-B 的确定型对应关系或模糊型对应关系。

静态技术分析中具有代表性的方法是：决策树法和专家系统法。

决策树法：是指针对一定使用性能状况的设施，在修复方式和设施状况指标间建立其相互对应的关系，这种对应关系一般是分支树状的，故称为决策树。

决策树方法的优点是简单明了，线路清楚，应用方便；缺点是要求信息全，如果决策树中有一项信息未知，即形成“断链”，而无法对应某一具体的对策，另外一个缺点是较粗糙，给出的有关具体对策的信息不完全，还需要进一步分析，但由于这种方法固有的优点，所以现在的系统一般都采用此方法，而且这种方法极其符合人类的思维逻辑，在静态技术分析中，决策树的末端可以对应若干个对策，不一定是一个对策。

专家系统的方法是近 10 年来新发展的一种分析方法，这种方法吸取工程师的丰富经验，从复杂的分析过程中脱离出来，利用专家知识进行推理和分析。得出经验色彩较重的分析结果，它的优点是能保存和积累有益的知识，易为使用者所接受，有能力处理信息不完全和信息不准确的问题。但专家系统的开发过程较复杂，知识的收集和表达都需做许多工作。

8.7　公路养护信息系统功能实现

公路养护 GIS 系统主界面如图 8.21 所示。整个系统由资料维护子系统、养护计划子系统、评价决策子系统和统计与考核子系统组成。

8.7.1　资料维护子系统

资料维护子系统是对高速公路养护全部资料进行存档。资料范围涵盖公路设计、竣工资料，养护维修资料，日常观测、检测资料等，也包括了高速公路路线、路基、路面、桥梁、涵洞、隧道、互通式立交、跨线桥、沿线设施、交通绿化等数据资料和图片、多媒体资料。该子系统主要是完成基础数据的管理与维护。它的主界面如图 8.22 所示。

资料维护内容包括数据代码维护、数据字典维护、实际里程桩号与断链桩号和国家统一桩号相互转换、计算表维护、数据编号生成、断链处理、特殊地段观测与统计图形分析等许多部分。资料管理包括录入、修改、查询、打印、统计、上报、数据复制、导入等功能，管理项目包括路线、路基、路面、桥梁、涵洞、绿化、隧道、设施、互通式立交系统、主线其他项目、线外工程、建设项目、养

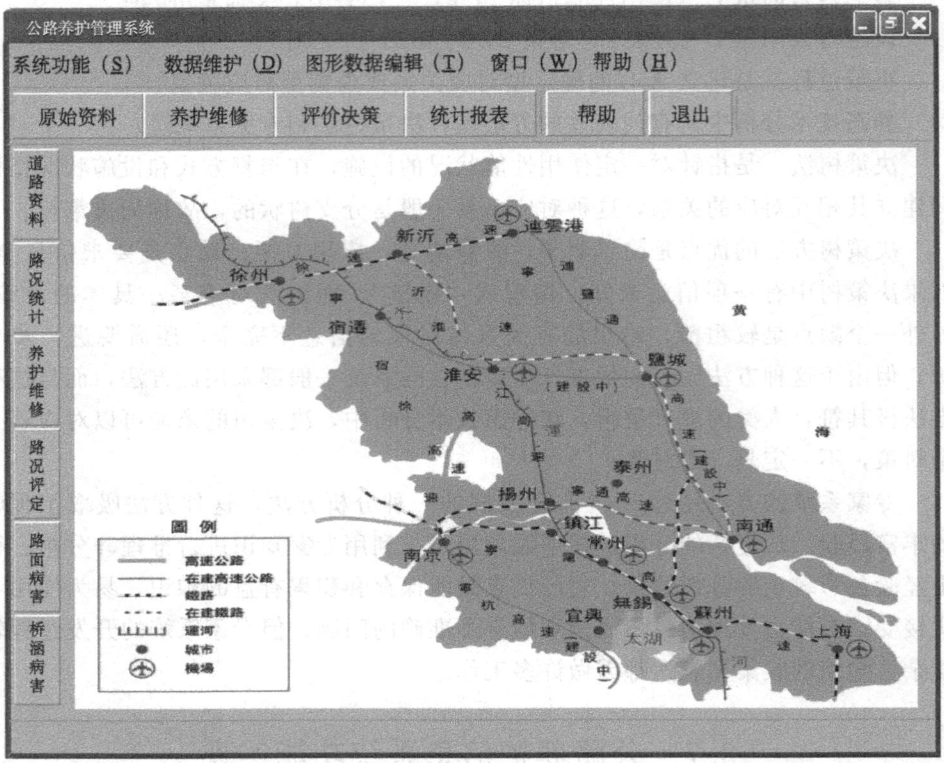

图 8.21 公路养护管理系统主界面

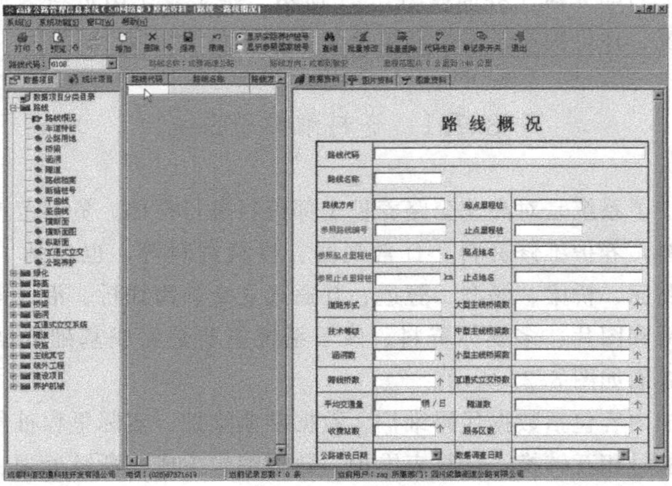

图 8.22 资料维护系统界面

护机械等多项内容。

8.7.2 养护计划子系统

养护计划子系统是对公路大中修、小修、新建、改建等养护工程项目的实时管理。提供工程项目登记、承包合同等资料的存档，建立工程量清单、工程费用计算、成本核算、施工组织计划编制等功能。本系统主要用于公路养护部门管理年度内的养护维修工程。对其进行成本控制，合理组织工程施工，并为养护评价决策提供重要依据，也能让主管部门随时掌握当前工程的实施状况及工程投资情况。

养护计划系统主要实现公路养护维修工程项目的动态管理，并为养护决策提供数据支持，为管理部门和上级管理单位提供上报报表。系统按功能分为：养护计划项目管理和统计报表处理两大部分。养护维修工程项目按清扫、保洁、绿化工程；路面工程；道路小修及专项工程；交通安全设施工程；公路工程抢险五类进行分类。具体项目包括：工程项目登记、工程进度月报表、工程量清单、相关合同文件、质量评定与项目总结、施工组织方案、相关质检文件、报批文件资料、图片图像资料、档案文件资料、成本分析对比表、工程监理资料、相关计量支付资料和人员、机械设备、试验仪器投入情况等。养护计划报表包括：日常养护维修月度计划报表、日常养护维修季度计划报表、养护维修统计月报表、养护

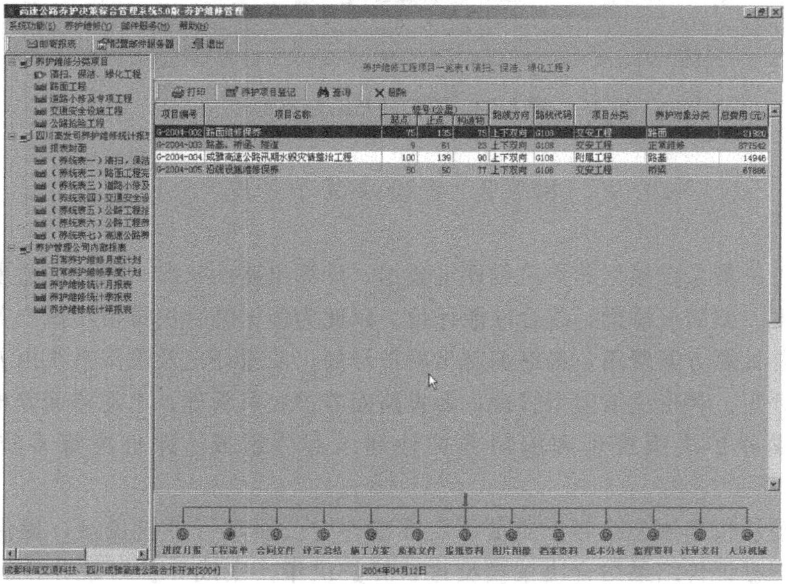

图 8.23 养护计划系统界面

维修统计季报表、养护维修统计年报表、公路工程养护统计汇总报表、公路工程抢险统计报表、交通安全设施工程完成情况报表、道路小修及专项工程完成情况报表、路面工程完成情况报表、清扫、保洁、绿化工程完成情况报表、高速公路养护综合报表等（图 8.23）。

养护计划系统亦分清扫、保洁、绿化工程；路面工程；道路小修即专项工程；交通安全设施工程；公路抢险工程五类，本模块主要是对工程的相关技术资料文档、图片图像等资料进行管理，并生成这五类工程的月、季度、年度计划报表和统计报表（图 8.24）。

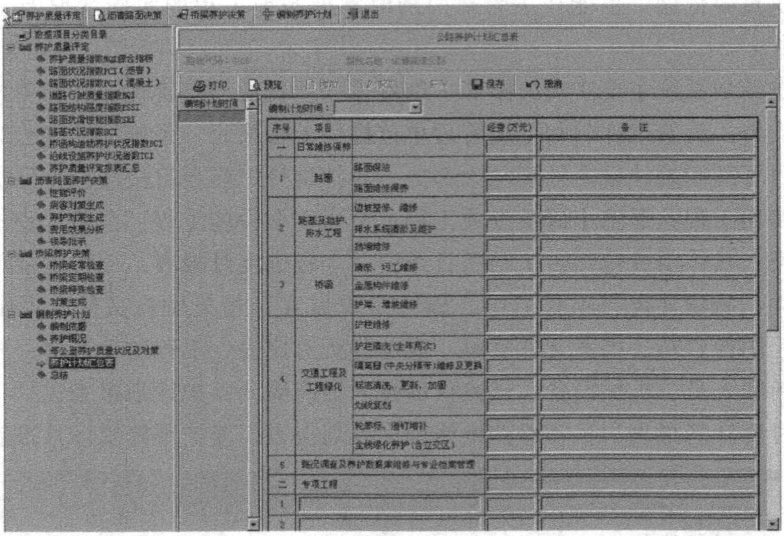

图 8.24　养护计划汇总表界面

8.7.3　评价决策子系统

评价决策系统根据养护质量评定数据，计算出路面状况、行驶舒适度、路面结构强度、路面（桥梁）综合性能评价。以此为依据结合决策模型做出养护计划方案，并计算方案费用，最终编制出养护计划。质量评定及决策系统由养护质量检测及评定、评价决策模型管理；沥青路面养护决策管理；水泥路面养护决策管理；桥梁养护决策管理和编制养护计划六部分组成。评价决策系统界面如图 8.25 所示。

本模块按部颁公路养护质量评定标准评定公路现行养护质量，提供上报报表，并根据评价结果结合决策模型进行养护决策，生成养护对策并计算养护费用，通过预估今后道路变化趋势和养护投资情况，计算效果指数，优化选择方

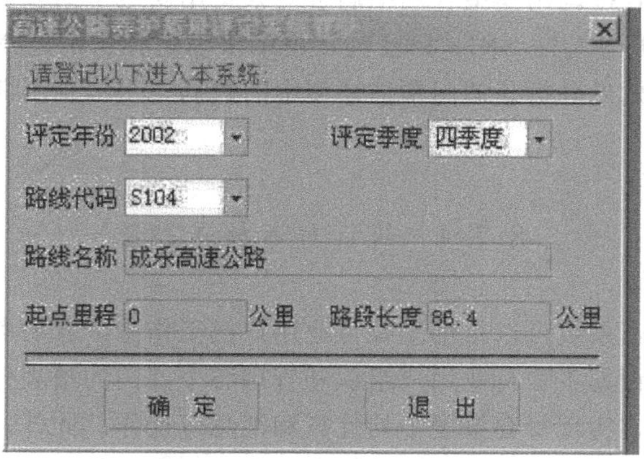

图 8.25　评价决策系统界面

案，编制养护计划，生成养护计划综合报告书。系统分养护质量评定、评价及决策模型管理；沥青混凝土路面养护决策；水泥混凝土路面养护决策；桥梁养护决策；编制养护计划等五部分，提供各种数据报表和统计图形分析功能。

养护质量检查及评价的内容包括（图 8.26）：

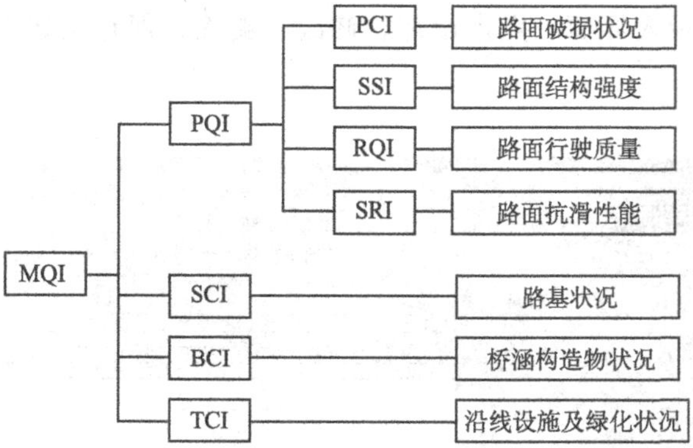

图 8.26　养护质量检查及评价的内容

本模块按月、季度和年度进行公路各项数据检测和采集，录入本系统，系统根据每公里基础数据计算综合指标 PQI \ SCI \ BCI \ TCI，最后计算每公里综合养护质量指数 MQI，并根据评价模型计算养护质量评定等级。该子系统是根据养护质量评定子系统计算出来的数据，而得出路面的养护决策，再经过筛选找出最佳的养护决策方案，最后再由领导审核批复，签署审核意见后实施。

系统由性能评价、病害对策生成、养护对策生成、费用效果分析、领导批示五部分组成。其中性能评价的结果由养护质量评定系统中导入；病害对策生成子系统的数据，可直接调用模型管理中病害对策费用模型中的方案；养护对策生成是根据 PCI、SSI、RQI、SRI、PQI 的评价结果确定养护措施及费用，按每公里进行处理；费用效果分析是调用预估模型中的数据，得出预测期内的养护措施及养护费用。

8.7.4　统计与考核子系统

统计与考核子系统可以帮助工程行业用户把工作中涉及的各种报表进行统一管理，而且可以帮助工程行业用户组织和管理各个部门的报表任务，并且可以在最简便的操作下，实现每套报表中的计算和汇总等操作。此外，该系统还能使养护单位通过网页填报考核数据。统计与考核系统所采用的报表须根据交通部、交通厅、公路局要求的统计报表而编制。

本模块包括公路基本情况汇总表和公路养护管理统计情况汇总表两大类，实现查询、统计、修改、预览、打印、远程发送等功能。该模块系统的建立是为方便公路管理部门统计相关数据，并上报报表而建立的，系统设计通过电子邮件或报盘的方式上报数据，简单方便。报表分两类：公路基本情况统计报表和公路养护情况统计汇总表，其界面如图 8.27 所示。界面的左边是报表目录树结构，右边是所选报表的录入界面。点击增加、修改、删除、保存按钮就可以进行数据的操作工作。

图 8.27　统计与考核系统界面

思 考 题

1. 公路养护一般包括哪些内容?
2. 养护质量考核的业务流程是什么?
3. 公路养护系统一般有哪些子系统?其功能分别是什么?
4. 公路养护系统的数据库数据物理分布如何?
5. 简述 J2EE 环境下的数据库部署。
6. 简述路面抗滑能力指数。

第9章 公路路政GIS

9.1 路政管理概述

9.1.1 路政管理的基本内容

路政管理是我国公路管理的重要组成部分之一，是路政管理机构依据国家有关法律、法规、规章的规定，为保护公路、公路用地、公路附属设施（简称路产），维护公路合法权益（简称路权）和发展公路事业所进行的行政管理的职能活动。其目的在于维护公路的合法权益，保障公路的完好、安全和畅通，促进公路事业的不断发展。

路政管理的基本内容主要有以下几个方面：

（1）负责管理执行公路路政管理的法律、法规和规章，保护公路路产，实施公路路政巡查；

（2）依照法律、法规、规章，制止、查处各种违章、侵占、污染、损坏和破坏路产的行为；

（3）与规划、国土、城建部门共同依法控制公路两侧建筑红线；

（4）审批从地下、地面、公路上空或地下穿（跨）越公路的其他设施的建筑事宜；

（5）维护公路养护、施工作业现场、征收通行费的工作秩序；

（6）负责公路上故障车辆的牵引拖带和事故现场的救援、排障及路产损失的清偿；

（7）对违反公路管理法规的行为，有权向有关单位和人员调查、询问、取证，查阅有关文件、档案、资料和原始凭证；

（8）办理和参与有关路政的复议案件，参与有关路政案件的诉讼活动；

（9）行使法律、法规、规章规定的其他职权。

9.1.2 路政管理的依据

路政管理是在国家有关的法律、法规和规章的基础上进行的。因此，各种相关的法律、法规和规章是公路路政管理的依据。路政管理的法律依据十分广泛，其形式主要有宪法、法律、法规、规章等。主要包括：

1. 宪法

《中华人民共和国宪法》规定："国家保护社会主义公有财产。禁止任何组织和个人用任何手段侵占或者破坏国家的和集体的财产"。

2. 法律

《中华人民共和国公路法》，《中华人民共和国行政处罚法》，《中华人民共和国行政诉讼法》，《中华人民共和国国家赔偿法》……

3. 法规

《中华人民共和国公路管理条例》，《××省公路路政管理条例》，《交通行政处罚程序规定》，《超限运输车辆行驶公路管理规定》……

4. 规章

《中华人民共和国公路管理条例实施细则》，《公路路政管理规定（试行）》……

9.1.3　路政管理机构

根据《中华人民共和国公路法》规定，国务院交通主管部门主管全国公路工作。县级以上地方人民政府交通主管部门主管本行政区域内的公路工作；交通主管部门可以决定由公路管理机构行使公路行政管理的职责。交通主管部门、公路管理机构依法对有关公路的法律、法规执行情况进行监督检查。因此，交通主管部门是我国法律赋予的路政管理机构，公路管理机构是根据交通主管部门委托的路政管理机构。

《公路路政管理规定（试行）》规定了公路管理机构及专职路政管理人员行使的路政管理职权。根据规定的内容，全国设置的公路路政管理机构可分为三种类型：

第一，公路主管部门，如省交通厅、地县交通局等；

第二，由公路主管部门直接设立的路政管理机构，如省公路路政管理局，地（市）路政管理科（支队），县（市）路政管理股（大队）；

第三，由公路主管部门授权的公路管理机构，如省公路管理局路政管理处，地（市）公路管理处（总段）路政科、县（市）公路管理站（段）路政股等。

9.2　路政 GIS 系统分析

路政管理是公路管理的重要组成部分，是公路外部行政管理的集中体现。路政管理具有广泛性、法制性、复杂性的特点，是维护路产路权，保护公路完好畅通，改善交通环境的基础和保证。目前国内的路政管理主要以行政管理为主，缺少基础数据库，决策上缺乏科学性，随意性大。随着公路建设的发展，路政管理需要逐步实现决策上的科学化和管理上的信息化。应用计算机管理信息系统来管理路政事务已经成为公路事业发展的迫切需要。

9.2.1 系统目标

（1）实现对各种路政档案的存储、管理、更新；

（2）实现方便、快捷的查询路政管理机构基本信息，路政执法人员基本信息，主要路产信息；

（3）实现自动化受理申请和审批，处理路政执法案件，处理各类收发文件等日常业务，在处理的同时提交入库进行存储；

（4）实现对给定查询数据的分类汇总，制作报表和打印。

9.2.2 系统数据流分析

路政管理的业务流分析如图 9.1 所示。

路政管理数据流分析如图 9.2 所示。

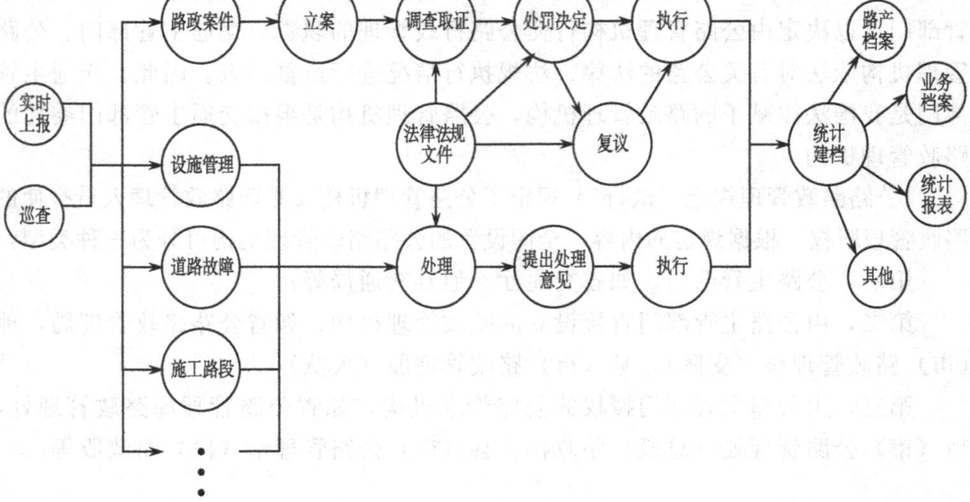

图 9.1 路政管理业务流图

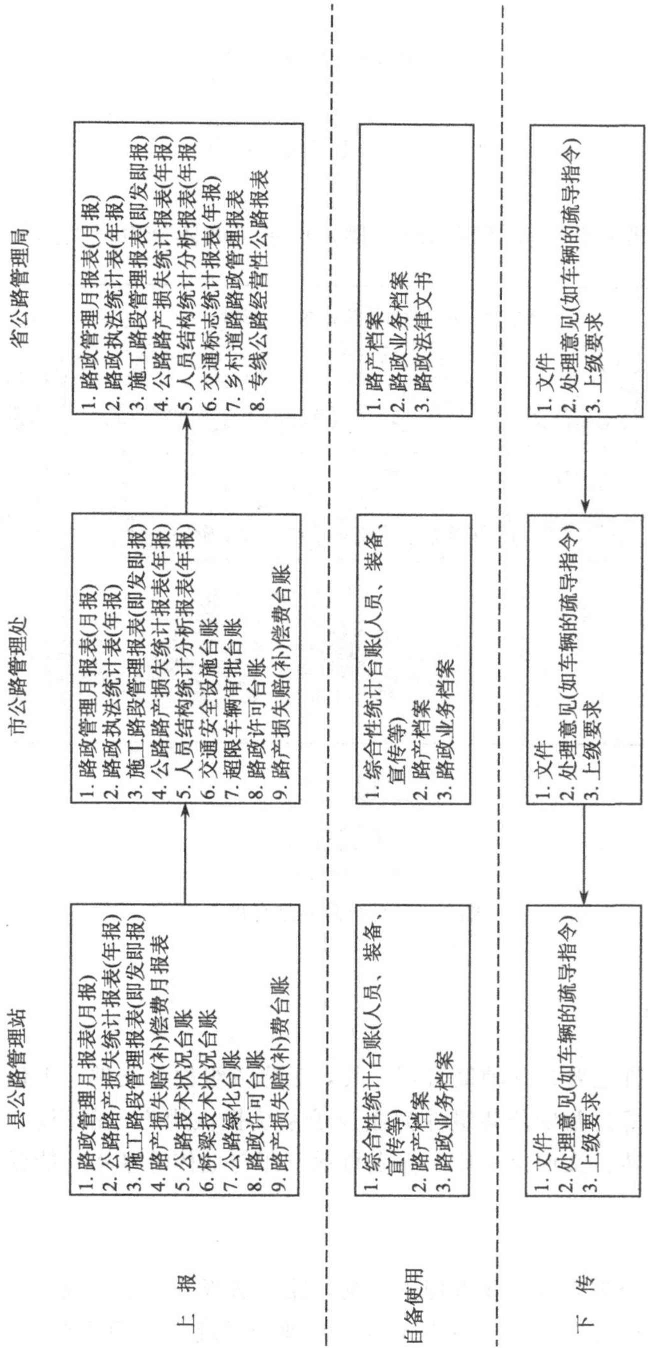

图 9.2　路政管理数据流图

9.3 系统总体设计

9.3.1 系统总体结构

本章以江苏省公路路政管理系统为例，该系统大体分为三大部分（图 9.3）。

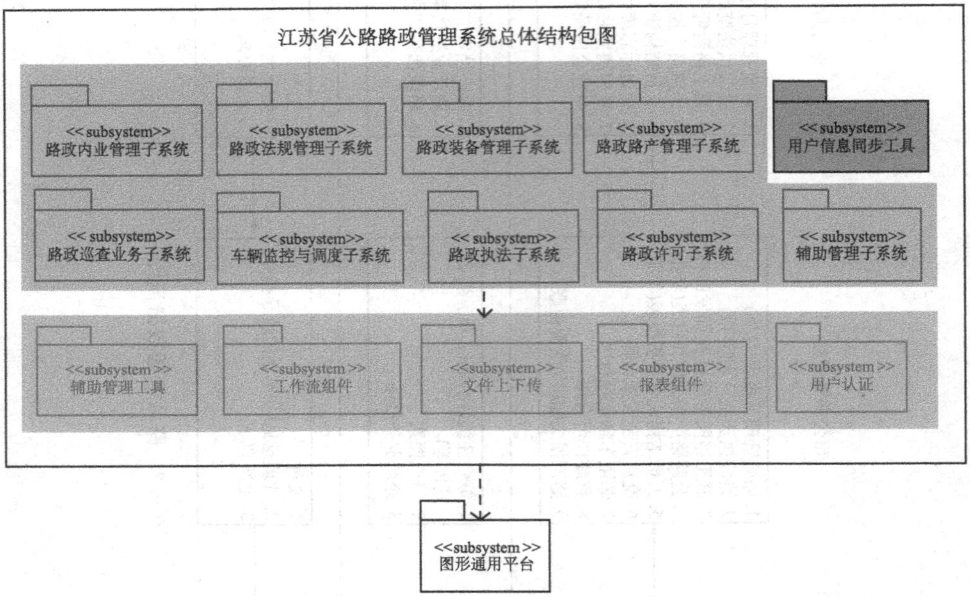

图 9.3　系统总体结构图

1. 基础公共组件

基础公共组件主要包括辅助管理工具，工作流组件，文件上下传，报表组件和用户认证组件等。基础公共组件为业务子系统提供用户、部门、功能、日志、类型库、工作流转、文件上下传、报表显示打印与上传等基本功能服务。

2. 业务子系统

业务子系统分为路政内业管理子系统，路政法规管理子系统，路政装备管理子系统，路政路产管理子系统，路政巡查管理子系统，车辆监控与调度子系统，路政执法子系统，路政许可子系统和辅助管理子系统。业务子系统构建于基础公共组件之上，实现了各个业务子系统需求中规定的功能。

3. 用户信息同步工具

用户信息同步工具是为了同步整个系统中两个独立的用户管理系统（路政系统用户管理系统、工作流用户管理系统）而设置的。该工具能够从工作流数据库中导出数据文件，然后从公路路政管理系统中导出用户信息更新该文件，再导入到工作流数据库中。

9.3.2　系统总体数据流

系统总体数据流如图 9.4 所示。

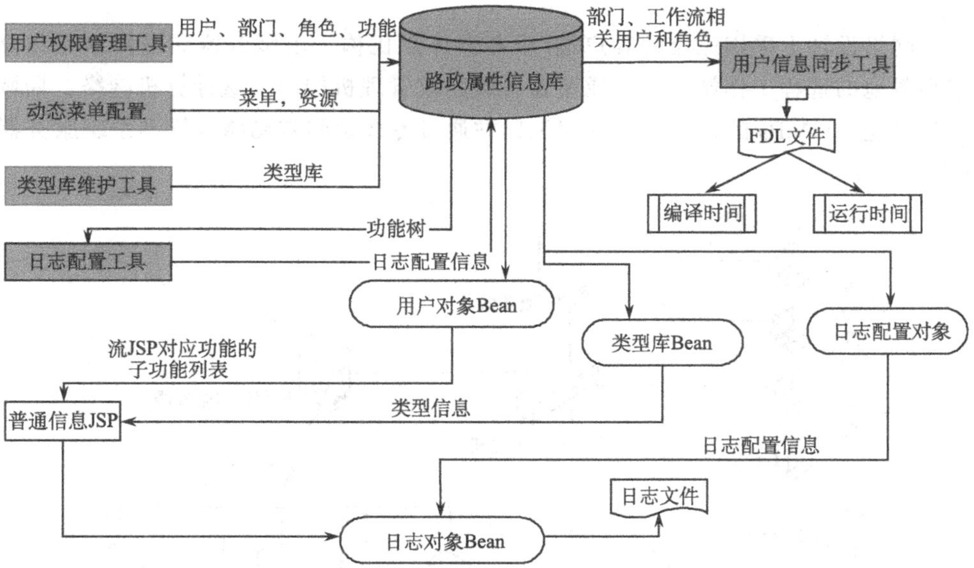

图 9.4　系统总体数据流图

9.3.3　系统软硬件配置

1. 硬件配置

服务器：双 CPU Pentium IV 550 Xeon，1GB 内存，100GB 磁盘阵列，17 寸显示器。

客户端图形工作站：Pentium IV 500，512MB 内存，60GB 的硬盘，21 寸显示器。

客户端微机：Pentium IV 500，512MB 内存，40GB 的硬盘，17 寸显示器。

网络：路由器、交换机。

省公路局局域网千兆网，独享 100M。

其他：扫描仪、打印机、投影仪。

2. 软件配置

操作平台：Windows2000/NT/XP。

数据库：Oracle 8i。

表格平台：Office2000/2003。

9.3.4　系统网络设计

1. 网络总体结构设计

网络设计上采用三层的客户端/服务器体系机构。由服务器局域网结点和分布在各地的远程工作站点，构成覆盖各级路政管理机构的广域计算机网络。局域网为带宽 100MPs 的以太网，远程工作站通过专线访问省局路政管理系统服务器（图 9.5）。

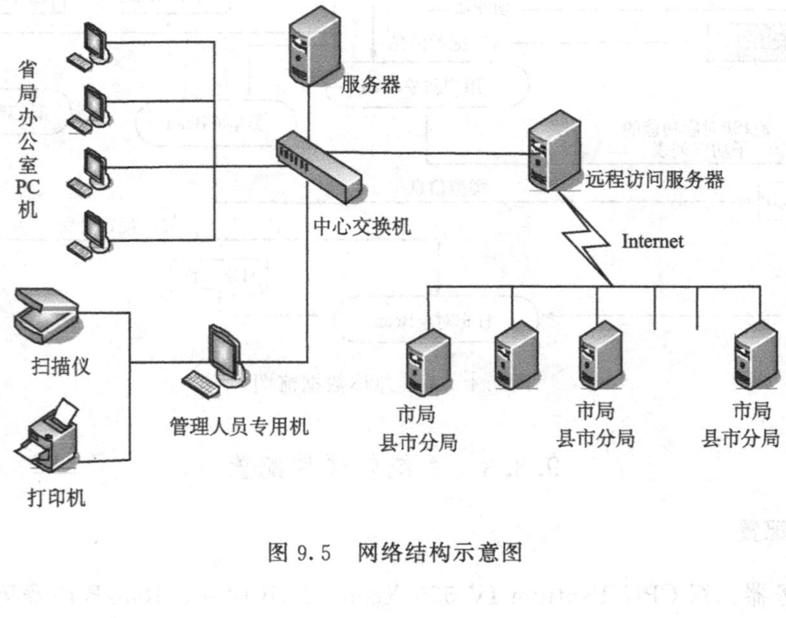

图 9.5　网络结构示意图

2. 网络体系结构设计

网络体系的设计采用基于分布式组件对象模型（DCOM）技术的客户/服务器（C/S）三层体系结构。三层体系结构分布式系统将系统分为 3 个逻辑层次（图 9.6）。

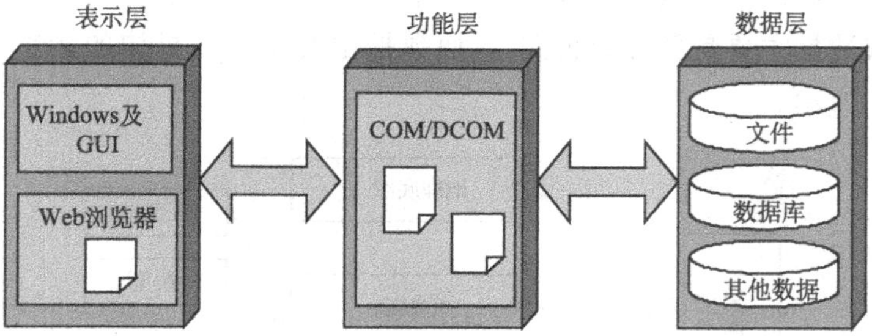

图 9.6　网络体系结构示意图

第一层：表示层。在表示层中包含系统的显示逻辑，位于客户端。它的任务是向网络上的服务器提出服务请求，显示用户界面和服务器端的运行结果。

第二层：功能层。在功能层中包含系统的事务处理逻辑，位于应用服务器端，采用 COM/DCOM 技术实现。它的任务是接受用户的请求，执行相应的扩展应用程序与数据库进行连接，向数据库服务器提出数据处理申请，而后将数据处理的结果提交给应用服务。

第三层：数据层。在数据层中包含系统的数据处理逻辑，位于数据库服务器端。它的任务是接受应用服务器对数据库操纵的请求，实现对数据库查询、修改、更新等功能，把运行结果提交给应用服务器。

9.3.5　系统安全性设计

(1) 在网络服务器及数据库服务器上设置安全防火墙，限制来自网络之外的恶意攻击，限制网络内部信息的不良外流；

(2) 对每种类型的用户设置权限，严格实行用户登录身份认证及权限审核，未经授权的用户系统将拒绝服务；

(3) 对系统用户登录与操作情况进行记录，用户对每个功能模块的调用情况、调用时间等信息均被写入系统日志，可以进行追溯性审计；

(4) 提供自动与手动两种方式实现数据备份。

9.4　数据库设计

9.4.1　数据库逻辑结构设计

1. 空间数据库设计

空间数据库主要由地理底图数据、点数据、线数据、面数据组成，地理底图数据包含了行政区划、城镇、水系等基础信息，点数据包括公路收费站、桥梁、隧道等，线数据主要是各等级公路，面数据主要是路政机构的管辖范围。其结构如图 9.7 所示。

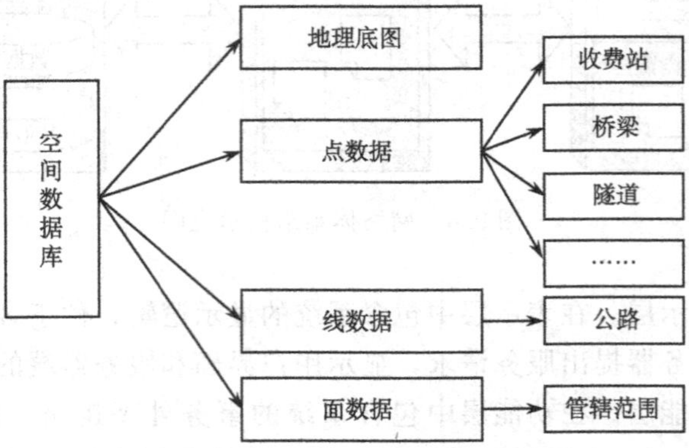

图 9.7　空间数据库结构图

2. 属性数据库设计

属性数据库主要由各个子系统的数据库组成，包括法律法规数据库、路产数据库、内业管理数据库、路政许可数据库、路政巡查数据库、路政执法数据库、路政装备数据库及工作流数据库。其结构如图 9.8 所示。

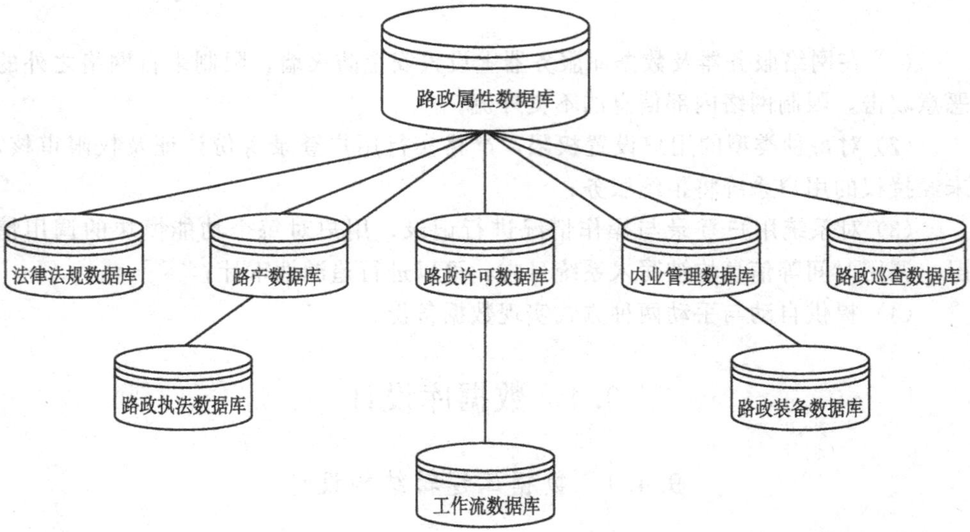

图 9.8　属性数据库结构图

9.4.2　数据库模型设计

我们以路政巡查数据库为例，其数据库的实体-关系图如图 9.9 所示。

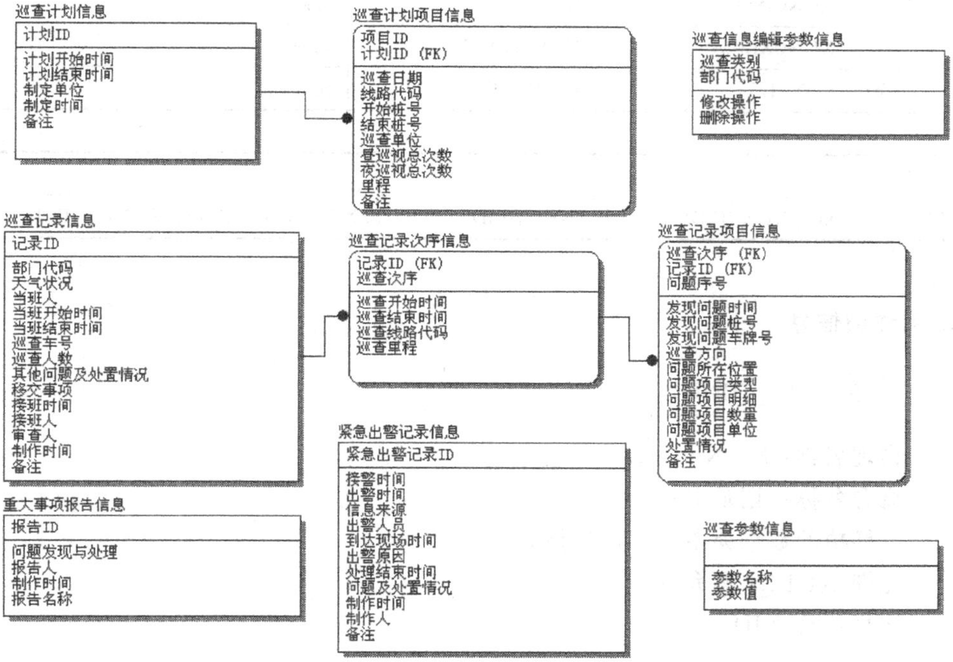

图 9.9　数据库 E-R 图

9.4.3　数据库表设计

我们以路政巡查数据库的巡查记录次序信息表为例，其表结构及数据字典如下：

1. 巡查记录次序信息（B_LZXC_XUNCJLCXXX）

列数：　　6

索引数：　0

外键数：　1

主键：　　1. F_NB_JILID

2. F_NB_XUNCCX 列	数据类型	允许 NULL	值/范围
F_NB_JILID	INTEGER	不允许	

续表

2. F _ NB _ XUNCCX 列	数据类型	允许 NULL	值/范围
F _ NB _ XUNCCX	INTEGER	不允许	
F _ DT _ XUNCKSSJ	DATE	允许	
F _ DT _ XUNCJSSJ	DATE	允许	
F _ VC _ XUNCXLDM	VARCHAR2 (32)	允许	
F _ FL _ XUNCLC	INTEGER	允许	

外键	子	父
FK _ B _ LZXC _ XUNCJLCXXX	F _ NB _ JILID	B _ LZXC _ XUNCJLXXX. F _ NB _ JILID

2. 列详细信息

1）F _ NB _ JILID

物理名称：F _ NB _ JILID
概念名称：记录 ID
可移植的数据类型：有符号整数
允许 NULL：不允许
注释：记录 ID

2）F _ NB _ XUNCCX

物理名称：F _ NB _ XUNCCX
概念名称：巡查次序
可移植的数据类型：有符号整数
允许 NULL：不允许
注释：巡查次序

3）F _ DT _ XUNCKSSJ

物理名称：F _ DT _ XUNCKSSJ
概念名称：巡查开始时间
可移植的数据类型：DATE
允许 NULL：允许
注释：巡查开始时间

4）F _ DT _ XUNCJSSJ

物理名称：F _ DT _ XUNCJSSJ
概念名称：巡查结束时间
可移植的数据类型：DATE
允许 NULL：允许
注释：巡查结束时间

5）F _ VC _ XUNCXLDM

物理名称：F _ VC _ XUNCXLDM
概念名称：巡查线路代码
可移植的数据类型：VC-可变长度（32）
允许 NULL：允许
注释：巡查线路代码

6）F _ FL _ XUNCLC

物理名称：F _ FL _ XUNCLC
概念名称：巡查里程
可移植的数据类型：FLOAT
允许 NULL：允许
注释：巡查里程

9.5　路政路产管理子系统

9.5.1　总 体 设 计

路产管理系统是路政管理系统的一个子系统，它由两部分组成：客户端模块和中间服务模块。客户端模块主要负责处理与地图相关的操作，中间服务模块主要负责与数据库相关的操作。

客户端模块是基于 WebGIS 平台开发的，使用了 WebGIS 平台的 Legend（图例）、Overview（导航）、ViewControl（视野控制）和 QuerySelectTool（查询选择工具）等几个接口。

中间服务模块使用了路政管理系统的几个公用组件：辅助管理公用组件、压缩数据包、用户认证包和文件上下传组件。

路产管理子系统的总体结构图如图 9.10 所示。

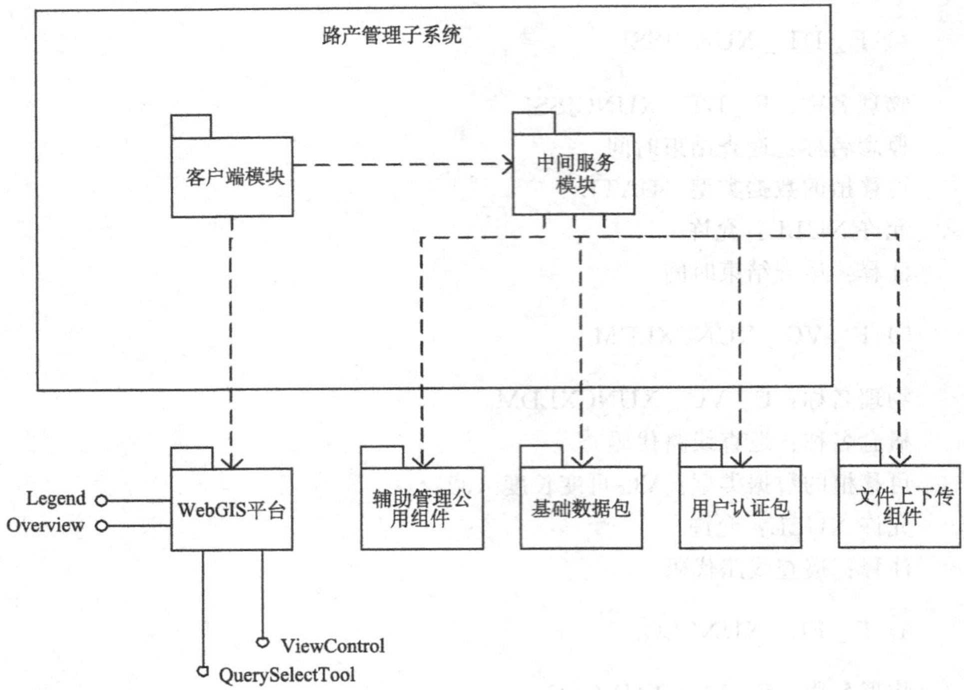

图 9.10　路产管理子系统总体结构图

路产管理子系统的数据流图如图 9.11 所示。

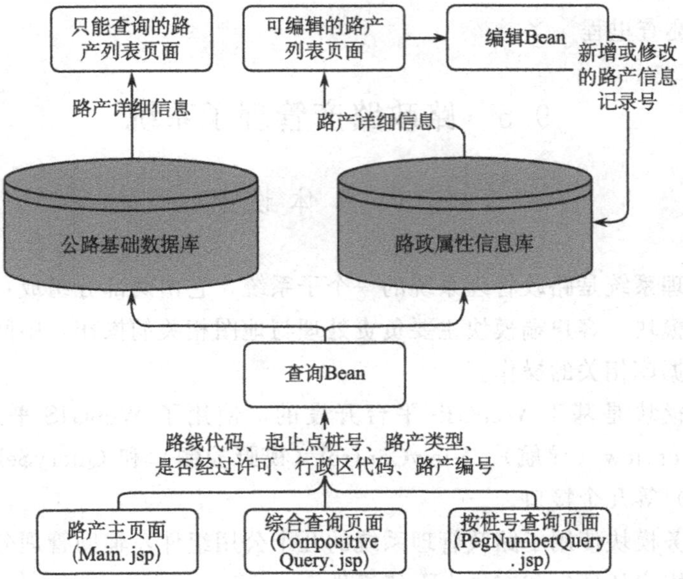

图 9.11　路产管理子系统的数据流图

9.5.2　功能设计与实现

路产管理子系统包括查询和管理两部分。

第一，路产设施查询：①综合查询；②按道路查询；③按行政区划查询；④按桩号查询；⑤点击路产设施查询（图 9.12）。

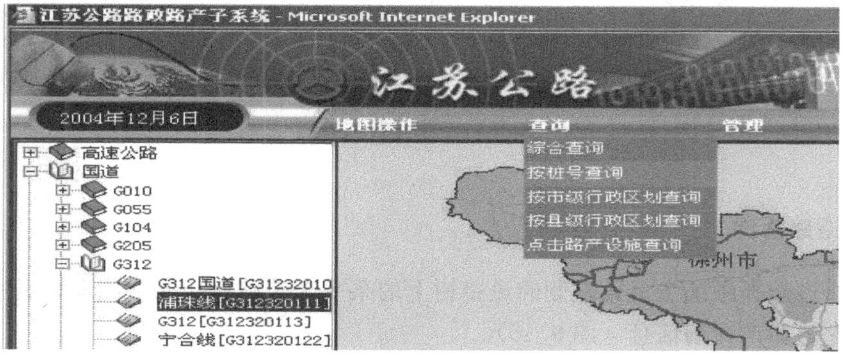

图 9.12　路产设施查询界面

第二，路产设施管理：①路产设施信息添加；②路产设施信息修改；③路产设施信息删除（图 9.13）。

图 9.13　路产设施管理界面

1. 综合查询

允许对“线路名称”、“路产以及非路产类型”、“是否经过许可和起止桩号”中的一项或几项进行设置，组合成查询条件，显示符合要求的路产和非路产设施

（图 9.14）。

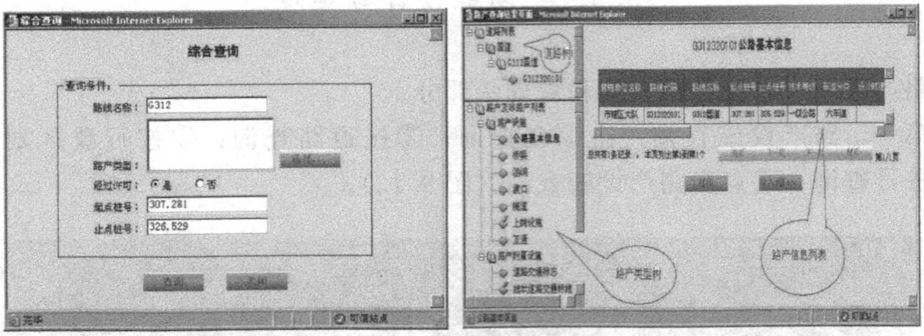

图 9.14　综合查询界面

2. 按道路查询

通过选择系统主页面左侧的道路树上的某一个叶结点，显示此页结点所表示路线上的路产详细信息（图 9.15）。

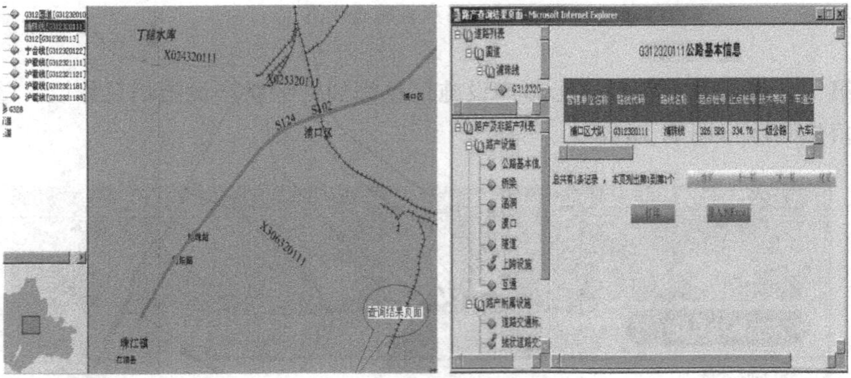

图 9.15　按道路查询界面

3. 按行政区划查询

选择“按行政区划查询”菜单项，分别为按市级和按县级，在地图上点击后，显示所选行政区域内的所有道路的路产详细信息（图 9.16）。

4. 按桩号查询

按桩号查询允许对“路线代码”、“起点桩号”、“止点桩号”进行设置，根据设置内容组成查询条件，显示符合要求的道路上的路产详细信息（图 9.17）。

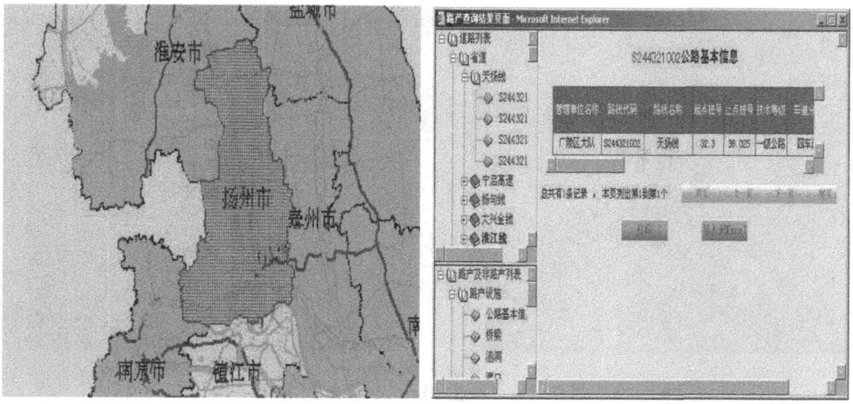

图 9.16　按行政区划查询界面

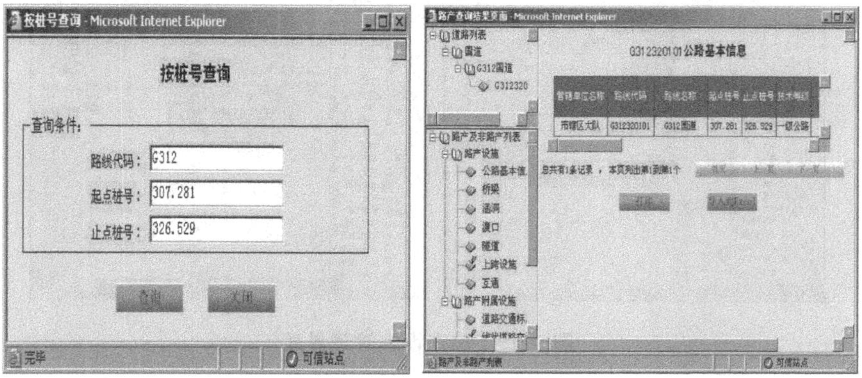

图 9.17　按桩号查询界面

5. 点击路产设施查询

选择“点击路产设施查询”菜单项，在地图上点击某一路产设施后，显示所选中路产设施的详细信息（图 9.18）。

6. 路产设施管理

提供对“上跨桥”、“线状道路交通标线”、“点状道路交通标线”、“附属交通安全设施（只包括里程碑、百米桩）”这几个台账的“添加”、“修改”和“删除”功能（图 9.19）。

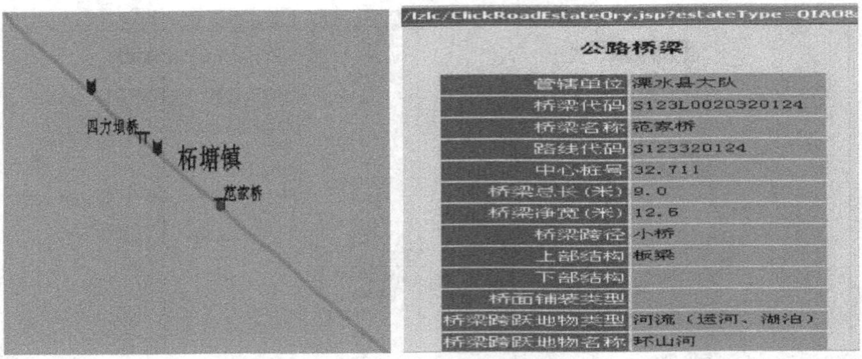

图 9.18 点击路产设施查询界面

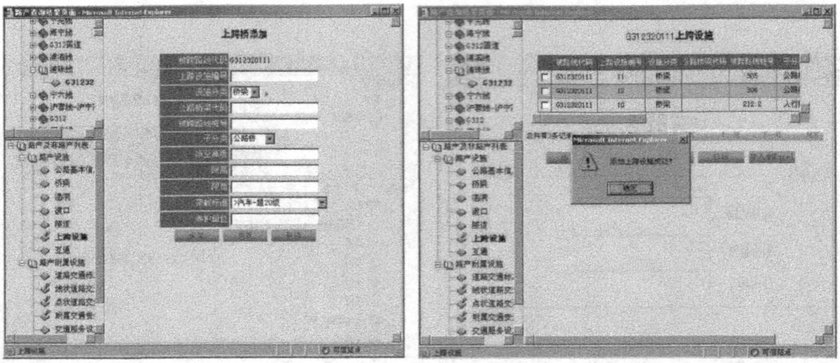

图 9.19 路产设施管理界面

9.6 路政法规管理子系统

9.6.1 总体设计

法规管理系统是路政管理系统的一个子系统，主要包含对象包、法规查询包、法规编辑包、典型执法文书编辑包、典型执法文书查询包五大部分（图 9.20）。

如图 9.20 所示，在法规管理子系统中，法规查询包、法规编辑包、典型执法文书编辑包和典型执法文书查询包都需要用到数据对象包，同时，需要用到外部的文件上下传组件、辅助管理公用组件以及基础数据包，另外，法规查询包和典型执法文书查询包都需要用到外部的报表组件。

法规管理子系统的数据流图如图 9.21 所示。

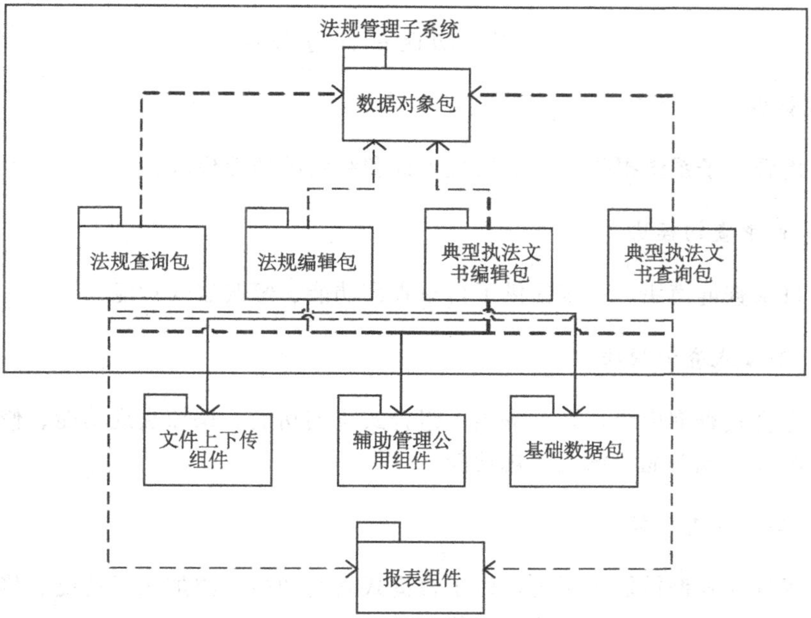

图 9.20　法规管理子系统总体结构图

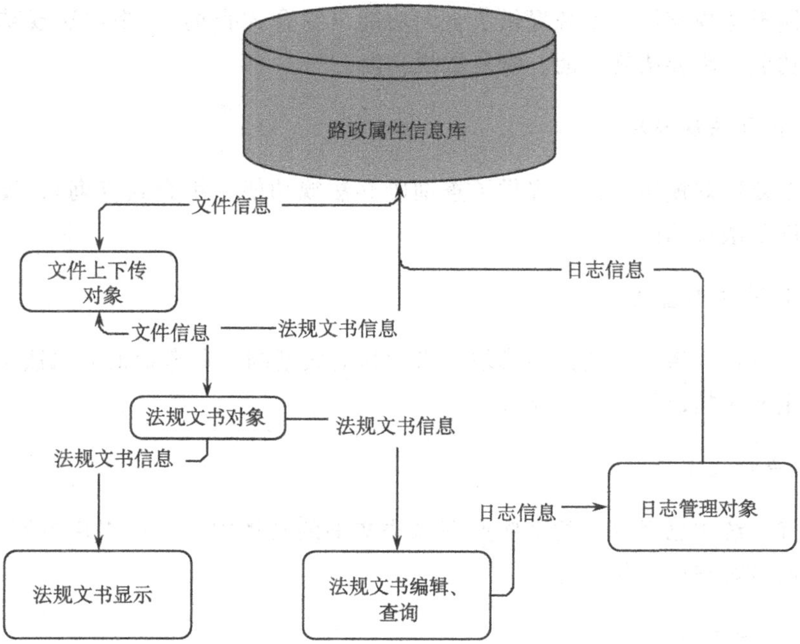

图 9.21　法规管理子系统数据流图

9.6.2 功能设计与实现

1. 法规管理

法规管理子系统提供了以下法规查询和编辑的功能模块：

1）目录查询模块

在目录查询模块，系统提供了目录查询功能、修改法规功能。

2）组合式查询模块

在组合式查询模块，系统提供了组合式查询功能、添加法规功能、修改法规功能、废弃法规功能、恢复法规功能。

3）咨询式查询模块

在咨询式查询模块，系统提供了咨询式查询功能、添加法规功能、修改法规功能、废弃法规功能、恢复法规功能。

4）编辑法规模块

在编辑法规模块，系统提供了查询功能（组合式查询）、添加法规功能、修改法规功能、废弃法规功能、恢复法规功能。

5）恢复法规模块

在恢复法规模块，系统提供了查询废弃法规功能（组合式查询）、废弃法规功能、恢复法规功能。

2. 典型执法文书管理

法规管理子系统中的这一模块提供的是对典型的有参考价值的执法文书进行管理。主要包括以下三块功能。

1）查询文书

查询系统中已经存在的某些典型执法文书的具体内容，可以通过网址链接，也可以通过客户端文件浏览。

2）添加文书

向系统中添加典型执法文书，可以用附件的形式保存典型执法文书的具体内容，可以保存典型执法文书的一个网址。

3）删除文书

对于已经没有参考价值的执法文书可以删除，不再进行管理。

3. 输出

系统提供了打印和导入到 EXCEL 两种输出功能，可以对法规内容进行输出，也可以对法规列表或文书列表进行输出。

9.7 路政许可子系统

9.7.1 总体设计

路政许可子系统分为台账管理、文书管理、许可审批流程管理、案件管理及许可结果公示。其结构图如图 9.22 所示。

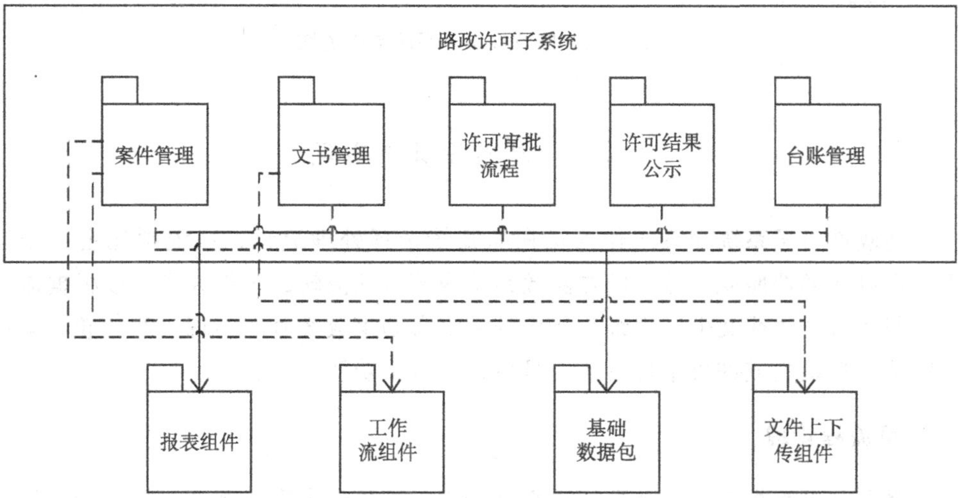

图 9.22　路政许可子系统总体结构图

许可流程管理通过调用工作流公用组件实现许可在线审批；许可流程管理通过调用文书管理包实现在许可审批过程中管理卷宗文书；文书管理包调用文件上下传包实现本地文件上传下载功能；许可流程自动生成许可相关台账，台账管理包负责查询自动生成许可台账及编辑流程以外的台账；所有的台账及查询结果页面通过调用报表组件包来实现数据打印输出及导入 Excel。

路政许可子系统的数据流图如图 9.23 所示。

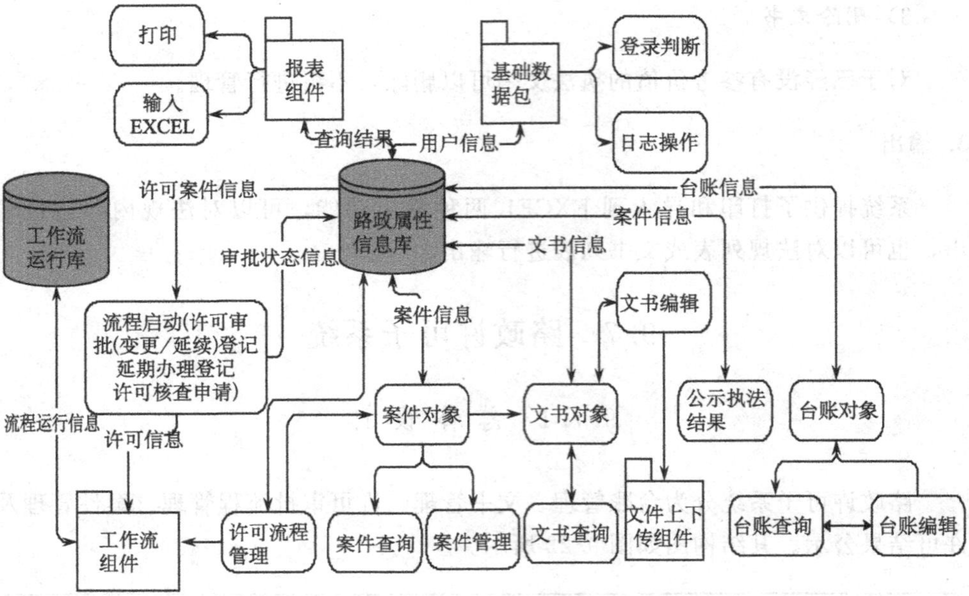

图 9.23 路政许可子系统数据流图

9.7.2 功能设计与实现

路政许可子系统允许工作人员根据案情选择处理流程；系统预先定义的流程，许可案卷按照职责分工的在路政系统内部自动流转；工作人员可以根据需要选择制作有关法律文书，系统为制作的文书自动生成案号，实现一案一卷。案件流转结束自动生成许可案件台账。具体包含以下功能：

1. 许可流程管理

路政许可审批按申请→形式审查→审查→审核→批准→结案→核查子流程→延期办理许可子流程流转；每一个环节为一个工作任务，显示在有该环节权限的用户的工作列表中，用户通过在工作列表上操作按流程处理完成工作任务(图 9.24、图 9.25)。

2. 案卷管理

通过输入的限制条件，查询出符合条件的案卷卷宗列表，通过案号链接可以查询案卷卷宗信息，根据用户权限，可以添加扫描件形式的文书到卷宗中或管理

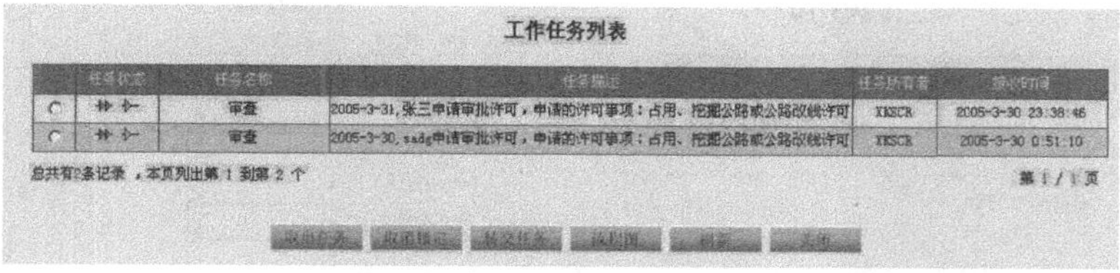

图 9.24 工作任务列表

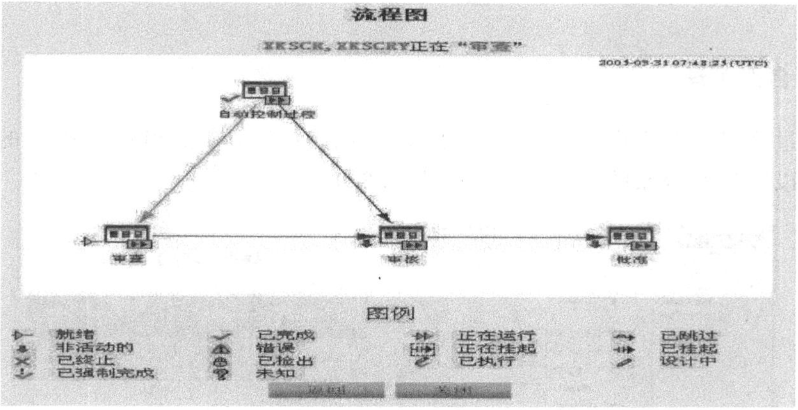

图 9.25 许可流程图

案件的文书以及删除文书（图 9.26）。

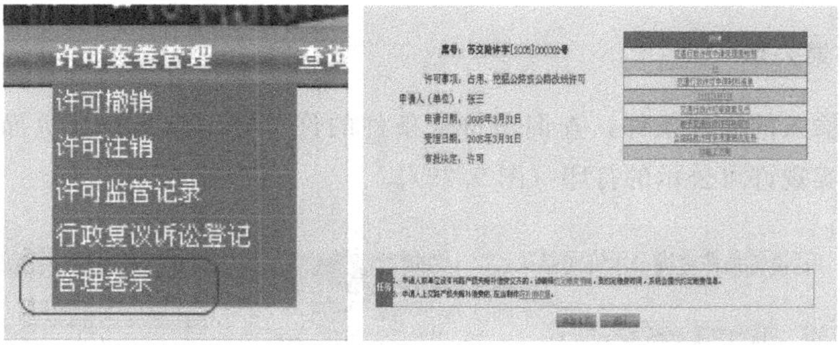

图 9.26 案卷管理

3. 许可监管

通过输入的限制条件，查询出符合条件的案卷列表，由数据库调出该案件的监管记录列表页面，对监管记录进行添加、修改、删除、查看（图 9.27）。

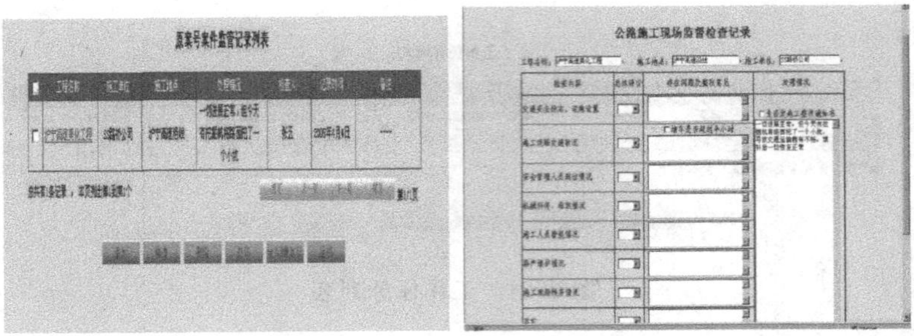

图 9.27　许可监管

4. 许可台账管理

通过许可台账管理菜单，输入相应的限制条件，查询出符合条件的台账列表，可以实现对台账的编辑和打印（图 9.28）。

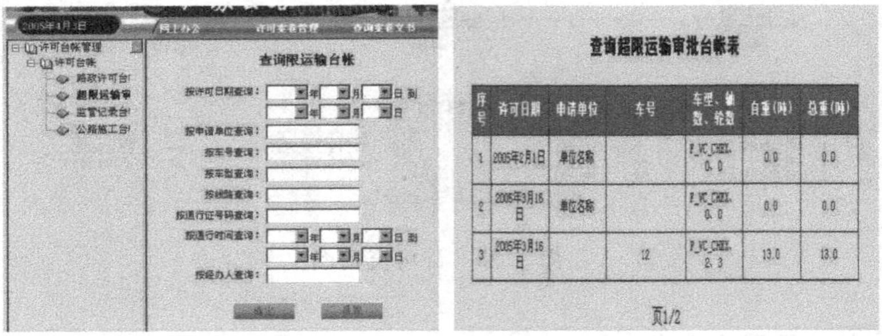

图 9.28　许可台账管理

5. 许可结果公示

通过输入的限制条件，查询出符合条件的许可公示结果，在页面上显示出来，并可实现许可公示的打印（图 9.29）。

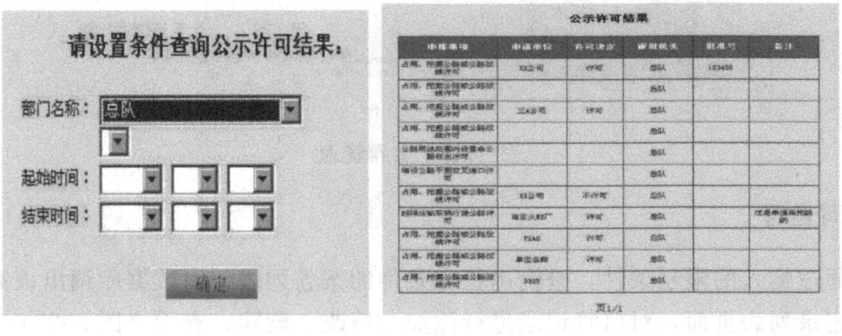

图 9.29　许可结果公示

9.8　路政巡查业务子系统

9.8.1　总体设计

巡查业务系统是江苏省公路路政管理系统的一个子系统，主要包含巡查计划、巡查记录、紧急出警记录、重大事项报告、车辆信息查询、巡查汇总、设置巡查参数、设置巡查信息编辑参数 8 个部分（图 9.30）。

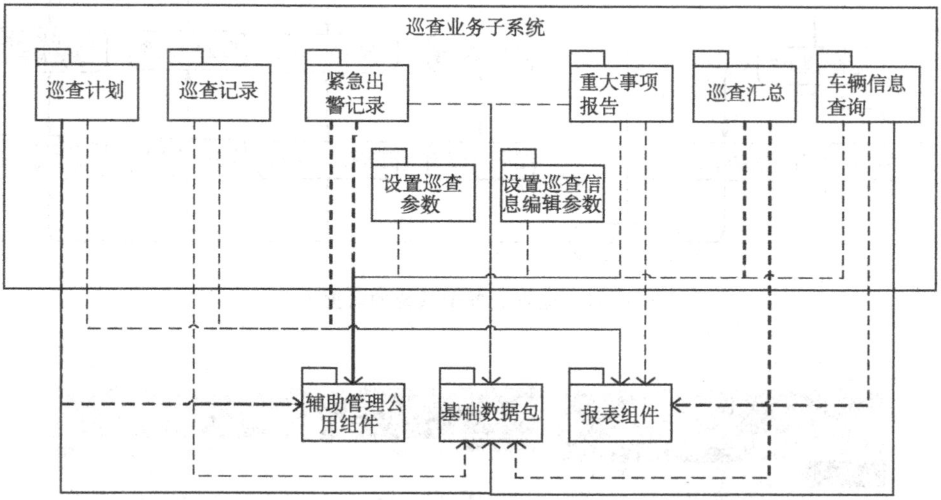

图 9.30　巡查业务子系统总体结构图

如图 9.30 所示，在巡查业务子系统中，巡查计划、巡查记录、紧急出警记录、重大事项报告、车辆信息查询、巡查汇总，都需要用到外部的基础数据包、辅助管理公用组件包和报表组件包。另外，设置巡查参数、设置巡查信息编辑参数则需要用到外部的基础数据包和辅助管理公用组件包。

巡查业务子系统的数据流图如图 9.31 所示。

9.8.2　功能设计与实现

1. 巡查计划

巡查计划是路政巡查人员日常工作的一部分，一般由各个大队制定，巡查计划主要包括巡查计划的查询、制定、修改、删除和检查（图 9.32）。

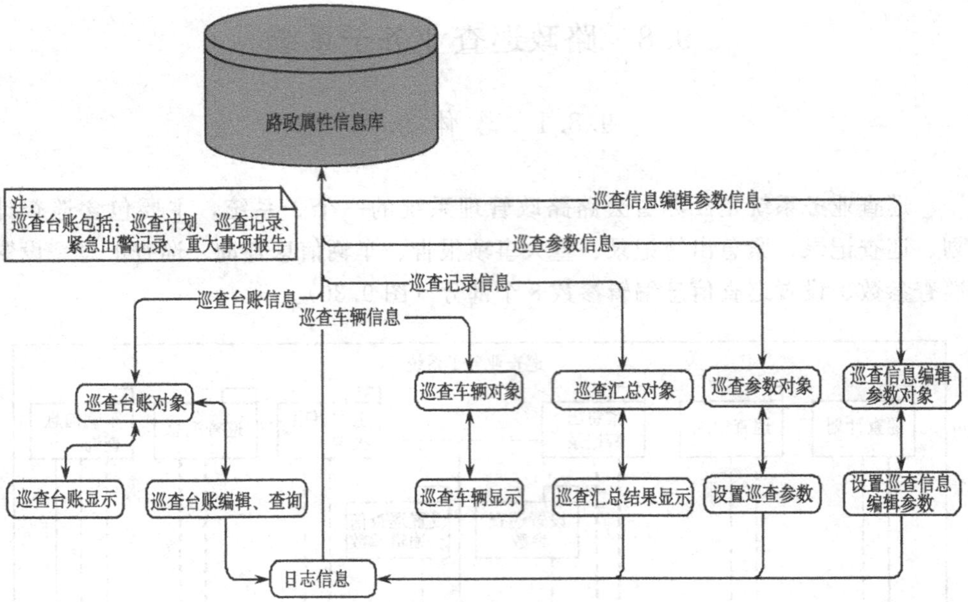

图 9.31　巡查业务子系统的数据流图

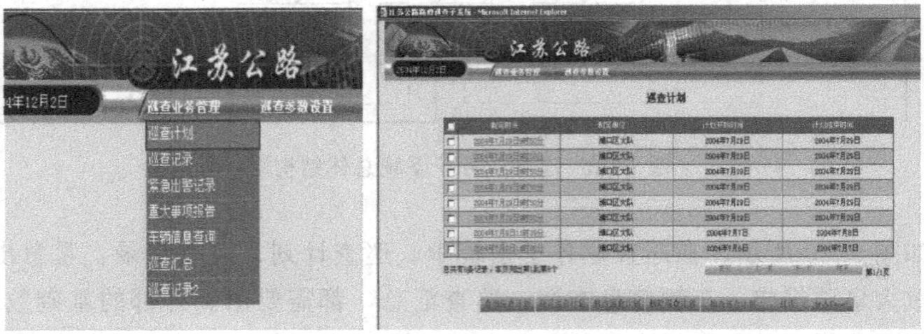

图 9.32　巡查计划

2. 巡查记录

路政巡查人员每日巡查后需要制作巡查记录，包括填写巡查者姓名、巡查路线、巡查时间、巡查内容等，以便其他人员查询与统计。巡查记录操作主要包括巡查记录的查询、制作、修改、删除和审查（图 9.33）。

3. 紧急出警记录

紧急出警记录是路政巡查人员遇紧急情况出警后记录的出警及处理情况。紧

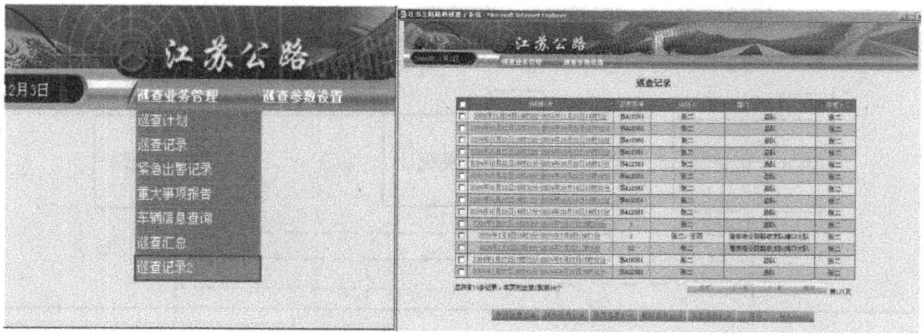

图 9.33　巡查记录

急出警记录主要包括紧急出警记录的查询、制作、修改和删除。

4. 重大事项报告

重大事项报告是路政巡查人员用于向上级领导汇报的在巡查中遇到的一些重大情况的文字性描述。重大事项报告主要包括重大事项报告的查询、制作、修改和删除。

5. 车辆信息查询

车辆信息查询是针对巡查车辆的查询，实现了按部门查询该部门及其下属部门的巡查车辆信息的功能。

6. 巡查汇总

巡查汇总的作用是对某段时间内对一个部门或一条巡查线路的巡查进行统计，统计结果包括最大桩号、最小桩号、昼巡查次数、夜巡查次数和巡查处置项目的列表。系统提供了两种汇总方式，按部门汇总和按线路汇总。

9.9　路政内业子系统

9.9.1　总 体 设 计

内业管理子系统共由 3 个部分组成，即内业台账管理、报表统计以及上报报表查询，它依赖于本系统中的报表组件、辅助功能公用组件，基础数据包以及文件上下传模块。系统结构图如图 9.34 所示。

内业管理子系统，使用基础数据包，与数据库连接并进行数据库操作；使用辅助管理公用组件，获取类型库信息以及进行日志操作。其中内业台账管理模

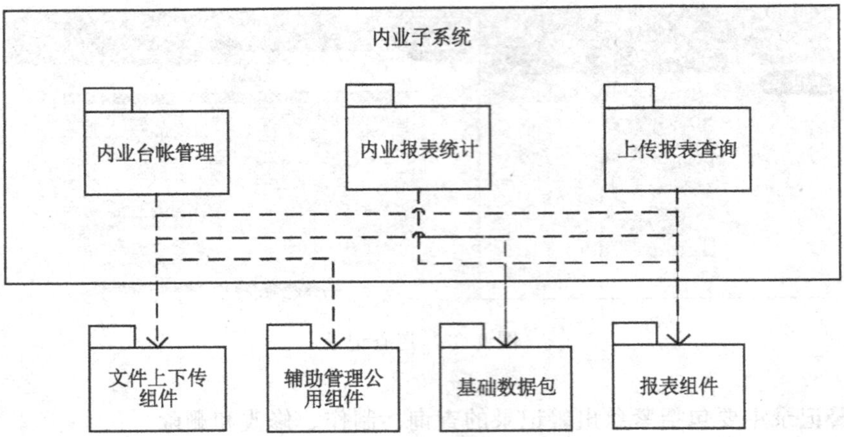

图 9.34 内业子系统总体结构图

块，使用本系统的文件上下传组件来存储以及读取照片文件；使用报表组件模块实现台账的打印和导入到 Excel。内业报表统计以及上报报表查询模块使用了报表组件，实现了报表的统计、打印、导入到 Excel，以及报表的存储和查询。

内业管理子系统的数据流图如图 9.35 所示。

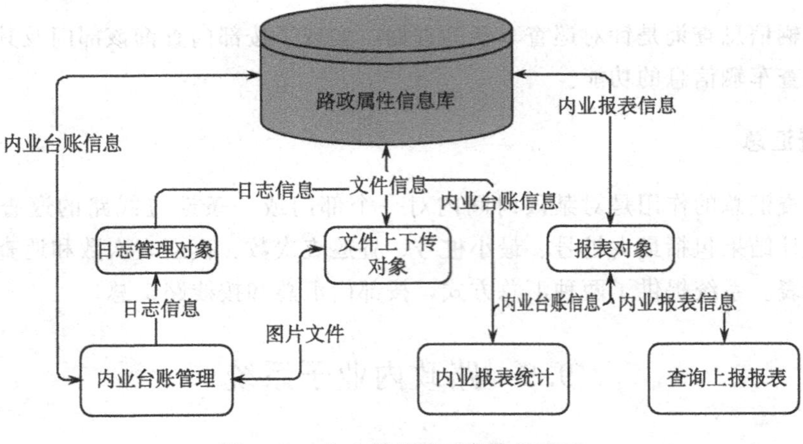

图 9.35 内业管理子系统数据流图

9.9.2 功能设计与实现

1. 内业台账管理

内业台账管理模块在系统基础模块的支持下能够实现内业台账的查询、编辑及输出功能（图 9.36）。

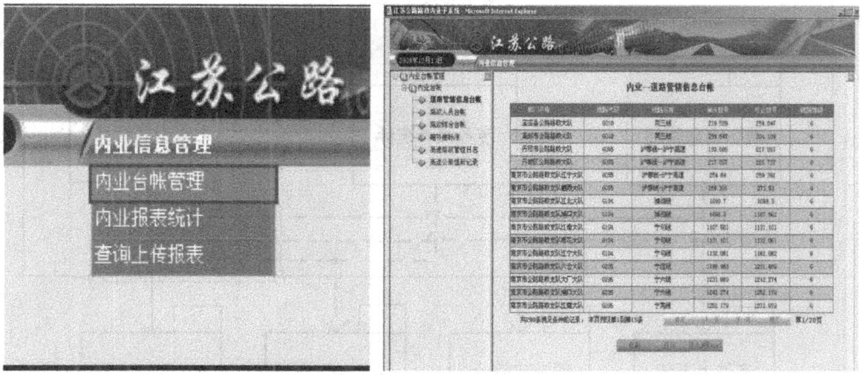

图 9.36　内业台账管理界面

2. 内业报表统计

内业报表统计模块在系统基础模块的支持下能够实现内业报表的统计、打印、上传及导出到 Excel 功能。

3. 上传报表查询

上传报表查询模块在系统基础模块的支持下能够实现对已保存的报表进行查询、显示、打印及导出到 Excel 功能。

9.10　路政装备子系统

9.10.1　总体设计

装备管理子系统由 3 个部分组成，即装备台账管理、装备报表统计以及上报报表查询，它依赖于本系统中的公用数据包、辅助功能公用工具、报表组件以及文件上下传组件模块。结构图如图 9.37 所示。

装备管理子系统，使用了基础数据包得以与数据库连接并进行数据库操作，使用辅助功能公用组件得到类型库信息以及操作日志信息等。其中装备台账管理模块中的装备图片使用了本系统的文件上下传组件，用来存储“读取”照片文件，同时利用报表组件模块实现台账的打印和导入到 Excel。装备报表统计以及上报报表查询模块使用了报表组件，实现了报表的统计、打印、导入到 Excel，以及报表的存储和查询。

装备管理子系统的数据流图如图 9.38 所示。

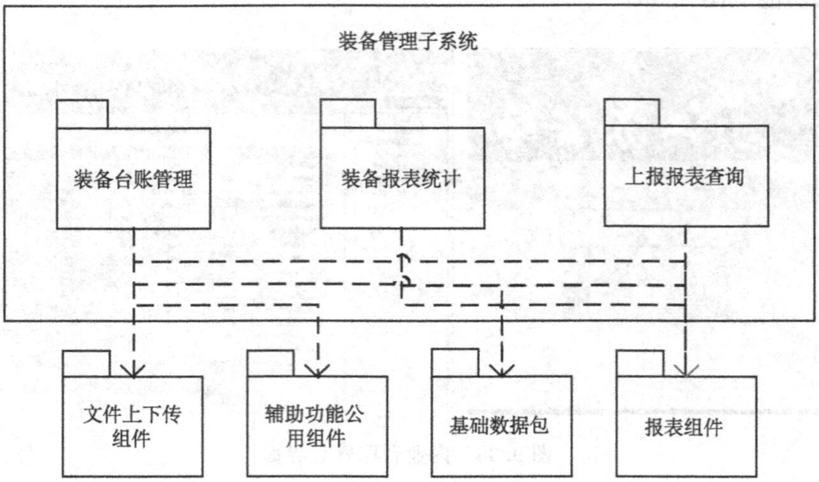

图 9.37 路政装备管理子系统总体结构图

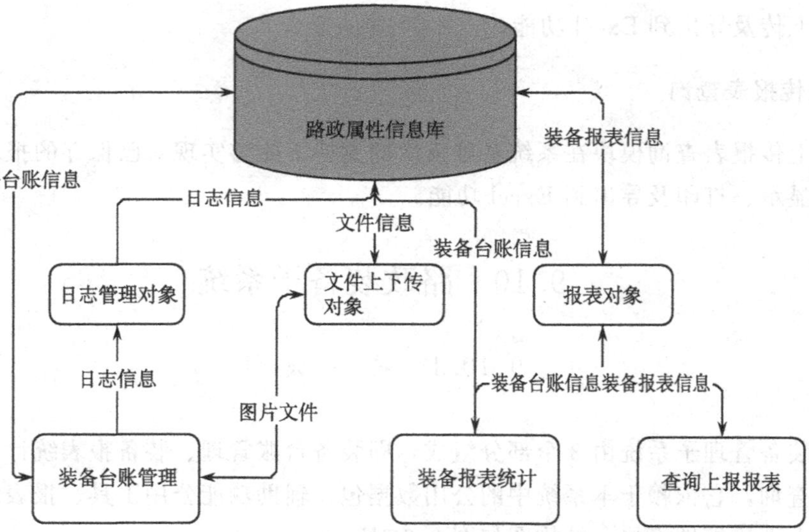

图 9.38 路政装备管理子系统数据流图

9.10.2 功能设计与实现

1. 装备台账管理

装备管理模块在系统基础模块的支持下能够实现对装备台账信息进行查询、编辑、管理和输出（图 9.39）。

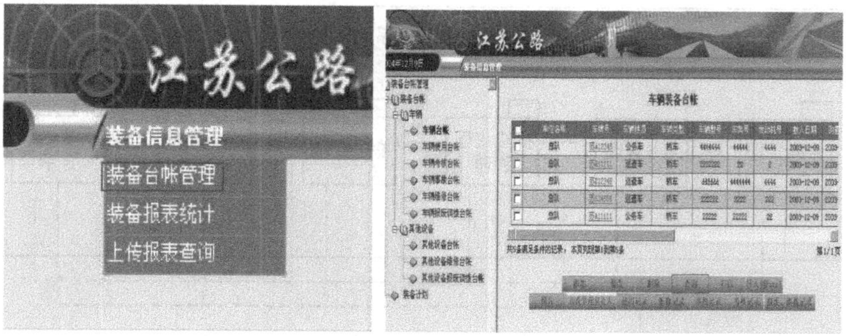

图 9.39　装备台账管理界面

2. 装备报表统计

装备管理模块在系统基础模块的支持下能够实现对装备报表的统计、打印、上传保存及导出到 Excel。

3. 上传报表查询

上传报表查询模块在系统基础模块的支持下能够实现对已保存的报表进行查询、显示、打印及导出到 Excel 功能。

9.11　路政执法子系统

9.11.1　总体设计

执法子系统分为台账管理、文书管理、执法流程管理、卷宗管理、违章车辆查询、执法结果公示。执法流程管理通过工作流组件调用组件，利用卷宗管理、文书管理包实现卷宗、文书管理以及在流程中管理卷宗文书；文书管理包调用文件上下传包实现本地文件上传下载功能；执法流程自动生成执法相关台账，台账管理包负责查询和流程以外的台账编辑；所有的报表通过调用报表组件包完成。系统结构图如图 9.40 所示。

路政执法子系统的数据流图如图 9.41 所示。

9.11.2　功能设计与实现

1. 执法流程管理

根据预先编制的流程，实现在路政部门内部的执法流程化管理。案件路政执

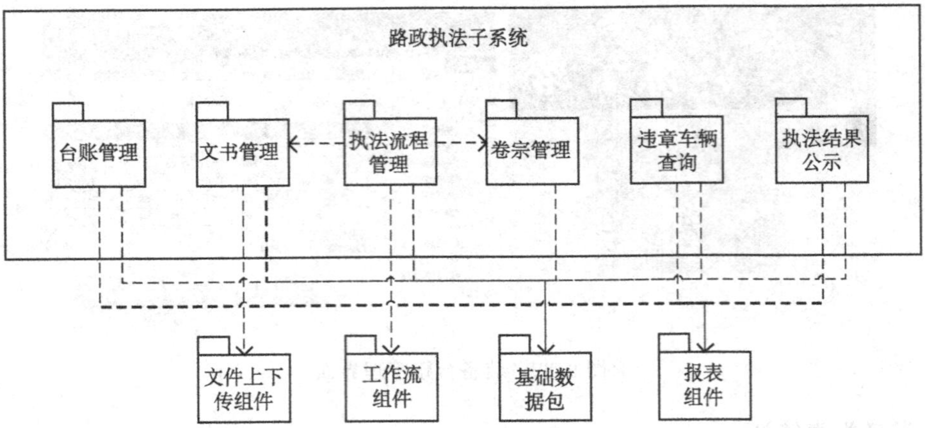

图 9.40　路政执法子系统总体结构图

法人员间按编制的流程自动流转；任务被工作流组件放入任务负责人的工作列表中，该任务以告知任务负责人当前任务状态及给出相关操作；任务被提交后将自动流转到下一个步骤的负责人工作列表中；执法人员可以在执法流程中查看卷宗编辑执法文书及审批执法文书；执法流程结束后自动生成相关执法台账。

2. 卷宗管理

系统将执法案件以卷宗方式管理，路政人员可以在流程中管理执法卷宗，也可以在流程外直接管理卷宗；执法人员通过申请立案功能来完成新建卷宗，申请立案可以在流程中完成，也可以在流程外完成；系统分别提供流程外申请立案和流程中申请案号功能；系统还提供案件的查询功能以及当场执法文书归档功能。

3. 文书管理

系统提供执法过程中案件文书和当场执法文书编辑、打印功能。路政人员可以在系统中新建、修改、浏览、删除执法文书，并可以将其他文件以附件形式实现上传功能。系统将文书分类保存并提供文书的各种分类查询功能。

4. 台账管理

执法流程结束，系统自动保存执法台账；系统还提供超限运输执法台账、投诉举报台账、执法监督台账的添加、删除、修改功能。

5. 执法结果公示

路政部门的执法结果需要公示，系统提供按单位和时间段统计执法结果的功

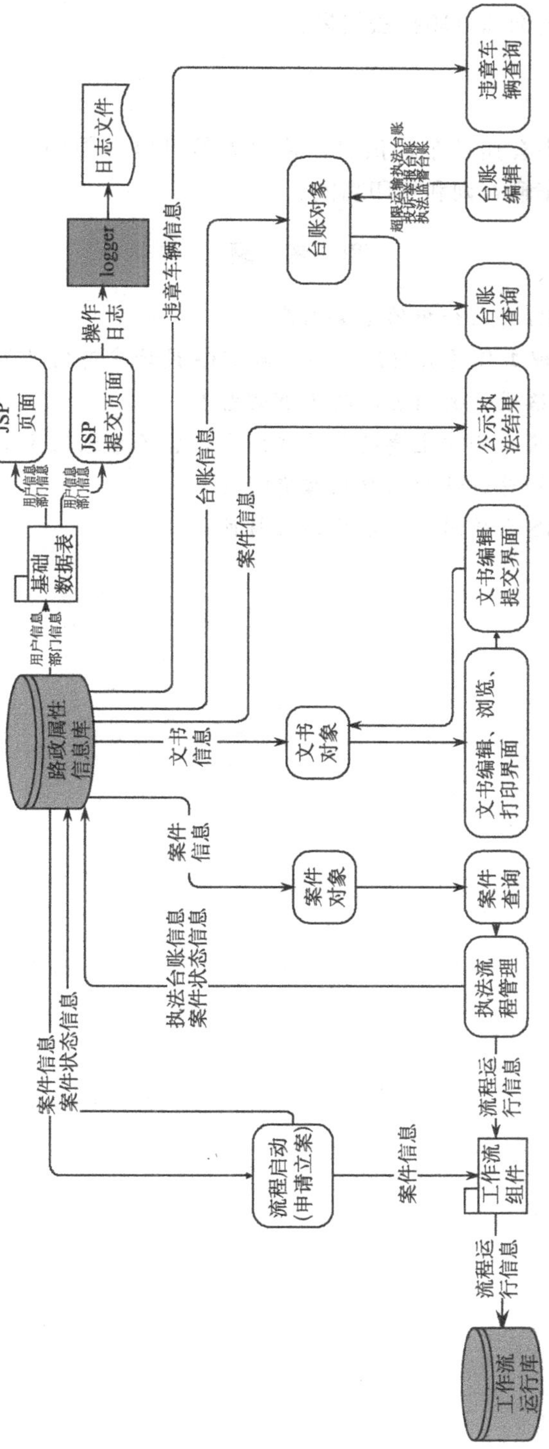

图 9.41　路政执法子系统数据流图

能，路政人员可以查询和打印执法结果。

6. 违章车辆查询

执法案件台账中有违章车辆信息，路政人员可以方便的查询出违章车辆信息；系统提供违章车辆查询和打印功能。

思 考 题

1. 简述路政 GIS 需求分析的主要内容。
2. 简述路政管理工作的数据流，在路政 GIS 设计中有何具体体现？
3. 路政 GIS 网络设计的内容及特点有哪些？
4. 简述路政 GIS 由哪些主要的子系统组成，各子系统的主要功能是什么？
5. 路政 GIS 数据库设计的主要内容有哪些？
6. 简述路政 GIS 系统用户管理方面的特色。

第10章 公路图文档案资料管理系统

10.1 公路图文档案资料管理概述

10.1.1 公路图文档案资料管理必要性

对于公路工程建设而言，工程的规划、实施、建成后运营等各项工作都离不开档案信息。从决策过程看，无论是项目的提出、方案的论证和立项都必须充分收集各方面的资料，通过分析、推理找出事物运动的内在规律，预见事物发展变化趋势，确定目标。其次在决策实施工程中，必然会遇到大量的、不确定的随机因素，这就需要通过信息反馈，及时对决策进行修正、控制和调整，从而使决策获得最佳效果。决策执行过程终结后，还需凭借各方面的信息验证系统效益和总结经验教训。因此决策前、决策中和决策后都离不开信息。

公路工程建设期间形成的资料，反映的是项目建设的客观状况和规律的信息，它包括文字、图表和音像等表达形式。由于公路工程项目建设时间长，参建单位多，涉及面广，形成的资料繁杂，因此必须及时进行收集、整理和归档，以便更好地为项目建设决策服务，为项目建成后的运营和管理服务。为完成这项任务，需要公路工程建设单位、勘测设计单位、施工单位和监理单位对项目建设期间形成的资料进行收集、整理和归档，并应纳入工程建设管理范畴，制定档案文件管理办法，建立管理网络体系，使项目的资料收集、整理、归档与建设同步，形成完整的公路工程建设文档资料。

公路工程建设文档资料的管理，不仅是项目管理中的一项重要的基础性工作，也是今后工程检查、验收、管理、使用、维护、改建和扩建的基本依据。其内容覆盖了从项目立项、设计、施工、竣工的全过程。为使公路工程建设资料的管理规范化，公路工程建设文档资料应遵守相关的规定，具体见：《公路工程竣工验收办法》（交公路发［1995］1081号）；《公路工程竣工文件资料立卷归档管理办法》（交办法［2001］390号）；交通部有关公路工程勘测设计、施工技术规范。

10.1.2 公路图文档案资料管理内容与特点

公路工程图表与文档资料种类多、总量大，凡是反映与公路工程有关的重要活动、具有查考价值的各种载体的文件材料，都要收集齐全，归入工程档案。根据我国公路工程建设程序，如图 10.1 所示，公路工程文档资料可划分成如下七类文件：

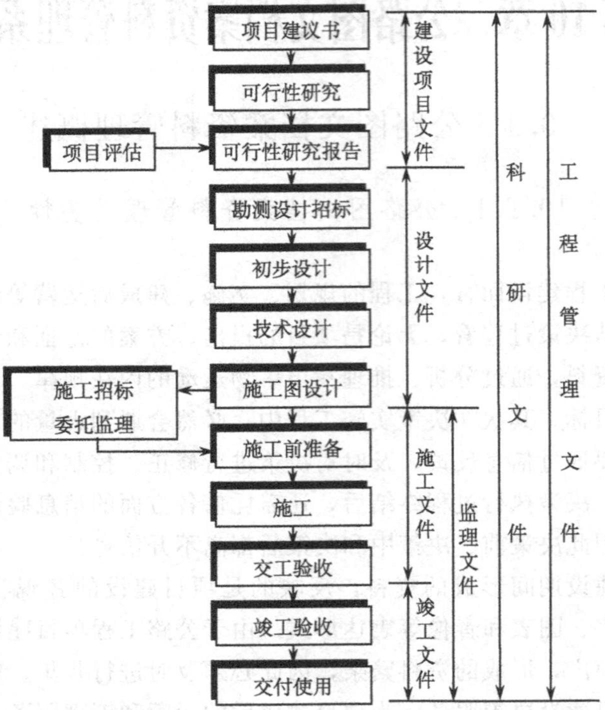

图 10.1　公路工程建设程序与文档资料

(1) 建设项目文件。包括项目建议书及批复，工程可行性研究报告及批复，项目评估，环境预测，工程概算、预算、决算文件，调查报告等。

(2) 设计文件。包括工程地质与水文地质勘察设计及勘察报告，重要土岩样说明，水文及气象等其他设计基础材料，总体规划设计与审批的设计及有关文件，公路用地图等。

(3) 工程管理文件。包括征用土地批准文件及红线图，征地数量明细表，拆迁、补偿协议书，承发包及委托合同、协议书，招标、投标、租赁文件，技术规范的补充文件和修改文件，施工执照，环保、劳动安全卫生、消防、规划等文件，电、暖、煤气等供应协议，工程总结等。

(4) 施工文件。包括开工报告，工程技术要求，图纸会审纪要，施工组织设计，重要会审纪要，材料试验报告，中间检验报告，隐蔽工程验收记录、沉降观测记录，事故处理报告，单项工程、分项、分部质量检验评定报告，施工总结，专项检测及监控材料，工程声像资料等。

(5) 监理文件。包括质量管理、进度管理、计量支付文件，监理工作会议纪要，与业主及总监的来往函件等。

(6) 竣工文件。包括竣工申请、竣工验收报告，竣工验收鉴定，验收委员会文件，工程总结文件，工程审计文件，工程交接表，相关施工原始记录，财务决算，工程决算，支付报表，竣工图表等。

(7) 科研资料与涉外文件。包括任务书，协议书，研究方案，调研报告，实验记录，实验分析，数据计算书，阶段报告，科研报告，技术鉴定，技术来往函电等。

这些文件由不同的部门形成和收集。如工程可行性研究阶段的文件及管理文件由业主部门收集；设计文件由设计单位形成和收集；施工文件和部分竣工文件由施工单位形成和收集；监理文件由监理单位形成和收集；科研资料由委托的科研单位收集、整理。

公路工程图表与文档资料与一般的文书档案在形成和管理上都有很大不同，其主要有以下几个特点：

(1) 时间跨度大。一个项目从预可行性研究、可行性研究、图纸设计、招标确定施工及监理单位、工程施工、交工验收、试运行到最后竣工验收，一般要跨越 3～6 个年份。

(2) 牵涉单位多。一个完整的项目建设周期要牵涉到交通主管部门、业主部门、设计单位、科研单位、多家施工单位、多家监理单位，总数达数十家。

(3) 工程施工过程中，专业化的施工队伍调动频繁。比如，路基工程的施工队伍在路基完成后就撤离现场，如果路基资料不及时整理齐全，交工验收时再补齐就非常困难，同时也不能给后续工序提供充分的资料。

(4) 专业性强。工程图表与文档资料大部分内容都是技术方面的，专业性很强，资料管理人员一般不熟悉，工程技术人员一般也不具备档案管理的知识，在档案资料整理过程中易发生返工现象。

10.1.3　公路图文资料管理现状分析

1. 文档资料管理现状

近十年来，公路建设项目管理系统的开发研究与推广应用促进了我国公路建设管理水平的不断提高与技术进步。公路工程中的图表与文档资料包括自项目立项开始直至竣工验收过程中所形成的，真实地记录了各种地下、地上建筑物及构筑物的建设情况，工程的审批情况，具有保存、查考利用价值的各种形式和载体的工程档案。目前，公路建设项目领域内计算机管理的内容基本齐全，涵盖了整个建设项目的进度、质量、费用等方面，但在文档资料管理方面的应用研究还处于起步阶段。由于公路建设规模巨大，建设周期长，各种资料种类繁多，数量庞大，传统的档案式文档资料管理愈发显示出其缺陷和制约性。主要表现在：

(1) 文档资料管理混乱、不规范，文档丢失现象时有发生；

(2) 文件收发重复劳动多，人力、资金浪费严重；

(3) 文档传输速度慢，特别是一些技术文档的签字审批，经常由于传输不及时而导致一些问题由事前处理变成了事后处理；

(4) 文档整理、存储手段落后，文档检索复杂。

公路工程图表与文档资料量多面广，通常一条二级公路的竣工资料就多达100万张，资料的整理与保管困难，并且由于纸张的易损和保存期限限制，资料在保管过程中还容易丢失和损坏。资料的检索与文件的签认、上报下传等工作也非常复杂，需要花费大量的人力物力。因此在项目实际实施过程中，有必要用计算机来管理公路工程图表与文档资料。对于大规模的公路建设项目，文档资料管理任务十分繁重，开发一套实用性强，能与当前公路建设项目管理配套的文档资料管理系统已成为进一步提高公路建设项目管理水平的必然要求。

由于图表与文档资料是工程进行建设提交、竣工验收以及改造、扩建的重要依据，故对公路养护、科研和审计部门等具有极大的查考价值。因此，对工程图表与文档资料的可视化管理同对工程作业的管理一样，都是工程建设管理的重要组成部分，作为公路建设部门，必须给予充分重视，实行规范化管理，这样才能使项目顺利竣工，使档案材料得以科学的运用。

2. 文档资料计算机化管理现状分析

公路建设项目信息管理系统的研究与开发在世界范围内已有30多年的历史，但国内在这方面的研究和应用较晚，仅有近10年的研究基础，而图表与资料信息管理方面的研究则又相对滞后，目前仍处于起步阶段。

国内主要以一些从事工程建设领域软件系统研究开发的公司或科研院所为主，国外日本政府交通省在这方面的研究比较典型。

20世纪90年代，日本政府出于对公共建设项目招投标透明化、施工现场的信息交流、建设项目的质量、进度与成本控制以及工程项目信息大众化等问题的重视，逐步开始对“工程综合信息电子管理系统”进行研究。日本政府国土交通省从1995年开始着手准备，在可行性研究、立法、关键技术开发、组织推广等方面作了大量的工作。在技术上，建立了网上工程信息发布服务系统、电子投标系统。在规范上，提出了交工验收资料电子化（包括数据格式和实施流程）的规范要求，基本形成了一套从招投标到交工验收的电子化管理系统。而工程项目的图表与文档资料管理是该电子管理系统中重要的一部分，图文资料的电子化管理贯穿了该系统的始终。

针对当前国内外公路工程文件档案管理领域计算机应用的现状进行分析，可以发现主要存在以下几方面问题：

(1) 系统的开发大多仍采用拼凑的、面向过程的方法，缺乏深层的理论支撑，不利于设计对象的抽象、描述以及系统的开发、维护和扩展。

(2) 当前我国将计算机技术应用于公路施工管理的研究主要集中于计算机网络计划管理等方面，而在如何将公路建设过程中发生的所有图表与文档资料统一有序的结合起来进行管理，为施工、监理和业主部门进行工程信息查询、施工进度控制等管理工作提供方便快捷的辅助手段方面还存在很大的不足。

(3) 大部分的研究或软件产品主要侧重于考虑单独的图文资料管理系统的方便性与灵活性；缺乏集成的概念，不能使图文资料的电子化管理成为联系项目管理各个环节、各个层次的桥梁纽带。

(4) 与工程的结合不紧密，缺乏工程 OA（办公自动化）方面的内容。

(5) 网络化程度低，不能满足工程实际应用的需要。

(6) 由于数据共享机制不完善，使得当前存在的系统缺乏统一的工程数据库系统支持，难以实现系统的集成化。

(7) 当前的系统在可视化、交互功能等方面都存在一定的问题，使得其商品化水平普遍不高。

随着计算机技术、网络技术、GIS 技术的飞速发展以及用户需求水平的不断提高，以上问题逐渐突显出来，阻碍了我国公路交通领域计算机应用水平的进一步提高，不利于我国公路交通事业的进一步高速发展。

10.2　公路图文档案资料管理系统总体设计

10.2.1　系统架构设计

公路建设管理机构体系通常由建设单位（业主）、监理单位、施工单位（承包商）三级机构组成，业主、监理和承包商具有各自不同的文档资料管理范围与需求，并且三者之间也广泛存在文件的上报与下传。这就需要他们具有各自的文档模板结构与文档处理功能，需要三者之间具有比较灵活的数据交换机制。系统以此为基础分别建立了业主端、监理端和承包商端相互联系的不同的文档模板结构，并建立了三者之间文档资料数据包的导入导出机制和单一文件的传送机制。

公路图文与资料管理系统的实现通过数据库系统、应用系统和辅助工具系统三部分来进行，如图 10.2 所示。

数据库系统作为数据源响应用户存取数据的需求，在 C/S 模式下用户通过

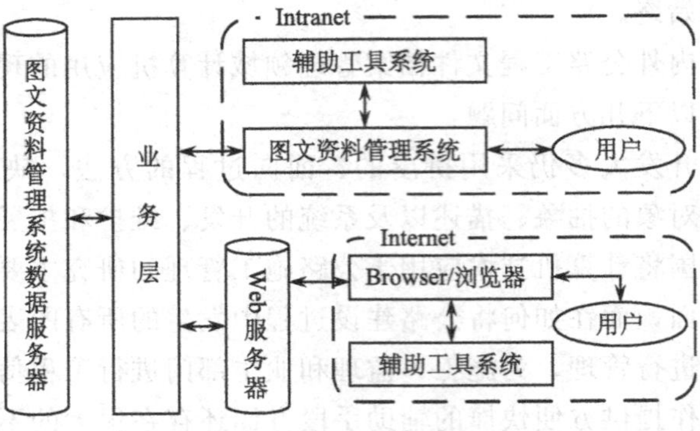

图 10.2 系统架构

业务层直接对数据服务器操作，在 B/S 模式下，客户端向应用服务（Web 服务器与业务层）提出请求，应用服务从数据服务器中获得数据，应用服务将数据进行计算并将结果提交给客户端，客户端将结果呈现给用户。

辅助工具系统是与图文资料管理系统配套使用的应用软件系统。系统用 ActiveX 技术实现了在系统内调用其他应用程序（如 AutoCAD、Word、Excel 等）的 COM 对象，系统通过操作这些 COM 对象的属性与方法来实现文件的浏览、编辑、更新、自动生成等功能。

考虑到公路工程的特点和 B/S、C/S 软件体系的特征，系统体系采用客户、应用、服务器三层结构，如图 10.3 所示。

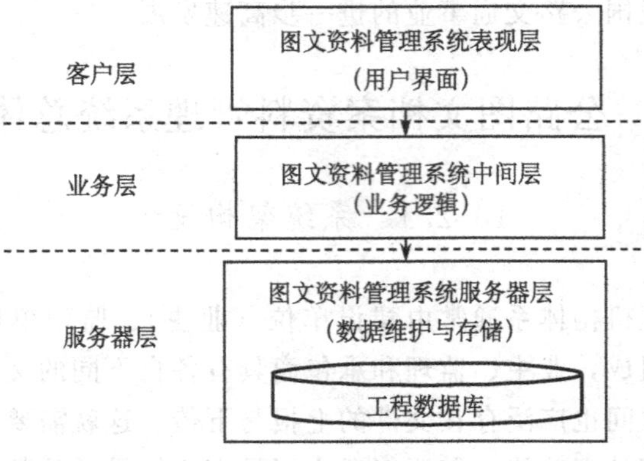

图 10.3 系统软件体系结构

10.2.2 系统功能设计

从公路文档资料管理和内容的需求出发，系统功能划分为如下 7 个功能模块

（图 10.4）。

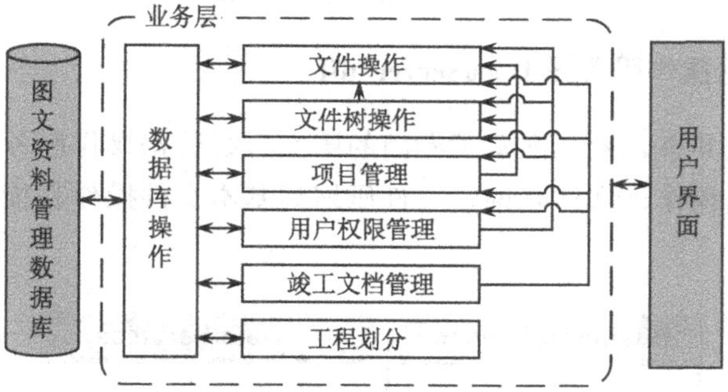

图 10.4　系统功能结构

（1）数据库操作：将与数据存取相关的操作用类的方法封装起来，专门负责用户与数据库的交互操作。通过该对象提供的接口实现数据的存取，用户不能直接操作数据库中的数据，从而保证了数据库中数据的一致性和完整性。

（2）文件操作：文件是图文系统的底层对象，文件操作类封装了所有关于文件的基本操作。系统将所有关于文件的操作分为相互联系的 5 个子类。

（3）文件树操作：文档资料的管理是通过使用文件夹来对不同的文档资料进行分类存储管理而实现的。文件树操作类将与文件夹操作相关的功能封装起来，专门负责与文件夹对象之间的交互操作。

（4）项目管理：项目管理类操作的对象是一个承包商项目或监理处项目。该类将有关项目管理的操作封装起来。

（5）用户权限管理：系统由用户权限控制来实现系统的稳定及文件的安全性。用户登录系统后，当前系统就具有了该用户的特性，对用户在系统中的每一项操作均检查该用户是否具有该项操作的权限。用户权限管理类处理的对象是每一个用户，它将与用户操作相关的功能封装起来。

（6）竣工文档管理：为保证竣工文档管理模块的相对独立性，系统单独将竣工文档管理模块封装成一个单独的 Exe，通过命令行参数调用该 Exe。

（7）工程划分：系统调用工程划分程序来实现单位、分部、分项工程的划分与维护，每一个单位、分部、分项工程对应图文系统的一个文件夹，其所属关系构成图文系统文件夹的所属关系，图文系统中与每一个单位、分部、分项工程对应的文件夹均有一个 40 位的唯一标识，并且具有一个与所属项目关联的关键字属性。

10.2.3 系统接口设计

1. 图文系统数据操作服务器 DocuServer. dll

为实现功能共享，系统配置了专门的图文系统数据操作服务器，其中封装了文件操作、数据操作、文件查询、文件压缩等基本文件操作功能，其 UML 结构如图 10.5 所示。

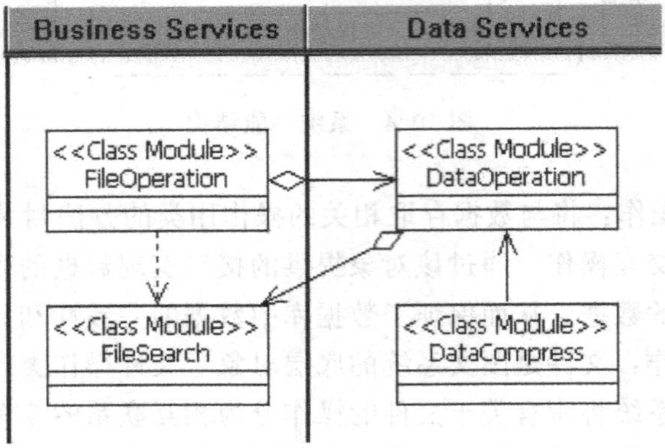

图 10.5 DocuServer. dll 的 UML 结构图

2. 命令行接口

1) 图文系统命令行参数

由命令行启动图文系统的命令行参数形式如下：

Command () ＝ “当前登录的用户 ID”。

2) 竣工文档管理系统命令行参数

由命令行启动竣工文档管理系统的命令行参数形式如下：

Command () ＝ “数据库服务器名” ＋ “,” ＋ “登录名” ＋ “,” ＋ “登录密码” ＋ “,” ＋ “图文系统数据库名” ＋ “,” ＋ “工程名” ＋ “,” ＋ “图文系统模版数据库名”。

3) 工程划分维护系统命令行参数

由命令行启动工程划分维护系统的命令行参数形式如下：

Command () ＝ “TW＃” ＋ “数据库服务器名” ＋ “＃” ＋ “工程名” ＋ “＃” ＋ “登录名” ＋ “＃” ＋ “登录密码”。

4) PDF 电子文档生成器命令行参数

从 PDF 电子文档生成器中直接进行文档归档的命令行参数形式如下：

Command () ＝ “数据库服务器名” ＋ “,” ＋ “图文系统数据库名” ＋ “,” ＋ “用户名”。

10.2.4 系统平台和性能

操作系统：Microsoft Windows 2000/NT；

开发平台：Visual Basic 6.0、Visual C＋＋6.0、Delphi 4.0、MapX；

相关开发技术：Microsoft ADO、Visual Basic For Application 、Windows API 、UML 系统建模技术。

系统性能：

(1) 查询的显示速度应能在合理的时间内生成；

(2) 数据库的数据不宜过大，一般在 20G 数据以内；

(3) Windows 风格的可嵌入、浮动式可视化界面设计。

10.3 公路图文档案资料管理系统数据库设计

10.3.1 数据类划分

公路图文与资料是管理系统的基础数据，由于数据多样性和复杂性，需要对所有图文与资料进行合理组织和归类，便于计算机存储和管理。公路图文与资料管理系统需要管理的数据主要分为以下几大类：

(1) 图表与文档资料。图表包括建设初期由设计部门提供的各阶段设计图表、建设过程中由变更引起的变更图表、建设完成后形成的竣工图表以及在建设过程中需要作为资料存档的反映工程建设各个阶段、施工环境等的照片、图片和影像资料。文档资料包括在建设过程发生的建设单位、监理单位和施工单位之间的往来公文，包括作为工程各个阶段依据和凭证的文字资料，包括用于指导和规范施工的施工监理表格，还包括对于工程建设具有重要意义的相关文档资料。图表与文档资料在存储媒质上可以分为电子文档与纸质文档。电子文档指由绘图软件制作的图纸，由文字处理软件制作的表格与文件，由其他应用系统如计量支付系统等生成的电子报表，由相关数字录入设备制作的图片、影像、声音等资料，它们直接存储在计算机的硬盘或光盘等存储媒质上；纸质文档即以纸张的形式记录信息的文字资料，当前公路建设领域绝大多数文档都是纸质文档。图文与资料管理系统所要管理的图文资料是各种类型的电子文档，纸质文档通过扫描的方式转换为图片类型的电子文档，各类型的电子文档以二进制数据的形式存储在统一的数据库中，系统直接对电子文档进行各种操作。

（2）工程化的文件树。文件树即文档在系统中的逻辑组织结构。公路工程中的图文资料分为许多种类，系统以树状结构的文件夹模板来实现图文资料的工程化合理分类。目前我国尚没有一部符合国家法规要求以及行业标准规定的可操作性较强的公路建设项目档案管理标准来规范公路建设项目各级管理部门对于所要管理的图文资料的类别。系统在参照相关标准与资料的基础上，从公路工程的角度出发，结合工程实际，把发生在公路建设周期内的图表与文档资料按照部门类别划分为建设单位、监理单位与施工单位三类，按照文件类别划分为建设项目文件、工程技术文件、图表文件、往来公文、竣工文件、影音文件、科研项目和涉外文件等多层次的类别，基本上概括和涵盖了公路建设项目各个领域、各个层次的图表与文档资料。由于目前公路工程图文资料的管理缺乏适应性强的统一标准，并且各地不同的工程实际有不同的需要，这就需要采用模块化来管理图文资料的分类，模块需要具有较强的可维护性与可扩展性，以利于用户结合各自的实际对文件树进行维护。

（3）项目。在我国公路建设管理机构体系中，通常实行建设单位（业主）、监理单位和施工单位（承包商或合同段）的三级管理模式。业主接受上级机关的领导，全面负责工程建设；通过招标等方式选择监理、承包商；对监理、施工单位行使合同规定的管理权利，履行相应的义务；配合沿线各地方指挥部完成征地拆迁，保障建设环境；负责建设计划检查、工程质量监督和资金及时拨付；组织重大技术方案变更审查与论证、审批等。监理单位接受委托或投标取得公路建设项目监理资格，依据合同赋予的权利，按照有关技术、经济规则（技术标准、操作规程、施工规范、合同单价等）对工程施工进行全过程、全方位的监理，既维护业主对工程质量、进度和造价的要求，也维护承包商的合法利益。承包商通过投标竞争获得施工资格，按合同组建项目经理部及分部工程、分项工程的具体施工管理机构，组织有关人员和机械设备，按照工程合同要求进行具体的施工生产，并接受监理单位的监理。一个公路建设项目通常包括一个业主单位、多个监理处和多个合同段，业主单位管辖所有的监理处和合同段，每一个监理处又管辖若干个合同段。系统把单个业主单位、单个监理处或单个合同段称为“项目”。各项目具有各自不同的图文资料管理范围与需求，并且项目之间也广泛存在图文资料的上报与下传。这就需要不同类型的项目具有各自不同的文件组织方式，需要通过文件的操作权限来体现项目之间的隶属关系，需要项目之间具有比较灵活的数据交换、文件传送机制。基于此系统分别建立业主端、监理端和承包商端相互联系的不同的文件树，建立项目之间的操作权限，建立三者之间图文资料数据的导入导出机制和文件的传送机制。

10.3.2　数 据 模 型

公路图文档案资料管理系统采用面向对象数据模型来设计数据库。对象(object)描述所有的概念实体，允许把复杂对象表示成循环递归的对象，对象都是唯一可标识的，数据库中的每个事物都可看作是一个对象。基于对象和类的概念，面向对象数据模型能建立起高度结构化的数据模型，更能反映复杂的语义关系。

与系统管理的基本内容相对应，系统数据库中的对象也分为三类，即文件对象、文件树对象和项目对象。

每一个文件对象在数据库中以一条记录来体现，具有唯一的标识 ID，该文件的相关关键字以文件对象的属性形式存储在记录的字段中。

每一个文件夹对象在数据库中以一条记录来体现，具有唯一的标识 ID，该文件夹的相关关键字以文件夹对象的属性形式存储在记录的字段中，并且该文件夹对象与该文件夹中所包含的文件通过索引来相互关联。

每一个项目对象是分层次的多个文件夹对象与多个文件对象的逻辑组合，其独有的属性以一条记录的形式来体现。

系统对象模型与系统功能结构的业务层相对应，其设计如图 10.6 所示。

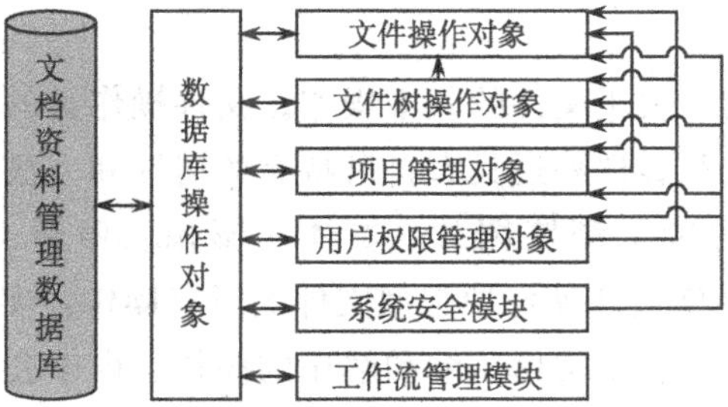

图 10.6　系统对象模型

10.3.3　类 库 设 计

1. 文件操作类

数据成员：文件有关关键字、文件管理过程中涉及到的数据、文件模板相关数据等。文件操作类的数据类型大部分为字符型，一部分是通过用户设定的原始数据，其余的是在文件管理、传递过程中所得到的数据或成员函数产生的数据。

函数成员：文件操作类的函数有三类，包括负责对文件操作类私有数据成员进行存取的公有函数成员和进行检验的私有函数成员；负责实现文件基本操作的公有函数成员与私有函数成员；负责通过数据库操作类操作 SQL Server 数据库的方法。文件操作类的主要结构如图 10.7 所示。

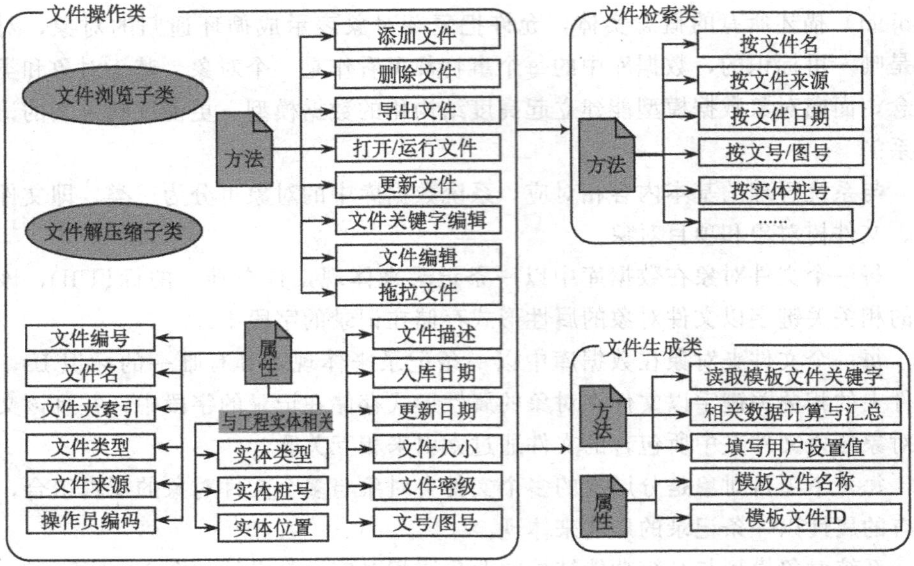

图 10.7　文件操作类结构图

文件操作类封装了关于文件的基本操作。文件操作类的两个子类除继承了文件操作类的所有方法和属性外还具有自己特有的属性和方法。

文件浏览子类封装了浏览图片、文本、影像、声音、网页、Word 文件、Excel 文件、AutoCAD 文件等各种类型文件的所有操作，实现文件的即时浏览。

文件解压缩子类封装了文件压缩和解压的操作。由于公路工程项目文档资料数量巨大，所以在入库前对文件进行压缩能有效地减小数据库的规模。同时，压缩也能较好地保证文件的安全性。

文件生成类封装了生成当前公路建设领域各种常规施工监理文档的方法，还提供了用户定制适合自身实际需要文档模板的接口。

文件操作类的数据成员大部分是私有的，私有的数据成员通过公有成员函数来访问。文件操作类及数据库对用户是不可见的，原始数据的输入与编辑通过系统交互界面调用文件操作类的公有函数成员来实现。封装后的文件操作类的内部结构对系统其他部分的开发人员（顶层开发人员、应用系统组装人员）是透明的，系统开发过程中所有数据的存取都要通过公有成员函数来进行访问。

2. 文件树操作类

数据成员：文件夹相关关键字、文件夹编辑过程中涉及到的数据、文件夹模板相关数据等。文件树操作类的数据一部分是通过用户设定的原始数据，一部分是系统预定义好的文件夹模板数据，一部分是通过访问文件操作对象得到的文件相关属性数据，其余的是在文件树管理过程中所得到的数据或成员函数产生的数据。

函数成员：文件树操作类的函数包括负责对文件树操作类私有数据成员进行存取的公有函数成员和进行检验的私有函数成员；负责实现文件树基本操作的公有函数成员与私有函数成员；负责通过数据库操作对象操作 SQL Server 数据库的方法。文件树操作类的主要结构如图 10.8 所示。

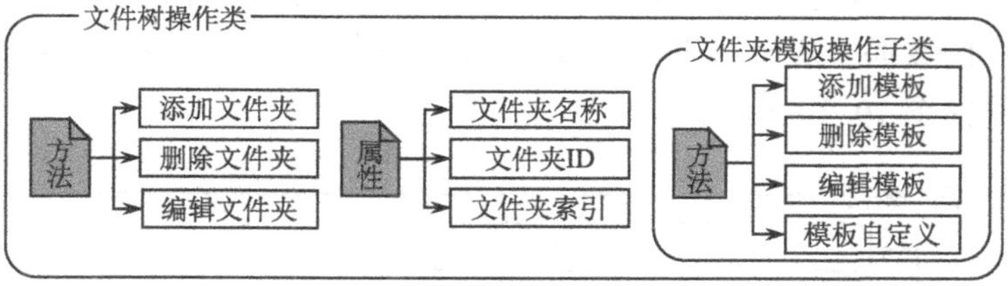

图 10.8　文件树操作类结构图

文件树操作类将与文件夹操作相关的功能封装起来，专门负责与文件夹对象之间的交互操作。文件夹模板是指一组逻辑上相互关联、相互隶属的文件夹。文件夹模板操作子类除继承了文件树操作类的所有属性和方法外，还具有其本身特有的方法。

3. 项目管理类

数据成员：项目相关关键字、项目编辑或更改过程中涉及到的数据、项目文件夹模板相关数据等。项目管理对象的数据一部分是通过用户设定的原始数据，一部分是通过访问文件树操作对象得到的文件夹模板数据，一部分是通过访问文件操作对象得到的文件相关属性数据，其余的是在项目管理过程中所得到的数据或成员函数产生的数据。

函数成员：项目管理类的函数包括负责对项目对象私有数据成员进行存取的公有函数成员和进行检验的私有函数成员；负责实现项目管理基本操作的公有函数成员与私有函数成员；负责通过数据库操作对象操作 SQL Server 数据库的方法。

项目管理类的主要结构如图 10.9 所示。

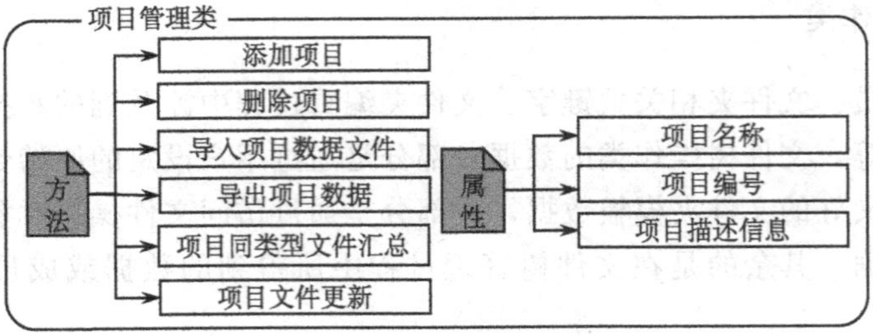

图 10.9 项目管理类结构图

4. 数据库操作类

数据库操作类将与数据存取相关的操作用类的方法封装起来，专门负责用户与数据库的交互操作。通过该对象提供的接口实现数据的存取，用户不能直接操作数据库中的数据，从而保证了数据库中数据的一致性和完整性。数据库操作类的主要结构如图 10.10 所示。

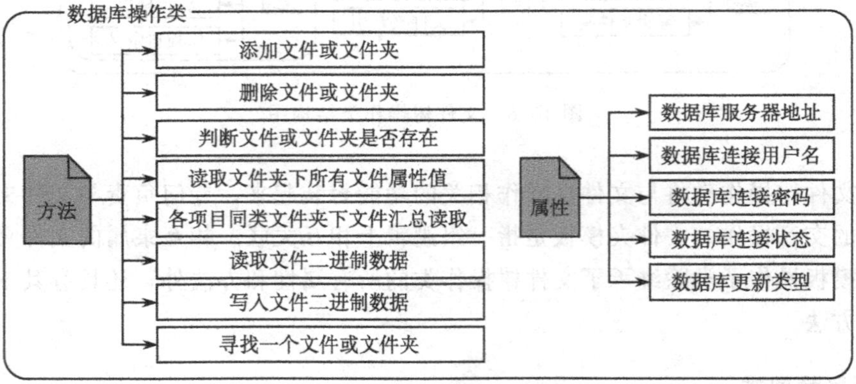

图 10.10 数据库操作类结构图

5. 用户权限管理类

数据成员：用户相关属性关键字、用户权限判断过程中涉及到的数据等。

函数成员：用户权限管理类的函数包括负责对用户对象私有数据成员进行存取的公有函数成员和进行检验的私有函数成员；负责实现用户添加、删除、权限判断等基本操作的公有函数成员与私有函数成员；负责通过数据库操作对象操作 SQL Server 数据库的方法。

用户权限管理类的主要结构如图 10.11 所示。

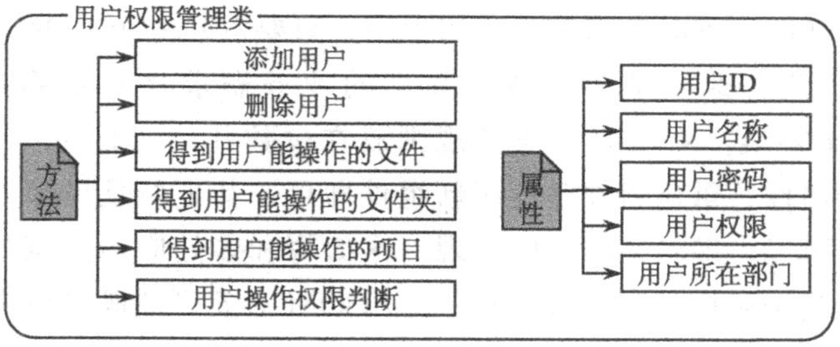

图 10.11　用户权限管理类结构图

6. 竣工文档管理模块

为保证竣工文档管理模块的相对独立性，系统单独将竣工文档管理模块封装成一个单独的 EXE，通过命令行参数调用该 EXE。

7. 工程划分模块

系统调用工程划分程序来实现单位、分部、分项工程的划分与维护，每一个单位、分部、分项工程对应图文系统的一个文件夹，其所属关系构成图文系统文件夹的所属关系，图文系统中与每一个单位、分部、分项工程对应的文件夹均有一个 40 位的唯一标识，并且具有一个与所属项目关联的关键字属性。

10.4　公路图文资料管理系统实现

10.4.1　系统开发技术

1. COM 及基于 COM 的 ActiveX 技术

面向对象是把一组对象中的数据结构和行为紧密结合在一起组织软件系统各模块的一种策略，它为开发文档资料管理系统这一较复杂的系统提供了可扩展性的有效手段。

对象是类的一个实例，类是一种抽象，分类的含义是把具有相同数据结构（属性）和行为（方法）聚合在一起，专门负责某一项任务，实现某一种功能。这种开发模式具有较强的可移植性与稳定性。实现模块的对象化后，开发者可以不必要理会系统是如何实现这种功能，不必要理会功能模块处理的具体细节，只需要调用该对象的属性或相关方法来实现更高级别的功能即可。

以二进制形式提供一组功能的对象的集合称为组件。COM 是 Microsoft 生成软件组件的标准，如果遵守 COM 规则，那么所生成的软件就能够与其他组件交互信息，从而实现软件组件在二进制上的兼容性。COM 组件易于替换。当软件系统不断改变时，不必更新整个应用程序，只要重建一个 COM 组件并发布即可。COM 组件适合改变业务需求。软件的业务需求具有不确定性，而由于 COM 组件易于替换，就可以将业务规则放在少数几个组件中。业务规则改变时，只要改变组件、重建组件并发布新组件即可，其更新是局部的。COM 组件使复用性成为可能，即对某些代码实现一次编写和多处应用。COM 组件还有助于并行开发。基于客户/服务器机制，一个 COM 对象可能既是服务器又是客户，COM 能够有效地处理这些情况。此外，COM 还具有语言无关性与进程透明性等特性。这些特性使 COM 能够有效地降低软件开发的复杂性，提高软件的可维护性与可扩展性。

在实际运用中，COM 可以表现为 ActiveX DLL 对象、ActiveX 控件、ActiveX EXE 对象等几种形式。ActiveX DLL 提供的对象与应用程序运行于同一个进程中，应用程序可以创建对象，设置对象属性，调用对象的方法，ActiveX DLL 一般不需要建立用户界面；ActiveX 控件提供的对象与应用程序运行于同一个进程中，应用程序可以创建对象，设置对象属性，调用对象的方法，触发对象的事件，ActiveX 控件一般需要建立用户界面；ActiveX EXE 提供的对象与应用程序运行于不同的进程中，应用程序创建对象，设置对象属性后，可以继续进行自己的工作，当对象的工作完成后，它会通知应用程序。

图文资料管理系统所管理的主要对象是文件，关于文件操作的功能设计在系统详细设计中至关重要。系统经过 OOA 分析得到了文件操作对象的功能要求，针对文件操作对象 OOA 模型的功能要求，系统确定了用来实现文件操作基本功能的 3 个基本组件，即文件浏览组件、文字处理组件和文件压缩、解压组件。其中，文件浏览组件是 ActiveX 控件对象，文字处理组件和文件压缩、解压组件是 ActiveX DLL 对象。

1）文件浏览组件

系统采用 COM 机制把所有关于文件浏览的操作封装为一个 OCX（ActiveX 控件对象），负责在系统内浏览各种类型的文件，该组件还提供了访问文件属性数据的数据库操作接口，它的特点是：基础性、可开发性与自适应性。在本系统中多处引用了该组件。

2）文字处理组件

在公路工程项目领域，各级管理机构使用的电子文档大多数为 Word 格式的文件，为了通过本系统非常方便地浏览、编辑和自动生成 Word 格式的文件，利用 COM 技术开发了适用于本系统的文字处理组件。

图文资料管理系统的开发在文字处理支撑上有自主开发和依托商用软件两种选择。为保证质量、提高开发效益、降低后期的维护费用以及顾及用户的适应程度，选择 Microsoft Word 作为文字处理支撑平台。过去，基于商业文字处理平台下的系统开发都是采用在其环境内用专用的二次开发语言或通用语言开发，如 VBA、ADS、ObjectARX 等。这种开发模式虽然能够充分发挥平台的优势，开发出的系统运行效率较高，但系统的可移植性差，并且即使在同一种平台下，平台本身的升级也将意味着专业应用软件系统将较大程度的改写。而文字处理组件化可以随时根据情况的变化替换原来的平台或功能组件，而应用系统的其他部分不需作任何改变。

Microsoft Word 支持 OLE 自动化，作为自动化服务器它能够提供若干个自动化对象，每个对象支持若干种方法和属性，使用这些自动化对象来编写程序的编程语言称为自动化控制器。自动化对象也是一种 COM 对象，它与一般 COM 对象的区别在于它必须支持 IDispatch 接口，必须支持 IDispatch 接口的原因是最常用的自动化控制者是 Visual Basic。IDispatch 其实也是一般的 COM 接口，其独特之处在于它支持一个称为 Invoke 的方法。这种方法可以用来调用其他方法，如自动化对象接口的 IDispatch 和 Disinterface 之间的调用关系、自动化服务器与自动化控制器之间的引导与反引导、自动化对象的二元接口等。

文字处理组件即控制 Microsoft Word 的 ActiveX DLL 组件。该组件用 Microsoft Visual C＋＋ 6.0 开发，运用了 ActiveX 组件封装技术，将 Microsoft Word 这一自动化服务器提供的自动化对象所支持的接口中常用的接口方法封装成一个组件，提供了接口函数供 VB 或 DELPHI 等开发环境调用。图文资料管理系统中有关文字处理的功能全部由该组件实现。开发者完全不必理会文字处理的具体细节，因为由该组件提供的属性和方法完全隔离了具体文字处理的实际操作，使 Microsoft Word 这一自动化服务器提供的复杂的接口类层次结构对开发者透明，从而保证了系统的稳定性与可移植性。

文字处理组件在系统的文件制作、文件编辑与更新、文件生成以及公文流转等方面得到了应用。

3）文件压缩、解压组件

由于公路工程项目图文资料数量巨大，所以在文件入库前对文件进行压缩能有效地减小数据库的规模，同时，压缩也能较好地保证文件的安全性。当用户需要从数据库中读取文件时，系统先将压缩后的文件读出至硬盘上的临时目录，解压后再提交给用户。

文件压缩、解压组件用 Microsoft Visual C＋＋ 6.0 开发，运用了 ActiveX 组件封装技术，将文件压缩与解压的算法封装成一个组件，提供了接口函数供

VB或DELPHI等开发环境调用。图文资料管理系统中有关文件压缩、解压的功能全部由该组件实现。开发者完全不必理会文件压缩和解压的具体细节，从而保证了系统的稳定性与可移植性。

2. 文件的二进制形式存储

文件对象是图文系统最基本的对象，将源文件在存入数据库之前进行分割是文件在数据库中物理意义上的合理存放和文件安全的保证，要从系统数据库中取出完整的文件，则需要按照文件分割时设置的分割块的大小从数据库中取出二进制文件块后合并。

系统以10 000个字节（Bytes）为文件分割块的大小，文件大小超过10 000 Bytes则被分割为容量为10 000Bytes的若干块，小于10 000Bytes的余数单独成块。分割后的文件存储在名为Bytes（）的动态数组中，通过ADO. Recorderset对象的Field子对象的AppendChunk方法将其逐块放入数据库的字段中。

同理，从数据库中读出文件时，通过ADO. Recorderset对象的Field子对象的GetChunk方法将数据库字段中的二进制数据读出至Bytes（）动态数组，再通过一个已经打开的文件通道，将Bytes（）数组中的二进制数据经过合并之后写入至文件。

3. 数据的写入与读取

系统支持单个文件数据的写入与读取，由一个一维的动态数组FileProperties（）来存储文件的关键字属性，该数组的维数即为文件的关键字数，部分关键字由用户输入（如文件的来源部门、文号等），另外部分关键字由系统动态分配产生（如文件的ID、文件的大小等）。系统同时也支持文件数据的批量写入与读取，由一个二维的动态数组FileProperties（）来存储文件的关键字属性，该数组的第一维表示批量操作的文件个数，第二维存储每一个文件的关键字属性。

数据的写入：为提高操作的效率，数据写入分为两步，第一步操作完成文件的所有关键字属性数据的写入，第二步操作根据文件的ID写入对应的文件二进制数据。

数据的读取：为提高操作的效率，数据读取分为两步，第一步操作根据检索条件完成文件的所有关键字属性数据的读取，当需要查看文件的具体内容时，进行第二步操作，即根据文件的ID读取对应的文件二进制数据。

10.4.2 系统流程

图10.12是公路图文档案资料管理系统的系统流程，从最初的文件、文件

树，项目管理文件，到最后的竣工文档数据，经历了各种操作和维护过程。

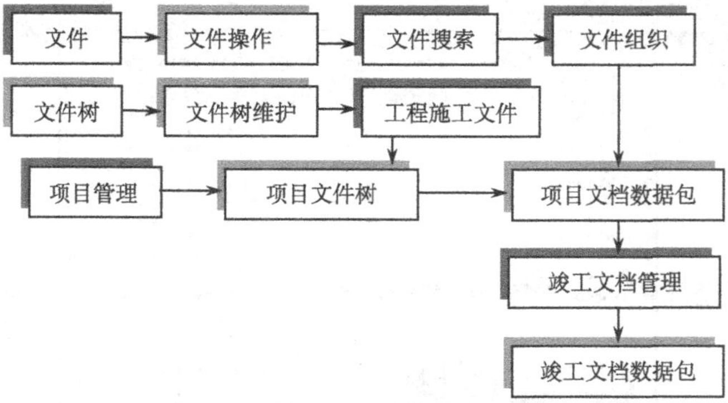

图 10.12　系统处理流程

其中在竣工文档管理中，涉及到好多竣工文档的组卷，这些组卷需要严格的审批认证的手续，才能在竣工文档上签字，最后竣工结算。图 10.13 为竣工文档组卷流程图。图 10.14是系统运行主界面。

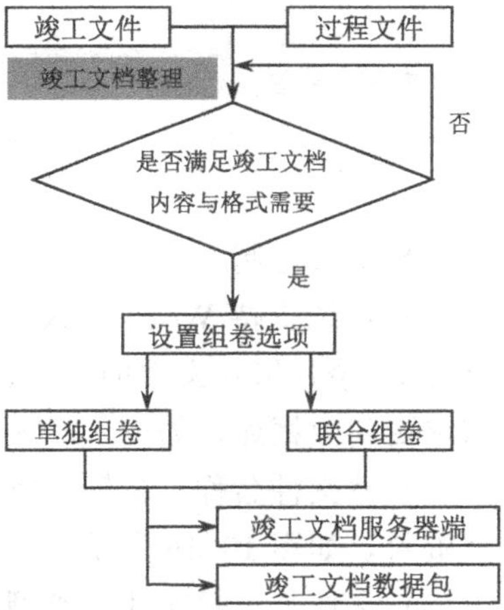

图 10.13　竣工文档组卷流程图

10.4.3　系统功能实现

系统所管理的图文资料覆盖了从公路建设项目规划、立项、可行性分析、设计到项目建设施工、竣工验收、运行、养护维护的整个过程，较好地适应了公路工程档案管理的需求。系统作为公路建设项目图文资料的数据“仓库”，既是常规图文资料或计划进度、试验检测、质量评定等方面图文资料的“入口”，又是常规资料查询、工程实体对象资料查询、工程竣工文档等方面图文资料的“出口”。系统适用范围为各类工程项目的图文与资料管理、各企事业单位的图文与资料管理等。

系统主要功能为：

(1) 对应于公路建设项目业主、监理、承包商三级管理模式，系统分别有业主、监理和承包商三个不同的版本，三者之间具有灵活的数据交换机制；数据库服务器统一管理所有的图文数据，数据实现了共享，数据一致、独立，数据操作高效；系统基于局域网，支持局域网内多用户并发访问；

(2) 标准化工程文档分类，用户可以根据实际需求对系统缺省的工程文档分

图 10.14　系统主界面

类进行自定义定制；

(3) 系统支持 Word、Excel、PowerPoint、AutoCAD、PDF、图片、文本、影像等 70 余种格式文件的预览、浏览，自动识别文件的编辑更新，并根据用户的需求更新数据库，如图 10.15 所示；

(4) 按文件名称、日期、类型、来源、桩号等多种条件组合快速检索和查找图文资料，如图 10.16 所示；

(5) 文件与工程实体的类型、桩号直接对应，支持直接对工程实体进行文档的增加、删除与检索、汇总操作，如图 10.17 所示；

(6) 各级管理机构之间图文数据包的交换与导入导出，导入导出支持日期、密码设定，支持覆盖与更新选择，如图 10.18 所示；

(7) 根据竣工文件整理的需求，自动生成满足竣工文件格式的电子文档，如图 10.19 所示；

(8) 系统支持直接生成常规施工监理表格与其他文件资料模板，对部分文件，在生成时还具有计算与分析汇总功能；

(9) 系统由用户权限控制实现系统中文件高度的安全性，不同部门不同权限的用户对不同的文档具有各自不同的权限，如图 10.20 所示；

(10) 系统由系统日志记录用户对系统中每一个文件的操作痕迹；

(11) 系统给每一个用户都提供了自由空间，满足用户私人文件管理的需要；

（12）系统提供与外界其他应用系统的接口，支持从外界应用系统对系统数据库服务器进行数据的存取操作，实现系统的整合与集成。

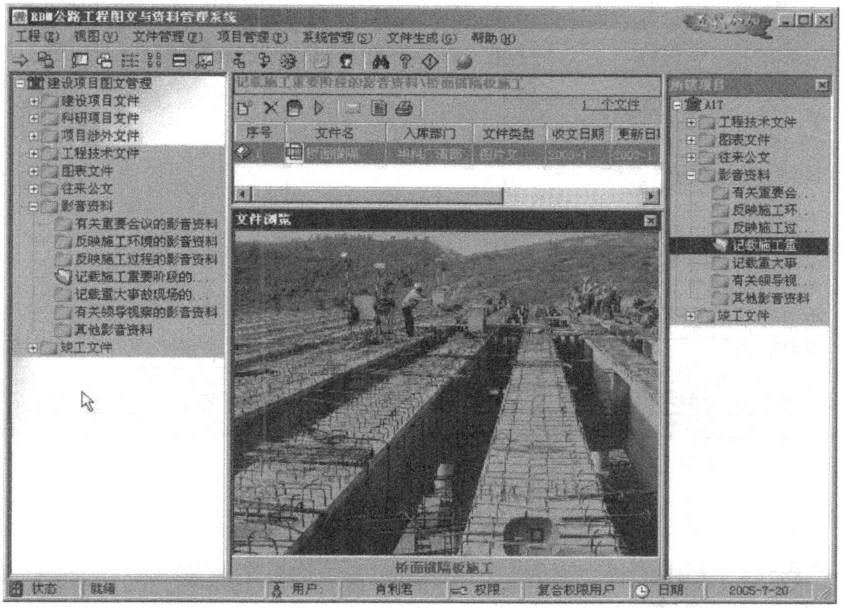

图 10.15　图片浏览

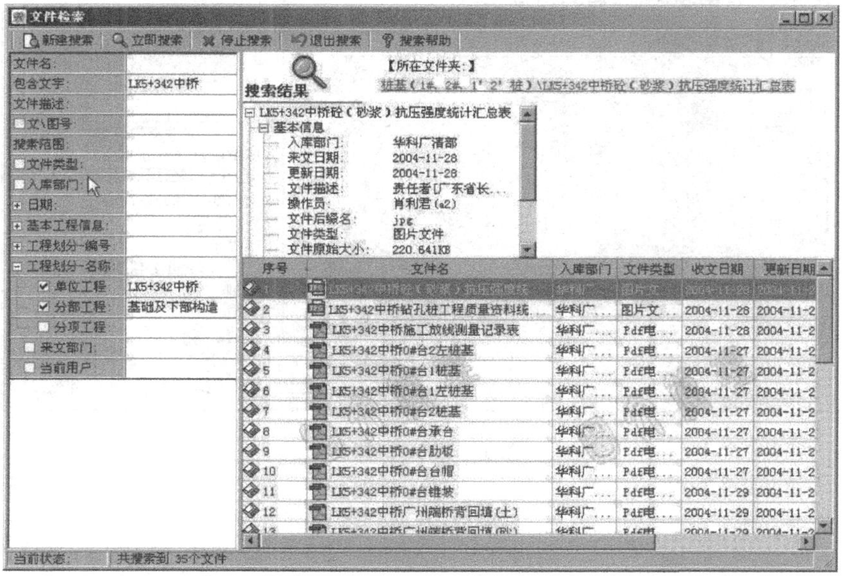

图 10.16　文件检索

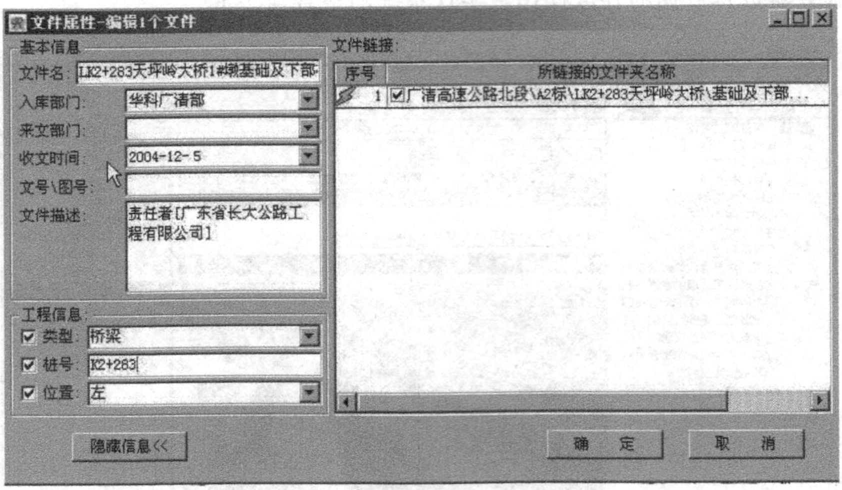

图 10.17　文件属性编辑

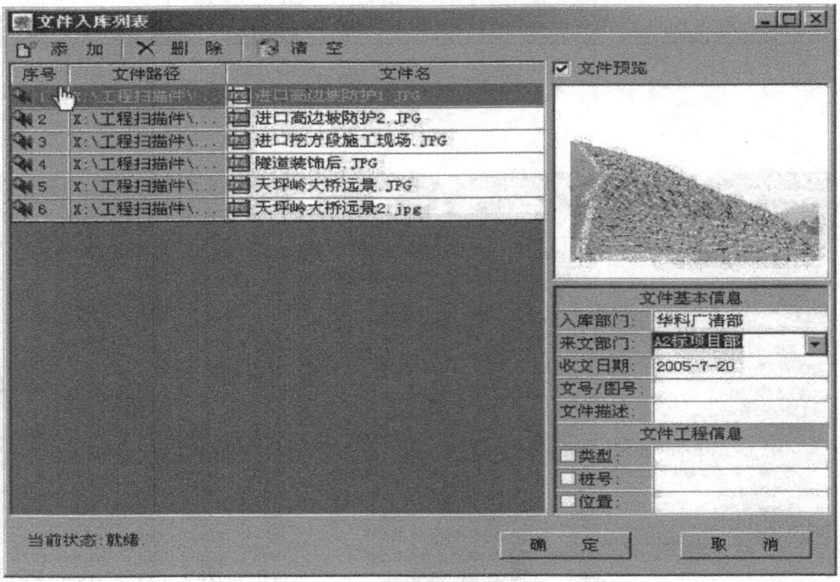

图 10.18　文件导入

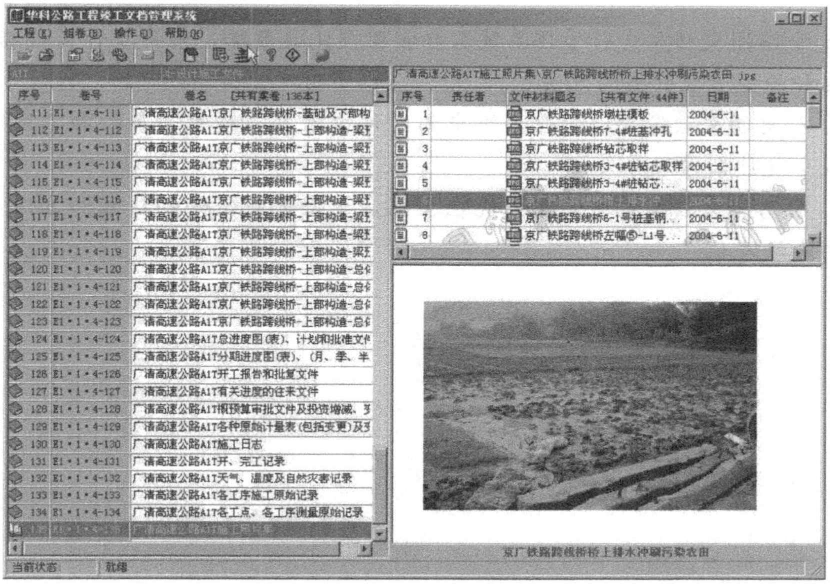

图 10.19　竣工文档立卷

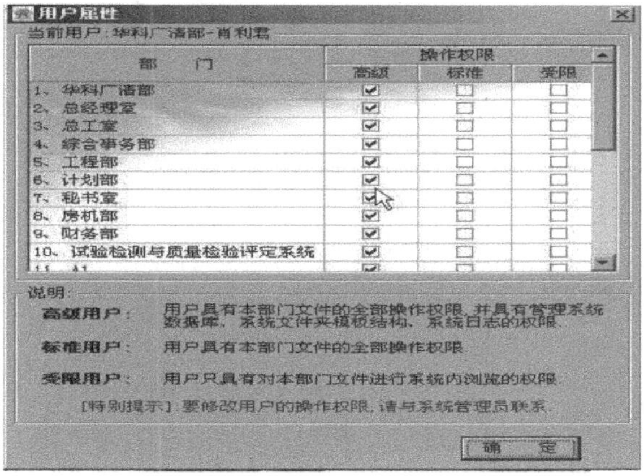

图 10.20　系统权限管理

思　考　题

1. 公路工程文档资料可划分为哪几类文件？每类文件包含哪些内容？
2. 公路图文档案资料管理系统的体系结构分哪几部分？各自的作用是什么？
3. 公路图文档案资料管理系统的功能模块有哪些？简要阐述一下各模块的

功能。

4. 公路图文档案资料管理系统需要管理哪几类数据，采用了什么数据模型？说明这种模型管理数据的方法？

5. 公路图文档案资料管理系统中的文件操作类包括哪些属性和方法？在系统实现中起什么作用？

6. 公路图文档案资料管理系统在系统实现上采用了哪些技术和方法？简述系统的数据流程。

第11章　公共交通管理信息系统

11.1　概　　述

随着我国经济建设的快速发展及人们生活水平的不断提高，人们对交通的需求将会越来越大。特别是我国加入世贸组织之后，汽车的价格会不断下降，从而可以预见人均小汽车的拥有量也会在近年快速增长。这些因素都会给我国城市交通管理不断带来新的压力。若不采取有效对策，我国城市交通现有的堵车、低效、环境污染等问题必然会进一步恶化。解决城市交通问题的关键是要引导人们在出行时尽量使用公共交通工具，比如公共汽车、地铁等。要达到这一目的，就必须要提高公交服务质量，让出行人真正感觉到公共交通工具方便、省钱、可靠甚至快捷等优点。所以说，解决城市交通问题的关键是要改进公交服务质量，吸引尽可能多的出行者使用公共交通工具。这一点在国际上已达成共识。从智能运输系统（ITS）的角度来解决这一问题，公共运输管理的智能化、自动化被称之为先进的公共运输系统（advanced public transportation systems，APTS）。

11.1.1　先进的公共运输系统

先进的公共运输系统是 ITS 子系统之一。在美国，ITS 战略计划把 APTS 定义为一个子系统，意义为先进的电子技术在高容量与合乘车中的应用。

先进的公共运输系统用户服务功能从广义上划分包括以下两项。

1. 公共运输辅助管理

从业务需求和模块独立性来进行初步划分，这部分可以分为如下一些较独立的子系统：

(1) 公交日常运营管理，包含了班次的排定、运营时刻表的编制、车辆的应急调度、车辆的日常维护。

(2) 规划与决策支持，该子系统是从宏观、长远的角度提供规划与决策支持，如依据客运量、客运周转量、车辆运行时间以及客流量预测、OD 预测对公交车辆及公共设施的技术状况和服务水平进行分析，实现公交系统规划，最终改进公交线路、调整车辆配置与排版计划等。

（3）监控调度，包含了 GPS 或其他技术的车辆定位监控；车辆行驶状态安全监测；客流、车辆运行等数据的采集。这些方面多为基于硬件的解决方案，从技术上来讲相对独立，但可对上两个子系统提供支持。

（4）电子付费系统，电子付费通过公交 IC 卡支付系统节省付费与结算时间。同时，还可实现公交客流动态监控，通过 IC 卡可以统计采集公交客流等一系列数据。但由于其应用范围的限制，其在多公交方式客流分布动态监测和大面积使用上仍然有所欠缺，为解决这一问题，交通一卡通结算管理中心模式是一种可考虑的方案。

2. 面向乘客的辅助决策

该服务可为利用公共运输方式的出行者提供实时准确的车载中转换乘服务信息，出行者在途中根据需要作出合适的换乘决定并调整行程计划，如图 11.1 所示。可分为三类公交信息服务。

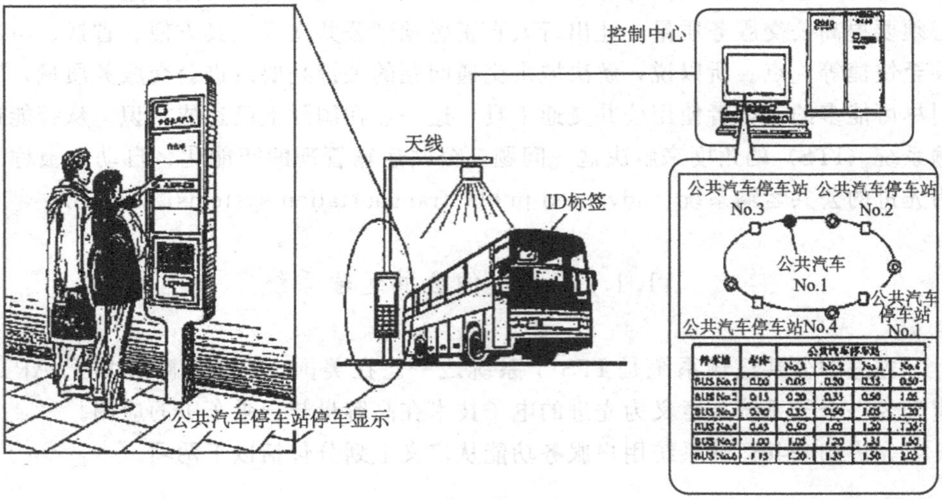

图 11.1　公交车站信息服务

（1）出行前提供公交信息服务，通过交通管理部门的 Web 服务，用户可查询目的地信息，可达公交线路、换乘信息等。

（2）公交站点信息服务，为在公交站点候车的乘客提供电子车牌的候车信息，包括停靠该站台的公交线路、附近的换乘线路、下一班车预计到达时间，附近交通路况等。这些信息通过交管中心数据库传递至各公交站点。

（3）车载信息服务，为乘客提供有用的全线路信息、换乘信息、社会新闻、娱乐节目等，并使乘客的车上时间变得更有价值。

11.1.2　GIS 支持下的公共交通管理信息系统

公共交通管理信息系统是 APTS 的一个关键部分，属于先进的公共运输系统中的公共运输辅助管理。是一种以公交车营运信息采集、分析、辅助营运决策为主要目的的公交车营运子系统。应用 GPS 定位技术、GIS、无线通信、电子技术等高新技术，对城市公交车辆进行指挥调度、运营管理。加强交通系统中人员、交通设施和交通工具之间的有机联系，实现对公交车辆、人员、线路等进行静、动态结合的管理，从而最佳的利用交通系统资源，降低运输成本，提高运输效率，为市民提供方便实用的乘客服务信息系统。

公共交通管理信息系统的一个最大特点就是几乎所有子系统都需要 GIS 的强大支持：首先，需要在 GIS 底图上形成一个与所有交通系统相关联的多层次、多路径、多结点的路网、线网、结点网络，建立以公交信息为主的矢量电子地图数据库、关系数据库等多平台多数据库的集成，使系统具有较强的交通网络系统的空间分析与空间数据处理能力，基本上实现以“转乘次数最少，距离最短”等为条件的最佳路线选择模式，广义的公共交通管理系统还应具备航空、铁路、公路、水路等常用客运交通信息的查询功能，为未来智能公交系统开发网络查询系统打下了基础。

其次，公交车辆的动态监控离不开 GPS，利用 GPS 全能性（陆地、海洋、航空、航天）、全球性、全天候、连续性和实时性的导航、定位和定时功能，提供对公交车辆的实时监控管理，但其车辆定位显示必然与电子地图相结合，实现跨区域、大范围内移动车辆的实时跟踪，并确保信息发布、车辆调度、车队管理、车辆监控、车辆防盗防劫及紧急求援报警等功能能够顺利实现。

11.1.3　系统建立的目的与意义

系统建立的目的是要在吸取国际上应用先进智能公交管理和乘客信息系统的经验基础上开发适合我国国情的并和有关通用国际标准相一致的先进智能公交管理信息系统。我们准备开发的系统是综合性智能公交管理系统，并达到国际最先进水平。它能根据实际道路交通状况动态优化公交车辆调度。从面向的用户对象上来看，是针对交通管理与运营部门的；也就是从服务功能来说，属于公共运输辅助管理。

智能公交管理系统是提高公交服务质量，实现公交可靠、安全、方便、省钱和快捷等目标的有效工具。在发达国家，特别是欧洲，智能公交管理信息系统已被广泛应用。慕尼黑、罗马、南安普敦、巴黎等都是很著名的例子。在我国“十五”计划城市智能交通示范项目中也把实现公交管理智能化定为关键任务。开发建设先进智能公交管理信息系统以改善公交管理和服务的质量从而改善整个城市交通状况无疑是公共交通的发展方向。

本系统要开发的先进综合性智能公交管理信息系统能根据实际道路交通状况动态优化公交车辆调度。它的各项设计指标符合有关国际或欧洲标准，从而为公交智能化、信息化的可持续性发展提供了可靠的保证。

11.2 系统分析

通过与公交管理运营部门的充分交流，用户提出公交调度平台要求是一个公共交通运营调度指挥系统，是对运营情况进行监视，发布调度命令的平台。主要需求包括7个方面：实时监视；提供决策方案；运营指标统计和查询；运行时刻表编制；公交运营线路规划；编制车辆保养计划。在各项应用方面，公交地理信息系统显示全市的公共交通线路、站点布局、分公司布局、各单位分布、旅游景点分布、道路状况、小区状况等信息，并可对公交沿线状况、单位地点、旅游景点等进行查询，对公交公司、分公司运营状况进行查询分析等。公共交通地理信息系统是本调度平台的重要组成部分。同时实时监控也要利用公交地理信息系统的图形化界面——电子地图来显示运营车辆的实时位置信息。

11.2.1 系统实现目标

公共交通管理信息系统从公交企业运营的角度或公交管理部门的管理角度来看，大致确定以下目标原则：①运行管理智能化使公交服务准时性和可预见性提高；②运行管理智能化提高调度适应客流的水平；③增强公交服务灵活性，缩短等候时间，提高舒适性；④使换乘衔接更为高效，换乘方案可预见性强。

用户提出的大致系统目标如下：

1. 强大的业务功能

(1) 业务功能：监控调度、运营管理、资源管理、统计分析。

(2) 监控调度功能：通过中心控制台实时显示车辆的运行路线、速度、位置及其突发事件报警等信息，并通过自动调度排队系统更有效的根据交通状态信息进行任务指派或抢修，同时方便指挥调度人员的监控及调度指挥。有效的使用车辆，对车辆的安全隐患进行防范，并提供相应的信息咨询。

(3) 运营管理功能：对公交日常运营优化管理，收集交通行业资料，科学、有效地进行交通管理并辅助决策，提高工作效率。

（4）资源管理功能：这方面主要是对交通车辆提供优化资源分配管理，根据公交需求的信息及其变化，在不断优化的过程中要掌握公交需求的变化规律，通过修改公交政策、公交规划、公交管理措施来影响未来的交通需求，以便达到优化的目的，节约公交成本。

（5）调度方式：智能调度、计算机辅助调度、人工调度。

2. 多级调度

要求能在主管部门、各个运输公司、分支机构等多层次、多维数地实现对车辆的实时无缝调度。

3. 地理信息功能

要求地理信息系统平台能够提供定位跟踪、地图导航、测算距离、报警显示等功能；同时通过空间查询可以方便实现地名查找、目标查询、查找最近、轨迹回放。

4. 运营调度

要求实现公交的日常营运调度、包车业务调度、车辆检修调度、紧急应急调度、抢修车辆调度等调度功能。

5. 分析与规划

提供公司经营的统计分析与考核功能，包括营运统计、客流预测、线网结构分析、效益评估与预测；另一方面，可以基于 GIS 平台进行公交策略的规划调整如线路调整、站点调整、运班计划调整等。

6. 资源管理

管理公司的固定资产和人力资源，如车辆管理、司乘人员管理。

11.2.2　功能模块设计

以 11.2.1 节的系统目标为依据，综合考虑系统实现目标以及现阶段的实施可行性，公共交通管理信息系统主要面向公共运输辅助管理，即面向公交的经营与管理，选择性地实现以下三大子系统。

1. 公交日常管理子系统

以车辆、提高服务（供给）效率与质量和乘客安全问题为核心，积极吸取各种基于车辆的 APTS（先进的公共交通系统）技术以及车辆和车队调度营运的新理念，提高公共交通的灵活性、有效性和可靠性，使公交方式对潜在的目标乘客和服务区域更具吸引力。

子系统的应用架构可分二级实施，即总公司调度室（客运部）、线路调度点（站）二级调度管理；从网络的物理位置来看，总调度室（一个）、线路调度点（站）（多个）都分布在不同的物理和地理位置，可能是几百米、几公里甚至几十公里的距离；全面考虑和规划整个的网络结构。

通过运营软件系统可以实现多种公交方式和多种公交运输功能的自动化、流水线化和一体化运营。运营管理中计算机的应用，如计算机辅助调度、服务监控、管理控制和数据采集（以及提供数据的 APTS 技术）等，能够使营运调度、线路规划、乘客服务等部门具有更高的效率和更具科学性，发挥更大的作用。

地理信息系统（GIS）中数据通过共同的地理坐标系相互关联，使用户可以按绝对或大致地理坐标关系进行数据记录的查询和选择。应用到城市公交路线管理、调度管理及相应的信息传送等，此外还用于路线服务质量评价、线路调整优化和路线规划等领域。

在今后的系统扩充中可以考虑两个模块：

(1) 公交优先调度模块：在公交优先技术中，在信号交叉口让公交车或轨道交通优先通行，可以保证其调度运行的准时性。为确保交通整体顺畅，可有选择地实施公交优先，如仅对偏离计划时间的公交车辆或特殊线路如快线实行优先。

(2) 乘客自动计数（APC）模块：作为自动收集乘客上下车时间和地点的有效方式，APC 数据可应用在公交系统的实时和后期管理工作中。通过该系统可以减少数据采集费用，获得更多种多样，更为广泛的数据，并依此制定更合理的运营计划和更科学的线路规划，提高营运效率和决策科学性。

2. 车辆监控调度子系统

车辆监控调度系统主要是为了使公交运营管理部门及时掌握车辆的运行状况，便于对车辆进行调度指挥，同时为车辆提供交通、公安和服务信息。工作原理如图 11.2 所示。

车辆监控调度系统是由 GPS、GIS、无线电通信网络、多媒体、遥测遥控集成为一体的新型车辆运营管理系统。根据不同要求，系统管理的车辆可安装车辆导航系统 ADIS，也可只安装 GPS 接收机，以提供车辆位置信息。车辆监控中心有多台微型机算机、一台工作站与大屏幕显示器。为了对车辆进行监测与管理，在计算机内装有城市道路信息库、车辆运行状态监测软件、车辆报警紧急处理软件等，其功能如下：

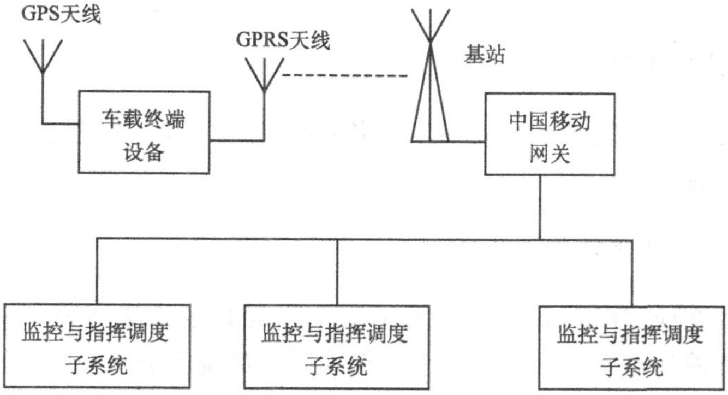

图 11.2　车辆监控调度系统工作原理

1）查询

查询目标所在位置，在电子地图上以数字形式显示车辆的速度、方向及所在位置的经度、纬度及到达目的地的剩余距离等信息。

2）多视口开窗

可同时监视多辆车运行，显示和存储车辆的运行轨迹，以供运行评估，进行车辆调度。指挥中心随时可与跟踪目标进行通话，话务指挥与车辆跟踪相结合，实行现代管理。

3）实时监控

指挥中心可监视车辆运行状况，根据运行状况采用最佳路径设计软件，对车辆进行指挥调度。指挥中心随时可与跟踪目标进行通话，进行实时监控。

4）分级管理

系统对车辆实行分级管理，对不同优先级分配不同时间，监控台对有险情或发生事故的车辆发出求救信号，并采用电子地图显示和声光报警，进行优先级处理。

3. 分析与规划子系统

从运营分析方面来看，分为营运统计、客流预测、线网结构分析、效益评估与预测几个大的模块。其中营运统计包含了各线路的油耗、营运收入、营运成本、载客率等系列指标；线网结构包含了线路的直线率、公交网的覆盖率、公交网的换乘率等系列指标；效益评估中则包含了资产表与损益表等常规分析手段。详细情况在系统功能中介绍。

规划决策支持包含了以下 3 个方面：

1）公交线路优化调整

根据各交通区之间的客流大小，确定哪些点对之间应布设公交路线、路线走向及停靠站位置。

2）公交站点优化调整

针对某公交线路沿线各处的客流量以及附近其他公交线路与交通方式的影响，确定合理的站点密度与位置，以求最大限度的提高公交总体服务质量。

3）运班计划调整

根据客流数据以及行车数据等大量相关参数，以各线路车队现有资源确定车队最合理的排班计划，并随着相关数据变动而及时调整。

11.2.3　系统结构框架

系统首先要满足公交调度的实时性要求；其次，面对公交相关数据的复杂性，要求数据库的选择与设计能满足海量数据的存放；第三，GIS 空间数据充分运用现在流行的空间数据与属性数据一体化方式，不再对空间数据与属性数据分存。模块的分工严格按照面向对象的设计思想，低耦合高内聚。软件研发过程中使用 UML，项目管理符合软件工程规范。

(1) 系统体系结构采用 C/S 模式；

(2) 操作系统选择 Windows 2000 Server；

(3) 数据库选择 MS SQL Server 2000；

(4) 系统前端开发工具采用 MS Visnal studio. net 2003；

(5) 系统中的地理信息系统采用组件式 SUPERMAP OBJECT，将其嵌入到开发环境 MS Visnal studio 中，采取其中的 C# 编程实现；

(6) 应用软件的开发还包括：创建表（Table）、视图（View）、查询（Query），采集数据，数据校验，汇总统计和报表输出等。通过网络协议、数据库通信接口、SQL 语句与服务器上的 SQL Server 数据库建立联系，构成 C/S 应用系统。

11.3　系统数据库设计

建立合理的 GIS 支持下的公交管理数据库，必须要分析公交管理所特有的数据特征，建立合理的数据结构模型，以便于实现公交企业车辆、线路、从业人员及相关数据非常便利的查询、维护等功能，在公交日常管理和辅助公交决策中起到一定的作用，并为未来开发基于更广大用户的开放式的网络查询系统打下基础。

从系统应用角度考虑，将公交管理数据分为三大类：

公交网络数据：包含城市道路网、交叉口结点、公交线路网、公交站点与站台，这类数据有强烈的空间特征，是公交运营的承载体，非常适合用地理信息系统进行表示并在此基础上进行空间分析。

公交日常管理数据：包括了各公交线路班次信息、运营时刻表、车辆的台账，车辆维护检验记录信息、油料等消耗品信息，分公司及部门信息、驾乘人员信息等。

定位监控数据：指用于实现车辆定位监控所必须提供的各类数据信息，这类信息与公交系统专门业务逻辑无关，只是为实现车辆的导航定位。比如，GPS 传回数据库的车辆定位信息记录，从上节对模块功能描述中可以看出，GPS 定位数据首先通过 GPRS 传递到数据库中存储，监控中心再从数据库中取出定位数据在 GIS 图上实时监控，利用该记录信息还可实现车辆的轨迹回放。

11.3.1　公交网络数据

1. 城市道路网

公交车在城市道路上行驶，因此公交网络是在城市道路上生成的。通常的道路网 GIS 表示方法是将网络中的路段与交叉口分别编号，然后利用拓扑关系表示网络。表 11.1 和表 11.2 是基于 GIS 的路段与交叉口的数据结构。

表 11.1　路段数据结构

字段	说明
路段 ID	路段唯一标识号
端点 1	相邻交叉口 1
端点 2	相邻交叉口 2
路段信息	路段的有关信息
路段实体	图中线性对象

表 11.2　交叉口数据结构

字段	说明
交叉口 ID	交叉口唯一标识号
结点实体	图中点状对象

路段表中的相邻交叉口号可通过图层的叠置功能来判断路段与交叉口的空间位置关系，由计算机自动生成。

2. 公交网络的特征

公交线路是其所属行车路径的集合，公交线网则是公交线路的集合。

一般行车路径上有若干个公交站点，公交站点与站台是相互关联的，而且站台与站点之间的关系是一对多。为减少空间数据冗余，同时为了更好地表现同一站台站点之间的关联关系，可用站台取代行车路径中的站点。站台与行车路径之间的关系也是一对多的关系，一个站台可能对应于多条行车路径。为表示行车路径的站台与行车路径之间的关系，以及将站台与道路网联系起来，可使用双重参照系统即线性参照系统和定位参照系统来表示公交网络。线性参照系统用来在行车路径上定位站台的位置；而定位参照系统用于准确定位公交站台的位置，便于将站台与道路网关联起来。

3. 公交线路与站点的 GIS 表示

公交网络 GIS 表示技术需要实现以下基本功能：

(1) 在公交网络上，能表现公交线路和公交站点之间的关联；

(2) 实现公交网络和道路网络的关联；

(3) 公交网络的空间属性数据（例如，线路、站点等）能与运营服务数据（行车计划、线路客流等）相连；

(4) 公交网络、道路网络和一些非网络信息相关联，例如公交线路沿线的用地属性、路标等；

(5) 实现公交站点同公交站台之间的关联。

公交站点是在线路上乘客发生上下车行为的点。

公交站台是城市公共交通系统的基础设施。车辆在公交站台停靠，乘客在站台完成等车、上车等活动。公交站台与公交站点之间是一对多的关系。一个公交站台可能是多条线路的上下客站点。公交站台与站点是相互关联的，而且站台与站点间的关系是一对多。在电子地图中，公交站台在其位置上用一个圆点表示，如果有多条线路在此上下客，只需绘制一次即可。绘制公交线路时，第一个结点落在始发点站台内，然后顺其行驶方向向前，每遇到代表该线路的站点时就设置一结点在相应站台内。绘制完毕后，这条折线上的结点可能不仅包括该线路的站点，还有所经过道路的交叉口。

给公交线路和站点编码是必不可少的步骤。

可以把线路实际的编号，转换为顺序编号，以便在计算机内存中的数组里存放。需要注意的是，在实际中有些线路上下行站点不同，可能会增减几个站，也可能在线路的某一段是个环形线。对于上下行完全一致的线路来说，只需绘制上行线，顺其反方向形式就是下行线。而对于上下行不同的线路，有必要分别绘制上行线和下行线。绘制完毕后，在上下行一致的线路编号前加上“1”，表示其上下行站点完全相同；在上下行不完全相同的线路号前加上“2”和“3”，“2”表示上行，“3”表示下行。考虑到实际情况，线路号区为三位数字。图 11.3 是公交线路的编号法。

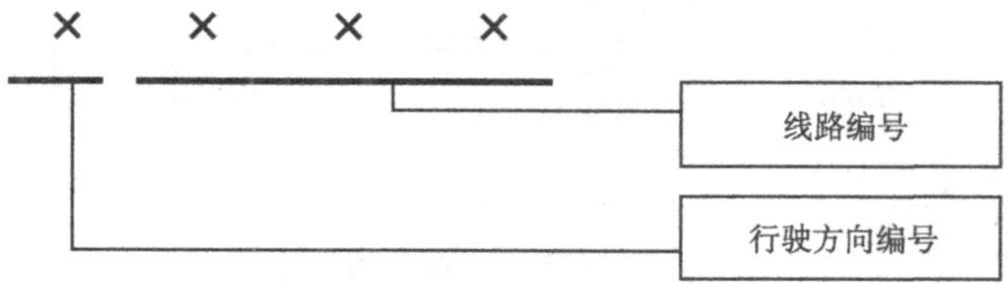

图 11.3　公交线路编号法

站点编号是在其线路编号后加上站点的顺序号。比如某个站点是 9 路公交车上行的第 2 个站，而且 9 路上下行站点相同，其编号就为 100902。如果上下行站点不同，编号是 200902。编号为“01”的 站点是上行或下行方向的第一个站，然后依次往后顺序编号。如果某个站台是多条线路的公共站台，则可以在属性数据库中给该站台添加字段，有 N 条线路就有 N 个字段。图 11.4 是公交站点的编号法。

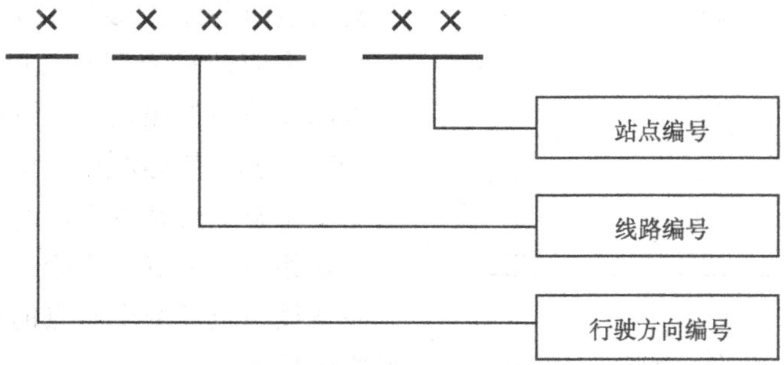

图 11.4　公交站点编号法

经过以上的图形绘制和编码已经建立起线路、站点与站台间的拓扑关系。

在图 11.5 中有 20 路和 91 路两条公交线路，“1”、“2”、“3”、“4” 四个公交站台。从图中看出，20 路公交线依次经过“102001”、“102002”、“102003” 3 个站点，因为站台与线路分别在不同的层中，所以可以利用 GIS 的叠置功能判断出 20 路公交线的 3 个结点依次落在该 3 个圆点内，由此可得到该线路上所有站点的具体位置。91 路线在“2”、“3” 站台处与 20 路站台公用，在这两个站台的属性表中均有两个字段，这两个站台可用于换乘。图 11.5 中的线路表和站台表如表 11.3 和表 11.4 所示。

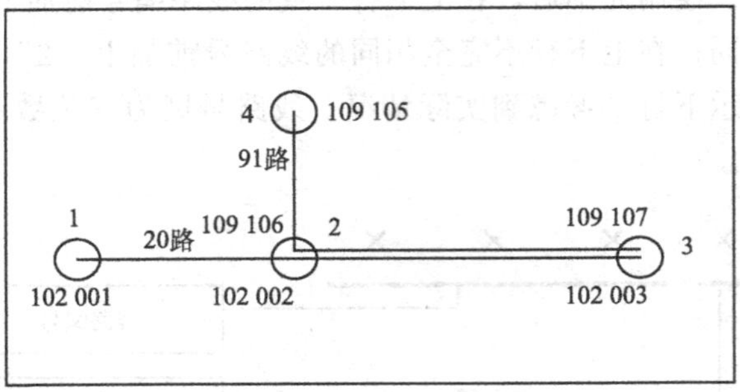

图 11.5　线路与站点的拓扑关系

表 11.3　线路表

线路号	线路实体
1020	object
1091	object

表 11.4　站台表

站台 ID	站点 1	站点 2	站台实体
1	102001		object
2	102002	109106	object
3	102003	109107	object
4	109105		object

表 11.5　站点与线路简单线性参照关系

站点号	对应结点号	站台坐标
109101	1	(x_1, y_1)
……	……	……
100905	7	(x_5, y_5)
100906	8	(x_6, y_6)
100907	9	(x_7, y_7)
……	……	……

利用上述方法可建立公交线路与公交站点间的线性参照关系。以 91 路公交线为例，其始发站对应第 1 个结点，以始发站为参照点。假设第五站对应第 7 个结点，依此类推，可得到表 11.5。

每条公交站点定位时，可通过所在线路相应的结点号来确定其坐标。计算一条线路上某两个站点的间距时，通过转换为对应的结点，变成计算线路上某弧段的长度。

每条公交线路的运营数据如客运量、车速、票价等信息可以存放在关系型数据库中，通过线路号这个关键字段与表 11.3 的线路表联系起来，以便在程序中运行。

11.3.2　公交日常管理数据

公交日常管理数据包含了与 GIS 无关的日常管理数据，主要包括行车时刻表的编排、节假日期间线路运营情况分析、生成早高峰车辆出勤报表、生成线路车辆运行情况日报表、编排车辆人员公休表、考勤表、编排出勤表、站调度、场调度、线路客运量和营收情况、车辆保养情况分析、车辆的用油记录、线路运营情况和服务评估等几乎涉及运营管理的各个方面。此外公交票务管理中的相关信息也可以纳入此范畴内。如每条线路客运量和营收情况统计、配票、票员领票、票员交款、客票结算、生成运营进款日报表等功能。

公交日常管理数据分为 3 个层面。

1. 资产资源管理

是公交单位的物理资源实体，包含车辆台账、备品备件、消耗品表（表 11.6）。

表 11.6　车辆台账表

字段名	字段中文名	字段类型	字段说明	取值范围
ID	车辆编号	int	主键	
Number	车牌号码	varchar		
Type	车辆类型	varchar		
Economy Type	经济类型	varchar		
Business Kind	营业性质	varchar		
Oil Kind	燃油种类	varchar		
Pnum	核定客位	varchar		
Tnum	核定吨位	varchar		
Month oil	月油耗	varchar		
Total inner	总里程	varchar		
Cnum	司机编号	int		
Cname	司机姓名	varchar		

2. 单位与人员管理

包括公司属性表、车队属性表、驾乘人员表、调度人员表，主要是一些人员管理信息，现取公司属性表和驾乘人员表示例（表 11.7 和表 11.8）。

表 11.7　公司属性表（单位信息）

字段名	字段中文名	字段类型	字段说明	取值范围
ID	ID	int	主键	
Name	名称	varchar		
Address	地址	varchar		
Tele	联系电话	varchar		
Fax	传真	varchar		
Manager	经理	varchar		
Bus Class	管辖车队	varchar		
Bus Line	公交线路	varchar		

表 11.8　驾乘人员表

字段名	字段中文名	字段类型	字段说明	取值范围
ID	ID	int	主键	
Name	名称	varchar		
Position	职务	varchar		
Work Class	工种	varchar		
Address	家庭地址	varchar		
Tele	联系电话	varchar		
Bus Class	隶属车队	varchar		
Bus Line	工作线路	varchar		
Time	工作班次	varchar		

3. 相关业务数据

该部分包含两个方面，一是营运部门日常调度需要的信息记录即公交行车信息数据如行车时刻表、行车计划表、劳动配班计划表、行车故障事故信息、票务管理表等。其中行车计划信息记录的是线路上的行车运营计划。行车故障事故信息记录的是故障事故的发生点、原因及其损失。另一方面是日常工作中积累的公交运营数据即公交客流信息数据，分为公交车出行信息和公交运营客流信息两部分。公交车出行信息记录的是出行比例、公交车出行 OD 矩阵等与公交出行相关的信息。公交运营客流信息包括客运量、客运周转量等（表 11.9 和表 11.10）。

表 11.9　行车计划信息表（Bus Planinfo）

字段名	字段中文名	字段类型	字段说明	取值范围
ID	ID	int	主键	
Bus Num	车辆牌号	varchar		
Day Num	行车天数	varchar		
Date	行车日期	varchar		
Total Inner	总公里数	varchar		
Total Time	总次数	varchar		
Inner Per Day	平均公里/天	varchar		
Cnum	司机编号	int		
Cname	司机姓名	varchar		

表 11.10　客运量表（Transport）

字段名	字段中文名	字段类型	字段说明	取值范围
ID	ID	int	主键	
Bus Num	车辆牌号	varchar		
Cnum	司机编号	int		
Cname	司机姓名	varchar		
Year	年份	varchar		
Month	月份	varchar		
TransNum	客运量	int		

11.3.3　定位监控数据

用于实现车辆定位监控的各类数据信息，包括了车辆定位信息表、车辆控制信息表、车辆报警信息表，控制中心与车辆双向传输信息内容等（表 11.11 和表 11.12）。

表 11.11　车辆定位信息（Carinfo）

字段名	字段中文名	字段类型	字段说明	取值范围
ID	ID	int	主键	
Bus Num	车辆牌号	varchar		
Time	车辆定位时间	datetime		
X	经度坐标	float		
Y	纬度坐标	float		
Direction	方向	float		
Warn Info	告警信息标识	int		
Bus Line	公交线路	varchar		

表 11.12　车辆报警信息表

字段名	字段中文名	字段类型	字段说明	取值范围
ID	ID	int	主键	
Bus Num	车辆牌号	varchar		
Warn Info	告警信息标识	int		
Warn Time	车辆定位时间	datetime		
Warn Class	告警类型	int		
Bus Line	公交线路	varchar		

11.3.4 建立公交管理数据库

公交 GIS 数据库采用建立在关系数据库管理系统（RDBMS）基础上的数据模型，数据库建立的合理与否直接关系到系统是否能良好运行。

综上所述，如图 11.6 所示，公交管理数据库大致包含如下几个部分的数据（示意）：

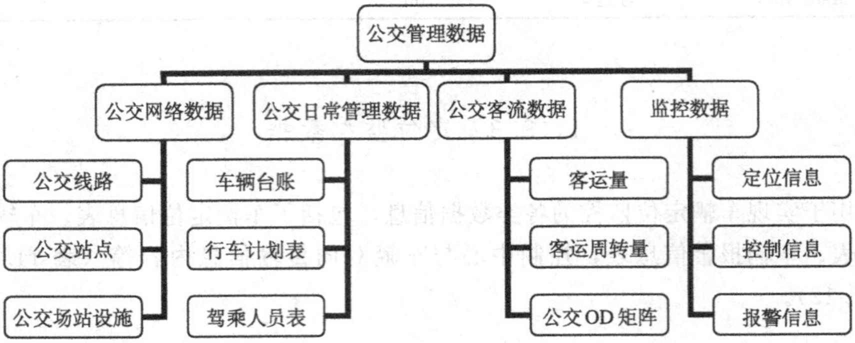

图 11.6 公交数据管理

作为一种 GIS 支持系统，重点考察数据库中的空间数据，也就是系统中的公交与道路网络数据。在地理信息系统中，具有地理特征的信息是分层管理和存储的。每一图层放有特征相同或相近的地理对象，并且有一个数据库表与之对应，图层中每一对象与数据库表中的一条记录相对应，这种关系是一一对应且是唯一的。GIS 利用层的概念来管理、存储和分析信息，然后把不同的图层相互叠加起来，来实现对研究区域信息的可视化。在公交管理信息系统中，整个公交网络抽象为 4 个图层：

（1）公交站点层：存放公交站点，站点在图中以点表示；

（2）公交线路层：存放公交线路，线路在图中以线表示；

（3）城市道路层：存放城市道路网络，公交网络在此基础上生成；

（4）交通小区层：存放交通小区。

GIS 技术的主要特点在于：每种地物不仅具有自己的属性特征，而且具有空间位置特征，将空间图元与属性信息进行关联后生成空间数据库。空间数据库的建立既能显示出地物间的空间关系，又能对不同的地物类型进行信息的查询和分析。不同图层中的地物有着不同的空间表现特征，表 11.13 是空间数据库中各个图层的图元表现形式。

表 11.13　地物的图元表示形式

图元类型	代表地物
点	公交站点
折线	公交线路
折线	城市道路
多边形	交通小区

绘制公交线路和站点时，必须以城市道路网作为底图，底图可以是矢量或栅格图，然后按前述方法绘制出公交线路与站点，绘制完毕后即可进行编码工作。

11.4　系统功能实现

11.4.1　公交日常管理子系统

在公交日常管理模块中，可以实现公交线路的运班排定、制定行车计划表和行车时刻表，支持运营部门的日常工作管理，见表 11.14。同时，车辆的维护保养也纳入模块管理范围之内。模块的调用接口采用 MS Outlook 风格，界面友好，操作方便（图 11.7）。

图 11.7　公交管理日常业务

运班排定是指公交企业根据客源调查资料，结合运力配备，经平衡测算后所提出的本企业（户）客运经营线路或区域的客运班期计划，按分级管理的原则，实施总公司和分公司的二级管理，在菜单中采用用户的常用称呼：即班次排定。

行车计划安排是指公交企业在计划期内经营线路、班次时刻安排的上报审批计划，综合分析下列要求而确定：①与旅客流量、流向、流时要求相一致；②各公交线路换乘相衔接；③班次与车型、车辆技术性能与线路条件和安全、舒适、效能相结合；④班车在中途各站点的停留时间与旅客有序上下车、驾驶员的休息、用餐和途中作业等时间相适应。在菜单中采用用户常用操作：即运行时刻表编制。

此外日常业务中还包括了单位与人员的管理接口等，在此不详细展开。

表 11.14　某线路车辆运行时刻表

班车线路			下行			上行			沿途停靠站点
起	止	线路	班次编号	始发时间	到达时间	班次编号	始发时间	到达时间	
A	I	1	101	6.30	15.00	102	6.30	15.00	E. F. C. H
A	G	1	111	9.40	15.50	112	7.00	12.00	E. F. C
A	J	1	121	7.00	10.50	122	12.00	15.50	C. D. E
A	E	2	131	7.00	10.00	132	11.30	14.30	C. D
			133	9.30	12.30	134	13.30	16.30	
A	K	3	14	7.00	9.30	142	7.00	9.30	C. D
			143	10.30	13.00	144	10.30	13.00	
			145	14.00	16.30	146	14.00	16.30	
A	C	3	151	8.00	9.25	152	7.00	9.25	B
			153	10.40	12.05	154	10.00	11.25	
			155	15.30	16.55	156	13.10	14.35	
A	L	2	161	6.30	7.50	162	8.20	9.40	
			163	13.30	14.50	164	15.20	16.40	
A	M	3	171	6.30	7.20	172	6.30	7.20	
			173	13.10	14.00	174	7.50	8.40	
			175	15.10	16.00	176	14.30	15.20	

11.4.2　车辆监控调度子系统

车辆监控调度子系统如主界面所示，目前展示处于车辆实时监控状态，需要说明的是，这里的调度不同于日常业务管理中的计划调度，是一种针对车辆运行中客流、路况、车况等变化所采取的应急或临时的调度作业。车辆监控调度子系统主界面如图 11.8 所示。

系统功能实现如下：

1. 车载终端子系统

该系统由 GPS 模块、GPRS 模块、语音处理模块和系统控制模块 4 个部分组成。

GPS 实时地接收卫星的定位信息（包括经纬度坐标、高程、速度、方向、采集时间等）。

GPRS 通过中国移动公司的通信网络，将各种定位信息和系统的控制信号（如越站、报警信号等）发送到服务器端，同时接收服务器发送来的系统控制信息（如文字短信息、提醒信息、加速、减速信号等）。

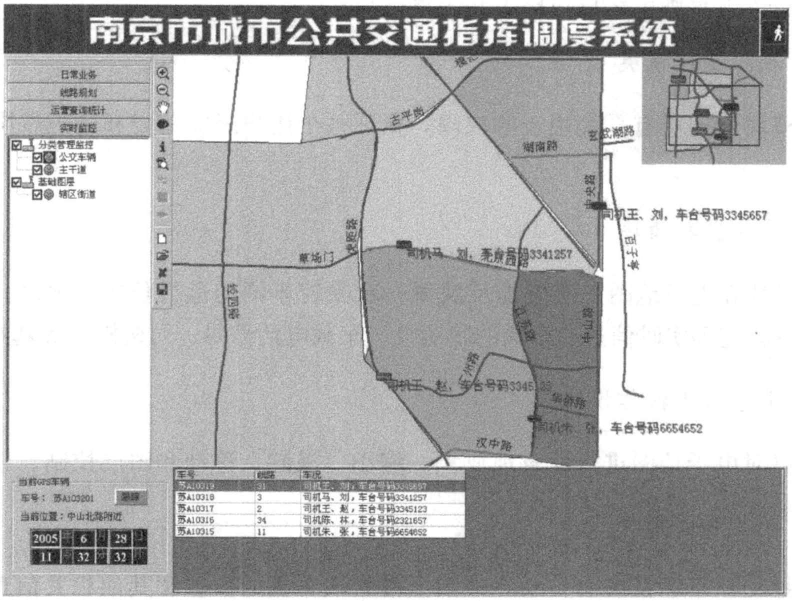

图 11.8　公交车辆 GPS 监控

语音处理模块完成指挥中心与车载端设备的语音通话功能，实现车载电话的功能。

系统控制负责协调和管理其他各子系统，并实现对车辆运行信息（如报警信号、门锁开关状态等）的采集和根据服务器指令对车辆进行相关的控制（如断油、通知车辆音响振铃等）。

2. 通信子系统

通信子系统完成了各子系统之间的数据通信，车载终端与服务器之间通过中国移动公司的 GPRS 网络进行实时通信，指挥中心各客户端之间通过公司内部局域网络或 Internet 进行实时通信。

在 GPRS 的通信网络中，在综合考虑系统的可靠性与实时性的前提下，采取了 UDP 加密通信的方式，有效地保证了大数量车载端与服务器端的实时通信。

3. 监控与指挥调度子系统

该子系统是整个系统的核心，负责对所有受控车辆进行实时地监控与指挥调度。

该系统采用 GIS 运行平台，在电子地图上实时地放映每一台受控车辆的运行情况，该子系统主要包括以下几个模块：

1）权限管理模块

该模块管理所有系统用户的权限，保证每个用户只能监控和管理权限许可的车辆。

2）实时监控模块

该模块在电子地图上实时地反映每一台受控车辆的运行位置、速度、报警情况、运行轨迹等实时信息和车辆的牌照号、车载电话号码、司机姓名等基本信息。

3）电子地图操作模块

可以对电子地图进行任意地放大、缩小、漫游、移动和图层控制。

4）车辆查询模块

选择受控车辆系统会自动在地图上搜索该车辆的位置和其他相关信息。

5）历史轨迹回放模块

输入车辆编号、回放时间等信息，系统会在电子地图上描绘出该车辆在这段时间内所经过的轨迹和这段时间内的平均速度、轨迹长度等信息。

6）报警信息处理与日志处理模块

该模块用于接收用户的各种报警消息，设置超速报警上限，反映系统的历史报警记录，同时允许管理用户对各种已确认的报警进行撤销。

7）指令操作与信息传输模块

操作用户使用该模块能够向受控终端发送文字短信息和一些控制信号（如设置设备回报周期、下发断油指令等）。

11.4.3 公交分析与规划子系统

公交分析与规划子系统是全系统的重要部分，其实质为整个系统的决策支持，采用系统建模手段，利用数学模型给企业的经营与发展提供决策参考。考虑到公交系统的复杂性与非结构化，采用的决策方案是为管理用户提供辅助参考，而非指令性意见，这样既满足了分析决策的部分定量化依据与其客观性，又充分顾及了公交运营中的灵活性。现选取部分模块加以说明。

1. 营运统计

公交营运统计提供了基于公交线路运营状况的统计分析，便于领导层针对现阶段的公司运转状况进行决策分析。

模块提供图表界面，分别考察某条公交线路的载客人次、载客率、营运成本、营运损益几方面指标（图 11.9）。

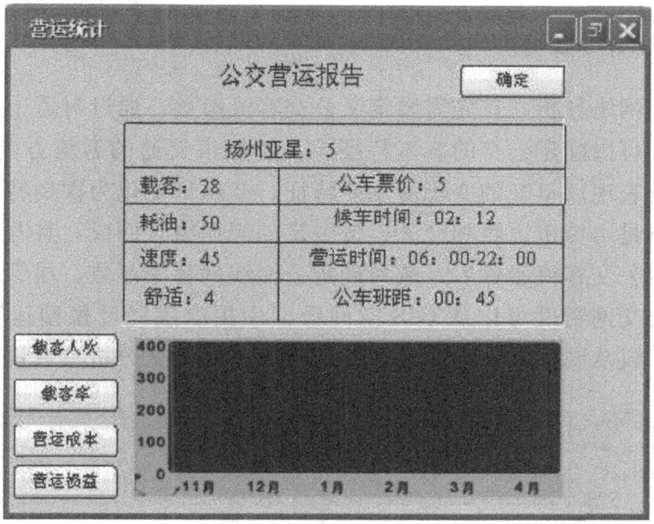

图 11.9　运营统计界面

2. 效益评估与预测

效益评估从资产分析与损益分析两方面来综合考察公交绩效，可以以公司为评估对象，也可以以班组或某线路经营为评估对象（图 11.10）。

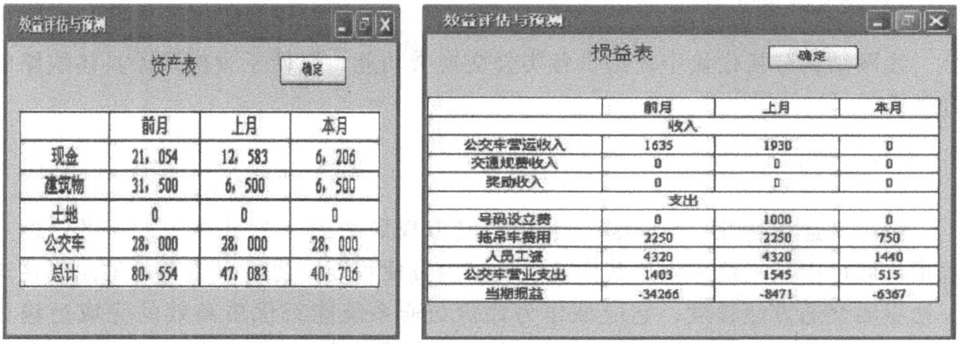

	前月	上月	本月
现金	21, 054	12, 583	6, 206
建筑物	31, 500	6, 500	6, 500
土地	0	0	0
公交车	28, 000	28, 000	28, 000
总计	80, 554	47, 083	40, 706

	前月	上月	本月
收入			
公交车营运收入	1635	1930	0
交通规费收入	0	0	0
奖励收入	0	0	0
支出			
号码设立费	0	1000	0
拖吊车费用	2250	2250	750
人员工资	4320	4320	1440
公交车营业支出	1403	1545	515
当期损益	-34266	-8471	-6367

图 11.10　效益评估与预测界面

资产分析分别从流动资金、建筑物等固定资产、土地、车辆资产等方面的增减来考察评估对象经济状况。

损益分析则从收支两个方面考察用户经营状况，收入方面有辅助金收入、公车运行收入、交通规费收入以及上级单位的奖励性收入；支出方面则包括了人员工资、公交线路营业支出、吊车费用等故障处理费用以及一些非正常的支出。

3. 线网结构分析

1）结构分析参数确定

进行公交网络分析，首先需要定义公交客流参数，通过对若干历史年份的客流跟踪统计，可以确定公交的客流特征，一般城市交通的客流方向为双向交流，客流时间特征表现以早晚的变化为主要特征，节假日变化为次要特征。

公交网络是由城市道路和交叉口按一定的规律组合而成，具有特定功能的有机组合。确定公交客流参数后，进而确定公交线网特征参数，尽管线路长度、非直线系数、公交网密度可以从 GIS 空间数据中提取或经过模型运算得出，但为精确起见，建议从属性数据库中提取。图 11.11 是公交分析参数设置界面。

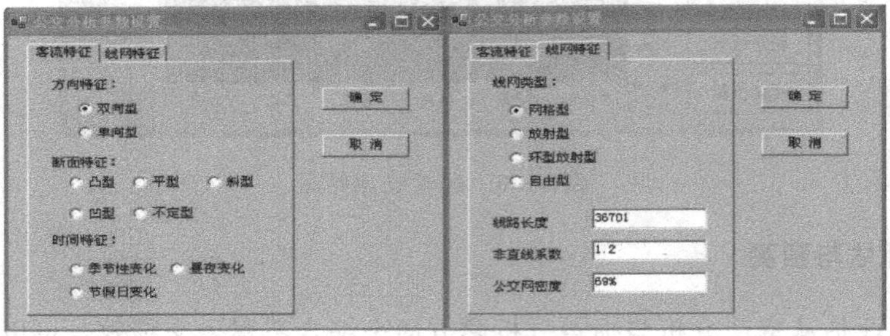

图 11.11 公交分析参数设置界面

2）公交换乘分析

线网结构分析模块中还提供各类公交换乘功能，以便于分析某条具体线路的合理性。

3）公交网络可达性分析

城市交通可达性（accessibility）是城市规划中的一个重要因素。可达性一般指从城市中某一地点到达其他地点的交通方便程度，也可以指其他地点到达这一地点的交通方便程度。它应该作为评价交通系统能否优质高效的完成运输任务，能否达到充分、高效、平衡协调这一基本要求的一项综合指标。可达性分析实际上是一种对点与线、点与点地理要素进行空间关系分析的过程，在交通规划、区位分析、地价评估中具有十分重要的地位。可达性概念有着不同的应用方式，是制定交通政策的目标、乡镇发展政策的手段、乡镇开发程度的指标及区位分析中的重要因素。

把城市交通网络可达性的概念加以引申，可以得到公交网络总体可达性指标 $\overline{T}$，即基本平均出行时间，可达性指标计算公式如下：

$$\overline{T} = \sum_{ij} t_{ij} M_{ij} \Big/ \sum_{ij} M_{ij} \tag{11.1}$$

式中，$\overline{T}$ 为城市公交网络整体可达性指标；M_{ij} 为从小区 i 到小区 j 的公交出行人数；t_{ij} 为从小区 i 到小区 j 的公交最短路径所需时间。

$\overline{T}$ 的实际意义是公交出行最短平均时间，它反映了整个城市公交出行的方便程度，也反映了公交网络的充分性、布局合理性等，可以此进行公交网络的优化与评价。

可达性指标的计算关键在于小区间公交最短路径所需时间。通常乘客优先乘坐直达的线路，然后是一次换乘、二次换乘的线路。因此，先在图层中判断有无公交线路与出发、到达小区都相交。若有，则存在直达线路；若无，则搜索换乘线路。线路间换乘可通过判断线-线关系确定。可换乘线路的空间关系有两种，一是两线相交，二是两线不相交但存在各自站点，站点间距满足换乘要求（比如，小于一定的值）。两小区间的公交出行时间不仅包括根据公交线路距离计算出的时间，还有从小区图形中心到站点的步行时间、等车时间等。找出所有符合要求的线路后，可通过比较时间多少得到公交出行最短路径所需时间。

随着城市规模的扩大，公交网络的规模也在加大，导致出行距离增加。因此不同时期的网络可达性缺乏可比性。但在一定时期对公交线网的布局作调整时，可达性指标可以作为一个标准，以此来衡量调整前后网络是否得到了优化。

4）公交等时线分析

公交等时线指可以在相同的出行时间内从出发地点到达同一目的地的一系列点所连成的线，而等时区域是指等时线内在规定的时间期限或少于这个时间期限到达目的地的所有点所形成的区域。等时线分析实际上是一种特殊的可达性分析（图 11.12）。

把城市的人口分布图与等时线图叠置，可以判断城市里有多少居民在等时线内。假设以 30min 为基准，即要求居民公交出行时间在 30min 之内，若绝大部分居民在 30min 等时区域内，则可认为城市的公交网络达到服务标准；反之，则公交服务情况不佳，需进一步对公交网络进行优化。图 11.13 是公交线路网络密度分析结果图。

基于 GIS 等时线的分析方法在城市公共运输系统中的应用问题在国外已开

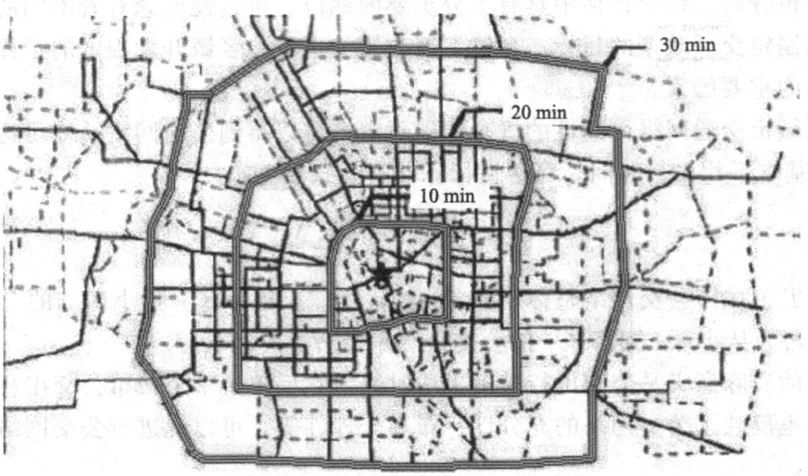

图 11.12　公交等时线分析示意图

始进行实验研究。其实现目标有两个：首先，通过系统建立公交等时线专题图，然后深入研究如何利用 GIS 对等时线地图进行可行性分析。

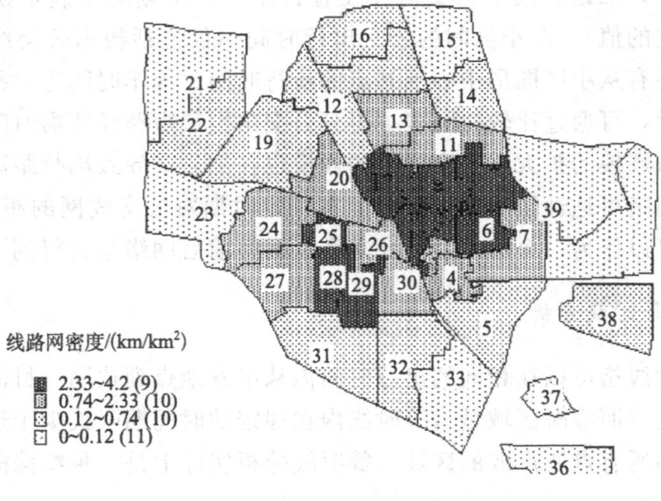

图 11.13　公交线路网络密度分析

4. 公交线路优化

公交线路优化模块可以分为线路的优化、站点的优化、全公交网络的优化等各部分接口，该模块与上面的线网结构分析结合紧密，需要线网结构分析提供数据支持。一个设计合理的公交网络，必须符合乘客流量总出行时间最小化的原则，系统调用接口如图 11.14 所示。

一般在进行公交规划时，往往有几个方案进行比选。传统的做法是根据经验来制订线路，显然这样主观的做法已经不符合现在的要求，借助 GIS 的空间分析对各种线路配置方案进行寻找并比较，从中找出最优线路计划成为必然的选择。

实际操作中，在优化过程的开始阶段，应先观察图中公交出行的 OD 期望线，大致判断哪些地区之间联系较为紧密，以此来确定网络优化的重点。OD 线较粗较密的地区表明未来此地区的出行量较大，应该及时增加该地区的公交线路和站点。

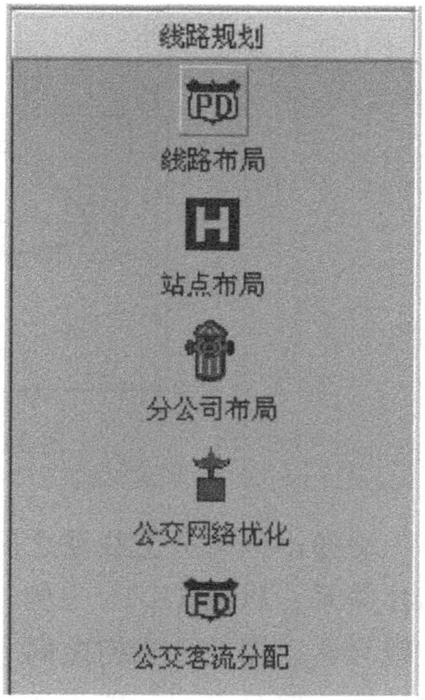

图 11.14　系统调用接口

本模块主要采用逐条布设优化成网法。根据一个或几个指标，在可行线路集中，逐条找出最优公交线路，叠加成网，并通过网络客流分配及一系列检验来局部修正完善成网。该方法思路在优化过程中有主观性与经验性的反馈调整，简单直观，容易实现。

该方法的步骤为：

步骤 1，由收敛扫描法，在所有起终点可能配对组成的公交线路中，选择一条线路效率最大且能满足约束条件的一条放入公交线路网络中。

步骤 2，将选入初始网中的该线路所能运载的公交 OD 量从总公交 OD 量中减去，并且将该线的起终站点从规划起终站点集合中去掉（当某公交起终站点需设多条由此停发车的公交线路时，将由此起终站点停发车的线路条数减 1），得到新的公交线路起终站点集合和公交 OD 量。

步骤 3，检查起终站点集，如果该集合已空或集合中的所有起终站点无法形成满足线长约束的可行公交线路，则结束，表示初始公交网已形成；否则转入步骤 1。

由以上 3 个步骤，可按优劣次序逐条生成一个公交线路初始网。

步骤 4，公交线路的优化。由逐条布线法搜索出的各条公交线成网后，在网络中承担的客运量并不一定等于前面选线过程中计算出的客运量，随之路线效率也发生变化，可根据客流分配及路线均匀性检验、线路断面流量检验、停靠能力检验等结果对线路不断改进，直至形成优化的公交线网。

在步骤 2 中，需要计算选出线路所能运载的直达公交 OD 量。如图 11.15 所示，现存在Ⅰ、Ⅱ、Ⅲ、Ⅳ四个小区和一条公交线，假设 8 路公交线是在步骤 1 中被挑选出的满足要求的线路。

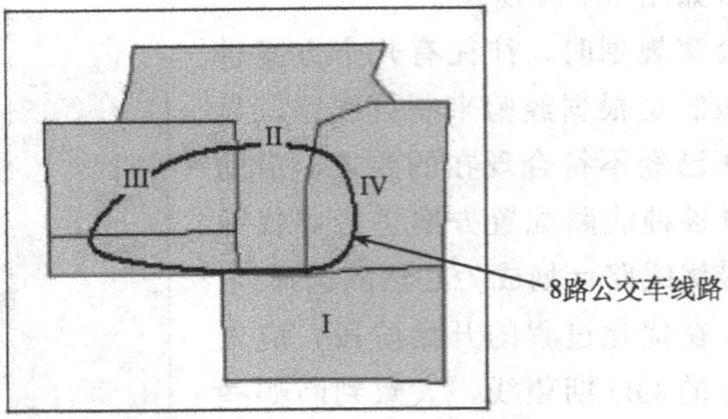

图 11.15　公交线路经过交通区示意

交通小区与公交线路之间是典型的线-面关系，可以用 GIS 函数判断它们的拓扑关系。以图 11.16 为例，图中小区都和公交线相交，即小区之间可以通过公交线直达。因此，它们之间一部分或全部 OD 量可运载。在容量限制条件下，依次计算 8 路公交线所能运送的 OD 量，并在总 OD 量中扣除相应部分。

以此类推，不断的挑选出线路，最后可得到一优化网络。图 11.16 表现的是公交负载均衡图经优化后各条路线上的公交负载饱和度已差别不大（相对均衡）。

图 11.16　公交线网优化专题图

（图中黑线为优化后公交线路，点线为街道网络）

思　考　题

1. 公交管理信息系统实现的难点在哪里？
2. 在公交管理信息系统中如何体现 GIS 空间分析功能？
3. 车载终端子系统的实现机制是什么？
4. 试分析效益评估与预测的模型。
5. 公交管理信息系统的空间数据结构特点是什么？
6. 公交线网动态分段技术的优点是什么？
7. 公交站点的 GIS 表示特点是什么？

第12章 区域性道路客运综合服务信息系统

12.1 系统分析

近年来，我国客运交通事业发展迅猛，交通管理部门已不能再借助传统的方式来进行管理了，出行者对出行信息的及时性、出行服务的全面性以及运输企业工作的规范性的要求越来越高，客运企业则需要同时向交管部门和出行者提供全面及时的客运信息。

交管部门必须借助现代的管理工具来管理整个交通的营运状况。所以，建立一套全面先进的区域性道路客运综合信息服务系统是非常有必要的。它把交管部门、出行者和客运企业三者紧密地联系起来，该系统为交管部门、出行者和客运企业提供以下具体服务：

(1) 交通、路况、旅游景点路线、生活设施和天气情况等出行相关信息的查询；

(2) 客运站、客运线路班次时刻、票务和售票网点情况的查询；

(3) 网上订票售票、手机短信订票、电话人工订票功能；

(4) 预定宾馆、酒店、火车票、飞机票等；

(5) 客运车辆运行状况查询；

(6) 客运企业、营运车辆、营运驾驶员的信息查询；

(7) 行包托运、发送信息、到达查询和运价查询；

(8) 投诉、举报客运企业、营运车辆和驾驶员；

(9) 相关政策、法规查询；

(10) 完善联网售票系统：能够发售异地车票和往返车票，支持多种代理售票，票务信息查询，向运管部门实时提供客运站点客运流量、流向和实载率等有关统计信息，规范运输企业、车辆、人员的从业行为；

(11) 完善运政信息系统：决策支持，网上办理业务，掌握任何时刻的客运班次信息、售票情况和运输情况，为客运站提供运输企业、营运车辆、从业驾驶员的相关信息。

12.2 总体设计

12.2.1 总体目标

区域性道路客运综合信息服务系统是建立在全省联网售票系统、运政信息系统和企业管理系统之上的一个综合服务平台，以运政管理信息系统、客运联网售票系统等为基础，通过资源整合，信息共享使这些各自独立应用和不同系统中有关联的信息互通互用，满足交通监管和公众交通信息服务对道路客运综合信息资源的广泛性、及时性和准确性的要求。同时在建设过程中积极探索建立适合交通资源整合的模式，初步建立公路出行和信用认证信息服务体系，并最终建立适合交通行业信息化建设的标准。

区域性道路客运综合信息服务系统的最终目标是满足管理者、运输企业、出行者对信息的需求，管理者、运输企业获取信息后的目标是更好地为出行者提供准确、实时的道路客运综合信息服务。

12.2.2 系统功能模块划分

该系统主要包括公路客运联网售票系统、运政在线系统、系统整合通用子系统、双向整合网关、出行服务模块、客运企业信息服务模块、运输信息网和决策支持系统的功能模块。主要的模块结构如图 12.1 所示。

12.2.3 系统结构

1. 网络及硬件结构

(1) 省局放置中心应用服务器、中心数据库服务器和 OLAP（联机分析处理）服务器；

(2) 各地市放置运政在线、联网售票应用服务器和数据库服务器；

(3) 地市运政、售票数据经过加工、处理后复制到省局中心数据库；

(4) 省局和地市之间采用虚拟专用网（Virtual Private Network，VPN）；

(5) 区县通过 VPN 或者数字数据网（Digital Data Network，DDN）与各自地市相连。

系统网络结构如图 12.2 所示。

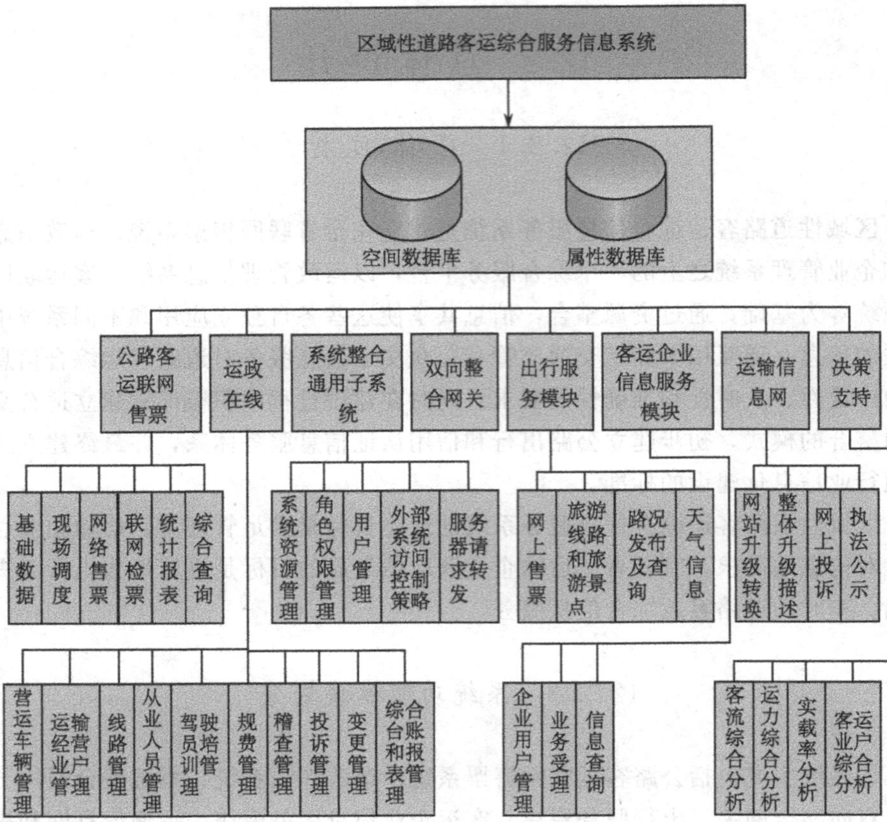

图 12.1　系统功能模块结构

2. 系统软件结构

区域性道路客运综合信息服务系统是建立在全省联网售票系统、运政信息系统和企业管理系统之上的一个综合服务平台。它有机的组合了这 3 个系统，通过数据抽取和整合，同时向管理部门、客运企业、大众（出行者）提供服务，并为管理部门提供决策支持，从而形成了一个具有不同层次的服务系统（图 12.3）。

12.2.4　系统体系架构

区域性道路客运综合信息服务系统的系统架构可从目前流行的 J2EE 三层体系架构入手，将系统平稳运行所依赖的各个环节按照逻辑结构进行分层。如图 12.4 所示，从逻辑的角度可以分为表现层、中间层和数据层 3 个层面。中间层可以细分为：业务逻辑层、公用服务层、数据访问层。从层次功能上来划分，系统又可分为应用系统和公共服务平台两部分。

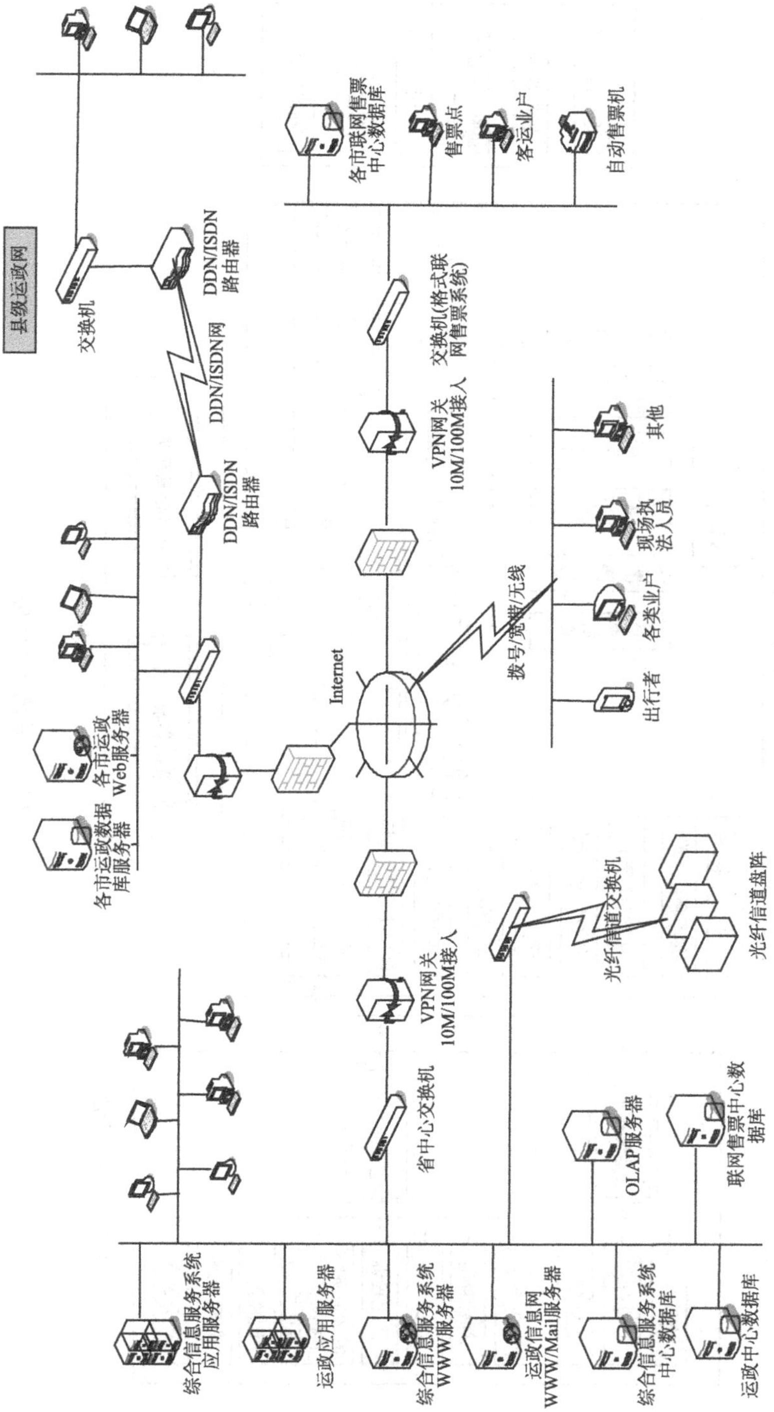
县级运政网
交换机
DDN/ISDN
路由器
DDN/ISDN网
DDN/ISDN
路由器
各市联网售票
中心数据库
售票点
客运业户
自动售票机
交换机(格式联
网售票系统)
VPN网关
10M/100M接入
各市运政数据
库服务器
各市运政
Web服务器
Internet
拨号/宽带/无线
出行者
各类业户
现场执
法人员
其他
VPN网关
10M/100M接入
光纤信道交换机
光纤信道盘阵
省中心交换机
OLAP服务器
联网售票中心数
据库
综合信息服务系统
应用服务器
运政应用服务器
综合信息服务系统
WWW服务器
运政信息网
WWW/Mail服务器
综合信息服务系统
中心数据库
运政中心数据库

图 12.2　系统网络结构

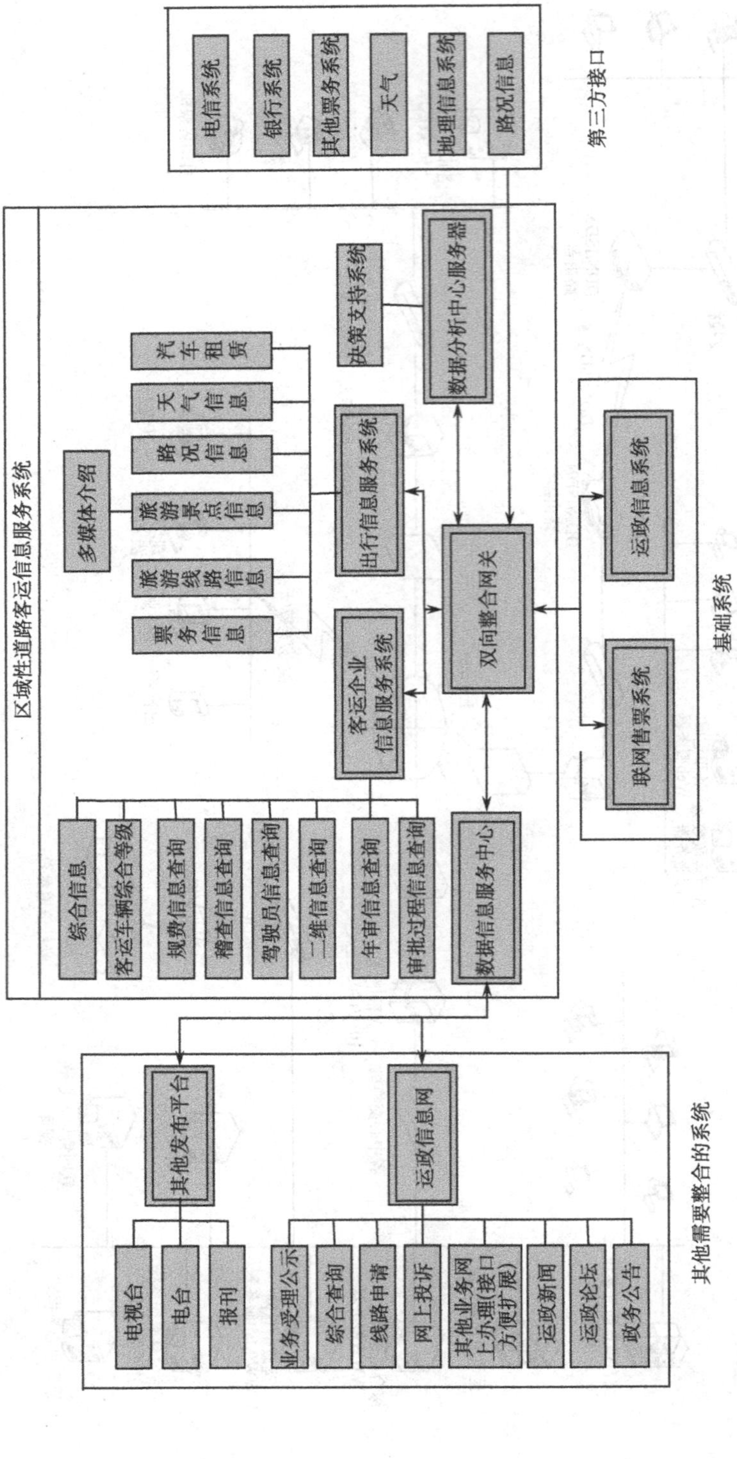
第三方接口
电信系统
银行系统
其他票务系统
天气
地理信息系统
路况信息
区域性道路客运信息服务系统
多媒体介绍
票务信息
旅游线路信息
旅游景点信息
路况信息
天气信息
汽车租赁
决策支持系统
数据分析中心服务器
出行信息服务系统
客运企业信息服务系统
双向整合网关
综合信息
客运车辆综合等级
规费信息查询
稽查信息查询
驾驶员信息查询
二维信息查询
年审信息查询
审批过程信息查询
数据信息服务中心
基础系统
联网售票系统
运政信息系统
其他需要整合的系统
其他发布平台
电视台
电台
报刊
运政信息网
业务受理公示
综合查询
线路申请
网上投诉
其他业务网上办理(接口方便扩展)
运政新闻
运政论坛
政务公告

图 12.3 系统整体结构

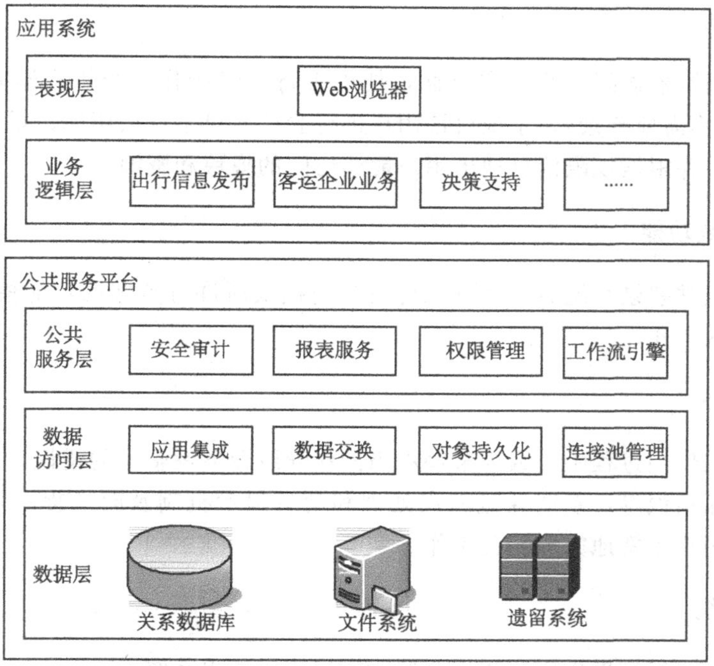

图 12.4　系统分层架构

12.2.5　系统处理流程

区域性道路客运综合信息服务系统是一个较为复杂的综合系统，建立一套良好的处理流程非常重要。原则上每个登录用户都应该是一个合法用户，通过全线管理，使其获得相应的操作和数据权限，防止进行非法操作。在系统建立时建立一套完善的出错处理、消息提示机制，避免用户得不到准确的信息而误操作。基于以上考虑，系统处理流程如下：

1. 系统初始化

数据库服务器正常启动后，通过配置工具或者手工方式，正确配置好系统启动参数，启动应用服务器，系统加载初始化文件中的信息，包括数据库服务器访问信息（地址、端口、数据库名称、用户等）、OLAP 服务器配置信息、联网售票系统和第三方接口信息以及应用服务器启动参数。系统在加载初始化配置信息时会自动进行校验，某些错误的配置信息将导致系统对应功能的无法运行。而关键参数（如数据库连接信息等）的配置错误，该应用服务器进程将关闭。

2. 登录验证

启动浏览器访问系统指定页面，便可进行登录操作。当用户输入登录信息(部分模块不需要登录)，系统对该用户进行验证，对于合法用户，系统将加载其权限信息，并根据权限信息列出用户能够访问的模块和资源。

3. 加载模块功能

用户正常登录系统后，就可以自由使用权限所许可范围的功能模块和资源，完成相应的工作。

4. 出错处理

用户在使用过程中，因为某些不当操作导致业务逻辑上的错误，包括系统错误和数据库错误等，系统通过错误处理和消息提示机制及时地提示用户相关信息，引导用户正常地完成相关工作。

5. 退出系统

用户在执行完操作后关闭浏览器就可以正常退出系统。

12.2.6 系统接口设计

1. 用户接口

本系统决策支持部分将额外支持用户命令接口，以方便用户能够灵活的、快速的对全省中心数据库数据进行查询、抽取、切片的操作。该接口语法为 Microsoft 的 MDX（多维表达式）语法。

2. 外部接口

本系统支持 Web Service 方式与外部系统进行数据交互，根据数据重要性不同采用 HTTP 或者 HTTPS 协议。

3. 内部接口

为了保证联网售票系统和运政在线系统的文档运行，系统其他部分与该系统进行数据交互也可以以 Web Service 方式进行。

12.2.7　系统运行环境

该系统采用基于 J2EE 平台架构，采用 J2EE 兼容的应用服务器，客户端绝大部分功能以 Web 方式展示。数据存储采用分布加集中方式，各地市运政、联网售票数据存储在各地市相应系统的数据库中，采用数据复制方式（增量或者全部）将各地市数据在某段时间内复制到省局。

1. 设备

客户端：CPU 在 800MHz 以上，内存大于 128M，推荐使用 256M 内存。

服务器：除运政系统和售票系统已有的服务器外，至少需要增加一台数据库服务器（中心数据库）、一台 OLAP 服务器和一台应用服务器。为了保证系统稳定性，中心数据库采用双机热备方式使用两台服务器，而应用服务器在请求压力大的时候需要采用集群方式处理。服务器为小型机或高级商用服务器，CPU 大于 1.5G，CPU 个数为两个以上，硬盘大于 60G，网卡要求为 1000MPCI 网卡。

2. 支持软件

客户端：操作系统为 Windows98 版本或者更高版本，浏览器采用 Internet Explore5.0 以上，部分客户端（如稽查、综合台账等）需要安装 JRE1.4。

数据库服务器：Microsoft Windows2000 或者 Microsoft Windows2003 操作系统，数据库采用 Microsoft SQLServer2000。

OLAP 服务器：Microsoft Windows2000 或者 Microsoft Windows2003 操作系统，采用 Microsoft SQLServer2000 Analysis Services 作为联机分析软件。

应用服务器：Microsoft Windows2000 或者 Microsoft Windows2003 操作系统，应用服务器软件建议采用 Weblogic8.1。

3. 接口

网络协议：TCP/IP。

网络：联网售票和运政在线系统通过 VNP 方式组建局域网，综合服务平台对外发布于 Internet 上。

本系统同其他系统接口：采用 Web Service 方式进行数据交互，对于非关键数据基于 HTTP 协议，关键数据采用 HTTPS 协议。

4. 控制

在系统配置正确的前提下，启动数据库服务器和应用服务器后系统便可正常运行，客户端启动 IE 浏览器访问应用服务器登录本系统。

12.3 数据库设计

12.3.1 逻辑结构设计

1. 空间数据库设计

空间数据主要由地理底图数据、点文件、线文件和面文件组成，其中地理底图数据包含一些最基本的信息，如道路、建筑物等；点文件包括营运站点、收费站点、运管部门等；线文件主要为公路、铁路和飞机航线；面文件主要是各地市级的管辖区域。

2. 属性数据库设计

区域性道路客运综合信息服务系统的属性数据库主要包括审批流转、业务审批、业务变更、文件记录、线路代码表、班线、线路牌、线路牌审验、线路牌打印、线路走向、部门、菜单和系统符号等（表 12.1）。

表 12.1 数据库表名列表

编号	名称	标识符	描述	分类
1	审批流转	RT_AUDIT_STEP	审批基本信息表	公共
2	业务审批	RT_BUSI_AUDITER	业务审批信息	公共
3	业务变更	RT_BUSI_CHANGE	记录业务变更记录	公共
4	文件记录	RT_FILE_UPLOAD	文件上传	公共
5	线路代码表	RT_LINE	线路代码基本信息	基础
6	班线	RT_LINE_BUSI	班线基本信息	基础
7	线路牌	RT_LINE_CARD	线路牌基本信息	基础
8	线路牌审验	RT_LINE_CARD_AUDIT	线路牌审验信息	基础
9	线路牌打印	RT_LINE_CARD_PRINT	线路牌打印信息	基础
10	线路走向	RT_LINE_TOWARDS	线路走向字典	基础
11	部门	RT_SYS_DEPT	部门基本信息	基础
12	菜单	RT_SYS_MENU	系统菜单基本信息	基础
13	系统符号	RT_SYS_NO	系统基本序号信息	基础
14	机构	RT_SYS_ORG	机构基本信息	基础

续表

编号	名称	标识符	描述	分类
15	系统资源	RT_SYS_RESOURCE	系统资源信息	系统
16	角色	RT_SYS_ROLE	角色基本信息	系统
17	角色权限	RT_SYS_ROLE_PERMISSION	角色权限基本信息	系统
18	人员表	RT_SYS_STUFF	人员基本信息	基础
19	系统表	RT_SYS_TABLE	系统表基本信息	系统
20	字段	RT_SYS_TABLE_FIELD	系统字段表	系统
21	用户角色	RT_SYS_USER_ROLE	用户角色关系	系统
22	链接页面	RT_Web_LINK_ITEM	链接页面	系统
23	系统按钮	FM_SYS_OPERATIONMA	按钮信息	系统
24	系统权限	FM_SYS_POWER	系统权限基本信息	系统
25	用户	FM_SYS_USER	用户基本信息	系统
26	违章信息	CASE_INFO	基本违章信息	基础
27	执法单元	CASE_LAWUNIT	执法单元基本信息	基础
28	违章条例	CASE_PECCANCY	违章条例字典	基础
29	询问笔录模板	CASE_QUESTION_NOTE	询问笔录模版基本信息	基础
30	教练员	COACH	教练员信息	基础
31	业户	TDLYHJBXX	道路业户基本信息	基础
32	车辆	TYSCL	车辆基本信息	基础
33	监测站	TJCZBNXX	监测站基本信息	基础
34	驾校	TJPXXJBXX	驾校基本信息	基础
35	维修业务	TWXYHJBXX	维修业户基本信息	基础
36	驾驶员	TJSY	驾驶员基本信息	基础
37	票据库存	BILL_STERAGE	票据库存基本信息	基础
38	规费征收	TGFZS	规费征收基本信息	基础
39	费率表	TDEGFZS	费率基本信息	基础

12.3.2 数据库表结构设计

本小节对比较重要的关系数据表做一下描述。

1. 物理线路管理表

物理线路管理表用于描述所有物理线路的特征，包括线路名称，线路类型(公路类型)，起始点名称，里程数，状态，其中状态一般表示可用不可用，其具体的结构见表 12.2。

表 12.2 物理线路关系表

字段名称	字段类型	字段长度	小数位
线路代码	字符型	20	0
线路名称	字符型	20	0
线路类型	字符型	20	0
起点名称	字符型	20	0
终点名称	字符型	20	0
里程	数值型	20	0
状态	字符型	20	0

2. 营运线路管理表

营运线路主要描述该条客运线路的特征，其中本方业户名称和对方业户名称表示本条路线的起点和终点车站。其具体的结构见表 12.3。

表 12.3 营运线路管理表

字段名称	字段类型	字段长度	小数位
营运线路名	字符型	20	0
本方业户名称	字符型	20	0
对方业户名称	字符型	20	0
计划号	字符型	20	0
本方计划班次	数值型	10	1
对方计划班次	数值型	10	1
开班日期	日期型	10	0
状态	字符型	20	0

3. 线路牌管理表

线路牌用于管理具体客车的信息，包括车牌号，班次数等。其具体的结构见表 12.4。

表 12.4 线路牌管理关系表

字段名称	字段类型	字段长度	小数位
线路牌号	字符型	20	0
线路牌类型	字符型	20	0
班次数	数值型	10	1
车辆类型	字符型	20	0
座位数	数值型	10	0
状态	字符型	20	0

4. 年审表

年审表用于管理车辆的验审信息，直接关系到证照的发放和吊销。其物理结构见表 12.5。

表 12.5　车辆年审表

字段名称	字段类型	字段长度	小数位	字段名称	字段类型	字段长度	小数位
线路牌号	字符型	20	0	原始座位数	数值型	10	0
条形码				是否经过三级以下公路	布尔型	1	0
有效开始日期	日期型	10	0	最后年审年度	日期型	10	0
座位数	数值型	10	0	班次数	数值型	10	1
起点名称	字符型	20	0	开班日期	日期型	10	0
是否列入了公司化经营改造	布尔型	1	0	线路牌最后期限	日期型	10	0
线路牌类型	字符型	20	0	打证次数	数值型	10	0
车辆类型	字符型	20	0	是否公司化经营	布尔型	1	0
有效终止日期	日期型	10	0	最后年审结果	日期型	10	0

5. 业户黑名单表

业户黑名单用于公路运输信息稽查中，主要描述某运输公司的违章情况，其具体的物理结构见表 12.6。

表 12.6　黑名单管理

字段名称	字段类型	字段长度	小数位
许可证号	字符型	20	0
单位名称	字符型	30	0
累计扣分	数值型	10	0
违章次数	数值型	10	0
违章率	数值型	10	2
车辆数	数值型	10	0
详情	字符型	100	0

6. 业户违章查询表

业户违章查询表用于公路运输信息稽查中，主要描述某车辆的违章信息，其具体的物理结构见表 12.7。

表 12.7　业户违章查询表

字段名称	字段类型	字段长度	小数位
车牌号	字符型	20	0
车牌颜色	字符型	30	0
业户名称	字符型	20	0
累计扣分	数值型	10	0
违章次数	数值型	10	0
详情	字符型	20	0

7. 投诉查询表

投诉查询表用于管理投诉的各种具体细节，根据权限，用户可以查询到投诉的各种具体信息。其具体的物理结构见表 12.8。

表 12.8　投诉查询表

字段名称	字段类型	字段长度	小数位
局编号	字符型	10	0
信函类别	字符型	20	0
时期	字符型	20	0
投诉日期	日期	10	0
投诉人	字符型	30	0
投诉人性质	字符型	20	0
被投诉省局/市	字符型	20	0
投诉形式	字符型	20	0
受理方式	字符型	20	0
处理状态	字符型	20	0

注：时期是指是否在正常投诉期内。

8. 班次查询表

班次查询表描述了该班次的具体信息，其具体的物理结构见表 12.9。

表 12.9　班次信息

字符名称	字符类型	字符长度	小数位
发车时间	日期型	10	0
到达地	字符型	20	0
票价	数值型	10	1
车型	字符型	20	0
余座数量	数值型	10	1
座位类型	字符型	20	0
选择预定	字符型	20	0

注：选择预定指“预订、有票无票、暂无代售等信息”。

9. 选座售票/省网异地售票表

选座售票是指根据客户对座位号的需要进行售票，省网异地售票是指在本省范围内的其他地方售票。表 12.10 用于管理这些售票信息。

表 12.10　选座售票/省网异地售票表

字段名称	字段类型	字段长度	小数位
上车点	字符型	20	0
车次	字符型	20	0
时间	日期型	10	0
终点站	字符型	20	0
座位数	数值型	10	0
余票数	数值型	10	0
全价	数值型	10	1
车型	字符型	20	0
里程	数值型	10	0
门号	数值型	10	0
座号	数值型	3	0

10. 联网稽查表

联网稽查表用于管理异地车辆的违规情况，实现网上违规登记和惩罚，其具体结构见表 12.11。

表 12.11　联网稽查信息

字段名称	字段类型	字段长度	小数位	字段名称	字段类型	字段长度	小数位
时间	日期型	10	0	稽查对象类别	字符型	30	0
地点	字符型	30	0	业户许可证号	字符型	20	0
执法人员	字符型	20	0	稽查对象姓名	字符型	20	0
执法证号	字符型	20	0	性别	字符型	20	0
车牌颜色	字符型	20	0	证件名称	字符型	20	0
车牌号	字符型	20	0	证件号码	字符型	20	0
营运证号	字符型	20	0	国籍	字符型	20	0
车辆类型	字符型	20	0	从业资格证号	字符型	20	0
车籍地	字符型	30	0	业户名称	字符型	30	0
车辆记分	数值型	10	0	所在地	字符型	30	0
违章次数	数值型	10	0	业户记分	数值型	10	0

12.3.3　数据库结构解决方案

为了保证与现有运政系统的兼容性，数据库解决方案采用 Microsoft 的 SQL Server 2000 数据库产品，从目前运政系统的运行来看，是完全满足要求的。同时对于本项目的中心数据库（ODS），为了避免存储大量、细节性的数据，不采用数据库复制方式复制全省运政、联网售票数据，而是在这两个 OLTP（联机事务处理）系统数据的基础上，将通过 ETL（抽取、转换、装载）层处理后的累计数据装载进全省数据中心，同时可根据具体的要求，装载部分明细数据，这样可避免因装载大量、冗余数据而给数据库、网络带来压力。同时，考虑到今后面临的数据库移植问题，从技术架构设计、框架设计方面，采用面向对象的方法、组件开发模式进行设计，同时采用 Hibernate 技术实现了与数据库的无关性。由于 Oracle 数据库无论在功能、处理能力、数据容纳能力、可靠性等方面有着较强的优势，因此在时机、条件成熟的时候可以将系统切换到 Oracle 中。

从整个系统的网络架构上考虑，整个网络可分为省、市、县三级架构，省与市之间通过 Internet＋VPN 链接，市与县之间采用 Internet＋VPN 或者专线链接，VPN 方式是通过 Internet 在结点和结点之间建立了一条虚拟的专用通道，只要宽带满足程序的处理就可以了，这种方式是现有条件下最合理的解决方案。

为了提高系统的运行速度，可以使用 IBM 或者 HP 等厂商生产的中档机器，4 个 CPU，内存大于 2G。磁盘设计为 RAID5 磁盘冗余阵列，采用磁带库方式定期进行数据本地备份和异地备份。

为了保证系统的平稳运行，对于数据库服务器，建议采用双机热备方案，当主机运行时，从机做镜像处理，一旦主机发生故障，从机自动接管，而当主机恢复正常后，从机自动移交，这样保证了数据库系统的平稳过渡，而不会影响整个系统运行。对于应用服务器，可设计采用应用服务器提供的集群（cluster）模式，这样，既可以在多台服务器之间进行负载均衡，保证在访问高峰时间系统的正常运行，同时当其中一台应用服务器出现异常无法运行时，客户端的请求也能被其他应用服务器所执行，这些过程对于客户端来说完全是透明的。

全省运管系统局域网采用 Internet＋VPN 方式组件，为了保证网络及系统的安全，必须采用防火墙方式，对外网访问和对外发布服务器进行控制和隔离，避免非法用户登录；对于数据库服务器，建议采取物理隔离的方式，使除应用服务器以外的其他机器无法访问数据库服务器，这样可以更好的保证数据安全性；同时为了保证系统的正常运行，建议在条件成熟的时候，全省运管系统组建专网。

12.3.4　数据库与子系统的关系

区域性道路客运综合服务信息系统的数据库分为四类，分别是省地市运政在线数据库、地市联网售票中心数据库、全省数据中心（ODS）以及数据仓库。对于联网售票子系统只采用地市联网售票中心数据库。对于需要数据深加工的子系统如决策支持系统、运输信息网采用了数据仓库，便于数据挖掘。数据库与子系统的关系见表 12.12。

表 12.12　数据库与子系统的关系

子系统	省、地市运政在线数据库	地市联网售票中心数据库	全省数据中心（ODS）	数据仓库
联网售票系统		√		
运政在先系统	√			
客运企业信息服务系统	√	√		
决策支持系统			√	√
通用整合网关（数据交换、处理）	√	√	√	
系统通用子系统	√		√	
出行者服务系统			√	
运输信息网	√		√	√

12.4　公路客运联网售票子系统

1. 整体描述

公路客运联网售票系统是由江苏省交通厅运管局监制、南京市道路客运联网售票管理服务中心实施，旨在全省范围内实现异地售票的大型客运售票管理系统。该系统包括运输经营业户管理、营运车辆管理、客运班线、运输调度管理、班次管理、站点管理、票据管理、网络售票、联网检票、统计查询、代售结算、站运结算、营运结算等相关信息的动态数据，各客运站处理相关的生产经营业务。其中省内联网售票的实现，规范了全省的客运市场，全省实现班次信息的共享，加强了客运市场的规范营运，也极大地方便了广大乘客的购票，节约了大量的人力、物力，必将产生强的社会效益。

2. 主要特色功能描述

1）省内异地售票

本系统最大特点就是实现了江苏省内的客票异地销售。即在江苏省内地级市的一级站可以购买到省内任何一个城市的公路客票，解除了旅客因不能异地购票所带来的不便。图 12.5 是省网异地购票的界面。

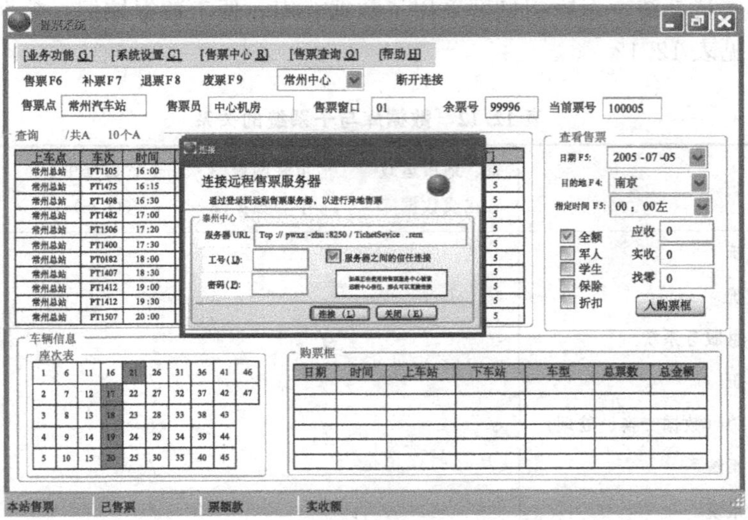

图 12.5　异地售票系统界面

2）选位售票

江苏省公路客运联网售票系统实现了选座售票功能，使得车站能够为旅客提供更优质的服务，满足了旅客的旅途要求。图 12.6 是省网异地选位购票的界面。

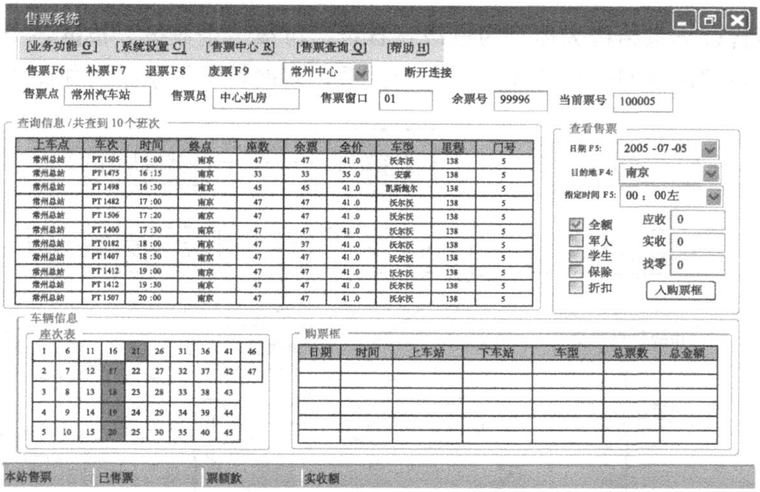

图 12.6 选位购票系统界面

3）线路票价

线路票价定义了线路不同车型、车辆等级的途径站点和票价信息，为行业管理部门规范客运市场提供了软件支持。

当客运站新增班车时，只需要调用线路票价表中的信息，就可以得到途经站及票价信息，方便了车站的新增班车需要，也简化了工作人员的操作步骤，确保了班次的及时准确地添加。

4）票价表

本系统的票价调整采用了票价库的概念。即在票价上浮之前，预先设置上浮比例，通过在用票价库、节日票价库及所属的备用库之间的转换，实现节日期间票价的上浮和上浮后票价表自动显示功能。

票价库的运营，不仅节约了节日期间的票价调整工作量，还保证了票价调整后的准确性，为车站提供了极大的便利。

5）售票预警

为能够及时掌握客运站的班车发运情况，本系统特意制作了售票预警功能。

在车站个别站点出现客流量增多，运力不够时，及时作出加班建议参考。售票预警分为日期汇总、按终点站汇总和按发车站汇总，保证了车站通过不同的统计方式综合得出最精确的信息。

3. 联网售票体系结构

联网售票体系结构大体分为三级：省级、市级、企业级。根据各个级别的职能，可以整理出联网售票的体系结构和关系，联网售票体系结构如图 12.7 所示。

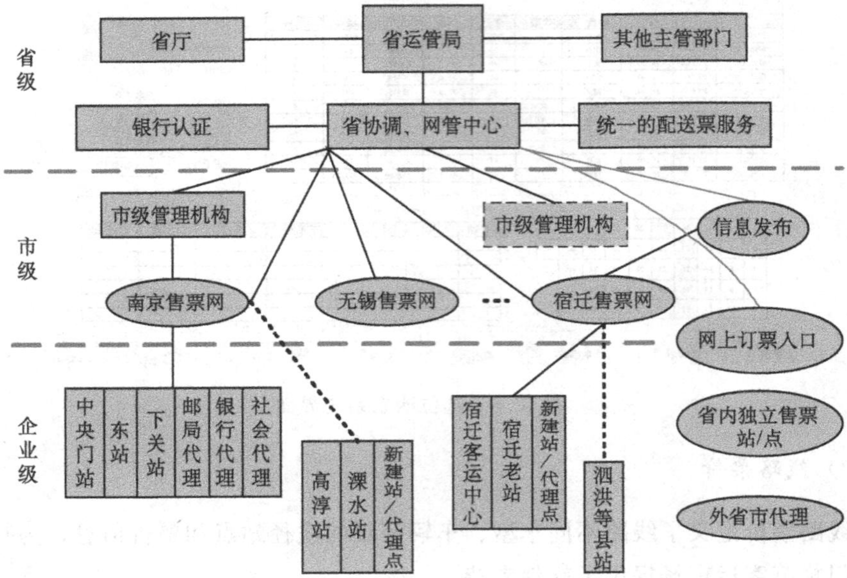

图 12.7 联网售票体系结构图

12.5 运政在线子系统

1. 整体描述

运政在线子系统主要是在区域范围内建立一套运政管理信息系统，该子系统包括了全省运输经营户、从业人员、运营汽车、客运班线等信息的动态数据，全省各级运输管理机构及乡镇交管所都使用该系统处理相关的运政业务。

2. 主要特色功能描述

1）运输经营业户管理

包括道路运输业户、机动车维修业户、驾校、客运站、客货运服务业户、监测站的查询以及业户、开业、停运、歇业、复业、证照发放、换证、补证、变更、异动、封存、解封、年度审验等业务。图 12.8 为运输经营业户管理用例图。

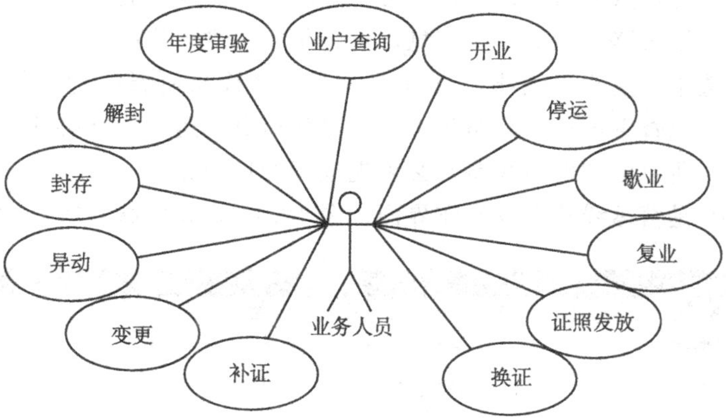

图 12.8　运输经营业户管理用例图

2）运营车辆管理

包括对从事道路运输业务车辆的查询、新增、年审、停运、复运、换证、补证、封存、解封、报废、过户、变更等业务的办理。图 12.9 为运输车辆管理用例图。

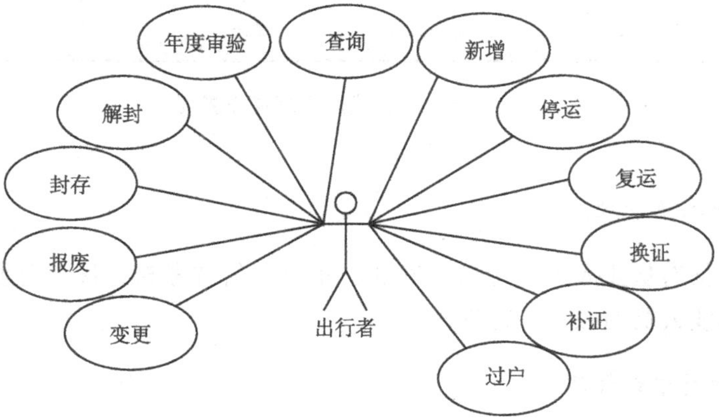

图 12.9　运输车辆管理用例图

3）营运线路管理

线路管理是针对客运、货运线路招标投标进行管理，包括新增、变更、标志牌发放、补换、年审等业务。整个受理过程能够逐级转发，处理过程及结果能够外网公示。主要业务包括空间物理线路的操作：查询、增加、修改、查看详情。

可以查看任何物理线路下所有的运营线路，同时可以查看该物理线路的线路走向。除此，还可以对线路牌进行查询、增加、修改、查看详情、打印线路牌等，选中一条线路牌，点击营运线路，即可以查看该线路牌所属的营运及线路，点击车辆可以查看该线路牌下的车辆信息，点击年审，进入线路牌年审页面。

同时，选中一条营运线路，也可查看该运营线路所属的物理线路的详细情况，同时也可以查看该运营线路相关的线路牌信息，运营线路必须确定物理线路后才能增加，所以增加营运线路时必须先选择物理线路。

图 12.10 是营运线路管理操作界面。图 12.11 是线路牌年审界面。

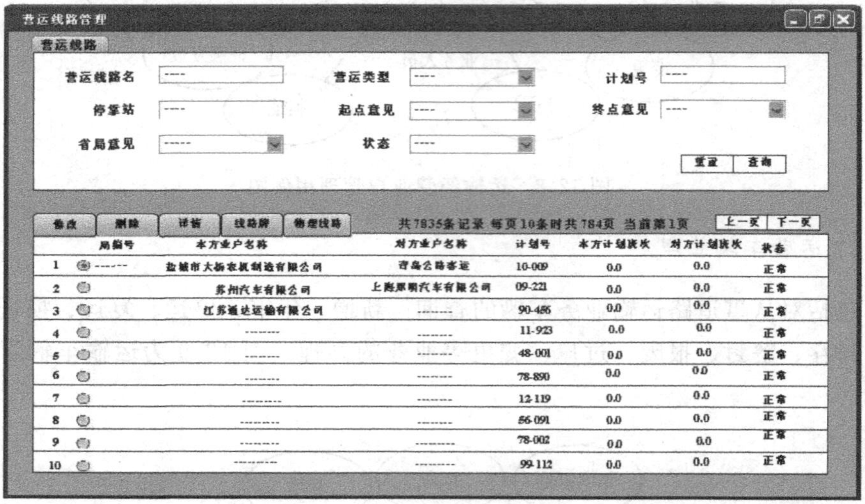

图 12.10　营运线路管理操作界面

4) 从业人员管理

主要包括对从业人员的考试、发证、年审、信誉考核、稽查等业务的操作，加强了对从业人员的跟踪和管理。

5) 驾驶员培训管理

包括驾校管理、教练员管理、教练车管理。驾校管理包括驾校的开业审批、发证、换证、年审、信誉评定、停运、歇业、复业管理等；教练员管理包括教练资格申请、基本信息审核、考试、补考、教练资格证发放、补证、年度信誉考核等功能；教练车管理包括车况管理、发证换证管理等。

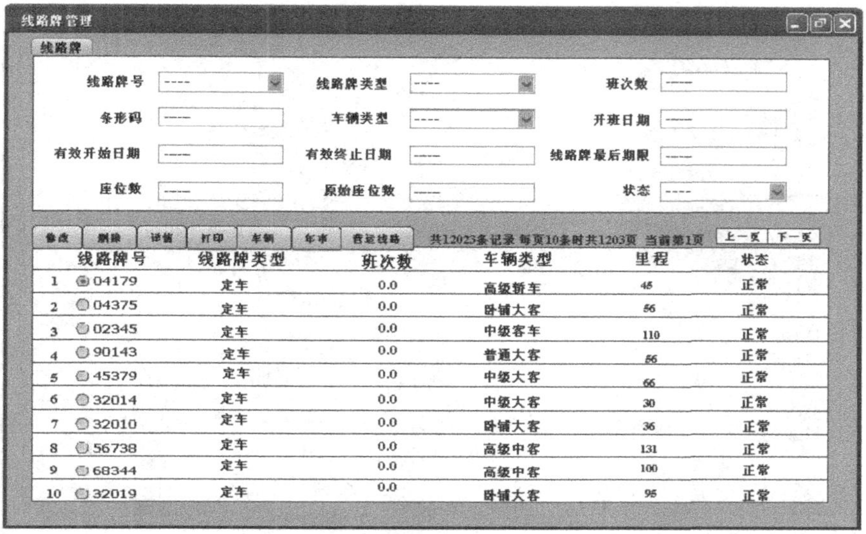

图 12.11　线路牌的年审界面

6）规费征收管理

包括票据管理和规费征收。票据管理包括票据的入库、发放、使用等操作。规费征收包括规费定额征收、营业征收、欠缴车辆单位查询、征收决算表等功能。

7）在线稽查管理

实现全省联网稽查，对行政稽查结果、市场投诉处理结果、计分考核结果实现网上公布，实施“黑名单”制度。主要功能包括运政在线网上稽查。图 12.12 是联网稽查操作界面。图 12.13 是业户黑名单查询界面。图 12.14 是业户违章查询操作界面。

8）投诉管理

实现全省各运政机构间的投诉转发、处理，运输信息网网上投诉通过审核确认后自动进入运政在线投诉管理，处理结果及处理过程自动发布到运输信息网。包括投诉登记、查询、修改、详情、打印、处理、终审、汇总分析等功能。图 12.15是投诉管理查询界面。图 12.16 是客户投诉登记界面。图 12.17 是投诉处理界面。

9）变更管理

运政在线系统中，需要一个统一的变更策略，来处理变更业务相关的一些重

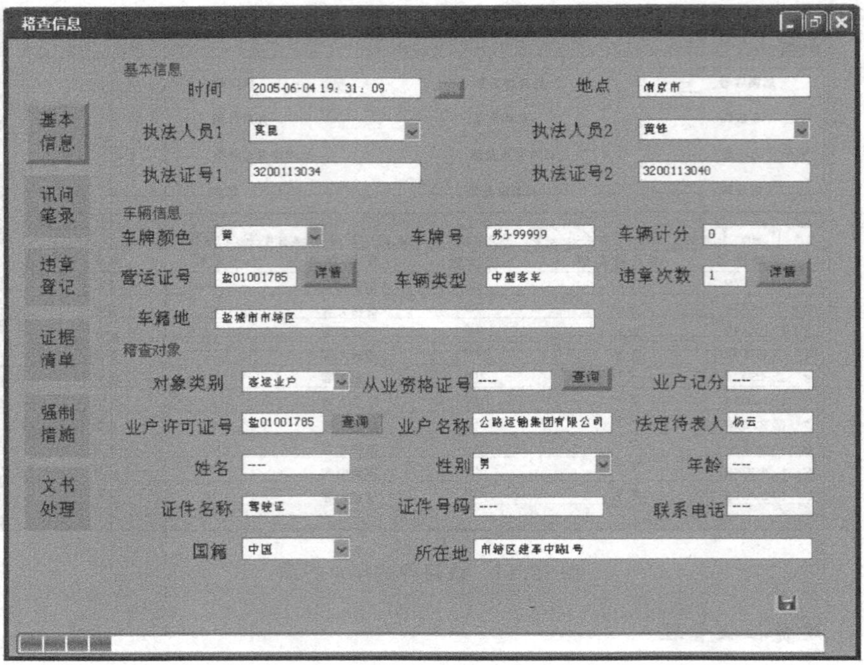

图 12.12 联网稽查操作界面

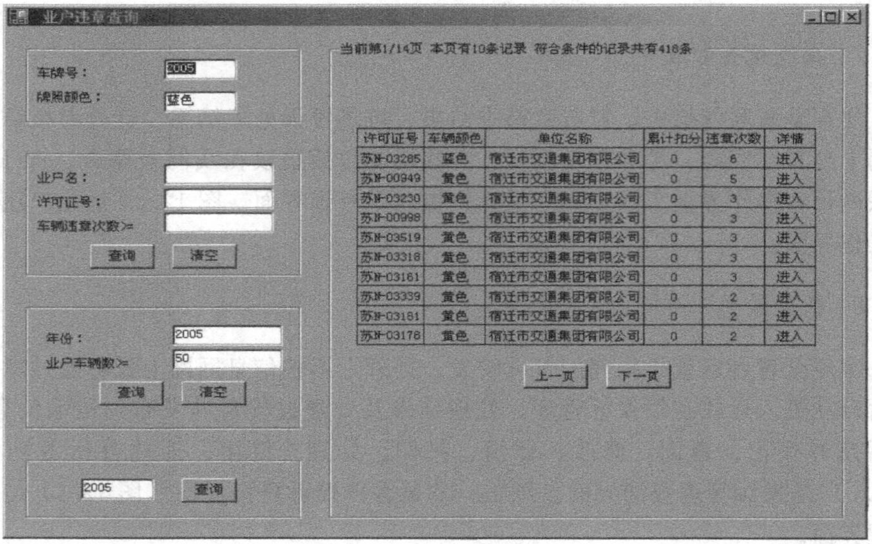

图 12.13 业户黑名单查询界面

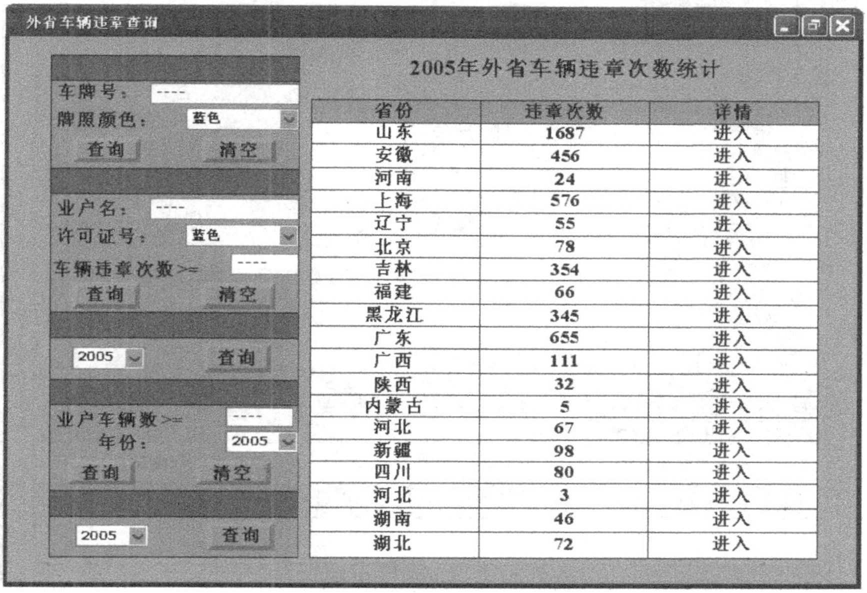

图 12.14　业户违章查询界面

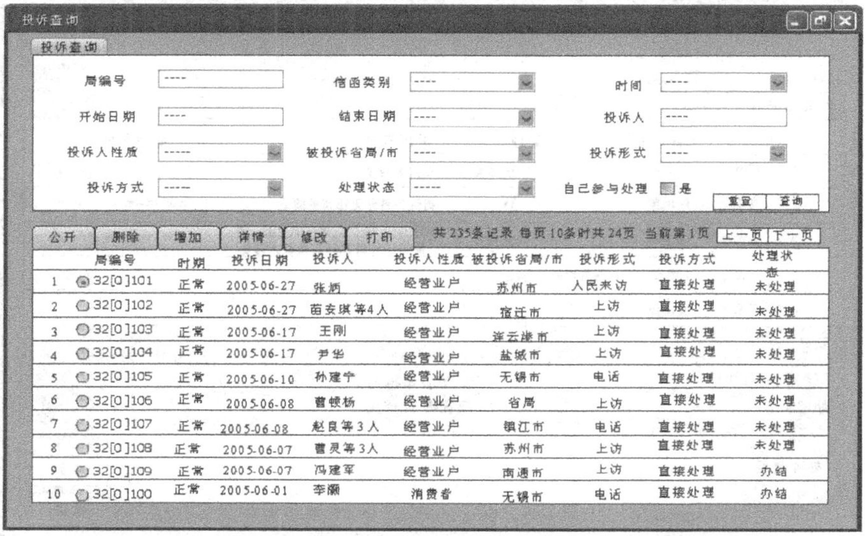

图 12.15　投诉管理查询界面

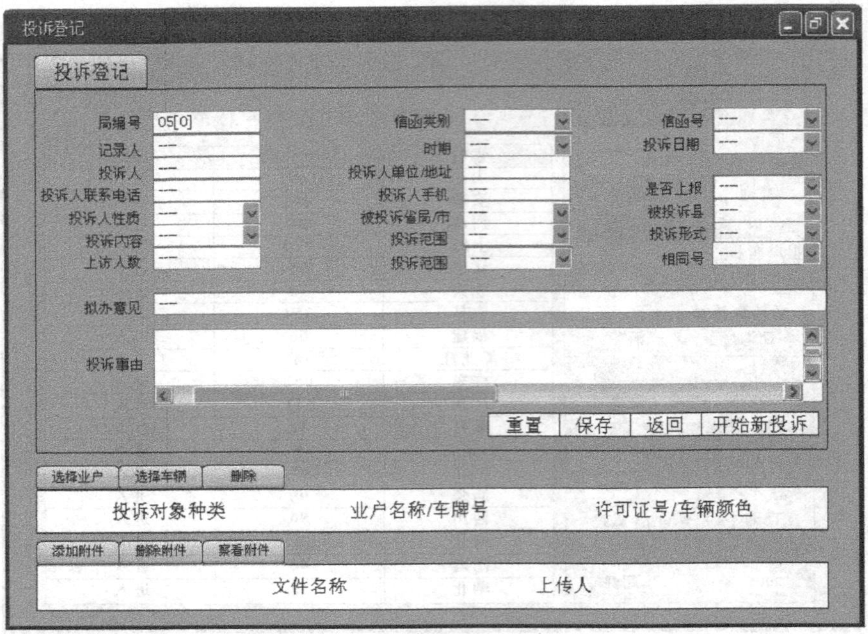

图 12.16　投诉登记界面

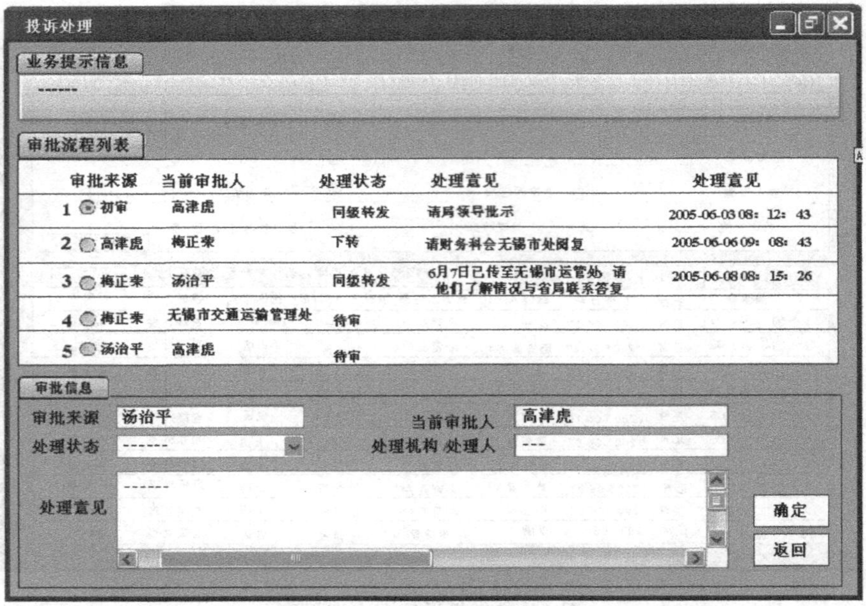

图 12.17　投诉处理界面

要字段的审批。比如，当线路牌变更业务发生时，管理者比较关心车辆类型这个属性的变化，希望一旦这个属性发生变化时，必须经过审批才能生效，从而监控一些重要的数据变化情况。当然，所关心的内容也会改变，例如，目前比较关心车辆类型，过一段时间发现线路走向也很重要，也要对它监控。

这就需要有一种灵活的机制来管理这些重要的属性是否需要审批，以及由哪些具体的人员负责哪些属性。图 12.18 是变更业务查询界面。

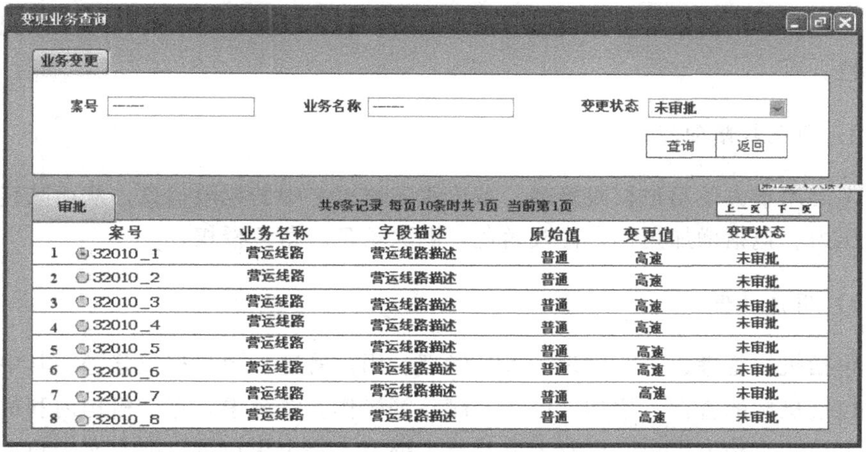

图 12.18　变更业务查询界面

10）综合台账和统计管理

包括业户、车辆新增、年审、规费缴纳情况、稽查信息等报表统计汇总功能。

总之，运政在线子系统使联网在线稽查管理能够实施统一、规范的区域稽查业务。全省稽查人员共用同一平台，实现省内稽查数据共享，加强了运管部门对违章业户、车辆的管理与监控。同时，及时地在运输信息网上向社会发布违章、处罚信息，运输企业可以查询本企业的运营车辆、驾驶员的违章记录情况，以便采用对应措施，加强企业内部安全管理，提高运输服务质量。

12.6　系统整合通用子系统

1. 整体描述

基于多个系统的用户、角色、权限管理功能以及访问控制的策略，通过这样一套机制，来确保现有系统和要开发的系统能够有机的结合在一起，实现多系统间的用户自动切换；同时也为外部访问接口提供可配置的访问策略。

2. 主要特色功能描述

1）系统资源管理

系统资源包括了所有用户可以看到的菜单、页面、页面组件以及按钮的信息，是操作权限所要控制的对象。

在系统开发的过程中，这些资源信息会自动生成，并写到数据库中保存。每次系统更新，旧的系统资源信息会被新的所代替。以保证之后的操作权限控制的正确性。

2）角色权限管理

主要用于方便用户权限管理，减少服务器事务中的权限信息，从而减轻服务器的压力。包括增加角色，修改角色，删除角色，角色授权。

3）用户管理

包括机构管理、部门管理、人员管理、用户管理、用户授权管理。其中机构管理包括机构的查询、增加、修改、删除等操作。系统中，存在机构内和机构外两种用户。机构内用户，原则上要与员工绑定。每个用户可以拥有多个角色，操作权限是其拥有权限的并集。

4）外部系统访问控制

考虑到系统要和很多外部应用之间进行数据交换，比如，提供一些外部查询服务等。出于数据安全考虑，这些服务的访问，需要在以下 4 个方面进行安全验证：

(1) 特定应用接口。通过特定应用接口提供服务，第三方只有在知道接口的情况下才能访问。

(2) 加密串校验。通过接口访问时，必须提供加密串进行校验，通过后才能访问。

(3) 访问 IP 校验。对于关键、核心数据的数据访问，对访问方 IP 进行校验控制，必须是事先授权 IP 才能访问。

(4) 数据量控制。对于影响系统性能的、大数据量的访问，进行分页控制。

5）服务器级请求转发

考虑到网络条件的不同，以及安全方面的因素，区县的用户不能直接链接到省局的服务器。对于必须采用集中方式处理的业务，只能采用中心数据库存储，比如，涉及到全省流转、审批的业务。这就需要将区县的请求，通过地市的应用服务器，实时的转发到省局的应用服务器上，并将处理结果实时返回区县。整个过程必须做到实时的响应，对用户来说是透明的，就像在同一台服务器上处理一样。这就是一个服务器级请求转发所要实现的功能。结构如图 12.19 所示。

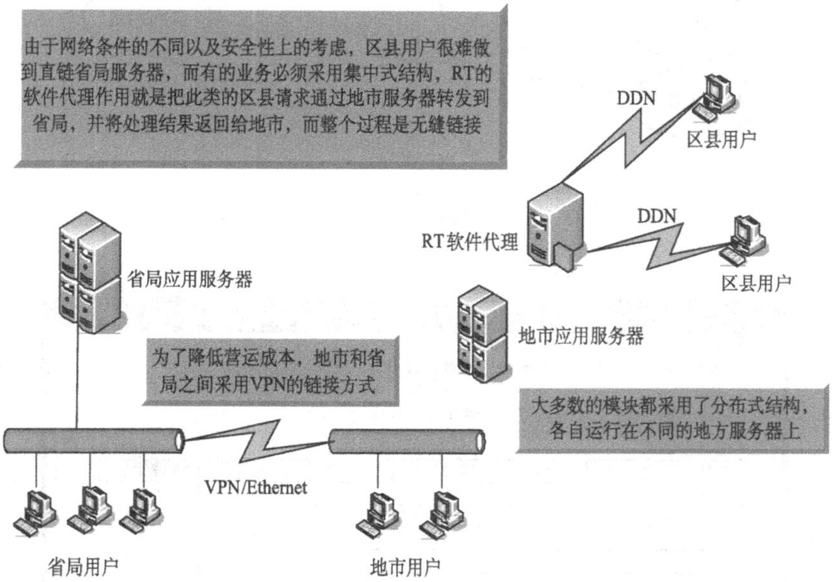

图 12.19　服务器级请求转发

12.7　出行服务子系统

1. 整体描述

该模块为出行者提供交通路况、旅游景点、旅游路线、生活设施等出行相关信息的查询，包括客运站、客运线路班次时刻查询以及网上订票、送票等功能，最大限度的方便大众出行，如图 12.20 所示，其中以网上售票为核心部分。

2. 主要特色功能描述

1) 网上售票

(1) 班次时刻查询。用户可以查询从省内任何一个城市出发的发往全国的班次时刻信息，并可以根据发车时间、客运站、价格、车型等方式排序。图 12.21是班次时刻查询界面。

(2) 车票预定。用户可以选择预定车票的张数，是否买保险等，预定信息会

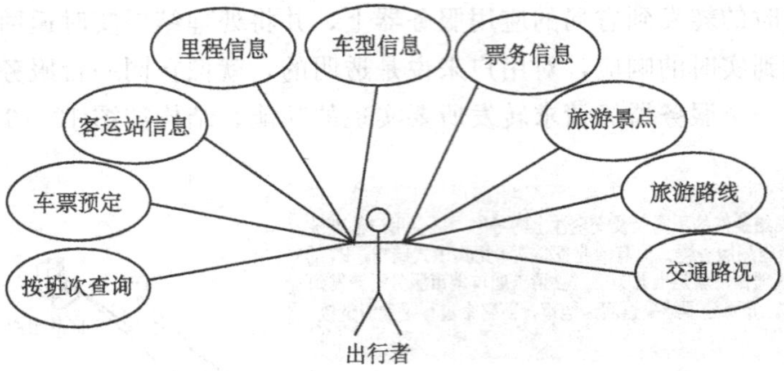

图 12.20　网上出行者服务系统用例图

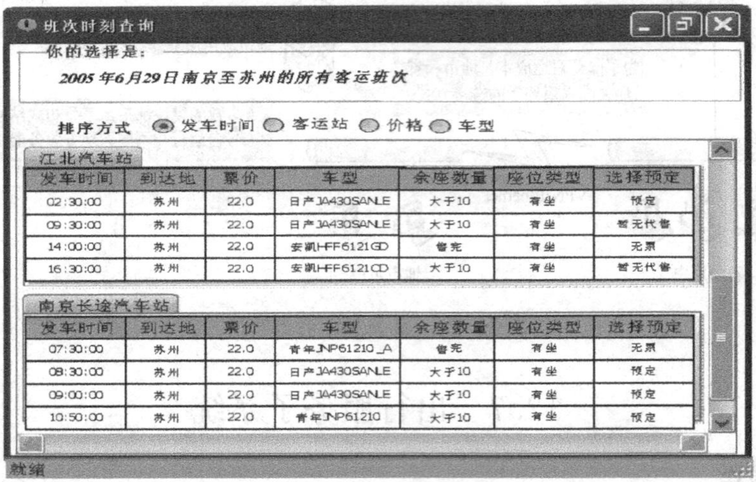

图 12.21　班次时刻查询界面

立刻在后台反映出来，操作人员可以根据预定人的信息，和预定人联系确认，并根据取票方式作后续处理。

对于车票预定，需要进行网上注册用户名、密码、联系方式等信息。同时对于客运站取票，系统将自动进行配票，并产生流水号。定票人需要在规定时间内到客运站取票窗口根据流水号取票。图 12.22 是车票预定界面。

(3) 客运站信息查询。查询客运站的线路信息、班次信息、里程信息、到达站点信息等。图 12.23 是客运站信息查询界面。

(4) 车型信息查询。客运车型查询，包括车辆图片、座位、厂商、车辆等级等信息。

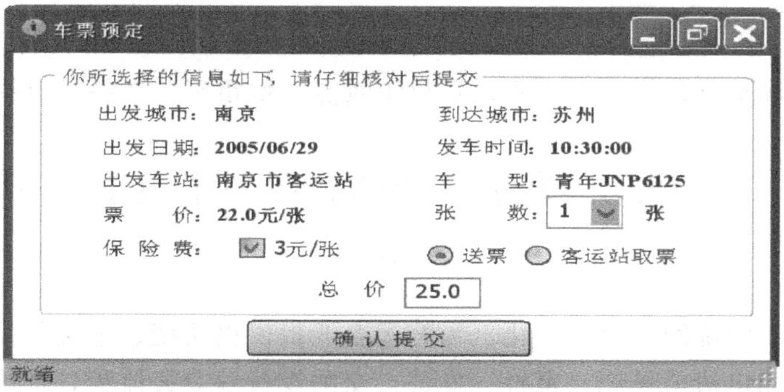

图 12.22　车票预定界面

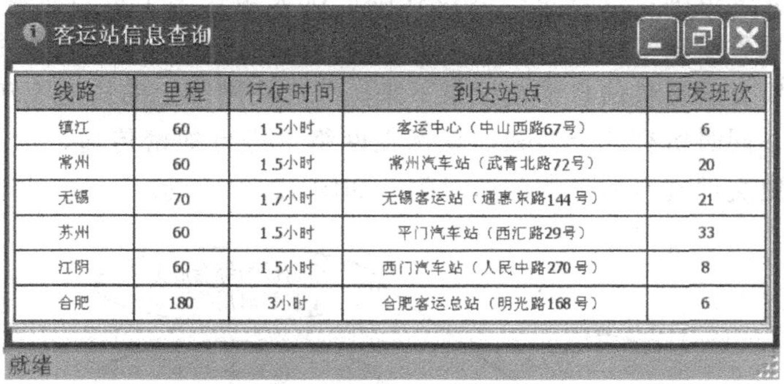
客运站信息查询

线路	里程	行使时间	到达站点	日发班次
镇江	60	1.5小时	客运中心（中山西路67号）	6
常州	60	1.5小时	常州汽车站（武青北路72号）	20
无锡	70	1.7小时	无锡客运站（通惠东路144号）	21
苏州	60	1.5小时	平门汽车站（西汇路29号）	33
江阴	60	1.5小时	西门汽车站（人民中路270号）	8
合肥	180	3小时	合肥客运总站（明光路168号）	6

就绪

图 12.23　客运站信息查询界面

2）旅游线路与景点查询

提供省内经典、热点旅游线路、旅游景点查询，以及具体行程安排等信息，该部分从旅游局、旅行社等已经有的系统中提取数据。对于各旅游景点，同时重点介绍客运车辆、客运班次情况，以及其他交通方式等信息。

3）路况发布及查询

与公路局已有的系统交互，获取省内路况信息，实时的发布到网站上供出行者参考。主要包括国道、省道基本路况信息查询、即时路况信息查询、即时路况信息发布、公路干线施工路段情况发布、省内具体区域公路走向、公路分布查询。路况信息获取的主要通道是：路政人员现场采集；交通电台路况热线；路口摄像头。

4）天气信息

与气象局交互，及时发布省内各旅游景点、城市天气预报及近期预测。

12.8 客运企业信息服务子系统

1. 整体描述

通过信息资源的整合和优化，为客运企业提供更快捷、准确的信息服务。行政许可范围的申请、登记、审批、发证、交纳规费等业务流程，都能在网上进行办理。业户按统一的格式进行申请、登记后，系统按照客运、货运、运输服务进行办理。业户按照统一的格式进行申请、登记后，系统按照客运、货运、运输服务等不同的业务范围，授权审批人按权限层次关系在网上进行资料的传递和审批，各级管理者按权限进行批复后，系统自动通过网络发布业务受理结果，业务流程过程中所有的资料信息都被记录下来。公文在网络上的快速流转，使行政许可变得高效，同时所有的资料和信息都在网络上进行加密传递，信息安全可靠，也减少了历史文件资料的下达传送时间，如图 12.24 所示。

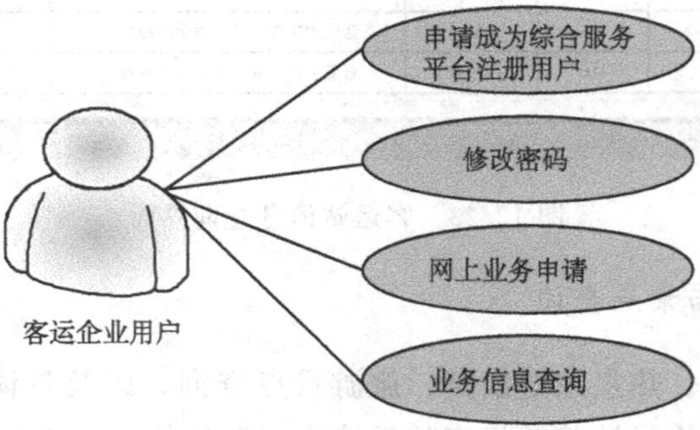

图 12.24 客运企业信息服务系统使用例图

2. 主要特色功能描述

1）企业用户管理

受认证的企业用户，通过一定的手续，就可以注册为综合服务平台的用户(需要到大厅办理)，从而获得更高的访问权限。客运企业信息服务子系统希望能通过第三方合作实现 CA 认证，给认证企业发放电子证书，从而为整个过程提供安全保障。

2）业务受理

企业用户一旦拥有综合服务平台使用权后，就可以直接在网上作业务申请，比如，线路变更等。之后会根据业务部门的需要，把越来越多政策允许的、现在需要大厅才能办理的业务都放到综合服务平台上办理，这样既减轻了业务部门的工作压力、提高了工作效率，同时，很大程度上方便了客运企业。受认证的企业用户通过综合服务平台做业务申请，申请的业务通过整合网关传递到运政在线，然后根据不同的业务属性，在运政在线内部作流转处理。处理过程和结果通过整合网关，传递回综合服务平台，这样客运企业用户就可以在综合服务平台上看到具体的信息。整个流程如图 12.25 所示。

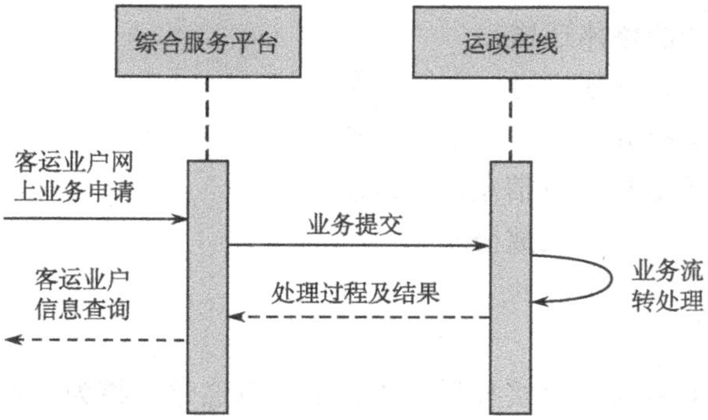

图 12.25　业务流转过程

3）信息查询

除了业务办理的信息可以查询之外，还可以将很多与企业相关的信息通过客运企业信息服务系统供业户查询，如车辆综合等级、驾驶员信息、规费信息、稽查信息、二维信息、年审信息等。

12.9　运输信息网子系统

1. 整体描述

运输信息网是省运管局对外发布信息的窗口，面向社会，是运管部门与社会沟通交流的重要渠道。通过这个窗口，运管部门可以及时地发布运政管理相关的新闻、政策法规、政务公告、业务指南、执法公示等，供社会查询和监督。目前运输信息网最大的特点，或者说其最大的优势在于，通过一种灵活的机制把运政在线系统中需要对外公示、接受社会监督的数据及时发布到 Internet 网络上，这些数据是一些具体运政业务的处理结果或者处理过程信息。这样，使其区别于一般的静态的网站，发布了社会所关心的、与部门业务相关的实用信息。

2. 主要特色功能描述

1）网站升级转换

目前的运输信息网是用 ASP 作的，运行在 Microsoft 的 IIS 应用服务器上，在使用过程中存在安全和性能方面的问题，而且随着运输信息网公示业务的不断增多，日访问量的显著上升，必须提早对整个网站进行升级。网站升级调整需要做如下工作：

（1）整个网站将基于 J2EE 平台，采用 RT 开发框架进行重新开发；

（2）选用功能强大的 J2EE 兼容的应用服务器；

（3）现有的功能整体迁移；

（4）完善的后台管理机制，方便操作；

（5）实现网上投诉，与运政在线同步；

（6）实现全省联网稽查信息的在线统计；

（7）船型标准化资金发放公示。

2）网上投诉

通过运输信息网可以直接投诉，投诉的信息经过审核为有效投诉后，自动转到运政在线投诉模块处理。投诉处理结果通过公开功能，可以发布在运输信息网上。

3）执法公示

目前，运输信息网的执法公示部分除了发布些静态信息外，主要是对全省联网在线稽查的数据进行公布和查询，包括违章查询和处罚通知两部分。

违章查询基于已结案的稽查案件进行统计，包括车辆查询、业户查询、车辆黑名单、业户黑名单和外省车辆查询。

车辆查询通过输入车牌号和车辆颜色，就可以查询出当年内该车所有的违章情况，包括各次违章的时间、地点、记分值、违章事实和处罚依据。

业户查询通过输入业户名称或者许可证号，同时输入违章次数的范围，查询出该业户本年所有车辆的违章情况，点击可查看具体一辆车的详细违章情况。

车辆黑名单通过输入指定年份，查询出该年内按违章次数排序的所有违章车辆，点击可查看每辆车的违章信息。

外省车辆查询通过输入年份，查询出全国其他省市区在江苏省联网稽查系统记录的稽查信息，按照违章次数排序统计，点击可以具体显示该省的所有车辆的违章信息，按违章次序排序，进而可查询具体每辆车的详细违章信息。

处罚通知操作方式同违章查询类似，但查询的对象是还没有结案的、未执行的案件，也可以通过查询看到未执行的案件，以便及时进行处理。

12.10　决策支持子系统

1. 整体描述

决策支持模块主要是本着整合业务数据、加强业务分析的原则，对全省运政系统和全省联网售票系统提供的海量数据和信息进行深度加工和提炼，向各级运管决策部门和职能部门提供综合的、全局的分析、预测信息，为运管部门决策服务，促进运管部门不断深化和完善管理。

系统的数据来源是全省的运政，联网售票信息及其他相关的外部数据源，通过对这些数据源的抽取、转化、净化、整合，形成具有海量历史数据的数据仓库。系统所实现的所有功能都是基于这些历史数据的分析和数据挖掘。系统以主题分析与客运信息为核心，涵盖运力、线路、站点、客流量、票价、售票点的分布、车辆、客运业户、稽查、投诉、从业人员等，对各分析主题进行相关性分析、多维分析、切片与抽取、正态分布分析、趋势分析、聚类分析、意外相关分析、比较分析、排名分析等。决策支持系统体系结构如图 12.26 所示。

2. 主要特色功能描述

1）客流综合分析

（1）客流分布分析，按日期/全省/某市/某站/线路/车型/某运输企业进行分析；

（2）客流走势分析，按日期/全省/某市/某站/线路/某运输企业进行分析；

（3）客流流向分析，按日期/全省/某市/某站进行分析；

（4）客流年度对比，按日期/全省/某市/某站/线路/某运输企业进行分析；

（5）旅客群体分析，按最优先选择的条件（车辆/时间/价格/承运能力）；

（6）消费水平、旅行目的地分析。

2）运力综合分析

（1）车辆总座位数分析，按日期/全省/某市/某站/线路/车型/某运输企业进行分析；

（2）车辆平均运距分析，按日期/全省/某市/某站/线路/车型/某运输企业进行分析；

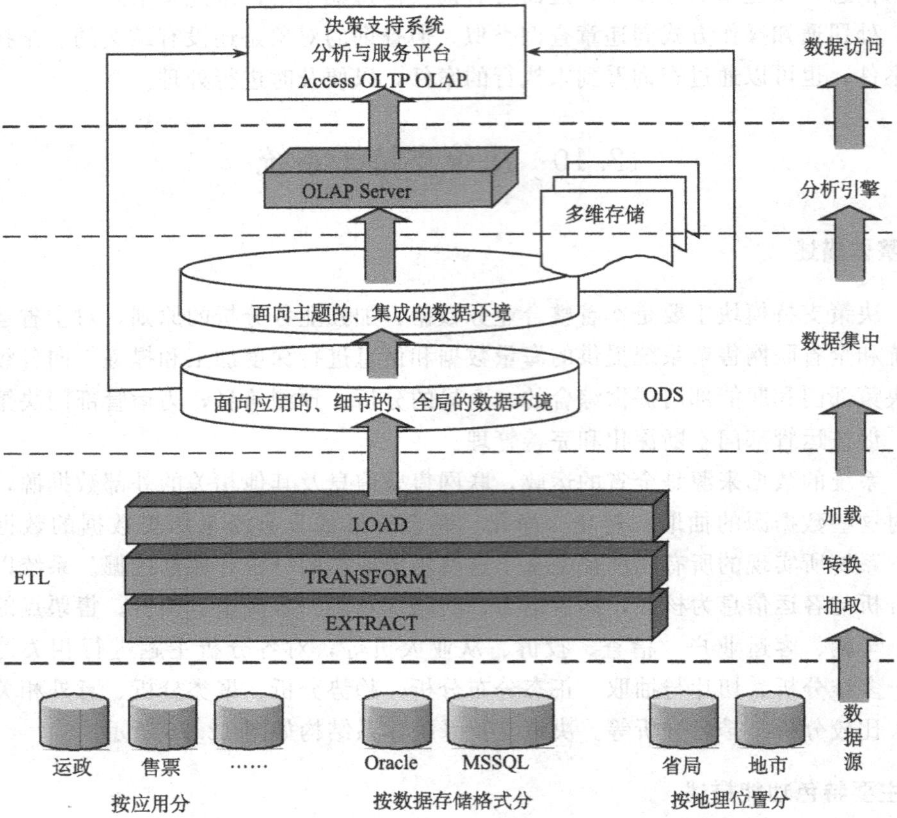

图 12.26 决策支持系统体系结构

(3) 班次座位数分析，按日期/全省/某市/某站/线路/车型/某运输企业进行分析；

(4) 座位利用率分析，按日期/全省/某市/某站/线路/车型/某运输企业进行分析。

3) 实载率分析

(1) 线路实载汇总分析，按日期/全省/某市/某站/线路/车型/某运输企业进行分析；

(2) 车辆实载汇总分析，按日期/全省/某市/某站/线路/车型/某运输企业进行分析；

(3) 班次实载汇总分析，按日期/全省/某市/某站/线路/车型/某运输企业进行分析；

（4）车辆等级实载汇总分析，按日期/全省/某市/某站/线路/车型/某运输企业进行分析；

（5）承运单位实载汇总分析，按日期/全省/某市/某站/线路/车型/某运输企业进行分析。

4）客运业户综合分析

（1）业户车辆规费、年度审核汇总；

（2）业户、车辆、从业人员稽查违章、投诉情况汇总；

（3）从业线路经营情况分析。

思　考　题

1. 为什么要建立区域性道路客运综合信息服务系统，区域性道路客运综合服务系统能向用户提供哪些服务？

2. 区域性道路客运综合信息服务系统具有哪些子模块，请选择其中的一个子模块叙述其功能。

3. 区域性道路客运综合信息服务系统处理流程分为哪几步？

4. 区域性道路客运综合信息服务系统的体系结构分为哪几层，各自的作用是什么？

5. 简要阐述区域性道路客运综合信息服务系统数据库结构的解决方案。

6. 区域性道路客运综合信息服务系统的数据库设计包括哪两部分？请选择任一属性表，介绍其物理结构和功能。

第13章　交通管理设施信息系统

城市道路交通管理设施的设置、维护和管理是交警部门的主要业务之一。在交通运输中，交通管理设施起着重要的作用，它是交通运输的基本需要和先决条件。为了随时掌握交通管理设施的发展状况，就需要对交通管理设施信息有全面的了解，以便为改善交通运输条件、促进交通运输发展服务。为了方便、快速、准确、全面地对交通管理基础设施信息进行查询和管理，就必须要选择一种科学有效的管理工具，而GIS由于是具有地理图形和空间定位等空间型数据库的管理系统，所以被用来对交通基础设施信息进行管理。GIS是在计算机技术和空间技术高度发展的基础上建立起来的，它使我们可以采用地图、数字数据、照片、文本、录像、声音等数据记录手段，以记录信息的空间位置、时间分布和属性特征等，然后可以根据用户的需要，输出所要的各种信息。

在交通设施管理方面，利用GIS生动的信息显示、方便的图文互访查询、灵活的输出，把交通设施管理涉及到的空间信息、设备状况信息、交通量信息以及多媒体信息按照地理位置集成起来进行综合管理，为交通管理提供辅助决策支持。建立以城市道路路线为线索、覆盖公路所有设施的空间位置、地理信息、空间图层、属性信息和多媒体信息一体化的城市道路设施地理信息库，可以为交通设施管理手段从传统的文档管理转向平面空间甚至立体管理，为实现交通行业管理的现代化科学化打下坚实基础。

13.1　系统分析

13.1.1　交通管理设施的作用

为了改善城市道路的行驶条件、缓解交通问题，丰富交通控制手段、加大交通管理力度，加强道路交通管理设施建设有着重要的意义。交通管理设施在现代交通中的重要作用，主要表现在以下几个方面：

1. 分离作用

用标志、标线规定车辆的行驶线路，进行方向隔离或车道隔离，用信号灯控制交叉口，无信号灯的交叉口上用停车标线或让行标志控制，划定人行横道等，从而达到平面分离或时间分离的目的，确定先行权。

2. 疏导作用

采用标志、标线或信号灯规定单向交通、变向车道、专用车道、过境交通路线，增加交叉口进口道，关键交叉口禁止左转，禁止任意停车等解决道路上的交通拥挤、阻塞和交通事故，满足城市道路交通量不断增长的需要。

3. 指路作用

各类标志牌明确为车辆和行人指明道路或方向，避免因不识路而迷途，减少车辆或行人的绕行距离，缓解交通压力。

4. 提高安全性

在事故多发地段上设警告、限速等标志，提醒驾驶员以避免交通事故发生，利用绿化分隔带或分隔栏分离对向车道或分离机动与非机动车，道路改建时设立各类标志有利于施工的安全性等。

5. 降低交通需求

规定公共交通优先，包括公共交通专用道路，公共交通优先信号控制等，限制私人车辆或某些车种进入交通紧张地区，实行停存车管理等措施来降低交通需求，保证交通紧张地区交通畅通。

13.1.2　道路交通设施管理的特点

道路交通管理设施作为交通管理的硬件直接与各种道路交通管制措施挂钩，与交通畅通、交通安全问题密切相关，在城市交通中发挥着重要作用。城市道路交通设施管理有如下明显特点：

1. 信息量大

现代城市道路交通管理设施包括各类交通标线、交通标志、信号灯、路栏、值勤亭、路栏闸口等。其中，交通标志有主标志和辅助标志，而主标志又分为警告标志、禁令标志、指示标志和指路标志四类，每类标志还有不同的内容，包括形状、颜色、文字、图案等。因此，道路交通管理设施本身的信息量是非常大的。

2. 动态性强

道路交通管理设施总在不停地变化，例如路面上的标线在自然条件和汽车轮胎的摩擦作用下会变得模糊不清，道路改建可能会破坏标志牌、信号灯的地下线路和路面的分隔栏等设施。另外，交通事故也可能破坏一些设施。因此，道路交通管理设施具有很强的动态性。

3. 地理位置特性明显

各类城市道路交通管理设施广泛地分布在街道、交叉路口、桥梁上、高架道路中和立交桥上，情况不同的路段和交叉口分别配置不同的管理设施，具有明显的地理位置特性，因此系统的建立完全可以架构在GIS平台上。

13.1.3 系统需求分析

1. 管理组织结构

公安局交警支队是城市交通安全管理的职能部门，在市公安局和省总队的双重领导下、负责全市道路交通管理工作。其主要职责选取如下：

(1) 贯彻执行国家有关道路交通管理的法律、法规和政策，研究拟定全市交通管理对策和发展规划。

(2) 负责维护全市道路交通秩序，参与道路交通规划和城市规划；负责全市交通安全设施的规划、管理和监制工作。

(3) 负责道路检查站（卡）的呈报和有关管理工作；参与停车场（库），营运车辆停靠点和挖掘、占用道路的审批以及负责城市出租车的交通管理工作。

(4) 负责指导、检查全市交通事故的预防和调处工作，参与特大交通事故的处理；指导全市基层交通安全组织建设，开展全民交通安全宣传教育。

(5) 组织实施全市机动车辆、非机动车辆的管理和牌证核发；负责全市机动车检测线的审批、管理和标定。

其管理组织结构如图13.1所示。

2. 现行管理缺陷

在现行公安局交通管理体制下，交警支队的交通设施科负责全市交通安全设施的规划、管理和监制工作，其所属的各交警大队负责辖区内的交通设施日常管理。这意味着系统的开发用户群体主要针对以上两类单位。在对公安局交警支队的业务流程和组织机构进行了详细调查和分析之后，发现管理工作中存在着许多不足，主要有以下几个方面：

(1) 缺乏道路交通设施图形资料与属性数据。大部分交警部门仅有一些陈旧的设施图纸和一些新建道路的设施图纸，且缺乏道路设施的属性数据；设施的养护管理主要是根据基层单位或其他部门分散掌握的设施情况做出决定，缺乏总体

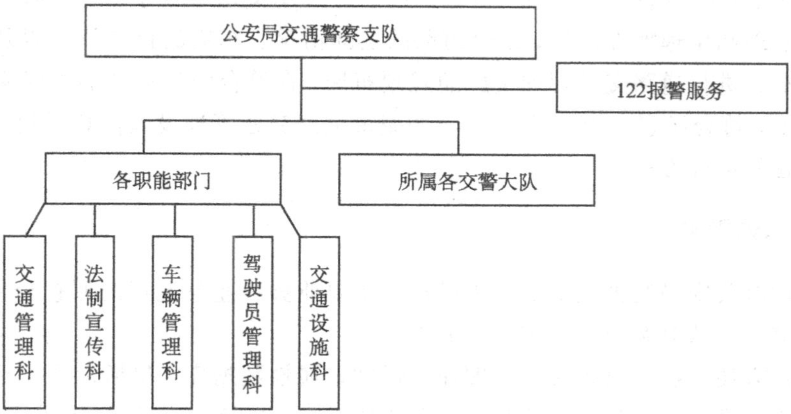

图 13.1　管理组织结构图

认识和把握。

(2) 缺乏对道路交通管理设施信息资料利用与更新的手段。各种道路交通管理设施“日新月异”，资料不断更新，而目前的管理方法不能适应这种变化，难以得到实时、动态反映城市道路变化的现状资料，很难系统、全面和高效地管理各类设施，使其保证良好的工作状态。

(3) 投资决策科学性有待提高。道路交通管理设施建设和养护的投资巨大。但由于缺乏足够的信息及强有力的决策支持手段，项目的投资决策主要依靠主观经验判断，或者根据一些重要社会活动的需要而制定，缺乏较全面的科学依据。因此常导致顾此失彼，收效难以尽如人意，显然不能适应现代化城市对道路交通管理设施投资决策的需求。

(4) 缺乏强有力的技术支持手段。传统的以数据表格统计计算为主的技术手段达不到对交通设施进行统筹规划布局、项目科学排序的管理要求，应充分利用空间分析方法以及时空结合等多维信息进行包括道路交通管理设施、交通畅通工程、交通安全问题以及城市环境景观等多方面的多层次、全方位的分析研究，使道路交通管理设施更加有效地解决交通管理问题和尽可能地减少对城市环境景观的负面影响。

(5) 难以达到信息共享的要求。在智能交通中，道路交通管理设施作为硬件对交通组织发挥着举足轻重的作用，而现有的设施工程图，设施文档资料的存储方式相当滞后，难以实现信息共享，急需建立一个统一的信息平台以实现这一要求。

(6) 设施的设置缺乏科学的依据。目前标志、标线、信号灯、路栏等道路交通管理设施的设置常单纯采用经验的办法，有些设施设置时虽然参照了国家的标准，但总体上还不够科学化和规范化。因而应利用交通工程学的有关原理，同时从人的心理和生理特性出发，结合道路的实际情况、车辆的行驶特性以及交通方面的需求去进行道路交通管理设施的规划布局，在符合国家标准的同时必须做到简单明了，符合民意。建立基于 GIS 的城市道路交通管理设施信息系统，是解决以上问题的最好方法。

3. 系统总体需求

通过对公安局交警支队的组织机构、主要业务和业务流程的调查分析，提出公安局交警支队对系统的总体需求如下：

(1) 方便地提供设施文档。即建立详细地属性数据库，包括标志、标线、信号灯、路栏及其他设施，可以根据管理者的需要，快速、准确的调用，并以文本报表的形式打印输出。

(2) 方便地提供设施的地理空间信息。将各类道路交通管理设施按图层分别以点、线、面三种元素表征，提供较详尽的地理空间信息，建立规范完善的设施地理空间数据库。

(3) 方便地查询设施的现状及需求信息。在建立道路交通管理设施空间数据库和属性数据库的基础上，开发完善的系统查询功能，包括单向查询和条件查询等。

(4) 方便地生成设施的空间分布专题地图。能将各种查询结果依分析字段形成直观形象的专题图输出，如将建设期不同的路栏，以不同的颜色直观形象地表示出来。

(5) 方便地管理设施的地理空间信息及属性信息。能够方便对设施的地理空间数据库和属性数据库进行增加、删除、更新、改序、排序、索引、外部追加和输出等操作。

(6) 方便地推进数据共享工作。建立统一的信息平台，并保留与 ITS 的接口，为今后数据共享打下基础。

(7) 具有一定的辅助决策功能。能够帮助制定交通管制策略，提供交通标志牌的设置方案；可进行交叉口的评价审核，评价道路交通管理设施的设置方案对道路行驶条件的影响；对一些道路交通管理设施的维修能提供参考方案和技术支持。政府部门、城市规划和交通运输部门、社会公众都对道路交通管理设施的信息共享有一定的需求，因此建立系统时要考虑通过 Internet、各局域网与社会其他部门间实现数据共享。

13.2　系统总体设计

13.2.1　系 统 目 标

（1）建立城市道路交通管理设施信息和数据的计算机管理系统；

（2）系统能满足交警支队日常的交通管理设施的数据维护和更新、系统查询和统计、辅助决策分析、信息和结果输出等管理工作的要求，还要着眼于将来的发展，支持智能交通系统的开发。

13.2.2　系 统 定 义

城市道路交通管理设施信息系统是一个以地理信息系统为软件支撑平台，以交通管理设施工作为信息来源，在公安局交警支队与各区县大队之间实现信息联网的信息化管理系统。该系统以交通管理设施的地理信息空间数据库及属性数据库为基础，以辅助决策分析模型为核心，实现交通管理设施信息的采集、存储、分析与应用，为交通管理设施的建设、养护与管理提供包括图文在内的各种信息及决策支持服务。

13.2.3　系统总体结构

根据需求分析，确定城市道路交通管理设施信息系统由公安局交警支队系统和交警大队系统两级结构组成。公安局交警支队信息系统存储全市与交通管理设施相关的地图数据和业务数据，辅助公安局交警支队各处、科室完成交通设施管理工作。交警大队系统管理本区的地图数据和业务数据，分片、区完成交通设施管理日常业务工作。

在 GIS 系统方面，市公安局交警支队设置独立的 GIS 服务器，负责所有数据的存储、管理，采用统一标准建库，数据则由各大队负责采集、汇总、更新，最后由公安局交警支队统一审核，以保证数据的一致性。网络系统方面，系统是由公安局交警支队的局域网系统和交警大队的局域网系统，通过 DDN 专线连接起来的广域网系统。

13.2.4　系统逻辑结构

交通设施管理系统主要分 5 个层次（图 13.2）。

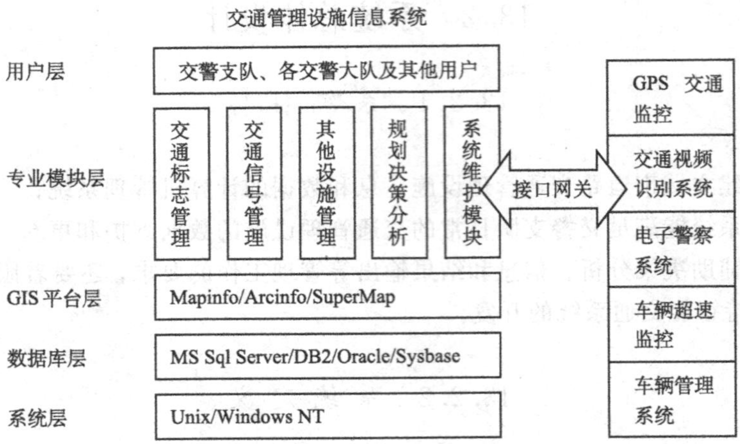

图 13.2　交通管理设施信息系统

第一层是操作系统层，支撑主流厂商的 UNIX 平台和 Windows 平台。

第二层是数据库层，支持目前市场上常见的数据库平台，如 Oracle 、DB2、Sysbase、MS Sql Server 等。本系统数据采取集中式管理方式，数据库服务器位于交警支队中心机房，各基层单位根据权限登陆访问。

第三层是系统的 GIS 平台层。交通管理设施信息系统中 GIS 平台采用超图公司的 SuperMapGIS 平台。GIS 平台所提供的功能是直接面对用户的，以一个专业性的开发平台为基础提供基本的地理、图形信息访问功能。GIS 平台作为一个增强了的直观信息表现和访问手段，它应将系统的各个子系统有机的结合起来为用户提供一个友好的信息访问方式。

第四层是架构在 GIS 平台上的各个专业子系统，交通标志标线管理、交通信号灯管理等实现交通设施的入库管理；规划决策分析为管理部门提供辅助决策帮助；拓展接口模块使本系统 GIS 平台作为一个功能承载平台，通过接口网关，使其他信息系统可以挂在 GIS 平台下。

第五层是客户层，是面向用户的客户端，提供表示层的运行操作接口。提供 Client 方式，远期提供 Web 客户端方式。

13.2.5　系统网络结构

交通管理设施信息系统的数据管理采取集中存放数据方案，GIS 服务器、数据服务器安放于交警支队中心机房，交警支队交通设施科负责系统的管理员级维护，对各下属交警大队上报的辖区内交通管理设施信息进行审核、入库，系统与外界由防火墙隔开并通过路由器与外部联系。各下属交警大队通过 DDN 专线与中心进行通信，用以进行辖区内的交通管理设施的日常维护（图 13.3）。

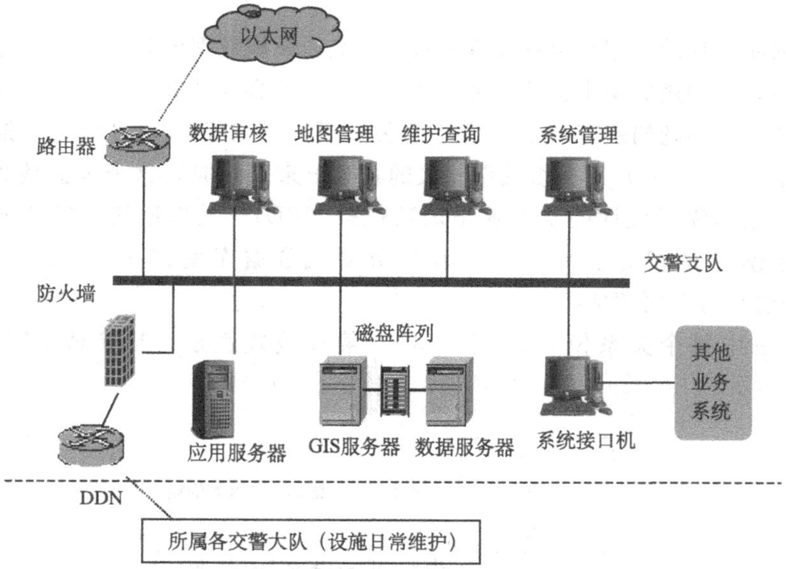

图 13.3　交通管理设施信息系统网络结构

13.2.6　系统配置

1. 系统服务器

服务器存放的图形和属性数据库，访问频率高，考虑到数据的安全性和可靠性，建议具体服务器配置如下：

(1) 服务器 CPU 主频 Intel Xeon 1GHz 以上，推荐使用双 CPU 配置；内存 1G 以上；100/1000 自适应以太网卡。

(2) 操作系统需要 Microsoft Windows 2003 Enterprise Edition。

(3) 数据库采用 Microsoft SQL Server 2000 Enterprise Edition。

(4) GIS 服务软件采用 SuperMap GIS。

2. 系统客户端要求

(1) CPU 主频 Intel Pentium Ⅲ 600MHz 以上；内存 128M 或以上；100/1000自适应以太网卡。

(2) 操作系统采用 Microsoft Windows 98/2000/XP/2003 等均可，以 Microsoft 2000 以上最佳。

13.3　数据库设计

数据库设计的关键是数据库模式设计，交通设施数据库是以关系模型为基础的数据库，它利用关系来描述交通设施。一个关系既可以用来描述一个实体及其属性，把现实问题的所有属性组成一个关系模式 $R(U)$，也可以用来描述实体间的联系，把 $R(U)$ 用一组关系模式的集合 ρ 来表示时，这个 ρ 就是数据库模式。而数据库模式设计的要点就是函数依赖（FD），无损连接、保持依赖和范式。关系模式 R 相对于函数依赖集 F 分解成数据库模式 $\rho=\{R_1, R_2, \cdots, R_k\}$，一般具有下面四项特性 。

（1）ρ 中每个关系模式 R_i 上应具有某种范式性质（3NF 或 BCNF），如图 13.4 所示；

1NF
↓ 消去非主属性对键的部分函数依赖
2NF
↓ 消去非主属性对键的传递函数依赖
3NF
↓ 消去主属性对键的传递函数依赖
BCNF

图 13.4　范式之间的关系

（2）无损连接性；

（3）保持函数依赖集；

（4）最小性，即 ρ 中模式个数应最少且模式中属性总数应最少。

模式设计的原则包括以下几个方面：

（1）表达性；

（2）分离性；

（3）最小冗余性。

进行交通管理的交通设施数据库设计首先要分析交通管理设施的数据类型。经过分析，我们将交通管理设施分为三大类：一类是交通标志、标线数据，一类是交通信号灯数据，其他交通设施可以归结为一类。

13.3.1　交通设施类型描述

1. 交通标志

道路交通标志是用特定颜色和几何形状附以相应图案、符号和文字，向驾驶员及行人传递法定信息，用以管制、警告及引导交通的设施（本章仅列出部分交通标志和标线）。

（1）警告标志：用来警告车辆、行人注意危险地点的标志（图 13.5）。

图 13.5　警示标志图

（2）禁令标志：用来禁止或限制车辆、行人交通行为的标志（图 13.6）。

图 13.6　禁令标志图

（3）指示标志：指示车辆、行人行进的标志（图 13.7）。

图 13.7　指示标志图

（4）指路标志：传递道路方向、地点、距离信息的标志（图 13.8）。

2. 交通标线

道路交通标线是以规定的线条、箭头、文字、立面标记、突起路标或其他导

环形路口	互通式立交	互通式立交

图 13.8 指路标志图

向装置，划设于路面或其他设施上，用以管制和引导交通的设施。

(1) 禁止标线（图 13.9)。

中心黄色双实线　　中心黄色虚实线　　禁止掉头

图 13.9 禁止标线图

(2) 指示标线（图 13.10)。

中心黄色双实线　　人行横道 斜交　　人行横道 正交

图 13.10 指示标线图

3. 交通信号灯

交通信号是指通常用以在平面交叉路口通过一定的显示方式表现特定的内容，向车辆和行人发出能否通行或如何通行的信息，是对车辆和行人实行“或停或行”交替的断续式指挥疏导，也是给交通参与者分配的时间通行权，也叫时间路权。把不同方向的交通参与者从时间和空间上隔开，先后通行，避免相互干扰，减少冲突点和交织点，使处在相互矛盾的交通环境中的车辆、行人有秩序地通过交叉路口，以保障交通的安全与畅通，提高道路的经济效能。

交通信号灯的种类主要有三类：一是用于指挥各种车辆安全通过交叉路口的，称“交通信号灯”，其灯色有红、黄、绿三种。二是用于指挥行人横过道路的，称“人行横道信号灯”，其灯色有红、绿两种。三是用于在路段上引导车辆的，称“车辆引导灯”，其灯色有红、绿两种。“车辆引导灯”是在区域控制或线控范围内，特别是两个路口相距较远的路段内，所设的若干个红、绿灯。这种灯与路口“交通信号灯”不同，由一系列相关联的信号灯组成，灯与灯之间有一定距离（如50m、100m），直接受计算机的控制，或由各路口的终端机根据计算机发出的指令来控制，驾驶员可根据路段灯色的情况，掌握车速的快慢，以达到区域畅行无阻的目的。

13.3.2　空间数据库建立

交通管理设施信息系统实行空间数据与属性数据分存机制，空间数据与属性数据在数据库中分开存储，通过地理编码维系GIS数据与MIS数据的关联，空间数据与管理数据既相互关联又相互独立。

空间数据按行政单元无缝组织，同时考虑数据的几何接边与逻辑连通。路线代码遵照全国公路普查规范按行政级别、所在行政区划采用十位编码。可以按行政区域查询路线、路况及管理信息，属性关系数据与空间数据相对应，按行政单元无缝组织。关系数据与空间特征按路段编码关联。

空间数据图层包括基础地理数据和专业空间数据，基础空间数据包括河流水系、行政区域等地理信息，专业数据包括路段信息、设施信息、辖区信息等。采用不同比例尺图层混合集成。其结构见表13.1。

表13.1　空间数据（图层）

空间数据（图层）	几何特征	比例尺
专业图层		
城市道路（中心线）	线形	1∶10000
城市道路（区域）	多边形	1∶10000
道路交叉口	点	1∶10000
交通设施	点	1∶10000
辖区范围	多边形	1∶10000
基础图层		
主居民区	多边形	1∶10000
行政单位	点	1∶250000
行政区划	多边形	1∶250000
水系	多边形	1∶250000

13.3.3　属性数据表项

根据系统的需求分析，定义数据表项见表13.2至表13.6。

表 13.2 交通标志表

字段名称	数据类型	值域	备注
ID	Int		主键
路段代码	Int		外键（路段信息表）
标志颜色	String		
标志类型	String		
反光级别	String		
支撑形式			
尺寸			
形状规格			
地理区域			
具体位置	String	1～256	
安装时间	Date		
安装单位			
养护单位名称			

表 13.3 交通信号灯信息

字段名称	数据类型	值域	备注
ID	Int		主键
路段代码	Int		外键（路段信息表）
路口代码	String		
方向	String		
控制类型	String		
位置	String	1～256	
信号方案	Int		
安装时间	Date		
使用单位名称	String		
养护单位名称	String		

表 13.4 路面标线表

字段名称	数据类型	值域	备注
ID	Int		主键
路段代码	Int		外键（路段信息表）
标线颜色	String		
标线类型	String		
位置	String	1～256	
更新时间	Date		
养护单位名称			

表 13.5 照明设施表

字段名称	数据类型	值域	备注
ID	Int		主键
路段代码	Int		外键（路段信息表）
照明设施类型	String		
电气型号	String		
标线类型	String		
位置	String	1～256	
安装时间	Date		
养护单位名称			

表 13.6 隔离设施表

字段名称	数据类型	值域	备注
ID	Int		主键
路段代码	Int		外键（路段信息表）
隔离类型	String		
位置	String	1～256	
设置时间	Date		
养护单位名称			

此外，系统尚包括人员表、部门表、路段信息表、交叉口信息表、权限管理表等一系列辅助属性表，在此不一一描述。

13.4 功能设计与实现

根据需求分析，城市道路交通管理设施信息系统分为以下功能模块。

13.4.1 交通标志标线管理

交通标志标线管理主要包括道路交通标志、路面标线设施。主要提供交通标志、路面标线设施等的标注和录入、查询、统计等功能。包括标志、路面标线在地图上的添加、删除、修改；标志、路面标线属性信息的添加和修改、删除；查询、统计、显示标志和路面标线。子系统界面如图 13.11 所示。

交通标志标线管理包含下面了个部分。

图 13.11　交通标志管理界面

1. 数据管理

（1）属性数据管理。满足新建道路交通管理设施属性数据库建库、道路改建等数据更新的要求，主要功能包括：属性数据的录入、存储、编辑、动态更新、编码与图形数据的关联等。图 13.12 是标志属性数据录入界面。

（2）空间数据管理。录入与动态更新城市道路交通管理设施相关空间信息，满足公安局交警支队各科室的日常业务需要，其主要功能包括：地图数字化，多种数据格式转换，地图比例尺变换，坐标系相互转换，按交通标志、标线设施分图层管理，地图编辑、修改、存储、输出，地理编码，与属性数据的关联等。

2. 查询统计

（1）查询模块。图形属性数据的单向、交互、条件查询，按目标索引查询，按图层显示、控制查询，按任意开窗、点取、矩形、多边形、SQL 条件选择等方式查询，查询的结果可生成报表或专题图。

（2）统计模块。各类设施分类数量统计，属性数据依字段统计，在地图上采用矩形、多边形选定区域统计，统计结果可生成各类报表或专题图。

3. 制图输出模块

（1）各类报表和专题图的打印输出；

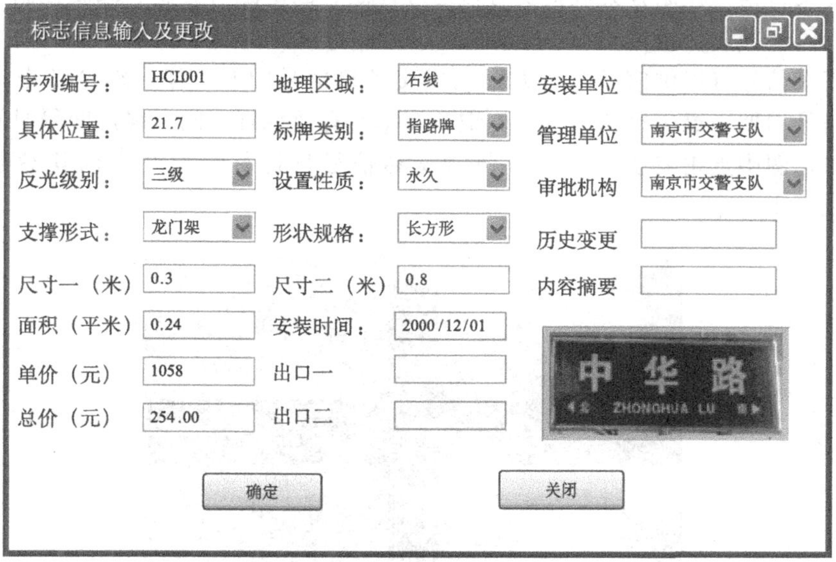

图 13.12　标志属性数据录入界面

(2) 按需制图并可用打印机或绘图仪打印。

13.4.2　交通信号灯管理

交通信号灯由于其数量众多，在交通管理中担任重要角色，管理方式独特，因此，我们考虑将其作为一个独立模块处理。界面如图 13.13 所示。

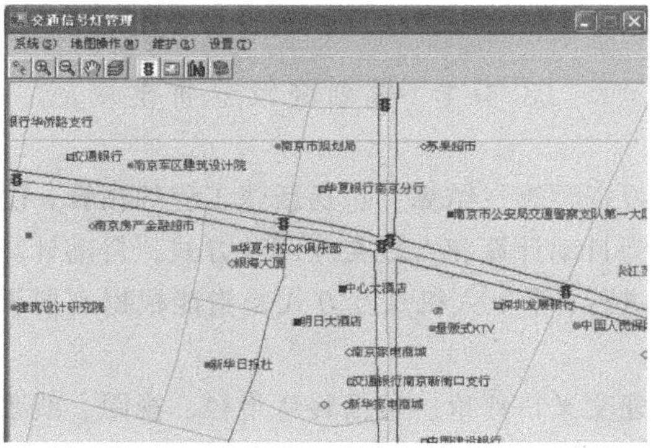

图 13.13　交通信号灯管理界面

交通信号灯管理除了具备交通标志、标线管理的数据管理、查询统计、制图输出功能以外，还与交叉口信息表结合，表现交叉口信号控制方案。

交叉口信号控制方案包括实时自适应控制、固定配时控制、绿波控制、单点控制、闪光控制、指定相位控制等。

每个信号灯提供信号配时方案构成交叉口信号配时方案。综合考虑信号相位、信号周期、绿信比和相位差、饱和流率和有效绿灯时间、绿灯间隔时间。用户可以在图中点击各交叉口，了解其交通信号灯运行情况并查询其参数信息（图 13.14）。

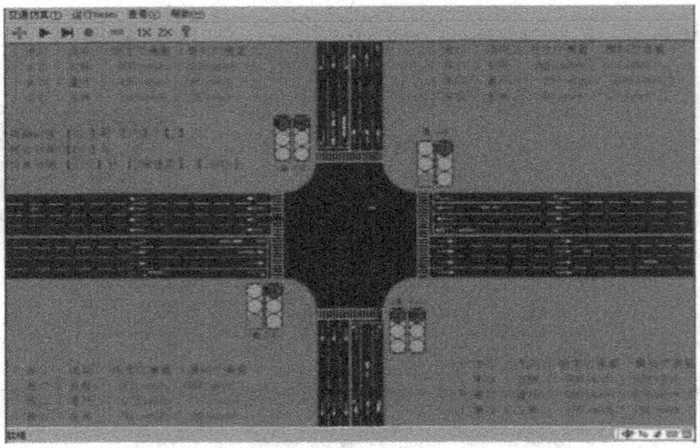

图 13.14　交叉口信号状况

13.4.3　其他设施管理

其他交通设施包括照明设施、护栏、隔离设施、智能交通检测设施如电子摄像头、埋地检测线圈等，此类设施有的不隶属交警支队管理但仍是交通秩序维护中需要考虑的因素，有的数据量小但需要采用特殊管理方式，详细介绍在此从略。

13.4.4　规划决策分析模块

（1）项目规划投资预算、结算。包括新建工程的预算，设施施工完成后的结算。预算与结算分为自动计算和人机交互两种方式。自动计算方式是指根据查询或统计的设施数量进行计算；人机交互方式是指能根据需要添加计算项目，可更加细化地进行结算。

（2）新建或改建交叉口评价。包括转弯半径、视距、线形标准检查，信号灯相位设计，延误分析，渠化岛面积检查等。①转弯半径检查。根据设计车速、横向力系数、超高横坡等因素计算转弯半径，与设计图纸上的转弯半径比较。②视距检查。根据计算行车速度确定停车视距，找出行车最危险冲突点，从最危险的冲突点向后沿行车轨迹线各量取停车视距，连接末端构成视距三角形，检查视距三角形内的通视条件。③延误分析。采用工程建设规范《城市道路平面交叉口规划与设计规程》中的信号交叉口延误计算方法及其对应的服务水平标准，检查其合理性。④交通量分析。根据观测统计的交叉口交通量分布，确定交叉口通行质量以便采取相应措施提高通行能力，图 13.15 以图形式表现直行与转向交通量的大小。

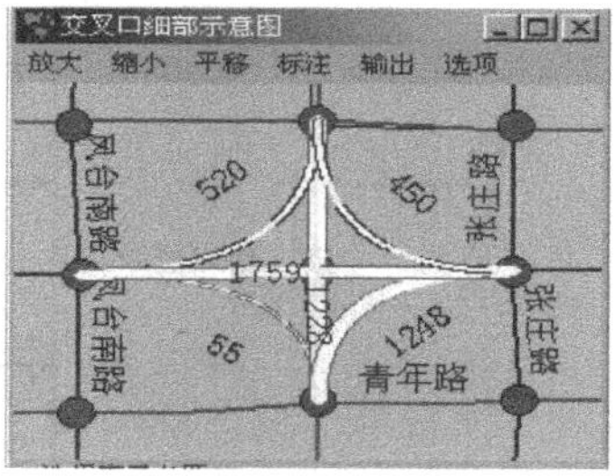

图 13.15 交叉口分析

(3) 设施养护维修。提供设施的性能特点与设施损坏后的维修方法。以便于及时发现问题，消除隐患，避免不必要的生命财产损失。

(4) 交通管制措施。提供现有的道路交通管制信息，根据需要制定新的交通管制措施，进行管制措施影响区域分析，分析评估交通管理设施参与措施的效果。

(5) 交通标志牌的设置。位置、高度、角度、大小的确定，有关计算公式参考交通设施设置的国家标准（GB56782—1999）。

13.4.5 系统维护模块

交通设施管理系统是建立在计算机互联网络中的跨专业，跨区域，多用户的系统，系统的安全性和可靠性很重要。系统管理提供安全管理、日志管理、系统数据库备份恢复方案，保证系统的正常可靠运行。

使用该系统的用户为授权用户，用户必须通过登录口令检查、身份验证，不同的用户具有不同的操作权限。

授权用户登录资源管理系统后，能够完成的操作受到管理职能划分（角色）、区域划分和专业权限划分等多重限制，严格保证资源管理系统的安全性。

资源管理系统应同时提供完善的日志功能，可记录、分析用户的登录、注销、对资源配置的更改操作、非授权的访问和侵入等，提供安全审计功能。

能提供全面的系统及数据库备份、恢复工具，用户可方便地进行日常备份，并在需要时予以恢复。

1. 安全管理

系统应按用户组和操作权限组两级权限管理来实现系统的安全性。各类操作权限组和用户组由系统管理员根据需要增加或删除。权限组经组合后分配给用户组；增加用户时指定一个用户组。系统缺省状态下有一个系统管理员。

系统提供用户身份鉴定和访问控制功能，用户身份鉴定和访问控制流程如图 13.16 所示。

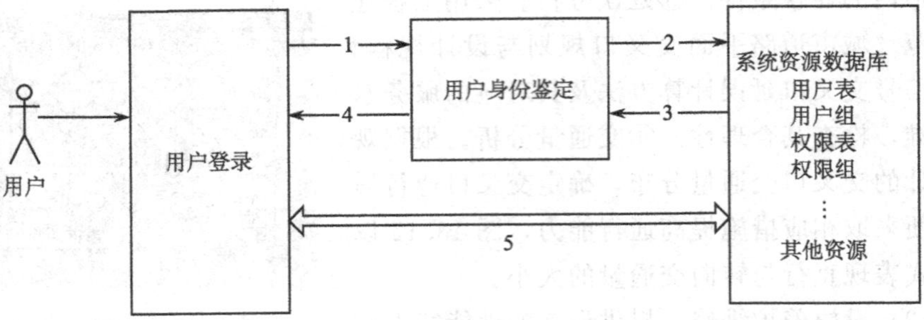

图 13.16　用户身份鉴定和访问控制流程

1. 登录窗口，用户输入登录信息（用户名、口令）后，客户端向认证服务器发出认证请求信息；2. 认证服务器根据登录信息访问数据库，查找用户的权限信息；3. 得到用户的权限信息；4. 认证服务器将权限信息和数据库连接信息打包后返回给客户端；5. 用户与系统资源建立连接，用户访问系统资源。

用户权限管理包括：权限管理、权限组管理、用户组管理、用户管理。一个用户必须隶属于一个用户组，一个用户组可拥有多个权限组，一个权限可同时赋给多个权限组。

用户分系统管理员、组用户管理员、一般用户三类。

每个授权用户根据不同的职责对系统有不同的权限，避免因有意、无意原因对系统造成破坏。各种对数据的访问、查询设置权限级别，并有防非法攻击的功能，对于任何的越权访问或非法攻击，系统都将记录日志。

(1) 系统管理员功能包括：增加、删除或修改权限；组合操作权限或权限组；增加、删除或修改用户组；将权限组分配给用户组；增加、删除或修改用户(可设定用户操作时段，限定特定用户只能在特定时段操作本系统，修改用户密码，指定用户为组用户管理员，改变用户的用户组)。

(2) 组用户管理员功能包括：增加、删除或修改本组用户。

(3) 一般用户功能包括：更改自己的密码、联系电话、E-mail、职位。

2. 日志管理

记录各类操作员注册信息和重要操作信息。对于重要的管理操作都有日志可查。系统日志主要记录以下事件：服务器启动或关闭、用户登录和注销、用户进行的影响系统数据的事件。

系统日志对每一项操作记录以下内容：操作发生时间、操作用户名称（服务器启动事件标注系统服务器名称）、操作类型（启动、关闭、登录、注销、确认、设置等）、操作内容（记录处理的告警名称）、具体操作描述。

系统提供安全审计功能，针对系统日志进行分析，并给出分析报告。

系统支持对系统日志根据以下查询条件：时间段、用户名称（或系统服务器名称）、操作类型（启动、关闭、登录、注销、确认、设置等），系统以列表的方式显示查询结果，同时，系统支持对查询结果进行打印操作。

系统支持以下统计条件：时间段、用户（包括系统服务器）、操作类型，系统以直方图的方式显示统计结果，同时，系统支持对统计结果进行打印操作。

另外，系统支持维护人员人工对系统日志进行归档，维护人员指定需要进行归档的系统日志时间段及归档文件名，系统自动将该时间段内的日志按照一定的格式写入到文件中。归档后的系统日志不再在系统中进行显示。

1）日志功能

（1）记录用户登录信息：用户名、登录或退出时间、登录成功或失败信息。

（2）记录用户操作信息：操作窗体情况、操作时间等。

（3）记录系统运行信息：服务器启动关闭信息等。

2）日志操作

（1）人工删除。

（2）定期自动删除。

（3）人工日志归档。

（4）自动日志归档。

对近期删除修改数据的备份保存并提供查询功能，以便对误操作的恢复。

3）日志设置

（1）设置日志自动删除时间。

（2）设置日志自动归档时间。

（3）日志记录开关。

3. 系统配置管理

系统配置实现对本系统用到的资源类型、级别和部分报表的格式、矢量图形图层编辑及管理、系统基础数据的配置、交通设施编号后缀的配置等。

提供接口和配置工具，使用户可以方便地管理对系统中的各种资源类型，设备和交通设施命名规范，交通设施编号后缀等进行配置，如可以配置系统的相关基本数据，包括服务器的信息包括服务器名，IP 地址，端口等。

4. 数据备份和恢复

系统能够支持定期的自动数据备份和手工进行数据备份。系统应能够在数据毁坏、丢失等情况下将备份数据倒回，实现一定的数据修复。

13.4.6 系统扩展

城市道路交通管理设施的设置、维护和管理是交警部门的主要业务之一，系统在满足交通管理设施业务处理的同时，有扩展接口，可以和相关的办公自动化系统、交通监控系统共享信息。此外，城市道路交通管理设施信息系统也是未来智能化城市交通信息系统的一部分。

思考题

1. 交通管理设施的管理包含哪些主要内容？
2. 交通标志和路面标线作用有什么区别？
3. 交通管理设施信息系统中数据集中存放和分布存放的优缺点。
4. 交通管理设施合理性分析属于哪个模块？简述该模块的特点。
5. 交通信号灯信息与交叉口信息有何内在联系？
6. 交通管理设施与外界的接口设计要注意哪些问题？

第14章 车辆/驾驶员管理信息系统

14.1 车辆/驾驶员管理概述

随着我国社会主义市场经济的不断发展，人民的生活水平不断提高，车辆的持有量呈逐年上升趋势。车辆/驾驶员管理在我国是一项十分重要而有意义的职能。加强车辆/驾驶员管理的现代化，提高办事效率，对我国社会经济的发展，有很现实的意义。传统的车辆管理模式基于无法确知移动车辆位置的缺陷之上，存在着运营成本偏高、车辆使用效率较低、管理质量不够科学、信息交流多有障碍等管理问题。为了解决车辆/驾驶员管理工作中手续繁复、档案庞杂、占人多、管理人员劳动强度大的问题，建立一个行之有效的车辆/驾驶员管理信息系统势在必行。机动车、驾驶员信息管理系统必须充分利用数据库管理系统和计算机局域网的功能，从而替代了大量的手工劳动和庞杂的业务管理，使执法人员借助电子化、现代化的文档影像管理手段，快捷地查询到车辆照片、驾驶员信息等资料，以加强对诸如交通监控、假牌照一类的问题的管理。目前，国际互联网络(Internet)技术的发展和广泛应用给人们带来了一个更广阔的空间，利用网络可以建立一个统一的、能够连接地市与所管辖县市之间的网络通信系统，并在此基础上开发一个支持更广范围远程登录查询、文件传输、实行统一的牌号发放控制和管理的车辆/驾驶员管理信息系统，从而充分发挥网络的功能，体现信息时代的特征，使车辆管理工作现代化、规范化、标准化和信息化，提高办事效率和质量。本章介绍的车辆/驾驶员管理信息系统其核心技术平台应用了当今全球最先进的信息技术，集成了计算机网络技术（NETWORK)、无线通信技术（WIRELESS)、卫星定位跟踪技术（GPS）和地理信息技术（GIS)。

14.1.1 管理机构

一般来讲，车辆管理机构包括以下一些内容和形式：

(1) 车管所的机构设置：包括车管所所设科（股）室、单位职责、业务范围、联系电话等。

(2) 车管所业务人员情况和职责：包括人员姓名、职务、警号、照片。

(3) 车管所（股）的有关业务。

(4) 公开的形式：①将车管所的机构设置及各岗位业务范围悬挂在车管所办证厅墙上，在对应岗位窗口上方采用挂牌或电子显示屏显示岗位名称、受理的业务范围；②将车管所业务人员的照片、姓名、职务、警号统一设置于公布栏；③各受理窗口放置办理民警姓名、职务、警号牌。

14.1.2 管理内容

依据国家和车管所法规条例的有关条款，车辆/驾驶员管理工作主要包括车辆管理、驾驶员管理、违章处理和事故处理等4个部分。车辆管理和驾驶员管理是整个管理工作的基础，违章处理和事故处理是管理系统的核心。

车辆管理包括业务处理、号牌管理、档案管理、查询分析、业务台账和系统维护6个部分。其中业务处理又包括车辆登记、车辆变更、车辆过户、车辆补换牌证、车辆换号、车辆抵押、车辆停复驶、车辆转出、车辆注销、车辆定检、延缓报废、申请临牌、申请移动证、申请三超证等内容。车辆档案管理又包括档案冻结、档案修改、档案录入和超级修改。查询分析又包括档案查询、基本情况查询、综合业务查询。

驾驶员管理包括业务处理、档案管理、查询分析、数据查询、报表台账和系统维护6个部分。其中业务处理又包括报名预约、学证申领、驾证申领、复试管理，奖惩管理、违章记分、记分本管理、教练员管理、驾证年审、驾证转出、驾证补发、定期换证、驾证变更。驾驶员档案管理包括学证档案管理、学证修改、驾证档案管理、驾证修改和驾证特殊年审。查询分析和车辆管理的查询分析一样，也包括档案查询、基本情况查询、综合业务查询。数据查询包括学证综合查询、驾证档案查询、驾证综合查询、综合业务查询。报表台账包括驾驶员分类账、考试预约统计、驾驶员统计报表。

违章处理包括基础数据录入、违章审批、处罚决定、文书维护、记分管理、查询统计、违章数据传送和违章其他处理。其中违章审批包括行政强制措施审批和行政处罚审批。查询统计包括违章综合查询、违章案卷查询、违章情况统计报表、记分管理台账。违章数据传送包括大队到支队数据传输、支队到总队数据传输、异地记分数据传输、与驾驶员管理接口数据传输、与车辆管理接口数据传输、与公安部异地违章数据传输的接口。违章其他处理又包括撤销处理、违章复议、结案处理、罚款缴纳登记、吊扣吊销证件管理、被扣物品管理。

事故处理包括基础数据录入、业务处理、事故审批、文书管理、事故及其他处理、查询统计、事故数据传输和系统维护。其中业务处理包括立案、责任认定、处罚意见、处罚决定、事故调解。事故审批又包括立案审批、行政强制措施审批、责任认定审批、行政处罚审批。事故及其他处理包括责任重新认定、撤销决定、复议、结案、罚款缴纳管理、吊扣吊销证件管理、被扣物品管理。查询统计包括记分管理台账、事故综合查询、事故案卷查询、事故情况统计报表。事故数据传输包括大队到支队数据传输、支队到总队数据传输、异地记分数据传输、与车辆管理接口数据传输、与驾驶员管理接口数据传输、与公安部事故信息采集系统的接口。

14.1.3 管理依据

机动车/驾驶员管理按照《中华人民共和国机动车登记办法》，《中华人民共和国道路交通管理条例》，《中华人民共和国道路交通安全法》，《车辆管理所业务岗位规范》，机动车登记规定（公安部 72 号令），机动车驾驶证申领和使用规定（公安部 71 号令），机动车（汽车、摩托车）报废标准，进口机动车辆检验证明，1999 年全国汽车、民用改装车和摩托车生产企业及产品目录（总目录），《交通违章处理程序规定》，《机动车驾驶员交通违章记分办法》，《道路交通事故处理程序规定》，《道路交通事故处理办法》。

14.2 车辆/驾驶员管理业务流程

14.2.1 车辆管理业务流程

车辆管理业务流程分析的主要目的是了解各个管理内容的实际操作规程和过程，获取系统设计所必需的各种需求信息，形成系统设计所需的数据流程，并为这种流程的计算机实现做准备。车辆管理业务流程包括车辆注册登记业务流程，车辆过户登记业务流程，车辆补换牌证业务流程，车辆转出登记业务流程，车辆转入登记业务流程，办理车辆移动证业务流程，办理车辆临时牌业务流程，车辆抵押登记业务流程，车辆失窃补牌业务流程，车辆变更登记业务流程，车辆注销登记业务流程，车辆延缓报废业务流程，车辆年度检测业务流程，车辆补、换、增发机动车登记证书业务流程。下面分别对这 14 个车辆管理业务流程做简单介绍。

（1）车辆注册登记业务流程如图 14.1 所示。

（2）车辆过户登记业务流程如图 14.2 所示。

（3）车辆补换牌证业务流程如图 14.3 所示。

（4）车辆转出登记业务流程如图 14.4 所示。

（5）车辆转入登记业务流程如图 14.5 所示。

（6）办理车辆移动证业务流程如图 14.6 所示。

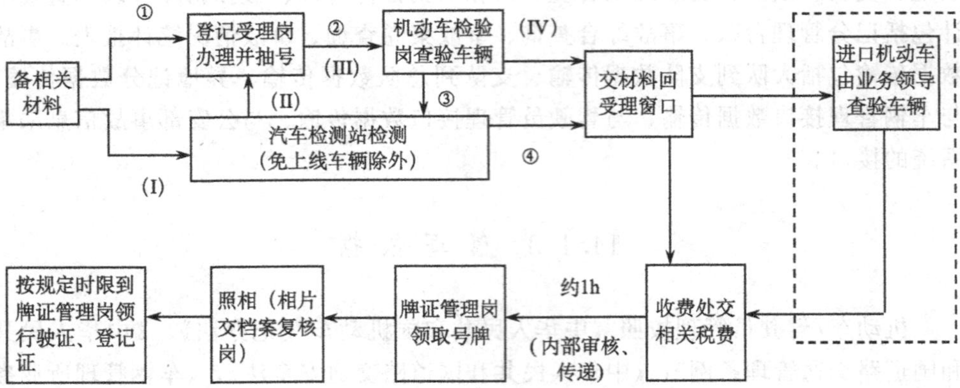

图 14.1　车辆注册登记业务流程图

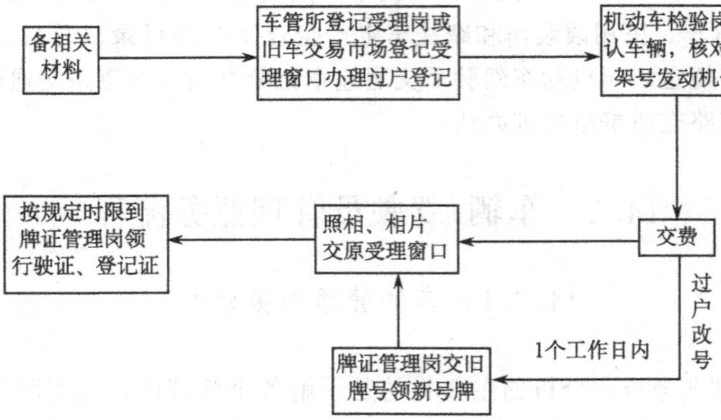

图 14.2　车辆过户登记业务流程图

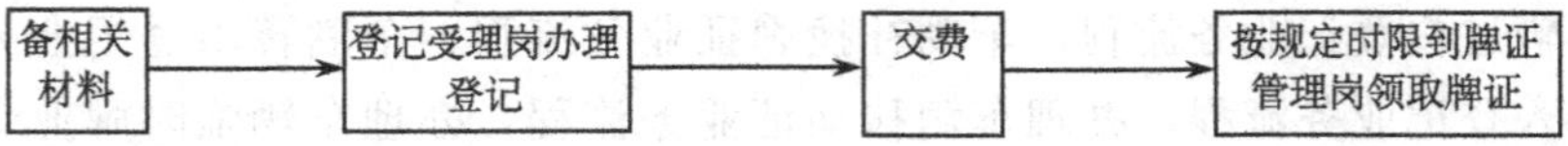

图 14.3　车辆补换牌证业务流程图

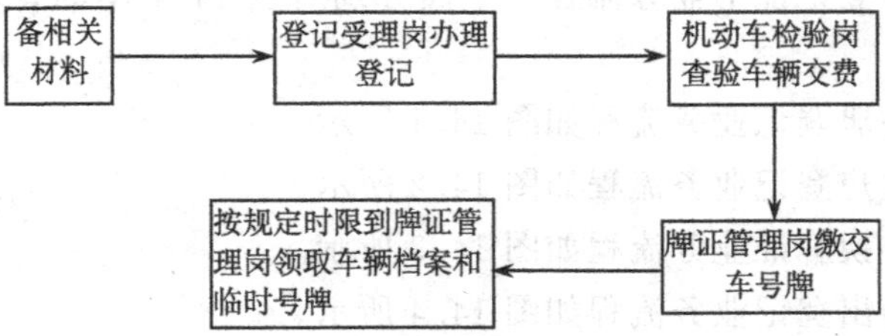

图 14.4　车辆转出登记业务流程图

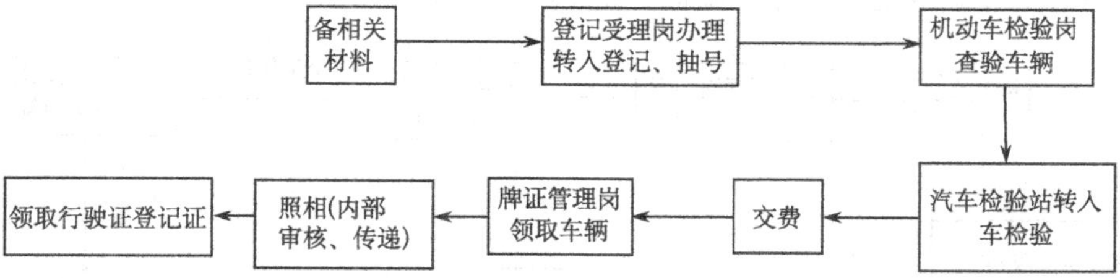

图 14.5　车辆转入登记业务流程图

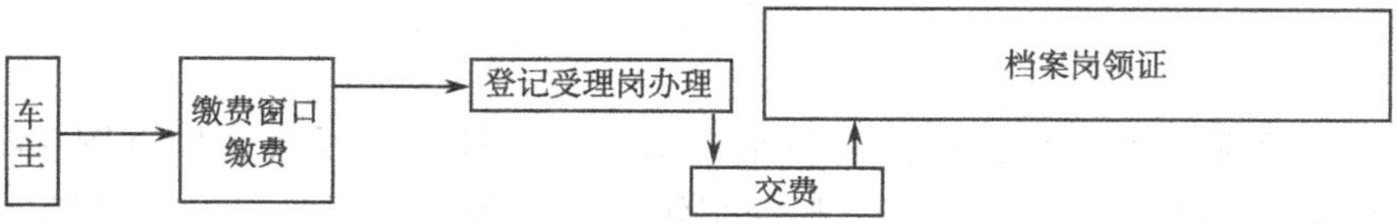

图 14.6　办理车辆移动证业务流程图

(7) 办理车辆临时牌业务流程如图 14.7 所示。

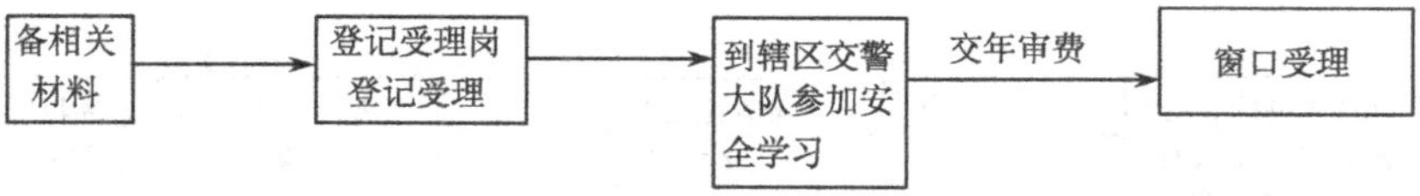

图 14.7　办理车辆临时牌业务流程图

(8) 车辆抵押登记业务流程如图 14.8 所示。

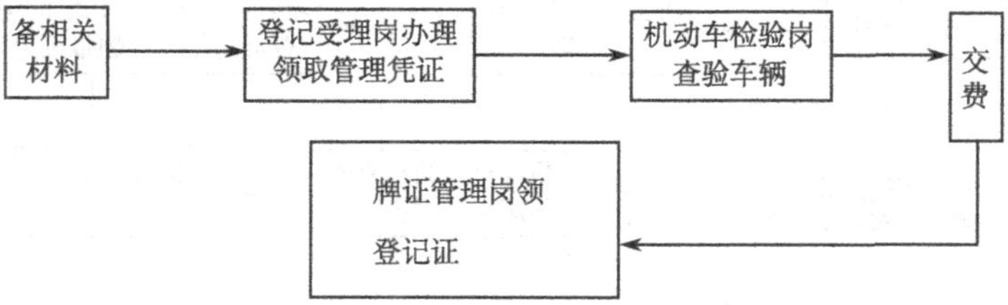

图 14.8　车辆抵押登记业务流程图

(9) 车辆失窃补牌业务流程如图 14.9 所示。

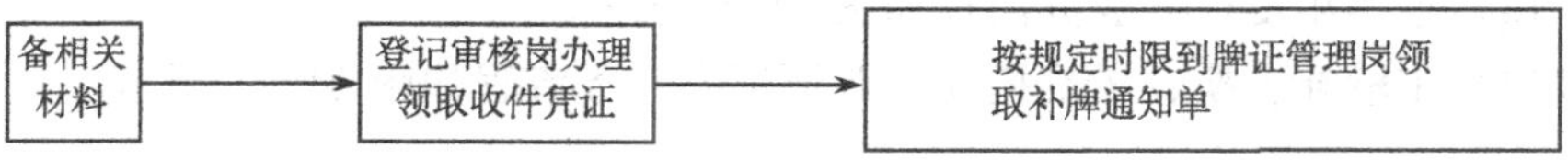

图 14.9　车辆失窃补牌业务流程图

(10) 车辆变更登记业务流程如图 14.10 所示。

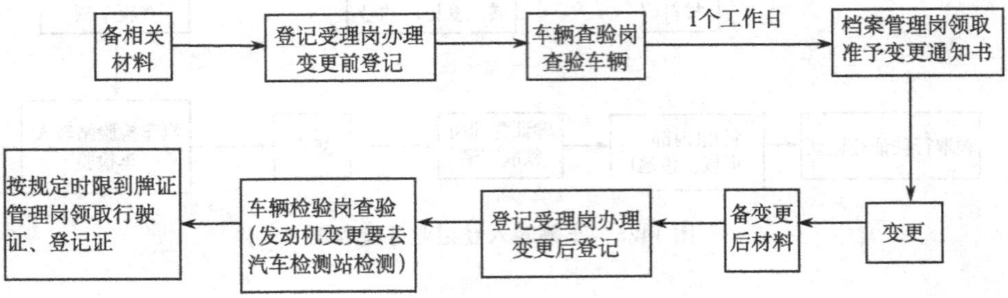

图 14.10 车辆变更登记业务流程图

(11) 车辆注销登记业务流程包括：①二轮、轻便摩托车注销(图 14.11)；②客运车辆注销(图 14.12)；③其他车辆注销：备相关材料、上交号牌领回收单及报废单直接到登记受理窗口注销登记、领机动车报废证明。

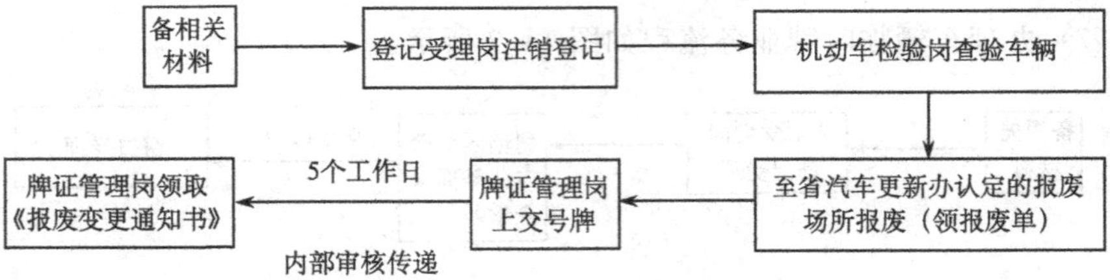

图 14.11 二轮、轻便摩托车注销登记业务流程图

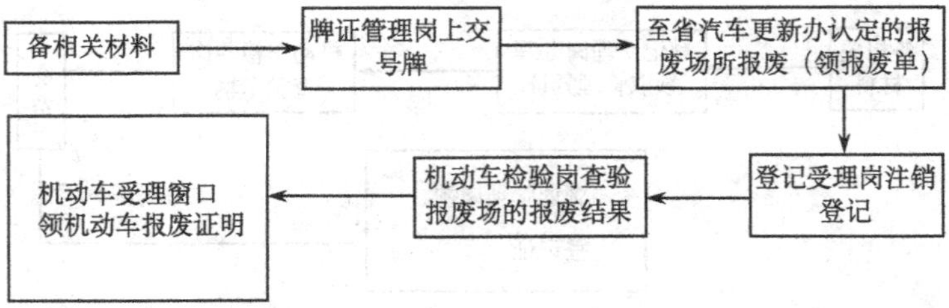

图 14.12 客运车辆注销登记业务流程图

(12) 车辆延缓报废业务流程如图 14.13 所示。

(13) 车辆年度检测业务流程如图 14.14 所示。

(14) 车辆补、换、增发机动车登记证书业务流程如图 14.15 所示。

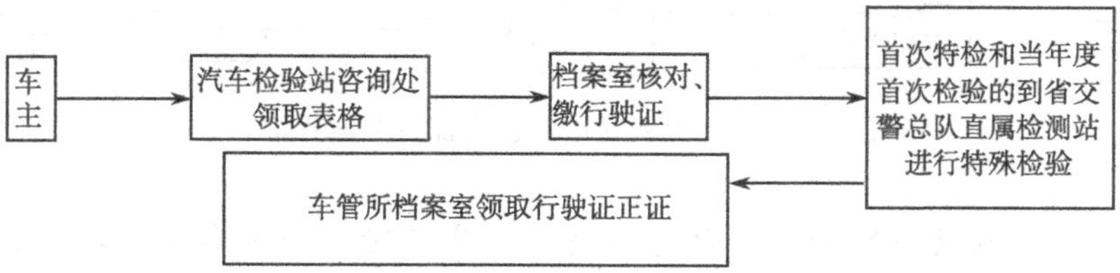

图 14.13　车辆延缓报废业务流程图

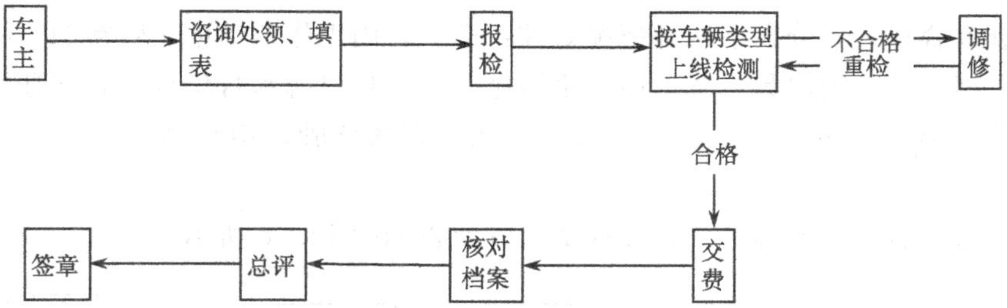

图 14.14　车辆年度检测业务流程图

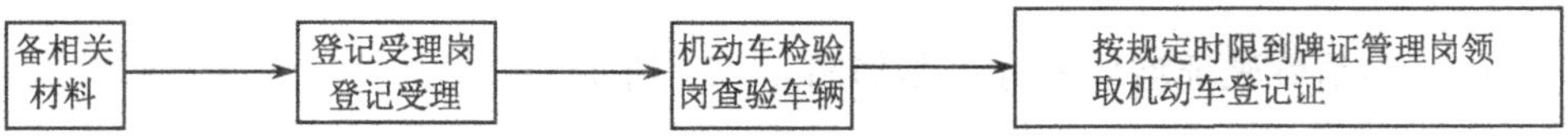

图 14.15　车辆补、换、增发《机动车登记证书》业务流程图

14.2.2　驾驶员管理业务流程

驾驶员管理业务流程包括初次申请办理驾驶证业务流程，驾驶证审验、换证业务流程，异动、变更和转籍业务流程，军队、武警部队驾驶证换证业务流程，申请驾驶证增驾业务流程，遗失、损毁补证业务流程。下面分别对这 6 个驾驶员管理业务流程做简单介绍。

(1) 初次申请办理驾驶证业务流程如图 14.16 所示。

图 14.16　初次申请办理驾驶证业务流程图

(2) 驾驶证审验、换证业务流程如图 14.17 所示。

(3) 异动、变更和转籍业务流程包括：①申请异动、变更和转籍的持证人须

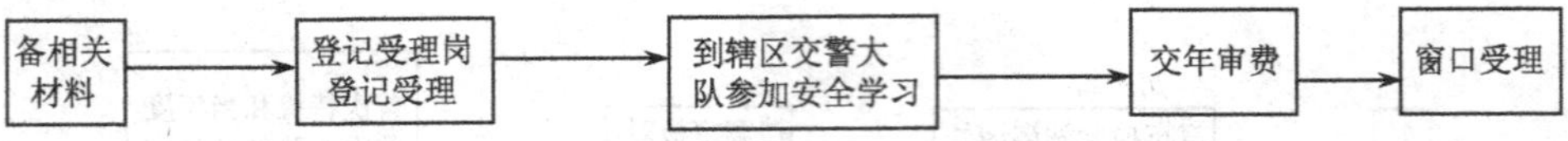

图 14.17　驾驶证审验、换证业务流程图

填写《机动车驾驶员异动变更登记申请》一式二份，变更内容须填写详细，年龄、姓名变更须持户口簿和属地派出所证明，并交验身份证件和驾驶证，提交一寸彩照一张；②汽车类驾驶证在市交警支队车管所窗口办理；③申请迁入的驾驶员，需填写《机动车驾驶员申请表》、《机动车驾驶员登记审批表》，经全国公安网络查询合格后，分以下两种情况处理：第一，因工作调动申请转籍的，除交验驾驶员档案外，需出具主管部门人事调令，交验户口簿和身份证、暂住证及其他复印件；第二，1996 年 9 月 1 日后在外地培训的驾驶员申请档案迁入需具有查询函件。

（4）军队、武警部队驾驶证换证业务流程如图 14.18 所示。

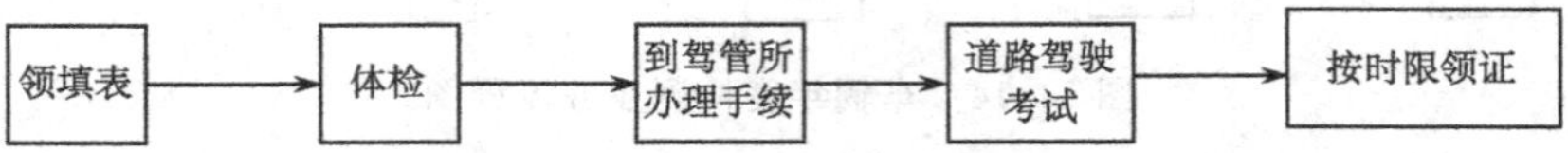

图 14.18　军队、武警部队驾驶证换证业务流程图

（5）申请驾驶证增驾业务流程如图 14.19 所示。

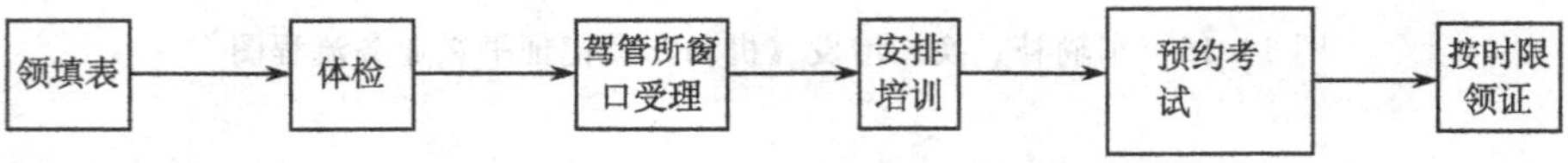

图 14.19　申请驾驶证增驾业务流程图

（6）遗失、损毁补证业务流程如图 14.20 所示。

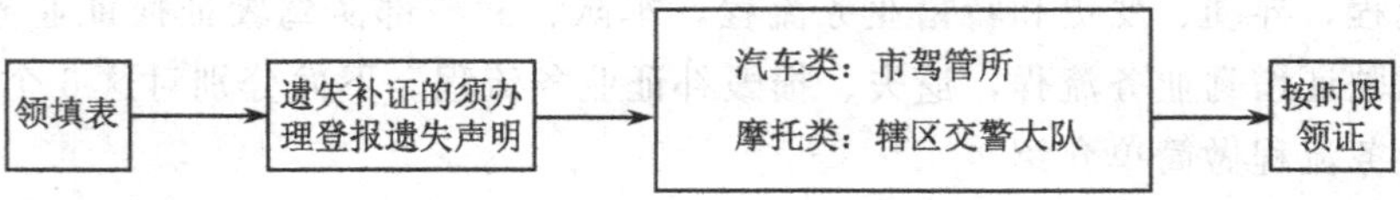

图 14.20　遗失、损毁补证业务流程图

14.3　车辆/驾驶员管理数据流分析

14.3.1　车辆管理数据流分析

由 14.2 节车辆管理的业务流程分析，经过抽象和提炼，可以得出车辆管理

的数据流，和业务流相对应，车辆管理的数据流也包括 14 个处理过程：车辆注册登记数据流，车辆过户登记数据流，车辆补换牌证数据流，车辆转出登记数据流，车辆转入登记数据流，办理车辆移动证数据流，办理车辆临时牌数据流，车辆抵押登记数据流，车辆失窃补牌数据流，车辆变更登记数据流，车辆注销登记数据流，车辆延缓报废数据流，车辆年度检测数据流，车辆补、换、增发机动车登记证书数据流。下面分别以图的形式进行介绍。

（1）车辆注册登记数据流程如图 14.21 所示。

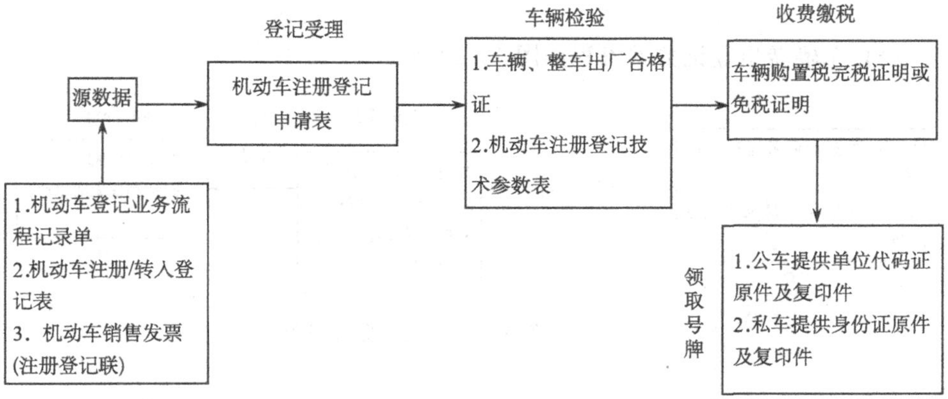

图 14.21　车辆注册登记数据流程图

（2）车辆过户登记数据流程如图 14.22 所示。

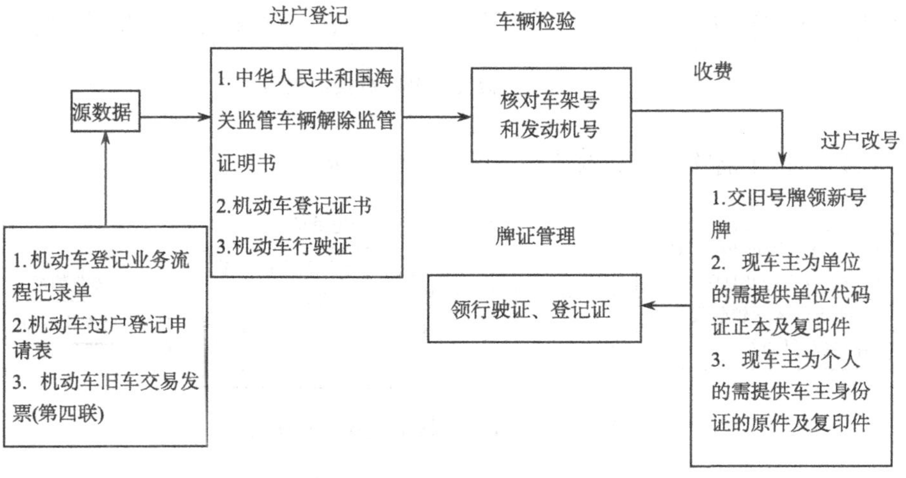

图 14.22　车辆过户登记数据流程图

(3) 车辆补换牌证数据流程如图 14.23 所示。

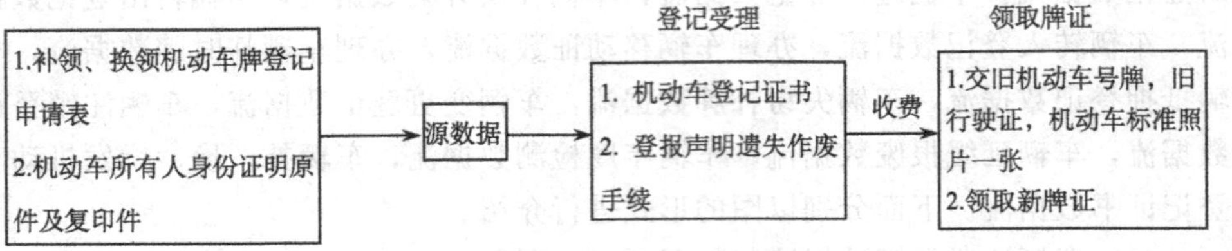

图 14.23　车辆补换牌证数据流程图

(4) 车辆转出登记数据流程如图 14.24 所示。

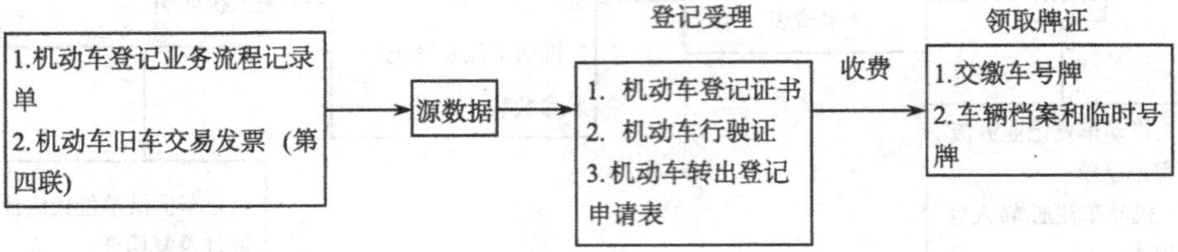

图 14.24　车辆转出登记数据流程图

(5) 车辆转入登记数据流程如图 14.25 所示。

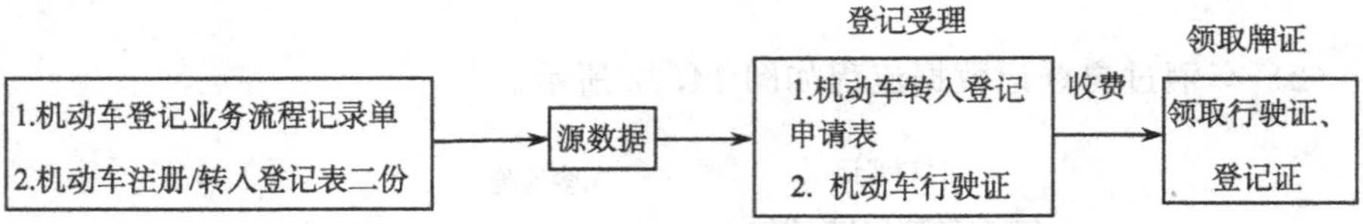

图 14.25　车辆转入登记数据流程图

(6) 办理车辆移动证数据流程如图 14.26 所示。

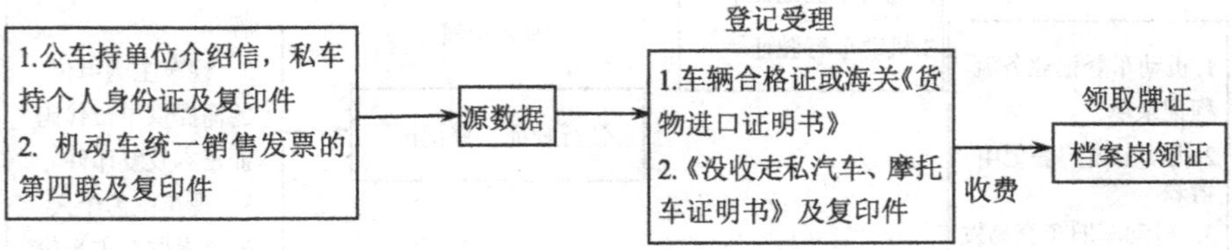

图 14.26　办理车辆移动证数据流程图

(7) 办理车辆临时牌数据流程如图 14.27 所示。

(8) 车辆抵押登记数据流程如图 14.28 所示。

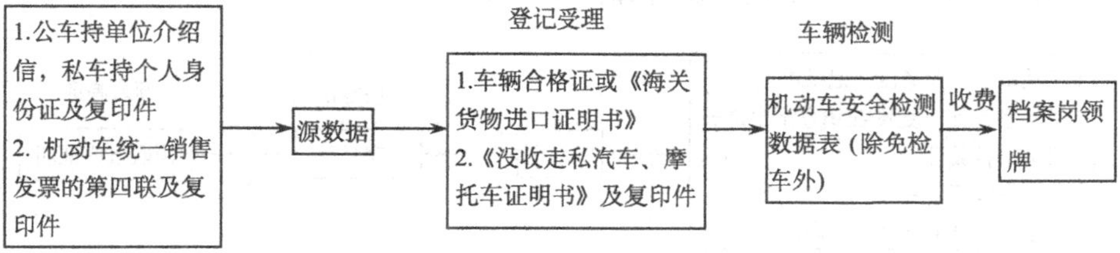

图 14.27　办理车辆临时牌数据流程图

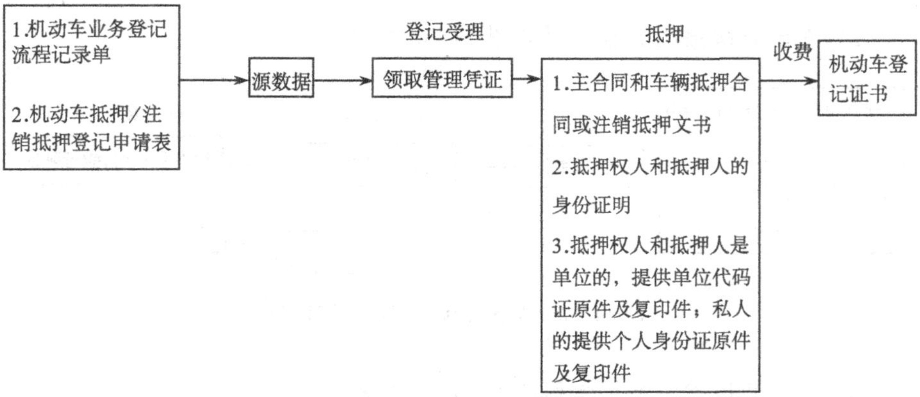

图 14.28　车辆抵押登记数据流程图

（9）车辆失窃补牌数据流程如图 14.29 所示。

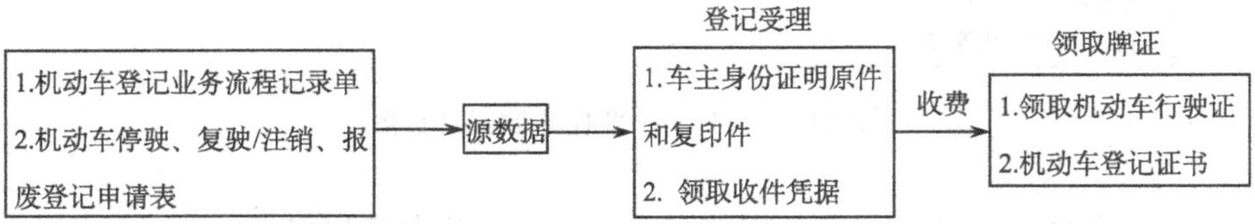

图 14.29　车辆失窃补牌数据流程图

（10）车辆变更登记数据流程如图 14.30 所示。

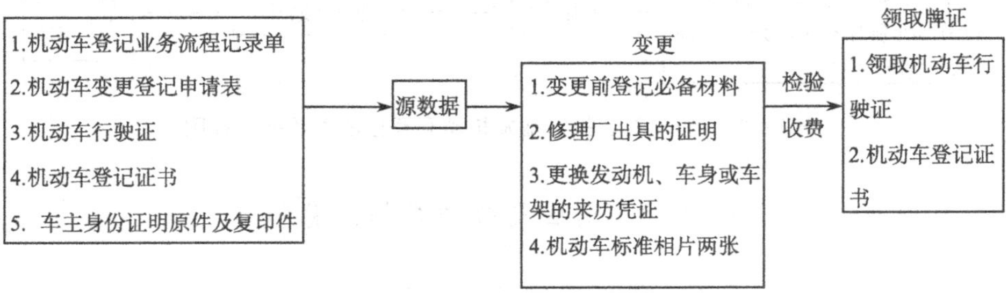

图 14.30　车辆变更登记数据流程图

（11）车辆注销登记数据流程如图 14.31 所示。

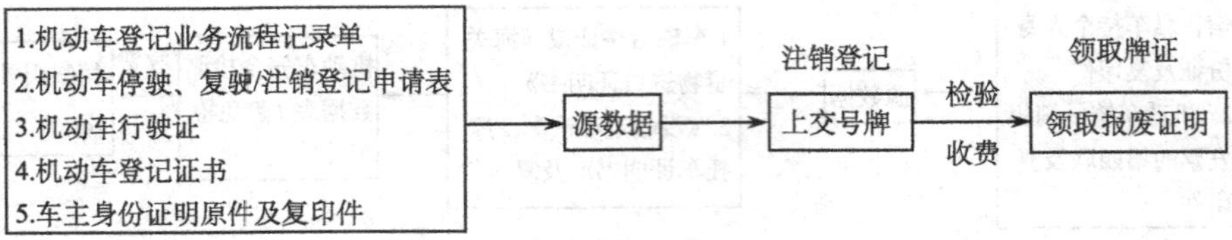

图 14.31　车辆注销登记数据流程图

（12）车辆延缓报废数据流程如图 14.32 所示。

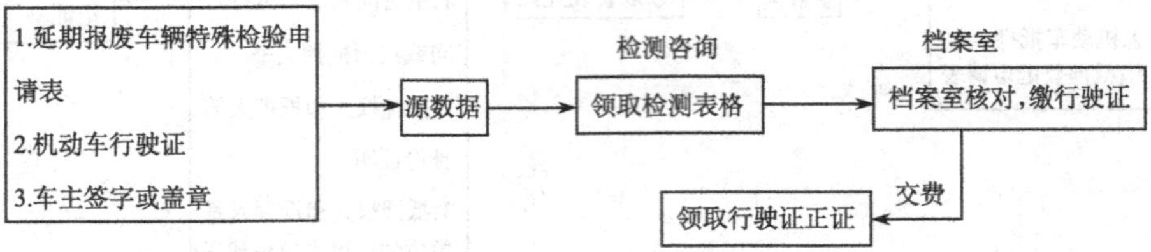

图 14.32　车辆延缓报废数据流程图

（13）车辆年度检测数据流程如图 14.33 所示。

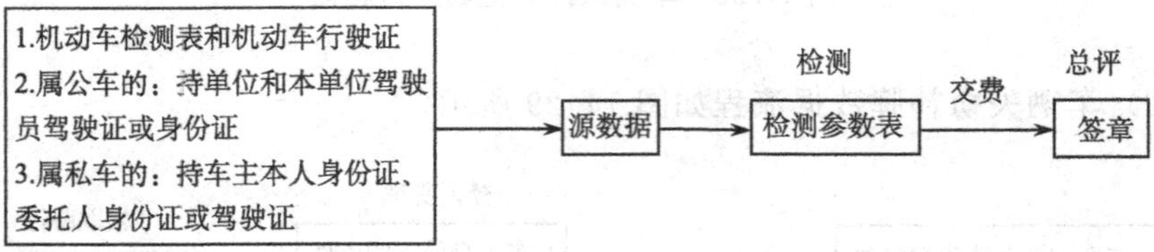

图 14.33　车辆年度检测数据流程图

（14）车辆补、换、增发《机动车登记证书》数据流程如图 14.34 所示。

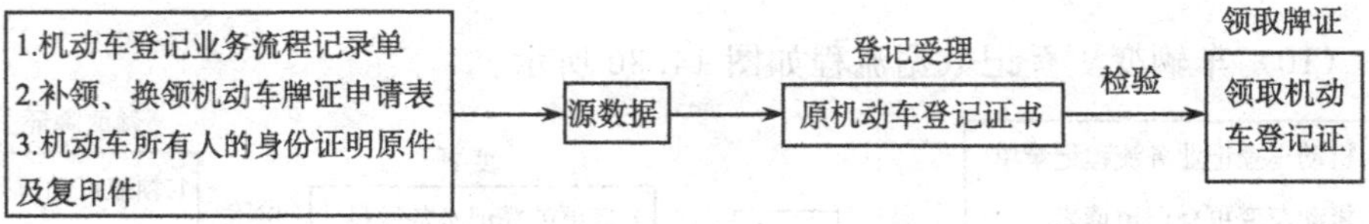

图 14.34　车辆补、换、增发机动车登记证书数据流程图

14.3.2　驾驶员管理数据流分析

由 14.2 节驾驶员管理的业务流分析，经过抽象和提炼，可以得出驾驶员管

理的数据流。和业务流相对应，驾驶员管理的数据流包括：初次申请办理驾驶证数据流，驾驶证审验、换证数据流，军队、武警部队驾驶证换证数据流，申请驾驶证增驾数据流，遗失、损毁补证数据流。下面分别对这几个数据流进行介绍。

(1) 初次申请办理驾驶证数据流程如图 14.35 所示。

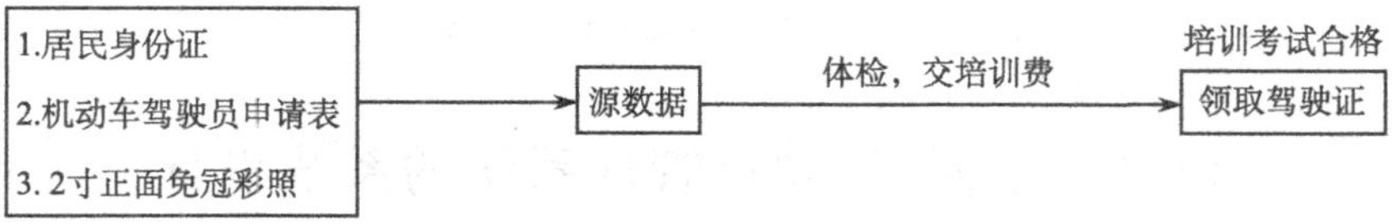

图 14.35　初次申请办理驾驶证数据流程图

(2) 驾驶证审验、换证数据流程如图 14.36 所示。

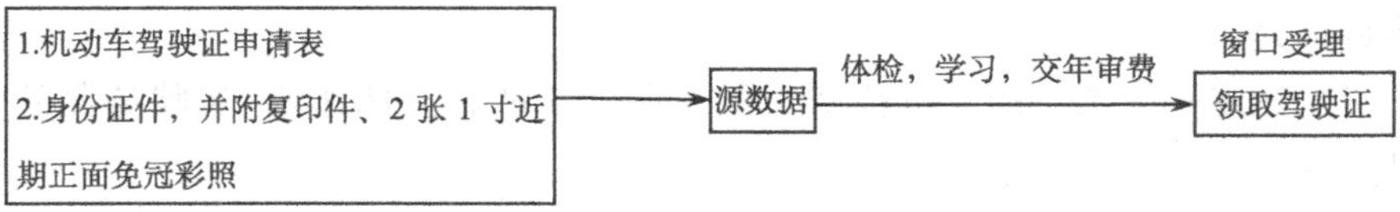

图 14.36　驾驶证审验、换证数据流程图

(3) 军队、武警部队驾驶证换证数据流程如图 14.37 所示。

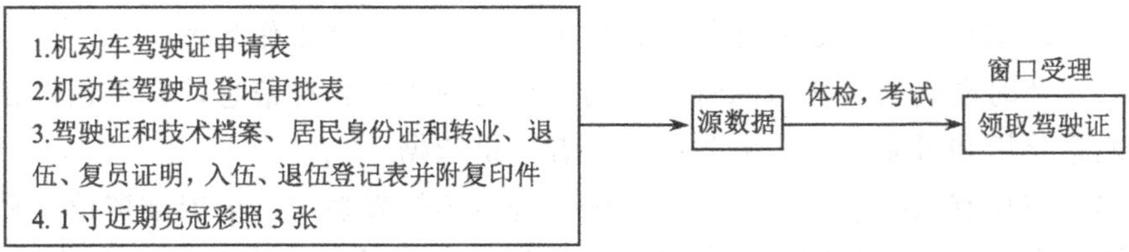

图 14.37　军队、武警部队驾驶证换证数据流程图

(4) 申请驾驶证增驾数据流程如图 14.38 所示。

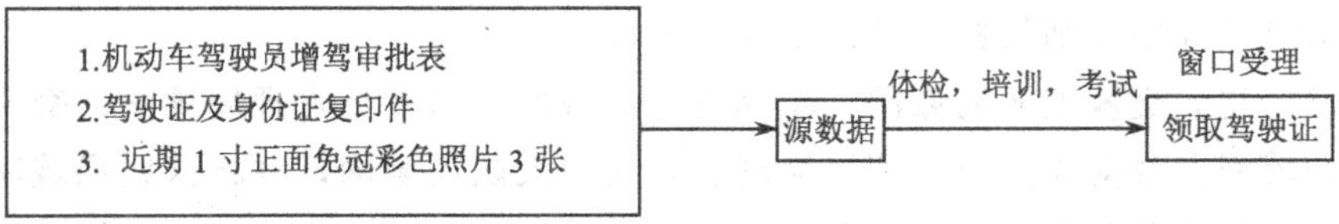

图 14.38　申请驾驶证增驾数据流程图

(5) 遗失、损毁补证数据流程如图 14.39 所示。

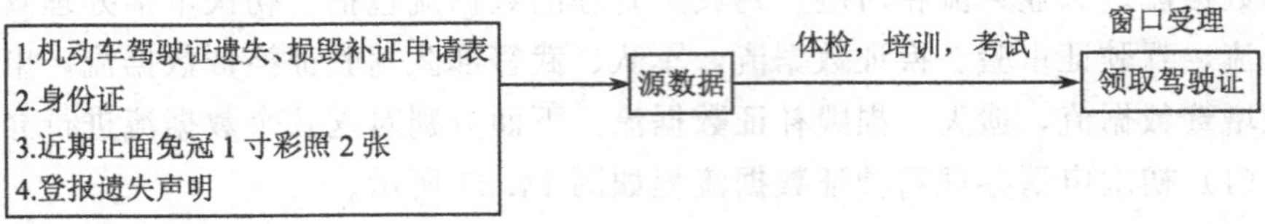

图 14.39　遗失、损毁补证数据流程图

14.4　车辆/驾驶员管理系统的系统设计

14.4.1　系统设计目标

本着系统的实用性和先进性相结合的原则，通过调研论证，确定系统设计的总体目标为：

(1) 建立一个统一的省市范围交警总队、支队、大队车辆/驾驶员业务管理信息平台。

(2) 对于车辆基本信息、驾驶员基本信息、交通违章信息、交通事故信息等提供各级方便、快捷的查询功能。

(3) 实现对给定查询数据的分类汇总，制作报表和打印。

(4) 办公系统与业务处理系统的一体化集成，替代人工处理业务，提高科学管理水平，用户操作界面人性化，数据更新方便，提高工作效率。

(5) 及时准确的反映车辆管理和驾驶员管理中的各种信息，并能通过正确处理、汇总分析和可靠反馈，为各级决策者提供依据。

(6) 与现有系统的兼容性。能与全国进口车核查系统、全国被盗抢机动车查询系统和全省机动车查询系统自动连接运行，能有效防止走私车、盗抢车入户、报废车的继续使用等现象的发生。车管部门能准确、实时地掌握车辆的真实情况，做出正确的决策。与车辆检测站计算机系统、电子警察系统实现信息交换，可与闯红灯、卡口等系统连接运行。

系统设计的详细目标包括以下几个方面：

(1) 建立交警支队局域网、车辆管理局域网、驾驶员管理局域网、交通事故管理局域网以及交通违章管理局域网、各交警大队局域网，并将这些局域网互联起来，做到资源共享，实现各种资源的合理分配和管理，同时为与上级网络互联提供接口。

(2) 机动车车辆、机动车驾驶员、交通违章、交通事故管理等各相对独立又统一协调的管理信息系统和子系统，均可按照各类管理项目输入表采集录入信息，并可按照输入表中的数据项进行单项组合以及模糊检索查询。对于交通违章来说，数据的采集录入可采用IC卡及IC卡手持式读写器，这样可以将大量的交通违章信息实时快速地装入计算机中。

(3) 作各种现行使用的统计分析表，可以根据需要制做出各种分类报表及相关统计报表，可随时打印出来，也可以在计算机屏幕上显示出来。还可以绘制成各种圆饼图，柱状图等，使信息图像化，一目了然，便于领导科学决策。

(4) 系统建成后可以使车辆管理、驾驶员管理办证业务实现当场输入数据，当场制做出有关证件（如车辆行驶执照和驾驶员执照等）。

(5) 对于交通违章可以实时处理，实时违章预警，高效率的计算机网络可以使信息及时分类统计，绘出违章规律参数模型，为交警领导调动警力、筹划宣传等决策提供快速准确的依据。

公安交警对违章车辆的处罚采用的办公模式是发现违章车辆后罚分，然后刷计分卡，而违章人还要到银行办理交费手续。路面值勤民警还可以实时从公安信息中心获得机动车、驾驶员等交通管理的详细信息，使其能在现场快速辨别假机动车牌证、走私机动车、非法拼装机动车、未按期年审等违法违章现象，从而更有效的遏止这类现象的发生，规范交通行驶秩序。

14.4.2 系统体系结构

系统采用C/S与B/S相结合的体系结构，如果管理部门需要录入与维护地理数据可采用C/S方式，能保证地理数据的及时更新。交通地理信息的发布和可视化显示则采用B/S方式，便于用户进行交通信息的查询与浏览。

车辆/驾驶员管理信息系统的基本体系结构由4个基本层次构成。

第一层，交警支队局域网部分。该局域网由车辆管理局域网、驾驶员管理局域网、交通事故管理局域网和交通违章管理局域网构成，这些子网相互链接，构成支队网、各部门地理位置在一块的，可以通过直接将各子网服务器连接即可构成一个整体的局域网。各部门地理位置不在一块，可以利用公安内部电话网、公安微波数字网或者公用程控电话交换网进行远地互联，同样可以构成一个整体。

第二层，各交警大队局域网。该层局域网主要是传递各种采集信息，对数据进行预处理，以及对各大队所属地区的交通信息进行分析。它可以利用程控电话交换网或者公安内部电话网、微机数字网与支队局域网相连。

第三层，各交警中队。基本上各交警中队使用单台计算机作业，主要的任务是进行原始数据的输入，并将数据发送到大队局域网中，中队的计算机可以作为大队局域网的远程客户机。通过普通电话线拨号方式进入大队局域网中，不用时可以拆除连接。

第四层，交通民警。对于交通事故，按各种规定记录现场的原始数据，以备输入管理信息系统。对于交通违章，利用随身携带的IC卡手持式读写器，对驾驶员的IC卡进行读写操作，记录下交通违章信息。交警下岗后，可以将交通事故原始数据和记录在IC卡手持式读写器中的交通违章信息传递到中队的计算机中。

系统软件结构分为前台系统与后台系统两大部分。前台系统是整个软件系统的主体，也是实现用户功能需求，完成用户业务处理，达成用户业务目标的部分，可让受权用户通过Internet/Intranet进入系统，完成其权限范围内的工作任务。后台系统作为系统的辅助支撑系统，为系统的正常运行而对基本参数与设置项进行配置，也是系统管理员对整个软件系统进行控制与设置的功能界面，在业主单位的局域网内运行。整个系统跨越业主单位内、外两个网络空间，对多个信息产生点的数据进行收集，统一进行处理与保存。这样就建立了数据库、服务器、应用端三层体系结构，建立C/S与B/S两种模式共存的数据库管理方式，实现不同部门对数据库的共享。

系统体系结构如图14.40所示。

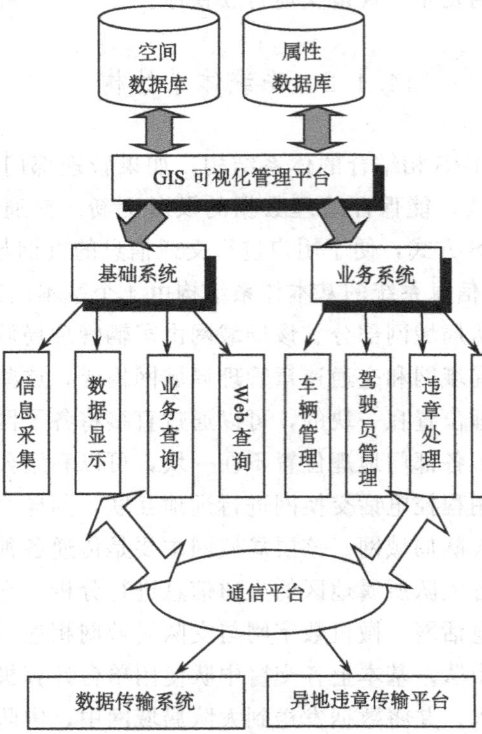

图14.40 系统体系结构

14.4.3　系统功能设计

根据车辆/驾驶员管理的内容和业务流、数据流的分析，系统功能模块主要划分为 5 个部分，即系统管理，基础系统，业务系统，通信子系统，数据库子系统。其中，数据库子系统将在 14.5 节中详细介绍，下面先介绍总体功能设计以及各个子系统的设计。

1. 系统管理

系统管理实现整个系统的初始化、访问权限设置、网络设置等，其模块划分如图 14.41 所示。

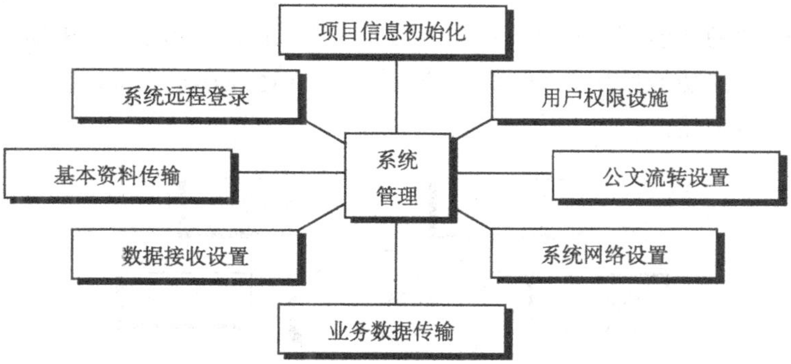

图 14.41　系统管理功能模块

2. 基础系统设计

基础系统是依托 GIS 的可视化管理，具体包括信息采集、数据显示、业务查询和 Web 查询，它通过合理组织有关信息，构造适合管理人员使用的动态管理信息环境，利用可视化手段，使各项信息能够集中表现与管理，方便管理者和决策者，指导其做出科学、及时的判断和决策，有效地提高管理和操作的效率。功能模块如图 14.42 所示。

其中，可视化包括图层显示和信息查询功能，系统可以对不同图层进行叠加显示，各个图层按照点、线、面等矢量数据的格式进行组织，可以实现图形的放大、缩小、漫游、测量、标注、编辑和查询等功能。

3. 业务系统设计

业务系统是整个车辆/驾驶员管理的核心系统。由前述可知，车辆/驾驶员管理的主要内容是“四个系统两个平台”，即车辆管理系统、驾驶员管理系统、违

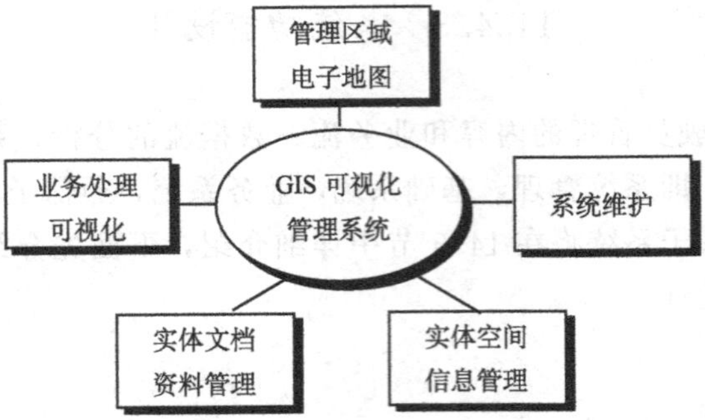

图 14.42 可视化管理功能模块

章处理系统、事故处理系统。两个平台是数据传输系统和异地违章传输平台。其中，车辆管理的功能模块如图 14.43 所示，驾驶员管理的功能模块如图 14.44 所示，事故处理的功能模块如图 14.45 所示。违章处理模块在 14.6 节中有详细介绍，这里不再赘述。

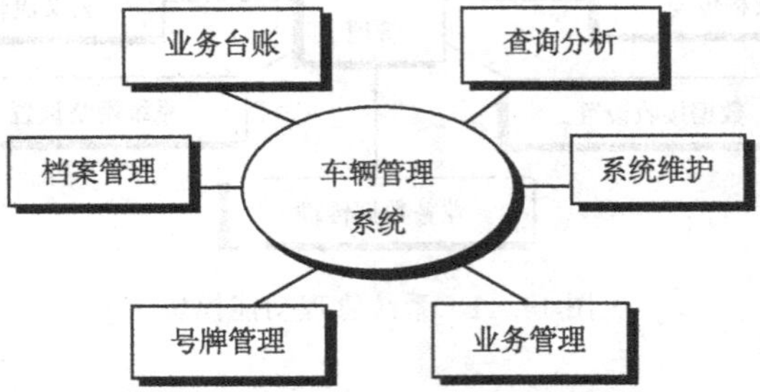

图 14.43 车辆管理功能模块

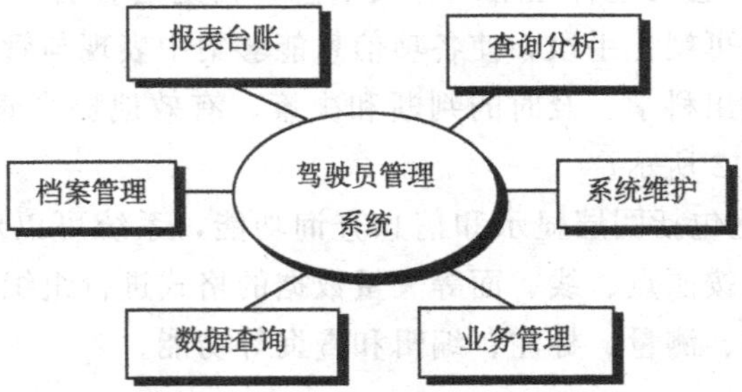

图 14.44 驾驶员管理功能模块

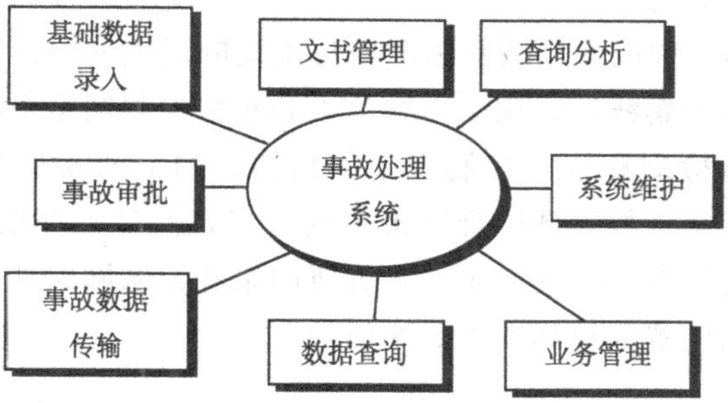

图 14.45　事故处理功能模块

4. 通信平台设计

通信子系统是实现跨区域车辆管理资料获取的机制。它是在车辆管理和车载系统之间负责信息传输的主要接口，用于向车辆发送信息，以指导车辆花费最短的时间到达目的地；从车辆接收定位信息和来自公路感应器的传感器上的道路拥塞信息等。通信子系统包括发送、接收两部分。接收模块是指车辆管理信息系统接收符合条件的数据并将其交由本地处理。接收数据处理涉及到的业务流程是：如接收的数据是本系统的原始数据，则调用数据综合处理子系统对数据进行整合；如接收的数据是跨区域的车辆管理资料的数据结果，则进行数据转发。发送模块是指车辆管理信息系统按数据结果表明的唯一目的地，将其发送到该目的地所在的车辆管理信息系统，为以后的查询、业务分析提供方便。发送模块的数据来源有两个：业务处理模块转发的外界服务请求和业务处理模块本地数据挖掘的结果。网络通信系统中涉及专线和网络设备，网络设备主要采用广域网路由器设备、局域网交换机设备等。

为了唯一定位某一车辆特定记录的存储区域，必须定义车辆数据的存储规则。建议采用的存储规则是：在申请者购买车辆时，获得车辆生产厂家所提供的唯一标识和销售代码组合。将此组合信息作为唯一代码，将确定该类信息的永久存储地，其持有者永久有效。根据唯一代码所标明的地区，将持有人的纪录送达该区域所在的车辆管理信息系统进行处理。

14.4.4　系统网络结构

选择一个网络拓扑结构，主要应该从网络的安全性、性能、安装、价格等几个方面考虑。就目前流行的网络拓扑结构而言，令牌环网的距离有限，而且成本较高；ARCNET 网是很适合办公楼的安装布线的，但是它的传输速率最低，只有 2.5Mbit/s；以太网的传输速率可达 10Mbit/s，而且其新型的 10BASE-T 网络安装调试也非常容易。

10BASE-T 是一种以太网的新标准，与传统的以太网不同，10BASE-T 在拓扑连接上增加了一个集线器，用于中继放大和集中检测网络上的碰撞。这种结构促进了局域网故障检测和碰撞控制效率的提高，加上简易的传输介质——双绞线，从根本上改变了一般局域网难于维护的特点，而且不降低数据的传输速率。系统总体网络结构如图 14.46 所示，车管所网络和大队网络如图 14.47 所示，中队网络和银行通信前置网络如图 14.48 所示。

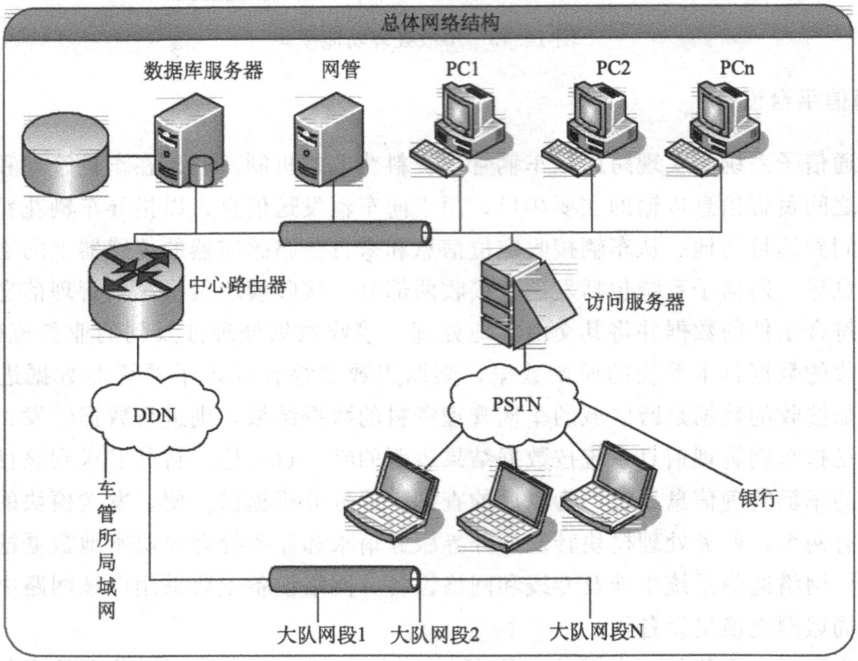

图 14.46　系统总体网络结构图

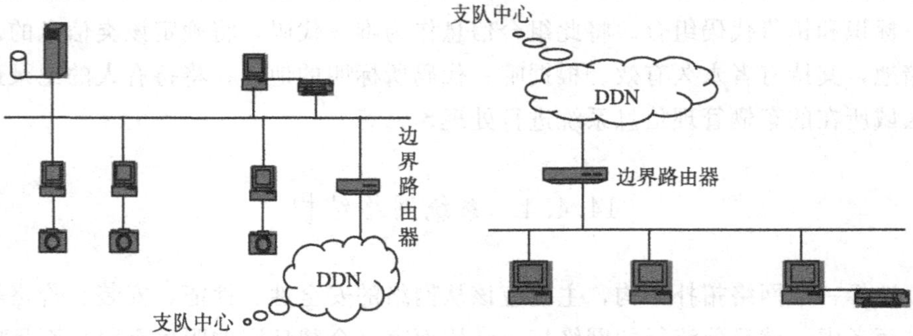

图 14.47　车管所网络（左）和大队网络（右）

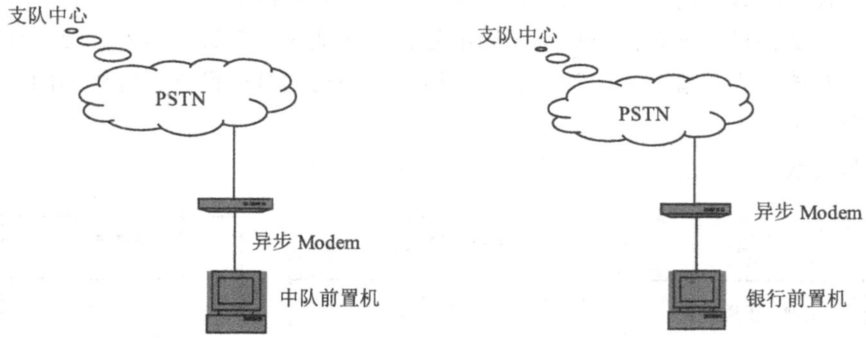

图 14.48　中队网络（左）和银行通信前置网络（右）

14.5　车辆/驾驶员管理系统数据库设计

14.5.1　系统数据库总体结构

本系统的开发工作分为两个阶段，先期建立基础数据库，实现基本信息系统的功能；后期依托 GIS 功能，进行功能拓展。根据系统功能和数据库理论，及各个系统之间的数据共享，车辆/驾驶员管理系统数据库包括如下的两个组成部分。

(1) 基础数据库。基础数据库中存放管辖区域省、市或街道的电子地图，该区域范围内的交警值勤站点分布，红绿灯分布，交警局的分布等。基础数据库主要便于在显示查询时实时地显示违章地点或者事故发生地点。

(2) 业务数据库。业务数据库又包括车辆管理数据库、驾驶员管理数据库、违章处理数据库、事故处理数据库。这依托于基础数据库，是整个数据库系统的核心。

14.5.2　基础数据库设计

基础数据库设计也即空间数据库设计。基础数据库是车辆/驾驶员管理、GIS 可视化的基础数据，主要包括四大类数据。

(1) 街道电子地图：包括电子地图所需的点线面数据，街道编号、街道名称、车道宽度以及相应的空间属性信息。

(2) 交警分布数据：包括所在街道口编号、街道名称、街道位置、警员的个数、警员的其他情况等。

(3) 红绿灯分布数据：包括红绿灯的编号、红绿灯所在街道或几个街道交叉口的位置、红绿灯的完好情况、管辖该红绿灯的警员情况等。

(4) 交警局的分布：包括交警局编号、所属地区、交警局名称、交警局所在位置、交警局人员情况和职责、联系电话、交警局的机构设置、各机构的业务范围和职责等。

基础数据库中应包括以下几个数据库表，如图 14.49 所示。

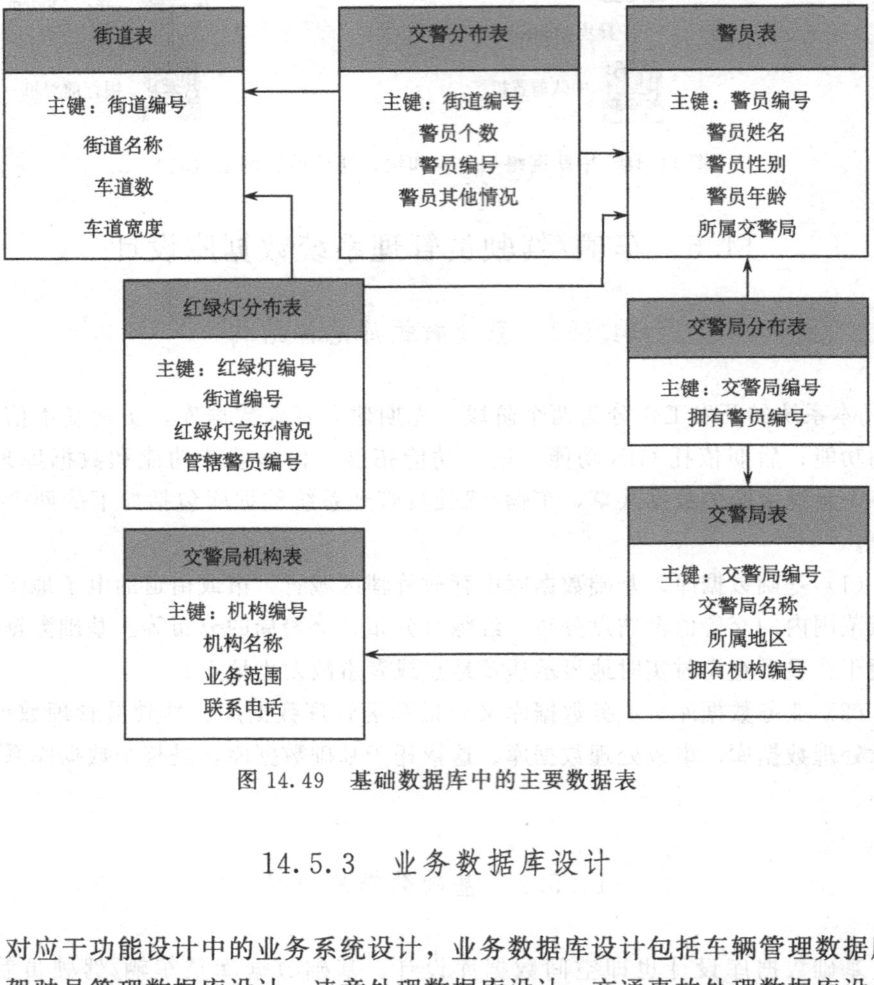

图 14.49　基础数据库中的主要数据表

14.5.3　业务数据库设计

对应于功能设计中的业务系统设计，业务数据库设计包括车辆管理数据库设计、驾驶员管理数据库设计、违章处理数据库设计、交通事故处理数据库设计这 4 个数据库的设计。

1. 车辆管理数据库设计

前面已经介绍，车辆管理包括车辆登记、车辆变更、车辆过户、车辆补换牌证、车辆换号、车辆抵押、车辆转出、车辆注销、车辆定检、延缓报废等内容。

其中涉及的实体主要有机动车所有人、机动车、代理人、经办人、抵押人、抵押权人等。每项处理业务都包括其中的若干个实体。

根据以上分析，车辆管理数据库主要包括以下几个数据库表格，如图 14.50 所示。

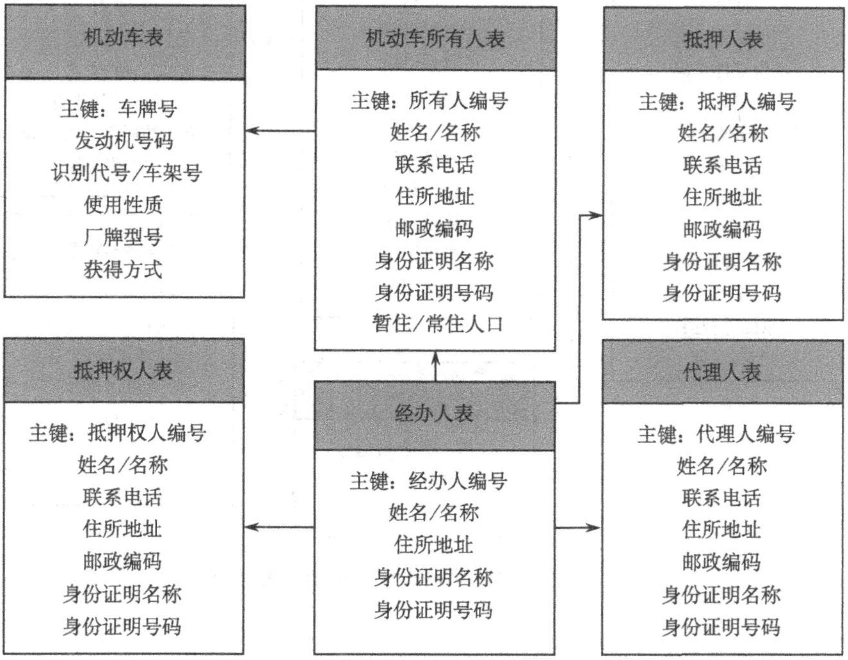

图 14.50　车辆管理数据库中的主要数据表

2. 驾驶员管理数据库设计

驾驶员管理包括报名预约、学证申领、驾证申领、复试管理，奖惩管理、违章记分、记分本管理、教练员管理、驾证年审、驾证转出、驾证补发、定期换证、驾证变更。相应的驾驶员管理实体主要有申请人、驾驶员实体。

根据以上分析，驾驶员管理数据库主要包括以下几个数据库表格，如图 14.51 所示。

3. 违章处理数据库设计

根据系统设计的需要，本系统共设有违章情况数据库、违章吊扣数据库、交警基本情况数据库、驾驶员学习情况数据库、银行交款情况数据库等。下面就违章情况数据库进行简要介绍，其包含的数据库表如图 14.52 所示。

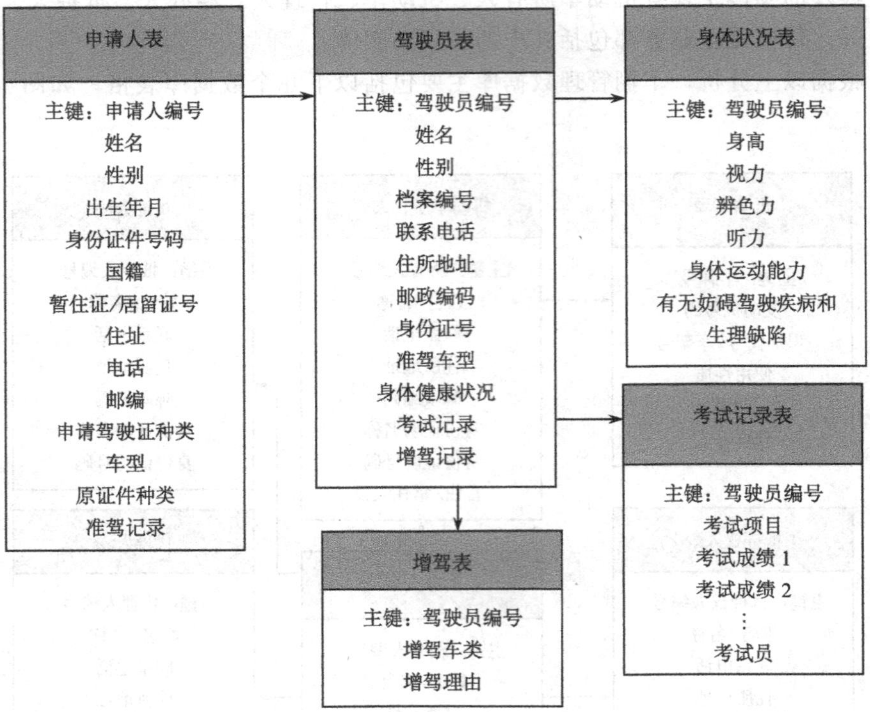

图 14.51　驾驶员管理数据库中的主要数据表

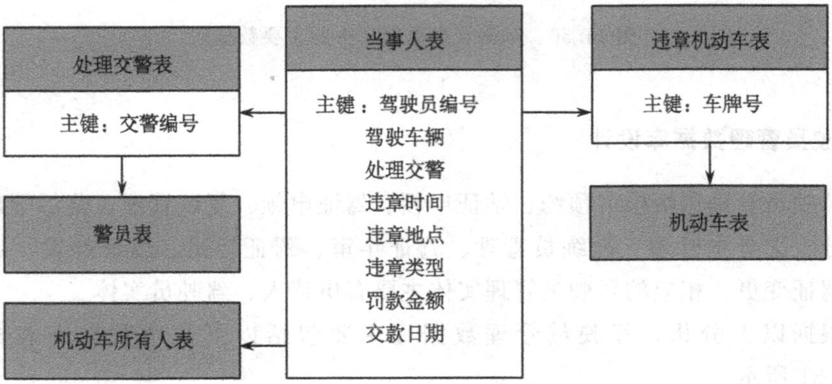

图 14.52　违章处理数据库中的数据表

4. 交通事故处理数据库设计

以事故情况数据库为例：该库用于存储各大队处理的事故基本情况。主要内容包括：行政区划分代码、事故日期、事故序号、处理民警、事故时间、事故星期、事故地点、双向路面宽度、单向路面宽度、死亡人数、重伤人数、轻伤人数、损坏机动车数、损坏非机动车数、直接损失金额、事故等级、事故主要原因、道路线形、道路类型、交通控制方式、照明条件等。库中包括的主要数据库表如图 14.53 所示。

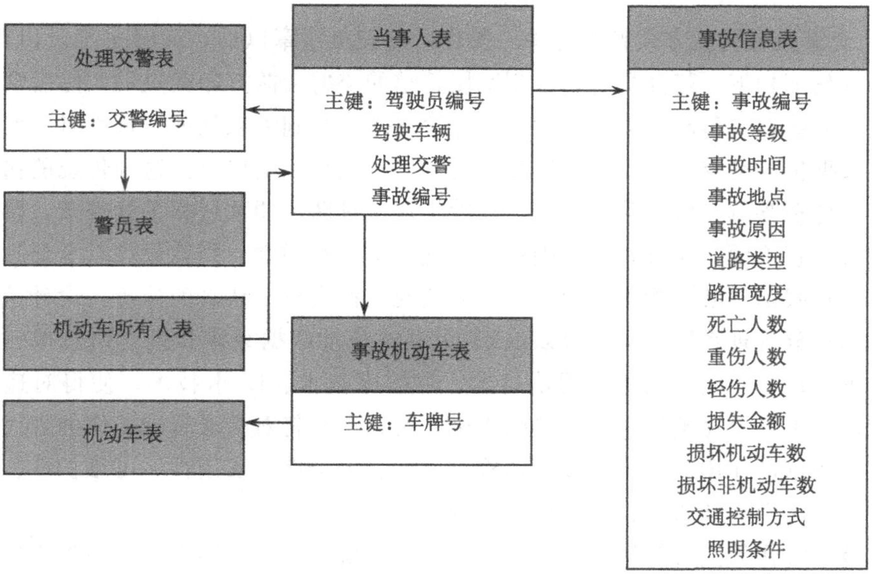

图 14.53　事故处理数据库中的数据表

14.5.4　数据库与子系统的关系

数据库与子系统之间的相互关系见表 14.1。

表 14.1　数据库与子系统的关系

子系统	基础数据库	车辆数据库	驾驶员数据库	违章数据库	事故数据库	交警数据库	交警局数据库
车辆管理系统	√	√					
驾驶员管理系统	√		√				
违章处理系统	√	√	√	√		√	√
事故处理系统	√	√	√		√	√	√

14.6 车辆/驾驶员管理系统实例：违章处罚管理系统

14.6.1 违章处罚管理系统简介

交警原有罚款方式普遍为手工操作，驾驶员违章以后，交警手工开出罚单，并将其驾证扣下。驾驶员凭罚单到所属管辖的交警大队打印裁决书，然后拿裁决书到工商银行储蓄网点去交罚款，交完罚款之后再到大队领证，日终时，发卡银行将数据传至交警方对账，对账完成后，将资金划入交警方。这种传统的罚款方式存在许多弊端：警员手工处理、驾驶员多次排队，罚款过程手续繁杂，警员和驾驶员都感不便，而且，当个别驾驶员逾期不缴纳罚款，则款额难以全部收讫。

针对我国驾驶员管理的现状及部分法规文件进行了认真的分析，设计了驾驶员违章记分管理系统。该系统以IC卡为基本流动数据载体和基本信息单元，采用先进的计算机网络技术、通信技术、数据库技术、IC卡技术，使得对违章的管理形成了一个完整的动态实时的人机系统，它必将对交通管理工作的现代化起到极大的推动作用。系统的设计本着可靠性、安全性、实用性、可维护性、先进性、可扩展性、开放性、适应性的原则。

该系统作为交通管理信息系统的一个子系统，完全按照现行的各种交通管理制度的要求，把手工方式下的业务处理全部转化为用计算机来实现。它充分发挥了计算机网络系统的实时、快速、容量大的特点，完成大信息的自动查询、检索、更新等操作，最大限度地实现支队、大队、中队的三级管理体系的资源共享以及信息快速反馈，从而使违章汇转及处罚等交通管理业务能够实时、高效地自动完成。

违章处罚管理系统的主界面如图14.54所示。

违章管理的主要流程是：驾驶员首先领一张工行牡丹智能卡，然后到所属交警大队做二次启用，将驾驶员信息、积分信息等写入IC卡的交警DF（专用文件）应用中，二次启用之后，卡就能用于路面违章处理。驾驶员违章以后，将IC卡交给执勤交警，交警将卡插入POS手机，输入违章代码及违章地点代码，POS自动计算罚款金额及扣分分数并进行处理，若处理成功，本次违章处理结束。驾驶员若需要的话可拿IC卡到交警大队打印裁决书，第二天可到银行打印发票。交警一天工作完毕之后，拿POS机到所属中队或大队进行批上送，将POS处理数据分成交警数据及银行数据送至支队信息中心主机，日终时，发卡银行从交警支队信息中心主机取得银行数据，并与交警对账，划账。图14.55是违章管理系统流程示意图。

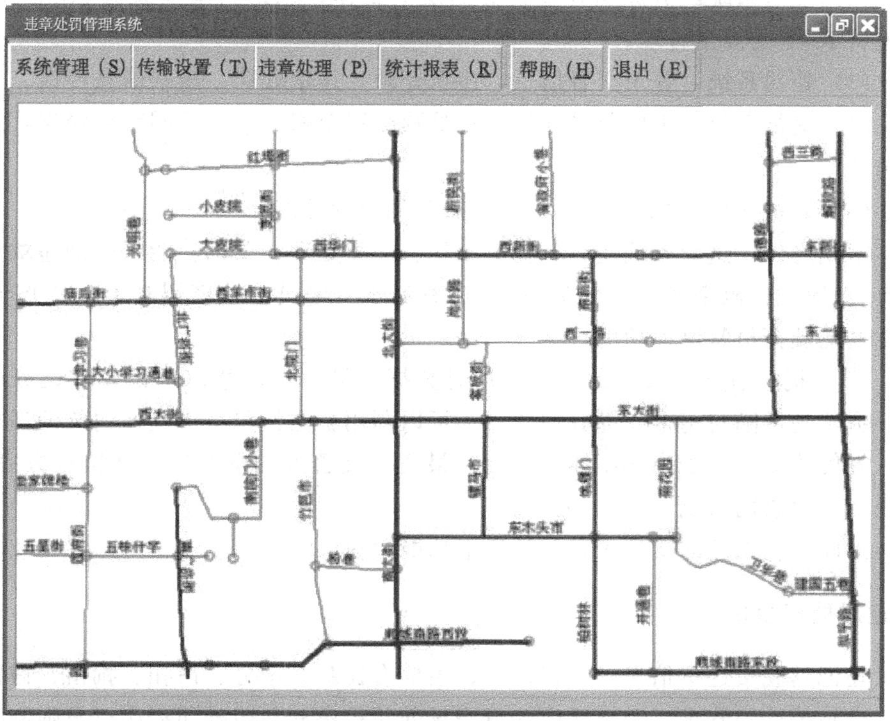

图 14.54　违章处理系统主界面

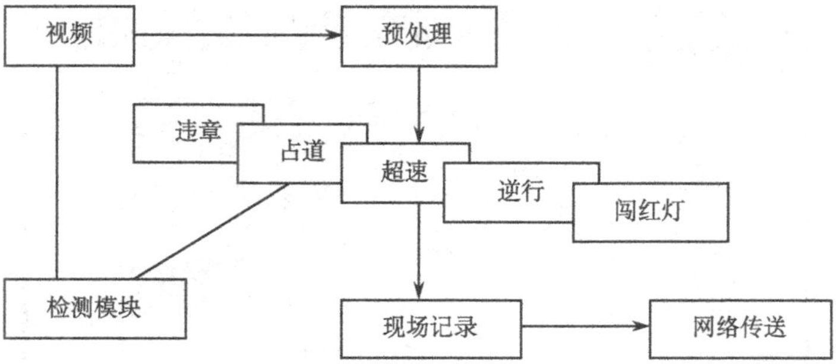

图 14.55　违章管理系统流程示意图

14.6.2　系统功能

根据以上违章处理的流程，系统的功能主要分为以下 5 个部分。

（1）档案管理系统：主要负责整个系统档案文件的管理工作（更新、维护、索引、查询、统计、转存等）。

（2）发卡系统：负责现有驾驶员的发卡工作，包括新增驾驶员 IC 卡发放，驾驶员 IC 卡的安全管理。

（3）处罚系统：登录交警信息，违章登录，违章处罚，违章信息传送。

（4）银行系统：主要负责开设驾驶员预交罚金账户，以及同市交警支队之间的结算。

（5）管理系统："支队、大队、中队"三级管理。

除此之外，这套系统还具有警员签到、违章处理、查询功能（查询违章代码字典）、地点代码字典、驾驶员 IC 卡违章流水、警员修改密码功能、POS 日志审批上送及警员签退等功能。

IC 卡记录机动车驾驶员的个人信息数据，可输入违章信息记录和记分的记录，由驾驶员随身携带。部分违章行为可以利用金融钱包完成交通罚款的当场交纳，方便快捷。由于当场不体现现金，最终到交警方的资金转账在银行方完成，实现了"罚收两条线"。

因此，在系统的实现中，包括以下功能模块：

1. 违章处理模块

登记驾驶员违章信息及处罚信息，主要有罚款、记分、吊扣、拘留、撤销和强制措施等处罚管理，完全适应违章当场处罚程序和一般处罚程序以及强制措施的处理程序。违章处理的主界面如图 14.56 所示，违章处罚登记界面如图 14.57 所示。

图 14.56　违章处理界面

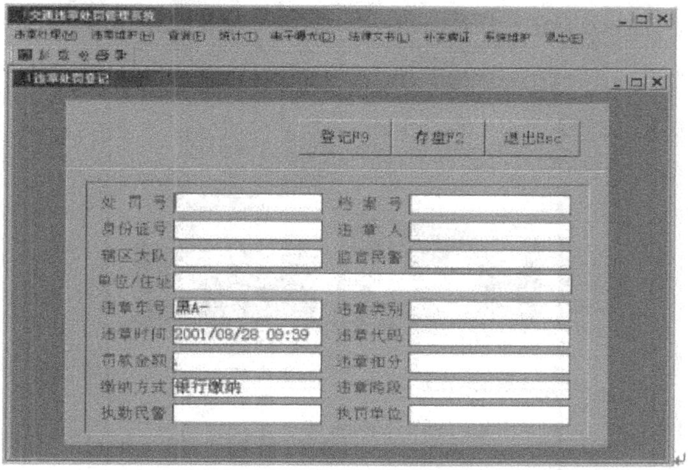

图 14.57　违章处罚登记界面

手持机违章处理：通过手持机在现场对违章驾驶员进行处理，并将处理结果记录在驾驶员所持 IC 卡中。

手持机上传数据：将民警用手持机处理的违章情况数据传送到微机中，并转换到数据库中保存。

异地驾驶员违章处理：考虑异地驾驶员不持有本地核发的 IC 卡，其违章后由岗勤民警开具罚款单，操作员根据罚单，将异地驾驶员违章资料手工录入微机。

违章裁决：驾驶员违章后，如其严重违章需要进行吊扣处理，则通过本功能将吊扣情况写入驾驶员 IC 卡，并记录在数据库中。

2. 电子拍照违章

根据“电子警察”系统采集到路口（路段）的违章车辆的数码相机拍照的违章照片，记录其违章信息，通报对应违章车主，同时给予对应车辆驾驶员相应处罚，其处罚数据进入违章处罚系统中。

3. 电视监控违章

根据电视监控采集到路口（路段）的违章车辆的违章录像，记录其违章信息，通报对应违章车主，同时给予对应车辆驾驶员相应处罚，其处罚数据进入违章处罚系统中。界面如图 14.58 所示。

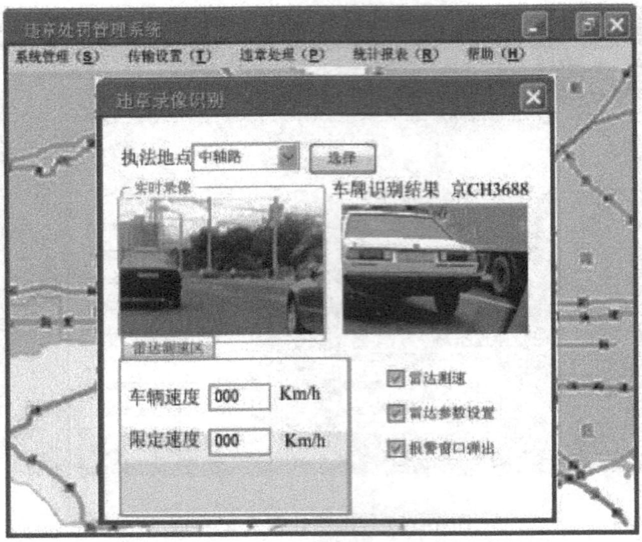

图 14.58　违章实时录像和识别

4. 违章记分模块

按公安部最新有关记分标准，管理驾驶员违章记分，可方便地获得驾驶员若干记分周期累计达到 12 分的次数，以实现对驾驶员的年审、考核。

5. 查询统计模块

违章查询统计：该功能用于查询机动车驾驶员违章发生情况及交款吊扣情况，并可生成违章统计月报表、违章类型分类统计报表、违章地点分类统计报表、驾驶员违章罚款情况统计报表、违章道路分类统计表等统计分析报表。

IC 卡查询：利用该功能可以读取驾驶员 IC 卡中的数据，用于对驾驶员基本信息、违章情况、事故情况的查询。

驾驶员奖励、学习统计：对驾驶员的表彰情况和违章驾驶员参加违章学习班的情况进行统计分析。

其中检索包括违章处理条件检索如图 14.59 所示，违章车辆查询如图 14.60 所示。

6. 民警勤务

民警基本档案录入：用于录入、修改、查询、打印民警的基本档案情况。

民警处理违章情况查询：用于对手持机传送的岗勤民警上岗情况、处理违章情况进行查询。

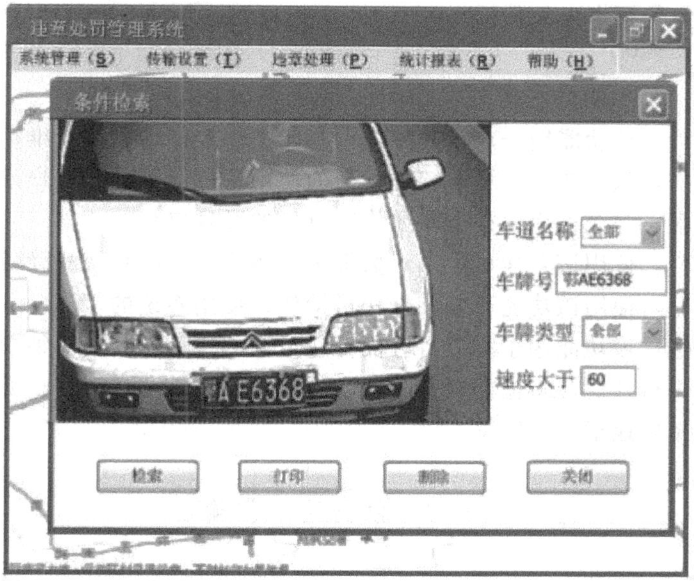

图 14.59　违章处理条件检索

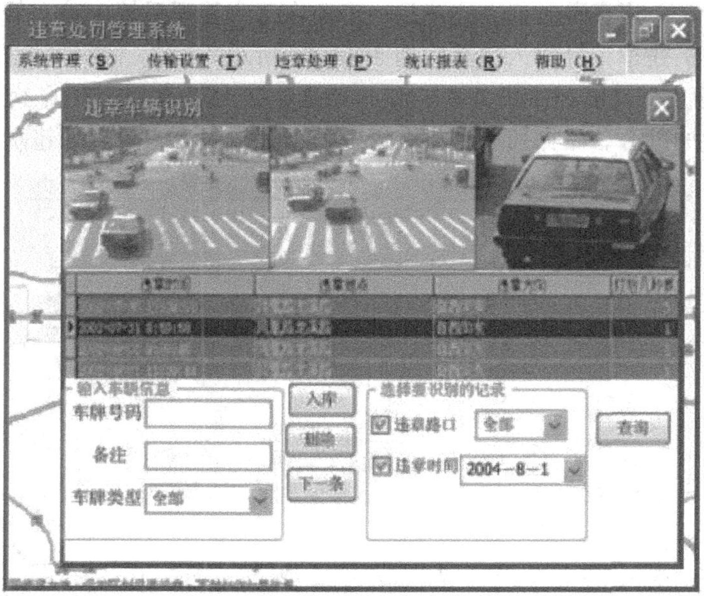

图 14.60　违章车辆查询

警员卡数据上传：在手持机掉电时，可用警员卡上的数据作为备份向微机传送，同时清空警员卡内的数据。

7. 系统维护

代码维护：该功能用于对代码库进行打印、修改、增删记录维护。

用户维护：该功能用于为系统建立新的使用用户、删除旧用户或为用户重新设定使用权限，并允许用户根据需要修改自己的登录口令。

数据备份：使用该功能可定期对数据进行备份，以防系统故障时数据丢失。

日志浏览：使用该功能可查询操作员操作、使用系统的情况。

银行对账：该功能用于将银行方面传送过来的违章驾驶员交纳罚款情况同违章处理数据进行核对，将已在银行交款的违章记录写入交款时间、交款地点、逾期时间、并更新违章交款数据。

14.6.3 数据输入和输出

数据输入包括记录驾驶员个人信息数据、记录车辆信息数据、罚款统计、违章处罚记录上传、驾驶员补卡后违章信息写入等。图 14.61 是录入驾驶员档案的界面。当由于某种原因需要删除某个驾驶员的档案时，删除驾驶员档案的界面如图 14.62 所示。当交警处理完违章后，需要在违章管理系统中输入驾驶员的违章记录，驾驶员违章记分输入的界面如图 14.63 所示。

数据输出即交通违章的处罚，包括路面直接处罚和银行网点交罚，可以采用两种方式的结合。路面罚款是指交警在处理违章当事人时，如违章当事人对违

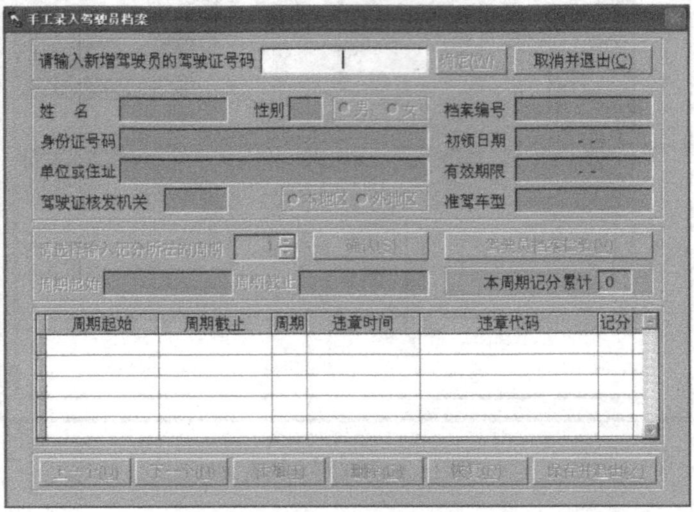

图 14.61 驾驶员档案录入界面

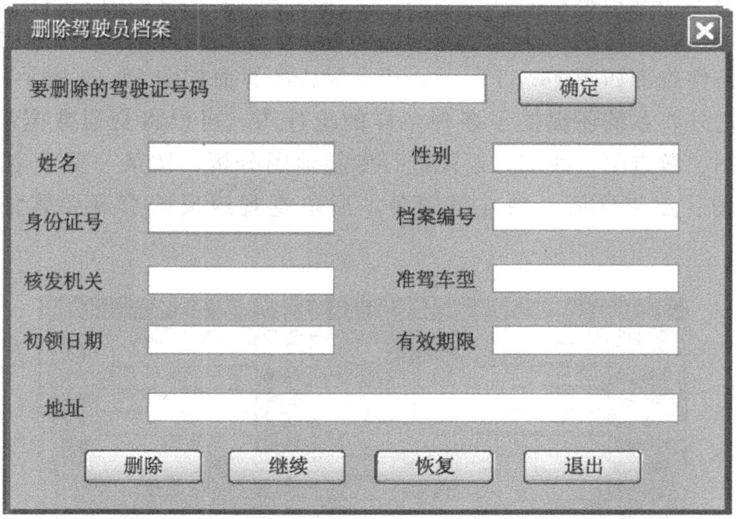

图 14.62　驾驶员档案删除界面

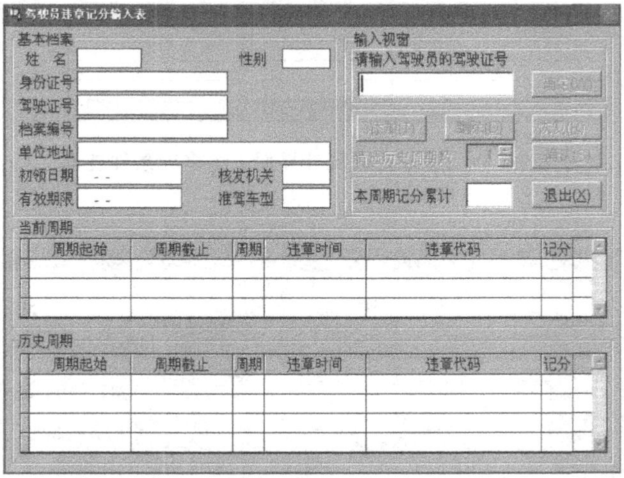

图 14.63　驾驶员违章记分输入界面

章事实没有异议的情况下，由交警用手持设备直接记录违章日志，记分并从 IC 卡的电子钱包中扣除相应金额。同时由手持设备打印出印有裁决书的处罚单据。如果当事人有异议时，可持处罚裁决书去交警支队或同级公安局进行复议。银行网点交罚的方式是指交警持无打印机的 PDA 在里面进行违章处理，在违章驾驶员的 IC 卡芯片内记录违章信息并扣除相应积分，违章驾驶员需持此 IC 卡到银行网点柜台缴纳相应罚款。如需复议或打印处罚裁决书，可到附近交警大队完成。

数据输出还包括多种违章查询和违章警告。多项查询条件界面如图 14.64 所示，组合条件查询如图 14.65 所示，违章警告的界面如图 14.66 所示。

除此之外，系统还提供了多种多样的统计图，可以将交通数据制作成柱状图、饼状图、散点图、线图，还能进行专题地图分析，按某一要素生成范围图、分级符号图、点密度图、独立值图等，形象直观地反映交通要素的时空变化规律。

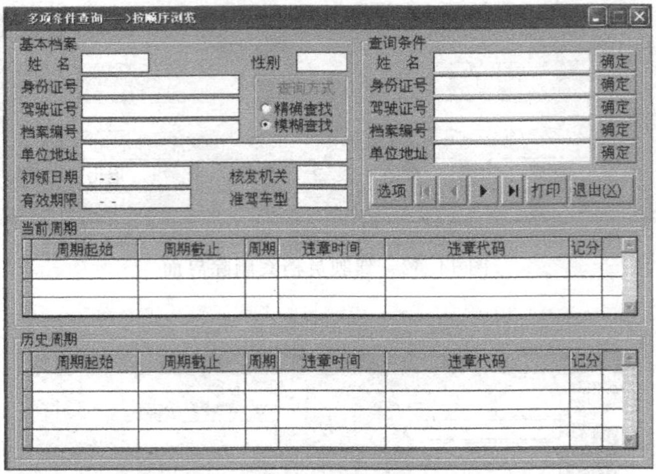

图 14.64　违章查询统计界面——多项条件查询

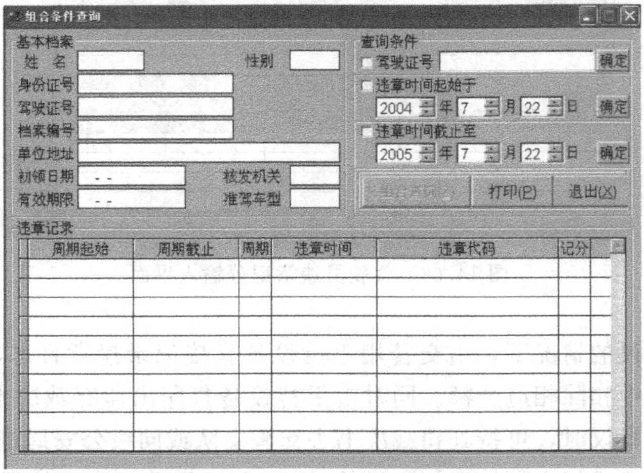

图 14.65　违章查询统计界面——组合条件查询

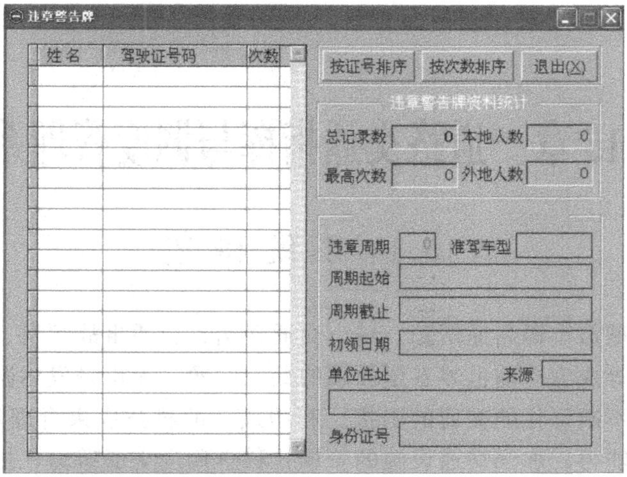

图14.66　违章警告牌

思　考　题

1. 一般的车辆管理包括哪些内容?
2. 初次申请办理驾驶证的业务流程是什么?
3. 车辆/驾驶员管理系统是如何以GIS电子地图为背景的?
4. 车辆/驾驶员管理系统中为何要将基础数据库和业务数据库分开设计?
5. 使用IC卡来处理交通违章的优点有哪些?
6. 车辆/驾驶员管理系统的数据库设计涉及到哪些主要数据表?

第 15 章 道路交通指挥与调度管理系统

15.1 系统概述

近年来，城市车辆高速增长、城市交通拥堵、交通事故频发、交通环境恶化以及能源短缺等成为当前世界各国面临的共同问题。无论是发达国家还是发展中国家都承受着不断恶化的交通的困扰。利用最新的科技成果合理规划城市交通，提高道路通行能力，加强交通设施的管理，科学调度交通警力，提高对交通事故快速处理能力和交通保卫事件快速反应能力已成为城市交通管理部门面临的重要课题。道路交通指挥与调度管理系统作为交通管理部门提高交通管理水平和快速反应能力、协调能力、综合调度能力的现代化管理工具，在交通管理中发挥越来越重要的作用，并直接影响城市交通部门为公众服务的质量。

道路交通指挥与调度管理系统是集通信、指挥、控制、信息（简称 C^3I）于一体的复杂系统，它将电子信息技术、计算机技术、图像技术、GPS 和 GIS 等先进的科学技术应用到道路交通电视监控、交通信号控制、交通诱导、122 接警处理（简称接处警）等系统中，通过计算机网络和通信网络将功能独立的各子系统有机地集成在一起，实现信息共享，便于统一指挥、调度，形成一个“信息灵通、决策有力、调度及时、反应快捷、指挥高效、管理科学”的智能化交通指挥调度管理系统。

道路交通指挥与调度管理系统的原理如图 15.1 所示。

道路交通指挥与调度管理系统具备各种道路交通状况和车辆信息数据采集处理能力、决策能力和组织协调能力，实现对城市道路交通状况的有效监控，道路交通流量的自动调节，缓解交通拥堵，提高道路的通行能力。同时，道路交通指挥与调度管理系统还具有如下特点：

(1) 信息丰富。指挥调度中心能掌握管辖区内的实时交通信息，又能查询辖区内多种地理信息、警力分布信息和车管所车辆管理信息等。

(2) 有机集成。122 接处警工作站和指挥工作站均能进行接处警，进行图像切换和控制，查询有关资料，从而实现调度。

(3) 信息共享。通过计算机网络，领导平时可以在自己的办公电脑上直接了解辖区内交通实况，而不必到指挥调度中心进行了解，遇到突发事故，通过 122 指挥调度机，直接进行多方通话，进行调度，还可以将实时交通监控图像传送到

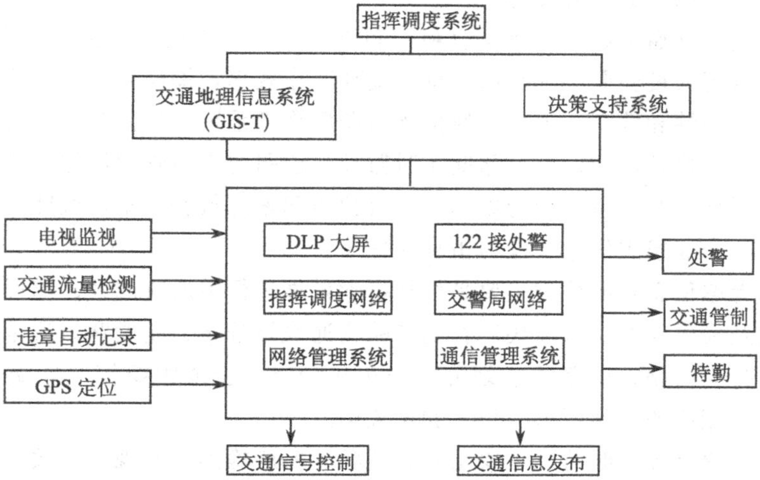

图 15.1　道路交通指挥与调度管理系统的原理

公安局，供 110 指挥中心使用。

(4) 数字化。所有信息，包括监控图像、接处警对话，均实行数字化，便于存储、远传、检索、查询。

(5) 网络化。一方面通过建立交通信息网站，可以将交通图像信息、交通疏导信息进行网上发布，供市民了解交通状况；另一方面，方便领导在外出差时，若遇到辖区内发生重大事件，可以用笔记本电脑通过 Internet 了解实时状况，并进行远程处理。

(6) 智能化。通过交通流量检测，可自动调节交通信号机时间；通过 GPS 可自动跟踪巡逻警车。

15.2　系统需求分析

15.2.1　功 能 需 求

交通警察的主要职能是维持城市交通秩序，了解各种道路信息、处理交通违章事件，疏导交通，并对各类车辆进行管理，提高城市道路的交通能力等。因此，道路交通指挥与调度管理系统的主要功能就是以专业化、综合性的地理信息为基础，将监控视频、交通控制信号、122 交通事故接处警、警车 GPS 定位、交通违章监测等实时动态信息及警力分布、交通标志、停车场位置及容量等各种数据集成起来进行集中管理、分析，为各级交警支队、交警大队、交警中队提供快速、及时、可视化的交通管理信息，以便交通管理人员能对各种交通事件做出快速响应并提供辅助决策支持。

为了提高交通警察的快速反应和控制能力，缓解城市交通拥堵、保障交通，方便交通管理人员获取各种交通信息，提高工作效率，提高城市交通管理决策的有效性、正确性和效率，道路交通指挥与调度管理系统必须具备以下功能：交通专题信息查询检索；交通要道路况实时监控；道路与交通管理设施监管；交通诱导；停车引导；交通事故接警处理；事故预防和紧急救援；车辆调度；交通信息统计分析；交通组织信息管理与仿真评估等。

交通专题信息查询检索主要是根据检索条件进行图形查属性、属性查图形双向查询以及模糊查询。可以快速查询道路交通设施分布、路段路口流量、高峰小时流量、公交线路、道路功能划分、停车场分布、交通组织情况等交通专题信息，并显示相应的空间图形、位置和相关信息。

交通要道路况实时监控主要是对交通状况实施检测、监视，有效地组织调度交通流，提高行车速度，减少停车次数和停留时间，缩短平均行程时间，缓解交通拥堵。

道路与交通管理设施监管主要是准确了解道路上的交通需求，优化交通信号灯的绿信比，提高交通绿灯的使用效率，控制交通阻塞的进一步发展与道路交通分配中的不平衡。

交通诱导主要是使用可变信息板、移动信息板、广播/电视、车辆终端、个人计算机等多媒体介质，发布或获取来自指挥调度中心的交通信息，使出行者了解道路的交通状况，适时地做出改变车速、绕道或停车等反应。

停车引导主要是通过多种方式向驾驶员提供停车场的位置、使用状况、路线以及相关道路交通状况等信息，引导驾驶员最有效地找到停车场。

交通事故接警处理主要是及时接收、受理交通事故报警电话和紧急电话，合理调度警力，进行紧急救援和路障清理，快速处理紧急交通事故和意外交通事件。

事故预防和紧急救援主要是车辆发生突发事件或发生自然灾害时，能自动向指挥调度中心发出紧急事件警报，从而缩短救援时间，并诱导紧急救援车辆及救援行动尽快到达和实施。

车辆调度主要是指挥调度中心的工作人员通过以电子地图为背景的 LED 显示屏，了解通信覆盖区域内所有受控目标的分布和运行情况，一旦受控目标发出报警，能够立即在指挥调度中心的显示屏上显示出来，指挥人员可以迅速调度距事发地点最近的车辆赶往事发地点。

交通信息统计分析主要是对历史的交通信息数据进行分析和统计，以得出规律性的东西，为交通管理决策服务，其主要内容应包括：

(1) 对交通流量、占有率按时段、日、周、月进行统计，生成趋势图。

(2) 对交通流量、占有率按照一周的某时段、一月的某日、一年的某月等进行统计，生成趋势图，对照生成的趋势图，分析当前时段、月的交通流量变化趋势。

(3) 交通事故统计和交通事故分布。按交通事故发生原因、日期、区域以及气候条件等不同类别来进行统计分析。

交通组织信息管理与仿真评估主要是基于交通静、动态信息的把握以及对信息的采集和分析，能描述城市交通组织方案，能够根据当前具体交通情况自动选择最优交通组织方案，同时能对交通方案进行仿真评估。

15.2.2　性能需求

系统性能评判标准有七方面：一是物理性能；二是逻辑性能；三是兼容性能；四是容错性能；五是操作性能；六是维护性能；七是安全性能。根据交通警察警务工作对系统的要求分析，道路交通指挥与调度管理系统除必须具备以上七方面的良好性能外，还必须同时具有良好的快速响应性能。

(1) 物理性能指系统的存储容量限制、数据访问速度、系统运行效率、响应时间、安全保密性等。

(2) 逻辑性能指根据系统逻辑结构功能的实现情况。

(3) 兼容性能指系统软件与各种硬件设备的兼容性，与操作系统的兼容性以及与支撑软件的兼容性等。

(4) 容错性能指系统应提供丰富的提示信息，指导操作人员的操作。操作人员出现错误操作时，能给予其纠正的机会。使用系统级的错误处理机制，在系统发生错误时，自动保存错误现场，并给予操作人员详细的指导。

(5) 操作性能指系统应安装简单、操作方便，具有良好的操作界面，符合用户日常工作的需要，使用户操作轻松愉快。

(6) 维护性能指对系统硬件和软件进行日常维护的方便程度以及出现外界影响需要对系统进行维护更新时的复杂程度。

(7) 安全性能指系统应具备自身安全机制和数据保护机制，以确保数据的安全性。系统建成后，应建立一套完备的数据维护、备份管理机制，从系统运行机制上保证数据的安全。

(8) 快速响应性能指系统应能提供高效的数据访问服务，当并发访问的用户数增加时，系统的响应时间能缓慢、平滑的上升，以保证系统面向全交管系统、甚至部分数据对全社会开放时，能够快速响应。

15.3 道路交通指挥与调度管理系统数据分析

在道路交通指挥与调度管理系统中，最主要的就是对各种交通管理信息进行有效的管理和应用。交通管理信息是对交通管理对象、道路设施、交通参与者等交通管理中客观要素的描述。交通管理信息主要包括静态信息和动态信息。

15.3.1 静态信息

1. 道路网信息

道路网信息是城市道路交通管理的基础，几何连接关系是路网表达的最基本内容，同时它还反应交通流方向的空间拓扑关系，是其他信息赖以存在于道路交通指挥与调度管理系统中的基石。道路网信息不但能对道路、桥梁的空间分布、长度、宽度、线形等几何特征有清楚的描述，而且还应对路网的性质、设计车速、容量等相关内容作恰当的表征。此外，由于公安交通管理的需要，在道路网信息中还应包括停车场、客运交通路线、站点的设置、社会单位班车路线及站点以及一些大型的公共建筑和客货交通枢纽等信息。

2. 交通设施信息

交通设施直接参与城市交通管理活动，它主要包括交通信号灯的设置地点、具体构成、控制策略和配时、交通流量、意外事故检测器的类别和地点、各类交通标志、交通监控电视以及交通违章检测仪的安装地点和状态等。

3. 交通管理者信息

交通管理者信息必须能够准确描述城市行政区域的划分，交通管理各行政部门的管界以及警力的驻地、警车、装备等。

15.3.2 动态信息

动态信息是道路交通指挥与调度管理系统进行管理决策的重要依据。它主要包括以下几个方面：

1. 道路交通信息

主要表达道路的交通流量、车道占有率、平均车速以及道路拥堵的分布和程度、交通事故信息等。

2. 接处警信息

表达各类意外事故的发生、报警和处置情况。

3. 警力、警车信息

主要包括 GPS 巡逻警车在道路中的实时分布。

4. 交通分布信息

交通分布信息主要包括通过局域网、广域网、广播、电视等向各相关管理部门或公众发布的实时交通信息；在给定行车对象位置的条件下，LED 显示屏发布的行车方向前方各方向上的流量状态和拥挤程度等信息。

道路交通指挥与调度管理系统信息处理流程如图 15.2 所示。

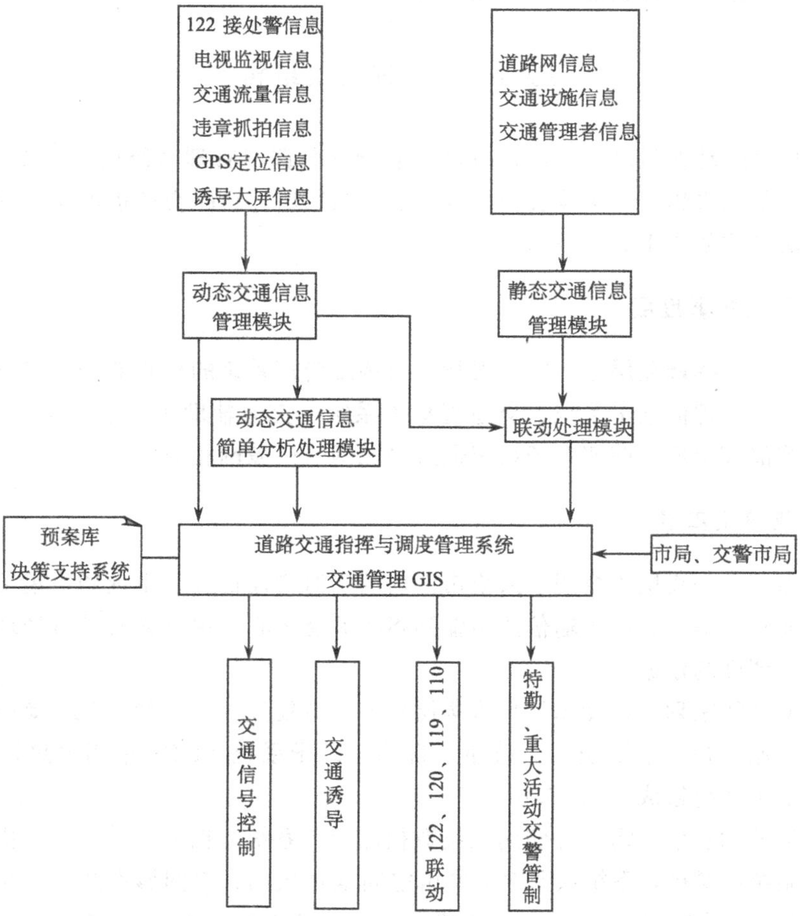

图 15.2　道路交通指挥与调度管理系统信息处理流程

15.4 道路交通指挥与调度管理系统结构设计

15.4.1 系统网络结构

智能化的道路交通指挥与调度管理系统不是各子系统在物理上的堆砌，而是技术上的集成，各子系统分工协作，资源共享，共同服务于整个交通指挥与调度管理系统，交通地理信息系统为整个系统集成提供了软硬件的技术平台。指挥调度中心设备的电脑化、网络化、程控化，为网络平台的设立提供了条件。采用全交换百兆以太网功能，支持 Intranet 应用。网络协议采用 TCP/IP，网管协议采用简单网络管理协议（SNMP），信源端采用固定 IP 地址。道路交通指挥与调度管理系统网络结构组成如图 15.3 所示。

15.4.2 系统层次结构

根据系统功能需求的分析，道路交通指挥与调度管理系统由三层结构组成：交通动态信息采集层、决策及指挥调度层、执行层。道路交通指挥与调度管理系统的层次结构如图 15.4 所示。

1. 决策及指挥调度层

决策及指挥调度层是道路交通指挥与调度管理系统的核心部分。它由信息显示子系统、地理信息子系统、交通管理子系统、交通辅助决策子系统、局域网、广域网等部分组成。前四个子系统通过局域网、广域网相连（图 15.5）。

2. 动态信息采集层

动态信息采集层主要用于采集市区内的实时交通信息。由现场采集设备获得相关交通管理信息，经传输信道传输到指挥调度中心，由计算机进行处理后，作为决策、调度的依据。

根据功能来划分，动态信息采集层主要由电视监控子系统、122 接处警子系统、交通流量检测子系统、交通违章自动记录子系统、GPS 车辆卫星定位子系统等几个子系统组成（图 15.6）。

采集的动态信息需要存储到系统数据库中，系统数据库是道路交通指挥与调度管理系统的基础，系统数据库主要由空间地理数据、空间属性数据、交通动态数据、交通历史数据、交通接处警数据、交通设施数据、交通统计数据、交通专家知识数据、交通模型、交通文档数据以及交通数据字典等组成，如图 15.7 所示。

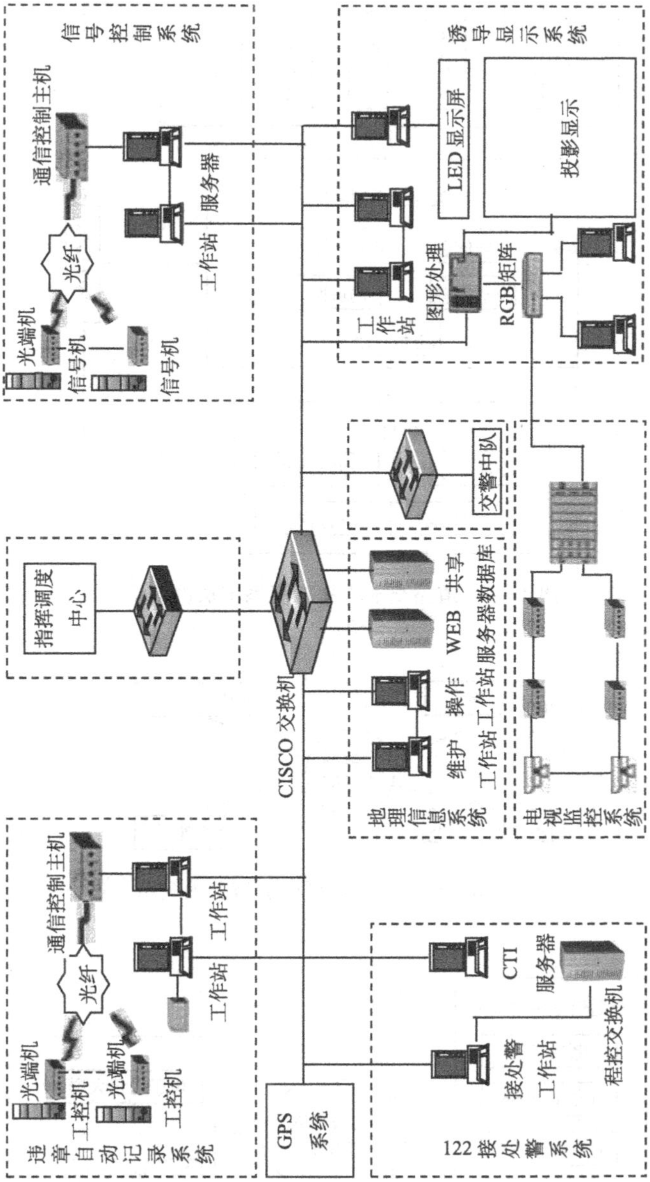

图 15.3　道路交通指挥与调度管理系统网络结构

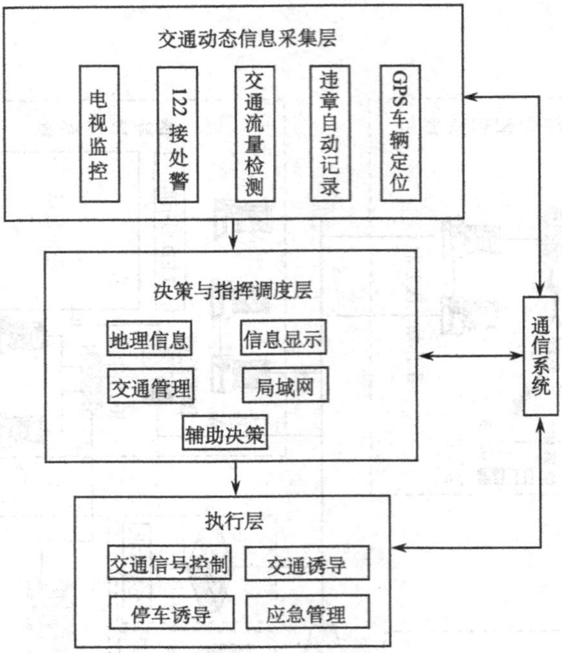

图 15.4　道路交通指挥调度系统层次结构

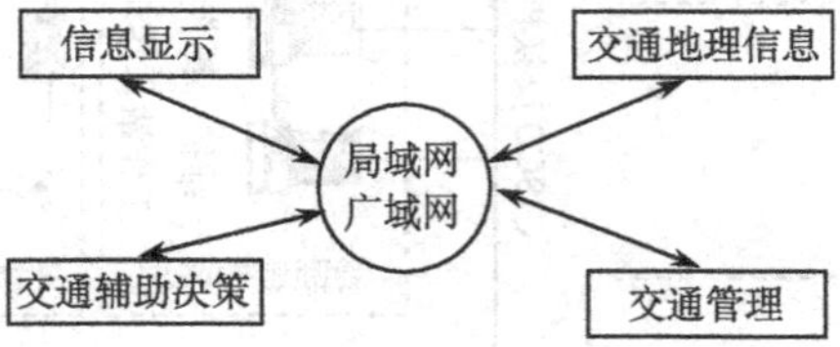

图 15.5　决策与指挥调度层信息关联图

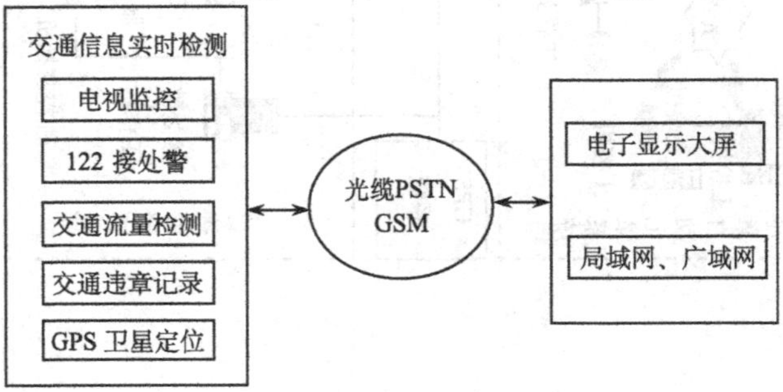

图 15.6　动态信息采集层示意图

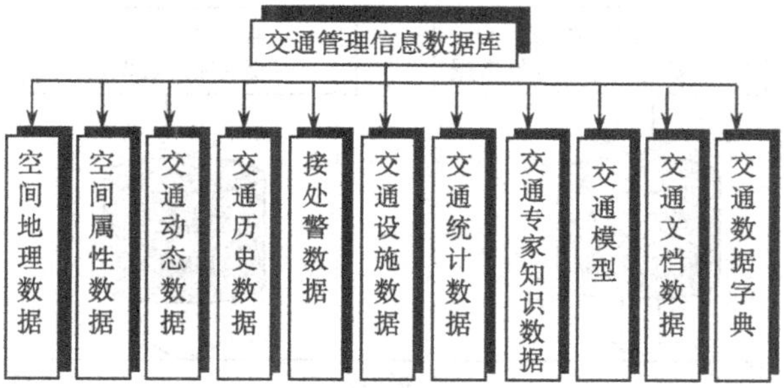

图 15.7　交通管理信息数据库的组成

1）交通管理信息数据库结构

交通管理信息数据库包括动态交通信息数据库和静态交通信息数据库两部分，二者通过数据融合构成统一的交通信息数据库。动态交通信息数据库存储动态交通信息属性数据；静态交通信息数据库存储静态交通信息的空间数据以及与空间数据相关联的属性数据。动态交通信息主要指实时信息（如交通流量数据、交通设施数据、路口堵塞信息等）、历史信息（如交通统计数据、接处警数据等）、衍生信息（如信号灯色、用不同颜色实时显示道路交通流量等）和决策信息等。静态交通信息主要指地理信息数据、交通标示、道路监控点分布、交通信号控制系统分布、交通违章自动监测系统分布、警力分布、巡逻车分布等信息。

交通管理信息数据库的结构如图 15.8 所示。

2）交通管理信息数据结构

交通管理信息数据结构对于提高系统的开发效率和维护性非常重要。因此，在交通管理信息数据库设计中，应综合考虑静态交通信息和动态交通信息在数据库中的平衡分配，并据此进行数据结构设计。数据库的数据结构应与特定的系统功能相关联，将较稳定的属性数据存储到 GIS 的地图数据表结构中。然后在数据库系统中分市局、分局两级为每一种特定系统功能建立扩展属性数据表，并随着数据资源的增加，不断完备现有数据。

3）交通管理信息数据库安全设计

目前数据库系统一般选用 ORACLE 8i 以上的版本。为适应数据访问的需要，数据库系统的安全模式通常采用标准安全模式。普通上网用户对数据库的访问仅授予只读客户账号。对于实施远程数据维护的用户，在数据库系统设立一个专门的组账号，其成员用户可以对指定的数据库进行更新、删改以及存储，并在

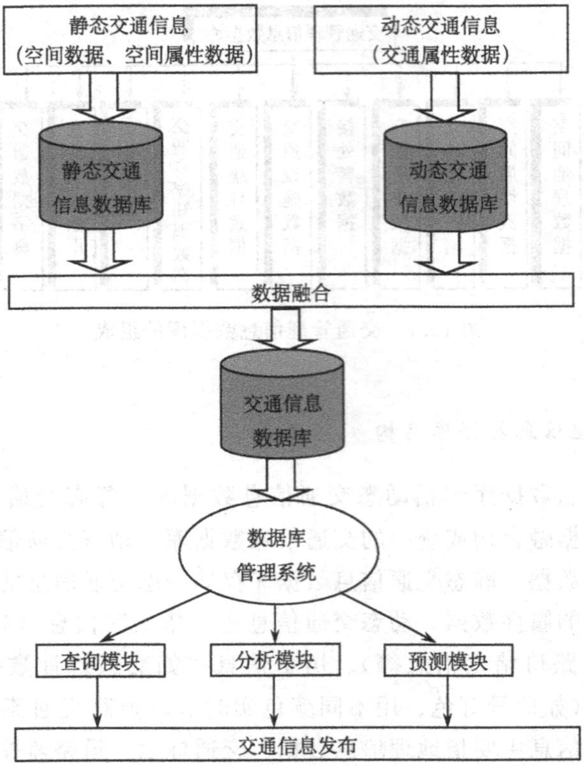

图 15.8　交通信息数据库的结构

系统中建立安全日志。对于过程维护用户采用基于 Web 的方式维护数据库或地图，其操作必须通过 Web 组件、数据库访问组件或地图访问组件调用数据库系统的存储过程实施，以充分保障系统的安全。

3. 执行层

执行层主要由交通信号控制子系统、交通诱导子系统、停车诱导子系统、应急管理子系统等组成（图 15.9）。

15.4.3　系统功能结构

道路交通指挥与调度管理系统以地理信息系统为基础平台，集成 122 接处警子系统、交通电视监视子系统、交通流量检测子系统、交通信号控制子系统、交通违章自动记录子系统、交通卫星定位子系统、交通通信子系统、交通诱导显示子系统、停车诱导子系统及应急管理子系统等组成。道路交通指挥与调度管理系

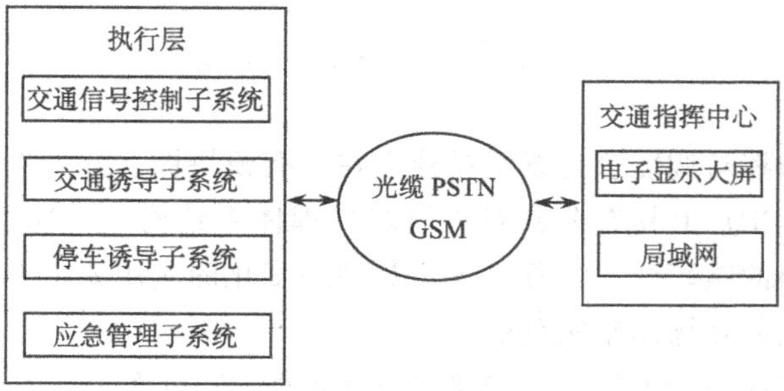

图 15.9 执行层示意图

统的总体功能结构如图 15.10 所示：

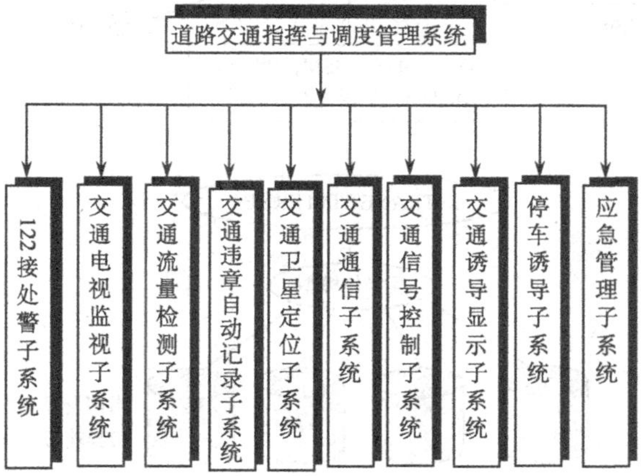

图 15.10 道路交通指挥与调度管理系统总体功能结构

15.4.4 数据存取设计

数据存取的方式分为两大类：一是成批处理方式；二是联机处理方式。成批处理方式按一定时间间隔（小时、日、月等）把数据积累成批后一次输入计算机进行处理；而联机处理方式的特点是面向处理，数据直接从数据源输入中央处理机进行处理，由计算机即时做出回答，将处理结果直接传给用户。对于要求响应速度快的数据处理，应采用联机处理方式，如动态交通数据以及各种即时查询的数据访问等；而对于要求实时性不高的数据处理，可采用成批处理方式，例如，静态交通数据以及产生各种统计报表的数据访问等。

15.4.5　系统接口设计

道路交通指挥与调度管理系统是建立在具有模块性、并行性和自治性的分布式计算平台（DCP）上具有公共对象请求代理体系结构（CORBA）的超媒体网络系统。系统内的频繁交互、复杂分析和动态变化的应用要求是通过系统接口进行交通管理信息的互操作来实现的。

道路交通指挥与调度管理系统接口框架如图 15.11 所示。

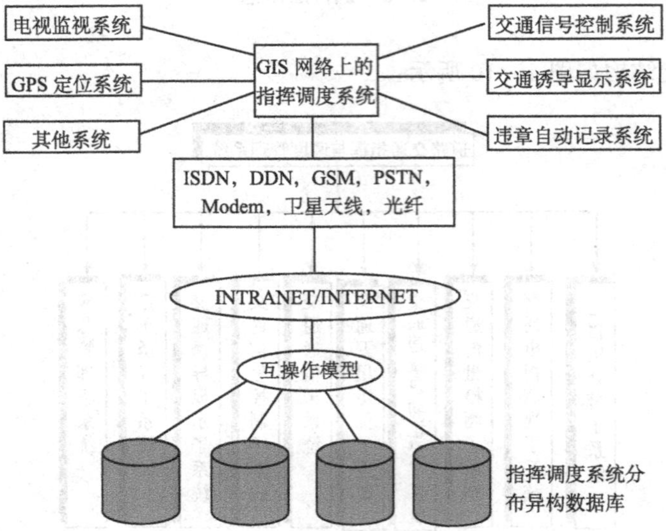

图 15.11　道路交通指挥调度系统接口框架

1. 交通信号控制系统与 GIS 系统的接口

交通信号控制系统可以通过标准以太网（TCP/IP）向 GIS 系统指定的文件服务器目录发送有关交通信号状态、系统运行记录和交通数据信息，所传送的信息可以是文本文件、数据库文件或其他二进制文件。

2. 交通违章自动记录系统与 GIS 系统的接口

系统可采用串行通信接口 RS232 或 USB 接口通信，通信协议由驱动程序和软件开发工具包（SDK）决定。

3. 交通诱导显示系统与 GIS 系统的接口

硬件连接可采用光纤和无线（GSM 网）方式；软件可采用 LED 图文屏编辑

软件。

4. 决策与指挥调度系统与 GIS 系统接口

硬件连接可通过交换机；软件采用决策与指挥调度系统软件。

5. 电子数字大屏系统与 GIS 系统的接口

硬件连接通过大屏控制器直接用双 100/10M 网口接入计算机网。软件应支持 TCP/IP 协议，并提供标准调用函数。

15.5 道路交通指挥与调度管理系统的构成

道路交通指挥与调度管理系统由 122 接处警子系统、交通电视监视子系统、交通流量检测子系统、交通违章自动记录子系统、交通卫星定位子系统、交通通信子系统、交通信号控制子系统、交通诱导显示子系统、停车诱导子系统、应急管理子系统等组成。下面对各个子系统分别予以介绍。

15.5.1 122 接处警子系统

122 接处警子系统一般按照网络板块结构系统工程理论进行设计，即首先建成一个独立的网络工作系统，并且能围绕公安交警工作需要，具备网络升级、联网接口。为支队、大队、中队 122 接处警大联网联动奠定基础。

1. 122 接处警电子地图系统

GIS 电子地图系统是整个系统的核心，系统各项功能的显示都有机集成在 GIS 的显示功能中，目标的定位、查询都由 GIS 系统完成。系统的电子地图是一种矢量化电子地图，包括主干道及次干道，主干道包含两侧 50m 内与交通密切相关的标志性建筑物、企事业单位、居民小区、商场、集市、公共活动场所、车站以及停车场的位置、形状、大小等属性。

2. 122 接处警子系统的组成

122 接处警子系统由电话接口模块、电话语音卡、会议卡、调度计算机、数字录音记录仪、接警计算机、计算机网络、接警电话、调度电话、无线对讲机及调度软件组成。

调度计算机采用工业控制计算机，内含丰富的 ISA（internet security and acceleration）插槽，可任意插入语音卡、会议卡、网卡等。一台工业控制计算机可插入 1～8 块语音卡，每块语音卡通过一个外置接口模块与 8 条电话线相连，每条话路可通过软件配置为中继线或用户线。中继线与电信局交换机的模拟用户线或公安局交换机相连，可设置为 122 报警中继、110 转接中继及内外线调度中继，用来接收报警电话、输出调度命令。用户线连接用户话机，形成指挥中心的内部用户，由软件配置报警电话、调度电话，每个接警席配置一部接警话机、一部调度话机。调度计算机运行 CAD 软件，存有 114 电话数据库及警力分布数据库，可设定为班长席。

调度计算机中插入的会议卡，可完成任意三方的通话，以便在接警、调度时实现三方通话功能。数字录音记录仪由计算机和电话语音卡完成，可实现报警时自动录音，也可以进行调度录音，以便需要时进行查询。

3. 122 接处警工作流程

122 接处警工作流程如图 15.12 所示。

4. 122 接处警子系统的主要功能

1）报警受理功能

（1）基于 CTI 技术的音频调度。误码拦截、语音提示以及被叫锁定功能；报警电话的多字段显示（固定电话报警显示：电话号码、装机姓名、装机地址；移动电话报警显示：电话号码、装机姓名、经度/纬度、时间）等。

（2）接警电话自动录音。

（3）三方或多方通话。

（4）报警信息与电子地理信息的互动显示（单机单屏/一机双屏/一机三屏）。不同比例尺电子地图（从 1∶10 000 到 1∶500）的调用；警用专题图（包括：警力分布图、辖区卡口图、重点安全监控单位等情况）的显示。

（5）接处警信息的动态发布。自动/手工生成接处警单并通过网络下发给对应处警单位。

（6）提供警务、事务综合受理功能，主要受理来自公安系统内部上级、平级、下级机关和个人通过有线、无线或口头途径传送的报警、会议、求助、投诉和咨询信息。

（7）处警状态的动态监控：通过直观的颜色图表反映接处警状态、接警台状态、接警量等。

2）GIS 功能

（1）显示：以二维、三维方式和任意比例尺显示电子地图、相关属性信息及

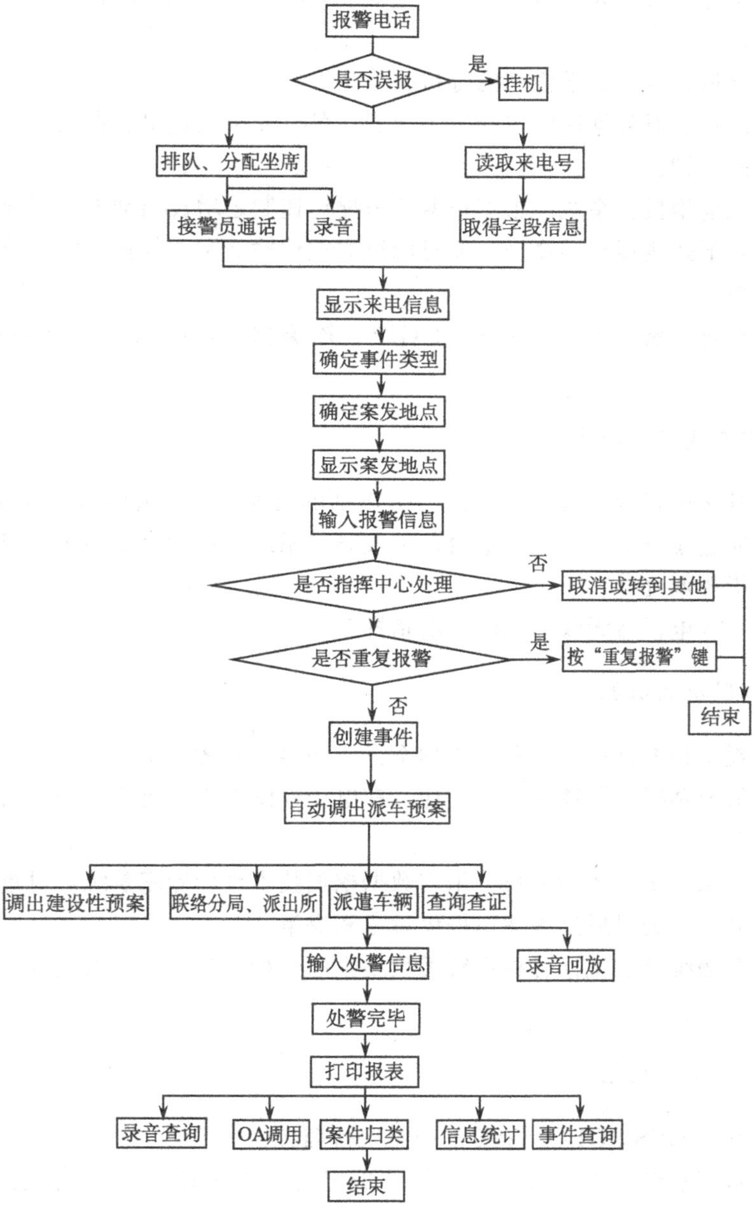

图 15.12　122 接处警工作流程图

警用专题信息。

(2) 查询：实现屏幕点击查询、条件查询、组合查询及利用地理信息系统所特有的目标空间位置关系进行空间查询，如制高点查询、通视判断。

(3) 统计：按时间、地域、事故类型等不同条件对数据库信息的统计，分类、归档。

(4) 分析：基于数学模型的分析决策功能。

(5) 维护：对数据库中包括电子地图、各类安全重点单位数据库、人员与装备等数据的维护。

(6) 现场增援：系统能根据报警的情况迅速制定增援出动方案，通过有无线调度方式，下达增援出动命令；通过网络方式传输文字、数据、图形等信息，进行信息增援。

(7) 现场态势监控：系统通过GPS、探测器、视频监控设施对现场进行监控。

3) 有无线调度功能

(1) 基于语音卡、程控交换机、IP电话的公安专网、公网语音调度。

(2) 通过集群电台、常规电台、无线寻呼系统、移动电话系统、卫星通信系统的无线指挥调度。

(3) 有线电话对无线通信电台的指挥调度 。

4) 辅助决策功能

(1) 提供预案支持，具备文本预案方式和事件预案方式。

(2) 最短路径、缓冲区分析功能，在电子地图上提供更好的显示信息，更好的决策支持。

(3) 专家系统、案情分析。采用数据挖掘技术设计专家系统，对重大案情进行合理的分析，为以后处理案情提供参考和决策。

(4) 专题统计。统计各种报警类型发生的数量、时间和地点，方便提供更合理的解决方案。

5) 卫星定位监控

(1) 基于GPS、GLONASS的卫星定位监控。

(2) 基于GSM/CDMA公网、公安350M、800M集群通信的传输手段。

(3) 基于公安专网、INTERNET公网的车辆信息发布。

(4) 面向公安巡逻车辆、特种运输车辆、社会运营车辆等用户对象的监控。

6) 视音频服务功能

(1) 视音频信息的收集、传输与存储。

(2) 视音频信息的网络广播与点播。

7）警务信息综合管理功能

（1）警务数据管理。

（2）警用信息和数据库的管理与维护。

（3）警用信息的显示与控制。人员、器材、设备、设施、联保单位等信息的显示管理。

8）模拟训练功能

根据接处警演习的要求，采用网络方式，利用三维动画、声光效果进行指挥过程的模拟。

指挥模拟训练可包括：报警的受理、方案制定、指令下达、指挥调度、模拟应急情况的处置、增援计划的制定、效果评估等。

9）系统管理和系统监控功能

（1）网络管理。

（2）人员管理。

（3）系统监控。

（4）接警席位监控。

（5）设备运行状态监控。

（6）数据的集中管理。

（7）系统信息记录。系统能自动和人工方式记录警务受理和指挥调度过程中的有/无线语音、文字、数据、图像等信息。

（8）对所记录的信息能进行显示、存储、分类、统计、查询。

10）大屏幕投影显示与显示控制

所有在网的计算机和视频信息都可以通过大屏幕投影显示设备进行显示。支持多画面、画面组合、视频与计算机信号的同屏显示。

5. 122 接处警子系统实现

根据上述设计，122 接处警系统可以实现报警受理功能、GIS 功能、有无线调度功能、辅助决策功能、卫星定位监控、视音频服务功能、警务信息综合管理功能、模拟训练功能、系统管理和系统监控功能、大屏幕投影显示与显示控制等。图 15.13 给出了 122 接处警子系统接警的实例。

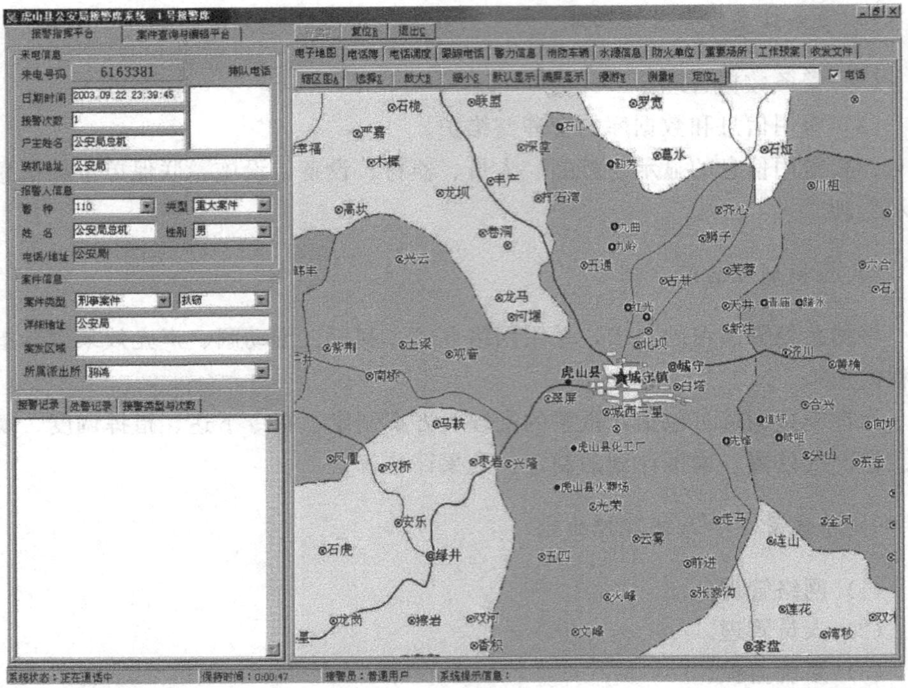

图 15.13　122 接处警子系统接警实例

15.5.2　交通电视监视子系统

交通电视监视子系统的图像信息不仅对监控道路状况、疏导交通具有直接作用，对侦破刑事案件、维护社会治安、做好警卫保卫工作也具有重大意义。

1. 交通电视监视子系统结构

交通电视监视子系统一般由前端设备、传输设备和终端设备三部分组成。

(1) 前端设备的主要任务是在监控中心的控制下，摄取所需的被监控现场的图像（光信号），并将其转换成视频信号（电信号）。其设备主要有：电视摄像机、镜头、云台、支架、防护罩和解码驱动器等。

(2) 传输设备的主要任务是把前端设备摄取的视频信号传送到终端设备，同时把终端设备的控制信号送到前端设备。其设备主要有发收端设备（如调制解调器、无线收发机、光端机等）和传输线（如同轴电缆、光缆、非屏蔽双绞线等）。

(3) 终端设备的主要任务是根据监控要求，控制前端设备摄取所需要的图像，将传输来的视频信号进行处理，重现现场的景物图像，并加以记录和传送。其设备主要有：控制切换设备、监视器、多画面分割器、视频分配器、录像机、视频复印机等。

交通电视监视子系统结构如图 15.14 所示。

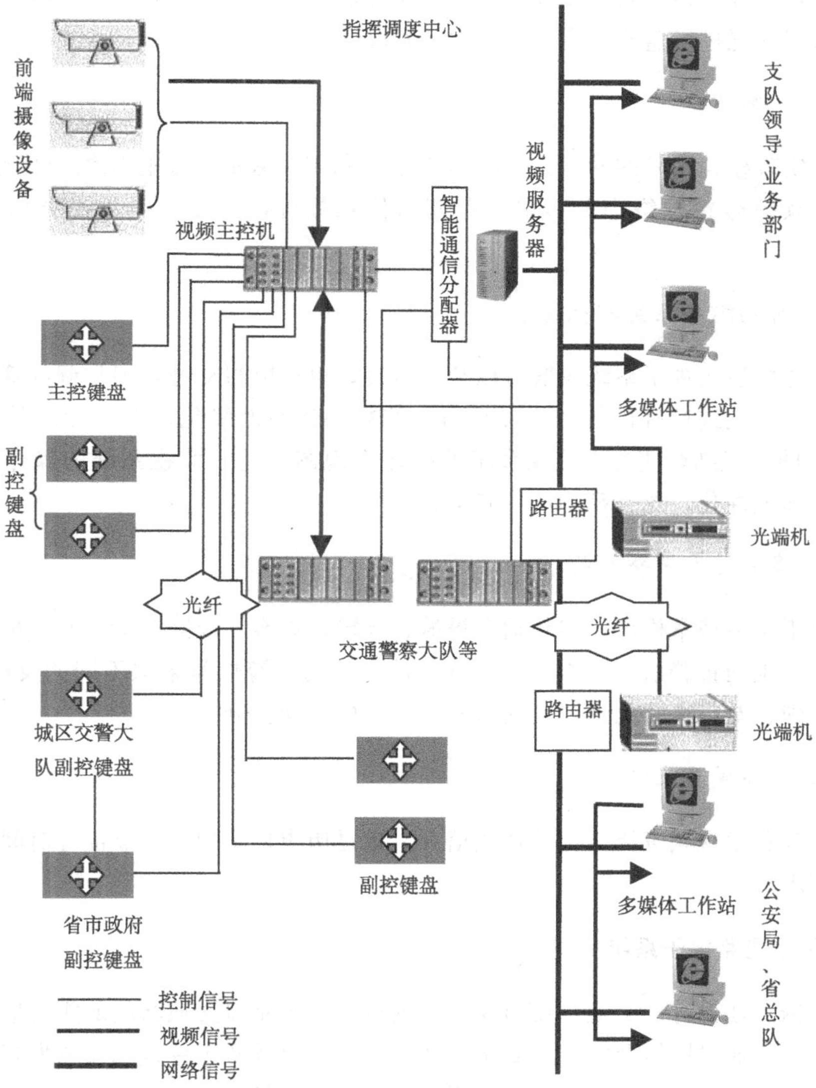

图 15.14　交通电视监视子系统结构

2. 交通电视监视子系统的主要功能

1）本地监控

对本地特定场所（如营业厅、停车场、仓库等）实施监控。

2）远程监控

通过远程通信手段（光纤、专线、无线通信等）对路口等公共场所的交通状况和治安状况进行监控，直接获取现场实况。

3）网络功能

在实现模拟信号的网络传输的基础上，利用视频的数字化压缩与传输技术，实现视频信号在网络中的传输、存储与信息处理，有效地提高视频信息的利用率。

4）与 GIS 等系统有机结合

交通电视监视子系统应既可以独立运转，也可以与交通指挥与调度管理系统中的各子系统进行有机结合，视频信号的数字化与网络化以及与地理信息系统（GIS）的有机结合使电视监视系统的操作实现图形化、监视系统的操作更加便捷、更加人性化，业务范围进一步扩大。

5）多种触发报警方式

对于车辆违章检测、视频动态报警、火警、烟雾、线路中断、暴力损毁等异常情况产生的报警信号提供全面支持，针对不同报警信号采取不同的反应机制，及早发现、及早决断处理，实现对异常情况的早期控制。

6）数字硬盘录像

充分利用视频资源，记录视频信息，满足历史记录回放、取证等时间敏感的业务需求。

3. 交通电视监视子系统实现

根据上述设计，交通电视监视子系统可实现对路口交通状况的实时监控，并将监控信息通过网络及时传送到指挥调度中心，对异常事件做到及早发现、及早决断处理。图 15.15 给出了交通电视监视子系统视频显示的实例。

15.5.3 交通流量检测子系统

交通流量检测子系统是道路交通指挥与调度管理系统的重要组成部分，用于检测道路主线车流量、车型、车速、占有率、轴载等重要交通数据，以供统计、查询、分析和领导决策层制定交通管理规划、政策之用。对交通流量状态的处

图 15.15　交通电视监视子系统视频显示示例

理、分析结果，通过对外信息发布系统向社会交通参与者实时发布，社会交通参与者可以据此选择最佳出行方式、路线，缩短旅行时间，从而可以减少交通拥堵，均衡交通流分布，确保道路安全畅通。

1. 交通流量检测子系统结构

交通流量检测子系统从结构上一般分为 3 个层次：即交通流量信息采集层（检测器层）、数据统计处理层（上位机层）和指挥调度层（指挥调度中心的中央处理机）。

交通流量检测子系统结构如图 15.16 所示。

1）交通流量信息采集层

检测器是交通数据的采集设备，其主要功能是将路面交通的流量、车速、占有率等原始交通数据通过各类交通检测器（如路面线圈检测器、视频检测器等）送到上位机或汇集器进行处理。

每个检测器带 4 个环形线圈，分为两个车道（信道）。检测器电路将感应式环形线圈与振荡器谐振产生的正弦波输出信号转化成矩形波信号送到计数器，然后由单片机进行数据分析处理，并将刚刚通过环形线圈的车辆的基本信息通过中断申请方式，由专用的并行接口发送到上位机。

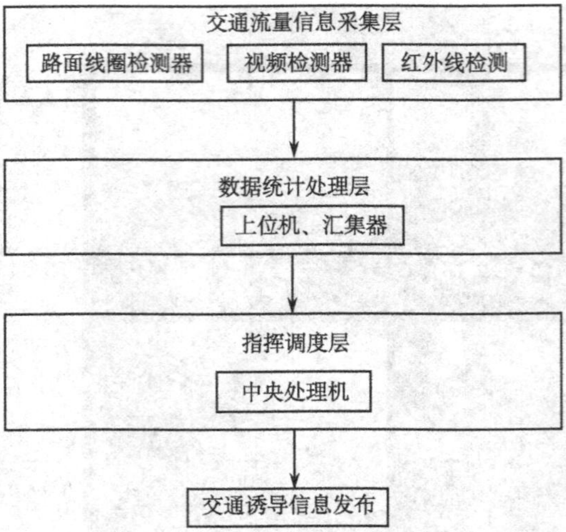

图 15.16 交通流量检测子系统结构

2）数据统计处理层

检测器只能检测车辆计数和车辆的运动信息，例如，单车速度、单车长度和行驶方向等。而交通监控的依据是交通流的状态信息，即车辆在给定记录周期内的统计值。数据处理层的主要功能就是上位机根据检测器采集到的车辆基本信息，通过一定的算法得到一个记录周期内的有关交通流量参数，如交通量、路段平均车速、交通密度、平均车头间距和时间占有率等。

3）指挥调度层

指挥调度层中央处理机的主要功能是通过串行通信接收上位机的周期统计信息，并对下位机的各种技术参数进行设置，如时间校准，记录周期设定，报警参数定义等。交通管理人员根据得到交通流量信息，对交通流量较大的路段进行指挥调度，并通过交通诱导显示系统及时向交通参与者发布，确保道路畅通。

2. 交通流量检测子系统的主要功能

交通流量检测子系统主要包括以下功能：

（1）对监视区域内路段上通过车辆的数目进行实时计数；

（2）对监视区域内的运动车辆进行车牌号码识别；

（3）对监视区域内的运动车辆进行实时速度测量；

（4）查询显示设定时间段内的车辆平均速度、时间占有率、平均车间距等信息；

（5）系统能显示画面及数据、流量曲线、时间、地点等信息；

（6）能将通过检测和识别所获得的交通数据存入系统数据库并能对相关数据进行统计及输出查询；

（7）系统应能进行自检，并对运行故障自动显示。

3. 交通流量检测子系统实现

根据上述设计，交通流量检测子系统可实现对监视区域内路段上通过的车辆数目实时计数、车牌号码识别、实时速度测量以及车辆平均速度、时间占有率、平均车间距等信息查询等功能。图 15.17 给出了交通流量检测子系统应用的实例。

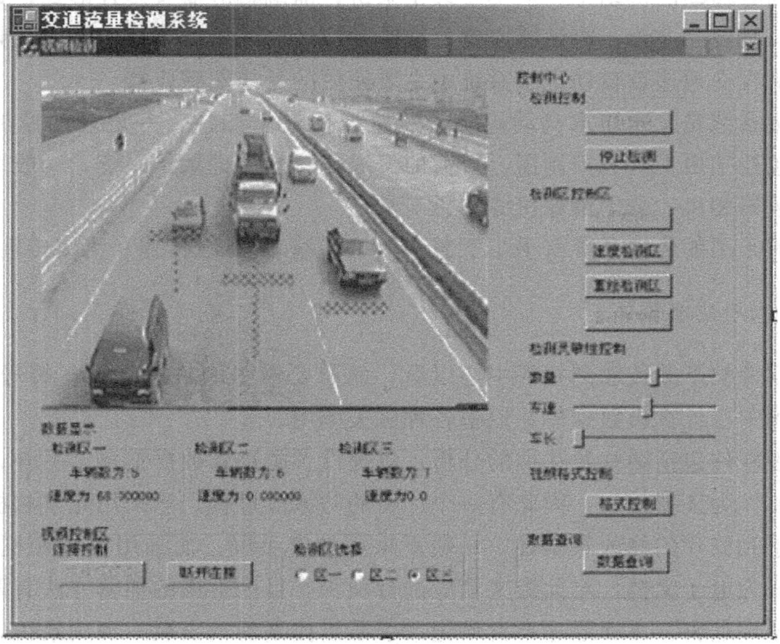

图 15.17　交通流量检测子系统视频检测示例

15.5.4　交通违章自动记录子系统

交通违章自动记录子系统又称为电子警察，通过对机动车路口闯红灯、超速等极易造成恶性事故的交通违章现象进行自动监测记录，做到无人值守，不间断监测，证据充分正确。系统采用先进的光电技术、计算机、图像处理等技术，实时记录经过监控区域的每一辆机动车的图像，并进行存储和处理，为交通违章处罚和交通事故逃逸、盗抢机动车及利用机动车作案等案件的及时侦破提供重要信息和证据。

1. 交通违章自动记录子系统结构

交通违章自动记录子系统就其整体结构可以划分为两个部分：一是外部硬件设备；二是后期处理软件。

1）*外部硬件设备*

交通违章自动记录子系统外部硬件设备据其功能可划分成3个系统，它们是前端感应系统、抓拍摄像系统、后端传输系统。

前端感应系统是交通违章自动记录子系统整体设备中的触手，其目的就是为了感应到有移动的机动车，从实现理论来讲，前端感应器有多种形式，如红外线感应器、微波感应器、声纳感应器、线圈感应器、条形线状感应器、视频感应器等，目前在交通违章自动记录系统中主要使用的是线圈感应器。

拍摄系统是交通违章自动记录子系统取得违章图像，并记录图像的过程设备，其包括拍摄工具和控制器，目前的交通违章自动记录子系统，一般采用光学相机、数码相机、数码摄像机等拍摄工具。

目前采用的传输系统有手工下载（人工传输）、有线传输和无线传输三种。

2）*后期处理软件*

当图像被下载传输到指挥中心以后，就需要对图像进行登记、编号、公告，再传输到中心计算机数据库，以备各种机关调用。

处理软件包括图片及数据的分析，以提供各类违章数据信息。另外，拍摄到的图片要作为证据使用，因此有一个严格的防涂改过程，当采用光学相机进行拍摄时，感光胶片的修改较困难，一般不采用加密手段；而采用数码相机拍摄时，图片就成为电子文档，对此类文档应进行加密。目前常用的加密方法有两种：一种称为硬件加密，在交通违章自动记录子系统控制器里安装一台刻录机，数码相机拍摄的每一幅图片，都将先刻录在光盘上，以后再通过各种手段下载传输；另一种为软件加密，即编制一套程序，内置在控制器之内以检测拍摄的每一幅图片的像素，记录下来，如图片有修改，将原始像素与现在像素进行对比即可发现。

交通违章自动记录子系统结构如图15.18所示。

2. 交通违章自动记录子系统的主要功能

（1）车辆检测：线圈检测精度高、成本低，双线圈检测，可测量车速。

（2）红灯检测：直接读取红灯驱动信号，能适用于任意类型的交通信号控

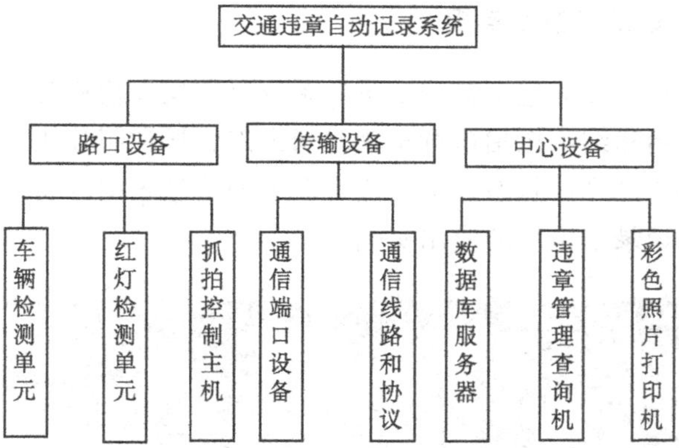

图 15.18　交通违章自动记录子系统结构

制机。

(3) 抓拍控制：各方向独立控制，消除不同方向的相互影响；对逆行车辆、混合车流中的右转车辆等可自动识别，避免误拍；可实现闯红灯抓拍、超速抓拍；通过控制软件可配置各种抓拍参数。

(4) 可任意设定红灯后开始和结束抓拍违章车辆的时间，以避免违章查处方面可能出现的纠纷。

(5) 自动记录违章的日期、时间、地点、红灯开始和结束时间、超速违章时的测量车速和允许车速等信息。

(6) 所抓拍的照片能清晰地反映违章车辆的号牌、车身颜色、停车线、红灯信号，并可根据需要任意设定每次违章抓拍的照片张数（1～4 张），以反映违章的动态过程。

(7) 可以通过电话线、光缆、活动硬盘或手提电脑等多种途径，将违章信息和照片传输到管理中心；可设置每日进行传输的时间，传输过程稳定可靠。

(8) 路口控制器可直观显示抓拍的违章次数、各车辆检测器的当前状态、各方向红灯状态、数码相机连接状态、通信状态，可人工调节车辆检测器的灵敏度，可人工控制抓拍。

(9) 可自动生成违章处罚通知单，打印时可选择是否打印图像；可成批打印违章车牌号码；可自动跟踪接收处罚的情况，自动提醒操作员对逾期车辆进行处罚。

(10) 具有完善的查询和统计功能，如按时间、地点、车牌号等进行查询和统计，通过列表和统计图形等显示查询统计结果。

3. 交通违章自动记录子系统实现

根据上述设计，交通违章自动记录子系统可实现车辆检测、红灯检测、抓拍控制、红灯后开始和结束抓拍违章车辆时间设定、抓拍照片张数的设定、各车辆检测器和各方向红灯当前状态显示、违章车辆的信息查询等功能。图 15.19 给出了交通违章自动记录子系统的应用实例。

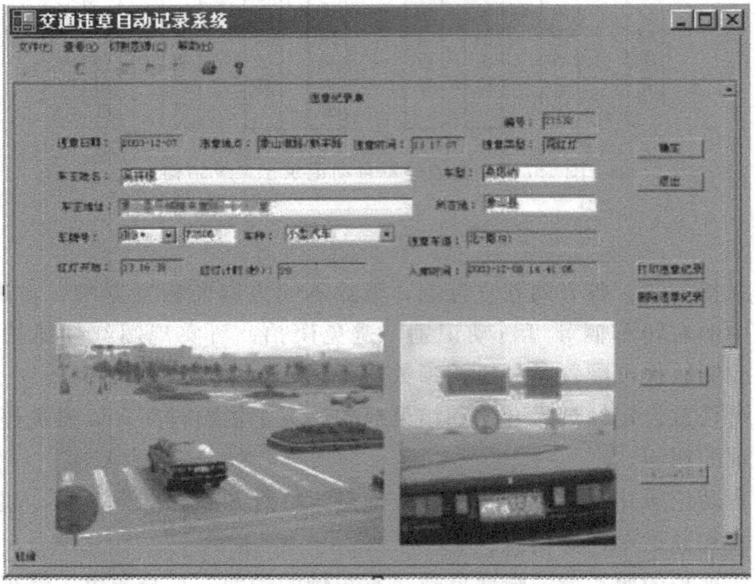

图 15.19　交通违章自动记录子系统违章抓拍示例

15.5.5　交通卫星定位子系统

GPS 卫星定位系统 20 世纪 90 年代在全球范围内投入使用，由于卫星定位覆盖面广，定位精度高，得到广泛应用。在交通管理中使用 GPS 卫星定位系统，便于指挥中心全面掌握调度警力、快速处警，并可用于特种车辆的监控、车辆防盗抢、交通诱导及车辆导航等方面。

1. 交通卫星定位子系统结构

交通卫星定位子系统集全球卫星定位技术（GPS）、无线通信技术、地理信息系统技术（GIS）、计算机及网络技术于一体，对移动车辆或其他移动目标进行实时监控。交通卫星定位子系统由中心站和多个移动车台两部分组成。中心站包括主天线、收发开关、滤波器、前置放大器、主通信机、主接收机、前置处理机、差分处理机、地理信息系统（GIS）、通话设备和其他接口设备；移动车台包括 GPS 天线、GPS 接收机、控制处理器、无线电台和天线等设备。

交通卫星定位子系统结构如图 15.20 所示。

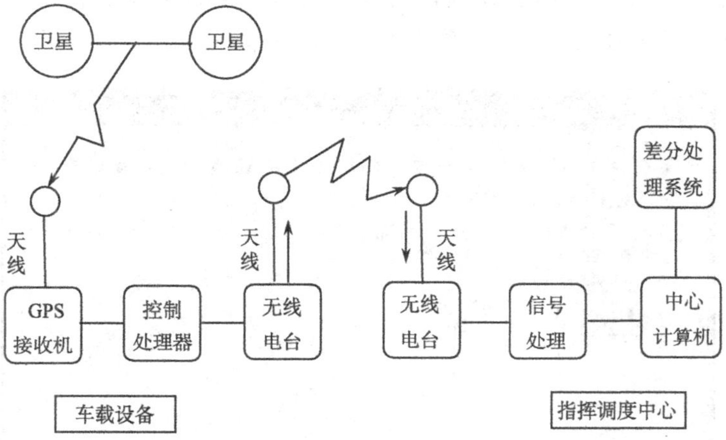

图 15.20　交通卫星定位子系统结构

2. 交通卫星定位子系统的主要功能

指挥调度中心的工作人员通过以电子地图为背景的 LED 显示屏，了解通信覆盖区域内所有受控目标的分布和运行情况，一旦受控目标发出报警，能够立即在指挥调度中心的显示屏上显示出来，指挥人员可以迅速调度距事发地点最近的车辆和人员赶往事发地点，同时交通卫星定位子系统还具有以下功能：

（1）车辆巡测：对网络内车辆可自动或有选择的进行实时监控；

（2）实时报警：网络内任何车辆可随时向指挥调度中心报警；

（3）指挥调度：指挥调度中心对网络内车辆可选呼或群呼；

（4）数话兼容：可同时传送数据和话音；

（5）车辆监听：指挥调度中心能主动实施对网络内车辆的监听；

（6）地理信息系统管理：电子地图可任意开窗和缩放、自动漫游，多车多轨迹存储及快速回放，具备多种数据库；

（7）多区联网：实现多区域多领域联网，并可进行不同区域网络的自动切换；

（8）自动静音：当基站发出指令或差分数据时，车台开启自动静音电路，使车上不出现烦人的噪声。当报警后系统自动开启静音功能，以保证车上人员的安全。

3. 交通卫星定位子系统实现

根据上述设计，交通卫星定位子系统可实现车辆巡测、实时报警、指挥调度、数话兼容、车辆监听、地理信息系统管理、多区联网、自动静音等功能。图 15.21给出了交通卫星定位子系统车辆监控的实例。

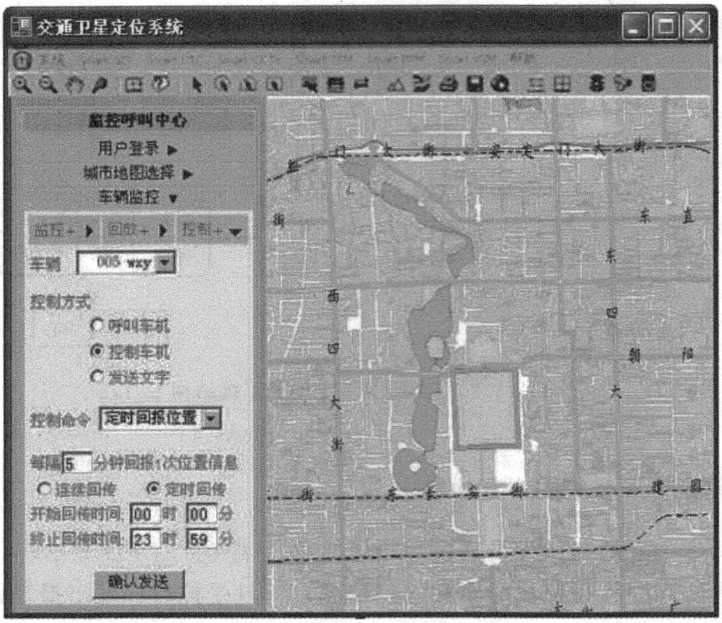

图 15.21　交通卫星定位子系统车辆监控示例

15.5.6　交通通信子系统

交通通信子系统是道路交通指挥与调度管理系统各组成部分之间信息、指令进行有效、快速、准确传输的通路，它为增强快速反应能力、提高指挥调度系统工作可靠性提供重要保证。

1. 交通通信子系统结构

交通通信子系统由有线通信网、无线通信网、数据通信网、视频通信网组成。

1）有线通信网

有线通信网根据交通管理业务的需要，实现交通指挥调度中心与上级领导机关、各业务管理部门、主要执勤点、控制路口及重要户外设备安装点之间的通信联络。

指挥调度中心可设置一台 500（视具体情况设计）门的内部电话交换机，同时引入一定数量的中继线和公安专线进总机。

2）无线通信网

无线通信网实现指挥调度中心与各主要执勤点的直接对话，要求主城区能覆盖 98%以上，县区覆盖 80%以上。交通指挥调度中心可根据公安部的组网原则，逐步建立 350MHz 公安专用频段通信系统。

3）视频通信网

视频通信网主要为指挥调度中心与路口交通信号机、室外可变情报板、电视监视信号、违章自动记录等户外设备间的通信联络提供通路。

目前视频通信网大部分采用点对点星形联结组网方式，中心与路口一一对应，网络结构简单，通信设备造价低，但使用光纤较多，光纤资源没有充分利用。

随着视频信号数字化传输技术的发展，数字图像的传输方式也呈现多样化，如以太网方式、ATM 网方式等。

以太网方式：在路口现场增设网络设备，组成以太网，交通系统的前端设备（摄像机、信号机、电子警察等）经编码器的 10/100M 以太网接口进入网络，指挥调度中心的解码器从网上将图像等信息解码后送显示屏显示（图 15.22）。

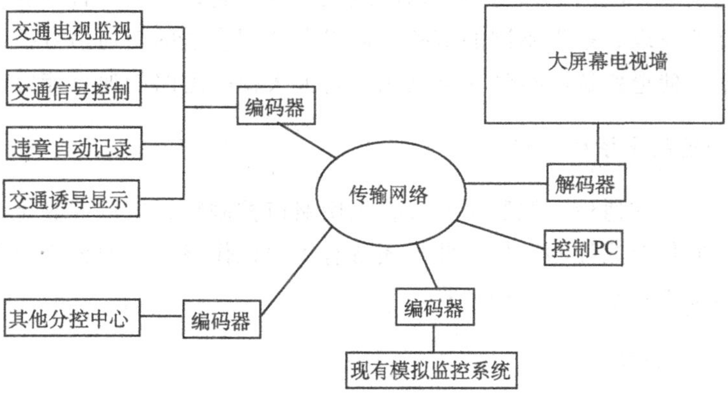

图 15.22　以太网传输流程图

ATM 网方式：ATM（asynchronous transfer mode）即异步转移模式技术，是融合电路模式和分组模式的优点发展而成的，是以信元为信息传输、复用和交换的基本单位的转移模式。

基于 ATM Over SDH 的视频传输网络采用同步数字体系（SDH）技术连接光纤终端设备，同时采用各种 ATM 接入、交换设备构建具备数据、语音、视频等多种业务的 ATM 骨干网。ATM 传输的分组是固定长度（53 字节）的信元，是面向连接的技术，可以很好地解决传输时延问题。随着城市的不断发展与扩张，城市光纤资源将日益紧张，ATM 组网方式会在城市交通管理系统中得到广泛应用。

2. 交通通信子系统的主要功能

（1）传输平台提供透明的传输通道，满足远距离传输的要求；

（2）采用路由器或集成以太网卡网络设备，实现局域网的互联，交通信息数据的实时传输；

（3）编解码器或图像输入/出卡完成摄像视频信号、低速控制信号的高质量传输；

（4）及时地解决道路交通突发事件，能与其他各种公网互联，实现彼此的信息交流。

15.5.7 交通信号控制子系统

交通信号控制是现代城市交通管理的基础，它通过对道路路口时间和空间资源的合理配置，充分利用现有资源，达到最大限度的交通畅通。目前，随着国民经济的快速发展，国内城市道路交通的发展尤其显著，给交通管理和信号控制提出越来越高的要求。根据不同的道路交通状况选用合适的交通信号控制系统设备和控制方案，使道路资源得到充分利用，将大大提高道路的通行能力。

1. 交通信号控制子系统结构

从逻辑上，交通信号控制子系统将采用路口控制级、区域控制级和中心控制级三级控制的集散式控制结构，此外还备有用户操作级。下面分别介绍三级控制和用户级的实现及它们的连接方式。

1）路口控制级

路口控制级能够实现路口的单点优化、多时段、单点感应等单点控制方式和系统控制方式。

2）区域控制级

将系统内的路口划分为若干区域，每个区域交通信号的协调由一台区域控制计算机完成，区域控制级把一个区域的路口划分为多个逻辑子区，通过系统优化算法对路口的周期、绿信比和相位差进行优化，实现区域内信号的优化协调控制。

3）中心控制级

中心级的协调控制，对系统控制的不同区域再进行一定程度的协调控制，同时提供对整个系统信号控制系统进行监视和干预的处理平台。

4）用户操作级

用户可以使用系统监控软件登录到中心服务器完成对系统的监视、干预和系统数据浏览等操作。

2. 交通信号控制子系统的主要功能

1）交通数据的采集和分析

交通信号控制子系统通过与系统信号机交换数据，从信号机中获得交通流信息，包括交通流量、时间占有率和车头时距等，信号机一般支持多种检测器输入，如感应线圈检测、红外检测、超声波检测等。根据全局检测器的流量数据得出相关路段或路口的流量，进行分型决策或生成协调优化参数。系统将流量数据存储于中央服务器中，操作人员在管理终端上可以方便地进行图表分析、统计和打印输出。

2）交通协调和优化控制

系统根据路网中各全局检测器所采集到的交通流量数据，依据系统分型原则给出每个路口的分型决策，即向每一台系统信号机发出指令，告知每台信号机路口所处的车辆流量、速度、占有率，由系统根据分组控制原则自动调用相关路口信号机的控制配时方案，自动实时调整信号周期、绿信比和相位差，实现相关干道或小区域的绿波带控制和小区域优化。

3）系统管理功能

通过系统设定和数据库管理功能，系统管理员可以方便地建立用户自己的数据库，生成完全符合用户实际情况和使用习惯的系统配置信息。用户由此可以对系统数据库的相关信息进行管理，使信号系统与指挥调度中心的其他信息系统集成，通过数据共享，使系统成为功能更为强大的交通指挥控制平台。

4）系统监视和故障监控功能

系统监视和故障监控功能包括对系统内所有软硬件的运行状态和故障监视、

报警提示、故障记录和远程故障确认功能。交通信号机具有灯电流和灯电压检测功能，系统可以监控到路口信号灯的运行状态，系统还可以对通信状态、车辆检测器、信号机和系统内的其他控制设备进行状态和故障监控，同时，系统根据预设可以对每一种故障进行分类管理，对不同类别的故障以不同的方式报警提示，对路口信号机的一般报警可以进行远程报警确认取消。

5）操作员人工干预控制

为了适应日益复杂的交通信号控制需要，除了警卫路线设定、启动功能外，系统操作终端还应具有操作员干预功能。例如，操作人员可以进行批处理操作，并方便频繁调用；提供使用键盘或鼠标操作的操作员界面，操作员可以直接修改每一个路口信号机的控制方案和控制参数，直接干预路口的控制；操作员可以编辑各种控制方案、色步表以及系统功能切换的时间标；操作员可以直接远程启动路口信号机，并可以确认信号机的一般报警等。在人工干预情况下，还可以进行警卫路线控制、指定相位控制等特殊控制。

6）用户管理功能

系统的用户管理功能包括新用户的增设、权限的赋予、密码的管理等。每一个系统用户必须经授权登录后方可进入系统实施与其权限相符合的操作。最高级别的用户是系统管理员，可以对系统的设置数据、其他用户的数据和信息进行查看和修改；一般用户通过密码进入系统后，只能在其权限内进行操作。

7）日志管理功能

系统应提供强大的日志管理功能，主要包括系统事件的记录和存储，具体的事件有：系统故障信息记录、报警记录、故障处理情况记录、系统开机记录、方案调用记录、人工干预记录、系统登录和退出记录、操作员修改系统数据和键入命令的记录等。所有记录按设定应该保存3个月，方便用户在运行管理中进行追溯，管理人员可以用专门的查询工具查询记录，并进行分类统计、打印报表。

8）数据管理功能

系统应可以记录并存储大量的系统原始数据，并在专门的备份操作功能中对这些数据分类备份以便进行永久保存。具体的原始数据有：年交通流数据检索，间隔时间单位是月；月交通流数据检索，间隔时间单位是日；周交通流数据检索，间隔时间单位是日；日交通流数据检索，间隔时间单位是小时；年交通流量、占有率、平均车速1～12月的曲线图、平均车速检索；任意指定交通流的时间段检索；相关路口设计、渠化图的检索等。

3. 交通信号控制子系统实现

根据上述设计，交通信号控制子系统可实现交通数据的采集和分析、交通协调和优化控制、系统管理、系统监视和故障监控、操作员人工干预控制、用户管理、日志管理、数据管理等功能。图 15.23 给出了交通信号控制子系统的界面。

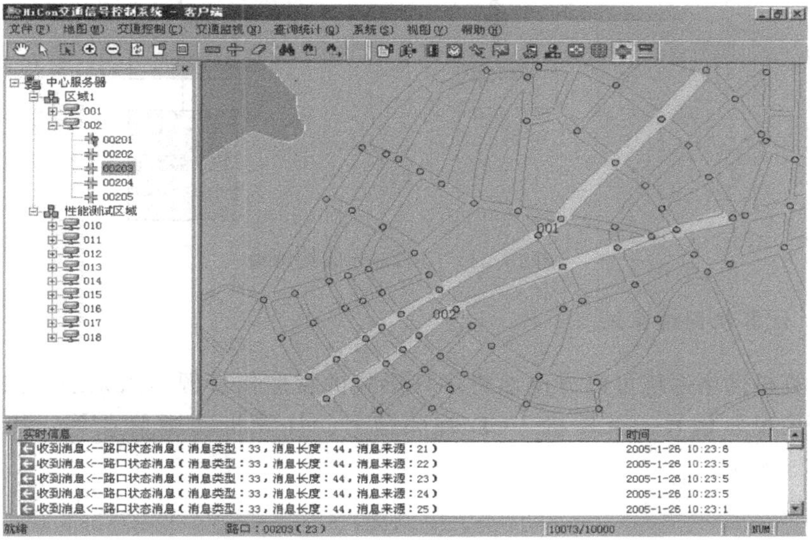

图 15.23　交通信号控制子系统界面

15.5.8　交通诱导显示子系统

交通诱导显示子系统是道路交通指挥与调度管理系统的一个重要组成部分，它能及时发布道路交通信息，显示交通警语、宣传口号，使交通信息共享，实现交通信息化，满足交通管理部门和交通出行者的需要。交通诱导显示子系统对提高交通的安全性、通行能力、突发事故应急处理能力、市民交通安全意识起到积极作用，为城市道路交通管理现代化提供有力的保障。

1. 交通诱导显示子系统结构

交通诱导显示子系统可分为以下几个部分：LED 显示系统、计算机网络系统、系统软件、配电控制系统。

1）LED 显示系统

LED 显示系统是系统的关键部分，其结构如图 15.24 所示。

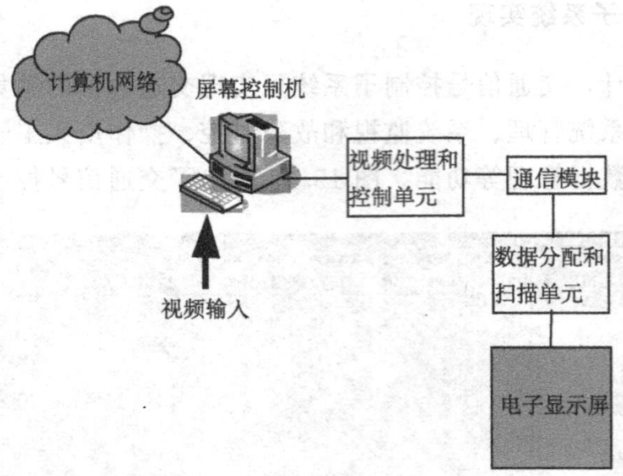

图 15.24　LED 显示系统结构

2）计算机网络系统

计算机网络系统可以方便地将多种形式的视频信息源引入系统，如电视信号、摄像视频信号、录像机 VCD 视频信号、计算机动画信息等，其结构如图 15.25 所示。

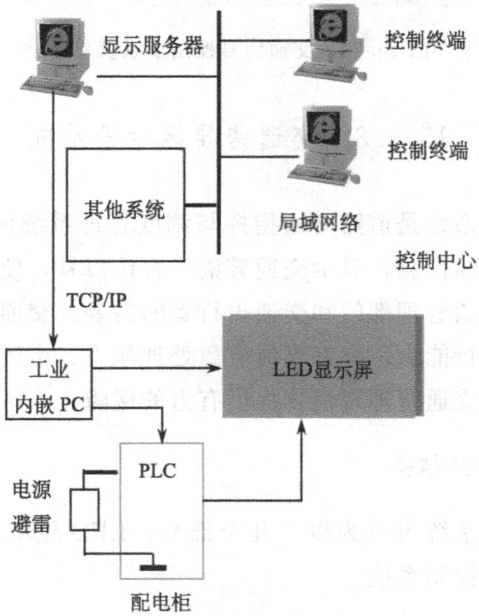

图 15.25　计算机网络系统结构

3）系统软件

系统软件根据硬件建设方案和用户功能需求设计，对于需要及时发布的信息，可以实现实时的播放，也可以制定计划进行播放；同时系统软件还有许多管理功能。其结构如图 15.26 所示。

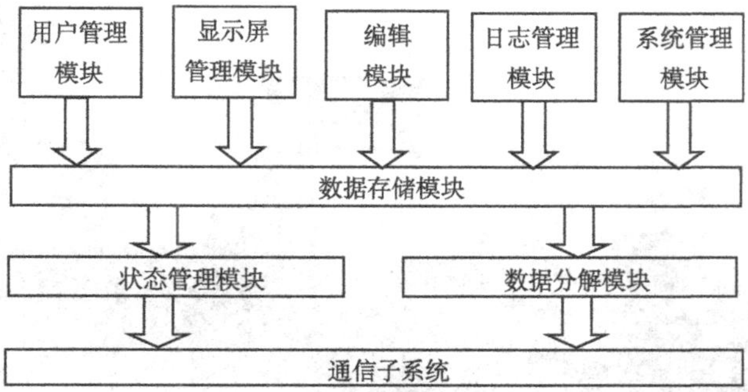

图 15.26　系统软件结构图

4）配电控制系统

利用工业 PLC 控制技术和网络数据通信技术，使电力的开关与控制实现集中指挥，分散局部控制。如果供电系统发生故障，各状态信号也能返送回网络系统，操作员通过网络可监视电路工作情况。

2. 交通诱导显示子系统的主要功能

（1）交通诱导显示子系统具有及时发布道路交通信息，交通警示语、宣传口号的功能，能够提高道路使用率、提高市民交通安全意识。

（2）交通诱导显示子系统利用计算机技术、网络技术、通信技术、交通工程技术将诱导显示屏组网集中控制，具有区域诱导显示与单点诱导显示相结合的功能。显示屏采用单臂悬挂式安装，抗风能力强、可视距离远、清晰度高、系统智能化程度高，具有完善的自检功能，便于使用与维护。

（3）交通诱导显示子系统能灵活控制软件播放，实现即编即发即播，实时显示文字、图片、动画，网上自动采集主要路口路况编号，动态生成播放文件。通信部分具有文件发送即点发和群发功能。控制及状态查询部分可实现手动/自动开关屏，回送当前显示屏状态及当前显示内容。

3. 交通诱导显示系统实现

根据上述设计，交通诱导显示子系统可实现道路交通信息的及时发布、区域诱导显示、单点诱导显示、即编即发即播等功能。图 15.27 给出了交通诱导显示子系统显示屏效果图。

图 15.27 交通诱导显示子系统显示屏效果图

15.5.9 停车诱导子系统

停车诱导子系统以促进停车场及相邻道路的有效利用为目的，通过多种方式向驾驶员提供停车场的位置、使用状况、路线以及相关道路交通状况等信息，诱导驾驶员最有效地找到停车场。它对于调节停车需求在时间和空间上分布的不均匀、提高停车设施使用率、减少由于寻找停车场而产生的道路交通量、减少为了停车而造成的等待时间、提高整个交通系统的效率、改善停车场的经营条件以及增加商业区域的经济活力等方面有着极其重要的作用。

1. 停车诱导子系统结构

停车诱导子系统由停车信息采集、信息处理、信息传输以及信息发布等四部分组成。

1）信息采集系统

通过远程监视装置、传感装置，采集对象区域内各停车场相关信息，主要包括停车场的车位使用状况、停车场集散道路的交通信息等。

2）信息处理系统

信息处理系统将采集到的停车场使用状况以及周边道路信息加工处理成向驾驶员提供的适当形式的信息，如停车场的满空（剩余车位情况）、集散道路是否拥堵等。信息处理系统还担负着存储停车场信息、加工处理停车场使用情况的变化模式等任务。

3）信息传输系统

信息传输系统保证从信息采集系统到信息处理系统再到信息发布系统的畅通。其常用的形式有光传输网、电话交换网以及光接入网等形式。

4）信息发布系统

信息发布系统要将信息处理系统处理过的信息，以适当的方式向外界分若干个层次发布出来。通常是由指挥调度中心，随时将各个停车场的使用状况在可变信息显示板上以视觉的方式或通过广播以听觉的方式向驾驶员提供，也可以利用互联网、移动电话以及车载导航装置等方式发布。目前，最为常用的发布形式为设置于路侧的诱导信息板。

停车诱导子系统结构如图 15.28 所示。

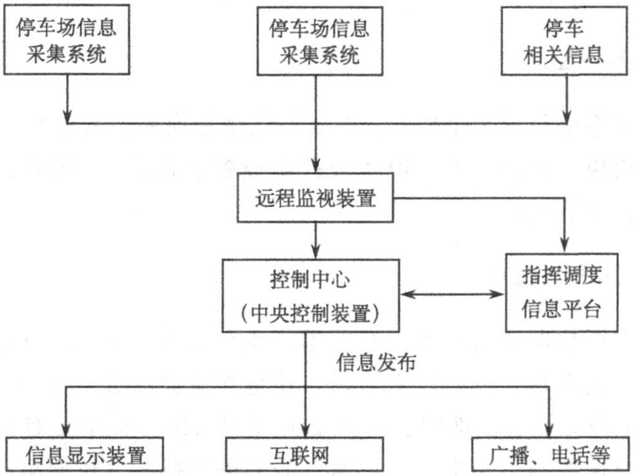

图 15.28　停车诱导子系统结构图

2. 停车诱导子系统的主要功能

停车诱导子系统主要向驾驶员提供停车场位置或名称、去停车场的方向或路线以及停车场占用现状。该系统通过引导驾驶员利用最短路径达到停车场，起到了缓解城市路网交通负荷的作用。停车诱导子系统的主要功能有：

(1) 提供给驾驶员停车场占用状况信息；

(2) 对于当地情况不熟悉者提供更好的定位；

(3) 减少驾驶员寻找停车场的时间和步行距离，同时提高停车时的安全性和便利性；

(4) 减少驾驶员出行前和出行中的盲目性，同时对驾驶员的停车行为进行合理的诱导与管理；

(5) 提高停车场的交通服务周转量，使开发者在满足用户合理需求情形下的投资效益最大化；

(6) 增加停车场对紧急事件的响应能力，提高服务的可靠性；

(7) 平衡停车场的利用率。

15.5.10 应急管理子系统

应急管理子系统利用先进的通信系统、软件技术，让出行者、运营者及时了解发生异常事件后的交通信息，给车辆、出行者等一定的诱导和控制，达到重新组织路网交通流量的目的，使各条道路的通行能力得到合理使用，大大降低异常事件对城市交通的影响程度。

1. 应急管理子系统结构

应急管理子系统包括 5 个模块：事故信息采集模块、救援控制模块（包括救援策略生成子模块、救援部署子模块及控制设备子模块）、驾驶员导行模块、出行者服务模块、事故救援记录归档模块。

1) 事故信息采集模块

主要采集交通数据如占有率、车速等，由信息传输通道传到指挥调度中心，经指挥调度中心处理判断事故发生与否，并且交通检测数据应与其他交通系统数据进行交换和共享，如气象部门、公共交通运营系统。根据现有交通数据进行预测，实现动态交通控制，对事发地点通行能力进行折减，依照事故发生路段以及毗邻路网的通行能力，生成救援策略。

2) 救援及控制模块

主要生成救援方案并通知相关部门派遣救援资源。该模块利用信息采集模块采集的信息以及预处理的初步结果生成救援策略，包括车道控制策略、信号灯联动控制策略、救援车辆路径选择策略、匝道控制策略等。这些策略生成时应考虑相关路网的通行能力、各路段通行能力之间的匹配、各路段的预测行驶时间，同时应通知相关救援部门实施事故救援过程。

3）驾驶员导行模块

主要为机动车提供导行服务。通过车内导行系统告知驾驶员各路径预测行程时间、事故预计处理时间，通过 GPS 对车辆进行定位，从而让驾驶员做出合理的路径选择以便少受事故影响。

4）出行者服务模块

通过各通信终端或因特网通知出行者异常事件发生的时间、地点、严重程度等，对其进行导行。

5）事故救援记录归档模块

负责异常事件的基本信息和整个救援过程信息的整理、归档，对异常事件成因进行分析，对救援效果进行评价，生成救援报告。

应急管理子系统结构如图 15.29 所示。

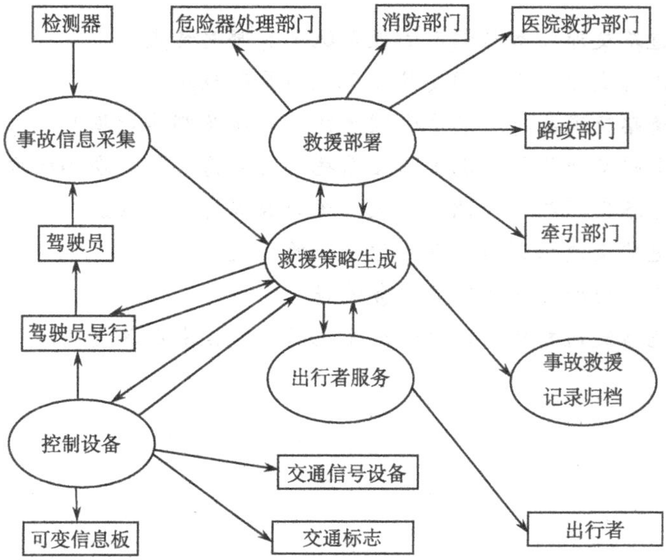

图 15.29　应急管理子系统结构图

2. 应急管理子系统的主要功能

应急管理子系统主要具有以下功能：

(1) 对交通状况进行监视，检测出异常事件。可迅速准确地收集到异常交通状况数据，如事故发生地点、事故性质、严重程度、周围交通环境等。

(2) 生成紧急救援策略。对救援资源进行部署，生成路网上交通设备的控制策略及对救援车辆驾驶员的诱导及控制策略。

(3) 提供设备控制功能。包括交叉口信号灯控制、电子板上信息提供、匝道开启关闭控制等，即对紧急救援策略进行执行的功能。

(4) 提供一个数据平台，使收集到的交通数据可与其他子系统共享。

(5) 提供基于车载系统的自主型路线导行。

(6) 提供出行者、驾驶员与交通控制系统的双向通信通道。

(7) 动态预测异常事件排除时间。

(8) 对异常事件清除后交通流进行诱导和控制。

(9) 对异常事件发生及处理的详细情况进行记录，为以后事故处理提供参考依据。

思　考　题

1. 简述道路交通指挥与调度管理系统具有哪些特点?
2. 简述道路交通指挥与调度管理系统的系统原理。
3. 简述道路交通指挥与调度管理系统主要涉及哪些数据?
4. 简述道路交通指挥与调度管理系统的功能需求体现在哪些方面?
5. 简述道路交通指挥与调度管理系统的数据处理过程。
6. 简述道路交通指挥与调度管理系统的构成。
7. 简述 122 接处警子系统的业务流程。
8. 简述道路交通指挥与调度管理系统的关键技术及其发展。

主要参考文献

艾贺申，高海龙．1999．美国智能运输系统（ITS）研究进展．河南交通科技，19（4）：41～42

安实，王健．2002．城市道路动态信息采集系统结构设计．交通运输系统工程与信息，2（2）：59～62

白雁，施仲衡．2004．城市道路交通安全GIS系统的研究．中国安全科学学报，14（11）：92～95

毕艳祥．2000．上海市公路设施管理系统的研究与开发．华东公路，（3）：33～35

蔡锦成，蒲勤．1999．GPS技术在高速公路客运车辆管理中的应用．电子技术，（2）：19～21

蔡先华．2003．GIS的决策支持作用及其在ITS中的应用．现代测绘，26（3）：26～28

曹桂发，傅俏梅，傅肃性等．1997．城市交通信息系统的设计研制——以北京市的系统开发为例．系统工程理论与实践，（1）：104～109

曹洁．2004．基于GIS的道路网络系统的研究与实现．计算机工程，38（6）：186～188

曹洁，陈希平，高玮军等．2004．基于GIS的道路网络系统的研究与实现．计算机工程，30（6）：186～188

曹智翔，黄显贵．2004．基于GPS/GIS的道路交通安全预报研究．重庆交通学院学报，23（4）：82～84

柴登峰，张登荣．2002．前N条最短路径问题的算法及应用．浙江大学学报，36（5）：531～534

常志雁，萨殊利，范鹏飞．2004．层次分析法在GIS事故救援系统中的应用．武汉理工大学学报，28（2）：255～257

陈东凯，李友好，孟建党．2005．路面管理系统中的数据问题．中外公路，25（1）：124～126

陈红华，刘珊红，徐云等．2004．动态分段技术在公路GIS中的运用．中南公路工程，29（3）：139～141

陈强，李江，吴想等．2004．高速公路交通事故数据库的构建．人类工效学，10（4）：45～47

陈述彭．1999．城市化与城市地理信息系统．北京：科学出版社

陈伟，姚天任．2001．一种基于等时线的分析方法在城市公共运输系统中的应用研究．交通科技，（4）：31～32

陈文君．2004．开发路面管理系统的因素分析．辽宁交通科技，（1）：86～88

陈秀玲．2004．公路监理计量支付系统的研制．河南科技大学学报，25（2）：63～66

陈艳艳，宋健民．2002．基于地理信息系统及遗传算法的道路规划．计算机工程与应用，（3）：57～59

陈燕，谭玉敏，齐清文．2005．GIS环境下交通信息处理问题研究．武汉理工大学学报，29（2）：174～177

陈宇文，王卫琴．2003．惠河高速公路管理系统中地理信息技术的应用．广东工业大学学报，20（4）：87～90

陈志远，赵思健．2003．最短路径在GIS中的实现和应用．计算机工程，29（22）：26～28

程刚等．1997．公路养护工程管理系统的研究与开发．华东公路，（4）：72～74

程刚，黄卫，谭明鹤．1999．高速公路路面养护管理系统开发和研究．公路，（12）：125～128

程珊珊，潘玉利．2005．专家系统在路面养护管理中的应用研究及展望．公路交通科技，22（6）：63～67

程跃辉，过秀成，彭道月等．2002．安徽省路政管理信息系统设计．华东公路，136（3）：77～80

丁能胜，汤德品．1998．车辆管理信息系统数据处理逻辑结构分析与探讨．交通与计算机，16（6）：9～11

董茂强等．2005．高速公路养护质量管理系统研究．上海公路，（1）：17～21

杜成涛，王水清．2003．基于单片机的智能交通流量检测器设计与实现．微处理机，2：44～46

段杰，李江．2002．基于空间分析的城市交通网络结构特征研究．中山大学学报，41（6）：165～168

段伟常，李朝阳．2004．GIS在公路管理信息系统中的应用．石家庄师范专科学校学报，6（3）：57～59

范若晗，陈凯，白英彩．1999．一个基于GIS的智能导航系统（INS）．微型电脑应用，15（12）：1～3
方红根，陆怀民，李牧等．2004．GIS在交通领域的应用和发展趋势．黑龙江交通科技，（3）：72～74
付建萍，于银辉．2002．智能交通系统的应用研究．吉林大学学报（信息科学版），20（4）：64～67
葛建峰．2002．网络技术在路政管理信息系统中的应用．江苏交通，（1）：21～22
葛学军，邱延峻．2005．动态分段技术在路面管理系统中的应用．城市道桥与防洪，（3）：71～75
龚健雅．2001．地理信息系统基础．北京：科学出版社
龚强，胡运权．2001．城市综合功能GIS及应用研究．东北测绘，24（1）：25～26
顾志康，洪峰．2001．基于GIS的公交出行信息系统的设计．交通与计算机，19（6）：41～43
关彩霞．2003．城市道路交通信息数据库初探．辽宁省交通高等专科学校学报，5（1）：50～51
关宏志，刘兰辉，廖明军．2003．停车诱导系统的规划设计方法初探．公路交通科技，20（11）：136～139
关可，林薇．1999．GPS（全球定位系统）在汽车交通管理中的应用．西安公路交通大学学报，19（1）：92～94
桂岚，李跃军．2002．组件式交通地理信息系统设计与开发．长安大学学报，22（2）：24～27
桂岚，李跃军，陈新发．2001．互联网交通地理信息系统（WebGIS-T）研究与开发．长沙交通学院学报，17（4）：18～22
桂岚，李跃军，陈新发．2001．基于JAVA技术的交通地理信息系统研究．交通与计算机，19（3）：37～39
桂智明，晏磊，严明．2003．线性参考系统和动态分段在GIS-T中的应用．计算机工程与应用，208～215
郭恩栋，赵振东，余世舟等．2003．交通系统地震应急智能辅助决策技术研究．地震工程与工程振动，23（2）：128～133
郭林泉，赵鸿铎，姚祖康．2001．运输地理信息系统中的线性参照系统．测绘通报，（7）：34～36
郭仁忠．2001．空间分析．北京：高等教育出版社
韩育，安兵菊．2004．基于B/S的机动车、驾驶员档案管理系统．计算机应用研究，（3）：128～129
韩志刚，莫耀祖，邓海英．2002．“3G”技术在城市公交车辆调度管理系统中的应用．中南林学院学报，22（4）：73～77
郝成元，吴绍洪，杨勤业．2005．空间分析与自然地理综合研究．地理与地理信息科学，21（1）：52～55
郝晓燕．2003．高速公路桥梁养护管理技术初探．山西交通科技，（增刊）：37～40
何桂平，金瑞玲．2001．NSDI的交通运输设施标识标准及其应用．长沙交通学院学报，17（3）：48～52
河南省交通厅公路管理局．2004．河南省公路养护管理决策支持系统．北京：人民交通出版社
贺国光，马寿峰．2002．交通诱导系统智能化方案及其仿真研究．系统工程学报，17（4）：323～328
洪锋，顾志康．2002．GIS在车辆导行系统中的应用．交通与计算机，20（1）：20～22
侯静，魏连雨．2004．WebGIS在路面管理系统中的应用．交通与计算机，22（2）：78～80
胡吉平，魏际刚，王红梅．2000．基于GIS的交通运输规划．铁道学报，22（4）：12～15
胡觉慧．1996．上海市综合交通规划地理信息系统研究与开发．城市规划汇刊，（2）：37～42
胡强，冯新元．2001．公路路政管理信息系统的设计与实现．内蒙古公路与运输，（71）：176～177
黄建玲，范红霞．1998．公路数据库设计．计算机辅助工程，（2）：46～50
黄克清．1997．加拿大的高速公路管理．国外公路，（4）：47～49
黄良骥．2001．交通指挥控制决策支持系统．系统工程理论与实践，（1）：120～124
黄涛．2002．城市交通地理信息系统的设计与应用研究．三晋测绘，9（3～4）：63～66
黄梯云．1998．管理信息系统．北京：高等教育出版社

黄廷辉，朱英. 2000. 一种基于Web的车辆调度管理系统. 桂林电子工业学院学报，20（3）：45～49
黄杏元，马劲松，汤勤. 1989. 地理信息系统概论. 北京：高等教育出版社
霍宏，胡福乔. 2002. GIS在交通信息管理系统中的应用. 计算机工程，28（5）：215～216
吉祖勤，黄卫，石子石. 2001. 高速公路养护管理系统数据库的设计. 东南大学学报，31（3）：73～75
姜小轶，孙运生，王安. 1998. 三维地理信息系统（3D-GIS）的发展现状及趋势. 世界地质，17（4）：58～62
姜雁飞. 2004. 线性参考系统在铁路勘测设计工程数据库中的应用. 铁道勘察，（6）：52～54
交通部公路司，交通部基本建设质量监督总站. 2001. 公路工程施工监理手册. 北京：人民交通出版社
焦莉，赵杰. 2002. 论GIS在交通领域中的应用. 东北测绘，25（2）：32～34
金宴. 1999. 公路建设投资系统分析概况. 城市道桥与防洪，3：13～16
景海涛，解明曙，冯仲科等. 2003. 用交互数字高程模型分析计算坡面土壤侵蚀量. 中国水土保持科学，1（3）：63～66
“九五”国家重点科技攻关项目《中国智能运输系统体系框架》专题组. 2003. 中国智能运输系统体系框架. 北京：人民交通出版社
孔春芳. 2000. 基于GeoStar的城市交通地理信息系统的模型研究. 华中师范大学学报，34（1）：124～126
孔庆华，孙丽. 2004. 地理信息系统及其在交通工程中的应用. 黑龙江交通科技，（5）：73～74
寇有观. 2000. 高速公路管理信息系统研究. 综合运输，（11）：6～9
兰燕，刘珊红，娄长江. 2004. 公路基础信息系统的分析与设计. 四川测绘，27（1）：23～25
雷应军，陈刚，陆辉. 2003. 利用电子手段对公路建设实施动态监控. 广西交通科技，28（105）：31～33
李德仁，关泽群. 2000. 空间信息系统的集成与实现. 武汉：武汉测绘科技大学出版社
李季涛，马建军，李果等. 2000. 铁路路网地理信息系统的研究. 铁路计算机应用，9（6）：16～18
李建军，陈涛. 2004. GIS在城市公共交通调度系统中的应用研究. 交通科学与经济，（1）：56～58
李建明，李长秋，寇晓峰. 2001. 浅谈道路交通地理信息系统研究框架. 黑龙江交通科技，（6）：53～55
李江，郭庆胜. 2002. 基于GIS的城市交通网络复杂性定量描述. 华中师范大学学报，36（4）：534～537
李江，傅晓光，贾正锐. 2000. 适于道路交通安全分析和管理的GIS研究. 中国公路学报，13（2）：96～98
李莉，李力勐. 2000. 构建智能交通地理信息及定位平台. 测绘科学，25（4）：21～25
李明等. 2005. 路面管理系统发展综述. 重庆交通学院学报，24（3）：71～76
李明，李铁强. 2005. 基于GIS的路面管理系统总体框架设计. 重庆交通学院学报，24（5）：34～38
李清泉，左小清，谢智颖. 2004. GIS-T线性数据模型研究现状与趋势. 地理与地理信息科学，20（3）：31～35
李淑琴，张庆芳，侯新荣. 1996. 车辆管理信息系统的开发与运行. 山西交通科技，（4）：52～54
李筱菁，孟庆春，魏振钢等. 2002. GPS技术在城市交通状况实时检测技术中的应用. 青岛海洋大学学报，32（3）：475～481
李修刚，吴志周，杨晓光等. 2002. 基于GIS的城市道路交通管理设施信息系统设计. 交通与计算机，20（2）：3～7
李扬. 1998. 前景广阔的交通地理信息系统. 交通与计算机，17（4）：13～17
李英姿，张飞舟，林耀海. 2000. 智能交通系统中地理信息系统的研究. 中国公路学报，13（3）：97～100
李有才，刘兆礼. 2004. 基于MapObjects的吉林公路交通地理信息系统设计实现. 遥感技术与应用，

19 (1)：70～74
李跃军. 2001. GIS及其在交通领域中的应用. 湖南交通科技，27 (4)：82～84
李跃军，桂岚. 2002. 湖南省交通地理信息系统的设计与开发研究. 中南公路工程，27 (1)：82～85
李志锋，杜豫川. 2005. 基于GIS的广韶高速公路项目管理系统. 山东交通学院学报，13 (1)：73～76
李智勇，黄飞澜. 2004. 公路地理信息系统 (HGIS) 研究. 湖南交通科技，30 (2)：101～103
李作敏. 2000. 交通工程学. 北京：人民交通出版社
梁锟，张毅，李志恒. 2002. GIS-T数据集成的语义映射实现. 计算机应用，22 (10)：18～20
林燕华，金峻峰. 2000. 基于GIS平台的道路交通管理调度服务网系统. 公安大学学报，(1)：53～57
刘春，姚连璧. 2002. 车载导航电子地图中道路数据的空间逻辑描述. 同济大学学报，30 (3)：346～351
刘翠娥，高春来，刘安民. 2002. 浅谈高速公路建设中eFIDIC网络化管理系统的应用. 山西交通科技，(152)：107～110
刘辉. 2001. 区域车辆信息管理系统建设设想. 计算机应用研究，(5)：43～45
刘军民. 2000. GIS及其在交通工程中的应用. 云南交通科技，16 (3)：58～60
刘俊颖，魏隽. 1997. 谈费用管理系统的基本功能. 建筑管理现代化，(4)：12～13
刘涛. 2004. 基于GIS的区域道路交通安全管理系统研究. 公路交通科技，21 (3)：92～96
刘小勇，叶云霞. 2004. 道路交通事故信息系统中地图平台及空间数据库的建立. 新疆农业大学学报，27 (1)：58～61
刘晓军. 2003. 基于GIS技术的公路养护管理系统开发. 中南公路工程，28 (4)：117～120
刘迎春. 2000. 一种实用的最短路径求解算法. 浙江工业大学学报，28 (2)：169～173
刘有军，晏克非. 2003. 基于GIS的停车换乘设施优化选址方法的研究. 交通科技，(4)：85～87
卢新海，何晓鸣. 2004. 基于Intranet的交通信息管理系统. 基建优化，25 (1)：26～29
陆峰. 1999. 基于特征的城市交通网络GIS数据组织与处理方法. 中国科学遥感应用研究所博士学位论文
陆锋. 1999. 区域交通状况评价的GIS方法. 国土与自然资源研究，(3)：31～35
陆锋，卢冬梅，崔伟宏. 1999. 交通网络限制搜索区域时间最短路径算法. 中国图像图形学报，(10)：849～854
陆锋，周成虎，万庆. 2000. 基于特征的城市交通网络非平面数据模型. 测绘学报，29 (4)：334～341
陆锋，周成虎，万庆. 2002. 基于特征的城市交通网络非平面数据库的实现. 测绘学报，31 (2)：182～186
陆化普，李瑞敏，朱茵. 2004. 智能交通系统概论. 北京：中国铁道出版社
陆忠，钱翔东，张登荣. 2002. 基于最短路径查询的城市公交网络拓扑建模研究. 遥感信息，(1)：11～15
路兴昌，薄立群. 2001. 信息城市中虚拟可视化研究. 地球信息科学，(3)：32～35
路兴昌，薄立群. 2002. 信息城市中虚拟可视化研究. 东北测绘，25 (1)：6～9
栾辉，赵春. 2005. 基于GIS的区域公路网管理系统设计. 交通科技，(1)：77～79
罗德安. 2000. GIS在交通领域中的应用初探. 四川测绘，23 (2)：55～57
马吉明，朱训林，尚展垒等. 2004. 基于B/S与C/S结构的车辆管理信息系统. 郑州轻工业学院学报，19 (1)：62～65
马京辉，赵鸿铎. 2004. GIS-T中的公路里程桩定位参照系统. 山西建筑，30 (5)：133～134
满延刚. 2004. 略论公路CAD与GIS的集成. 湖南交通科技，30 (3)：138～140
孟宪文. 1996. 大中城市交通管理信息系统的基本构想. 公安研究，(2)：55～58
孟晓林. 1997. 适用于公路网规划和公路管理的地理信息系统 (HGIS). 同济大学博士学位论文

孟晓林，姚连璧，朱照宏等．1999．公路地理信息系统中坐标与里程的转换．同济大学学报，27（5）：603～607

缪丹，肖凤，范凌云．2003．基于特征的GIS-T非平面数据模型初探．苏州科技学院学报，16（4）：69～73

潘黎明．2003．日本国应用GPS、GIS和地图制图技术状况．现代测绘，26（5）：20～22

潘玉利．1998．路面管理系统原理．北京：人民交通出版社

潘玉利．2005．高速公路资产现代化管理技术的研究．公路交通科技，22（4）：8～12

裴玉龙，陶泽明．2002．基于GIS的城市停车规划系统（UPP-GIS）的开发研究．哈尔滨建筑大学学报，35（6）：112～115

裴玉龙，张宇．2003．城市交通信息系统结构方案研究．东北公路，26（2）：139～141

裴钟哲，刘小明，张可．2003．交通地理信息系统标准化体系研究．北京工业大学学报，29（1）：51～54

彭春露，彭国雄．2002．城市道路交通异常事件管理系统设计．交通与计算机，20（5）：12～14

彭良勇，罗年学，黄全义．2004．基于ActiveX技术的B/S模式公路路政管理系统的实现．测绘信息与工程，29（1）：34～35

齐清文，姜莉莉．2001．面向地理特征的制图综合指标体系和知识法则的建立与应用研究．地理科学进展，20（4）：1～13

钱慎一，卢正鼎，张素智．2000．车辆管理信息系统的分析与设计．郑州大学学报（自然科学版），32（2）：28～31

乔延友，武红敢．1995．地理信息系统中动态分段技术的研究．环境遥感，10（3）：211～216

秦利燕，邵春福．2004．基于GIS的道路交通安全管理系统的研究．中国安全科学学报，14（2）：34～36

全国监理工程师培训教材编写委员会．1997．工程建设信息管理．北京：中国建筑工业出版社

任福田，刘小明，荣建．2003．交通工程学．北京：人民交通出版社

任刚，王炜．2003．基于GIS的交通网络可视化编辑平台的开发．公路交通科技，20（1）：85～88

任洪涛．2003．智能交通系统中ATIS的开发模式研究．交通运输系统工程与信息，3（2）：18～22

阮军，杨春金．2001．公路管理数据库系统的设计与规划．交通科技，（1）：15～17

商蕾，高孝洪．2002．集群技术在WebGIS领域中的应用．武汉理工大学学报（交通科学与工程版），26（6）：822～825

邵进达，蒋自立．2001．江苏省交通地理信息系统的设计与应用．南京建筑工程学院学报，57：62～67

邵敏华，孙立军．2004．公路管理单元动态划分技术与数据模型研究．同济大学学报，32（3）：343～347

沈婕，间国年．2002．动态分段技术及其在地理信息系统中的应用．南京师大学报（自然科学版），25（4）：105～109

石建军，许国华，何民等．2004．交通地理信息系统数据模型的研究进展．北京工业大学学报，30（3）：318～322

石子石，黄卫，吉祖勤．2001．路面养护管理系统软件结构及功能设计．东南大学学报，32（3）：48～52

时宁国，杨永平，姚国伟．2004．基于GIS的路面管理信息系统数据库设计与实现．计算机工程与设计，25（12）：2305～2307

史其信，郑为中．2003．智能交通系统共用信息平台架构及解决方案的初步分析．交通运输工程与信息学报，115（1）：41～48

史照良，黄继安．2004．基于特征的非平面GIS-T数据模型在中心服务范围中的应用．现代测绘，27（1）：3～6

宋小冬，叶嘉安．1995．地理信息系统及其在城市规划与管理中的应用．北京：科学出版社

宋燕．2002．城市智能交通控制系统与集成控制技术．吉林大学硕士学位论文
孙朝霞，李春光，马莉．2005．基于 UML 的车辆管理系统需求分析．青岛建筑工程学院学报，26（2）：71～73
孙棣华，刘卫宁，宋伟等．1999．重庆智能交通综合管理服务系统的总体设计．计算机应用，19（10）：14～16
孙金明．2001．道路交通电子警察系统．安徽工业大学学报，18（1）：73～75
孙庆，魏伟，刘玉金．2001．利用 MapGIS 建立城市公交信息系统的方法研究．江苏测绘，24（3）：45～46
孙小年，尹良龙．2000．交通规划地理信息系统技术在交通量预测中的应用．广东公路交通，（1）：44～47
孙忠耀，徐兆贵，卢志刚．2001．DBMS，GPS 与 GIS 在路政管理中的应用．黑龙江交通科技，（6）：69～71
唐浩．1997．面向对象数据库建模在基于 GIS 的车辆管理中的应用．交通与计算机，15（3）：1～3
陶鹏．2001．MapInfo 在基于 GPS/GIS 的车辆监控系统中的应用．现代电子技术，（3）：62～64
田艳霞，胡文亮，赵群．2002．公路交通导航系统构建研究．河北师范大学学报，26（5）：522～526
田雨，高宗军，王雷亭等．2004．基于 GIS 的城市交通管理信息系统开发设计．泰山学院学报，26（3）：27～30
童小华，刘大杰．2001．道路曲线数字化数据的联合平差模型．武汉大学学报（信息科学版），26（1）：64～69
童小华，杨东援，刘大杰．2001．一种新的线性参照系统数据模型．同济大学学报，29（4）：410～415
涂辉招等．2003．上海市高架道路信息管理系统．上海公路，（1）：44～47
宛延闿，定海．2001．面向对象分析和设计．北京：清华大学出版社
汪汇兵，吴凡．2002．利用 MapInfo 实现公路管理的自动化．测绘通报，（11）：61～63
王宝辉，杨东援．1999．借助 GIS 技术计算公交覆盖率的方法研究．交通与计算机，17（5）：54～55
王长君．2001．我国城市交通管理智能化的问题与对策．交通运输系统工程与信息，1（3）：203～206
王德，刘锴．2003．上海市一日交流圈的空间特征和动态变化研究．城市规划汇刊，3：3～10
王岗，姜昱明，樊克利．2004．基于 J2EE 平台的驾驶员管理系统．计算机工程与设计，25（6）：996～998
王建宇，许震洪，周献中．2003．基于数字地图的多属性最优路径问题的算法研究．测绘信息与工程，28（4）：9～11
王京峰，梁青槐．2002．基于 GIS 的城市交通预测系统．交通与计算机，20（5）：22～24
王俊．2000．基于空间数据仓库的城市交通规划研究．西北大学学报（自然科学版），30（3）：201～204
王让会，黄俊梅．1999．数字地形模型（DTM）的特征及其应用．干旱区研究，16（4）：32～36
王生昌，杨再研．2003．一个车辆管理计算机系统的设计与实现．交通与计算机，21（2）：27～29
王水清．2002．高速公路交通流量检测系统．计算机应用研究，19（3）：78～80
王松根，张须义．2001．公路工程竣工资料编制指南．北京：人民交通出版社
王廷亮，黄明．2004．基于 GIS/GPS 的野外巡检系统．测绘工程，13（1）：38～40
王炜．2003．城市交通管理规划理论体系框架设计．东南大学学报，33（3）：335～339
王炜，徐吉谦，杨涛等．1998．城市交通规划理论及其应用．南京：东南大学出版社
王炜，邓卫，杨琪．2001．公路网络规划建设与管理方法．北京：科学出版社
王炜，高海龙，李文全．2001．公路交叉口通行能力分析方法．北京：科学出版社

王仙东. 2000. 计量支付系统软件的开发. 福州大学学报（自然科学版），28（增刊）：96～99
王晓斌，何连智. 1994. 计算机辅助机动车辆综合管理系统设计. 微处理机，(1)：41～47
王晓斌，何连智，张雁林. 1994. 机动车辆综合管理系统. 计算机系统应用，(3)：12～14
王晓峰，汪美华，单海辉. 2003. 北京市交通地理信息系统的建立与应用. 测绘通报，(11)：51～53
王新洲，汤仲安，舒海翅等. 2003. 在交通信息采集中 Pathfinder Pro XR DGPS 技术的应用. 测绘通报，(11)：23～25
王英杰，袁勘省，李天文. 2004. 交通 GIS 及其在 ITS 中的应用. 北京：中国铁道出版社
王用亭. 2003. 新编公路建设项目竣工资料编制指南. 北京：人民交通出版社
王振杰，丁鹏，盛焕烨. 2001. 浦东交警 GIS 演示系统——可视化 GIS 的一个研究实例. 系统仿真学报，13（增刊）：526～528
魏海平，郭建忠，刘兴科. 2004. 顾及交通时态属性的最优路径算法与实现. 测绘学院学报，21（1）：69～72
邬伦，刘瑜，张晶等. 2001. 地理信息系统——原理、方法和应用. 北京：科学出版社
吴京，景宁，陈宏盛. 2000. 最佳路径的层次编码及查询算法. 计算机学报，23（2）：184～189
吴信才等. 2002. 地理信息系统设计与实现. 北京：电子工业出版社
吴祖峰. 2004. 交通规划中 GIS 的应用研究. 城市管理与科技，6（2）：87～88
向怀坤，刘小明. 2001. 车辆导航系统的研究开发现状与趋势. 汽车工程，23（5）：296～299
向怀坤，刘小明. 2002. GPS/GIS/GSM 车辆动态监控调度系统的设计与开发. 公路交通科技，19（4）：97～100
谢华，都金康. 2004. 基于优化理论和 GIS 空间分析技术的公交站点规划方法. 武汉理工大学学报，28（6）：907～909
徐趁肖，陈军，朱衡君等. 2001. 基于 GPS 的车辆导航监控系统研究. 交通与计算机，19（5）：18～20
徐吉谦. 1996. 交通工程总论. 北京：人民交通出版社
徐建刚，韩雪培. 2000. 城市规划信息技术开发及应用. 南京：东南大学出版社
徐京华. 2004. 交通地理信息空间分析. 西南交通大学学报，39（3）：353～357
徐京华. 2004. 基于 GIS 的山地交通地理信息分析方法与技术. 山地学报，22（3）：378～382
徐凯，孔春芳. 2002. 基于 GeoStar 的城市交通地理信息系统的设计与实现. 测绘通报，(7)：14～17
徐鹏，吴中. 2003. 基于 GIS 交叉口交通量专题图实现. 交通与计算机，18（5）：64～67
徐慰慈. 1998. 城市交通规划论. 上海：同济大学出版社
徐晓慧. 2003. 信息技术在城市道路交通管理中的应用. 河南农业大学学报，37（2）：196～199
徐业昌，李树祥，朱建民等. 1998. 基于地理信息系统的最短路径搜索算法. 中国图像图形学报，3（1）：41～44
许薛军，胡学斌，刘咏梅. 2002. 交通运输集成管理系统新技术. 中外公路，22（1）：40～42
许阳阳，老松杨，胡爱国等. 2003. GIS 环境下融合实时交通数据的交互系统. 计算机工程与应用，21：236～238
许耀东，刘正军，邵进达等. 2000. 基于组件技术的交通 GIS 开发的初步实践. 南京建筑工程学院学报，55（4）：17～25
许仪. 2004. 交通运输地理杂志近十年研究综述. 城市交通，2（3）：60～63
杨春金，龚胡. 2004. 基于 OracleSpatial 的高速公路养护管理系统的开发. 交通科技，(2)：74～76
杨大凯，王剑，蔡柏根. 2002. GPS 及 GIS 在智能交通监控系统中的应用. 交通科技，(2)：53～56
杨党旗等. 2004. 基于 GIS 的城市道路桥梁信息管理系统. 市政技术，22（5）：323～326

杨东凯，张其善．2000．基于车辆定位的北京公交智能调度指挥系统．遥测遥控，21（3）：57～61
杨东凯，张其善．2000．集群通信技术在GPS车辆监控系统中的应用．电子产品世界，（2）：62～63
杨东凯，寇艳红，吴今培等．2003．智能交通系统中的地图匹配定位方法．交通运输系统工程与信息，3（3）：38～43
杨东援，徐士伟，贾俊刚．2000．高速公路管理信息系统中的共用信息平台．同济大学学报，28（6）：664～669
杨宏健，姚强．2000．公路路政计算机管理系统的编制开发．辽宁交通科技，23（3）：34～35
杨齐．2002．城市公安交通管理控制系统建设方法研究．西南交通大学硕士学位论文
杨生辉，柴炜．2003．基于GPS和GIS的车辆定位与导航系统．公路与汽运，（6）：3～5
杨晓光．2000．中国交通信息系统基本框架体系研究．公路交通科技，17（5）：50～55
杨晓光．2001．中国交通信息化与发展智能交通运输系统问题研究．交通运输系统工程与信息，1（3）：195～202
杨晓光，薛昆，白玉．2004．城市停车诱导信息系统设计．交通运输系统工程与信息，4（1）：93～96
杨晓红．1996．通用多用户驾驶员管理信息系统．山东工程学院学报，10（2）：59～60
杨新苗．2001．基于GIS的标准公交基础信息系统．标准化工作，（5）：26～29
杨新苗，王炜，马文腾．2000．基于GIS的公交乘客出行路径选择模型．东南大学学报，30（6）：87～91
杨永平，魏庆朝．2004．CSCW技术支持的交通工程项目管理系统TCMOAS及其实现．土木工程学报，37（2）：92～96
杨兆升，刘红红，张春子．2001．城市交通流诱导系统电子地图的研制及功能实现．公路交通科技，18（3）：46～48
杨兆升，保丽霞，朱国华．2005．深圳市综合交通信息平台系统分析与设计．公路交通科技，22（2）：100～103
杨忠振．2003．利用GIS和数字地图自动生成交通需求模型中三维道路网．大连理工大学学报，43（1）：109～113
杨忠振，陆化普．2002．应用GIS的空间分析功能实现道路网与出行小区的动态连接．中国公路学报，15（4）：94～97
杨忠振，孙卓．2002．基于GIS的城市道路交通管理信息系统．交通与计算机，20（5）：18～21
杨忠振，孙卓．2004．城市道路交通事故管理和分析信息系统．土木工程学报，37（6）：101～104
叶慧，邵敏华．2003．广韶高速公路路面管理系统．中国市政工程，（4）：66～70
叶智锐，黄卫，郭建华．2003．高速公路工程建设计量支付管理数据库设计．公路交通科技，20（1）：49～53
殷建军等．1994．公路路面养护决策系统的开发与实践．华东公路，（3）：48～53
于春全．2002．北京市道路交通流实时动态信息系统的研究．交通运输系统工程与信息，2（3）：22～28
喻翔，毛敏，彭其渊．2003．基于GIS的城市交通规则信息系统设计构思．交通运输工程与信息学报，1（1）：106～110
袁中．1997．军用车辆管理信息系统基本模式初探．交通与计算机，15（4）：55～59
张本成．2004．路政信息管理系统的设计与实现．渝西学院学报，3（2）：32～35
张长建．2001．新型交通监控指挥自动化系统设计．计算机工程与设计，22（3）：44～46
张飞舟，晏磊，范跃祖等．2003．智能交通系统中的公交车辆指挥调度体系结构．地理与地理信息科学，19（4）：109～112
张广莹，张广宇，黄昊．2001．地理信息系统在智能交通系统中的应用．自动化技术与应用，（2）：30～

33

张国伍．2003．智能交通系统工程导论．北京：电子工业出版社

张和生，张毅，张大力等．2003．GIS在ITS中的应用分析．交通运输系统工程与信息，3（3）：33～37

张和生，张毅，胡坚明等．2004．面向ITS的GIS研究与设计．公路交通科技，21（3）：71～74

张宏．2002．GIS在交通安全网络通道体系构建中的应用．陕西师范大学学报，30（3）：118～121

张建通，高孝洪，朱月琴．2002．城市智能交通管理系统．交通科技，（1）：33～35

张锦，高世廉，蒲云．1997．中国城市道路交通控制系统发展研究．西南交通大学学报，32（1）：44～49

张静波，王保保．2003．基于GPS和GIS技术的公交车辆实时监控系统的设计与实现．工业控制计算机，16（12）：41～42

张李勇，腾继涛，张飞舟．2004．基于GPS的运营车辆监控调度．计算机工程，30（1）：48～49

张龙，周海燕．2000．GIS中基于Voronoi图的公共设施选址研究．计算机工程与应用，（4）：223～225

张荣梅．1999．智能交通地理信息系统的设计与实现．计算机应用研究，（2）：97～98

张荣梅，涂序彦．2000．基于GIS的交通C3I系统介绍．测控技术，19（7）：56～57

张山山．2004．支持城市交通规划的GIS时空数据模型研究．交通运输工程与信息学报，2（1）：69～74

张绍华．2001．数据仓库技术在公路交通数据仓库中的应用与实现．现代电子技术，（8）：44～47

张霞．2004．铁路交通用地GIS分析制图．地球信息科学，6（1）：113～116

张小文，刘勇，潘小多等．2002．交通地理信息系统的类型、方法及应用初探．遥感技术与应用，17（6）：344～351

张小文，刘勇，潘小多等．2002．交通地理信息系统应用研究．兰州大学学报（自然科学版），38（5）：95～99

张学尽，余建华．2002．基于GIS的公路交通事故救援体系研究．四川工业学院学报，21（4）：21～24

张彦敏，刘云飞，顾伟伟．2005．基于WebGIS的公路管理信息系统方案物流与信息．交通标准化，（1）：25～29

张耀东．2004．基于GIS的高速公路建设管理信息系统设计与开发．中南公路工程，29（1）：123～126

张铁，赵彦庆．2003．城市公交地理信息系统中的线路规划模型．测绘信息与工程，28（4）：29～31

张瑗媛，过秀成，薛华．2002．基于GIS的城市公共客运交通信息数据库系统设计．交通与计算机，20（2）：13～16

张云勇，刘锦德．2002．移动agent在智能交通系统中的应用．中国工程科学，4（7）：46～50

张正禄，莫登华，姜贤瑞．2003．河道地理信息系统的设计与实现．测绘工程，12（4）：26～29

赵宝平．2005．国内外公路养护技术分析研究．公路工程与运输，（5）：4～10

赵长胜，车延国．2002．数字城市与3S技术．辽宁工程技术大学学报，21（1）：31～33

赵春，王炜，李伟．2005．基于GIS的公路网管理决策支持系统．交通运输系统工程与信息，5（1）：53～57

镇海燕，王炜．2002．基于GIS的城市交通安全管理研究．交通与计算机，20（3）：6～9

郑磊，孙志刚，罗灵军．2004．基于GIS的公路设施管理系统．地理信息世界，2（1）：45～47

周洁，陈洪亮．2001．基于C/S模式与网络计算体系结构的MIS开发研究．微型电脑应用，（10）：17～26

周珺，李荣．2004．GPS/GIS在智能交通系统中的应用．警察技术，（1）：37～38

周万枝．1997．基于地理信息系统的城市交通管理系统研究．测绘通报，（8）：16～18

周学农．2000．智能化城市道路交通管理系统的发展．系统工程，18（6）：48～53

周英杰，汪海渊，朱彦东．2001．基于Internet的交通信息发布系统研究——WebGIS应用研究．交通与

计算机，19（增刊）：50～53
朱爱民，孙晓敏．2002．GIS技术及其在公路交通信息化中的应用．山东交通科技，(3)：55～57
朱爱民，唐勇．2002．论公路交通信息化与交通GIS专业人才培养．交通高教研究，(1)：30～31
朱本浒．2003．城市交通地理信息系统开发方法探讨．山东交通学院学报，11（2）：14～17
朱江，宣国荣，郑振东．2001．基于视频动态投影的实时车辆流量检测系统．计算机工程，27（11）：25～26
朱经训．1998．浅谈GIS技术在交通信息系统中的应用．交通与计算机，16（1）：40～43
朱勤，陈继红，陆建新等．2004．基于DCOM的分布式路政管理信息系统．信息技术，28（10）：59～61
朱文瑜，刘冲．2001．城市交通事故地理信息系统的建设初探．江西公安专科学校学报，65（4）：56～60
庄殿斌，张旭东．1999．FoxBASE＋在路政管理中的应用．东北公路，22（2）：95～97
庄佳，王汝传．2001．地理信息系统在城市交通管理中应用技术的研究．南京邮电学院学报，21（1）：68～71
邹培国．1994．路面养护决策支持信息系统设计．华东公路，(3)：42～47
左小清，李清泉，唐炉亮．2004．公路三维模型建立与数据组织．武汉大学学报，29（2）：179～183
左小清，李清泉，谢智颖．2004．基于车道的道路数据模型．长安大学学报，24（2）：73～76
Goodchild M F. 2000. GIS and transportation：status and challenges. Geoinformatica，4（2）：127～139
Jensen J R，Cowen D C. 1999. Remote sensing of urban/suburban infrastructure and socio-economic attributes. Photogrammetric Engineering and Remote Sensing ，59：519～525
Karl Kim，南颖．1997．交通安全地理信息系统开发．延边大学学报，23（2）：39～44
Miller H J，Shaw S L. 2001. Geographic information system for transportation：Principles and application. Oxford：Oxford University Press
www. infogis. net/newfile/city1. htm
http：//bbs. dlut. edu. cn/bbsgcon. php? board＝SchoInfo&file＝G. 946944181. A&num＝32
http：//clgl. nctc. cn/main. aspx
http：//www. card-bar. com/cardbar _ xtjc/system8/main. htm
http：//www. chinayinhe. com/index. htm
http：//www. chinayinhe. com/prod09. htm
http：//www. china-putian. com. cn/cn/cpjjfa
http：//www. gisforum. net
http：//www. its. hc360. com
http：//www. jtzx. net. cn/cgi-bin/zwolfl
http：//www. lingdee. com/index. htm
http：//www. lzb. ac. cn/ydhz/tzgg/hzxms/jtthzxm3. htm
http：//www. magcard. org
http：//www. milkway. com
http：//www. phuan. com/products/police. asp
http：//www. synjones. com. cn/cncss/znjt/jtzh. htm
http：//www. taxchina. cn/index. asp
http：//www. tmri-china. com/index. asp
http：//www. tmri-china. com/item _ 4. html
http：//www. vicom. com. cn/index. htm